PREFACE 머리말

정보처리기사 시험은 국가직무능력표준(NCS)을 기반으로 시험과목이 개편되어 시행되는 대표적인 IT 자격증입니다.

최근 출제 경향을 살펴보면 NCS 기반 문제뿐 아니라 출제기준이 개정되기 이전의 문제들도 함께 출제되고 있으며, 출제범위 또한 다양화되면서 폭넓어지고 있습니다.

이에 본서는 최근 급변하는 출제경향을 충분히 반영하여 실제 시험에서 가장 중요한 핵심에 중점을 두어 기술하였습니다. 무엇보다 오랜 기간 정보처리기사와 전산직 공무원 수업을 진행하면서 대부분의 수험생들이 공감하는 어려움을 면밀히 분석하여 정보처리기사 시험을 보다 효과적으로 학습할 수 있는 교재를 구성하였고 관련 강의까지 무료로 들을 수 있도록 하였습니다.

더불어 광범위한 분야를 포함한 방대한 분량의 대학 교재 및 관련 서적의 주요 내용을 위주로 정리하되, 대학 교재 형식이 아닌 정보처리기사 시험답안 체계로 작성하여, 실제 시험에서 출제되는 문제 유형에 대한 실전 감각을 충분히 익힐 수 있도록 구성하였습니다. 또한 근래에 중요성이 부각되는 프로그래밍 언어에 대한 별도 강의 및 자료까지 제공하도록 하였습니다.

본서의 이러한 특징과 강점을 잘 파악하고 활용하여 꼼꼼하게 학습한다면, 여러분이 합격의 결과를 얻는 데 든든한 안내서가 되리라 확신합니다.

끝으로 본서가 출간되기까지 고생하고 힘써주신 고마운 분들께 깊은 감사의 인사를 드립니다.

편저자 손경희

GUIDE 정보처리기사 시험정보

▌정보처리기사란?

- **자격명** : 정보처리기사
- **영문명** : Engineer Information Processing
- **관련부처** : 과학기술정보통신부
- **시행기관** : 한국산업인력공단
- **직무내용** : 정보시스템 등의 개발 요구사항을 이해하여 각 업무에 맞는 소프트웨어의 기능에 관한 설계, 구현 및 테스트를 수행하고 사용자에게 배포하며, 버전관리를 통해 제품의 성능을 향상시키고 서비스를 개선하는 직무

▌정보처리기사 시험과목

구분		내용
시험과목	필기	1. 소프트웨어설계 2. 소프트웨어개발 3. 데이터베이스구축 4. 프로그래밍언어활용 5. 정보시스템구축관리
	실기	정보처리 실무

▌정보처리기사 취득방법

구분		내용
검정방법	필기	객관식 4지 택일형, 과목당 20문항(과목당 30분)
	실기	필답형(2시간 30분)
합격기준	필기	100점을 만점으로 하여 과목당 40점 이상, 전과목 평균 60점 이상
	실기	100점을 만점으로 하여 60점 이상

정보처리기사 합격률

필기

연도	응시	합격	합격률
2024	66,169명	40,207명	60.8%
2023	60,024명	35,428명	59%
2022	48,470명	27,208명	56.1%
2021	51,640명	32,865명	63.6%
2020	43,279명	24,820명	57.3%

실기

연도	응시	합격	합격률
2024	68,745명	19,881명	28.9%
2023	58,088명	12,205명	21%
2022	53,307명	11,111명	20.8%
2021	52,945명	16,323명	30.8%
2020	41,457명	7,341명	17.7%

GUIDE 정보처리기사 필기 출제기준

직무분야	정보통신	중직무분야	정보기술	자격종목	정보처리기사	적용기간	2026.01.01.~ 2026.12.31.
필기검정방법	객관식	문제수	100			시험시간	2시간 30분

필기과목명	주요항목	세부항목
소프트웨어 설계	1. 요구사항 확인	1. 현행 시스템 분석 / 2. 요구사항 확인 / 3. 분석모델 확인
	2. 화면 설계	1. UI 요구사항 확인 / 2. UI 설계
	3. 애플리케이션 설계	1. 공통 모듈 설계 / 2. 객체지향 설계
	4. 인터페이스 설계	1. 인터페이스 요구사항 확인 / 2. 인터페이스 대상 식별 3. 인터페이스 상세 설계
소프트웨어 개발	1. 데이터 입출력 구현	1. 자료구조 / 2. 데이터 조작 프로시저 작성 3. 데이터 조작 프로시저 최적화
	2. 통합 구현	1. 모듈 구현 / 2. 통합 구현 관리
	3. 제품소프트웨어 패키징	1. 제품소프트웨어 패키징 / 2. 제품소프트웨어 매뉴얼 작성 3. 제품소프트웨어 버전관리
	4. 애플리케이션 테스트 관리	1. 애플리케이션 테스트케이스 설계 / 2. 애플리케이션 통합 테스트 3. 애플리케이션 성능 개선
	5. 인터페이스 구현	1. 인터페이스 설계 확인 / 2. 인터페이스 기능 구현 3. 인터페이스 구현 검증

데이터베이스 구축	1. SQL 응용	1. 절차형 SQL 작성 / 2. 응용 SQL 작성
	2. SQL 활용	1. 기본 SQL 작성 / 2. 고급 SQL 작성
	3. 논리 데이터베이스 설계	1. 관계데이터베이스 모델 / 2. 데이터모델링 및 설계
	4. 물리 데이터베이스 설계	1. 물리요소 조사 분석 / 2. 데이터베이스 물리속성설계 3. 물리 데이터베이스 모델링 / 4. 데이터베이스 반정규화 5. 물리데이터 모델 품질 검토
	5. 데이터 전환	1. 데이터 전환 기술 / 2. 데이터 전환 수행 / 3. 데이터 정제
프로그래밍언어 활용	1. 서버프로그램 구현	1. 개발환경 구축 / 2. 서버 프로그램 구현 / 3. 배치 프로그램 구현
	2. 프로그래밍 언어 활용	1. 기본문법 활용 / 2. 언어특성 활용 / 3. 라이브러리 활용
	3. 응용 SW 기초 기술활용	1. 운영체제 기초 활용 / 2. 네트워크 기초 활용 / 3. 기본 개발환경 구축
정보시스템 구축관리	1. 소프트웨어개발 방법론 활용	1. 소프트웨어개발 방법론 선정 / 2. 소프트웨어개발 방법론 테일러링
	2. IT프로젝트 정보시스템 구축관리	1. 네트워크 구축 관리 / 2. SW 구축 관리 3. HW 구축 관리 / 4. DB 구축 관리
	3. 소프트웨어 개발 보안 구축	1. SW개발 보안 설계 / 2. SW개발 보안 구현
	4. 시스템 보안 구축	1. 시스템 보안 설계 / 2. 시스템 보안 구현

GUIDE 구성과 특징

✓ 합격비법 손글씨 핵심요약

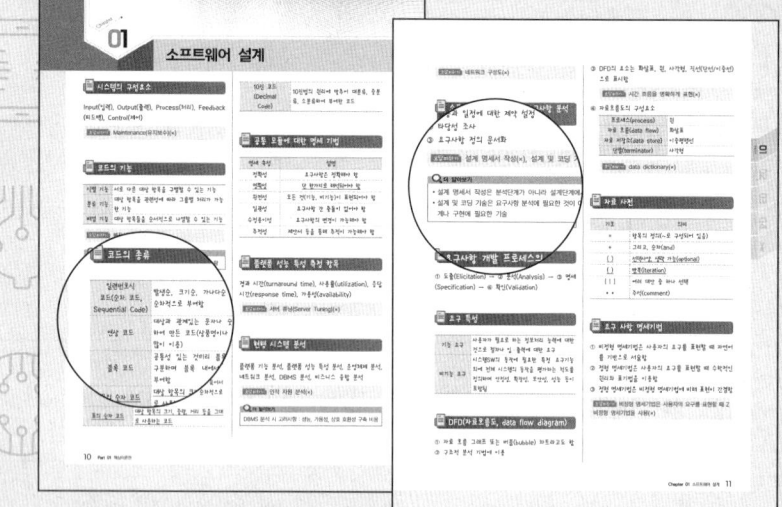

Point 1
꼭 알아야 할 중요한 핵심이론만
눈이 편한 손글씨로 정리

Point 2
오답피하기와 더 알아보기를 통해
기출 경향 완벽 분석

✓ 공개기출 800제

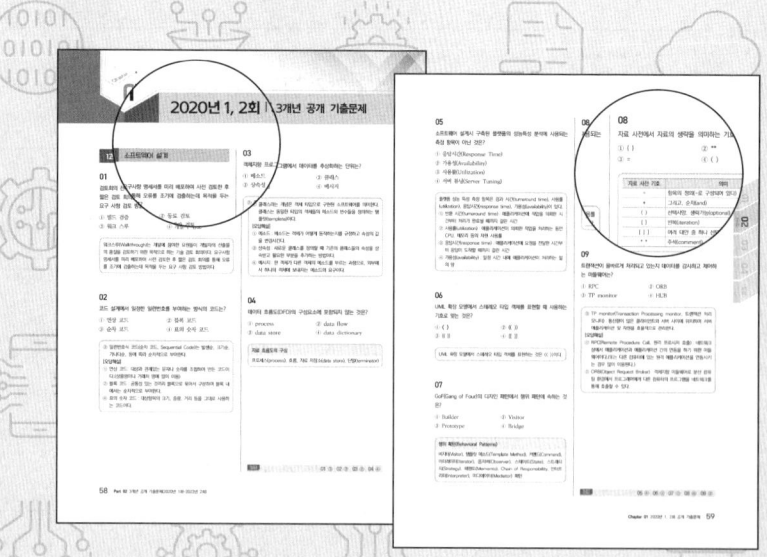

Point 1
공개기출 800제를 통해 문제 유형
파악과 빈출 표시를 통해 중요 핵심
문제 학습

Point 2
문제 해결을 위한 핵심포인트만 콕
집어 쉽고 명확한 해설로 문제 해
결 스킬 향상

✅ 최신 CBT 기출복원 700제

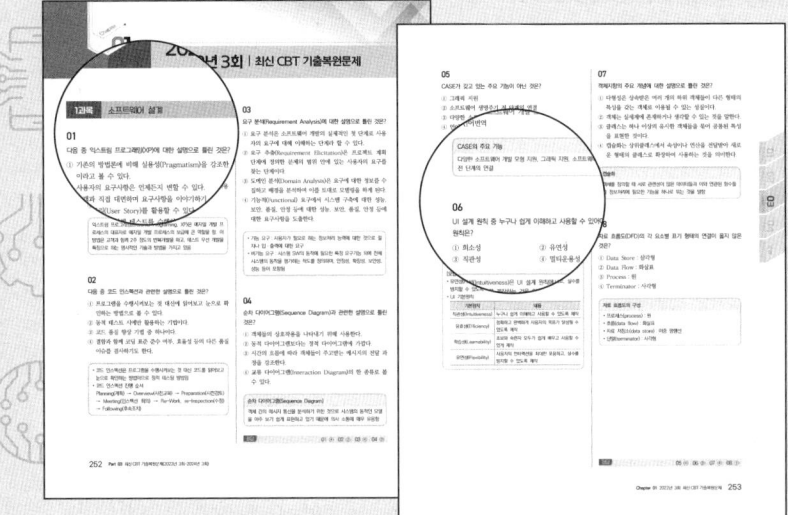

Point 1

최신 CBT 기출복원 700제를 통해 출제 포인트 확인 및 최신 기출 경향 분석

Point 2

문제 적응력 향상을 위한 명확한 해설로 문제 해결 스킬 향상

✅ 2025년 CBT 기출복원 300제

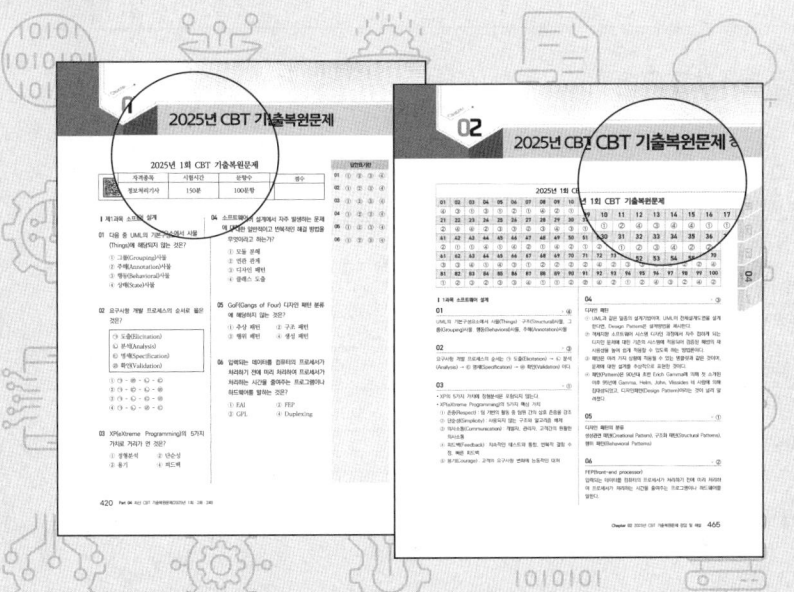

Point 1

2025년 1회, 2회, 3회 CBT 기출복원문제 풀이로 최신 출제 경향 완벽 파악

Point 2

핵심만 콕콕 찍어주는 해설로 문제 해결력 향상

CONTENTS 목차

Study check 표 활용법
스스로 학습 계획을 세워서 체크하는 과정을 통해 학습자의 학습능률을 향상시키기 위해 구성하였습니다.
각 단원의 학습을 완료할 때마다 날짜를 기입하고 체크하여, 자신만의 3회독 플래너를 완성시켜보세요.

PART 01 합격비법 손글씨 핵심요약

			Study Day		
			1st	2nd	3rd
01	소프트웨어 설계	10			
02	소프트웨어 개발	20			
03	데이터베이스 구축	30			
04	프로그래밍 언어 활용	37			
05	정보시스템 구축관리	45			

PART 02 공개기출 800제

			Study Day		
			1st	2nd	3rd
01	2020년 1, 2회 공개기출문제	58			
02	2020년 3회 공개기출문제	79			
03	2020년 4회 공개기출문제	102			
04	2021년 1회 공개기출문제	125			
05	2021년 2회 공개기출문제	148			
06	2021년 3회 공개기출문제	173			
07	2022년 1회 공개기출문제	195			
08	2022년 2회 공개기출문제	222			

PART 03 최신 CBT 기출복원 700제

			Study Day		
			1st	2nd	3rd
01	2022년 3회 최신 CBT 기출복원문제	252			
02	2023년 1회 최신 CBT 기출복원문제	274			
03	2023년 2회 최신 CBT 기출복원문제	299			
04	2023년 3회 최신 CBT 기출복원문제	322			
05	2024년 1회 최신 CBT 기출복원문제	346			
06	2024년 2회 최신 CBT 기출복원문제	370			
07	2024년 3회 최신 CBT 기출복원문제	395			

PART 04 2025년 CBT 기출복원 300제

			Study Day		
			1st	2nd	3rd
01	2025년 CBT 기출복원문제	420			
02	2025년 CBT 기출복원문제 정답 및 해설	465			

PART 01

합격비법 손글씨 핵심요약

소프트웨어 설계

시스템의 구성요소

Input(입력), Output(출력), Process(처리), Feedback(피드백), Control(제어)

오답피하기 Maintenance(유지보수)(×)

코드의 기능

식별 기능	서로 다른 대상 항목을 구별할 수 있는 기능
분류 기능	대상 항목을 관련성에 따라 그룹별 처리가 가능한 기능
배열 기능	대상 항목들을 순서적으로 나열할 수 있는 기능

오답피하기 복잡성(×)

🔍 더 알아보기
코드는 파일 시스템을 체계화하기 위해 복잡성은 없어야 함

코드의 종류

일련번호식 코드(순차 코드, Sequential Code)	발생순, 크기순, 가나다순 등에 따라 순차적으로 부여함
연상 코드	대상과 관계있는 문자나 숫자를 조합하여 만든 코드(상품명이나 거래처명에 많이 이용)
블록 코드	공통성 있는 것끼리 블록으로 묶어서 구분하며 블록 내에서는 순차적으로 부여함
표의 숫자 코드	대상 항목의 크기, 중량, 거리 등을 그대로 사용하는 코드
10진 코드 (Decimal Code)	10진법의 원리에 맞추어 대분류, 중분류, 소분류하여 부여한 코드

공통 모듈에 대한 명세 기법

명세 속성	설명
정확성	요구사항은 정확해야 함
명확성	단 한가지로 해석되어야 함
완전성	모든 것(기능, 비기능)이 표현되어야 함
일관성	요구사항 간 충돌이 없어야 함
수정용이성	요구사항의 변경이 가능해야 함
추적성	제안서 등을 통해 추적이 가능해야 함

플랫폼 성능 특성 측정 항목

경과 시간(turnaround time), 사용률(utilization), 응답 시간(response time), 가용성(availability)

오답피하기 서버 튜닝(Server Tuning)(×)

현행 시스템 분석

플랫폼 기능 분석, 플랫폼 성능 특성 분석, 운영체제 분석, 네트워크 분석, DBMS 분석, 비즈니스 융합 분석

오답피하기 인적 자원 분석(×)

🔍 더 알아보기
DBMS 분석 시 고려사항 : 성능, 가용성, 상호 호환성 구축 비용

오답피하기 네트워크 구성도(×)

소프트웨어 개발 방법 중 요구사항 분석 (requirements analysis)

① 비용과 일정에 대한 제약 설정
② 타당성 조사
③ 요구사항 정의 문서화

오답피하기 설계 명세서 작성(×), 설계 및 코딩 기술(×)

> **더 알아보기**
> - 설계 명세서 작성은 분석단계가 아니라 설계단계에서 수행
> - 설계 및 코딩 기술은 요구사항 분석에 필요한 것이 아니라 설계나 구현에 필요한 기술

요구사항 개발 프로세스의 순서

① 도출(Elicitation) → ② 분석(Analysis) → ③ 명세(Specification) → ④ 확인(Validation)

요구 특성

기능 요구	사용자가 필요로 하는 정보처리 능력에 대한 것으로 절차나 입·출력에 대한 요구
비기능 요구	시스템SW의 동작에 필요한 특정 요구기능 외에 전체 시스템의 동작을 평가하는 척도를 정의하며 안정성, 확장성, 보안성, 성능 등이 포함됨

DFD(자료흐름도, data flow diagram)

① 자료 흐름 그래프 또는 버블(bubble) 차트라고도 함
② 구조적 분석 기법에 이용
③ DFD의 요소는 화살표, 원, 사각형, 직선(단선/이중선)으로 표시함

오답피하기 시간 흐름을 명확하게 표현(×)

④ 자료흐름도의 구성요소

프로세스(process)	원
자료 흐름(data flow)	화살표
자료 저장소(data store)	이중평행선
단말(terminator)	사각형

오답피하기 data dictionary(×)

자료 사전

기호	의미
=	항목의 정의(~로 구성되어 있음)
+	그리고, 순차(and)
( )	선택사양, 생략 가능(optional)
{ }	반복(iteration)
[	]	여러 대안 중 하나 선택
* *	주석(comment)

요구사항 명세기법

① 비정형 명세기법은 사용자의 요구를 표현할 때 자연어를 기반으로 서술함
② 정형 명세기법은 사용자의 요구를 표현할 때 수학적인 원리와 표기법을 이용함
③ 정형 명세기법은 비정형 명세기법에 비해 표현이 간결함

오답피하기 비정형 명세기법은 사용자의 요구를 표현할 때 Z 비정형 명세기법을 사용(×)

요구사항 정의 및 분석·설계의 결과물을 표현하기 위한 모델링 과정에서 사용되는 다이어그램(Diagram)

Data Flow Diagram, E-R Diagram, UML Diagram

오답피하기 AVL Diagram(×)

 ### 소프트웨어의 설계

① 상위 설계 : 아키텍처 설계, 기본 설계 데이터 설계, 인터페이스 정의, 인터페이스 설계
② 하위 설계 : <u>모듈 설계</u>, 상세 설계, 자료구조 설계, 알고리즘 설계
③ 상향식 설계는 최하위 수준에서 각각의 모듈들을 설계하고 이러한 모듈이 완성되면 이들을 결합하여 검사함. 인터페이스가 성립되어 있어야 기능 추가를 쉽게 할 수 있음

 ### 자료구조도

팬 입력(fan-in)	특정 모듈을 직접 제어하는 모듈의 수
팬 출력(fan-out)	한 모듈에 의해 직접 제어되는 모듈의 수

 ### HIPO

① Top-Down 개발기법(계층적 구조)이며, 문서의 체계화가 가능함
② 종류에는 가시적 도표, 총체적 도표, 세부적 도표가 있음

오답피하기 상향식 소프트웨어 개발(×)

UI 기본 원칙

직관성(Intuitiveness)	누구나 쉽게 이해하고 사용할 수 있도록 제작
유효성(Efficiency)	정확하고 완벽하게 사용자의 목표가 달성될 수 있도록 제작
학습성(Learnability)	초보자와 숙련자 모두가 쉽게 배우고 사용할 수 있게 제작
유연성(Flexibility)	사용자의 인터랙션을 최대한 포용하고, 실수를 방지할 수 있도록 제작

 ### UI 컨트롤

라디오 버튼	여러 가지 제시된 것 중 하나만을 선택할 때 사용
토글 버튼	버튼을 클릭하면 상태를 'on', 'off'로 변환
텍스트 박스	메시지를 보여주거나 사용자가 데이터를 입력할 곳을 제공
체크 박스	그룹 중에 하나 이상의 후보를 선택할 때 사용

 ### UI설계 도구

목업(Mockup)	• 실물과 흡사한 정적인 형태의 모형 • 시각적으로만 구성 요소를 배치하는 것으로, 일반적으로는 실제로 구현되지는 않음
스토리보드 (Storyboard)	정책, 프로세스, 와이어프레임, 디스크립션 등이 모두 포함된 설계 문서
프로토타입 (Prototype)	다양한 인터랙션이 결합되어 실제 서비스처럼 작동하는 모형

UI 종류

CLI(Command Line Interface)	문자 방식의 명령어 입력 사용자 인터페이스
GUI(Graphical User Interface)	그래픽 환경 기반의 마우스 입력 사용자 인터페이스
NUI(Natural UI)	사용자의 말과 행동 기반 제스쳐 입력 인터페이스이며, 멀티 터치(Multi-touch), 동작 인식(Gesture Recognition) 등 사용자의 자연스러운 움직임을 인식하여 서로 주고받는 정보를 제공
OUI(Organic User Interface)	모든 사물과 사용자 간에 상호작용을 위한 인터페이스. 즉, 실세계에 존재하는 모든 사물이 입출력장치로 변화할 수 있는 사용자 인터페이스

사용자 인터페이스 개발시스템의 기능

① 사용자의 입력을 검증할 수 있어야 함
② 에러처리와 관련된 에러 메시지를 표시할 수 있어야 함
③ 도움과 프롬프트(prompt)를 제공해야 함

오답피하기 소스 코드 분석 및 오류 복구(×)

더 알아보기
- 사용자 인터페이스(User Interface)는 사용자 중심으로 설계되어야 하며, 심미성보다 사용성을 우선하여 설계해야 함
- User Interface 설계 시 오류 메시지나 경고에 관한 지침을 통해 오류로 인해 발생될 수 있는 부정적인 내용을 적극적으로 사용자들에게 알려야 하며, 오류로부터의 회복을 위한 구체적인 설명이 제공되어야 함

인터페이스 요구사항 검토 방법

동료검토	요구사항 명세서 작성자가 요구사항 명세서를 설명하고 이해관계자들이 설명을 들으면서 결함을 발견
리팩토링	SW를 보다 쉽게 이해할 수 있고 적은 비용으로 수정할 수 있도록 겉으로 보이는 동작의 변화 없이 내부구조를 변경하는 것
인스펙션	검토 자료를 회의 전에 배포해서 사전 검토한 후 짧은 시간 동안 검토 회의를 진행하면서 결함을 발견(정적 테스팅 방법)
CASE 도구	자동화된 요구사항 관리 도구를 이용하여 요구사항 추적성과 일관성을 검토

CASE(Computer Aided Software Engineering)

① 소프트웨어 공학의 자동화를 의미
② 소프트웨어 공학작업 중 하나의 작업을 자동화한 소프트웨어 패키지를 CASE 도구라 하며, 이러한 도구를 한데 모아놓은 것을 소프트웨어 공학환경(Software Engineering Environment)이라 함
③ CASE 도구들은 소프트웨어 관리자들과 실무자들이 소프트웨어 프로세스와 관련된 활동을 지원함. 즉, 프로젝트 관리 활동을 자동화하고, 프로세스에서 생산된 결과물을 관리하며, 엔지니어들의 분석, 설계 및 코딩과 테스트 작업을 도와줌
④ CASE의 주요 기능 : 다양한 소프트웨어 개발 모형 지원, 그래픽 지원, 소프트웨어 생명주기 전 단계의 연결 등

오답피하기 소프트웨어 사용자들에게 사용 방법을 신속히 숙지시키기 위해 사용된다(×).

더 알아보기
상위 CASE(분석/설계 단계 지원)

CASE의 주요 기능

다양한 소프트웨어 개발 모형 지원, 그래픽 지원, 소프트웨어 생명주기 전 단계의 연결

> 오답피하기 언어번역(×)

CASE의 원천 기술

구조적 기법, 프로토타이핑 기술, 자동 프로그래밍 기술, 정보 저장소 기술, 분산 처리 기술

> 오답피하기 일괄처리 기술(×)

객체지향의 기본 개념

① 객체(Object) : 현실세계에 존재할 수 있는 유형, 무형의 모든 대상을 말하며 속성과 메서드로 정의됨

> 오답피하기 객체는 공통 속성을 공유하는 클래스들의 집합이다(×).

② 클래스(Class) : 객체지향 프로그램에서 데이터를 추상화하는 단위
③ 메소드(Method) : 객체가 어떻게 동작하는지를 규정하고 속성의 값을 변경시킴
④ 상속성 : 새로운 클래스를 정의할 때 기존의 클래스들의 속성을 상속받고 필요한 부분을 추가하는 방법
⑤ 메시지(Message) : 한 객체가 다른 객체의 메소드를 부르는 과정으로, 외부에서 하나의 객체에 보내지는 메소드의 요구이며 객체에게 어떤 행위를 하도록 지시하는 명령
⑥ Instance(인스턴스) : 객체지향 기법에서 같은 클래스에 속한 각각의 객체
⑦ 정보은닉(Information Hiding) : 캡슐화 정보들을 밖에서 접근 불가능하도록 하는 것을 은닉화라고 함

> 오답피하기 모듈 내부의 자료 구조와 접근 동작들에만 수정을 국한하기 때문에 요구사항 등 변화에 따른 수정이 불가능하다(×).

> **더 알아보기**
> 객체지향 분석은 객체 중심으로 시스템을 파악하며 상향식 방식으로 볼 수 있음

⑧ 다형성(Polymorphism) : 여러 가지 형태를 가지고 있다는 의미로, 여러 형태를 받아들일 수 있는 특징을 말함

> **더 알아보기**
> - 메소드 오버라이딩(Overriding) : 상위 클래스에서 정의한 일반 메소드의 구현을 하위 클래스에서 무시하고 재정의할 수 있음
> - 메소드 오버로딩(Overloading) : 메소드명은 동일하지만, 매개 변수 타입이나 개수를 다르게 함으로써 구현, 구분할 수 있음

객체지향의 연관성

집단화 (aggregation)	클래스들 사이의 '부분-전체(part-whole)' 관계 또는 '부분(is-a-part-of)'의 관계로 설명되는 연관성
일반화 (generalization)	• 객체들에 있어 공통적인 성질들을 상위 객체로 정의 • 상속관계라고도 하며, 한 클래스가 다른 클래스를 포함하는 상위 개념일 때 이를 IS-A관계라고 함
추상화	복잡한 구조(문제)를 해결하기 위하여 설계 대상의 상세내용은 배제하고 유사점을 요약해서 표현하는 기법
캡슐화 (Encapsulation)	• 객체를 정의할 때 서로 관련성이 많은 데이터들과 이와 연관된 함수들을 하나로 묶는 것 • 정보 은닉과 가장 밀접한 관계
의존관계 (Dependency)	• 연관 관계와 같이 한 클래스가 다른 클래스를 사용할 때 나타남 • 두 클래스 관계가 한 메소드의 실행 동안과 같이 매우 짧은 시간 동안만 존재

	• UML 모델에서 한 사물의 명세가 바뀌면 다른 사물에 영향을 주며, 일반적으로 한 클래스가 다른 클래스를 오퍼레이션의 매개변수로 사용하는 경우에 나타나는 관계
실체화 관계 (Realization)	한 객체가 다른 객체에게 오퍼레이션을 수행하도록 지정하는 의미적 관계

오답피하기 Terminal(×)

UML 다이어그램

구조적 다이어그램	Class Diagram, Object Diagram, Component Diagram, Deployment Diagram, Composite Diagram, Package Diagram
행위 다이어그램	Use Case Diagram, Sequence Diagram, State Diagram, Activity Diagram, Timing Diagram, Communication Diagram

오답피하기 Structural Diagram-Activity Diagram(×), Deployment Diagram-Activity Diagram(×)

🔍 더 알아보기

- State Diagram(상태 다이어그램) : 객체가 가진 상태를 나타내거나 객체가 전이 유발에 따른 그 상태의 변화를 나타내는 것
- Sequence Diagram(순서 다이어그램) : 객체 간의 상호작용 교환 메시지를 시간의 흐름에 따라 나타내는 것
- UML 확장 모델에서 스테레오 타입 객체를 표현하는 것은 《 》
- 클래스 다이어그램의 요소 Operation : 클래스의 동작을 의미하며, 클래스에 속하는 객체에 대하여 적용될 메서드를 정의한 것

Rumbaugh의 OMT(Object Modeling Technique) 기법

객체 모형화 (object modeling)	객체들을 식별하고 객체들 간의 관계를 정의
동적 모형화 (dynamic modeling)	시스템이 시간 흐름에 따라 변화하는 것을 보여주는 상태 다이어그램 (state diagram)을 작성
기능 모형화 (function modeling)	시스템 내에서 데이터가 변하는 과정을 나타내며, 자료 흐름도(DFD)를 이용

오답피하기 정적 모델링(×), 블랙박스 분석 모델링(×)

Coad/Yourdon 방법

① E-R 다이어그램을 사용하여 객체의 행위를 모델링
② 객체식별, 구조식별, 주체정의, 속성 및 관계정의, 서비스정의 등의 과정으로 구성

UML의 기본구성요소

사물(Things)	모델을 구성하는 가장 중요한 요소로 다이어그램 안에서 관계가 형성될 수 있는 대상들을 말함
관계(Relationships)	사물과 사물 사이의 연관성을 표현하는 것(연관 관계, 집합 관계, 포함 관계, 일반화 관계, 의존 관계, 실체화 관계)
다이어그램(Diagram)	사물과 관계를 도형으로 표현한 것

시퀀스 다이어그램 구성항목

액터(Actor)	시스템과 상호작용하는 시스템 외부의 사람이나 다른 시스템을 의미함
객체(Object)	메시지를 주고받는 주체
생명선(Lifeline)	객체가 메모리에 존재하는 시간
실행(Activation)	객체가 메시지를 주고받으며 실행되고 있음을 표현함
메시지(Message)	객체가 상호작용을 위하여 주고받는 것

오답피하기 확장(×), 동적 다이어그램보다는 정적 다이어그램에 가깝다(×).

> **더 알아보기**
> - Use Case Diagram의 액터도 시스템을 사용하거나 시스템과 상호작용하는 사람이나 외부 시스템을 의미함
> - 확장 : 기본 유스케이스 수행 시 특별한 조건을 만족할 때 수행하는 유스케이스

객체지향 설계 원칙

LSP (Liskov Substitution Principle)	기반 클래스는 파생 클래스로 대체 가능해야 함
ISP (Interface Segregation Principle)	클라이언트가 분리되어 있으면, 인터페이스도 분리된 상태이어야 함
DIP (Dependency Inversion Principle)	클라이언트는 구체 클래스가 아닌 인터페이스에 의존하여 변화에 대처함
SRP (Single Responsibility Principle)	객체는 하나의 책임(변경의 축)만을 가져야 함
OCP (Open-Closed Principle, 개방폐쇄 원칙)	• 클래스는 확장에 대해 열려 있어야 하며 변경에 대해 닫혀있어야 함 • 기존 코드를 변경하지 않으면서 기능을 추가할 수 있도록 설계되어야 함

디자인 패턴(장점)

① 많은 전문가의 경험과 노하우를 별다른 시행착오 없이 얻을 수 있음
② 실질적 설계에 도움이 됨
③ 쉽고 정확하게 설계내용을 다른 사람과 공유 가능
④ 기존 시스템이 어떤 디자인 패턴을 사용하고 있는지를 기술함으로써 쉽고 간단하게 시스템을 이해할 수 있음

오답피하기 절차형 언어와 함께 이용될 때 효율이 극대화(×)

디자인패턴의 구성요소

패턴의 이름과 구분	패턴에서 사용하는 이름과 패턴의 유형
문제 및 배경	패턴이 사용되는 분야, 배경 그리고 해결하는 문제를 의미함
솔루션	패턴을 이루는 요소들·관계·협동 과정을 말함
사례	간단한 적용 사례가 필요함
결과	패턴을 사용하면 얻게 되는 이점이나 영향
샘플 코드	패턴이 적용된 원시코드

오답피하기 개발자이름(×)

> **더 알아보기**
> 디자인 패턴 : 소프트웨어 설계에서 자주 발생하는 문제에 대한 일반적이고 반복적인 해결 방법

디자인 패턴의 분류

생성관련 패턴(Creational Patterns), 구조화 패턴(Structural Patterns), 행위 패턴(Behavioral Patterns)

오답피하기 추상 패턴(×)

디자인 패턴의 종류

① 생성관련 패턴(Creational Patterns) : 빌더(Builder), 프로토타입(Prototype), 싱글턴(Singleton), 추상 팩토리(Abstract Factory), 팩토리 메소드(Factory Method) 패턴 등
② 행위 패턴(Behavioral Patterns) : 비지터(Visitor), 템플릿 메소드(Template Method), 커맨드(Command),

이터레이터(Iterator), 옵저버(Observer), 스테이트(State), 스트래티지(Strategy), 메멘토(Memento), Chain of Responsibility, 인터프리터(Interpreter), 미디에이터(Mediator) 패턴

> **오답피하기** 프로토타입(Prototype) 패턴 - 행위 패턴(Behavioral Patterns)(×)

③ 행위 패턴(Behavioral Patterns) : 비지터(Visitor), 템플릿 메소드(Template Method), 커맨드(Command), 이터레이터(Iterator), 옵저버(Observer), 스테이트(State), 스트래티지(Strategy), 메멘토(Memento), Chain of Responsibility, 인터프리터(Interpreter), 미디에이터(Mediator) 패턴

> **오답피하기** Visitor(×)

더 알아보기

- Factory Method 패턴 : 객체를 생성하기 위한 인터페이스를 정의하여 어떤 클래스가 인스턴스화 될 것인지는 서브클래스가 결정하도록 하는 것
- bridge pattern : 인터페이스와 구현의 명확한 분리
- adapter pattern : 객체를 감싸서 다른 인터페이스를 제공(기존 모듈 재사용을 위한 인터페이스 변경)
- Strategy 패턴 : 행위 개선을 위한 패턴으로 교환 가능한 행동을 캡슐화하고 위임을 통해서 어떤 행동을 사용할지 결정

미들웨어의 유형

WAS(Web Application Server)	클라이언트(웹브라우저)로부터 웹서버가 요청을 받으면 애플리케이션에 대한 로직을 수행하여 웹서버로 다시 반환해주는 서버
RPC(Remote Procedure Call, 원격 프로시저 호출)	네트워크상에서 애플리케이션과 애플리케이션 간의 연동을 하기 위한 미들웨어(다른 컴퓨터에 있는 원격 애플리케이션을 연동시키는 경우 많이 이용됨)
TP monitor(Transaction Processing monitor, 트랜잭션 처리 모니터)	통신량이 많은 클라이언트와 서버 사이에 위치하여 서버 애플리케이션 및 자원을 효율적으로 관리
ORB(Object Request Broker)	객체지향 미들웨어로 분산 컴퓨팅 환경에서 프로그래머에게 다른 컴퓨터의 프로그램을 네트워크를 통해 호출할 수 있음

> **오답피하기** Web Server(×)

더 알아보기

- Web Server : 미들웨어 솔루션이 아니라, 사용자에게 웹을 제공하기 위한 서버
- 메시지 지향 미들웨어(Message-Oriented Middleware, MOM) : 온라인 업무보다는 이 기종 분산 데이터 시스템에서 데이터 동기를 위해 사용됨

소프트웨어 아키텍처

① MVC 구조 : 모델(지식 저장), 뷰, 제어구조라는 세 가지 다른 서브시스템으로 구성
② 파이프 필터 구조 : 서브시스템이 입력 데이터를 받아 처리하고 결과를 다른 시스템에 보내는 작업이 반복됨. 서브시스템을 필터라 하고 서브시스템 사이의 관계를 파이프라 함

> **오답피하기** 파이프 필터 아키텍처에서 데이터는 파이프를 통해 양방향으로 흐른다(×).

③ 마스터-슬레이브 패턴(Master-slave pattern) : 마스터 컴포넌트는 동등한 구조를 지닌 슬레이브 컴포넌트들로 작업을 분산하고, 슬레이브가 반환한 결과값으로부터 최종 결과값을 계산

더 알아보기

분산 시스템을 위한 마스터-슬레이브(Master-Slave) 아키텍처
- 일반적으로 실시간 시스템에서 사용됨
- 마스터 프로세스는 일반적으로 연산, 통신, 조정을 책임짐
- 마스터 프로세스는 슬레이브 프로세스들을 제어할 수 있음

오답피하기 슬레이브 프로세스는 데이터 수집 기능을 수행할 수 없다(×).

소프트웨어 아키텍처 설계의 시스템 품질 속성 6가지

가용성(Availability), 변경용이성(Modifiability), 성능(Performance), 보안성(Security), 사용편의성(Usability), 시험용이성(Testability)

오답피하기 독립성(Isolation)(×)

아키텍처 설계과정

설계 목표 설정 → 시스템 타입 결정 → 스타일 적용 및 커스터마이즈 → 서브시스템의 기능, 인터페이스 동작 작성 → 아키텍처 설계 검토

애자일의 특성

① Predictive라기 보다 Adaptive(가변적 요구사항에 대응)함
② 프로세스 중심이 아닌 사람 중심(책임감이 있는 개발자와 전향적인 고객)
③ 전반적인 문서화보다는 제대로 작동하는 소프트웨어를 만들어야 함
④ 계약 협상보다는 고객 협력이 중요함
⑤ 계획을 따르기보다는 변화에 응대함
⑥ 모든 경우에 적용되는 것이 아니고 중소형, 아키텍처 설계, 프로토타이핑에 적합함

오답피하기 계획에 중점을 두어 변경 대응이 난해하다(×). 각 단계의 결과가 완전히 확인된 후 다음 단계 진행(×)

애자일 방법론의 종류

익스트림 프로그래밍, 스크럼, 린 소프트웨어 개발 방법론, 크리스탈 패밀리, 기능 주도 개발 방법론, 동적 시스템 개발 방법론 등

오답피하기 모듈중심 개발(×), 하둡(Hadoop)(×)

🔍 더 알아보기

- Hadoop(하둡, High-Availability Distributed Object-Oriented Platform) : 대량의 자료를 처리할 수 있는 큰 컴퓨터 클러스터에서 동작하는 분산 응용 프로그램을 지원하는 프리웨어 자바 소프트웨어 프레임워크
- 스크럼(Scrum) : 30일마다 동작 가능한 제품을 제공하는 스프린트를 중심으로 하고 있으며, 매일 정해진 시간에 정해진 장소에서 짧은 시간의 개발을 하는 팀을 위한 프로젝트 관리 중심의 방법론
- 익스트림 프로그래밍(Extreme Programing, XP) : 애자일 개발 프로세스의 대표자로 애자일 개발 프로세스의 보급에 큰 역할을 함. 이 방법은 고객과 함께 2주 정도의 반복개발을 하고, 테스트 우선 개발을 특징으로 하는 명시적인 기술과 방법을 가지고 있음

오답피하기 Linear Sequential Method(×), 빠른 개발을 위해 테스트를 수행하지 않는다(×). 대표적인 구조적 방법론 중 하나이다(×).

🔍 더 알아보기

Linear Sequential Method(선형 순차적 모형)는 폭포수 모형을 의미한다.

XP(eXtreme Programming)의 5가지 핵심 가치

존중(Respect)	팀 기반의 활동 중 팀원 간의 상호 존중을 강조
단순성(Simplicity)	사용되지 않는 구조와 알고리즘 배제
의사소통(Communication)	개발자, 관리자, 고객 간의 원활한 의사소통
피드백(Feedback)	지속적인 테스트와 통합, 반복적 결함 수정, 빠른 피드백
용기(Courage)	고객의 요구사항 변화에 능동적인 대처

오답피하기 정형분석(×)

컴포넌트(Component)

프로그래밍에서 재사용이 가능한 각각의 독립된 단위이며, 명백한 역할을 가지고 독립적으로 존재할 수 있는 시스템의 부분

컴포넌트 설계 시 "협약(Contract)에 의한 설계"를 따를 경우, 해당 명세서에 포함되어야 할 내용

① 컴포넌트의 오퍼레이션 사용 전에 참이 되어야 할 선행조건
② 사용 후 만족되어야 할 결과조건
③ 오퍼레이션이 실행되는 동안 항상 만족되어야 할 불변조건

FEP(front-end processor)

입력되는 데이터를 컴퓨터의 프로세서가 처리하기 전에 미리 처리하여 프로세서가 처리하는 시간을 줄여주는 프로그램이나 하드웨어

정보공학 방법론

① 계획, 분석, 설계 및 구축에 정형화된 기법들을 상호 연관성있게 통합, 적용하는 데이터 중심 방법론
② 데이터베이스 설계의 표현으로 Entity-Relationship Diagram을 사용함

소켓 기술

통신을 위한 프로그램을 생성하여 포트를 할당하고, 클라이언트의 통신 요청 시 클라이언트와 연결하는 내·외부 송·수신 연계기술

워크스루(Walkthrough)

- 개발에 참여한 요원들이 개발자의 산출물의 품질을 검토하기 위한 목적으로 하는 기술 검토 회의
- 요구사항 명세서를 미리 배포하여 사전 검토한 후 짧은 검토 회의를 통해 오류를 조기에 검출하는 데 목적을 두는 요구사항 검토 방법

추상화의 종류

과정 추상화, 자료 추상화, 제어 추상화

오답피하기 강도 추상화(×)

소프트웨어 개발

자료구조

① 선형구조 : 데이터의 전후 항목 사이 관계가 1:1이며, 선후 관계가 명확하게 한 개의 선의 형태를 갖는 리스트 구조(예 배열, 리스트, 스택, 큐, 데크)

② 비선형구조 : 데이터 항목 사이의 관계가 1:n(혹은 n:m)인 그래프적 특성을 갖는 형태(예 트리, 그래프)

> **더 알아보기**
> 스택 : LIFO 구조

> **오답피하기** Head(front)와 Tail(rear)의 2개 포인터를 갖고 있다(×).

③ 스택의 응용 : 수식계산, 복귀주소관리, 순환식, 퀵 정렬, 깊이 우선 탐색, 이진트리 운행

> **오답피하기** 선택정렬(×)

트리의 운행

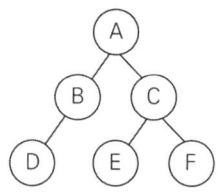

① 중위순회(left → root → right)는 왼쪽, 중간, 오른쪽 순서로 방문하며, 트리를 중위순회한 결과는 D → B → A → E → C → F

② 전위순회(root → left → right) : A → B → D → C → E → F

③ 후위순회(left → right → root) : D → B → E → F → C → A

④ 트리의 차수(degree) : 2, 단말 노드(terminal node)의 수 : 3

수식의 표기법

① 전위 표기법(prefix notation) : - / * A + B C D E
② 중위 표기법(infix notation) : (((A * (B + C)) / D) - E)
③ 후위 표기법(postfix notation) : A B C + * D / E -

> **더 알아보기**
> Postfix 연산식의 계산 : 3 4 * 5 6 * +
> ((3 4 *) (5 6 *) +) = ((3 * 4) + (5 * 6)) = 12 + 30 = 42

해싱 함수 종류

제곱법, 폴딩법, 숫자분석법, 제산법

> **오답피하기** 개방주소법(×)

> **더 알아보기**
> 폴딩법 : 해싱 함수 중 레코드 키를 여러 부분으로 나누고, 나눈 부분의 각 숫자를 더하거나 XOR한 값을 홈 주소로 사용하는 방식

정렬 수행시간

종류	평균	최악
버블정렬	$O(n^2)$	$O(n^2)$
선택정렬	$O(n^2)$	$O(n^2)$
삽입정렬	$O(n^2)$	$O(n^2)$
퀵정렬	$O(n\log n)$	$O(n^2)$
합병정렬	$O(n\log n)$	$O(n\log n)$
힙정렬	$O(n\log n)$	$O(n\log n)$

🔍 더 알아보기
O(1)은 상수시간을 말하며, 알고리즘 수행시간이 입력 데이터 수와 관계없이 항상 일정하다는 의미

선택(Selection) 정렬

① 자료 범위 안에서 최솟값(key 값)을 찾음
② 이 최소값과 맨 앞에 있는 값을 비교하면서 최소값이 작으면, 서로 교환
③ 이러한 형태로 맞바꿈을 하면서 데이터들을 정렬시켜 나감
   예) 초기 자료 : 37, 14, 17, 40, 35
   - 1회전 : 14, 37, 17, 40, 35
   - 2회전 : 14, 17, 37, 40, 35
   - 3회전 : 14, 17, 35, 40, 37

삽입 정렬(Insertion Sort)

자신보다 앞의 원소가 큰지 작은지 비교해서 키값이 작으면 이동하고, 키값이 크면 그대로 두면서 데이터들을 정렬시키는 방법
   예) 초기 자료 : 8, 3, 4, 9, 7
   - 1회전 : 3, 8, 4, 9, 7
   - 2회전 : 3, 4, 8, 9, 7
   - 3회전 : 3, 4, 8, 9, 7

버블 정렬(Bubble Sort)

인접한 데이터를 비교하면서 그 크기에 따라 데이터의 위치를 바꾸면서 정렬하는 방식
   예) 초기 자료 : 9, 6, 7, 3, 5
   - 1회전 : 6 7 3 5 9
   - 2회전 : 6 3 5 7 9
   - 3회전 : 3 5 6 7 9

퀵 정렬

분할 정복(Divide and Conquer)에 기반한 알고리즘으로 피벗(pivot)이라는 요소를 기준으로 부분적으로 나누어 가면서 정렬

오답피하기 레코드의 많은 자료 이동을 없애고 하나의 파일을 부분적으로 나누어 가면서 정렬한다(×).

이진 검색 알고리즘

파일이 정렬되어 있어야 하며, 파일의 중앙의 키값과 비교하여 탐색 대상이 반으로 감소됨

오답피하기 피보나치 수열에 따라 다음에 비교할 대상을 선정하여 검색한다(×).

🔍 더 알아보기
- 이진 탐색트리의 검색 효율은 균형이 맞을 때 O(log n), 균형이 맞지 않을 때 O(n)
- AVL 트리, 2-3 트리, 레드-블랙 트리는 이진 탐색트리를 항상 균형이 맞게 구성된 탐색구조이므로 검색 효율은 O(log n)

반정규화

① 정규화된 엔티티, 속성, 관계를 시스템의 성능 향상과 개발 운영의 단순화를 위해 중복, 통합, 분리 등을 수행하는 데이터 모델링 기법
② 반정규화 유형에서 중복 테이블을 추가하는 방법 : 집계 테이블의 추가, 진행 테이블의 추가, 특정 부분만을 포함하는 테이블의 추가

오답피하기 빌드 테이블의 추가(×)

소프트웨어 공학의 정의

최소의 경비로 품질 높은 소프트웨어 상품의 개발, 유지보수 및 관리를 위한 모든 기법, 도구, 방법론의 총칭으로서, 전산학(기술적 요소), 경영학(관리적 요소), 심리학(융합적 요소)을 토대로 한 종합 학문

오답피하기 최대한 많은 인력 투입(×)

모듈

① 서브루틴, 하부시스템, 소프트웨어 내 프로그램 혹은 작업단위 의미
② 소프트웨어 구조를 이루며, 다른 것들과 구별될 수 있는 독립적인 기능을 갖는 단위

더 알아보기
모듈 간의 결합도를 최소화시켜야 모듈의 독립성이 향상됨

NS Char

① 논리의 기술에 중점을 두고 도형을 이용한 표현 방법
② 이해하기 쉽고 코드 변환이 용이함
③ 화살표나 GOTO를 사용하지 않음
④ 연속, 선택, 반복 등의 제어 논리 구조를 표현

오답피하기 화살표나 GOTO를 사용하여 이해하기 쉽다(×).

클린코드 작성원칙

중복성 최소화	• 중복된 코드는 삭제 • 공통된 코드를 사용
가독성	누구나 코드를 쉽게 읽을 수 있도록 작성
단순성	한 번에 한 가지를 처리하도록 코드를 간단하게 작성

의존성 배제	코드가 다른 모듈에 미치는 영향을 최소화해야 함

오답피하기 코드가 다른 모듈에 미치는 영향을 최대화하도록 작성한다(×).

더 알아보기
외계인 코드(Alien Code)는 개발이 되고 아주 오래되었거나, 참고문서 또는 개발에 참여했던 개발진을 찾을 수 없는 가독성이 매우 낮은 코드를 말함

공학적으로 잘된 소프트웨어 (Well Engineered Software)

① 소프트웨어는 유지보수가 용이해야 함
② 소프트웨어는 신뢰성이 높아야 함
③ 소프트웨어는 충분한 테스팅을 거쳐야 함

오답피하기 소프트웨어는 사용자 수준에 무관하게 일관된 인터페이스를 제공해야 한다(×).

프로그래밍 언어 선택 시 고려할 사항

① 개발 정보시스템의 특성
② 사용자의 요구사항
③ 컴파일러의 가용성

오답피하기 컴파일러의 독창성(×)

테스트

① 오류를 찾는 작업이고 디버깅은 테스트에서 발견된 오류를 수정·제거하는 작업
② 결함(fault) : 오류(Error)가 있는 경우 발생하는 것
③ 테스트 : 결함(fault)을 찾기 위해 소프트웨어를 작동시키는 일련의 행위와 절차

더 알아보기

- 확인(Validation) : 작업 제품이 사용자의 요구에 적합한지 측정
- 검증(Verification) : 작업 제품이 개발자의 기대를 충족시키는지를 측정

단위 테스트 종류

명세 기반 테스트	주어진 명세를 빠짐없이 테스트 케이스로 구현하고 있는지 확인하는 테스트
구조 기반 테스트	• 프로그램 내부 구조 및 복잡도를 검증하는 화이트박스 테스트 시행 • 제어 흐름과 조건 결정 등이 목적
성능 테스트 도구	애플리케이션의 처리량, 응답시간, 경과시간, 자원사용률에 대해 가상의 사용자를 생성하고 테스트를 수행함으로써 성능 목표를 달성하였는지를 확인하는 테스트 자동화 도구

단위 테스트를 통해 발견할 수 있는 오류

① 잘못 사용한 자료형
② 잘못된 논리 연산자
③ 알고리즘 오류에 따른 원치 않는 결과
④ 틀린 계산 수식에 의한 잘못된 결과
⑤ 탈출구가 없는 반복문의 사용

오답피하기 모듈 간의 비정상적 상호작용으로 인한 원치 않는 결과(×)

단위 테스트 도구

Junit, Cppunit, Nunit, HttpUnit

오답피하기 IgpUnit(×)

시험방법에 의한 분류

① 화이트박스 테스트 : 데이터 흐름 검사, 루프 검사, 기초 경로 검사, 조건 검사
② 블랙박스 테스트 : 동치 분할, 경계값 분석, 원인결과 그래프, 오류추측 기법, 비교검사 기법

오답피하기 (블랙박스 테스트)반복 조건을 만족하는데도 루프 내의 문장이 수행되지 않는 경우(×)

더 알아보기
화이트박스 테스트는 모듈의 논리적인 구조를 체계적으로 점검할 수 있음

오답피하기 화이트박스 테스트에서 기본 경로(BasisPath)란 흐름 그래프의 시작 노드에서 종료노드까지의 서로 독립된 경로로 싸이클을 허용하지 않는 경로를 말한다(×).

③ Base Path Testing(기본 경로 기법)은 화이트박스 테스트 기법, Boundary Value Analysis(경계값 분석 기법)은 블랙박스 테스트 기법
④ 경계값 분석 기법은 입력조건의 중간값보다는 경계값에서 오류가 발생될 확률이 높다는 점을 이용해서 입력조건의 경계값에서 테스트 사례를 선정하는 기법

더 알아보기
Base Path Testing(기본 경로 기법) $V(G) = E - N + 2$
(E : 간선의 수, N : 노드의 수)

시험 단계에 의한 분류

① 모듈 시험, 통합 시험, 확인 시험, 시스템 시험
② 하향식 통합
- 주프로그램으로부터 그 모듈이 호출하는 다음 레벨의 모듈을 테스트하고, 점차적으로 하위 모듈로 이동하는 방법
- 드라이버는 필요치 않고 통합이 시도되지 않은 곳에 스텁이 필요하며, 통합이 진행되면서 스텁은 실제 모듈로 교체됨

③ Stub : 모듈의 부수적인 인터페이스를 사용하는 가짜 모듈(입출력 흉내만 내는 무기능 모듈)
④ 테스트 드라이버(Test Driver) : 시험사례를 입력받고, 시험을 위해 받은 자료를 모듈로 넘기고, 관련된 결과를 출력하는 메인 프로그램(상향식 테스트에 필요)

> **오답피하기** 테스트 대상 모듈이 호출하는 하위 모듈의 역할을 한다(×).

인수 테스트

① 사용자측 관점에서 소프트웨어가 요구를 충족시키는가를 평가
② 알파테스트와 베타테스트가 있음
- 알파테스트 : 검증(Validation) 검사 기법 중 개발자의 장소에서 사용자가 개발자 앞에서 행해지며, 오류와 사용상의 문제점을 사용자와 개발자가 함께 확인하면서 검사하는 기법
- 베타테스트 : 최종 사용자가 여러 장소의 고객 위치에서 소프트웨어에 대한 검사를 수행하는 기법

강도(Stress) 테스트

시스템에 과다 정보량을 부과하여 과부하 시에도 시스템이 정상적으로 작동되는지를 테스트

테스트 케이스 항목

식별자 번호, 순서 번호, 테스트 조건, 테스트 데이터, 예상 결과

> **오답피하기** 테스트 비용(×), 테스트의 목표 및 테스트 방법을 결정하기 전에 테스트 케이스를 작성해야 한다(×).

테스트 오라클(Test Oracle)

① 테스트의 결과가 참인지 거짓인지를 판단하기 위해서 사전에 정의된 참값을 입력하여 비교하는 기법 및 활동
② 종류에는 참, 샘플링, 휴리스틱, 일관성 검사

리팩토링(Refactorying)

소프트웨어를 보다 쉽게 이해할 수 있고 적은 비용으로 수정할 수 있도록 겉으로 보이는 동작의 변화 없이 내부구조를 변경하는 것으로 Code smell을 고치고 다듬는 과정

재사용성(Reusability)

소프트웨어의 일부분을 다른 시스템에서 사용할 수 있는 정도

소프트웨어 품질 측정을 위해 개발자 관점에서 고려해야 할 항목

정확성, 무결성, 사용성

> **오답피하기** 간결성(×)

소스코드 품질분석 도구

① 정적 분석 도구 : cppcheck, pmd, checkstyle 등
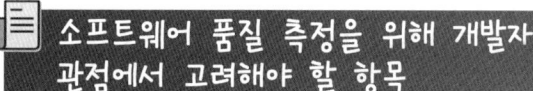 valMeter(×), valance(×)
② 동적 분석 도구 : Valgrind, Avalanche 등

위험분석(Risk Analysis)

① 프로젝트에 내재된 위험 요소를 인식하고 그 영향을 분석하여 이를 관리하는 활동
② 프로젝트를 성공시키기 위하여 위험 요소를 사전에 예측, 대비하는 모든 기술과 활동을 포함

> **Q 더 알아보기**
> 위험 모니터링 : 위험 요소 징후들에 대하여 계속적으로 인지하는 것

 ## 인스펙션

① 검토 자료를 회의 전에 배포해서 사전 검토한 후 짧은 시간 동안 검토 회의를 진행하면서 결함을 발견함
② 결함의 발견과 함께 해결방법까지 모색하는 보다 강한 워크스루라고 할 수 있음
③ 인스펙션(Inspection) 과정 : Planning(계획) → Overview(사전교육) → Preparation(사전검토, 준비) → Meeting(인스펙션 회의) → Re-Work, re-Inspection(수정) → Following(후속조치)

> **Q 더 알아보기**
> 워크스루(Walkthrough)
> • 개발에 참여한 요원들이 개발자의 산출물의 품질을 검토하기 위한 목적으로 하는 기술 검토 회의
> • 요구사항 명세서를 미리 배포하여 사전 검토한 후 짧은 검토 회의를 통해 오류를 조기에 검출하는 데 목적을 두는 요구사항 검토 방법

 ## CMM(Capability Maturity Model) 모델의 레벨

수준 1(Initial, 초보단계), 수준 2(Repeatable, 반복단계), 수준 3(Definition, 정의단계), 수준 4(Management, 관리단계), 수준 5(Optimizing, 최적단계)

오답피하기 계획단계(×), 인수단계(×)

 ## ISO/IEC 9126

기능성(Functionlity)의 하위 특성은 정확성, 적합성, 상호호환성, 보안성, 유연성이 있음

오답피하기 학습성(×)

 ## 소프트웨어 품질목표

유용성(Usability)	쉽게 배우고 사용할 수 있는 정도
정확성(Correctness)	프로그램이 설계 사양을 만족시키며 사용자가 원하는대로 수행되고 있는 정도
신뢰성(Reliability)	소프트웨어 품질 목표 중 주어진 시간 동안 주어진 기능을 오류 없이 수행하는 정도를 나타내는 것
무결성(Integrity)	허가되지 않은 사람의 소프트웨어나 데이터에의 접근을 통제할 수 있는 정도
이식성(Portability)	소프트웨어 품질 목표 중 하나 이상의 하드웨어 환경에서 운용되기 위해 쉽게 수정될 수 있는 시스템 능력
효율성(Efficiency)	최소한의 처리시간과 기억공간을 사용하여 요구된 기능을 수행하는 것

 ## VLAN(Virtual Local Area Network)

물리적 배치와 상관없이 논리적으로 LAN을 구성하여 Broadcast Domain을 구분할 수 있게 해주는 기술로 접속된 장비들의 성능향상 및 보안성 증대 효과가 있음

DRM(Digital Rights Management, 디지털 저작권 관리)

① 디지털 콘텐츠 제공자의 권리와 이익을 안전하게 보호하며 불법복제를 막고 사용료 부과와 결제대행 등 콘텐츠의 생성에서 유통·관리까지를 일괄적으로 지원하는 기술
② DRM의 기술 요소 : 암호화, 키관리, 크랙방지, 정책관리, 인증, 식별기술, 저작권표현, 사용권한 등

> **오답피하기** 방화벽 기술(×), 콘텐츠 오류 감지 및 복구(×)

③ DRM 시스템 구성 요소

구분	설명
콘텐츠 제공자 (Contents Provider)	콘텐츠를 제공하는 저작권자
콘텐츠 분배자 (Contents Distributor)	쇼핑몰 등으로써 암호화된 콘텐츠 제공
패키저(Packager)	콘텐츠를 메타데이터와 함께 배포 가능한 단위로 묶는 기능
보안 컨테이너	원본을 안전하게 유통하기 위한 전자적 보안장치
DRM 컨트롤러	배포된 콘텐츠의 이용 권한을 통제
클리어링 하우스 (Clearing House)	키관리 및 라이센스 발급 관리

> **오답피하기** Dataware house(×)
> 콘텐츠 분배자(Contents Distributor) : 콘텐츠를 메타데이터와 함께 배포 가능한 단위로 묶는 기능(×)

소프트웨어 형상관리

① 소프트웨어에 대한 변경을 철저히 관리하기 위해 개발된 일련의 활동
② 소프트웨어를 이루는 부품의 Baseline(변경통제 시점)을 정하고 변경을 철저히 통제하는 것

> **오답피하기** 프로젝트 개발비용을 효율적으로 관리(×), 형상관리를 위하여 구성된 팀을 "chief programmer team"이라고 한다(×). 대표적인 형상관리 도구로 Ant, Maven, Gradle 등이 있다(×).

> 🔍 **더 알아보기**
> Ant, Maven, Gradle 등은 빌드 자동화 도구

형상관리 도구의 구성 요소

구분	설명
Repository	• 프로젝트의 프로그램 소스를 포함한 형상항목이 저장되는 장소 • 소스뿐만 아니라 소스의 변경사항도 모두 저장 • 네트워크를 통해서 여러 사람이 접근 가능함
checkout	저장소에서 소스 및 버전관리 파일들을 받아 옴
checkin	• 수정 소스를 Repository로 업로드 • 저장소에 새로운 버전의 파일로 갱신하는 것
commit	소스를 수정 및 삭제, 새 파일 추가 등의 변경사항을 저장소에 갱신
Update	• 체크아웃을 통해서 소스를 가져왔다 하더라도 다른 사람이 커밋을 하면 로컬 소스코드가 달라지는데 이때, update 명령어를 통해서 저장소에 있는 최신 버전의 소스를 가져올 수 있음 • 로컬 소스 코드와 저장소에 있는 소스 코드를 비교하여 차이가 발생하는 부분만 바꿈

> **오답피하기** 정규화(Normalization)(×)

소프트웨어 버전 관리도구 방식

분산 저장소 방식	버전관리 자료가 원격저장소와 로컬저장소에 함께 저장되어 관리됨
공유 폴더 방식	• 로컬 컴퓨터의 공유 폴더에 저장되어 관리됨 • 공유 폴더의 파일을 자기 PC로 복사 후 이상 유무 확인
클라이언트/ 서버 방식	중앙 시스템(서버)에 저장되어 관리하는 방식

빌드 자동화 도구

ANT	안정성이 좋고, 문서화가 잘 되어 있음
Maven	아주 적은 설정만으로도 프로젝트를 빌드하고, 테스트를 실행하며, 품질 보고서를 생성할 수 있음
Gradle	기존의 Ant와 Maven을 보완함
Jenkins	초창기 Hudson이라는 이름을 가졌지만 오라클과 문제로 인해 이름을 바꾸게 되었으며, 자동화 테스트를 수행함(CVS/SVN/Git과 같은 버전관리 시스템과 연동하여 코드 변경을 감지)

오답피하기 Kerberos(×)

테스트 관련 법칙

Boehm의 법칙	개발 단계 초기에 결함을 발견하면 나중 단계에 발견하는 것보다 시간과 비용 절약 가능
Pesticide Paradox (살충제 패러독스)	동일한 테스트 케이스를 사용하여 반복적으로 테스트를 수행하면 새로운 버그를 찾지 못한다는 테스트 원리
Pareto의 법칙	소프트웨어 테스트에서 오류의 80%는 전체 모듈의 20% 내에서 발견된다는 법칙(결함 집중 : 파레토 법칙이 좌우함, 애플리케이션 결함의 대부분은 소수의 특정한 모듈에 집중되어 존재함, 결함은 발생한 모듈에서 계속 추가로 발생할 가능성이 높음)

> **더 알아보기**
> Brooks의 법칙 : 스케줄 지연 사태는 인력 추가가 오히려 악화시킬 수 있음

인터페이스 보안을 위해 네트워크 영역에 적용될 수 있는 솔루션

IPSec(IP Security), SSL, S-HTTP

오답피하기 SMTP(×)

> **더 알아보기**
> • SMTP(Simple Mail Transfer Protocol) : 보안에 관련된 프로토콜이 아니라, 메일 전송 프로토콜
> • IPSec(IP Security) : 안전하지 않은 네트워크상의 두 컴퓨터 사이에 암호화된 안전한 통신을 제공하는 프로토콜

오답피하기 암호화 수행 시 일방향 암호화만 지원한다(×).

- EAI 유형

구분	설명
Point-to-Point	1:1 방식으로 애플리케이션 통합 수행
Hub & Spoke	• 모든 데이터가 허브를 통해 전송 • 데이터 전송이 보장되며, 유지보수 비용 절감
메세지 버스	• 데이터 전송하는 데 버스를 이용함으로 병목 현상 발생 가능 • 애플리케이션 사이에 미들웨어를 두어 처리하는 것
하이브리드	• Hub & spoke방식과 메시지 버스 방식의 통합 • 유연한 통합 작업 가능

오답피하기 Tree(×), Hybrid는 중간에 미들웨어를 두지 않고 각 애플리케이션을 point to point로 연결한다(×).

인터페이스 구현 검증 도구

제품명	세부정보
xUnit	java(Junit), C++(Cppunit), .Net(Nunit) 등 다양한 언어를 지원하는 단위테스트 프레임워크
STAF	서비스 호출, 컴포넌트 재사용 등 다양한 환경을 지원하는 테스트 프레임워크
FitNesse	웹기반 테스트케이스 설계·실행·결과확인 등을 지원하는 테스트 프레임워크
NTAF	NHN 테스트 자동화 프레임워크이며, STAF와 FitNesse를 통합
Selenium	다양한 브라우저 지원 및 개발언어를 지원하는 웹애플리케이션 테스트 프레임워크
watir	Ruby 기반 웹애플리케이션 테스트 프레임워크

오답피하기 ESB(×), Foxbase(×)

패키징

- 프로그램 제작자가 최종사용자가 사용할 프로그램을 다양한 환경에서 쉽게 자동으로 설치(업데이트·삭제 가능)할 수 있게 패키지를 만들어 배포하는 과정
- 사용자 중심으로 진행되어야 하며, 보안을 고려해야 하지만 단일 기종에서만 사용할 수 있도록 할 수는 없고 이기종 연동을 고려할 것

SW 패키징 도구 활용 시 고려사항

- 패키징 시 사용자에게 배포되는 SW이므로 보안 고려
- 사용자 편의성을 위한 복합성 및 비효율성 문제 고려
- 제품 SW 종류에 적합한 암호화 알고리즘을 적용

오답피하기
- 보안상 단일 기종에서만 사용할 수 있도록 해야 한다(×).
- 내부 콘텐츠에 대한 보안은 고려하지 않는다(×).
- 보안을 위하여 이기종 연동을 고려하지 않아도 된다(×).

Ajax(Asynchronous JavaScript and XML)

- 브라우저와 서버 간의 비동기 통신 채널, 자바스크립트, XML의 집합과 같은 기술들이 포함
- 대화식 웹 애플리케이션을 개발하기 위해 사용되며, Ajax 애플리케이션은 실행을 위한 플랫폼으로 사용되는 기술들을 지원하는 웹 브라우저 이용

JSON(JavaScript Object Notation)

- 속성-값 쌍(attribute-value pairs and array data types (or any other serializable value)) 또는 "키-값 쌍"으로 이루어진 데이터 오브젝트를 전달하기 위해 인간이 읽을 수 있는 텍스트를 사용하는 개방형 표준 형식
- 비동기 브라우저/서버 통신(AJAX)을 위해, 넓게는 XML(AJAX가 사용)을 대체하는 주요 데이터 포맷

ISO/IEC 12119

- information technology-software packages-quality requirements and testing
- 패키지 소프트웨어의 일반적인 제품 품질 요구사항 및 테스트를 위한 국제 표준 규격

파티션 분할 유형

- 범위 분할(range partitioning)
- 목록 분할(list partitioning)
- 해시 분할(hash partitioning)
- 조합 분할(composite partitioning)

오답피하기 유닛분할(Unit Processing)(×)

알고리즘 설계 기법

- Divide and Conquer, Greedy, Backtracking
- Divide and Conquer : 그대로 해결할 수 없는 문제를 작은 문제로 분할하여 문제를 해결하는 방법
- Greedy : 최적해를 구하는 데에 사용되는 근사적인 방법으로, 여러 경우 중 하나를 결정해야 할 때마다 그 순간에 최적이라고 생각되는 것을 선택해 나가는 방식으로 진행하여 최종적인 해답에 도달하는 방법
- Backtracking : 해답을 찾아가는 도중에 막힌 곳에 이르면 그 경로로 더 이상 가지 않고 되돌아가서 다시 찾는 방법

오답피하기 Static Block(×)

 설치 매뉴얼 등

- 설치 매뉴얼 : 목차, 개요, 기본사항, 설치 관련 파일, 프로그램 삭제 등

    오답피하기 소프트웨어 개발 기간(×)

- 사용자 매뉴얼 작성 절차 : 작성 지침 정의 → 사용 설명서 구성 요소 정의 → 구성 요소별 내용 작성 → 사용 설명서 검토

데이터베이스 구축

데이터베이스 특징

- 실시간 접근성(real time accessibility)
- 계속적인 변화(continuous change)
- 동시 공유(concurrent sharing)
- 내용에 따른 참조(reference by content)

3단계 데이터베이스(스키마)

외부 스키마 (External Schema)	일반 사용자나 응용 프로그래머가 각 개인의 입장에서 필요로 하는 데이터베이스의 논리적 구조
개념 스키마 (Conceptual Schema)	조직이나 기관의 총괄적 입장에서 본 데이터베이스의 전체적인 논리적 구조(데이터베이스 전체를 정의한 것으로 데이터개체, 관계, 제약조건, 접근권한, 무결성 규칙 등을 명세한 것)
내부 스키마 (Internal Schema)	물리적 저장 장치의 입장에서 본 데이터베이스 구조로서 실제로 데이터베이스에 저장될 레코드의 형식을 정의하고 저장 데이터 항목의 표현 방법, 내부 레코드의 물리적 순서 등을 나타냄

데이터 모델에 표시해야 할 요소

논리적 데이터 구조 (Data Structure)	현실 세계를 개념 세계로 추상화했을 때 어떤 요소로 이루어져 있는지를 표현하는 개념적 구조
연산(Operation)	값들을 처리하는 작업
제약조건(Constraint)	제약사항

> **오답피하기** 출력 구조(×)

데이터베이스 설계

- 개념적 설계 단계 : 사용자들의 요구사항을 이해하기 쉬운 형식으로 간단히 기술하는 단계. DBMS에 독립적인 개념 스키마를 설계. 논리적 설계 단계의 앞 단계에서 수행

  > **오답피하기** 트랜잭션 인터페이스를 설계 및 작성한다(×).

- 논리적 설계 단계 : 개념적 설계에서 만들어진 구조를 구현 가능한 data 모델로 변환하는 단계. 논리적 데이터베이스 구조로 매핑(mapping). 트랜잭션 인터페이스 설계. 스키마의 평가 및 정제

  > **오답피하기** 레코드 집중의 분석 및 설계(×)

- 물리적 설계 단계 : 저장 레코드 양식 설계. 레코드 집중의 분석 및 설계. 접근 경로 설계

  > **오답피하기** 목표 DBMS에 맞는 스키마 설계(×)

시스템 카탈로그(사전)

- 무결성 유지를 위하여 사용자가 검색은 가능
- 직접 갱신 작업은 불가능

> **오답피하기** 시스템 카탈로그의 갱신은 무결성 유지를 위하여 SQL을 이용하여 사용자가 직접 갱신하여야 한다(×).

E-R 다이어그램 표기법

기호	의미
□	개체
○	속성
◇	관계 : 개체 간의 상호 작용
──	연결

오답피하기 속성: 오각형(×), 삼각형 : 속성(×), 관계집합 : 삼각형(×)

> **더 알아보기**
> 다중값속성 ◎ : 여러 개의 값을 가질 수 있는 속성

릴레이션 특성

- 릴레이션의 튜플들은 모두 상이함
- 릴레이션에서 어트리뷰트들 간의 순서는 의미가 없음
- 한 릴레이션에 포함된 튜플 사이에는 순서가 없음
- 어트리뷰트는 원자값으로 분해는 불가능함

오답피하기
- 한 릴레이션에 포함된 튜플 사이에는 순서가 있다(×).
- 한 릴레이션을 구성하는 속성 사이에는 순서가 존재한다(×).

관계 데이터 구조

릴레이션	정보 저장의 기본 형태가 2차원 구조의 테이블
튜플	테이블이 한 행을 구성하는 속성들의 집합
도메인	하나의 애트리뷰트가 가질 수 있는 원자값들의 집합
차수(degree)	속성의 개수
카디널리티(기수; Cardinality)	튜플의 개수

오답피하기 속성의 수를 "cardinality" 라고 한다(×).

키의 종류

- **기본키(Primary Key)** : 릴레이션에서 튜플을 구별할 수 있고, NOT NULL로 널 값을 가지지 않음. 외래키로 참조될 수 있음

    오답피하기 검색할 때 반드시 필요하다(×).

- **외래키(foreign key)** : 다른 테이블을 참조하는 데 사용되는 속성(다른 릴레이션의 기본키를 참조하는 키)

    > **더 알아보기**
    > - 참조관계에서 과목테이블의 과목번호 속성이 기본키
    > - 수강테이블의 과목번호 속성이 외래키가 됨
    >
    > 과목(과목번호, 과목명)
    > 수강(수강번호, 학번, 과목번호, 학기)

- **후보키(candidate key)** : 속성 집합으로 구성된 테이블의 각 튜플을 유일하게 식별할 수 있는 속성이나 속성의 조합이며, 유일성과 최소성을 모두 만족시켜야 함
- **슈퍼키(super key)** : 유일성은 갖지만 최소성을 만족시키지 못하는 애트리뷰트 집합. 테이블을 구성하는 속성의 집합으로, 해당 집합에서 같은 튜플이 발생하지 않는 키

데이터 무결성 제약조건

- 데이터의 정확성 또는 유효성을 의미함
- 데이터베이스의 무결성 규정(Integrity Rule)은 권한이 있는 사용자로부터 데이터베이스를 보호하기 위한 규정
- **개체 무결성** : 릴레이션에서 기본키를 구성하는 속성은 널(Null)값이나 중복값을 가질 수 없음
- **참조 무결성** : 외래키 값은 참조 릴레이션에 있는 기본키와 같아야 한다는 규정(릴레이션 R1에 속한 애트리뷰

트의 조합인 외래키를 변경하려면 이를 참조하고 있는 릴레이션 R2의 기본키도 변경해야 하는 것)

관계 연산

- 관계 대수(Relational Algebra) : 원하는 정보와 그 정보를 어떻게 유도하는가를 기술하는 <u>절차적인 특성</u>
- 관계 해석(Relational Calculus) : 원하는 정보가 무엇이라는 것만 정의하는 비절차적인 특성
- 일반 집합 연산자 : 합집합, 교집합, 차집합, 카티션 프로덕트
- 순수 관계 연산자 : SELECT, PROJECT, JOIN, DIVISION

> **오답피하기** Cartesian Product(×), 차집합(difference)(×)

- 셀렉트(SELECT, σ) : 조건에 만족하는 행을 추출할 때 사용, σ선택조건(테이블 이름)
- 조인(JOIN, ⋈) : 두 릴레이션이 공통으로 가지고 있는 속성을 이용하여 두 개의 릴레이션을 하나로 합쳐서 새로운 릴레이션을 만드는 연산

> **Q 더 알아보기**
> ∀(모든) : '모든 것에 대하여'라는 의미의 논리기호

SQL의 분류

정의어(DDL)	<u>CREATE</u>, ALTER, DROP
조작어(DML)	SELECT, INSERT, DELETE, UPDATE
제어어(DCL)	GRANT, REVOKE
집계함수	COUNT, SUM, AVG, MAX, MIN
SQL의 논리 연산자	AND, OR, NOT

> **오답피하기** WHERE 조건절이 없는 DELETE 명령을 수행하면 DROP TABLE 명령을 수행했을 때와 동일한 효과를 얻을 수 있다(×).

> **Q 더 알아보기**
> - DDL(Data Definition Language) : 스키마, 도메인, 테이블, 뷰, 인덱스를 정의하거나 제거하는 데 사용
> - DROP문에서는 CASCADE 또는 RESTRICTED 옵션을 사용할 수 있음
> - RESTRICTED는 삭제할 요소가 참조 중이면 삭제되지 않지만, CASCADE는 삭제할 요소가 참조 중이더라도 삭제
> - ALTER : 기존 테이블에 대해 새로운 열의 첨가, 값의 변경, 기존 열의 삭제 등에 사용
> - GRANT : 데이터베이스 사용자에게 사용권한 부여

SELECT

```
SELECT 열_이름(검색 대상)
FROM 테이블_이름
[WHERE 조건]
[GROUP BY 열_이름 [HAVING 조건] ]
[ORDER BY 열_이름 [ASC or DESC] ]
```

> **오답피하기** 검색결과에 중복되는 레코드를 없애기 위해서는 WHERE절에 'DISTINCT'키워드를 사용한다(×).

- STUDENT 테이블에서 DEPT를 중복없이 검색

    ```
    SELECT DISTINCT DEPT FROM STUDENT;
    ```

- 도서가격 테이블에서 자료구조인 책의 도서가격을 검색

    ```
    SELECT 가격 FROM 도서가격
    WHERE 책번호 = (SELECT 책번호
    FROM 도서 WHERE 책명='자료구조');
    ```

- player 테이블에서 team_id가 'Korea'이고, height가 170~180인 player_name, height을 검색

    ```
    SELECT player_name, height
    FROM player
    WHERE team_id = 'Korea' AND height BETWEEN 170 AND 180;
    ```

> **오답피하기** height BETWEEN 170 OR 180;(×)

> **더 알아보기**
> BETWEEN 구문은 키워드로 'BETWEEN' 과 'AND'를 사용하며, 행의 범위 지정
>
> height BETWEEN 170 AND 180;
>
> height >=170 AND height <=180

- 학적 테이블에서 전화번호가 널인 학생명을 검색

  SELECT 학생명 FROM 학적 WHERE 전화번호 IS NULL;

- 공급자 테이블에서 공급자명이 %신%인 튜플을 검색

  SELECT * FROM 공급자 WHERE 공급자명 LIKE '%신%';

- R1 테이블에서 과목번호가 'C100'인 학생의 이름을 검색

  SELECT 이름
  FROM R1
  WHERE 학번 IN
      (SELECT 학번
       FROM R2
       WHERE 과목번호 = 'C100');

- INTERSECT는 교집합이므로 공통된 행을 추출하여 가져옴

  (SELECT 학번 FROM R1)
  INTERSECT
  (SELECT 학번 FROM R2)

- R1, R2 테이블에서 학번이 같고, 학과가 전자공학이고, 이름이 강남길인 학생의 과목번호와 과목이름을 검색

  SELECT 과목번호, 과목이름
  FROM R1, R2
  WHERE R1.학번 = R2.학번 AND
  R1.학과='전자공학' AND R1.이름 = '강남길';

- 봉급이 200 이상인 직원에 대해 나이의 오름차순으로 같은 나이에 대해서는 봉급의 내림차순으로 직원의 이름을 검색

  Select 이름
  From 직원
  Where 봉급 >= 200 Order By 나이 Asc, 봉급 Desc;

- 회원 테이블에서 회원번호가 N4인 회원의 전화번호를 '010-14'로 갱신

  UPDATE 회원 SET 전화번호 = '010-14'
  WHERE 회원번호 = 'N4';

  GRANT CREATE TABLE TO 유저명   // 테이블을 생성할 수 있는 권한
  GRANT DROP ANY TABLE TO 유저명 // 테이블을 제거할 수 있는 권한

- 사용자 X1에게 department 테이블에 대한 검색 연산을 회수하는 명령

  revoke select on department from X1;

  $\pi_{\text{이름}}(\sigma_{\text{학과 = '교육'}}(\text{학생}))$

  SELECT 이름 FROM 학생 WHERE 학과='교육';

데이터 제어언어(DCL)의 기능

데이터 보안, 무결성 유지, 병행수행 제어

오답피하기 논리적, 물리적 데이터 구조 정의(×)

뷰(view) : 가상(논리) 테이블

- 뷰는 CREATE 문을 사용하여 정의
- 뷰는 데이터의 논리적 독립성을 제공
- 뷰를 제거할 때에는 DROP 문을 사용
- 뷰의 정의는 ALTER 문을 이용하여 변경할 수 없음

오답피하기
- 뷰는 저장장치 내에 물리적으로 존재한다(×).
- 뷰 자체로 인덱스를 가짐(×)
- 뷰의 정의는 기본 테이블과 같이 ALTER문을 이용하여 변경한다(×).
- 뷰에 대한 삽입, 갱신, 삭제 연산 시 제약 사항이 따르지 않는다(×).
- 뷰는 논리적으로 존재하는 기본 테이블과 다르게 물리적으로만 존재하며 카탈로그에 저장된다(×).

정규화(Normalization)

- 중복을 배제하여 삽입, 삭제, 갱신 이상의 발생을 방지하는 것(논리적 설계 단계에서 수행)

   오답피하기 중복 데이터의 활성화(×)

- anomaly(이상) 현상 : 릴레이션 조작 시 데이터들이 불필요하게 중복되어 예기치 않게 발생하는 곤란한 현상을 의미하는 것(삽입/삭제/갱신 이상)

   오답피하기 종속 이상(×), 검색 이상(×)

- 어떤 릴레이션에서 속성들의 부분 집합을 X, Y라 할 때, 임의 튜플에서 X의 값이 Y의 값을 함수적으로 결정한다면, Y가 X에 함수적으로 종속되었다고 하고, 기호로는 X → Y 로 표기
- 함수종속 관계 A→B, B→C이면 A→C가 성립하는 이행적 함수종속(transitive FD)이 존재하며, 이는 이상현상의 원인이 됨
- 제1정규형(1NF) : 어떤 릴레이션 R에 속한 모든 도메인이 원자값(atomic value)만으로 되어 있다면, 제1정규형(1NF)에 속함
- 제2정규형(2NF) : 1NF를 만족하고 키가 아닌 모든 속성이 기본키에 대하여 완전 함수적 종속 관계를 만족해야 함
- 제3정규형(3NF) : 2NF를 만족하고 이행적 함수 종속을 제거
- 보이스/코드 정규형(BCNF) : 결정자가 후보키가 아닌 함수 종속을 제거
- 제5정규형(5NF) : 후보키를 통하지 않은 조인종속 제거

트랜잭션

- 한꺼번에 모두 수행되어야 할 일련의 데이터베이스 연산들[응용 프로그램 = 하나 이상의 트랜잭션]
- 트랜잭션 ACID 특징

영속성 (durability)	트랜잭션이 성공적으로 완료되면 처리 결과는 영속적으로 반영되어야 함
일관성 (consistency)	트랜잭션 시작 시점에 참조한 데이터는 종료까지 일관성을 유지해야 함
원자성 (atomicity)	트랜잭션의 연산은 데이터베이스에 모두 반영되든지 아니면 전혀 반영되지 않아야 함(Commit과 Rollback 명령어에 의해 보장 받는 트랜잭션의 특성)
격리성 (isolation)	동시에 다수 트랜잭션이 처리되는 경우 서로의 연산에 개입하면 안 됨

더 알아보기
- COMMIT : 트랜잭션을 완료하여 데이터 변경사항을 최종 반영되는 것
- ROLLBACK : 하나의 트랜잭션이 비정상적으로 종료되어 트랜잭션의 실행이 실패하였음을 알리는 연산자로 트랜잭션이 수행한 결과를 원래의 상태로 원상 복귀시키는 연산

- 트랜잭션의 상태
  ① 활동(active) : 트랜잭션이 실행을 시작하여 실행 중인 상태
  ② 부분 완료(partially committed) : 트랜잭션이 마지막 명령문을 실행한 직후의 상태
  ③ 장애(failed) : 정상적 실행을 더 이상 계속할 수 없어서 중단한 상태
  ④ 철회(aborted) : 트랜잭션이 실행에 실패하여 ROLLBACK 연산을 수행한 상태
  ⑤ 완료(committed) : 트랜잭션이 실행을 성공적으로 완료하여 COMMIT 연산을 수행한 상태

병행제어의 로킹(Locking) 단위

- 데이터베이스, 파일, 레코드 등은 로킹 단위가 될 수 있음
- 로킹 단위가 작아지면 데이터베이스 공유도가 증가
- 한꺼번에 로킹 할 수 있는 객체의 크기를 로킹 단위라고 함
- 로킹 단위가 크면 병행성 수준이 낮아짐

  오답피하기 로킹 단위가 작아지면 로킹 오버헤드가 감소한다(×).

- 병행제어의 목적 : 공유도는 최대, 응답 시간은 최소, 시스템 활용도는 최대

  오답피하기 데이터베이스 공유 최소화(×)

- 병행 제어 기법 종류 : 로킹 기법, 타임스탬프 기법, 다중 버전 기법

  오답피하기 시분할 기법(×)

> **더 알아보기**
> 타임스탬프 기법 : 동시성 제어를 위한 직렬화 기법으로 트랜잭션 간의 처리 순서를 미리 정하는 방법

분산 데이터베이스 투명성 (Transparency)

위치 투명성 (Location Transparency)	장소를 가리지 않고 데이터 접근 가능
중복 투명성 (Replication Transparency)	데이터 일관성 유지
장애 투명성 (Failure Transparency)	장애 시에도 무결성 보장
분할 투명성 (Division Transparency)	여러 단편으로 분할 및 저장

오답피하기 Media Access Transparency(×)

분산 데이터베이스 시스템의 주요 구성

분산 처리기 (distributed processor)	지리적으로 분산되어 있는 컴퓨터 시스템
분산 데이터베이스 (distributed database)	지리적으로 분산되어 있는 지역 데이터베이스
통신 네트워크 (communication network)	지리적으로 분산된 자치 처리기들을 통신으로 연결시켜 자원을 공유하게 함으로써 논리적으로 하나의 시스템 기능을 할 수 있게 하는 망

오답피하기 분산 데이터베이스 시스템의 주요 구성 요소는 분산 처리기, P2P 시스템, 단일 데이터베이스 등이 있다(×).

트리거(rtigger)

데이터베이스 시스템에서 삽입, 갱신, 삭제 등의 이벤트가 발생할 때마다 관련 작업이 자동으로 수행되는 절차형 SQL

인덱스(Index)

데이터베이스에 저장된 자료를 더욱 빠르게 조회하기 위하여 사용되는 것

오답피하기 시스템이 자동으로 생성하여 사용자가 변경할 수 없다(×).

OLAP 연산 유형

roll-up, drill-down, pivoting, slicing, dicing

오답피하기 translate(×)

회복(Recovery)

여러 가지 장애로 인해 손상된 데이터베이스를 손상되기 이전의 정상적인 상태로 복구시키는 작업(덤프와 로그 이용)

즉시(즉각) 갱신

- 오류가 발생하면 우선적으로 오류를 해결하며, 데이터베이스 로그를 필요로 함
- 오류가 발생하면 즉시 처리하므로 redo와 undo를 모두 이용

데이터베이스 이중화의 분류

Eager 기법	트랜잭션 수행 중 데이터 변경이 발생하면 이중화된 모든 데이터베이스에 즉시 전달하여 변경 내용이 즉시 적용되도록 하는 기법
Lazy 기법	트랜잭션 수행이 종료되면 변경 사실을 새로운 트랜잭션에 작성하여 각 데이터베이스에 전달되는 기법으로, 데이터베이스마다 새로운 트랜잭션이 수행되는 것으로 간주

프로그래밍 언어 활용

운영체제

- 다중 사용자와 다중 응용프로그램 환경하에서 자원의 현재 상태를 파악하고 자원 분배를 위한 스케줄링을 담당
- CPU, 메모리 공간, 기억 장치, 입출력 장치 등의 자원 관리
- 입출력 장치와 사용자 프로그램 제어
- 제어프로그램(Control Program) : 감시 프로그램, 데이터 관리 프로그램, 작업 제어 프로그램, 통신제어
- 처리프로그램(Processing Program) : 언어번역 프로그램, 서비스 프로그램

> **오답피하기** 운영체제의 종류로는 매크로 프로세서, 어셈블러, 컴파일러 등이 있다(×).

> **더 알아보기**
> 운영체제의 종류 : UNIX, Windows, Linux, Android, iOS 등

스레드(Thread)

- 스레드는 프로세스 내에서 실행되는 흐름의 단위이며, 다중 스레드 프로세스 모델은 프로세스를 각각의 스레드와 고유의 레지스터, 스택으로 표현
- 사용자 수준에서 지원되는 스레드가 커널에서 지원되는 스레드에 비해 가지는 장점은 커널 모드로의 전환 없이 스레드 교환이 가능하므로 오버헤드가 줄어듦

> **오답피하기** 한 개의 프로세스는 여러 개의 스레드를 가질 수 없다(×).

- 운영체제의 커널(Kernel)의 기능 : 프로세스 관리, 기억장치 관리, 입·출력 관리, 파일 관리, 시스템 호출 인터페이스 등

> **오답피하기** 사용자 인터페이스(×)

프로세스 상태 전이 순서

생성(New) 상태	작업이 제출되어 스풀 공간에 수록
준비(Ready) 상태	중앙처리장치가 사용 가능한(할당할 수 있는) 상태
실행(Running) 상태	프로세스가 중앙처리장치를 차지(프로세스를 실행)하고 있는 상태
대기(Block) 상태	I/O와 같은 사건으로 인해 중앙처리장치를 양도하고 I/O 완료 시까지 대기 큐에서 대기하고 있는 상태
완료(Exit) 상태	중앙처리장치를 할당받아 주어진 시간 내에 수행을 종료한 상태

> **오답피하기** Requst(×)

프로세스 스케줄링

- SJF(Shortest Job First)는 FCFS를 개선한 기법으로, 대기리스트의 프로세스들 중 작업이 끝나기까지의 실행시간 추정치가 가장 작은 프로세스에 CPU를 할당
- HRN(Highest Response-ratio Next) 스케줄링 : 우선 순위를 계산하여 그 수치가 가장 높은 것부터 낮은 순으로 우선 순위가 부여(HRN 우선순위 계산식 = (대기 시간+서비스 시간) / 서비스 시간)

기억장치 배치(placement) 전략

보조기억장치의 프로그램이나 데이터를 주기억장치의 빈 공간(가용 메모리 블록) 중 어느 위치에 적재할지를 결정하는 방법(최초적합(First Fit), 최적적합(Best Fit), 최악적합(Wrost Fit))

페이지 교체(Page Replacement) 알고리즘

- FIFO(First-In-First-Out), LRU(Least Recently Used), OPT(최적화 교체, OPTimal replacement)

  오답피하기 LUF(Least Used First)(×)

- FIFO(First In First Out, 선입선출) 알고리즘 : 가장 먼저 입력되었던 페이지 교체

  (페이지 프레임 : 4)

요구 페이지	1	2	3	1	2	4	5	1
페이지 프레임	1	1	1	1	1	1	5	5
		2	2	2	2	2	2	1
			3	3	3	3	3	3
						4	4	4
페이지 부재	○	○	○			○	○	○

- LRU(Least Recently Used) : 주기억장치에서 가장 오랫동안 사용되지 않은 페이지를 교체

요구 페이지	1	2	3	1	2	4	1	2	5
페이지 프레임	1	1	1	1	1	1	1	1	1
		2	2	2	2	2	2	2	2
			3	3	3	3	3	3	5
						4	4	4	4
페이지 부재	○	○	○			○			○

교착상태

- 교착상태 4대 발생조건 : 상호배제(Mutual Exclusion), 점유와 대기(Hold & Wait), 비선점(Non Preemption), 환형대기(순환대기, Circular Wait)

  오답피하기 선점(preemption)(×), Linear wait(×)

- 교착상태 회피(Avoidance) 기법 : 은행원 알고리즘(Banker's Algorithm)

가상기억장치의 일반적인 구현 방법

- 프로그램을 고정된 크기의 일정한 블록으로 나누는 Paging 기법과 가변적인 크기의 블록으로 나누는 Segmentation 기법이 있음
- 일반적으로 페이지 크기가 작아지면, 페이지의 개수가 많아지므로 페이지 맵 테이블의 크기가 증가함

Working Set(워킹셋)

운영체제의 가상기억장치 관리에서 프로세스가 일정 시간 동안 자주 참조하는 페이지들의 집합

스레싱(Thrashing) 현상

실행시간보다 교환시간이 큰 현상

디스크 스케줄링

SSTF (Shortest Seek Time First)	탐색 거리가 가장 짧은 트랙에 대한 요청을 먼저 서비스하는 기법으로 디스크 헤드는 현재 요청만을 먼저 처리하므로, 가운데를 집중적으로 서비스
C-LOOK	디스크 암(disk arm)이 내부 혹은 외부 트랙으로 이동할 때, 움직이는 방향에 더 이상 처리할 요구가 없는 경우 마지막 트랙까지 이동하지 않는 기법

파일 디스크립터(File Descriptor)

- 파일 관리를 위해 시스템이 필요로 하는 정보를 가지고 있으며, 파일 제어 블록(File Control Block)이라고도 함
- 보조기억장치에 저장되어 있다가 파일이 개방(open)되면 주기억장치로 이동

> **오답피하기** 사용자가 파일 디스크립터를 직접 참조할 수 있다(×).

Semaphore(세마포어)

- 임계 구역의 접근을 제어하는 상호배제 기법
- 멀티프로그래밍 환경에서 공유 자원에 대한 접근을 제한하는 방법으로 사용

UNIX

- 특징 : 대화식 운영체제(Shell), 멀티태스킹, 멀티유저환경, 계층적 파일 시스템, 이식성, 호환성 등
- 쉘(Shell) : 시스템과 사용자 간의 인터페이스를 담당. 명령어 해석기로 여러 종류의 쉘이 있음

> **오답피하기** 프로세스, 기억장치, 입출력 관리를 수행한다(×), 쉘 프로그램 실행을 위해 프로세스와 메모리를 관리한다(×).

> **더 알아보기**
> 메모리와 프로세스 관리는 쉘 프로그램에서 실행하는 것이 아니고, 커널에서 담당

- UNIX SHELL 환경변수 출력 명령어

printenv	환경변수 값을 출력
env	환경변수들 출력 또는 등록
setenv	환경변수의 값을 설정

> **오답피하기** configenv(×)

- 쉘 스크립트 제어문 종류

선택 실행문	if문, case문
반복 실행문	while문, do문, for문

> **오답피하기** repeat_do(×)

- UNIX 명령어

ls	자신이 속해있는 폴더 내에서의 파일 및 폴더들 표시
cat	파일 내용 출력
fork	새로운 프로세스를 생성하는 명령어
chmod	특정 파일 또는 디렉토리의 퍼미션 수정

모듈(Module)

- 모듈 : 독립된 하나의 소프트웨어 단위로 독립적으로 실행 가능하고 다른 프로그램에서 접근이나 재사용이 가능
- 모듈화(Modularity) : 소프트웨어의 모듈은 프로그래밍 언어에서 Subroutine, Function 등으로 표현될 수 있고, 모듈화는 시스템의 유지보수와 수정을 용이하게 함

> **오답피하기**
> • 모듈의 수가 증가하면 상대적으로 각 모듈의 크기가 커진다(×).
> • 응집도는 모듈과 모듈 사이의 상호의존 또는 연관 정도를 의미한다(×).

- 효과적인 모듈 설계
  ① 모듈 간의 결합도는 최소화, 응집력은 최대화되어야 독립성이 높아짐
  ② 복잡도와 중복성을 줄이고 일관성을 유지시킴
  ③ 유지보수가 용이해야 함

> **오답피하기** 모듈의 기능은 예측이 가능해야 하며 지나치게 제한적이어야 한다(×).

- 공통모듈의 재사용 범위에 따른 분류
  ① 컴포넌트 재사용
  ③ 함수와 객체 재사용
  ④ 애플리케이션 재사용

> **오답피하기** 더미코드 재사용(×)

- 응집도

1. 우연적 응집도(coincidental cohesion)	응집도가 낮음
2. 논리적 응집도(logical cohesion)	
3. 시간적 응집도(temporal cohesion)	
4. 절차적 응집도(procedural cohesion)	
5. 통신적 응집도(communicational cohesion)	
6. 순차적 응집도(sequential cohesion)	
7. 기능적 응집도(functional cohesion)	응집도가 높음

- Coincidental Cohesion : 서로 간에 어떠한 의미 있는 연관관계도 지니지 않은 기능 요소로 구성되는 경우이며, 서로 다른 상위 모듈에 의해 호출되어 처리상의 연관성이 없는 서로 다른 기능을 수행하는 경우의 응집도
- Temporal Cohesion : 모듈 내 구성 요소들이 서로 다른 기능을 같은 시간대에 함께 실행하는 경우의 응집도
- 절차적 응집도 : 모듈이 다수의 관련 기능을 가질 때 모듈안의 구성 요소들이 그 기능을 순차적으로 수행할 경우의 응집도
- 결합도

1. 내용 결합도(content coupling)	결합도가 높음
2. 공통 결합도(common coupling)	
3. 외부 결합도(external coupling)	
4. 제어 결합도(control coupling)	
5. 스탬프 결합도(stamp coupling)	
6. 자료 결합도(data coupling)	결합도가 낮음

- 내용 결합도(Content Coupling) : 한 모듈이 다른 모듈의 내부 기능 및 그 내부 자료를 참조하는 경우의 결합도
- control coupling : 어떤 모듈이 다른 모듈을 호출할 경우, 제어 정보를 파라미터로 넘겨주는 경우 이들 두 모듈은 제어 결합도를 가졌다고 함
- 스탬프 결합도(stamp coupling) : 두 모듈이 매개변수로 자료를 전달할 때, 자료구조 형태로 전달되어 이용

라이브러리

- 필요할 때 찾아서 쓸 수 있도록 모듈화되어 제공되는 프로그램
- 프로그래밍 언어에 따라 일반적으로 도움말, 설치 파일, 샘플 코드 등을 제공

> **오답피하기** 외부 라이브러리는 프로그래밍 언어가 기본적으로 가지고 있는 라이브러리를 의미하며, 표준 라이브러리는 별도의 파일 설치를 필요로 하는 라이브러리를 의미한다(×).

> **더 알아보기**
> 표준 라이브러리
> - 프로그래밍 언어가 기본적으로 가지고 있는 라이브러리를 의미
> - 외부 라이브러리는 별도의 파일 설치를 필요로 하는 라이브러리를 의미

프레임워크(Framework)

소프트웨어 구성에 필요한 기본 구조를 제공함으로써 재사용이 가능하게 해줌

배치 프로그램의 필수요소

- 대용량 데이터 : 대용량의 데이터를 처리할 수 있어야 함
- 자동화 : 심각한 오류 상황 외에는 사용자의 개입 없이 동작해야 함
- 안정성 : 어떤 문제가 생겼는지, 언제 발생했는지 등을 추적할 수 있어야 함
- 견고함 : 유효하지 않은 데이터도 처리하여 비정상적인 중단이 없도록 해야 함
- 성능 : 주어진 시간 내에 처리를 완료할 수 있어야 하고, 동시에 동작하고 있는 다른 애플리케이션을 방해하지 말아야 함

오답피하기 무결성은 주어진 시간 내에 처리를 완료할 수 있어야 하고, 동시에 동작하고 있는 다른 애플리케이션을 방해하지 말아야 한다(×).

C 프로그래밍 언어

- C언어 명칭(Identifier) 작성 규칙
  ① 예약어만을 명칭으로 사용할 수 없음
  ② 영문자, 숫자, 밑줄(_)을 사용하여 명칭을 구성할 수 있음
  ③ 숫자로 시작해서는 안 됨
  ④ 대문자와 소문자는 구별됨

  오답피하기 text-color(×), short(×)

  > **더 알아보기**
  > C언어는 변수명으로 '-'을 사용할 수 없음

- C언어 라이브러리 중 stdlib.h
  ① 문자열 변환, 의사 난수 생성, 동적 메모리 관리 등의 함수들을 포함하고 있음
  ② 문자열을 수치 데이터로 바꾸는 문자 변환함수와 수치를 문자열로 바꿔주는 변환함수 등이 있음

- C언어 자료형
  ① int : 정수 자료형
  ② float : 실수 자료형
  ③ char : 문자 자료형
  ④ double : 실수 자료형

C언어에서 비트논리연산자

연산자	기능	예
&	비트 논리곱(AND)	r = a & b;
|	비트 논리합(OR)	r = a|b;
^	비트 배타적 논리합(XOR)	r = a^b;
~	반전 (NOT, 1의 보수)	r = ~a;

오답피하기 ?(×)

- C언어에서 산술 연산자 : *, /, %, +, -
- C언어에서 대입 연산자 : =, +=, -=, *=, /=, %=, >>=, <<=, &=, ^=, |=

  오답피하기 =(×)

- C언어 구조체 키워드 : struct
- C언어에서 문자열을 정수형으로 변환하는 함수 : atoi( )
- C언어에서 strcmp(s1, s2)은 문자열 비교하는 함수

Java 프로그래밍 언어

- Java 접근제한자 : default(공백), public, protected, private

  오답피하기 package(×), internal(×)

- Java 데이터 타입 크기 : byte(1byte) < char, short(2byte) < int(4byte) < long(8byte)

  오답피하기 char 자료형은 나열된 여러 개의 문자를 저장하고자 할 때 사용한다(×).

- Java 출력 함수
  ① System.out.print( )
  ② System.out.println( )
  ④ System.out.printf( )

  오답피하기 System.out.printing( )(×)

- Garbage Collector : JAVA에서 힙(Heap)에 남아있으나 변수가 가지고 있던 참조값을 잃거나 변수 자체가 없어짐으로써 더 이상 사용되지 않는 객체를 제거해주는 역할을 하는 모듈

Python 프로그래밍 언어

- Python : 귀도 반 로섬(Guido van Rossum)이 발표한 언어로 인터프리터 방식이자 객체지향적이며, 배우기 쉽고 이식성이 좋은 것이 특징인 스크립트 언어
- 파이썬의 변수 작성 규칙 : 첫 자리에 숫자를 사용할 수 없으며 영문 대문자/소문자, 숫자, 밑줄(_)의 사용이 가능하고, 이미 사용되고 있는 예약어는 사용할 수 없음

  오답피하기 변수 이름의 중간에 공백을 사용할 수 있다 (×).

- 튜플(tuple) 타입 : Python 데이터 타입 중 시퀀스(Sequence) 데이터 타입에 해당하며 다양한 데이터 타입들을 주어진 순서에 따라 저장할 수 있으나 저장된 내용을 변경할 수 없음

스크립트 프로그래밍 언어 유형

JavaScript (자바스크립트), jQuery, JSP (JavaServer Pages), PHP (Hypertext Preprocessor), ASP (Active Server Pages), Python , VBScript

오답피하기 Cobol(×)

> **더 알아보기**
> PHP에서 사용 가능한 연산자 : @, <>, ===

오답피하기 #(×)

WAS(Web Application Server)

- HTTP를 통해 사용자 컴퓨터에 애플리케이션을 수행해주는 미들웨어
- JEUS, Tomcat, WebSphere, JBOSS 등

오답피하기 JVM(×)

> **더 알아보기**
> JVM : 자바가상머신으로 자바 애플리케이션의 독립성이나 이식성을 높일 수 있음

IEEE 802.3 : CSMA/CD

- 무선 랜에서 데이터 전송 시, 매체가 비어 있음을 확인한 뒤 충돌을 회피하기 위해 임의 시간을 기다린 후 데이터를 전송하는 방법
- 네트워크에 데이터 전송이 없는 경우라도 동시 전송에 의한 충돌에 대비하여 확인 신호를 전송

라우팅 프로토콜

- 내부 라우팅(Interior Routing) : AS 내의 라우팅 (IGP)
  - RIP(Routing Information Protocol), OSPF (Open Shortest Path First), IGRP(Interior Gateway Routing Protocol), EIGRP(Enhanced Interior Gateway Routing Protocol), IS-IS (Intermediate System-to-Intermediate System)
- 외부 라우팅(Exterior Routing) : AS 간 라우팅(EGP)
  - BGP(Border Gateway Protocol)

오답피하기 RIP는 최대 홉 카운트를 115홉 이하로 한정하고 있다(×), OSPF를 거리 벡터 라우팅 프로토콜이라고 한다(×).

> **더 알아보기**
> RIP : 거리 벡터 라우팅 프로토콜이며, 홉(Hop)을 기준으로 하고 최대 15홉까지 지원하므로 큰 망에선 사용할 수 없음

OSI 7계층

- 데이터링크 계층(2계층) : 링크의 설정과 유지 및 종료를 담당하며, 노드간의 오류제어와 흐름제어 기능을 수행하는 계층. 한 노드로부터 다른 노드로 프레임을 전송하는 책임(프로토콜 : HDLC, PPP, LLC)

  > 오답피하기 HTTP(×)

- 전송 계층(4계층) : 종단간 신뢰성 있고 효율적인 데이터를 전송하기 위해 오류검출과 복구, 흐름 제어를 수행하는 계층(단말기 사이에 오류 수정과 흐름제어를 수행하여 신뢰성 있고 명확한 데이터를 전달하는 계층)
- TCP/IP 프로토콜 중 전송계층 프로토콜 : TCP, UDP

  > 오답피하기
  > - TCP는 기본 헤더 크기는 100byte이고 160byte까지 확장 가능하다(×).
  > - TCP는 인접한 노드 사이의 프레임 전송 및 오류를 제어한다(×).
  > - TCP의 윈도우 크기는 송수신 측의 버퍼 크기로 최대크기는 32767bit이다(×).

  > 더 알아보기
  > TCP 기본 헤더 크기 : 20byte, 옵션 40byte를 포함시키면 60byte까지 확장 가능

- TCP의 윈도우 크기는 송수신 측의 버퍼 크기로 최대크기는 65535bit
- UDP는 비연결형(connectionless) 프로토콜이며, 흐름제어나 순서제어가 없어 전송속도가 빠름

  > 오답피하기 주로 주소를 지정하고, 경로를 설정하는 기능을 한다(×).

  > 더 알아보기
  > 데이터 전송을 위한 주소 지정, 경로 설정을 제공하는 기능은 IP 프로토콜의 특징

IP 프로토콜

- 비연결형 서비스 제공
- IP 프로토콜에서 Packet Length는 IP 헤더를 포함한 패킷 전체의 길이를 나타내며 최대 크기는 $2^{16}-1$비트

  > 오답피하기 체크섬(Checksum) 기능으로 데이터 체크섬(Data Checksum)만 제공한다(×).

Stop and Wait(정지 대기) 방식

- 가장 단순한 형태의 흐름제어
- 프레임이 손실되었을 때, 손실된 프레임 1개를 전송하고 수신자의 응답을 기다리는 방식으로 한 번에 프레임 1개만 전송할 수 있는 기법

자동 반복 요청 (ARQ; Automatic Repeat reQuest)

- 통신 경로에서 에러 발생 시 수신측은 에러의 발생을 송신 측에 통보하고 송신측은 에러가 발생한 프레임을 재전송
- 정지-대기(Stop-and-Wait) ARQ, Go-Back-N ARQ, 선택적 재전송(Selective-Repeat ARQ), 적응적(Adaptive) ARQ

  > 오답피하기 Non-Acknowledge ARQ(×)

기타 프로토콜

ARP(Address Resolution Protocol)	IP 주소를 MAC 주소로 변환하는 프로토콜(논리주소를 물리주소로 변환시켜 주는 프로토콜)

ICMP(Internet Control Message Protocol)	IP의 동작 과정에서의 전송 오류가 발생하는 경우에 대비해 오류 정보를 전송하는 목적으로 사용하는 프로토콜
ftp	파일 전송 프로토콜
TELNET	원격지 호스트 서버에 접근하기 위해 사용하는 프로토콜

클래스별 주소범위와 연결 가능한 호스트 수

구분	주소 범위	연결 가능한 호스트 개수
A 클래스	0.0.0.0 ~ 127.255.255.255	16,777,214개
B 클래스	128.0.0.0 ~ 191.255.255.255	65,534개
C 클래스	192.0.0.0 ~ 223.255.255.255	254개

🔍 **더 알아보기**
C Class에 속하는 IP address (200.168.30.1)

IPv6

- **128비트**의 주소 공간을 제공하며, 인증 및 보안 기능을 포함
- IPv6 확장 헤더를 통해 네트워크 기능 확장이 용이
- Unicast, Anycast, Multicast을 사용하며, 주소는 16진수로 표시

오답피하기
- 패킷 크기가 64Kbyte로 고정되어 있다(×).
- 32비트의 주소체계를 사용한다(×).
- 멀티캐스트(Multicast) 대신 브로드캐스트(Broadcast)를 사용한다(×).

IEEE 802.11e(2005)

QoS 보장을 위한 일련의 MAC 기능의 향상

버퍼 오버플로우

- 메모리를 다루는 데 오류가 발생하여 잘못된 동작을 하는 프로그램 취약점
- 스택 버퍼 오버플로우 대응방안 : 스택가드(Stack Guard), 스택쉴드(Stack Shield), ASLR(Address Space Layout Randomization), NX-bit(Non-executable stack)

🔍 **더 알아보기**
스택가드 : 메모리상에서 프로그램의 복귀 주소와 변수사이에 특정 값을 저장해 두었다가 그 값이 변경되었을 경우 오버플로우 상태로 가정하여 프로그램 실행을 중단하는 기술

정보시스템 구축관리

소프트웨어공학

소프트웨어공학의 궁극적 목표는 최소의 비용으로 계획된 일정보다 가능한 빠른 시일 내에 좋은 소프트웨어를 개발하는 것

소프트웨어의 생명주기 모형(SDLC)

- 폭포수 모형 : 고전적 생명주기 모형으로 선형 순차적인 접근방법을 이용, 단계적 정의와 산출물이 명확함, 모형의 적용 경험과 성공사례가 많음

   개발 중 발생한 요구사항을 쉽게 반영할 수 있다.(×)

- 나선형 모형(spiral model) : 프로토타입을 지속적으로 발전시켜 최종 소프트웨어 개발까지 이르는 개발방법으로 위험관리가 중심인 소프트웨어 생명주기 모형(계획 수립-위험 분석-개발 및 검증-고객 평가)

  - 계획, 설계, 개발, 평가의 개발 주기가 한 번만 수행된다(×).
  - 위험 분석(Risk Analysis)은 반복적인 개발 진행 후 주기의 마지막 단계에서 최종적으로 한 번 수행해야 한다(×).

- V 모델 : 폭포수 모델에 시스템 검증과 테스트 작업을 강조한 것, 높은 신뢰성이 요구되는 분야에 적합

   요구 분석 및 설계단계를 거치지 않으며 항상 통합 테스트를 중심으로 V 형태를 이룬다(×).

XP(eXtreme Programming)의 5가지 핵심 가치

핵심 가치	내용
존중(Respect)	팀 기반의 활동 중 팀원 간의 상호 존중을 강조
단순성(Simplicity)	사용되지 않는 구조와 알고리즘 배제
의사소통(Communication)	개발자, 관리자, 고객간의 원활한 의사소통
피드백(Feedback)	지속적인 테스트와 통합, 반복적 결함 수정, 빠른 피드백
용기(Courage)	고객의 요구사항 변화에 능동적인 대처

 고객 배제(×)

소프트웨어 비용 추정모형 (estimation models)

- COCOMO, Putnam, Function-Point

   PERT(×)

  > 🔍 더 알아보기
  > Putnam 모형 : Rayleigh-Norden 곡선의 노력 분포도를 이용한 프로젝트 비용 산정기법

  > 🔍 더 알아보기
  > 더 알아보기 : SLIM(Putnam 모형을 기초로 해서 만든 자동화 추정 도구)

- PERT 차트는 작업들 간의 상호 관련성, 결정경로, 경계시간, 자원할당 등을 제시
- 기능점수(FP) 모형에서 소프트웨어 기능 증대 요인 : 자료입력(입력 양식), 정보출력(출력보고서), 명령어(사용자 질의수), 데이터파일, 외부인터페이스가 있음

오답피하기 클래스 인터페이스(×)

LOC(원시코드라인 수) 기법

- S/W 각 기능의 원시 코드 라인 수의 비관치, 낙관치, 기대치를 측정하여 예측치를 구하고 이를 이용하여 비용을 산정하는 기법
- 노력(인월) = LOC/1인당 월평균 생산 코드 라인 수
- 개발 기간 = 노력(인월)/투입 인원

COCOMO

유기적 (organic model)	5만 라인 이하로 소규모 팀이 수행할 수 있는 아주 작고 간단한 소프트웨어 프로젝트
중간형 (semi-detached model)	30만 라인 이하의 프로젝트
내장형 (embeded model)	30만 라인 이상의 프로젝트

오답피하기 Sequential(×)

간트 차트

- 1919년 간트가 창안한 것으로 작업계획과 실제의 작업량을 작업일정이나 시간으로 견주어서 평행선으로 표시
- 프로젝트 일정 계획 및 이정표로 생명주기 단계, 일정계획(작업 일정), 이정표, 작업기간 등이 포함됨
- 소작업별로 작업의 시작과 끝을 나타낸 막대 도표

오답피하기 수평 막대의 길이는 각 작업(Task)에 필요한 인원 수를 나타낸다(×).

CPM

- CPM는 일정 산정 모형이며, CPM 네트워크에서 임계 경로는 최장 경로 의미
- 임계경로(Critical Path) : 전체 프로젝트의 작업공정은 여러 가지 경로가 형성되는데, 이 경로들 중 소요기간이 가장 많이 소요되는 경로

구조적 개발 방법론

- 정형화된 분석 절차에 따라 사용자 요구사항을 파악, 문서화하는 체계적 분석방법
- 특징 : 자료흐름도, 자료사전, 소단위명세서

N-S(Nassi-Schneiderman) chart

- 논리의 기술에 중점을 둔 도형식 표현 방법
- 연속, 선택 및 다중 선택, 반복 등의 제어논리 구조로 표현
- 조건이 복합되어 있는 곳의 처리를 시각적으로 명확히 식별하는 데 적합

오답피하기 주로 화살표를 사용하여 논리적인 제어구조로 흐름을 표현한다(×).

소프트웨어 개발 프레임워크

- 개발해야 할 애플리케이션의 일부분이 이미 내장된 클래스 라이브러리로 구현되어 있고 그 기반이 되는 이미 존재하는 부분을 확장 및 이용하는 것으로 볼 수 있음
- JAVA 기반의 대표적인 소프트웨어 : 스프링(Spring)

소프트웨어 개발 프레임워크 적용 효과

- 품질보증, 예산 절감
- 개발 용이성
- 변경 용이성, 유지보수 용이

> **오답피하기** 시스템 복잡도 증가(×), 기술종속으로 인한 선행 사업자 의존도 증대(×)

소프트웨어 재사용 방법

- 합성 중심(Composition-Based) : 블록 구성 방법이며, 전자 칩과 같은 소프트웨어 부품, 즉 블록(모듈)을 만들어서 끼워 맞추는 방법으로 소프트웨어를 완성시키는 재사용 방법
- 생성 중심(Generation-Based) : 패턴 구성 방법이며, 추상화 형태로 써진 명세를 구체화하여 프로그램을 만드는 방법

SPICE(ISO/IEC 15504)

- 소프트웨어 개발 표준 중 소프트웨어 품질 및 생산성 향상을 위해 소프트웨어 프로세스를 평가 및 개선하는 국제 표준
- 수준0(불안정) ~ 수준5(최적화)

ISO 12207 표준의 기본 생명주기

획득, 공급, 개발, 운영, 유지보수 프로세스

> **오답피하기** 성능평가 프로세스(×)

소프트웨어 테일러링

- 프로젝트 특성 및 상황에 적용하기 위해 기정의된 개발 방법론의 절차나 기법, 산출물 등을 수정 및 보완하여 적용하는 작업

> **오답피하기** 프로젝트 수행 시 예상되는 변화를 배제하고 신속히 진행하여야 한다(×).

- 테일러링(Tailoring) 개발 방법론의 내부 기준 : 납기/비용, 기술환경, 구성원 능력

> **오답피하기** 국제표준 품질기준(×)

서비스 지향 아키텍처(Service Oriented Architecture, SOA) 기반 계층

- 비즈니스 계층(Business Layer)
- 표현 계층(Presentation Layer)
- 프로세스 계층(Process Layer)
- 서비스 계층(Service Layer)
- 영속 계층(Persistency Layer)

> **오답피하기** 제어 클래스층(×)

CBD(Component Based Development)

- 컴포넌트 기반 개발이며, 기존의 시스템 및 소프트웨어를 구성하고 있는 컴포넌트를 조립해서 하나의 새로운 애플리케이션을 만드는 소프트웨어 개발 방법론으로 1990년대에 주류를 이루었던 방식

> **오답피하기** 모듈의 분할과 정복에 의한 하향식 설계 방식이다(×).

> **더 알아보기**
> 모듈의 분할과 정복에 의한 하향식 설계 방식은 구조적 개발 방법론

- CBD 방법론의 개발 공정

요구파악 단계	요구사항 기술서, 용어 사전, 개념 모델, 유즈 케이스 모델
분석 및 설계	객체 모델, UI 설계서, 아키텍처 기술서, 인터페이스 명세서, 컴포넌트 명세서, 컴포넌트 설계서, 데이터베이스 설계서
구현	개발 표준 정의서, 플랫폼 종속적 코드
테스트	테스트 계획서, 컴포넌트 테스트 보고서, 통합 테스트 보고서, 인수 테스트 보고서

오답피하기 사용자 요구사항 정의서(×)

소프트웨어 정의 데이터센터 (SDDC : Software Defined Data Center)

데이터 센터의 모든 자원이 가상화되어 서비스되고, 사람의 개입 없이 소프트웨어 조작만으로 자동 제어 관리되는 데이터 센터

오답피하기 특정 하드웨어에 종속되어 특화된 업무를 서비스하기에 적합하다(×).

정보보안의 3대 요소

- 기밀성(confidentiality), 무결성(integrity), 가용성(availability)

  오답피하기 휘발성(×)

- 무결성 : 시스템 내의 정보는 오직 인가된 사용자만 수정할 수 있는 보안 요소

백도어 탐지 방법

무결성 검사, 로그 분석, SetUID 파일 검사, 비정상 포트 및 외부 연결 확인

오답피하기 닫힌 포트 확인(×)

취약점 관리를 위해 수행하는 작업

- 무결성 검사
- 응용 프로그램의 보안 설정 및 패치(Patch) 적용
- 불필요한 서비스 및 악성 프로그램의 확인과 제거

오답피하기 중단 프로세스 및 닫힌 포트 위주로 확인(×)

사용자 인증의 유형

- 지식 : 주체는 '그가 알고 있는 것'을 보여주며 예시로는 패스워드, PIN 등
- 소유 : 주체는 '그가 가지고 있는 것'을 보여주며 예시로는 토큰, 스마트카드 등
- 존재 : 주체는 '그를 나타내는 것'을 보여주며 예시로는 지문, 홍채 등
- 행위 : 주체는 '그가 하는 것'을 보여주며 예시로는 서명, 움직임, 음성 등

Authentication(인증)

- 자신의 신원(Identity)을 시스템에 증명하는 과정
- 아이디와 패스워드를 입력하는 과정이 가장 일반적인 예시라고 볼 수 있음

솔트(salt) 사용

- 솔트는 공개되어 있는 랜덤값으로 패스워드의 해시값 생성 시 함께 사용
- 솔트를 사용하면 접근 권한을 얻으려는 공격자가 수행하는 해시 함수 연산 횟수가 증가하여, 보다 안전한 패스워드 인증 방식이 됨

SSO(Single Sign On)

시스템이 몇 대가 되어도 하나의 시스템에서 인증에 성공하면 다른 시스템에 대한 접근권한도 얻는 시스템을 의미

정보 보안을 위한 접근통제 정책 종류

정책	MAC (강제적 접근통제)	DAC (임의적 접근통제)	RBAC (역할기반 접근통제)
권한부여	시스템	데이터소유자	중앙관리자
접근결정	보안등급 (Label)	신분 (Identity)	역할 (Role)
정책변경	고정적 (변경 어려움)	변경 용이	변경 용이
장점	안정적 중앙 집중적	구현 용이 유연함	관리 용이

오답피하기 데이터 전환 접근 통제(×)

Bell-Lapadula Model

- 기밀성을 강조하는 모델
- 군대의 보안 레벨처럼 정보의 기밀성에 따라 상하관계가 구분된 정보를 보호하기 위해 사용

대칭키 암호화 알고리즘

- 대칭 암호 알고리즘은 비밀키 전달을 위한 키 교환이 필요하여 키분배나 관리에 어려움이 있지만, 키의 길이가 짧아서 암호화 및 복호화의 속도가 빠름
- 블록 암호화 방식 : DES(64비트 블록), TDES, SEED, AES, ARIA, IDEA
- 스트림 암호화 방식 : RC4

더 알아보기
ARIA(우리나라 국가 표준으로 지정되었으며 경량 환경 및 하드웨어 구현에서의 효율성 향상을 위해 개발된 128비트 블록 암호 알고리즘)

블록 암호의 운용모드

ECB(Electric CodeBook) 모드, CBC(Cipher Block Chaining) 모드, CFB(Cipher FeedBack) 모드, OFB(Output-FeedBack) 모드, CTR(CounTeR) 모드

오답피하기 ECC(Electronic Cipher Code)(×)

공개키(비대칭키) 암호화 방식

- 공개키로 암호화된 메시지는 반드시 개인키로 복호화해야 함
- 공개키 암호방식은 공개키와 개인키 쌍이 필요하여 n명의 사용자는 2n개의 키가 필요함
- RSA(소인수분해), EIGAMAI(이산대수), ECC(타원곡선)

더 알아보기
RSA(Rivest, Sharmir, Adleman) : 소인수 분해 문제를 이용한 공개키 암호화 기법에 널리 사용되는 암호 알고리즘 기법

해시함수 알고리즘

MD4, MD5, SHA-1

오답피하기 AES(×)

더 알아보기
해시기법 : 무결성 보장을 위해 사용되며, 일방향 암호화 방식

Secure OS

- 컴퓨터 운영체제의 커널에 보안 기능을 추가한 것으로 운영체제의 보안상 결함으로 인하여 발생 가능한 각종 해킹으로부터 시스템을 보호하기 위하여 사용되는 것
- 보안 기능 : 식별/인증, 임의적 접근통제, 강제적 접근통제 등

오답피하기 고가용성 지원(×)

umask를 이용한 파일권한 설정 (기본값 : 022)

- 새롭게 생성되는 파일이나 디렉터리는 디폴트 권한으로 생성되며 이러한 디폴트 권한은 umask 값에 의해서 결정됨
- 파일이나 디렉터리 생성시에 기본 권한을 설정해 줌, 각 기본권한에서 umask 값만큼 권한이 제한됨(디렉터리 기본권한 : 777, 파일 기본권한 : 666)

wtmp(로그파일)

- 리눅스 시스템에서 사용자의 성공한 로그인/로그아웃 정보 기록
- 시스템의 종료/시작 시간 기록

Ping Flood 공격

특정 사이트에 매우 많은 ICMP Echo를 보내면, 이에 대한 응답(Respond)을 하기 위해 시스템 자원을 모두 사용하여 시스템이 정상적으로 동작하지 못하도록 하는 공격방법

Smurfing 공격

IP 또는 ICMP의 특성을 악용하여 특정 사이트에 집중적으로 데이터를 보내 네트워크 또는 시스템의 상태를 불능으로 만드는 공격 방법

DDoS(Distribute Denial of Service) 공격 종류

Trinoo(트리누), Tribe Flood Network(TFN, 트리벌 플러드), Stacheldraht(슈타첼드라트)

스위치 재밍(MACOF)

- 스위치의 주소 테이블의 기능을 마비시키는 공격
- 스위치에 랜덤한 형태로 생성한 MAC을 가진 패킷을 무한대로 보내면, 스위치의 MAC 테이블은 자연스레 저장 용량을 넘게 되고, 이는 스위치의 원래 기능을 잃고 더미 허브처럼 작동하게 됨

세션 하이재킹을 탐지하는 방법

비동기화 상태 탐지, ACK STORM 탐지, 패킷의 유실 및 재전송 증가 탐지

오답피하기 FTP SYN SEGMENT 탐지(×)

SQL Injection 공격

사용자 입력 값이나 URL 요청 등에 포함되는 파라미터(parameter)에 악의적인 시스템 명령 또는 SQL 구문을 삽입하여 공격하는 기법

오답피하기 DBMS의 종류와 관계없이 SQL Injection 공격 기법은 모두 동일하다(×).

취약점 관리를 위한 응용 프로그램의 보안 설정

운영체제의 접근 제한, 운영체제의 정보 수집 제한, 실행 프로세스 권한 설정

오답피하기 서버 관리실 출입 통제(×)

버스형 토폴로지

선형 방식으로 컴퓨터 또는 주변 장치를 연결하기 위한 가장 쉬운 네트워크 토폴로지

DPI(Deep Packet Inspection)

OSI 7 Layer 전 계층의 프로토콜과 패킷 내부의 콘텐츠를 파악하여 침입 시도, 해킹 등을 탐지하고 트래픽을 조정하기 위한 패킷 분석 기술

IPSec(IP Security)

안전하지 않은 네트워크상의 두 컴퓨터 사이에 암호화된 안전한 통신을 제공하는 프로토콜

오답피하기 암호화 수행 시 일방향 암호화만 지원한다(×).

SSH(Secure Shell)

- 서로 연결되어 있는 컴퓨터 간 원격 명령실행이나 셸 서비스 등을 수행함
- 전송되는 데이터는 암호화됨

가상사설망 (VPN: Virtual Private Network)

- 이용자가 인터넷과 같은 공중망에 사설망을 구축하여 마치 전용망을 사용하는 효과를 가지는 보안 솔루션
- 기본 네트워크 포트는 22번을 사용

침입탐지 시스템 (IDS : Intrusion Detection System)

침입탐지시스템은 대상 시스템(네트워크 세그먼트 탐지 영역)에 대한 인가되지 않은 행위와 비정상적인 행동을 탐지하고, 탐지된 불법 행위를 구별하여 실시간으로 침입을 차단하는 기능을 가진 보안시스템

Worm

악성코드의 유형 중 다른 컴퓨터의 취약점을 이용하여 스스로 전파하거나 메일로 전파되며 스스로를 증식

랜섬웨어(Ransomware)

- 인터넷 사용자의 컴퓨터에 침입해 내부 문서 파일 등을 암호화해 사용자가 열지 못하게 하는 공격
- 암호 해독용 프로그램의 전달을 조건으로 사용자에게 돈을 요구하기도 함

tcp wrapper

어떤 외부 컴퓨터가 접속되면 접속 인가 여부를 점검해서 인가된 경우에는 접속이 허용되고, 그 반대의 경우에는 거부할 수 있는 접근제어 유틸리티

nmap(network mapper)

서버에 열린 포트 정보를 스캐닝해서 보안 취약점을 찾는 데 사용하는 도구

 ## DAS(Direct Attached Storage)

- 하드디스크와 같은 데이터 저장장치를 호스트버스 어댑터에 직접 연결하는 방식
- 저장장치와 호스트 기기 사이에 네트워크 디바이스가 있지 말아야 하고 직접 연결하는 방식으로 구성

 ## SAN(Storage Area Network)

- 네트워크상에 광채널 스위치의 이점인 고속 전송과 장거리 연결 및 멀티 프로토콜 기능을 활용
- 각기 다른 운영체제를 가진 여러 기종들이 네트워크상에서 동일 저장장치의 데이터를 공유하게 함으로써, 여러 개의 저장장치나 백업 장비를 단일화시킨 시스템

 ## SDS(Software Defined Storage)

- 가상화를 적용하여 필요한 공간만큼 나눠 사용할 수 있도록 하며 서버 가상화와 유사함
- 스토리지 자원을 효율적으로 나누어 쓰는 방법으로 이해할 수 있음

 ## SDN(Software Defined Networking)

네트워크를 제어부, 데이터 전달부로 분리하여 네트워크 관리자가 보다 효율적으로 네트워크를 제어, 관리할 수 있는 기술

 ## SADT(Structured Analysis and Design Technique)

SoftTech사에서 개발된 것으로 구조적 요구 분석을 하기 위해 블록 다이어그램을 채택한 자동화 도구

 ## 고가용성 솔루션(HACMP)

각 시스템 간에 공유 디스크를 중심으로 클러스터링으로 엮여 다수의 시스템을 동시에 연결할 수 있음

 ## Mashup

- 웹에서 제공하는 정보 및 서비스를 이용하여 새로운 소프트웨어나 서비스, 데이터베이스 등을 만드는 기술
- 각종 콘텐츠와 서비스를 융합하여 새로운 웹서비스를 만들어내는 것

 ## Data Mining(데이터 마이닝)

빅데이터 분석 기술 중 대량의 데이터를 분석하여 데이터 속에 내재되어 있는 변수 사이의 상호관계를 규명하여 일정한 패턴을 찾아내는 기법

 ## Seven Touchpoints

실무적으로 검증된 개발보안 방법론 중 하나로써 SW 보안의 모범 사례를 SDLC에 통합한 소프트웨어 개발 보안 생명주기 방법론

디지털 트윈(digital twin)

물리적인 사물과 컴퓨터에 동일하게 표현되는 가상 모델로 실제 물리적인 자산 대신 소프트웨어로 가상화함으로써 실제 자산의 특성에 대한 정확한 정보를 얻을 수 있고, 자산 최적화, 돌발사고 최소화, 생산성 증가 등 설계부터 제조, 서비스에 이르는 모든 과정의 효율성을 향상시킬 수 있는 모델

N-Screen

PC, TV, 휴대폰에서 원하는 콘텐츠를 끊김없이 자유롭게 이용할 수 있는 서비스

Mesh Networ(메쉬 네트워크)

- 기존 무선 랜의 한계 극복을 위해 등장하였으며, 대규모 디바이스의 네트워크 생성에 최적화되어 차세대 이동통신, 홈네트워킹, 공공 안전 등의 특수목적을 위한 새로운 방식의 네트워크 기술
- 다른 국을 향하는 호출이 중계에 의하지 않고 직접 접속되는 <u>그물 모양의 네트워크</u>

라우터

3계층(네트워크 계층)의 장비이며, 서로 다른 네트워크 대역에 있는 호스트들 상호 간에 통신할 수 있도록 해주는 역할

하둡(Hadoop)

- 오픈 소스를 기반으로 한 분산 컴퓨팅 플랫폼으로 일반 PC급 컴퓨터들로 가상화된 대형 스토리지를 형성
- 다양한 소스를 통해 생성된 빅데이터를 효율적으로 저장하고 처리

> **더 알아보기**
> 스쿱(Sqoop) : 하둡(Hadoop)과 관계형 데이터베이스 간에 데이터를 전송할 수 있도록 설계된 도구

MapReduce

- 대용량 데이터를 분산 처리하기 위한 목적으로 개발된 프로그래밍 모델
- 방대한 입력 데이터를 분할하여 여러 개의 머신들이 분산 처리하는 맵(Map) 함수 단계와 이를 다시 하나의 결과로 합치는 리듀스(Reduce) 함수 단계로 나뉨

MQTT(Message Queuing Telemetry Transpor)

사물통신, 사물인터넷과 같이 대역폭이 제한된 통신 환경에 최적화하여 개발된 푸시기술 기반의 경량 메시지 전송 프로토콜

PICONET(피코넷)

여러 개의 독립된 통신장치가 UWB(Ultra Wideband) 통신 기술 또는 블루투스 기술을 사용하여 통신망을 형성하는 무선 네트워크 기술

Wavelength Division Multiplexing

- 광섬유를 이용한 통신기술의 하나를 의미
- 파장이 서로 다른 복수의 광신호를 동시에 이용하는 것으로 광섬유를 다중화하는 방식
- 빛의 파장 축과 파장이 다른 광선은 서로 간섭을 일으키지 않는 성질 이용

OWASP(The Open Web Application Security Project)

- 오픈소스 웹 애플리케이션 보안 프로젝트
- 주로 웹을 통한 정보 유출, 악성 파일 및 스크립트, 보안 취약점 등을 연구하는 곳

XSS(Corss Site Scripting)

웹페이지에 악의적인 스크립트를 포함시켜 사용자 측에서 실행되게 유도함으로써, 정보유출 등의 공격을 유발할 수 있는 취약점

Baas(Blockchain as a Service)

블록체인(Blockchain) 개발환경을 클라우드로 서비스하는 개념

스마트 그리드

전기 및 정보통신기술을 활용하여 전력망을 지능화, 고도화함으로써 고품질의 전력서비스를 제공하고 에너지 이용 효율을 극대화하는 전력망

Evil Twin Attack

소셜 네트워크에서 악의적인 사용자가 지인 또는 특정 유명인으로 가장하여 활동하는 공격 기법

텐서플로(TensorFlow)

- 구글의 구글 브레인 팀이 제작하여 공개한 기계 학습(Machine Learning)을 위한 오픈소스 소프트웨어 라이브러리
- 구글 검색, 광고, 유튜브 등 실제 서비스에 적용

PaaS-TA

- 국내 IT 서비스 경쟁력 강화를 목표로 개발됨
- 인프라 제어 및 관리 환경, 실행 환경, 개발 환경, 서비스 환경, 운영환경으로 구성되어 있는 개방형 클라우드 컴퓨팅 플랫폼

VLAN(Virtual Local Area Network)

- 물리적 배치와 상관없이 논리적으로 LAN을 구성하여 Broadcast Domain을 구분할 수 있게 해주는 기술
- 접속된 장비들의 성능향상 및 보안성 증대 효과가 있음

블루투스(Bluetooth) 공격

- 블루프린팅(BluePrinting) : 서비스 발견 프로토콜(SDP)를 통하여 블루투스 장치들을 검색하고 모델을 확인
- 블루재킹(BlueJacking) : 블루투스를 통해 메시지들을 보내며, 일반적으로 이들 메시지들은 피해가 없는 광고와 스팸들임

도커(Docker)

- 컨테이너 응용프로그램의 배포를 자동화하는 오픈소스 엔진
- 소프트웨어 컨테이너 안에 응용프로그램들을 배치시키는 일을 자동화해 주는 오픈 소스 프로젝트이자 소프트웨어로 볼 수 있음

스크래피(Scrapy)

Python 기반의 웹 크롤링(Web Crawling) 프레임워크

NTFS(NT File System)

- Windows NT 4.0 이상에서 사용되는 파일 시스템
- 파일 암호화 및 파일 레벨 보안을 지원함

 Zing

- 기기를 키오스크에 갖다 대면 원하는 데이터를 바로 가져올 수 있는 기술
- 10cm 이내 근접 거리에서 기가급 속도로 데이터 전송이 가능한 초고속 근접무선통신(NFC : Near Field Communication) 기술

클라우드 기반 HSM(Cloud-based Hardware Security Module)

- 클라우드 시스템 내에서 제공되는 정보보안 서비스 모듈
- 암호화키를 안전하게 보관/관리하고, 암호, 인증, 전자서명 등에 필요한 암호 알고리즘을 수행하기 위한 전용 하드웨어 모듈

> **오답피하기** 하드웨어가 아닌 소프트웨어적으로만 구현되기 때문에 소프트웨어식 암호 기술에 내재된 보안 취약점을 해결할 수 없다는 것이 주요 단점이다(×).

허니팟(Honeypot)

- 비정상적인 접근의 탐지를 위해 의도적으로 설치해 둔 시스템
- 침입자를 속여 실제 공격당하는 것처럼 보여줌으로써 크래커를 추적 및 공격기법의 정보를 수집하는 역할

Wi-SUN

스마트 그리드 서비스를 제공하기 위한 와이파이 기반의 저전력 장거리 통신기술

OTT(Over The Top)

인터넷을 통하여 TV, 영화 등 미디어 콘텐츠를 제공하는 서비스

베이퍼웨어(Vaporware)

- 아직 실용화되지 않았거나 실제 존재하지 않지만 논의되고 광고도 하는 소프트웨어 또는 하드웨어
- 일반적으로 기업이나 개인이 제품을 발표한 후, 실제로는 출시되지 않거나 개발이 중단된 경우 사용

Zigbee

- IEEE 802.15.4을 기반으로 함
- 저속/저전력의 무선망을 위한 기술

타조(Tajo)

오픈 소스를 기반으로하는 분산 컴퓨팅 플랫폼인 아파치(Apache) 하둡(Hadoop) 기반의 프로젝트

IBN(Intent Based Networking)

- 네트워크 관리 및 운영을 보다 직관적이고 자동화된 방식으로 구현하기 위한 혁신적인 접근 방식
- 네트워크 관리자가 네트워크의 의도(intent)나 목표를 고수준에서 정의하면, 네트워크가 이를 자동으로 해석하고 실행하며 지속적으로 유지하는 시스템을 제공

tripwire

크래커가 침입하여 백도어를 만들어 놓거나, 설정 파일을 변경했을 때 분석하는 도구

 Key Logger Attack

컴퓨터 사용자의 키보드 움직임을 탐지해 ID, 패스워드 등 개인의 중요한 정보를 몰래 빼가는 해킹 공격

PART 02

공개 기출 800제
(2020년 1회~2022년 2회)

2020년 1, 2회 | 공개기출문제

1과목 소프트웨어 설계

01 ★빈출

검토 회의 전에 요구사항 명세서를 미리 배포하여 사전 검토한 후 짧은 검토 회의를 통해 오류를 조기에 검출하는 데 목적을 두는 요구사항 검토 방법은?

① 빌드 검증 ② 동료 검토
③ 워크스루 ④ 개발자 검토

> 워크스루(Walkthrough)는 개발에 참여한 요원들이 개발자의 산출물의 품질을 검토하기 위한 목적으로 하는 기술 검토 회의로, 요구사항 명세서를 미리 배포하여 사전 검토한 후 짧은 검토 회의를 통해 오류를 조기에 검출하는 데 목적을 두는 요구사항 검토 방법

02

코드 설계에서 일정한 일련번호를 부여하는 방식의 코드는?

① 연상 코드 ② 블록 코드
③ 순차 코드 ④ 표의 숫자 코드

> ③ 일련번호식 코드(순차 코드, Sequential Code)는 발생순, 크기순, 가나다순 등에 따라 순차적으로 부여
> [오답해설]
> ① 연상 코드: 대상과 관계있는 문자나 숫자를 조합하여 만든 코드(상품명이나 거래처명에 많이 이용)
> ② 블록 코드 : 공통성 있는 것끼리 블록으로 묶어서 구분하며 블록 내에서는 순차적으로 부여
> ④ 표의 숫자 코드 : 대상항목의 크기, 중량, 거리 등을 그대로 사용하는 코드

03 ★빈출

객체지향 프로그램에서 데이터를 추상화하는 단위는?

① 메소드 ② 클래스
③ 상속성 ④ 메시지

> ② 클래스라는 개념은 객체 타입으로 구현된 소프트웨어를 의미. 클래스는 동일한 타입의 객체들의 메소드와 변수들을 정의하는 템플릿(templete)
> [오답해설]
> ① 메소드 : 메소드는 객체가 어떻게 동작하는지를 규정하고 속성의 값을 변경시킴
> ③ 상속성 : 새로운 클래스를 정의할 때 기존의 클래스들의 속성을 상속받고 필요한 부분을 추가하는 방법
> ④ 메시지 : 한 객체가 다른 객체의 메소드를 부르는 과정으로, 외부에서 하나의 객체에 보내지는 메소드의 요구

04 ★빈출

데이터 흐름도(DFD)의 구성요소에 포함되지 않는 것은?

① process ② data flow
③ data store ④ data dictionary

> 자료 흐름도의 구성
> 프로세스(process), 흐름, 자료 저장소(data store), 단말(terminator)

정답 01 ③ 02 ③ 03 ② 04 ④

05

소프트웨어 설계 시 구축된 플랫폼의 성능특성 분석에 사용되는 측정 항목이 아닌 것은?

① 응답시간(Response Time)
② 가용성(Availability)
③ 사용률(Utilization)
④ 서버 튜닝(Server Tuning)

> 플랫폼 성능 특성 측정 항목은 경과 시간(turnaround time), 사용률(utilization), 응답시간(response time), 가용성(availability)
> - 반환 시간(turnaround time) : 애플리케이션에 작업을 의뢰한 시간부터 처리가 완료될 때까지 걸린 시간
> - 사용률(utilization) : 애플리케이션이 의뢰한 작업을 처리하는 동안 CPU, 메모리 등의 자원 사용률
> - 응답시간(response time) : 애플리케이션에 요청을 전달한 시간부터 응답이 도착할 때까지 걸린 시간
> - 가용성(availability) : 일정 시간 내에 애플리케이션이 처리하는 일의 양

06

UML 확장 모델에서 스테레오 타입 객체를 표현할 때 사용하는 기호로 맞는 것은?

① ⟨⟨ ⟩⟩
② (( ))
③ {{ }}
④ [[ ]]

> UML 확장 모델에서 스테레오 타입 객체를 표현하는 것은 ⟨⟨ ⟩⟩

07

GoF(Gang of Four)의 디자인 패턴에서 행위 패턴에 속하는 것은?

① Builder
② Visitor
③ Prototype
④ Bridge

> 행위 패턴(Behavioral Patterns)
> 비지터(Visitor), 템플릿 메소드(Template Method), 커맨드(Command), 이터레이터(Iterator), 옵저버(Observer), 스테이트(State), 스트래티지(Strategy), 메멘토(Memento), Chain of Responsibility, 인터프리터(Interpreter), 미디에이터(Mediator) 패턴

08

자료 사전에서 자료의 생략을 의미하는 기호는?

① { }
② * *
③ =
④ ( )

자료 사전 기호	의미
=	항목의 정의(~로 구성되어 있다)
+	그리고, 순차(and)
( )	선택사양, 생략가능(optional)
{ }	반복(iteration)
[|]	여러 대안 중 하나 선택
* *	주석(comment)

09

트랜잭션이 올바르게 처리되고 있는지 데이터를 감시하고 제어하는 미들웨어는?

① RPC
② ORB
③ TP monitor
④ HUB

> ③ TP monitor(Transaction Processing monitor, 트랜잭션 처리 모니터) : 통신량이 많은 클라이언트와 서버 사이에 위치하여 서버 애플리케이션 및 자원을 효율적으로 관리
> [오답해설]
> ① RPC(Remote Procedure Call, 원격 프로시저 호출) : 네트워크 상에서 애플리케이션과 애플리케이션 간의 연동을 하기 위한 미들웨어(또는 다른 컴퓨터에 있는 원격 애플리케이션을 연동시키는 경우 많이 이용)
> ② ORB(Object Request Broker) : 객체지향 미들웨어로 분산 컴퓨팅 환경에서 프로그래머에게 다른 컴퓨터의 프로그램을 네트워크를 통해 호출할 수 있음

정답 05 ④ 06 ① 07 ② 08 ④ 09 ③

10

UI 설계 원칙에서 누구나 쉽게 이해하고 사용할 수 있어야 한다는 것은?

① 유효성　　② 직관성
③ 무결성　　④ 유연성

> ② 직관성(Intuitiveness)은 UI 설계 원칙에서 누구나 쉽게 이해하고 사용할 수 있도록 제작하는 것
> [오답해설]
> ① 유효성 : 사용자의 목적을 정확하게 달성하여야 함
> ④ 유연성 : 사용자의 요구사항을 최대한 수용하며, 오류를 최소화하여야 함

11

XP(eXtreme Programming)의 5가지 가치로 거리가 먼 것은?

① 용기　　② 의사소통
③ 정형분석　　④ 피드백

> - XP의 5가지 가치에 정형분석은 포함되지 않음
> - XP(eXtreme Programming)의 5가지 핵심 가치
>   1. 존중(Respect) : 팀 기반의 활동 중 팀원 간의 상호 존중을 강조
>   2. 단순성(Simplicity) : 사용되지 않는 구조와 알고리즘 배제
>   3. 의사소통(Communication) : 개발자, 관리자, 고객 간의 원활한 의사소통
>   4. 피드백(Feedback) : 지속적인 테스트와 통합, 반복적 결함 수정, 빠른 피드백
>   5. 용기(Courage) : 고객의 요구사항 변화에 능동적인 대처

12

UML 모델에서 사용하는 Structural Diagram에 속하지 않은 것은?

① Class Diagram　　② Object Diagram
③ Component Diagram　　④ Activity Diagram

> - Activity Diagram은 행위 다이어그램으로 분류
> - 구조적 다이어그램 : Class Diagram, Object Diagram, Component Diagram, Deployment Diagram, Composite Diagram, Package Diagram
> - 행위 다이어그램 : Use Case Diagram, Sequence Diagram, State Diagram, Activity Diagram, Timing Diagram, Communication Diagram

13

소프트웨어 개발 방법 중 요구사항 분석(requirements analysis)과 거리가 먼 것은?

① 비용과 일정에 대한 제약설정
② 타당성 조사
③ 요구사항 정의 문서화
④ 설계 명세서 작성

> 설계 명세서 작성은 분석단계가 아니라 설계단계에서 수행

14

럼바우(Rumbaugh)의 객체지향 분석 절차를 가장 바르게 나열한 것은?

① 객체 모형 → 동적 모형 → 기능 모형
② 객체 모형 → 기능 모형 → 동적 모형
③ 기능 모형 → 동적 모형 → 객체 모형
④ 기능 모형 → 객체 모형 → 동적 모형

> **Rumbaugh의 OMT(Object Modeling Technique) 기법**
> - 객체 모형화(object modeling) : 객체들을 식별하고 객체들 간의 관계를 정의
> - 동적 모형화(dynamic modeling) : 시스템이 시간 흐름에 따라 변화하는 것을 보여주는 상태 다이어그램(state diagram)을 작성
> - 기능 모형화(function modeling) : 시스템 내에서 데이터가 변하는 과정을 나타내며, 자료 흐름도(DFD)를 이용

정답 10 ② 11 ③ 12 ④ 13 ④ 14 ①

15

공통 모듈에 대한 명세 기법 중 해당 기능에 대해 일관되게 이해하고 한 가지로 해석될 수 있도록 작성하는 원칙은?

① 상호작용성　② 명확성
③ 독립성　　　④ 내용성

명세속성	설명
정확성	요구사항은 정확해야 함
명확성	단 한 가지로 해석되어야 함
완전성	모든 것(기능, 비기능)이 표현되어야 함
일관성	요구사항 간 충돌이 없어야 함
수정용이성	요구사항의 변경이 가능해야 함
추적성	제안서 등을 통해 추적이 가능해야 함

16

객체지향 기법에서 클래스들 사이의 '부분-전체(part-whole)' 관계 또는 '부분(is-a-part-of)'의 관계로 설명되는 연관성을 나타내는 용어는?

① 일반화　② 추상화
③ 캡슐화　④ 집단화

④ 집단화(aggregation)는 클래스들 사이의 '부분-전체(part-whole)' 관계 또는 '부분(is-a-part-of)'의 관계로 설명되는 연관성
[오답해설]
① 일반화(generalization) : 관계성의 종류는 is-a이며, 객체들에 있어 공통적인 성질들을 상위 객체로 정의
② 추상화 : 복잡한 구조(문제)를 해결하기 위하여 설계 대상의 상세내용은 배제하고 유사점을 요약해서 표현하는 기법
③ 캡슐화 : 객체를 정의할 때 서로 관련성이 많은 데이터들과 이와 연관된 함수들을 하나로 묶는 것

17 ⭐

CASE가 갖고 있는 주요 기능이 아닌 것은?

① 그래픽 지원
② 소프트웨어 생명주기 전 단계의 연결
③ 언어번역
④ 다양한 소프트웨어 개발 모형 지원

CASE의 주요 기능
다양한 소프트웨어 개발 모형 지원, 그래픽 지원, 소프트웨어 생명주기 전 단계의 연결

18

DBMS 분석 시 고려사항으로 거리가 먼 것은?

① 가용성　　　　② 성능
③ 네트워크 구성도　④ 상호 호환성

DBMS 분석 시 고려사항으로는 성능, 가용성, 상호 호환성 구축 비용이 있음

19

HIPO(Hierarchy Input Process Output)에 대한 설명으로 거리가 먼 것은?

① 상향식 소프트웨어 개발을 위한 문서화 도구이다.
② HIPO 차트 종류에는 가시적 도표, 총체적 도표, 세부적 도표가 있다.
③ 기능과 자료의 의존 관계를 동시에 표현할 수 있다.
④ 보기 쉽고 이해하기 쉽다.

HIPO는 Top-Down 개발기법(계층적 구조)이며, 문서의 체계화가 가능

20

객체지향 분석 방법론 중 E-R 다이어그램을 사용하여 객체의 행위를 모델링하며, 객체식별, 구조 식별, 주체정의, 속성 및 관계 정의, 서비스 정의 등의 과정으로 구성되는 것은?

① Coad와 Yourdon 방법
② Booch 방법
③ Jacobson 방법
④ Wirfs-Brocks 방법

① Coad/Yourdon 방법 : E-R 다이어그램을 사용하여 객체의 행위를 모델링하며 객체식별, 구조식별, 주체정의, 속성 및 관계정의, 서비스정의 등의 과정으로 구성
[오답해설]
② Booch 방법 : 여러 가지 다른 방법론을 통합하여 하나의 방법론으로 만들었는데 분석보다는 설계쪽에 더 많은 중점을 두고 있음. 규모가 큰 프로젝트 수행 시 과정이 매우 복잡해지며, 구현언어(Ada)에 제한됨

정답　15 ②　16 ④　17 ③　18 ③　19 ①　20 ①

2과목 소프트웨어 개발

21

정렬된 N개의 데이터를 처리하는 데 $O(N\log_2 N)$의 시간이 소요되는 정렬 알고리즘은?

① 선택 정렬 ② 삽입 정렬
③ 버블 정렬 ④ 합병 정렬

정렬 종류	평균	최악
버블 정렬	$O(n^2)$	$O(n^2)$
선택 정렬	$O(n^2)$	$O(n^2)$
삽입 정렬	$O(n^2)$	$O(n^2)$
퀵 정렬	$O(n\log n)$	$O(n^2)$
합병 정렬	$O(n\log n)$	$O(n\log n)$
힙 정렬	$O(n\log n)$	$O(n\log n)$

22

White Box Testing에 대한 설명으로 옳지 않은 것은?

① Base Path Testing, Boundary Value Analysis가 대표적인 기법이다.
② Source Code의 모든 문장을 한 번 이상 수행함으로써 진행된다.
③ 모듈 안의 작동을 직접 관찰할 수 있다.
④ 산출물의 각 기능별로 적절한 프로그램의 제어구조에 따라 선택, 반복 등의 부분들을 수행함으로써 논리적 경로를 점검한다.

> Base Path Testing(기본 경로 기법)은 화이트박스 테스트 기법이고, Boundary Value Analysis(경계값 분석 기법)는 블랙박스 테스트 기법

23

소프트웨어 품질 측정을 위해 개발자 관점에서 고려해야 할 항목으로 거리가 먼 것은?

① 정확성 ② 무결성
③ 사용성 ④ 간결성

> 개발자의 관점에서 소프트웨어 품질 측정 시에 소프트웨어가 간결하다고 품질이 좋은 것은 아니므로 간결성이 고려항목에 포함될 수 없음

24

인터페이스 구현 검증도구 중 아래에서 설명하는 것은?

- 서비스 호출, 컴포넌트 재사용 등 다양한 환경을 지원하는 테스트 프레임워크
- 각 테스트 대상 분산 환경에 데몬을 사용하여 테스트 대상 프로그램을 통해 테스트를 수행하고, 통합하여 자동화하는 검증 도구

① xUnit ② STAF
③ FitNesse ④ RubyNode

> ② STAF : 서비스 호출, 컴포넌트 재사용 등 다양한 환경을 지원하는 테스트 프레임워크
> [오답해설]
> ① xUnit : java(Junit), C++(Cppunit), .Net(Nunit) 등 다양한 언어를 지원하는 단위테스트 프레임워크
> ③ FitNesse : 웹기반 테스트케이스 설계/실행/결과확인 등을 지원하는 테스트 프레임워크

25

EAI(Enterprise Application Integration)의 구축 유형으로 옳지 않은 것은?

① Point-to-Point ② Hub&Spoke
③ Message Bus ④ Tree

EAI 유형	
구분	설명
Point-to-Point	1:1 방식으로 애플리케이션 통합 수행
Hub & Spoke	• 모든 데이터가 허브를 통해 전송 • 데이터 전송이 보장되며, 유지보수 비용 절감
메시징 버스	• 데이터 전송하는 데 버스를 이용함으로 병목 현상 발생 가능 • 대량의 데이터 교환에 적합
하이브리드	• Hub & spoke 방식과 메시징 버스 방식의 통합 • 유연한 통합 작업 가능

정답 21 ④ 22 ① 23 ④ 24 ② 25 ④

26

다음 트리를 전위순회(preorder traversal)한 결과는?

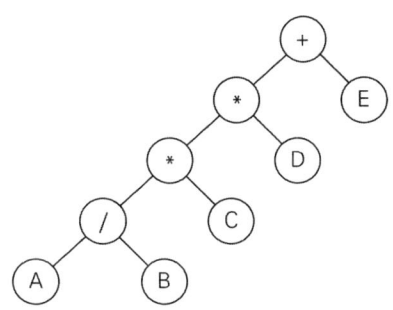

① +*AB/*CDE
② AB/C*D*E+
③ A/B*C*D+E
④ +**/ABCDE

> 전위순회는 root → left → right 순서이며, + → * → * → / → A → B → C → D → E 와 같이 방문

27

인터페이스 보안을 위해 네트워크 영역에 적용될 수 있는 솔루션과 거리가 먼 것은?

① IPSec
② SMTP
③ SSL
④ S-HTTP

> SMTP(Simple Mail Transfer Protocol)는 보안에 관련된 프로토콜이 아니라, 메일 전송 프로토콜
> [오답해설]
> ① IPSec(IP Security) : 안전하지 않은 네트워크상의 두 컴퓨터 사이에 암호화된 안전한 통신을 제공하는 프로토콜
> ③ SSL(Secure Socket Layer) : 인터넷을 통해 전달되는 정보 보안의 안전한 거래를 허용하기 위해 Netscape사에서 개발한 인터넷 통신 규약 프로토콜
> ④ S-HTTP(Secure HyperText Transfer Protocol) : HTTP 프로토콜에 송신자 인증, 메시지 기밀성과 무결성, 부인 방지 기능을 확장한 프로토콜

28

평가 점수에 따른 성적부여는 다음 표와 같다. 이를 구현한 소프트웨어를 경계값 분석 기법으로 테스트하고자 할 때 다음 중 테스트 케이스의 입력 값으로 옳지 않은 것은?

평가 점수	성적
80 ~ 100	A
60 ~ 79	B
0 ~ 59	C

① 59
② 80
③ 90
④ 101

> • 경계값 분석 기법은 입력조건의 중간값보다는 경계값에서 오류가 발생될 확률이 높다는 점을 이용해서 입력조건의 경계값에서 테스트 사례를 선정하는 기법
> • 90은 경계부분의 값이 아니므로 테스트 입력값으로 사용될 수 없음

29

반정규화(Denormalization) 유형 중 중복 테이블을 추가하는 방법에 해당하지 않는 것은?

① 빌드 테이블의 추가
② 집계 테이블의 추가
③ 진행 테이블의 추가
④ 특정 부분만을 포함하는 테이블의 추가

> 반정규화 유형에서 중복 테이블을 추가하는 방법
> 집계 테이블의 추가, 진행 테이블의 추가, 특정 부분만을 포함하는 테이블의 추가

30

ISO/IEC 9126의 소프트웨어 품질 특성 중 기능성(Functionlity)의 하위 특성으로 옳지 않은 것은?

① 학습성
② 적합성
③ 정확성
④ 보안성

> 기능성(Functionlity)의 하위 특성은 정확성, 적합성, 상호호환성, 보안성, 유연성이 있음

정답 26 ④ 27 ② 28 ③ 29 ① 30 ①

31

다음 트리의 차수(degree)와 단말 노드(terminal node)의 수는?

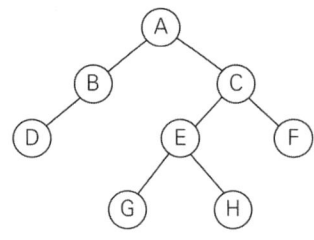

① 차수: 4, 단말 노드: 4
② 차수: 2, 단말 노드: 4
③ 차수: 4, 단말 노드: 8
④ 차수: 2, 단말 노드: 8

- 트리의 노드 중에서 가장 큰 차수가 트리의 차수(Degree of Tree)가 되므로 문제의 트리에서 노드 A, C, E의 차수는 2이고, 트리에서 이 차수가 가장 크므로 트리의 차수는 2
- 단말노드는 자식노드가 없는 노드를 말하며 문제의 트리에서 단말노드는 D, G, H, F로 모두 4개

32

디지털 저작권 관리(DRM)의 기술 요소가 아닌 것은?

① 크랙 방지 기술
② 정책 관리 기술
③ 암호화 기술
④ 방화벽 기술

디지털 저작권 관리(DRM)의 기술 요소에는 암호화, 키관리, 크랙방지, 정책관리, 인증, 식별기술, 저작권표현, 사용권 등이 있음

33

소프트웨어 테스트에서 오류의 80%는 전체 모듈의 20% 내에서 발견된다는 법칙은?

① Brooks의 법칙
② Boehm의 법칙
③ Pareto의 법칙
④ Jackson의 법칙

Pareto의 법칙은 소프트웨어 테스트에서 오류의 80%는 전체 모듈의 20% 내에서 발견된다는 법칙
[오답해설]
① Brooks의 법칙 : 스케줄 지연 사태는 인력 추가가 오히려 악화시킬 수 있음
② Boehm의 법칙 : 개발 단계 초기에 결함을 발견하면 나중 단계에 발견하는 것보다 시간과 비용을 절약할 수 있음

34

소프트웨어 형상관리의 의미로 적절한 것은?

① 비용에 관한 사항을 효율적으로 관리하는 것
② 개발 과정의 변경 사항을 관리하는 것
③ 테스트 과정에서 소프트웨어를 통합하는 것
④ 개발 인력을 관리하는 것

소프트웨어 형상관리는 소프트웨어에 대한 변경을 철저히 관리하기 위해 개발된 일련의 활동으로 소프트웨어를 이루는 부품의 Baseline(변경통제 시점)을 정하고 변경을 철저히 통제하는 것

35

알고리즘 시간복잡도 O(1)이 의미하는 것은?

① 컴퓨터 처리가 불가
② 알고리즘 입력 데이터 수가 한 개
③ 알고리즘 수행시간이 입력 데이터 수와 관계없이 일정
④ 알고리즘 길이가 입력 데이터보다 작음

O(1)는 상수시간을 말하며, 알고리즘 수행시간이 입력 데이터 수와 관계없이 항상 일정하다는 의미

36

소스코드 품질분석 도구 중 정적분석 도구가 아닌 것은?

① pmd
② cppcheck
③ valMeter
④ checkstyle

- 정적 분석 도구 : cppcheck, pmd, checkstyle 등
- 동적 분석 도구 : Valgrind, Avalanche 등

정답 31 ② 32 ④ 33 ③ 34 ② 35 ③ 36 ③

37

검증 검사 기법 중 개발자의 장소에서 사용자가 개발자 앞에서 행하는 기법이며, 일반적으로 통제된 환경에서 사용자와 개발자가 함께 확인하면서 수행되는 검사는?

① 동치 분할 검사
② 형상 검사
③ 알파 검사
④ 베타 검사

> **알파 테스트**
> 특정 사용자들에 의해 개발자 위치에서 테스트를 실행함. 즉, 관리된 환경에서 수행됨
> [오답해설]
> ① 동치 분할 검사(Equivalence Partitioning, 균등분할) : 프로그램의 입력 도메인을 시험사례가 산출될 수 있는 데이터의 클래스로 분류해서 테스트 사례를 만들어 검사하는 방법
> ④ 베타 검사 : 최종 사용자가 사용자 환경에서 검사를 수행하며, 개발자는 일반적으로 참석하지 않음

38

하향식 통합에 있어서 모듈 간의 통합 시험을 위해 일시적으로 필요한 조건만을 가지고 임시로 제공되는 시험용 모듈을 무엇이라고 하는가?

① Stub
② Driver
③ Procedure
④ Function

> • 하향식 통합 : 주프로그램으로부터 그 모듈이 호출하는 다음 레벨의 모듈을 테스트하고, 점차적으로 하위 모듈로 이동하는 방법. 드라이버는 필요치 않고 통합이 시도되지 않은 곳에 스텁이 필요하며, 통합이 진행되면서 스텁은 실제 모듈로 교체됨
> • Stub : 모듈의 부수적인 인터페이스를 사용하는 가짜 모듈(입출력 흉내만 내는 무기능 모듈)
> [오답해설]
> ② Driver : 시험사례를 입력받고, 시험을 위해 받은 자료를 모듈로 넘기고, 관련된 결과를 출력하는 메인 프로그램

39

SW 패키징 도구 활용 시 고려사항과 거리가 먼 것은?

① 패키징 시 사용자에게 배포되는 SW이므로 보안을 고려한다.
② 사용자 편의성을 위한 복합성 및 비효율성 문제를 고려한다.
③ 보안상 단일 기종에서만 사용할 수 있도록 해야 한다.
④ 제품 SW 종류에 적합한 암호화 알고리즘을 적용한다.

> 패키징은 프로그램 제작자가 최종 사용자가 사용할 프로그램을 다양한 환경에서 쉽게 자동으로 설치(업데이트/삭제 가능)할 수 있게 패키지를 만들어 배포하는 과정을 말함. 보안을 고려해야 하지만, 단일 기종에서만 사용할 수 있도록 할 수는 없음

40

외계인코드(Alien Code)에 대한 설명으로 옳은 것은?

① 프로그램의 로직이 복잡하여 이해하기 어려운 프로그램을 의미한다.
② 아주 오래되거나 참고문서 또는 개발자가 없어 유지보수 작업이 어려운 프로그램을 의미한다.
③ 오류가 없어 디버깅 과정이 필요 없는 프로그램을 의미한다.
④ 사용자가 직접 작성한 프로그램을 의미한다.

> **외계인코드(Alien Code)**
> 아주 오래되거나 참고문서 또는 개발에 참여했던 개발자를 찾을 수 없어 유지보수 작업이 어려운 프로그램을 의미

정답 37 ③ 38 ① 39 ③ 40 ②

3과목 데이터베이스 구축

41 ⭐

SQL의 분류 중 DDL에 해당하지 않는 것은?

① UPDATE ② ALTER
③ DROP   ④ CREATE

- 정의어(DDL) : CREATE, ALTER, DROP
- 조작어(DML) : SELECT, INSERT, DELETE, UPDATE
- 제어어(DCL) : GRANT, REVOKE

42

다음 두 릴레이션에서 외래키로 사용된 것은? (단, 밑줄 친 속성은 기본키이다.)

- 과목(<u>과목번호</u>, 과목명)
- 수강(<u>수강번호</u>, 학번, 과목번호, 학기)

① 수강번호 ② 과목번호
③ 학번   ④ 과목명

외래키는 다른 테이블을 참조하는 데 사용되는 속성으로 참조관계에서 과목테이블의 과목번호 속성이 기본키이며, 수강테이블의 과목번호 속성이 외래키가 됨

43 ⭐

데이터 무결성 제약조건 중 "개체 무결성 제약"조건에 대한 설명으로 맞는 것은?

① 릴레이션 내의 튜플들이 각 속성의 도메인에 지정된 값만을 가져야 한다.
② 기본키에 속해 있는 애트리뷰트는 널값이나 중복값을 가질 수 없다.
③ 릴레이션은 참조할 수 없는 외래키 값을 가질 수 없다.
④ 외래키 값은 참조 릴레이션의 기본키 값과 동일해야 한다.

개체 무결성
릴레이션에서 기본키를 구성하는 속성은 널(Null)값이나 중복값을 가질 수 없음
[오답해설]
① 릴레이션 내의 튜플들이 각 속성의 도메인에 지정된 값만을 가져야 한다는 규정은 도메인 무결성 제약
③ 릴레이션은 참조할 수 없는 외래키 값을 가질 수 없는 것은 참조 무결성 제약
④ 외래키 값은 참조 릴레이션의 기본키 값과 동일해야 한다는 규정은 참조 무결성 제약

44 ⭐

뷰(view)에 대한 설명으로 옳지 않은 것은?

① 뷰는 CREATE문을 사용하여 정의한다.
② 뷰는 데이터의 논리적 독립성을 제공한다.
③ 뷰를 제거할 때에는 DROP문을 사용한다.
④ 뷰는 저장장치 내에 물리적으로 존재한다.

뷰는 가상(논리) 테이블이므로 물리적으로 존재하지 않음

정답 41 ① 42 ② 43 ② 44 ④

45

다음 SQL문의 실행 결과는?

```
SELECT 가격 FROM 도서가격
WHERE 책번호 = (SELECT 책번호
FROM 도서 WHERE 책명='자료구조');
```

[도서]

책번호	책명
111	운영체제
222	자료구조
333	컴퓨터구조

[도서가격]

책번호	가격
111	20,000
222	25,000
333	10,000
444	15,000

① 10,000 ② 15,000
③ 20,000 ④ 25,000

> 서브쿼리의 where절이 먼저 실행되어 서브쿼리의 리턴값이 222가 됨. 도서가격테이블에서 책번호가 222인 것의 가격을 검색하므로 최종 결과값은 25,000

46

데이터베이스의 논리적 설계(logical design) 단계에서 수행하는 작업이 아닌 것은?

① 레코드 집중의 분석 및 설계
② 논리적 데이터베이스 구조로 매핑(mapping)
③ 트랜잭션 인터페이스 설계
④ 스키마의 평가 및 정제

> 논리적 설계(logical design)
> • 개념적 설계에서 만들어진 구조를 구현 가능한 data 모델로 변환하는 단계
> • 개념 세계를 데이터 모델링을 통해 논리적으로 표현
> • 데이터 필드로 기술된 데이터 타입과 이 데이터 타입들 간의 관계를 이용하여 현실 세계를 표현하는 방법
> • 트랜잭션 인터페이스가 포함됨
> • DBMS 종속적, Hardware 독립적

47

이행적 함수종속 관계를 의미하는 것은?

① A→B이고 B→C일 때, A→C를 만족하는 관계
② A→B이고 B→C일 때, C→A를 만족하는 관계
③ A→B이고 B→C일 때, B→A를 만족하는 관계
④ A→B이고 B→C일 때, C→B를 만족하는 관계

> 함수종속 관계 A→B, B→C이면 A→C가 성립하는 이행적 함수종속(transitive FD)이 존재하며, 이는 이상 현상의 원인이 됨

48

하나의 애트리뷰트가 가질 수 있는 원자값들의 집합을 의미하는 것은?

① 도메인 ② 튜플
③ 엔티티 ④ 다형성

> 도메인은 애트리뷰트가 취할 수 있는 값들의 집합
> [오답해설]
> ② 튜플 : 테이블이 한 행을 구성하는 속성들의 집합
> ③ 엔티티 : 단독으로 존재하며 다른 것과 구분되는 객체이며, 애트리뷰트들의 집합을 가짐

정답 45 ④ 46 ① 47 ① 48 ①

49

STUDENT 테이블에 독일어과 학생 50명, 중국어과 학생 30명, 영어영문학과 학생 50명의 정보가 저장되어 있을 때, 다음 두 SQL문의 실행 결과 튜플 수는? (단, DEPT 컬럼은 학과명)

> ⓐ SELECT DEPT FROM STUDENT;
> ⓑ SELECT DISTINCT DEPT FROM STUDENT;

① ⓐ 3, ⓑ 3
② ⓐ 50, ⓑ 3
③ ⓐ 130, ⓑ 3
④ ⓐ 130, ⓑ 130

- ⓐ는 중복 여부 상관없이 모든 값을 출력하므로 130이 됨
- ⓑ는 DISTINCT 키워드를 사용하여 지정된 컬럼명에 대하여 중복 없이 출력되므로 3이 됨

50

관계대수 연산에서 두 릴레이션이 공통으로 가지고 있는 속성을 이용하여 두 개의 릴레이션을 하나로 합쳐서 새로운 릴레이션을 만드는 연산은?

① ⋈
② ⊃
③ π
④ σ

조인(JOIN, ⋈)은 두 관계로부터 관련된 튜플들을 하나의 튜플로 결합하는 연산
[오답해설]
③ 프로젝트(PROJECT, π) : 테이블에서 속성리스트를 선택하여 검색할 수 있음
④ 셀렉트(SELECT, σ) : 테이블에서 조건에 맞는 행을 검색할 수 있음

51

트랜잭션의 특성 중 다음 설명에 해당하는 것은?

> "트랜잭션의 연산은 데이터베이스에 모두 반영되든지 아니면 전혀 반영되지 않아야 한다."

① Durability
② Share
③ Consistency
④ Atomicity

④ 원자성(Atomicity) : 트랜잭션은 전부, 전무의 실행만이 있지 일부 실행으로 트랜잭션의 기능을 가질 수는 없음
[오답해설]
① 영속성(durability) : 트랜잭션이 일단 그 실행을 성공적으로 끝내면 그 결과를 어떠한 경우에라도 보장받는다는 의미
③ 일관성(consistency) : 트랜잭션이 그 실행을 성공적으로 완료하면 언제나 일관된 데이터베이스 상태로 된다는 의미로 즉, 이 트랜잭션의 실행으로 일관성이 깨지지 않는다는 의미

52

분산 데이터베이스 목표 중 "데이터베이스의 분산된 물리적 환경에서 특정 지역의 컴퓨터 시스템이나 네트워크에 장애가 발생해도 데이터 무결성이 보장된다"는 것과 관계있는 것은?

① 장애 투명성
② 병행 투명성
③ 위치 투명성
④ 중복 투명성

장애 투명성은 데이터베이스의 분산된 물리적 환경에서 특정 지역의 컴퓨터 시스템이나 네트워크에 장애가 발생해도 데이터 무결성이 보장됨
[오답해설]
③ 위치 투명성 : 사용하려는 데이터가 저장된 사이트를 사용자는 알 필요가 없는 것이며, 위치 정보는 시스템 카탈로그에 유지
④ 중복 투명성 : 한 논리적 데이터 객체가 여러 상이한 사이트에 중복될 수 있으며, 중복 데이터의 일관성 유지는 사용자와 무관하게 시스템이 수행

53

데이터베이스 시스템에서 삽입, 갱신, 삭제 등의 이벤트가 발생할 때마다 관련 작업이 자동으로 수행되는 절차형 SQL은?

① 트리거(rtigger)
② 무결성(integrity)
③ 잠금(lock)
④ 복귀(rollback)

트리거는 데이터베이스가 미리 정해 놓은 특정 조건이 만족되거나 어떤 동작이 수행되면 자동으로 실행되도록 정의한 동작으로 조건이 만족되는 경우에 취해야 하는 조치를 명세함
[오답해설]
② 무결성(integrity) : 데이터베이스에 저장된 데이터 값과 그것이 표현하는 현실 세계의 실제값이 일치하는 정확성을 의미
③ 잠금(lock) : lock된 데이터는 다른 트랜잭션이 접근할 수 없으며, unlock될 때까지 대기하여야 함
④ 복귀(rollback) : 트랜잭션의 비정상적인 종료

정답 49 ③ 50 ① 51 ④ 52 ① 53 ①

54

참조 무결성을 유지하기 위하여 DROP문에서 부모 테이블의 항목 값을 삭제할 경우 자동적으로 자식 테이블의 해당 레코드를 삭제하기 위한 옵션은?

① CLUSTER ② CASCADE
③ SET-NULL ④ RESTRICTED

> DROP문에서는 CASCADE 또는 RESTRICTED 옵션을 사용할 수 있음. RESTRICTED는 삭제할 요소가 참조 중이면 삭제되지 않지만, CASCADE는 삭제할 요소가 참조 중이더라도 삭제됨

55

DML에 해당하는 SQL 명령으로만 나열된 것은?

① DELETE, UPDATE, CREATE, ALTER
② INSERT, DELETE, UPDATE, DROP
③ SELECT, INSERT, DELETE, UPDATE
④ SELECT, INSERT, DELETE, ALTER

> • 정의어(DDL) : CREATE, ALTER, DROP
> • 조작어(DML) : SELECT, INSERT, DELETE, UPDATE
> • 제어어(DCL) : GRANT, REVOKE

56

데이터 제어언어(DCL)의 기능으로 옳지 않은 것은?

① 데이터 보안
② 논리적, 물리적 데이터 구조 정의
③ 무결성 유지
④ 병행수행 제어

> 제어언어(DCL)의 기능은 정확성과 안정성을 유지하며 무결성 유지, 보안(권한) 검사, 병행수행 제어가 포함됨

57

병행제어의 로킹(Locking) 단위에 대한 설명으로 옳지 않은 것은?

① 데이터베이스, 파일, 레코드 등이 로킹 단위가 될 수 있다.
② 로킹 단위가 작아지면 로킹 오버헤드가 감소한다.
③ 로킹 단위가 작아지면 데이터베이스 공유도가 증가한다.
④ 한꺼번에 로킹할 수 있는 객체의 크기를 로킹 단위라고 한다.

> 로킹 단위가 작아지면 로킹 오버헤드가 증가하며, 로킹 단위가 커지면 로킹 오버헤드가 감소함

58

E-R 모델의 표현 방법으로 옳지 않은 것은?

① 개체타입: 사각형 ② 관계타입: 마름모
③ 속성: 오각형 ④ 연결: 선

E-R 다이어그램 표기법

기호	의미
□	개체
○	속성
◇	관계 : 개체 간의 상호작용
	연결

59

다음 설명의 ( )안에 들어갈 내용으로 적합한 것은?

> "후보키는 릴레이션에 있는 모든 튜플에 대해 유일성과 ( )을 모두 만족시켜야 한다."

① 중복성 ② 최소성
③ 참조성 ④ 동일성

> 후보키는 속성 집합으로 구성된 테이블의 각 튜플을 유일하게 식별할 수 있는 속성이나 속성의 조합이며, 유일성과 최소성을 모두 만족시켜야 함

정답 54 ② 55 ③ 56 ② 57 ② 58 ③ 59 ②

60

정규화 과정 중 1NF에서 2NF가 되기 위한 조건은?

① 1NF를 만족하는 모든 도메인이 원자 값이어야 한다.
② 1NF를 만족하고 키가 아닌 모든 애트리뷰트들이 기본 키에 이행적으로 함수 종속되지 않아야 한다.
③ 1NF를 만족하고 다치 종속이 제거되어야 한다.
④ 1NF를 만족하고 키가 아닌 모든 속성이 기본키에 대하여 완전 함수적 종속 관계를 만족해야 한다.

제2정규형(2NF)은 어떤 릴레이션 R이 1NF이고 키(기본)에 속하지 않은 애트리뷰트는 모두 기본키의 완전함수종속 관계를 만족해야 함
[오답해설]
① 모든 도메인이 원자값이어야 하는 조건은 1NF
② 키가 아닌 모든 애트리뷰트들이 기본 키에 이행적으로 함수 종속되지 않아야 하는 조건은 3NF
③ 다치 종속이 제거되어야 하는 조건은 4NF

4과목 프로그래밍 언어 활용

61 빈출

IPv6에 대한 설명으로 틀린 것은?

① 128비트의 주소 공간을 제공한다.
② 인증 및 보안 기능을 포함하고 있다.
③ 패킷 크기가 64Kbyte로 고정되어 있다.
④ IPv6 확장 헤더를 통해 네트워크 기능 확장이 용이하다.

- 보기③은 IPv4에 대한 설명
- IPv6 특징 : IP 주소 영역 확장(IP주소 필드값을 32비트에서 4배 확장된 128비트로 확장), 애니캐스트(AnyCast) 주소 지원(하나의 메시지를 여러 개의 장치에 동시에 전송이 가능하도록 지원)

62

C언어에서 비트 논리연산자에 해당하지 않는 것은?

① ^
② ?
③ &
④ ~

구분	연산자	기능	예
비트논리연산자	&	비트 논리곱(AND)	r = a & b;
	|	비트 논리합(OR)	r = a|b;
	^	비트 배타적 논리합(XOR)	r = a^b;
	~	반전 (NOT, 1의 보수)	r = ~a;

63 빈출

TCP/IP 프로토콜 중 전송계층 프로토콜은?

① HTTP
② SMTP
③ FTP
④ TCP

전송(Transport) 계층은 네트워크 양단의 송수신 호스트 사이의 신뢰성 있는 전송 기능을 제공함. 시스템의 논리 주소와 포트를 가지므로 각 상위 계층의 프로세스를 연결하며, TCP와 UDP가 사용됨
[오답해설]
HTTP, SMTP, FTP는 응용(Application)계층의 프로토콜

64 빈출

시스템에서 모듈 사이의 결합도(Coupling)에 대한 설명으로 옳은 것은?

① 한 모듈 내에 있는 처리요소들 사이의 기능적인 연관 정도를 나타낸다.
② 결합도가 높으면 시스템 구현 및 유지보수 작업이 쉽다.
③ 모듈 간의 결합도를 약하게 하면 모듈 독립성이 향상된다.
④ 자료결합도는 내용결합도보다 결합도가 높다.

모듈 간의 결합도는 최소화, 응집력은 최대화되어야 독립성이 높아짐
[오답해설]
① 한 모듈 내에 있는 처리요소들 사이의 기능적인 연관 정도를 나타내는 것은 응집도
② 결합도가 높으면 시스템 구현 및 유지보수 작업이 어려움
④ 자료결합도는 내용결합도보다 결합도가 낮음

정답 60 ④ 61 ③ 62 ② 63 ④ 64 ③

65

은행가 알고리즘(Banker's Algorithm)은 교착상태의 해결 방법 중 어떤 기법에 해당하는가?

① Avoidance
② Detection
③ Prevention
④ Recovery

교착상태 회피(Avoidance) 기법은 교착상태가 발생할 가능성은 배제하지 않으며, 교착상태 발생 시 적절히 피해가는 기법. 시스템이 안전상태가 되도록 프로세스의 자원 요구만을 할당하는 기법으로 은행원 알고리즘(Banker's Algorithm)이 대표적임
[오답해설]
② 교착상태 발견(탐지, Detection) : 컴퓨터 시스템에 교착상태가 발생했는지 교착상태에 있는 프로세스와 자원을 발견하는 것으로, 교착상태 발견 알고리즘과 자원할당 그래프를 사용
③ 교착상태 예방(방지, Prevention) : 사전에 교착상태가 발생되지 않도록 교착상태 필요조건에서 상호배제를 제외하고, 어느 것 하나를 부정함으로 교착상태를 예방. 만약 상호배제를 부정한다면, 공유자원의 동시 사용으로 인하여 하나의 프로세스가 다른 하나의 프로세스에게 영향을 주므로, 다중프로그래밍에서 프로세스를 병행수행할 수 없는 결과가 나옴
④ 교착상태 회복(복구, Recovery) : 교착상태가 발생한 프로세스를 제거하거나 프로세스에 할당된 자원을 선점하여 교착상태를 회복

66

UNIX의 쉘(Shell)에 관한 설명으로 옳지 않은 것은?

① 명령어 해석기이다.
② 시스템과 사용자 간의 인터페이스를 담당한다.
③ 여러 종류의 쉘이 있다.
④ 프로세스, 기억장치, 입출력 관리를 수행한다.

프로세스, 기억장치, 입출력 관리를 수행하는 것은 커널의 역할
[오답해설]
쉘(Shell)은 유닉스 시스템과 사용자 사이의 인터페이스를 제공하는 것을 말함. 즉, 사용자가 문자열들을 입력하면 그것을 해석하여 그에 따르는 명령어를 찾아서 커널에 알맞은 작업을 요청하게 됨

67

교착상태 발생의 필요 충분 조건이 아닌 것은?

① 상호배제(mutual exclusion)
② 점유와 대기(hold and wait)
③ 환형 대기(circular wait)
④ 선점(preemption)

교착상태 4대 발생조건
- 상호배제(Mutual Exclusion)
- 점유와 대기(Hold & Wait)
- 비선점(Non Preemption)
- 환형 대기(순환 대기, Circular Wait)

68

OSI-7계층에서 종단간 신뢰성 있고 효율적인 데이터를 전송하기 위해 오류검출과 복구, 흐름 제어를 수행하는 계층은?

① 전송 계층
② 세션 계층
③ 표현 계층
④ 응용 계층

전송 계층은 수신측에 전달되는 데이터에 오류가 없고 데이터의 순서가 수신측에 그대로 보존되도록 보장하는 연결 서비스의 역할을 하는 종단간(end-to-end) 서비스 계층. 각 패킷은 오류없이 순서에 맞게 중복되거나 유실되는 일 없이 전송되도록 하는데 이러한 전송 계층에는 TCP, UDP 프로토콜 서비스가 있음

69

IPv6의 주소체계로 거리가 먼 것은?

① Unicast
② Anycast
③ Broadcast
④ Multicast

IPv6은 Unicast, Anycast, Multicast를 사용할 수 있음

정답 65 ① 66 ④ 67 ④ 68 ① 69 ③

70

TCP/IP 네트워크에서 IP 주소를 MAC 주소로 변환하는 프로토콜은?

① UDP ② ARP
③ TCP ④ ICMP

> IP는 MAC 주소를 알아내야만 통신을 할 수 있으며, ARP(Address Resolution Protocol)는 IP 주소를 MAC 주소로 변환하는 프로토콜
> [오답해설]
> ① UDP(User Datagram Protocol) : 비연결 지향(connectionless) 프로토콜이며, TCP와는 달리 패킷이나 흐름제어, 단편화 및 전송 보장 등의 기능을 제공하지 않음
> ③ TCP(Transport Control Protocol) : 연결형(connection oriented) 프로토콜이며, 이는 실제로 데이터를 전송하기 전에 먼저 TCP 세션을 맺는 과정이 필요함을 의미
> ④ ICMP(Internet Control Message Protocol) : IP가 패킷을 전달하는 동안에 발생할 수 있는 오류 등의 문제점을 원본 호스트에 보고하는 일을 함

71

프로세스 상태의 종류가 아닌 것은?

① Ready ② Running
③ Requst ④ Exit

> 프로세스 상태 전이 순서
> 1. 생성(New) 상태 : 작업이 제출되어 스풀 공간에 수록함
> 2. 준비(Ready) 상태 : 중앙처리장치가 사용 가능한(할당할 수 있는) 상태
> 3. 실행(Running) 상태 : 프로세스가 중앙처리장치를 차지(프로세스를 실행)하고 있는 상태
> 4. 대기(Block) 상태 : I/O와 같은 사건으로 인해 중앙처리장치를 양도하고 I/O 완료 시까지 대기 큐에서 대기하고 있는 상태
> 5. 완료(Exit) 상태 : 중앙처리장치를 할당받아 주어진 시간 내에 수행을 종료한 상태

72

스레드(Thread)에 대한 설명으로 옳지 않은 것은?

① 한 개의 프로세스는 여러 개의 스레드를 가질 수 없다.
② 커널 스레드의 경우 운영체제에 의해 스레드를 운용한다.
③ 사용자 스레드의 경우 사용자가 만든 라이브러리를 사용하여 스레드를 운용한다.
④ 스레드를 사용함으로써 하드웨어, 운영체제의 성능과 응용 프로그램의 처리율을 향상시킬 수 있다.

> 한 개의 프로세스는 여러 개의 스레드를 가질 수 있으며, 하나의 프로세스를 여러 개의 스레드로 생성하여 병행성을 증진시킬 수 있음

73

HRN(Highest Response-ratio Next) 스케줄링 방식에 대한 설명으로 옳지 않은 것은?

① 대기 시간이 긴 프로세스의 경우 우선 순위가 높아진다.
② SJF 기법을 보완하기 위한 방식이다.
③ 긴 작업과 짧은 작업 간의 지나친 불평등을 해소할 수 있다.
④ 우선 순위를 계산하여 그 수치가 가장 낮은 것부터 높은 순으로 우선 순위가 부여된다.

> HRN은 우선 순위를 계산하여 그 수치가 가장 높은 것부터 낮은 순으로 우선 순위가 부여됨

74

IEEE 802.11 워킹 그룹의 무선 LAN 표준화 현황 중 QoS 강화를 위해 MAC 지원 기능을 채택한 것은?

① 802.22a ② 802.11b
③ 802.11g ④ 802.11e

> IEEE 802.11e(2005) : QoS 보장을 위한 일련의 MAC 기능의 향상
> [오답해설]
> ② IEEE 802.11b(WiFi 1, 1999) : 802.11의 속도를 2.4 GHz 대역에서 최대 11 Mbps까지 올린 확장 표준
> ③ IEEE 802.11g(WiFi 3, 2003) : 802.11b를 2.4 GHz 대역에서 최대 22 또는 54 Mbps 등 고속의 동작을 위한 확장 표준

정답   70 ②   71 ③   72 ①   73 ④   74 ④

75
C언어에서 사용할 수 없는 변수명은?

① student2019 ② text-color
③ _korea ④ amoun

- C언어는 변수명으로 '-'을 사용할 수 없음
- C언어 명칭(Identifier) 작성규칙
  1. 예약어만을 명칭으로 사용할 수 없음
  2. 영문자, 숫자, 밑줄(_)을 사용하여 명칭을 구성할 수 있음
  3. 숫자로 시작해서는 안 됨
  4. 대문자와 소문자는 구별됨

76
스크립트 언어가 아닌 것은?

① PHP ② Cobol
③ Basic ④ Python

- Cobol언어는 컴파일 언어
- 스크립트 프로그래밍 언어 유형 : JavaScript (자바스크립트), jQuery, JSP (JavaServer Pages), PHP (Hypertext Preprocessor), ASP (Active Server Pages), Python , VBScript

77
다음의 페이지 참조 열(Page reference string)에 대해 페이지 교체 기법으로 선입선출 알고리즘을 사용할 경우 페이지 부재 (Page Fault) 횟수는? (단, 할당된 페이지 프레임 수는 3이고, 처음에는 모든 프레임이 비어 있다.)

〈페이지 참조 열〉

7, 0, 1, 2, 0, 3, 0, 4, 2, 3, 0, 3, 2, 1, 2, 0, 1, 7, 0

① 13 ② 14
③ 15 ④ 20

순번	1	2	3	4	5	6	7	8	9	10	11	12	13	14	15	16	17	18	19
요구 페이지	7	0	1	2	0	3	0	4	2	3	0	3	2	1	2	0	1	7	0
페이지 프레임	7	7	7	2	2	2	2	4	4	4	0	0	0	0	0	0	0	7	7
		0	0	0	0	3	3	3	2	2	2	2	2	1	1	1	1	1	0
			1	1	1	1	0	0	0	3	3	3	3	3	2	2	2	2	2
페이지 부재	O	O	O	O		O	O	O	O	O				O	O			O	O

78
C언어에서 배열 b[5]의 값은?

static int b[9]={1, 2, 3};

① 0 ② 1
③ 2 ④ 3

static int b[9]={1, 2, 3};으로 선언되었으므로 b[0]=1, b[1]=2, b[2]=3이 삽입되고, 나머지 방에는 0이 삽입됨

79
응집도가 가장 낮은 것은?

① 기능적 응집도 ② 시간적 응집도
③ 절차적 응집도 ④ 우연적 응집도

응집도
1. 우연적 응집도(coincidental cohesion)   응집도가 낮음
2. 논리적 응집도(logical cohesion)
3. 시간적 응집도(temporal cohesion)
4. 절차적 응집도(procedural cohesion)
5. 통신적 응집도(communicational cohesion)
6. 순차적 응집도(sequential cohesion)
7. 기능적 응집도(functional cohesion)   응집도가 높음

정답 75 ② 76 ② 77 ② 78 ① 79 ④

80

JAVA 언어에서 접근제한자가 아닌 것은?

① public
② protected
③ package
④ private

> JAVA 언어의 접근제한자(Modifiers)에는 default(공백)형이 있으며, 이는 package라는 키워드를 쓰지 않고 생략
> [오답해설]
> ① public : 패키지 내부 및 외부에서 상속과 참조 가능
> ② protected : 패키지 내부에서는 상속과 참조 가능, 외부에서는 상속만 가능
> ④ private : 같은 클래스 내에서 상속과 참조 가능

5과목 정보시스템 구축관리

81

Rayleigh-Norden 곡선의 노력 분포도를 이용한 프로젝트 비용 산정기법은?

① Putnam 모형
② 델파이 모형
③ COCOMO 모형
④ 기능점수 모형

> **Putnam의 생명 주기 예측 모형**
> Rayleigh-Norden 곡선에 기초하며 소프트웨어 개발 비용을 산정하는 공식을 유도. 동적모형으로 각 개발기간마다 소요 인력을 독립적으로 산정할 수 있음. 시간에 대한 함수로 대형 프로젝트의 노력 분포 산정에 이용됨. SLIM 비용 추정 자동화 모형의 기반이 됨
> [오답해설]
> ② 델파이 모형 : 조정자를 통해 여러 전문가의 의견 일치를 얻어내는 기법으로 전문가 감정 기법의 문제점을 보완하기 위한 방법
> ③ COCOMO 모형 : 원시 프로그램의 규모에 의한 비용예측 모형이며, 과거 수많은 프로젝트의 실적을 통계 분석한 공식을 이용하며 지금 진행예정인 프로젝트의 여러 특성을 고려할 수 있음
> ④ 기능점수 모형 : 소프트웨어의 각 기능에 대하여 가중치를 부여하여 요인별 가중치를 합산해서 소프트웨어의 규모나 복잡도, 난이도를 산출하는 모형

82

메모리상에서 프로그램의 복귀 주소와 변수사이에 특정 값을 저장해 두었다가 그 값이 변경되었을 경우 오버플로우 상태로 가정하여 프로그램 실행을 중단하는 기술은?

① 모드체크
② 리커버리 통제
③ 시스로그
④ 스택가드

> **스택 버퍼 오버플로우 대응방안**
> 스택가드(Stack Guard), 스택쉴드(Stack Shield), ASLR(Address Space Layout Randomization), NX-bit(Non-executable stack)

83

백도어 탐지 방법으로 틀린 것은?

① 무결성 검사
② 닫힌 포트 확인
③ 로그 분석
④ SetUID 파일 검사

> **백도어 탐지 방법**
> 무결성 검사, 로그 분석, SetUID 파일 검사, 비정상 포트 및 외부 연결 확인

84

IP 또는 ICMP의 특성을 악용하여 특정 사이트에 집중적으로 데이터를 보내 네트워크 또는 시스템의 상태를 불능으로 만드는 공격 방법은?

① TearDrop
② Smishing
③ Qshing
④ Smurfing

> Smurfing 공격은 IP 패킷 변조를 통한 스푸핑을 하여 ICMP Request를 받은 네트워크는 ICMP Request 패킷의 위조된 시작 IP 주소로 ICMP Reply를 다시 보냄. 결국 공격 대상은 수많은 ICMP Reply를 받게 되고 Ping of Death처럼 수많은 패킷이 시스템을 과부하 상태로 만듦
> [오답해설]
> ① TearDrop : IP패킷 전송이 잘게 나누어졌다가 다시 재조합하는 과정의 약점을 악용한 공격
> ② Smishing : 문자메시지(SMS)와 피싱(Phishing)의 합성어로 문자메시지를 이용한 휴대폰 해킹 기법
> ③ Qshing : QR코드와 피싱(Phishing)의 합성어로 QR코드를 통해 악성 링크로 접속을 유도하거나 직접 악성코드를 심는 방법

정답 80 ③ 81 ① 82 ④ 83 ② 84 ④

85 ⭐

CMM(Capability Maturity Model) 모델의 레벨로 옳지 않은 것은?

① 최적단계 ② 관리단계
③ 정의단계 ④ 계획단계

> **CMM(Capability Maturity Model) 모델의 레벨**
> 수준 1(Initial, 초보단계), 수준 2(Repeatable, 반복단계), 수준 3(Definition, 정의단계), 수준 4(Management, 관리단계), 수준 5(Optimizing, 최적단계)

86

웹과 컴퓨터 프로그램에서 용량이 적은 데이터를 교환하기 위해 데이터 객체를 속성·값의 쌍 형태로 표현하는 형식으로 자바스크립트(JavaScript)를 토대로 개발되어진 형식은?

① Python ② XML
③ JSON ④ WEB SEVER

> **JSON(JavaScript Object Notation)**
> 1. 속성-값 쌍(attribute-value pairs and array data types (or any other serializable value)) 또는 "키-값 쌍"으로 이루어진 데이터 오브젝트를 전달하기 위해 인간이 읽을 수 있는 텍스트를 사용하는 개방형 표준 형식
> 2. 비동기 브라우저/서버 통신 (AJAX)을 위해, 넓게는 XML(AJAX가 사용)을 대체하는 주요 데이터 포맷
> 3. JSON은 특히, 인터넷에서 자료를 주고 받을 때 그 자료를 표현하는 방법으로 알려져 있음
> 4. 웹과 컴퓨터 프로그램에서 용량이 적은 데이터를 교환하기 위해 데이터 객체를 속성/값의 쌍 형태로 표현하는 형식으로 자바스크립트를 토대로 개발되어진 형식
>
> [오답해설]
> ① Python : 네덜란드의 귀도 반 로섬(Guido van Rossum)이 개발하였고, 범용 프로그래밍 언어로서 코드 가독성(readability)과 간결한 코딩을 강조한 언어
> ② XML : W3C에서 다른 특수 목적의 마크업 언어를 만드는 용도에서 권장되는 다목적 마크업 언어. XML은 주로 다른 시스템, 특히 플랫폼과 상관없이 인터넷에 연결된 시스템끼리 데이터를 쉽게 주고받을 수 있게 함

87

크래커가 침입하여 백도어를 만들어 놓거나, 설정 파일을 변경했을 때 분석하는 도구는?

① trace ② tripwire
③ udpdump ④ cron

> tripwire는 시스템 내부의 중요한 파일들에 대한 기본 체크썸을 데이터베이스화하여, 나중에 이들의 체크썸을 비교하여 변화 여부를 판단함으로써 공격자에 의해 시스템에 변화가 생겼는지를 확인할 수 있는 도구

88

소프트웨어 개발 프레임워크를 적용할 경우 기대효과로 거리가 먼 것은?

① 품질보증 ② 시스템 복잡도 증가
③ 개발 용이성 ④ 변경 용이성

> 프레임워크를 사용하면 이미 만들어진 코드를 사용하게 되므로 시간과 비용이 절약되어 생산성이 증가됨

89 ⭐

COCOMO model 중 기관 내부에서 개발된 중소 규모의 소프트웨어로 일괄 자료 처리나 과학기술 계산용, 비즈니스 자료 처리용으로 5만 라인 이하의 소프트웨어를 개발하는 유형은?

① embeded ② organic
③ semi-detached ④ semi-embeded

> **유기적(organic model)**
> 5만 라인 이하로 소규모 팀이 수행할 수 있는 아주 작고 간단한 소프트웨어 프로젝트
> [오답해설]
> ① 내장형(embeded model) : 30만 라인 이상의 프로젝트
> ③ 중간형(semi-detached model) : 30만 라인 이하의 프로젝트

정답 85 ④ 86 ③ 87 ② 88 ② 89 ②

90

여러 개의 독립된 통신장치가 UWB(Ultra Wideband)기술 또는 블루투스 기술을 사용하여 통신망을 형성하는 무선 네트워크 기술은?

① PICONET
② SCRUM
③ NFC
④ WI-SUN

> PICONET(피코넷)은 여러 개의 독립된 통신장치가 UWB(Ultra Wideband) 통신 기술 또는 블루투스 기술을 사용하여 통신망을 형성하는 무선 네트워크 기술
>
> [오답해설]
> ② SCRUM : 애자일 기법의 하나이며, 소프트웨어 개발 시에 30일마다 동작 가능한 제품을 제공하는 스플린트를 중심으로 하고 있음. 매일 정해진 시간에 정해진 장소에서 짧은시간의 개발을 하는 팀을 위한, 프로젝트 관리 중심의 방법론
> ③ NFC : 가까운(10cm 이내) 거리에서 무선 데이터를 주고받는 통신 기술
> ④ WI-SUN : 스마트 그리드 서비스를 제공하기 위한 와이파이 기반의 저전력 장거리 통신기술

91 ★빈출

프로토타입을 지속적으로 발전시켜 최종 소프트웨어 개발까지 이르는 개발방법으로 위험관리가 중심인 소프트웨어 생명주기 모형은?

① 나선형 모형
② 델파이 모형
③ 폭포수 모형
④ 기능점수 모형

> 나선형 모형(spiral model)은 폭포수 모델과 프로토타이핑 모델의 장점을 수용하고, 새로운 요소인 위험 분석을 추가한 진화적 개발 모델
>
> [오답해설]
> ② 델파이 모형 : 조정자를 통해 여러 전문가의 의견 일치를 얻어내는 기법으로 전문가 감정 기법의 문제점을 보완하기 위한 방법
> ③ 폭포수 모형 : 소프트웨어의 개발 시 프로세스에 체계적인 원리를 도입할 수 있는 첫 방법론이며, 적용사례가 많고 널리 사용된 방법
> ④ 기능점수 모형 : 소프트웨어의 각 기능에 대하여 가중치를 부여하여 요인별 가중치를 합산해서 소프트웨어의 규모나 복잡도, 난이도를 산출하는 모형

92

다음이 설명하는 용어로 옳은 것은?

- 오픈 소스를 기반으로 한 분산 컴퓨팅 플랫폼이다.
- 일반 PC급 컴퓨터들로 가상화된 대형 스토리지를 형성한다.
- 다양한 소스를 통해 생성된 빅데이터를 효율적으로 저장하고 처리한다.

① 하둡(Hadoop)
② 비컨(Beacon)
③ 포스퀘어(Foursquare)
④ 멤리스터(Memristor)

> Hadoop(하둡, High-Availability Distributed Object-Oriented Platform)은 대량의 자료를 처리할 수 있는 큰 컴퓨터 클러스터에서 동작하는 분산 응용 프로그램을 지원하는 프리웨어 자바 소프트웨어 프레임워크

93

소인수 분해 문제를 이용한 공개키 암호화 기법에 널리 사용되는 암호 알고리즘 기법은?

① RSA
② ECC
③ PKI
④ PEM

> RSA(Rivest, Sharmir, Adleman)는 소인수 분해 문제를 이용한 공개키 암호화 기법에 널리 사용되는 암호 알고리즘 기법
>
> [오답해설]
> ② ECC(Elliptic Curve Cryptosystem) : 타원곡선 암호로 RSA 암호보다 짧은 키 길이로서 같은 정도의 강도를 확보하고, 암호화·복호화의 처리에 필요한 시간을 단축할 수 있음
> ③ PKI(Public Key Infrastructure) : 공개키를 이용하여 송수신 데이터를 암호화하고 디지털 인증서를 통해 사용자를 인증하는 시스템
> ④ PEM(Privacy Enhanced Mail) : 인터넷 표준안으로 IETF에서 만든 암호화 기법이며, 자동 암호화로 전송 중 유출되더라도 내용 확인이 불가능함. PGP에 비해 보안능력이 뛰어나지만, 중앙 집중식 키 인증 방식으로 대중적으로 사용되기는 어려움

정답 90 ① 91 ① 92 ① 93 ①

94

LOC 기법에 의하여 예측된 총 라인 수가 50000라인, 프로그래머의 월 평균 생산성이 200라인, 개발에 참여할 프로그래머가 10인일 때, 개발 소요 기간은?

① 25개월　　　　② 50개월
③ 200개월　　　 ④ 2000개월

- 노력(인월) = LOC/1인당 월평균 생산 코드 라인 수 = 50,000/200 = 250명
- 개발 기간 = 노력(인월)/투입 인원 = 250/10 = 25개월

95

최대 홉수를 15로 제한한 라우팅 프로토콜은?

① RIP　　　　② OSPF
③ Static　　　 ④ EIGRP

RIP(Routing Information Protocol)
- 거리 벡터(Distance-Vector) 방식을 사용하는 라우팅 프로토콜
- 목적지 네트워크까지 도달하는 데 몇 개의 라우터를 거치는가를 나타내는 홉(Hop) 카운트를 사용하는데, 최대 15홉 이하 규모의 네트워크를 주요 대상으로 함
- 최적의 경로를 산출하기 위한 정보로서 홉(거리 값)만을 고려하므로, RIP를 선택한 경로가 최적의 경로가 아닌 경우가 많이 발생할 수 있음

[오답해설]
② OSPF(Open Shortest Path First) : Link State Routing 기법을 사용하며, 전달 정보는 인접 네트워크 정보를 이용
④ EIGRP(Enhanced Interior Gateway Routing Protocol) : IGRP를 기반으로 한 개방형 라우팅 프로토콜이며, 라우터 내 대역폭 및 처리 능력의 이용과 토폴로지가 변경된 뒤에 일어나는 불안정한 라우팅을 최소화하는 데 최적화됨

96

컴퓨터 사용자의 키보드 움직임을 탐지해 ID, 패스워드 등 개인의 중요한 정보를 몰래 빼가는 해킹 공격은?

① Key Logger Attack
② Worm
③ Rollback
④ Zombie Worm

Key Logger Attack은 컴퓨터 사용자의 키보드 움직임을 탐지해 ID, 패스워드 등 개인의 중요한 정보를 몰래 빼가는 해킹 공격

[오답해설]
② Worm : 동일한 웜을 재생산하고 네트워크 취약 부위, 공유 폴더 등 취약점을 통해 자체적으로 배포하는 기능을 가지고 있으며, 특별한 사용자의 행동이 없어도 실행됨
③ Rollback : 트랜잭션의 비정상적인 종료를 말함

97

테일러링(Tailoring) 개발 방법론의 내부 기준에 해당하지 않는 것은?

① 납기/비용　　　　② 기술환경
③ 구성원 능력　　　④ 국제표준 품질기준

- 내부적 요건
  1. 목표환경 : 시스템의 개발유형 및 환경이 상이
  2. 요구사항 : 프로젝트의 생명주기활동 측면에서 개발/운영/유지보수 등 프로젝트에서 우선 고려할 요구사항이 필요
  3. 프로젝트 규모 : 사업비, 참여인력, 개발기간 등 규모별로 적용될 프로젝트 규모가 상이
  4. 보유기술 : 프로세스, 방법론, 산출물, 인력의 숙련도 등 상이
- 외부적 요건
  1. 법적 제약사항 : 프로젝트별로 적용될 IT 컴플라이언스가 상이
  2. 표준 품질기준 ; 금융, 제조, 의료 업종별 표준 품질 기준이 상이하므로 방법론의 테일러링이 필요

98 ★

폭포수 모형의 특징으로 거리가 먼 것은?

① 개발 중 발생한 요구사항을 쉽게 반영할 수 있다.
② 순차적인 접근방법을 이용한다.
③ 단계적 정의와 산출물이 명확하다.
④ 모형의 적용 경험과 성공사례가 많다.

폭포수 모형은 개발 중에 발생하는 요구사항의 반영이 어려움

정답　94 ①　95 ①　96 ①　97 ④　98 ①

99

다음 설명의 정보보안 침해 공격 관련 용어는?

> 인터넷 사용자의 컴퓨터에 침입해 내부 문서 파일 등을 암호화해 사용자가 열지 못하게 하는 공격으로, 암호 해독용 프로그램의 전달을 조건으로 사용자에게 돈을 요구하기도 한다.

① Smishing
② C-brain
③ Trojan Horse
④ Ransomware

> 랜섬웨어(Ransomware)는 몸값을 의미하는 Ransom과 소프트웨어(Software)의 합성어로 시스템을 잠그거나 데이터를 암호화해 사용할 수 없도록 만든 뒤, 이를 인질로 금전을 요구하는 악성 프로그램
> [오답해설]
> ① Smishing : 문자메시지(SMS)와 피싱(Phishing)의 합성어로 문자 메시지를 이용한 휴대폰 해킹 기법
> ③ Trojan Horse : 겉으로는 악성 소프트웨어가 아닌 것처럼 보이나, 실제로는 악의적인 목적을 숨기고 있는 프로그램

100 빈출

시스템 내의 정보는 오직 인가된 사용자만 수정할 수 있는 보안 요소는?

① 기밀성
② 부인방지
③ 가용성
④ 무결성

> **무결성**
> 접근 권한이 없는 사용자에 의해 정보가 변경되지 않도록 보호하여 정보의 정확성과 완전성을 확보함
> [오답해설]
> ① 기밀성 : 정보자산이 인가된(authorized) 사용자에게만 접근할 수 있도록 보장하여 접근 권한을 가진 사람만이 실제로 접근 가능하도록 함
> ② 부인방지 : 행위나 이벤트의 발생을 증명하여 나중에 행위나 이벤트를 부인할 수 없도록 함
> ③ 가용성 : 정보와 정보시스템의 사용을 인가 받은 사람이 그를 사용하려고 할 때 언제든지 사용할 수 있도록 보장하는 것

정답 99 ④ 100 ④

2020년 3회 | 공개기출문제

1과목 소프트웨어 설계

01
아래의 UML 모델에서 '차' 클래스와 각 클래스의 관계로 옳은 것은?

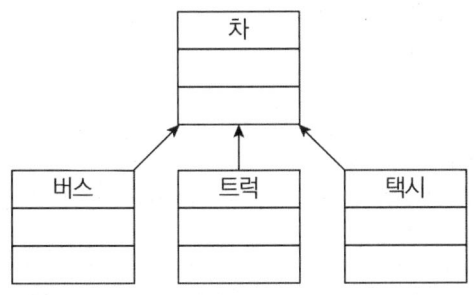

① 추상화 관계
② 의존 관계
③ 일반화 관계
④ 그룹 관계

③ 일반화 관계(Generalization) : 상속 관계라고도 하며, 한 클래스가 다른 클래스를 포함하는 상위 개념일 때 이를 IS-A관계라고 함
[오답해설]
② 의존 관계(Dependency) : 연관 관계와 같이 한 클래스가 다른 클래스를 사용할 때 나타남. 두 클래스 관계가 한 메소드의 실행 동안과 같이 매우 짧은 시간 동안만 존재함

02
인터페이스 요구사항 검토 방법에 대한 설명이 옳은 것은?

① 리팩토링 : 작성자 이외의 전문 검토 그룹이 요구사항 명세서를 상세히 조사하여 결함, 표준 위배, 문제점 등을 파악
② 동료검토 : 요구사항 명세서 작성자가 요구사항 명세서를 설명하고 이해관계자들이 설명을 들으면서 결함을 발견
③ 인스펙션 : 자동화된 요구사항 관리 도구를 이용하여 요구사항 추적성과 일관성을 검토
④ CASE 도구 : 검토 자료를 회의 전에 배포해서 사전 검토한 후 짧은 시간 동안 검토 회의를 진행하면서 결함을 발견

② 동료검토 : 요구사항 명세서 작성자가 요구사항 명세서를 설명하고 이해관계자들이 설명을 들으면서 결함을 발견
[오답해설]
① 리팩토링 : SW를 보다 쉽게 이해할 수 있고 적은 비용으로 수정할 수 있도록 겉으로 보이는 동작의 변화 없이 내부구조를 변경하는 것
③ 인스펙션 : 검토 자료를 회의 전에 배포해서 사전 검토한 후 짧은 시간 동안 검토 회의를 진행하면서 결함을 발견
④ CASE 도구 : 자동화된 요구사항 관리 도구를 이용하여 요구사항 추적성과 일관성을 검토

03
UI 설계 원칙 중 누구나 쉽게 이해하고 사용할 수 있어야 한다는 원칙은?

① 희소성
② 유연성
③ 직관성
④ 멀티운용성

③ 직관성(Intuitiveness)은 UI 설계 원칙에서 누구나 쉽게 이해하고 사용할 수 있도록 제작하는 것
[오답해설]
② 유연성(Flexibility) : 사용자의 인터랙션을 최대한 포용하고, 실수를 방지할 수 있도록 제작

• UI 기본원칙

기본원칙	내용
직관성(Intuitiveness)	누구나 쉽게 이해하고 사용할 수 있도록 제작
유효성(Efficiency)	정확하고 완벽하게 사용자의 목표가 달성될 수 있도록 제작
학습성(Learnability)	초보와 숙련자 모두가 쉽게 배우고 사용할 수 있게 제작
유연성(Flexibility)	사용자의 인터랙션을 최대한 포용하고, 실수를 방지할 수 있도록 제작

정답 01 ③ 02 ② 03 ③

04

UML에서 활용되는 다이어그램 중, 시스템의 동작을 표현하는 행위(Behavioral) 다이어그램에 해당하지 않는 것은?

① 유스케이스 다이어그램(Use Case Diagram)
② 시퀀스 다이어그램(Sequence Diagram)
③ 활동 다이어그램(Activity Diagram)
④ 배치 다이어그램(Deployment Diagram)

- 배치 다이어그램(Deployment Diagram)은 구조적 다이어그램으로 분류됨
- 구조적 다이어그램 : Class Diagram, Object Diagram, Component Diagram, Deployment Diagram, Composite Diagram, Package Diagram
- 행위 다이어그램 : Use Case Diagram, Sequence Diagram, State Diagram, Activity Diagram, Timing Diagram, Communication Diagram

05

객체지향에서 정보 은닉과 가장 밀접한 관계가 있는 것은?

① Encapsulation
② Class
③ Method
④ Instance

① Encapsulation(캡슐화) : 객체를 정의할 때 서로 관련성이 많은 데이터들과 이와 연관된 함수들을 하나로 묶는 것을 말함
[오답해설]
② Class(클래스) : 클래스는 동일한 타입의 객체들의 메소드와 변수들을 정의하는 템플릿(templete)
③ Method(메소드) : 메소드는 객체가 어떻게 동작하는지를 규정하고 속성의 값을 변경시킴
④ Instance(인스턴스) : 객체지향 기법에서 같은 클래스에 속한 각각의 객체를 의미하는 것

06

객체지향 설계 원칙 중, 서브타입(상속받은 하위 클래스)은 어디에서나 자신의 기반타입(상위 클래스)으로 교체할 수 있어야 함을 의미하는 원칙은?

① ISP(Interface Segregation Principle)
② DIP(Dependency Inversion Principle)
③ LSP(Liskov Substitution Principle)
④ SRP(Single Responsibility Principle)

③ LSP(Liskov Substitution Principle) : 기반 클래스는 파생 클래스로 대체 가능해야 함
[오답해설]
① ISP(Interface Segregation Principle) : 클라이언트가 분리되어 있으면, 인터페이스도 분리된 상태이어야 함
② DIP(Dependency Inversion Principle) : 클라이언트는 구체 클래스가 아닌 인터페이스에 의존하여 변화에 대처함
④ SRP(Single Responsibility Principle) : 객체는 하나의 책임(변경의 축)만을 가져야 함

07

럼바우의 객체 지향 분석과 거리가 먼 것은?

① 기능 모델링
② 동적 모델링
③ 객체 모델링
④ 정적 모델링

- 럼바우의 객체 지향 분석 기법에 정적 모델링은 존재하지 않음
- Rumbaugh의 OMT(Object Modeling Technique) 기법
  1. 객체 모형화(object modeling) : 객체들을 식별하고 객체들 간의 관계를 정의
  2. 동적 모형화(dynamic modeling) : 시스템이 시간 흐름에 따라 변화하는 것을 보여주는 상태 다이어그램(state diagram)을 작성
  3. 기능 모형화(function modeling) : 시스템 내에서 데이터가 변하는 과정을 나타내며, 자료 흐름도(DFD)를 이용

08

디자인 패턴 중에서 행위적 패턴에 속하지 않는 것은?

① 커맨드(Command) 패턴
② 옵저버(Observer) 패턴
③ 프로토타입(Prototype) 패턴
④ 상태(State) 패턴

- 프로토타입(Prototype) 패턴은 객체 생성을 위한 패턴에 해당됨
- 행위 패턴(Behavioral Patterns) : 비지터(Visitor), 템플릿 메소드(Template Method), 커맨드(Command), 이터레이터(Iterator), 옵저버(Observer), 스테이트(State), 스트래티지(Strategy), 메멘토(Memento), Chain of Responsibility, 인터프리터(Interpreter), 미디에이터(Mediator) 패턴

정답 04 ④ 05 ① 06 ③ 07 ④ 08 ③

09
객체 지향 소프트웨어 공학에서 하나 이상의 유사한 객체들을 묶어서 하나의 공통된 특성을 표현한 것은?

① 트랜잭션 ② 클래스
③ 시퀀스   ④ 서브루틴

> **클래스**
> 객체 지향 소프트웨어 공학에서 하나 이상의 유사한 객체들을 묶어서 하나의 공통된 특성을 표현한 것

10
자료흐름도(Data Flow Diagram)의 구성 요소로 옳은 것은?

① process, data flow, data store, comment
② process, data flow, data store, terminator
③ data flow, data store, terminator, data dictionary
④ process, data store, terminator, mini-spec

> **자료 흐름도의 구성 요소**
> 프로세스(process), 자료 흐름(data flow), 자료 저장소(data store), 단말(terminator)

11
UML에서 시퀀스 다이어그램의 구성 항목에 해당하지 않는 것은?

① 생명선 ② 실행
③ 확장   ④ 메시지

> - 시퀀스 다이어그램 구성항목에는 액터, 객체, 생명선, 실행, 메시지 등이 있으며, 확장(extends)은 관계의 한 형태
> - 시퀀스 다이어그램 구성항목
>   1. 액터(Actor) : 시스템과 상호 작용하는 시스템 외부의 사람이나 다른 시스템을 의미
>   2. 객체(Object) : 메시지를 주고받는 주체
>   3. 생명선(Lifeline) : 객체가 메모리에 존재하는 시간을 의미
>   4. 실행(Activation) : 객체가 메시지를 주고받으며 실행되고 있음을 표현
>   5. 메시지(Message) : 객체가 상호 작용을 위하여 주고받는 것

12
다음 내용이 설명하는 디자인 패턴은?

> - 객체를 생성하기 위한 인터페이스를 정의하여 어떤 클래스가 인스턴스화 될 것인지는 서브클래스가 결정하도록 하는 것
> - Virtual-Constructor 패턴이라고도 함

① Visitor 패턴
② Observer 패턴
③ Factory Method 패턴
④ Bridge 패턴

> ③ Factory Method 패턴 : 객체를 생성하기 위한 인터페이스를 정의하여 어떤 클래스가 인스턴스화 될 것인지는 서브클래스가 결정하도록 하는 것
> [오답해설]
> ① Visitor 패턴 : 작업 종류의 효율적 추가 · 변경
> ② Observer 패턴 : 상태가 변경되면 다른 객체들한테 연락을 돌릴 수 있게 해줌(1대 다의 객체 의존관계를 정의)
> ④ Bridge 패턴 : 인터페이스와 구현의 명확한 분리

13
객체지향 소프트웨어 설계 시 디자인 패턴을 구성하는 요소로서 가장 거리가 먼 것은?

① 개발자 이름 ② 문제 및 배경
③ 사례   ④ 샘플코드

> **디자인패턴의 구성요소**
> - 패턴의 이름과 구분 : 패턴에서 사용하는 이름과 패턴의 유형
> - 문제 및 배경 : 패턴이 사용되는 분야, 배경 그리고 해결하는 문제를 의미
> - 솔루션 : 패턴을 이루는 요소들/관계/협동 과정을 말함
> - 사례 : 간단한 적용 사례가 필요
> - 결과 : 패턴을 사용하면 얻게 되는 이점이나 영향
> - 샘플 코드 : 패턴이 적용된 원시코드

정답 09 ② 10 ② 11 ③ 12 ③ 13 ①

14

다음 ( ) 안에 들어갈 내용으로 옳은 것은?

> 컴포넌트 설계 시 "( )에 의한 설계"를 따를 경우, 해당 명세서에서는
> (1) 컴포넌트의 오퍼레이션 사용 전에 참이 되어야 할 선행조건
> (2) 사용 후 만족되어야 할 결과조건
> (3) 오퍼레이션이 실행되는 동안 항상 만족되어야 할 불변조건 등이 포함되어야 한다.

① 협약(Contract)
② 프로토콜(Protocol)
③ 패턴(Pattern)
④ 관계(Relation)

> **협약에 의한 설계(Design by Contract)**
> 클래스에 대한 여러 가지의 가정을 공유하도록 명세한 것. 소프트웨어 컴포넌트에 대한 정확한 인터페이스 명세를 위하여 선행조건, 결과조건, 불변조건을 나타내는 설계 방법이라 할 수 있음

15

요구사항 분석 시에 필요한 기술로 가장 거리가 먼 것은?

① 청취과 인터뷰 질문 기술
② 분석과 중재기술
③ 설계 및 코딩 기술
④ 관찰 및 모델 작성 기술

> 설계 및 코딩 기술은 요구사항 분석에 필요한 것이 아니라 설계나 구현에 필요한 기술

16 ★

애자일 기법에 대한 설명으로 맞지 않는 것은?

① 절차와 도구보다 개인과 소통을 중요하게 생각한다.
② 계획에 중점을 두어 변경 대응이 난해하다.
③ 소프트웨어가 잘 실행되는 데 가치를 둔다.
④ 고객과의 피드백을 중요하게 생각한다.

> **애자일의 특성**
> - Predictive라기보다 Adaptive(가변적 요구사항에 대응)
> - 프로세스 중심이 아닌 사람 중심(책임감이 있는 개발자와 전향적인 고객)
> - 전반적인 문서보다는 제대로 작동하는 소프트웨어를 만들어야 함
> - 계약 협상보다는 고객 협력이 중요
> - 계획을 따르기보다는 변화에 응대
> - 모든 경우에 적용되는 것이 아니고 중소형, 아키텍처 설계, 프로토타이핑에 적합

17

자료 사전에서 자료의 반복을 의미하는 것은?

① =   ② ( )
③ { }   ④ [ ]

자료 사전 기호	의미
=	항목의 정의(~로 구성되어 있다)
+	그리고, 순차(and)
( )	선택사양, 생략가능(optional)
{ }	반복(iteration)
[|]	여러 대안 중 하나 선택
* *	주석(comment)

18

미들웨어 솔루션의 유형에 포함되지 않는 것은?

① WAS   ② Web Server
③ RPC   ④ ORB

> Web Server는 미들웨어 솔루션이 아니라, 사용자에게 웹을 제공하기 위한 서버
> [오답해설]
> ① WAS(Web Application Server) : 클라이언트(웹브라우저)로부터 웹서버가 요청을 받으면 애플리케이션에 대한 로직을 수행하여 웹서버로 다시 반환해주는 서버
> ③ RPC(Remote Procedure Call, 원격 프로시저 호출) : 네트워크 상에서 애플리케이션과 애플리케이션 간의 연동을 하기 위한 미들웨어(또는 다른 컴퓨터에 있는 원격 애플리케이션을 연동시키는 경우 많이 이용)
> ④ ORB(Object Request Broker) : 객체지향 미들웨어로 분산 컴퓨팅 환경에서 프로그래머에게 다른 컴퓨터의 프로그램을 네트워크를 통해 호출할 수 있음

정답 14 ① 15 ③ 16 ② 17 ③ 18 ②

19
코드의 기본 기능으로 거리가 먼 것은?

① 복잡성 ② 표준화
③ 분류   ④ 식별

> 코드는 파일 시스템을 체계화하기 위해 복잡성은 없어야 함
> 코드의 기능
> • 식별 기능 : 서로 다른 대상 항목을 구별할 수 있는 기능
> • 분류 기능 : 대상 항목을 관련성에 따라 그룹별 처리가 가능한 기능
> • 배열 기능 : 대상 항목들을 순서적으로 나열할 수 있는 기능

20
CASE(computer-Aided Software Engineering) 도구에 대한 설명으로 거리가 먼 것은?

① 소프트웨어 개발 과정의 일부 또는 전체를 자동화하기 위한 도구이다.
② 표준화된 개발 환경 구축 및 문서 자동화 기능을 제공한다.
③ 작업 과정 및 데이터 공유를 통해 작업자 간의 커뮤니케이션을 증대한다.
④ 2000년대 이후 소개되었으며, 객체지향 시스템에 한해 효과적으로 활용된다.

> CASE(Computer Aided Software Engineering)
> ① 소프트웨어 공학의 자동화를 의미하며, 소프트웨어 공학작업 중 하나의 작업을 자동화한 소프트웨어 패키지를 CASE 도구라 함. 이러한 도구를 한데 모아놓은 것을 소프트웨어 공학환경(Software Engineering Environment)이라 함
> ② CASE 도구들은 소프트웨어 관리자들과 실무자들이 소프트웨어 프로세스와 관련된 활동을 지원함. 즉, 프로젝트 관리 활동을 자동화하고, 프로세스에서 생산된 결과물을 관리하며, 엔지니어들의 분석, 설계 및 코딩과 테스트 작업을 도와줌
> ③ CASE의 주요 기능 : 다양한 소프트웨어 개발 모형 지원, 그래픽 지원, 소프트웨어 생명주기 전 단계의 연결 등이 있음

2과목 | 소프트웨어 개발

21 빈출
다음 트리를 Preorder 운행법으로 운행할 경우 가장 먼저 탐색되는 것은?

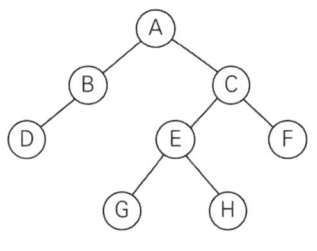

① A ② B
③ D ④ G

> 전위순회는 root → left → right 순서이며, A → B → D → C → E → G → H → F 와 같은 순서로 방문

22
인터페이스 보안을 위해 네트워크 영역에 적용될 수 있는 솔루션과 거리가 먼 것은?

① IPSec   ② SSL
③ SMTP   ④ S-HTTP

> ③ SMTP(Simple Mail Transfer Protocol)는 보안에 관련된 프로토콜이 아니라, 메일 전송 프로토콜
> [오답해설]
> ① IPSec(IP Security) : 안전하지 않은 네트워크상의 두 컴퓨터 사이에 암호화된 안전한 통신을 제공하는 프로토콜
> ② SSL(Secure Socket Layer) : 인터넷을 통해 전달되는 정보 보안의 안전한 거래를 허용하기 위해 Netscape사에서 개발한 인터넷 통신 규약 프로토콜
> ④ S-HTTP(Secure HyperText Transfer Protocol) : HTTP 프로토콜에 송신자 인증, 메시지 기밀성과 무결성, 부인 방지 기능을 확장한 프로토콜

정답 19 ① 20 ④ 21 ① 22 ③

23

제품 소프트웨어의 형상관리 역할로 틀린 것은?

① 형상관리를 통해 이전 리비전이나 버전에 대한 정보에 접근 가능하여 배포본 관리에 유용
② 불필요한 사용자의 소스 수정 제한
③ 프로젝트 개발비용을 효율적으로 관리
④ 동일한 프로젝트에 대해 여러 개발자 동시개발 가능

- 제품 소프트웨어의 형상관리는 프로젝트 개발비용을 효율적으로 관리하기 위한 활동이 아니라 전체 변경을 관리하는 것
- 소프트웨어 형상관리는 소프트웨어에 대한 변경을 철저히 관리하기 위해 개발된 일련의 활동으로 소프트웨어를 이루는 부품의 Baseline(변경통제 시점)을 정하고 변경을 철저히 통제하는 것

24

제품 소프트웨어 패키징 도구 활용 시 고려사항이 아닌 것은?

① 제품 소프트웨어의 종류에 적합한 암호화 알고리즘을 고려한다.
② 추가로 다양한 이기종 연동을 고려한다.
③ 사용자 편의성을 위한 복잡성 및 비효율성 문제를 고려한다.
④ 내부 콘텐츠에 대한 보안은 고려하지 않는다.

패키징 도구 활용 시 고려사항
- 반드시 암호화/보안을 고려. 패키징 시 사용자에게 배포되는 소프트웨어임을 감안하여 반드시 내부 콘텐츠에 대한 암호화 및 보안을 고려함
- 추가로 다양한 이기종 연동을 고려. 패키징 도구를 활용하여 여러 가지 이기종 콘텐츠 및 단말기 간 DRM 연동을 고려함
- 사용자 편의성을 위한 복잡성 및 비효율성 문제를 고려. 패키징 도구를 고려하면 사용자의 입장에서 불편해질 수 있는 문제를 고려하여, 최대한 효율적으로 적용될 수 있도록 함
- 제품 소프트웨어의 종류에 적합한 암호화 알고리즘을 적용. 암호화 알고리즘이 여러 가지 종류가 있는데, 제품 소프트웨어의 종류에 맞는 알고리즘을 선택하여 배포 시 범용성에 지장이 없도록 고려함

25

다음 자료에 대하여 선택(Selection) 정렬을 이용하여 오름차순으로 정렬하고자 한다. 3회전 후의 결과로 옳은 것은?

37, 14, 17, 40, 35

① 14, 17, 37, 40, 35
② 14, 37, 17, 40, 35
③ 17, 14, 37, 35, 40
④ 14, 17, 35, 40, 37

선택(Selection) 정렬
자료 범위 안에서 최솟값(key 값)을 찾으며, 이 최솟값과 맨 앞에 있는 값을 비교하면서 최솟값이 작으면 서로 교환함. 이러한 형태로 맞바꿈을 하면서 데이터들을 정렬시켜 나감

37, 14, 17, 40, 35
- 1회전 : 14, 37, 17, 40, 35
- 2회전 : 14, 17, 37, 40, 35
- 3회전 : 14, 17, 35, 40, 37

26

제어흐름 그래프가 다음과 같을 때 McCabe의 cyclomatic 수는 얼마인가?

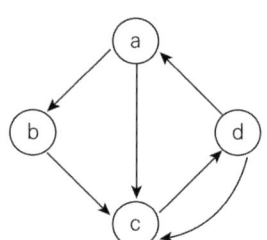

① 3
② 4
③ 5
④ 6

V(G) = E − N + 2 (E : 간선의 수, N : 노드의 수)
= 6 − 4 + 2 = 4

정답 23 ③ 24 ④ 25 ④ 26 ②

27
형상관리 도구의 주요 기능으로 거리가 먼 것은?

① 정규화(Normalization)
② 체크인(Check-in)
③ 체크아웃(Check-Out)
④ 커밋(Commit)

형상관리 도구의 구성 요소	
구분	설명
Repository	• 프로젝트의 프로그램 소스를 포함한 형상항목이 저장되는 장소 • 소스뿐만 아니라 소스의 변경사항도 모두 저장 • 네트워크를 통해서 여러 사람이 접근 가능함
checkout	• 저장소에서 소스 및 버전관리 파일들을 받아 옴
checkin	• 수정 소스를 Repository로 업로드
commit	• 소스를 수정 및 삭제, 새 파일 추가 등의 변경사항을 저장소에 갱신
Update	• 체크아웃을 통해서 소스를 가져왔다 하더라도 다른 사람이 커밋을 하면 로컬 소스코드가 달라지는데 이때, update 명령어를 통해서 저장소에 있는 최신 버전의 소스를 가져올 수 있음 • 로컬 소스 코드와 저장소에 있는 소스 코드를 비교하여 차이가 발생하는 부분만 바꿈

28
다음 트리의 차수(degree)는?

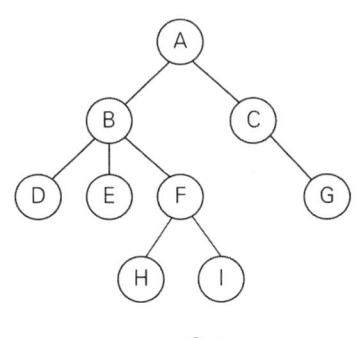

① 2
② 3
③ 4
④ 5

• 차수가 3인 노드 B 이고, 차수가 2인 노드 A, F 이고, 차수가 1인 노드는 C. 차수가 0인 노드는 D,E,H,I,G
• 노드의 차수 중에서 가장 큰 차수가 트리의 차수이므로 3

29
알파, 베타 테스트와 가장 밀접한 연관이 있는 테스트 단계는?

① 단위 테스트
② 인수 테스트
③ 통합 테스트
④ 시스템 테스트

② 인수 테스트 : 사용자측 관점에서 소프트웨어가 요구를 충족시키는가를 평가하며, 알파 테스트와 베타 테스트가 있음
[오답해설]
① 단위 테스트 : 코딩이 끝난 후 설계의 최소 단위인 모듈에 초점을 두고 검사하는 단계이며, 독립모듈의 완전성을 시험
③ 통합 테스트 : 단위검사가 끝난 모듈들을 하나로 결합하여 시스템으로 완성하는 과정에서의 검사
④ 시스템 테스트 : 모든 모듈들은 하나의 시스템으로 작동하게 되며, 사용자의 모든 요구를 하나의 시스템으로서 완벽하게 수행하기 위해서는 다양한 시험들이 필요

30
다음 중 클린 코드 작성원칙으로 거리가 먼 것은?

① 누구든지 쉽게 이해하는 코드 작성
② 중복이 최대화된 코드 작성
③ 다른 모듈에 미치는 영향 최소화
④ 단순, 명료한 코드 작성

클린 코드 작성원칙
• 가독성이 좋은 코드 : 단순하고 직접적으로 잘 쓰인 문장처럼 읽히고 설계자의 의도가 보이는 코드로 추상화와 단순한 제어문으로 구성된 코드 • 변경이 쉬운 코드 : 작성자가 아닌 사람도 읽기 쉽고 고치기 쉬운 코드로 이를 위해서는 의미 있는 이름이 부여되고 특정한 목적을 달성하는 방법은 하나만 제공. 또 의존성은 최소화하며 각 의존성에 대한 정의가 명확함 • 중복 없는 코드 : 같은 작업을 여러 차례 반복하지 않는 코드로 같은 작업을 여러 차례 반복한다면 코드가 문제 해결을 제대로 하지 못한다는 증거 • 주의 깊게 짜인 코드 : 고치려고 살펴봐도 딱히 손댈 곳이 없는, 작성자가 이미 모든 상황을 고려한 소스코드를 말함

정답 27 ① 28 ② 29 ② 30 ②

31

디지털 저작권 관리(DRM) 기술과 거리가 먼 것은?

① 콘텐츠 암호화 및 키 관리
② 콘텐츠 식별체계 표현
③ 콘텐츠 오류 감지 및 복구
④ 라이센스 발급 및 관리

DRM의 핵심적 기술 요소

구분	설명	
암호화 (Encryption)	콘텐츠 및 라이센스를 암호화하고, 전자서명을 할 수 있는 기술	PKI, Encryption, Digital Sinature
키관리 (Key Management)	콘텐츠를 암호화한 키에 대한 저장 및 배포기술	Centralized, Enveloping
암호화 파일 생성(Packager)	콘텐츠를 암호화된 콘텐츠로 생성하기 위한 기술	Pre-packaging, On-the-fly Packaging
식별기술 (Identification)	콘텐츠에 대한 식별체계 표현 기술	DOI, URI
저작권표현 (Right Expression)	라이센스의 내용 표현 기술	ODRL, XrML/MPGE-21 REL
정책관리(Policy management)	라이센스 발급 및 사용에 대한 정책표현 및 관리 기술	XML, Contents Management System
크랙 방지 (Tamper Resistance)	크랙에 의한 콘텐츠 사용방지 기술	Secure DB, Secure Time Management, Encryption
인증 (Authentication)	라이센스 발급 및 사용의 기준이 되는 사용자 인증기술	SSO, ID/PW, 디지털인증, 이메일인증
인터페이스 (Interface)	상이한 DRM 플랫폼 간의 상호호환성 인터페이스 및 인증 기술	IPMP
이벤트보고 (Event Reporting)	콘텐츠의 사용이 적절하게 이루어지고 있는지 모니터링 기술. 불법유통이 탐지되었을 때 이동 경로를 추적에 활용	
사용권한 (Permission)	콘텐츠의 사용에 대한 권한을 관리하는 기술요소	렌더파미션, 트랜스포트 퍼미션, 데리버티브 퍼미션

32

소프트웨어 재공학이 소프트웨어의 재개발에 비해 갖는 장점으로 거리가 먼 것은?

① 위험부담 감소   ② 비용 절감
③ 시스템 명세의 오류억제   ④ 개발시간의 증가

> 소프트웨어 재공학은 기존 소프트웨어를 버리지 않고 기능을 개선시키거나 새로운 요구사항에 대해선 기존 기능을 활용하여 더 나은 시스템을 만들도록 하는 것을 말하고, 소프트웨어의 재개발은 개선 사항이나 추가 요구사항에 대해 기존 소프트웨어를 활용할 수 없어 일부를 다시 개발하는 것을 말함

33

소프트웨어 품질 목표 중 주어진 시간동안 주어진 기능을 오류 없이 수행하는 정도를 나타내는 것은?

① 직관성   ② 사용 용이성
③ 신뢰성   ④ 이식성

> ③ 신뢰성 : 소프트웨어 품질 목표 중 주어진 시간동안 주어진 기능을 오류 없이 수행하는 정도를 나타내는 것
> [오답해설]
> ① 직관성 : 누구나 쉽게 이해하고 사용할 수 있도록 제작
> ② 사용 용이성 : 사용이 용이한 정도
> ④ 이식성 : 하나의 운영 환경(HW와 SW)에서 다른 환경으로 소프트웨어를 옮기는 데 드는 노력

34

소프트웨어 공학의 기본 원칙이라고 볼 수 없는 것은?

① 품질 높은 소프트웨어 상품 개발
② 지속적인 검증 시행
③ 결과에 대한 명확한 기록 유지
④ 최대한 많은 인력 투입

> **소프트웨어 공학의 정의**
> 최소의 경비로 품질 높은 소프트웨어 상품의 개발, 유지보수 및 관리를 위한 모든 기법, 도구, 방법론의 총칭으로서 전산학(기술적 요소), 경영학(관리적 요소), 심리학(융합적 요소)을 토대로 한 종합학문

정답 31 ③ 32 ④ 33 ③ 34 ④

35

인터페이스 구현 시 사용하는 기술 중 다음 내용이 설명하는 것은?

> JavaScript를 사용한 비동기 통신기술로 클라이언트와 서버 간에 XML데이터를 주고받는 기술

① Procedure
② Trigger
③ Greedy
④ Ajax

Ajax(Asynchronous JavaScript and XML)
브라우저와 서버 간의 비동기 통신 채널, 자바스크립트, XML의 집합과 같은 기술들이 포함됨. 대화식 웹 애플리케이션을 개발하기 위해 사용되며, Ajax 애플리케이션은 실행을 위한 플랫폼으로 사용되는 기술들을 지원하는 웹 브라우저를 이용함

36

블랙박스 테스트의 유형으로 틀린 것은?

① 경계값 분석
② 오류 예측
③ 동등 분할 기법
④ 조건, 루프 검사

- 화이트박스 테스트 : 데이터 흐름 검사, 루프 검사, 기초 경로 검사, 조건 검사
- 블랙박스 테스트 : 동치 분할, 경계값 분석, 원인결과 그래프, 오류추측 기법, 비교검사 기법

37

패키지 소프트웨어의 일반적인 제품 품질 요구사항 및 테스트를 위한 국제 표준은?

① ISO/IEC 2196
② IEEE 19554
③ ISO/IEC 12119
④ ISO/IEC 14959

ISO/IEC 12119(information technology-software packages-quality requirements and testing)는 패키지 소프트웨어의 일반적인 제품 품질 요구사항 및 테스트를 위한 국제 표준 규격

38

다음이 설명하는 애플리케이션 통합 테스트 유형은?

- 깊이 우선 방식 또는 너비 우선 방식이 있다.
- 상위 컴포넌트를 테스트하고 점증적으로 하위 컴포넌트를 테스트한다.
- 하위 컴포넌트 개발이 완료되지 않은 경우 스텁(Stub)을 사용하기도 한다.

① 하향식 통합 테스트
② 상향식 통합 테스트
③ 회귀 테스트
④ 빅뱅 테스트

하향식 통합 테스트
주프로그램으로부터 그 모듈이 호출하는 다음 레벨의 모듈을 테스트하고, 점차적으로 하위 모듈로 이동하는 방법. 드라이버는 필요치 않고 통합이 시도되지 않은 곳에 스텁이 필요하며, 통합이 진행되면서 스텁은 실제 모듈로 교체됨

39

물리데이터 저장소의 파티션 설계에서 파티션 유형으로 옳지 않은 것은?

① 범위 분할(Range Partitioning)
② 해시 분할(Hash Partitioning)
③ 조합 분할(Composite Partitioning)
④ 유닛 분할(Unit Processing)

파티션 분할 유형
- 범위 분할(range partitioning)
- 목록 분할(list partitioning)
- 해시 분할(hash partitioning)
- 조합 분할(composite partitioning)

정답 35 ④ 36 ④ 37 ③ 38 ① 39 ④

40
알고리즘 설계 기법으로 거리가 먼 것은?

① Divide and Conquer   ② Greedy
③ Static Block   ④ Backtracking

- 알고리즘 설계 기법 : Divide and Conquer, Greedy, Backtracking
- Divide and Conquer : 그대로 해결할 수 없는 문제를 작은 문제로 분할하여 문제를 해결하는 방법
- Greedy : 최적해를 구하는 데에 사용되는 근사적인 방법으로, 여러 경우 중 하나를 결정해야 할 때마다 그 순간에 최적이라고 생각되는 것을 선택해 나가는 방식으로 진행하여 최종적인 해답에 도달하는 방법
- Backtracking : 해답을 찾아가는 도중에 막힌 곳에 이르면 그 경로로 더 이상 가지 않고 되돌아가서 다시 찾는 방법

3과목 데이터베이스 구축

41
다음 R과 S 두 릴레이션에 대한 Division 연산의 수행 결과는?

R

D1	D2	D3
a	1	A
b	1	A
a	2	A
c	2	B

S

D2	D3
1	A

①
D3
A
B

②
D2
2
2

③
D3
A

④
D1
a
b

- 디비전(DIVISION, ÷) : 동시에 포함하는 속성
- 즉, 모든 S 릴레이션에 대해서 R 릴레이션쪽에 S 릴레이션의 모든 튜플이 포함되어 있어야 하므로 정답은 ④

42
다음과 같이 위쪽 릴레이션을 아래쪽 릴레이션으로 정규화를 하였을 때 어떤 정규화 작업을 한 것인가?

국가	도시
대한민국	서울, 부산
미국	워싱턴, 뉴욕
중국	베이징

⇩

국가	도시
대한민국	서울
대한민국	부산
미국	워싱턴
미국	뉴욕
중국	베이징

① 제1정규형   ② 제2정규형
③ 제3정규형   ④ 제4정규형

- 테이블의 속성 내에 대한민국의 서울, 부산과 미국의 워싱턴, 뉴욕은 중복되는 값으로 이는 원자값을 만족시키지 못함. '서울'과 '부산' 그리고 '워싱턴'과 '뉴욕'을 각각 따로따로 분리시켜야 원자값을 만족시킬 수 있게 됨
- 제1정규형(1NF) : 어떤 릴레이션 R에 속한 모든 도메인이 원자값(atomic value)만으로 되어 있다면, 제1정규형(1NF)에 속함

정답 40 ③ 41 ④ 42 ①

43

분산 데이터베이스의 투명성(Transparency)에 해당하지 않는 것은?

① Location Transparency
② Replication Transparency
③ Failure Transparency
④ Media Access Transparency

> 분산 데이터베이스 투명성(Transparency)
> • 위치 투명성(Location Transparency) : 장소를 가리지 않고 데이터 접근 가능
> • 중복 투명성(Replication Transparency) : 데이터 일관성 유지
> • 장애 투명성(Failure Transparency) : 장애 시에도 무결성 보장
> • 분할 투명성(Division Transparency) : 여러 단편으로 분할 및 저장

44

릴레이션 조작 시 데이터들이 불필요하게 중복되어 예기치 않게 발생하는 곤란한 현상을 의미하는 것은?

① normalization
② rollback
③ cardinality
④ anomaly

> ④ anomaly(이상) 현상 : 릴레이션 조작 시 데이터들이 불필요하게 중복되어 예기치 않게 발생하는 곤란한 현상을 의미
> [오답해설]
> ① normalization : 이상 문제를 해결하기 위해 어트리뷰트 간의 종속 관계를 분석하여 여러 개의 릴레이션으로 분해하는 과정
> ② rollback : 트랜잭션의 비정상적인 종료
> ③ cardinality : Tuple의 개수

45

다음 관계형 데이터 모델에 대한 설명으로 옳은 것은?

고객ID	고객이름	거주도시
S1	홍길동	서울
S2	이정재	인천
S3	신보라	인천
S4	김흥국	서울
S5	도요새	용인

① relation 3개, attribute 3개, tuple 5개
② relation 3개, attribute 5개, tuple 3개
③ relation 1개, attribute 5개, tuple 3개
④ relation 1개, attribute 3개, tuple 5개

> relation(릴레이션)은 table(테이블)을 나타내고, attribute(어트리뷰트)는 column(컬럼)을 나타내며, tuple(튜플)은 row(행)을 나타냄. 따라서 relation은 1개, attribute는 '고객ID', '고객이름', '거주도시'로 3개, tuple은 5행

46

player 테이블에는 player_name, team_id, height 컬럼이 존재한다. 아래 SQL문에서 문법적 오류가 있는 부분은?

```
(1) SELECT player_name, height
(2) FROM player
(3) WHERE team_id = 'Korea'
(4) AND height BETWEEN 170 OR 180;
```

① (1) ② (2)
③ (3) ④ (4)

> BETWEEN 구문은 키워드로 'BETWEEN'과 'AND'를 사용하며, 행의 범위를 지정

43 ④ 44 ④ 45 ④ 46 ④

47
다음에 해당하는 함수종속의 추론규칙은?

> X → Y이고 Y → Z이면 X → Z이다.

① 분해 규칙
② 이행 규칙
③ 반사 규칙
④ 결합 규칙

> 2NF에서는 함수종속 관계 A → B, B → C이면 A → C가 성립하는 이행적 함수종속(transitive FD)이 존재하며 이는 이상 현상의 원인이 됨

48
관계데이터 모델의 무결성 제약 중 기본키 값의 속성 값이 널(null)값이 아닌 원자 값을 갖는 성질은?

① 개체 무결성
② 참조 무결성
③ 도메인 무결성
④ 튜플의 유일성

> ① 개체 무결성 : 릴레이션에서 기본키를 구성하는 속성은 널(Null)값이나 중복값을 가질 수 없음
> [오답해설]
> ② 참조 무결성 : 외래키 값은 NULL이거나 참조 릴레이션의 기본키 값과 동일해야 함
> ③ 도메인 무결성 : 특정 속성의 값이 그 속성이 정의된 도메인에 속한 값이어야 한다는 규정

49
DCL 명령어가 아닌 것은?

① COMMIT
② ROLLBACK
③ GRANT
④ SELECT

> • 정의어(DDL) : CREATE, ALTER, DROP
> • 조작어(DML) : SELECT, INSERT, DELETE, UPDATE
> • 제어어(DCL) : GRANT, REVOKE

50
릴레이션에 대한 설명으로 거리가 먼 것은?

① 튜플들의 삽입, 삭제 등의 작업으로 인해 릴레이션은 시간에 따라 변한다.
② 한 릴레이션에 포함된 튜플들은 모두 상이하다.
③ 애트리뷰트는 논리적으로 쪼갤 수 없는 원자값으로 저장한다.
④ 한 릴레이션에 포함된 튜플 사이에는 순서가 있다.

> **릴레이션 특성**
> • 릴레이션의 튜플들은 모두 상이함
> • 릴레이션에서 어트리뷰트들 간의 순서는 의미가 없음
> • 한 릴레이션에 포함된 튜플 사이에는 순서가 없음
> • 어트리뷰트는 원자값으로서 분해가 불가능함

51
릴레이션 R의 모든 결정자(determinant)가 후보키이면 그 릴레이션 R은 어떤 정규형에 속하는가?

① 제1정규형
② 제2정규형
③ 보이스/코드 정규형
④ 제4정규형

> **보이스/코드 정규형(BCNF)**
> 릴레이션 R의 모든 결정자(determinant)가 후보키(candidate key)이면 릴레이션 R은 보이스/코드 정규형(BCNF)에 속함

정답 47 ② 48 ① 49 ④ 50 ④ 51 ③

52

관계 데이터베이스인 테이블 R1에 대한 아래 SQL문의 실행 결과로 옳은 것은?

학번	이름	학년	학과	주소
1000	홍길동	1	컴퓨터공학	서울
2000	김철수	1	전기공학	경기
3000	강남길	2	전자공학	경기
4000	오말자	2	컴퓨터	경기
5000	장미화	3	전자공학	서울

[SQL 문]
SELECT DISTINCT 학년 FROM R1;

①

학년
1
1
2
2
3

②

학년
1
2
3

③

이름	학년
홍길동	1
김철수	1
강남길	2
오말자	2
장미화	3

④

이름	학년
홍길동	1
강남길	2
장미화	3

> R1 테이블에서 학년을 검색하는데 DISTINCT 키워드를 사용하여 지정된 컬럼명에 대해서 중복되지 않게 출력하므로 학년 컬럼 1,2,3만 출력

53

DML(Data Mainipulation Languge) 명령어가 아닌 것은?

① INSERT ② UPDATE
③ ALTER   ④ DELETE

> • 정의어(DDL) : CREATE, ALTER, DROP
> • 조작어(DML) : SELECT, INSERT, DELETE, UPDATE
> • 제어어(DCL) : GRANT, REVOKE

54

정규화의 목적으로 옳지 않은 것은?

① 어떠한 릴레이션이라도 데이터베이스 내에서 표현 가능하게 만든다.
② 데이터 삽입 시 릴레이션을 재구성할 필요성을 줄인다.
③ 중복을 배제하여 삽입, 삭제, 갱신 이상의 발생을 야기한다.
④ 효과적인 검색 알고리즘을 생성할 수 있다.

> 정규화(Normalization)는 중복을 배제하여 삽입, 삭제, 갱신 이상의 발생을 방지

55

Commit과 Rollback 명령어에 의해 보장 받는 트랜잭션의 특성은?

① 병행성 ② 보안성
③ 원자성 ④ 로그

> 원자성
> 트랜잭션이 성공적으로 완료되면 처리 결과는 영속적으로 반영되어야 함. Commit과 Rollback 명령어에 의해 보장 받으며, 전부나 전무의 실행만이 있음

정답 52 ② 53 ③ 54 ③ 55 ③

56
병행제어 기법 중 로킹에 대한 설명으로 옳지 않은 것은?

① 로킹의 대상이 되는 객체의 크기를 로킹 단위라고 한다.
② 데이터베이스, 파일, 레코드 등은 로킹 단위가 될 수 있다.
③ 로킹의 단위가 작아지면 로킹 오버헤드가 증가한다.
④ 로킹의 단위가 커지면 데이터베이스 공유도가 증가한다.

- 로킹의 단위가 커지면 데이터베이스 공유도가 감소하며, 로킹 오버헤드도 감소
- 로킹 단위가 작아지면 데이터베이스 공유도가 증가하며, 로킹 오버헤드도 증가

57
관계대수의 순수관계 연산자가 아닌 것은?

① Select
② Cartesian Product
③ Division
④ Project

- 보기② Cartesian Product는 일반 집합 연산자
- 순수 관계 연산자 : SELECT, PROJECT, JOIN, DIVISION

58
뷰(View)의 장점이 아닌 것은?

① 뷰 자체로 인덱스를 가짐
② 데이터 보안 용이
③ 논리적 독립성 제공
④ 사용자 데이터 관리 용이

뷰는 독자적인 인덱스를 가질 수 없음

59
데이터베이스 로그(log)를 필요로 하는 회복 기법은?

① 즉각 갱신 기법
② 대수적 코딩 방법
③ 타임 스탬프 기법
④ 폴딩 기법

즉시(즉각) 갱신
오류가 발생하면 우선적으로 오류를 해결하며, 데이터베이스 로그를 필요로 함. 오류가 발생하면 즉시 처리하므로 redo와 undo를 모두 이용

60
다음 중 SQL의 집계 함수(aggregation)가 아닌 것은?

① AVG
② COUNT
③ SUM
④ CREATE

- CREATE문은 데이터 정의어(DDL)에 해당
- 집계함수 : COUNT, SUM, AVG, MAX, MIN

4과목 프로그래밍 언어 활용

61
C언어에서 정수 자료형으로 옳은 것은?

① int
② float
③ char
④ double

① int : 정수 자료형
[오답해설]
② float : 실수 자료형
③ char : 문자 자료형
④ double : 실수 자료형

정답 56 ④ 57 ② 58 ① 59 ① 60 ④ 61 ①

62

다음 C프로그램의 결과 값은?

```
main(void){
  int i;
  int sum = 0;
  for(i=1; i<=10; I=i+2)
  sum = sum + i;
  printf("%d", sum);
}
```

① 15 ② 19
③ 25 ④ 27

for문의 반복문을 살펴보면, 1~10까지 2씩 증가한 값을 모두 더하는 코드이므로 sum은 1+3+5+7+9 = 25

63

UNIX에서 새로운 프로세스를 생성하는 명령어는?

① ls
② cat
③ fork
④ chmod

③ fork : 새로운 프로세스를 생성하는 명령어
[오답해설]
① ls : 자신이 속해있는 폴더 내에서의 파일 및 폴더들 표시
② cat : 파일 내용 출력
④ chmod : 특정 파일 또는 디렉토리의 퍼미션 수정

64

OSI-7 Layer에서 링크의 설정과 유지 및 종료를 담당하며, 노드 간의 오류제어와 흐름제어 기능을 수행하는 계층은?

① 데이터 링크 계층
② 물리 계층
③ 세션 계층
④ 응용 계층

Data Link layer(데이터 링크 계층)
- 데이터 링크층은 통신 경로상의 지점 간 (link-to-link)의 오류없는 데이터 전송에 관한 프로토콜. 전송되는 비트의 열을 일정 크기 단위의 프레임으로 잘라 전송하고, 전송 도중 잡음으로 인한 오류 여부를 검사하며, 수신측 버퍼의 용량 및 양측의 속도 차이로 인한 데이터 손실이 발생하지 않도록 하는 흐름제어 등을 함
- 인접한 두 시스템을 연결하는 전송 링크상에서 패킷을 안전하게 전송하는 것

65

다음 중 가장 결합도가 강한 것은?

① data coupling ② stamp coupling
③ common coupling ④ control coupling

결합도

1. 내용 결합도(content coupling) — 결합도가 높음
2. 공통 결합도(common coupling)
3. 외부 결합도(external coupling)
4. 제어 결합도(control coupling)
5. 스탬프 결합도(stamp coupling)
6. 자료 결합도(data coupling) — 결합도가 낮음

66

200.1.1.0/24 네트워크를 FLSM 방식을 이용하여 10개의 subnet으로 나누고 ip subnet-zero를 적용했다. 이때 서브네팅된 네트워크 중 10번째 네트워크의 broadcast IP 주소는?

① 200.1.1.159 ② 201.1.5.175
③ 202.1.11.254 ④ 203.1.255.245

200.1.1.0/24 네트워크를 사용한다는 것은 네트워크 주소로 24비트를 사용하고, 호스트 주소로 8비트를 사용한다는 것으로 호스트 주소 8비트 중에서 서브넷이 10개 필요하므로 최소 4비트를 서브넷으로 사용해야 함. 4비트를 이용하여 서브넷을 나누면
(200.1.1.0~200.1.1.15), (200.1.1.16~200.1.1.31), (200.1.1.32~200.1.1.47), (200.1.1.48~200.1.1.63), (200.1.1.64~200.1.1.79), (200.1.1.80~200.1.1.95), (200.1.1.96~200.1.1.111), (200.1.1.112~200.1.1.127), (200.1.1.128~200.1.1.143), (200.1.1.144~200.1.1.159) … 등이 되므로 10번째의 브로드캐스트 주소는 200.1.1.159

정답 62 ③ 63 ③ 64 ① 65 ③ 66 ①

67

다음 내용이 설명하는 소프트웨어 취약점은?

> 메모리를 다루는 데 오류가 발생하여 잘못된 동작을 하는 프로그램 취약점

① FTP 바운스 공격
② SQL 삽입
③ 버퍼 오버플로
④ 디렉토리 접근 공격

> **버퍼 오버플로 공격**
> 메모리를 다루는 데에 오류가 발생하여 잘못된 동작을 하는 프로그램 취약점. 공격자가 버퍼 공간보다 큰 입력을 발생시켜 버퍼를 넘치게 만들고 공격자가 원하는 코드를 수행시켜서 공격자의 권한을 상승시키는 공격

68

TCP 프로토콜에 대한 설명으로 거리가 먼 것은?

① 신뢰성 있는 연결 지향형 전달 서비스이다.
② 기본 헤더 크기는 100byte이고 160byte까지 확장가능하다.
③ 스트림 전송 기능을 제공한다.
④ 순서제어, 오류제어, 흐름제어 기능을 제공한다.

> TCP 기본 헤더 크기는 20byte이고, 옵션 40byte를 포함시키면 60byte까지 확장가능

69

파이썬의 변수 작성 규칙 설명으로 옳지 않은 것은?

① 첫 자리에 숫자를 사용할 수 없다.
② 영문 대문자/소문자, 숫자, 밑줄(_)의 사용이 가능하다.
③ 변수 이름의 중간에 공백을 사용할 수 있다.
④ 이미 사용되고 있는 예약어는 사용할 수 없다.

> 변수 이름에 공백과 같은 띄워쓰기를 사용할 수 없으므로 카멜 표기법을 이용하거나 '_' 등을 활용하여 작성

70

배치 프로그램의 필수 요소에 대한 설명으로 틀린 것은?

① 자동화는 심각한 오류 상황 외에는 사용자의 개입 없이 동작해야 한다.
② 안정성은 어떤 문제가 생겼는지, 언제 발생했는지 등을 추적할 수 있어야 한다.
③ 대용량 데이터는 대용량의 데이터를 처리할 수 있어야 한다.
④ 무결성은 주어진 시간 내에 처리를 완료할 수 있어야 하고, 동시에 동작하고 있는 다른 애플리케이션을 방해하지 말아야 한다.

> - 보기④의 설명은 무결성이 아닌 성능에 대한 내용
> - 배치 프로그램은 일괄적으로 처리하는 개념으로 사용자와의 상호작용 없이 일련의 작업들을 작업 단위로 묶어서 정기적으로 반복 수행하거나 정해진 규칙에 따라 처리하는 방법
> - 배치 프로그램의 필수요소
>   - 대용량 데이터 : 대용량의 데이터를 처리할 수 있어야 함
>   - 자동화 : 심각한 오류 상황 외에는 사용자의 개입 없이 동작해야 함
>   - 안정성 : 어떤 문제가 생겼는지, 언제 발생했는지 등을 추적할 수 있어야 함
>   - 견고함 : 유효하지 않은 데이터도 처리하여 비정상적인 중단이 없도록 해야 함
>   - 성능 : 주어진 시간 내에 처리를 완료할 수 있어야 하고, 동시에 동작하고 있는 다른 애플리케이션을 방해하지 말아야 함

정답 67 ③ 68 ② 69 ③ 70 ④

71

다음이 설명하는 응집도의 유형은?

> 모듈이 다수의 관련 기능을 가질 때 모듈안의 구성 요소들이 그 기능을 순차적으로 수행할 경우의 응집도

① 기능적 응집도 ② 우연적 응집도
③ 논리적 응집도 ④ 절차적 응집도

> ④ 절차적 응집도 : 모듈이 다수의 관련 기능을 가질 때 모듈안의 구성 요소들이 그 기능을 순차적으로 수행할 경우의 응집도
> [오답해설]
> ① 기능적 응집도 : 모듈 내의 모든 요소가 한 가지 기능을 수행하기 위해 구성될 때, 이들 요소는 기능적 응집도로 결속되어 있다고 함
> ② 우연적 응집도 : 모듈 내부의 각 요소들이 서로 관계없는 것들이 모인 경우로 응집력이 가장 낮음
> ③ 논리적 응집도 : 논리적으로 서로 관련이 있는 요소를 모아 하나의 모듈로 한 경우, 그 모듈의 기능은 이 모듈을 참조할 때 어떤 파라미터를 주느냐에 따라 다르게 됨

72

IPv6에 대한 설명으로 틀린 것은?

① 32비트의 주소체계를 사용한다.
② 멀티미디어의 실시간 처리가 가능하다.
③ IPv4보다 보안성이 강화되었다.
④ 자동으로 네트워크 환경구성이 가능하다.

> IPv4로 32비트 체계이며, IPv6는 32비트에서 128비트로 확장된 것

73

다음 자바 프로그램 조건문에 대해 삼항 조건 연산자를 사용하여 옳게 나타낸 것은?

```
int i = 7, j = 9;
int k;
if (i > j)
    k = i - j;
else
    k = i + j;
```

① int i = 7, j = 9;
   int k;
   k = (i > j)?(i - j):(i + j);
② int i = 7, j = 9;
   int k;
   k = (i < j)?(i - j):(i + j);
③ int i = 7, j = 9;
   int k;
   k = (i > j)?(i + j):(i - j);
④ int i = 7, j = 9;
   int k;
   k = (i < j)?(i + j):(i - j);

> • 삼항 연산자 : 조건식의 결과가 참이면 '값1'을 할당하고 거짓이면 '값2'을 할당
>
> (조건식 ? 값1 : 값2)
>
> int i = 7, j = 9;
> int k;
> if (i > j) // (i > j) 가 참이면
>   k = i - j; // k 에 i - j을 할당
> else // (i > j) 가 거짓이면
>   k = i + j; // k 에 i + j을 할당
>
> 따라서 k = (i > j)?(i - j):(i + j);

정답 71 ④ 72 ① 73 ①

74

다음은 사용자로부터 입력받은 문자열에서 처음과 끝의 3글자를 추출한 후 합쳐서 출력하는 파이썬 코드에서 ㉠에 들어갈 내용은?

```
string = input("7문자 이상 문자열을 입력하시오 :")
m = ( ㉠ )
print(m)

입력값 : Hello World
최종 출력 : Helrld
```

① string[1:3] + string[-1:]
② string[:3] + string[-3:-1]
③ string[0:3] + string[-3:]
④ string[0:] + string[:-1]

- 입력값 'Hello World'을 기준으로 문자열에서 맨 왼쪽 처음 3글자 'Hel'를 추출하려면 string[0:3]가 되어야 하고, 끝글자 3자인 'rld'를 추출하려면 string[-3:]가 되어야 함. 최종 출력값이 'Helrld'이므로 이 둘을 합치는 식은 string[0:3] + string[-3:]가 됨
- 파이썬 리스트 슬라이싱 (list slicing) 구문

리스트명[start:end]

start : index 시작 위치
end : index 마지막 위치

75

효과적인 모듈 설계를 위한 유의사항으로 거리가 먼 것은?

① 모듈간의 결합도를 약하게 하면 모듈 독립성이 향상된다.
② 복잡도와 중복성을 줄이고 일관성을 유지시킨다.
③ 모듈의 기능은 예측이 가능해야 하며 지나치게 제한적이어야 한다.
④ 유지보수가 용이해야 한다.

모듈은 쉽게 예측이 가능해야 하지만, 지나치게 제한적으로 만들어지면 인터페이스가 증가하므로 전체 인터페이스 복잡도가 올라갈 수 있음

76

HRN 방식으로 스케줄링 할 경우, 입력된 작업이 다음과 같을 때 처리되는 작업 순서로 옳은 것은?

작업	대기시간	서비스(실행)시간
A	5	20
B	40	20
C	15	45
D	20	2

① A → B → C → D
② A → C → B → D
③ D → B → C → A
④ D → A → B → C

- HRN 우선순위 계산식 = (대기 시간+서비스 시간) / 서비스 시간
- A : (5+20)/20 = 1.25
- B : (40+20)/20 = 3
- C : (15+45)/45 = 1.3
- D : (20+2)/2 = 11
- HRN 우선순위 계산식에서 계산된 값이 큰 작업이 우선순위가 높음

77

운영체제에 대한 설명으로 거리가 먼 것은?

① 다중 사용자와 다중 응용프로그램 환경하에서 자원의 현재 상태를 파악하고 자원 분배를 위한 스케줄링을 담당한다.
② CPU, 메모리 공간, 기억 장치, 입출력 장치 등의 자원을 관리한다.
③ 운영체제의 종류로는 매크로 프로세서, 어셈블러, 컴파일러 등이 있다.
④ 입출력 장치와 사용자 프로그램을 제어한다.

운영체제의 종류로는 UNIX, Windows, Linux, Android, iOS 등이 있음

78

메모리 관리 기법 중 Worst fit 방법을 사용할 경우 10K 크기의 프로그램 실행을 위해서는 어느 부분에 할당되는가?

영역번호	메모리크기	사용여부
NO.1	8K	FREE
NO.2	12K	FREE
NO.3	10K	IN USE
NO.4	20K	IN USE
NO.5	16K	FREE

① NO.2
② NO.3
③ NO.4
④ NO.5

- [2015년 1회] 출제됨
- 최악 적합(Worst Fit)은 할당 가능한 영역(FREE) 중 단편화가 가장 많은 영역에 할당하므로 NO.3 와 NO.4는 사용중이라 할당하지 못하고, 나머지 영역중에 가장 큰 영역인 NO.5에 할당됨

79 ★

어떤 모듈이 다른 모듈의 내부 논리 조직을 제어하기 위한 목적으로 제어신호를 이용하여 통신하는 경우이며, 하위 모듈에서 상위 모듈로 제어 신호가 이동하여 상위 모듈에게 처리 명령을 부여하는 권리 전도현상이 발생하게 되는 결합도는?

① data coupling
② stamp coupling
③ control coupling
④ common coupling

- ③ control coupling : 어떤 모듈이 다른 모듈을 호출할 경우, 제어 정보를 파라미터로 넘겨주는 경우 이들 두 모듈은 제어 결합도를 가졌다고 함
- [오답해설]
- ① data coupling : 모듈 간의 결합도 중 가장 바람직한 결합도는 자료 결합도
- ② stamp coupling : 한 그룹의 모듈들이 동일한 비광역 데이터 구조를 사용한다면 스탬프 결합도가 될 수 있음
- ④ common coupling : 하나의 기억 장소에 공동의 자료 영역을 설정한 후, 한 모듈이 그 기억 장소에 자료를 전송하면 다른 모듈은 기억 장소를 조회함으로써 정보를 전달받는 방식을 취할 때 발생

80

다음 중 bash 쉘 스크립트에서 사용할 수 있는 제어문이 아닌 것은?

① if
② for
③ repeat_do
④ while

쉘 스크립트 제어문 종류
- 선택 실행문 : if문, case문
- 반복 실행문 : while문, do문, for문

5과목 정보시스템 구축관리

81

블록 암호화 방식이 아닌 것은?

① DES
② RC4
③ AES
④ SEED

- RC4는 블록 암호화 방식이 아닌 스트림 암호화 방식
- 블록 암호화 방식에는 DES, TDES, SEED, AES, ARIA, IDEA 등이 있음

82

Putnam 모형을 기초로 해서 만든 자동화 추정 도구는?

① SQLR/30
② SLIM
③ MESH
④ NFV

Putnam의 생명 주기 예측 모형은 Rayleigh-Norden 곡선에 기초하며 소프트웨어 개발 비용을 산정하는 공식을 유도하며, SLIM 비용 추정 자동화 모형의 기반이 됨

정답 78 ④ 79 ③ 80 ③ 81 ② 82 ②

83

RIP(Routing Information Protocol)에 대한 설명으로 틀린 것은?

① 거리 벡터 라우팅 프로토콜이라고도 한다.
② 소규모 네트워크 환경에 적합하다.
③ 최대 홉 카운트를 115홉 이하로 한정하고 있다.
④ 최단경로탐색에는 Bellman-Ford 알고리즘을 사용한다.

> RIP는 거리 벡터 라우팅 프로토콜이며, 홉(Hop)을 기준으로 하고 최대 15홉까지 지원하므로 큰 망에선 사용할 수 없음

84 빈출

정보보안의 3대 요소에 해당하지 않는 것은?

① 기밀성
② 휘발성
③ 무결성
④ 가용성

> 정보보안의 3대 요소
> 기밀성(confidentiality), 무결성(integrity), 가용성(availability)

85 빈출

소프트웨어 개발 모델 중 나선형 모델의 4가지 주요활동이 순서대로 나열된 것은?

| A. 계획 수립 | B. 고객 평가 |
| C. 개발 및 검증 | D. 위험 분석 |

① A-B-D-C 순으로 반복
② A-D-C-B 순으로 반복
③ A-B-C-D 순으로 반복
④ A-C-B-D 순으로 반복

> 나선형 모델의 4가지 주요활동
> 1. 계획 수립(planning) : 요구사항 수집, 시스템의 목표 규명, 제약조건 파악
> 2. 위험 분석(risk analysis) : 요구사항을 토대로 위험을 규명하며, 기능 선택의 우선순위, 위험 요소의 분석/프로젝트 타당성 평가 및 프로젝트를 계속 진행할 것인지 중단할 것인지를 결정
> 3. 개발(engineering) : 선택된 기능의 개발/개선된 한 단계 높은 수준의 제품을 개발
> 4. 평가(evaluation) : 구현된 시스템을 사용자가 평가하여 다음 계획을 세우기 위한 피드백을 받음

86

빅데이터 분석 기술 중 대량의 데이터를 분석하여 데이터 속에 내재되어 있는 변수 사이의 상호관계를 규명하여 일정한 패턴을 찾아내는 기법은?

① Data Mining
② Wm-Bus
③ Digital Twin
④ Zigbee

> Data Mining(데이터 마이닝)
> 빅데이터 분석 기술 중 대량의 데이터를 분석하여 데이터 속에 내재되어 있는 변수 사이의 상호관계를 규명하여 일정한 패턴을 찾아내는 기법. 대용량 데이터에서 의미 있는 통계적 패턴이나 규칙, 관계를 찾아내 분석하여 유용하고 활용할 수 있는 정보를 추출하는 활동

87

실무적으로 검증된 개발보안 방법론 중 하나로써 SW 보안의 모범 사례를 SDLC(Software Development Life Cycle)에 통합한 소프트웨어 개발 보안 생명주기 방법론은?

① CLASP
② CWE
③ PIMS
④ Seven Touchpoints

> ④ Seven Touchpoints : 실무적으로 검증된 개발보안 방법론 중 하나로써 SW 보안의 모범 사례를 SDLC에 통합한 소프트웨어 개발 보안 생명주기 방법론. 즉, 공통 위험요소를 파악하고 이해하며, 보안을 설계하고 모든 소프트웨어 산출물에 대해 철저하고 객관적인 위험분석 및 테스트를 거쳐 안전한 소프트웨어를 만들어내는 방법을 정의
>
> [오답해설]
> ① CLASP(Comprehensive, Lightweight Application Security Process) : 활동중심·역할기반의 프로세스로 구성된 집합체로 소프트웨어 개발 생명주기 초기단계에 보안 강화를 목적으로 하는 정형화된 프로세스
> ② CWE(Common Weakness Enumeration) : 일반적으로 널리 알려져있는 소프트웨어의 주요 약점과 보안상의 문제점들을 분류한 목록
> ③ PIMS(Personal Information Management System) : 우리나라의 개인 정보보호 관리체계. 고객의 개인정보를 안전하게 관리하는 기업에 주는 인증제도이며, 개인 정보를 다루는 기업이 전사차원에서 개인정보 보호활동을 체계적으로 지속성 있게 하기 위해 필요한 보호 조치 체계를 구축했는지를 점검하여 인증해 주는 인증제로 현재는 ISMS-P에 통합됨

정답 83 ③ 84 ② 85 ② 86 ① 87 ④

88

소프트웨어 생명주기 모형 중 고전적 생명주기 모형으로 선형 순차적 모델이라고도 하며, 타당성 검토, 계획, 요구사항 분석, 구현, 테스트, 유지보수의 단계를 통해 소프트웨어를 개발하는 모형은?

① 폭포수 모형
② 애자일 모형
③ 컴포넌트 기반 방법론
④ 6GT 모형

> **폭포수 모형**
> 소프트웨어 생명주기 모형 중 고전적 생명주기 모형으로 선형 순차적 모델이라고도 하며, 타당성 검토, 계획, 요구사항 분석, 구현, 테스트, 유지보수의 단계를 통해 소프트웨어를 개발하는 모형. 각 단계의 결과가 확인된 후에 다음 단계로 진행하는 단계적, 순차적, 체계적인 접근 방식

89

기능점수(Functional Point)모형에서 비용산정에 이용되는 요소가 아닌 것은?

① 클래스 인터페이스
② 명령어(사용자 질의수)
③ 데이터파일
④ 출력보고서

> • 기능점수(Functional Point)모형은 소프트웨어의 각 기능에 대하여 가중치를 부여하여 요인별 가중치를 합산해서 소프트웨어의 규모나 복잡도, 난이도를 산출하는 모형
> • 기능점수 모형에서 소프트웨어 기능 증대 요인은 자료입력(입력 양식), 정보출력(출력보고서), 명령어(사용자 질의수), 데이터파일, 외부 인터페이스가 있음

90

다음 빈칸에 알맞은 기술은?

> ( )은/는 웹에서 제공하는 정보 및 서비스를 이용하여 새로운 소프트웨어나 서비스, 데이터베이스 등을 만드는 기술이다.

① Quantum Key Distribution
② Digital Rights Management
③ Grayware
④ Mashup

> ④ Mashup : 웹에서 제공하는 정보 및 서비스를 이용하여 새로운 소프트웨어나 서비스, 데이터베이스 등을 만드는 기술. 즉, 각종 콘텐츠와 서비스를 융합하여 새로운 웹서비스를 만들어내는 것
> [오답해설]
> ① Quantum Key Distribution (QKD, 양자 암호 키 분배) : 양자 통신을 위해 비밀키를 분배·관리하는 기술이며, 광 링크를 통해 광자(빛의 양자 입자)를 전송하여 작동
> ② Digital Rights Management : 디지털 저작권 관리의 약자로, 디지털 콘텐츠 제공자의 권리와 이익을 안전하게 보호하며 불법복제를 막고 사용료 부과와 결제대행 등 콘텐츠의 생성에서 유통·관리까지를 일괄적으로 지원하는 기술
> ③ Grayware : 악성 소프트웨어의 일종으로 정상 소프트웨어와 바이러스 소프트웨어의 중간에 속함. 스파이웨어, 애드웨어, 트랙웨어, 기타 이상 악성코드나 공유웨어 등이 이에 해당함

91

큰 숫자를 소인수 분해하기 어렵다는 기반하에 1978년 MIT에 의해 제안된 공개키 암호화 알고리즘은?

① DES   ② ARIA
③ SEED   ④ RSA

> RSA는 비대칭키(공개키) 암호화 알고리즘은 정수의 소인수분해의 복잡성을 이용하는 알고리즘
> [오답해설]
> DES, ARIA, SEED는 대칭키 암호화 알고리즘에 해당

정답 88 ① 89 ① 90 ④ 91 ④

92

다음 JAVA코드에서 밑줄로 표시된 부분에는 어떤 보안 약점이 존재하는가? (단, key는 암호화 키를 저장하는 변수이다.)

```
import javax.crypto.KeyGenerator;
import javax.crypto.SecretKeySpec;
import javax.crypto.Cipher;
.....생략
public String encriptString(String usr) {
  String key = ""22df3023sf-2;asn!@#/>as";
  if (key != null) {
  byte[] bToEncrypt = usr.getBytes("UTF-8");
  .....생략
```

① 무결성 검사 없는 코드 다운로드
② 중요 자원에 대한 잘못된 권한 설정
③ 하드코드된 암호화 키 사용
④ 적절한 인증없는 중요 기능 허용

> 자바에서 하드코딩된 암호화 킷값(문제의 String key ="22df3023sf -2;asn!@#/>as")를 쓰는 것은 공격자에게 암호화 키값이 노출될 위협이 있으므로 바람직하지 않음

93

다음 LAN의 네트워크 토폴로지는?

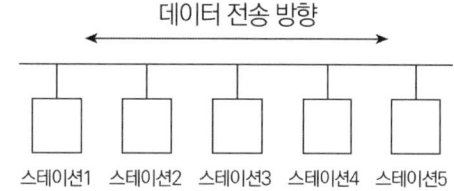

① 버스형 ② 성형
③ 링형   ④ 그물형

> • 문제의 네트워크 토폴로지는 버스형
> • 버스형 토폴로지 선형 방식으로 컴퓨터 또는 주변 장치를 연결하기 위한 가장 쉬운 네트워크 토폴로지

94

DDoS 공격과 연관이 있는 공격 방법은?

① Secure shell   ② Tribe Flood Network
③ Nimda   ④ Deadlock

> • DDoS(Distribute Denial of Service) 공격 종류 : Trinoo(트리누), Tribe Flood Network(TFN, 트리벌 플러드), Stacheldraht(슈타첼드라트)
> • DDoS공격은 분산 서비스 거부 공격으로 DoS를 개량한 형태로 인터넷에 연결된 일련의 시스템들을 이용해 공격용 프로그램들을 분산 설치하고 이들이 서로 통합된 형태로 어느 목표 시스템에 대하여 공격을 시도하는 방법

95

CPM 네트워크가 다음과 같을 때 임계 경로의 소요기일은?

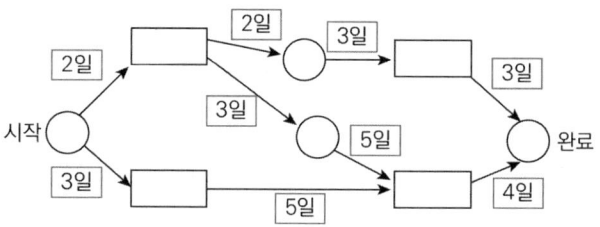

① 10일   ② 12일
③ 14일   ④ 16일

> CPM 네트워크에서 임계 경로는 최장 경로를 의미하며, 문제의 CPM 네트워크 임계 경로의 소요 기일은 14일(2일+3일+5일+4일)

96

전자 칩과 같은 소프트웨어 부품, 즉 블록(모듈)을 만들어서 끼워 맞추는 방법으로 소프트웨어를 완성시키는 재사용 방법은?

① 합성 중심   ② 생성 중심
③ 분리 중심   ④ 구조 중심

> **소프트웨어 재사용 방법**
> • 합성 중심(Composition-Based) : 블록 구성 방법이며, 전자 칩과 같은 소프트웨어 부품, 즉 블록(모듈)을 만들어서 끼워 맞추는 방법으로 소프트웨어를 완성시키는 재사용 방법
> • 생성 중심(Generation-Based) : 패턴 구성 방법이며, 추상화 형태로 써진 명세를 구체화하여 프로그램을 만드는 방법

정답 92 ③ 93 ① 94 ② 95 ③ 96 ①

97

물리적인 사물과 컴퓨터에 동일하게 표현되는 가상 모델로 실제 물리적인 자산 대신 소프트웨어로 가상화함으로써 실제 자산의 특성에 대한 정확한 정보를 얻을 수 있고, 자산 최적화, 돌발사고 최소화, 생산성 증가 등 설계부터 제조, 서비스에 이르는 모든 과정의 효율성을 향상시킬 수 있는 모델은?

① 최적화
② 실행 시간
③ 디지털 트윈
④ N-Screen

③ 디지털 트윈(digital twin) : 물리적인 사물과 컴퓨터에 동일하게 표현되는 가상 모델로 실제 물리적인 자산 대신 소프트웨어로 가상화함으로써 실제 자산의 특성에 대한 정확한 정보를 얻을 수 있고, 자산 최적화, 돌발사고 최소화, 생산성 증가 등 설계부터 제조, 서비스에 이르는 모든 과정의 효율성을 향상시킬 수 있는 모델

[오답해설]
④ N-Screen : 여러 개의 단말에서 동일한 콘텐츠를 사용할 수 있는 방법으로 예를 들어 스마트폰, TV, 태블릿, 데스크탑 등에서 동일 콘텐츠를 사용할 수 있음

98

기존 무선 랜의 한계 극복을 위해 등장하였으며, 대규모 디바이스의 네트워크 생성에 최적화되어 차세대 이동통신, 홈네트워킹, 공공 안전 등의 특수목적을 위한 새로운 방식의 네트워크 기술을 의미하는 것은?

① Software Defined Perimeter
② Virtual Private Network
③ Local Area Network
④ Mesh Networ

④ Mesh Networ(메쉬 네트워크) : 네트워크를 이루고 있는 구조 중 하나로 그물 형태를 띠고 있는 네트워크 구조. 기존 무선 랜의 한계 극복을 위해 등장하였으며, 대규모 디바이스의 네트워크 생성에 최적화되어 차세대 이동통신, 홈네트워킹, 공공 안전 등의 특수목적을 위한 새로운 방식의 네트워크 기술

99

소프트웨어 개발 표준 중 소프트웨어 품질 및 생산성 향상을 위해 소프트웨어 프로세스를 평가 및 개선하는 국제 표준은?

① SCRUM
② ISO/IEC 12509
③ SPICE
④ CASE

③ SPICE(ISO/IEC 15504) : 소프트웨어 개발 표준 중 소프트웨어 품질 및 생산성 향상을 위해 소프트웨어 프로세스를 평가 및 개선하는 국제 표준

[오답해설]
① SCRUM : 애자일 개발 기법의 한 가지이며, 30일마다 동작 가능한 제품을 제공하는 스플린트를 중심으로 하고 있음. 매일 정해진 시간에 정해진 장소에서 짧은 시간의 개발을 하는 팀을 위한 프로젝트 관리 중심의 방법론
② ISO/IEC 12509 : OSI 7계층의 관리 기능에 대한 명세화
④ CASE(Computer Aided Software Engineering) : 소프트웨어 공학의 자동화를 의미하며, 소프트웨어 공학작업 중 하나의 작업을 자동화한 소프트웨어 패키지를 CASE 도구라 함. 이러한 도구를 한데 모아놓은 것을 소프트웨어 공학환경(Software Engineering Environment)이라 함

100

COCOMO 모델의 프로젝트 유형으로 거리가 먼 것은?

① Organic
② Semi-detached
③ Embedded
④ Sequential

COCOMO의 프로젝트 3가지 모드 (제품의 복잡도에 따른 프로젝트 개발 유형)
• 유기적(organic model) : 5만 라인 이하로 소규모 팀이 수행할 수 있는 아주 작고 간단한 소프트웨어 프로젝트
• 중간형(semi-detached model) : 30만 라인 이하의 프로젝트
• 내장형(embedded model) : 30만 라인 이상의 프로젝트

정답 97 ③ 98 ④ 99 ③ 100 ④

2020년 4회 | 공개기출문제

1과목 소프트웨어 설계

01
XP(eXtreme Programming)의 기본원리로 볼 수 없는 것은?

① Linear Sequential Method
② Pair Programming
③ Collective Ownership
④ Continuous Integration

> ① Linear Sequential Method(선형 순차적 모형)은 폭포수 모형을 의미
> [오답해설]
> ② 페어 프로그래밍(Pair Programming) : 가장 좋은 구현 방법과 전략적인 방법을 다른 팀원과 함께 수행하여 책임을 공동으로 나누는 환경을 구축
> ③ 공동 소유권(Collective Ownership) : 개발자들 누구나 코드 수정할 수 있음
> ④ 지속적 통합(Continuous Integration) : 지속적으로 코드를 통합

02 ★빈출
럼바우(Rumbaugh) 객체지향 분석 기법에서 동적 모델링에 활용되는 다이어그램은?

① 객체 다이어그램(Object Diagram)
② 패키지 다이어그램(Package Diagram)
③ 상태 다이어그램(State Diagram)
④ 자료 흐름도(Data Flow Diagram)

> 동적 모형화(dynamic modeling)
> 시스템이 시간 흐름에 따라 변화하는 것을 보여주는 상태 다이어그램(state diagram)을 작성

03 ★빈출
CASE(Computer Aided Software Engineering)의 주요 기능으로 옳지 않은 것은?

① S/W 라이프 사이클 전 단계의 연결
② 그래픽 지원
③ 다양한 소프트웨어 개발 모형 지원
④ 언어 번역

> • CASE의 주요 기능 : 다양한 소프트웨어 개발 모형 지원, 그래픽 지원, 소프트웨어 생명주기 전 단계의 연결 등
> • CASE(Computer Aided Software Engineering) : 소프트웨어 공학의 자동화를 의미하며, 소프트웨어 공학작업 중 하나의 작업을 자동화한 소프트웨어 패키지를 CASE 도구라 함. 이러한 도구를 한데 모아놓은 것을 소프트웨어 공학환경(Software Engineering Environment)이라 함

04 ★빈출
객체지향 기법의 캡슐화(Encapsulation)에 대한 설명으로 틀린 것은?

① 인터페이스가 단순화 된다.
② 소프트웨어 재사용성이 높아진다.
③ 변경 발생 시 오류의 파급효과가 적다.
④ 상위 클래스의 모든 속성과 연산을 하위 클래스가 물려 받는 것을 의미한다.

> • 상위 클래스의 모든 속성과 연산을 하위 클래스가 물려 받는 것을 의미하는 것은 상속
> • 캡슐화는 객체를 정의할 때 서로 관련성이 많은 데이터들과 이와 연관된 함수들을 하나로 묶는 것을 말함. 즉, 데이터, 연산, 다른 객체, 상수 등의 관련된 정보와 그 정보를 처리하는 방법을 하나의 단위로 묶는 것

정답 01 ① 02 ③ 03 ④ 04 ④

05

다음 내용이 설명하는 객체지향 설계 원칙은?

- 클라이언트는 자신이 사용하지 않는 메서드와 의존관계를 맺으면 안 된다.
- 클라이언트가 사용하지 않는 인터페이스 때문에 영향을 받아서는 안 된다.

① 인터페이스 분리 원칙
② 단일 책임 원칙
③ 개방 폐쇄의 원칙
④ 리스코프 교체의 원칙

① ISP(Interface Segregation Principle, 인터페이스 분리의 원칙) : 클라이언트는 자신이 사용하지 않는 메서드와 의존관계를 맺으면 안 됨
[오답해설]
② SRP(Single Responsibility Principle, 단일 책임의 원칙) : 객체는 하나의 책임(변경의 축)만을 가져야 함
③ OCP(Open-Closed Principle, 개방폐쇄 원칙) : 기존 코드를 변경하지 않으면서 기능을 추가할 수 있도록 설계되어야 함
④ LSP(Liskov Substitution Principle, 리스코프 대체 원칙) : 기반 클래스는 파생 클래스로 대체 가능해야 함

06

파이프 필터 형태의 소프트웨어 아키텍처에 대한 설명으로 옳은 것은?

① 노드와 간선으로 구성된다.
② 서브시스템이 입력데이터를 받아 처리하고 결과를 다음 서브시스템으로 넘겨주는 과정을 반복한다.
③ 계층 모델이라고도 한다.
④ 3개의 서브시스템(모델, 뷰, 제어)으로 구성되어 있다.

파이프 필터 구조
- 서브시스템이 입력 데이터를 받아 처리하고 결과를 다른 시스템에 보내는 작업이 반복
- 서브시스템을 필터라고 하고 서브시스템 사이의 관계를 파이프라 함

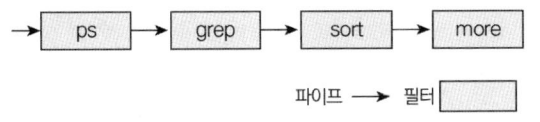

07

코드화 대상 항목의 중량, 면적, 용량 등의 물리적 수치를 이용하여 만든 코드는?

① 순차 코드
② 10진 코드
③ 표의 숫자 코드
④ 블록 코드

③ 유효 숫자식 코드(표의 숫자 코드) : 대상 항목의 크기, 중량, 거리 등을 그대로 사용하는 코드
[오답해설]
① 일련번호식 코드(순차 코드, Sequential Code) : 발생순, 크기순, 가나다순 등에 따라 순차적으로 부여
② 10진 코드(Decimal Code) : 10진법의 원리에 맞추어 대분류, 중분류, 소분류하여 부여한 코드
④ 블록 코드 : 공통성 있는 것끼리 블록으로 묶어서 구분하며 블록 내에서는 순차적으로 부여

08

디자인 패턴 사용의 장·단점에 대한 설명으로 거리가 먼 것은?

① 소프트웨어 구조 파악이 용이하다.
② 객체지향 설계 및 구현의 생산성을 높이는 데 적합하다.
③ 재사용을 위한 개발 시간이 단축된다.
④ 절차형 언어와 함께 이용될 때 효율이 극대화된다.

- 디자인 패턴은 객체지향 방법론의 가장 큰 장점인 재사용성과 모듈성을 극대화시켜서 이를 적용하면 시스템개발은 물론 유지보수에도 큰 효과가 있음
- 디자인 패턴의 장점
  ① 많은 전문가의 경험과 노하우를 별다른 시행착오 없이 얻을 수 있음
  ② 실질적 설계에 도움이 됨
  ③ 쉽고 정확하게 설계내용을 다른 사람과 공유 가능
  ④ 기존 시스템이 어떤 디자인 패턴을 사용하고 있는 지를 기술함으로써 쉽고 간단하게 시스템을 이해할 수 있음

정답 05 ① 06 ② 07 ③ 08 ④

09

DFD(data flow diagram)에 대한 설명으로 틀린 것은?

① 자료 흐름 그래프 또는 버블(bubble) 차트라고도 한다.
② 구조적 분석 기법에 이용된다.
③ 시간 흐름을 명확하게 표현할 수 있다.
④ DFD의 요소는 화살표, 원, 사각형, 직선(단선/이중선)으로 표시한다.

> 자료 흐름도는 가장 보편적으로 사용되는 시스템 모델링 도구로서 시간의 흐름을 표현하는 것이 아니라 기능 중심의 시스템을 모델링하는 데 적합함

10 빈출

그래픽 표기법을 이용하여 소프트웨어 구성 요소를 모델링하는 럼바우 분석 기법에 포함되지 않는 것은?

① 객체 모델링
② 기능 모델링
③ 동적 모델링
④ 블랙박스 분석 모델링

> - 럼바우의 객체 지향 분석 기법에 블랙박스 분석 모델링은 존재하지 않음
> - Rumbaugh의 OMT(Object Modeling Technique) 기법
>   1. 객체 모형화(object modeling) : 객체들을 식별하고 객체들간의 관계를 정의
>   2. 동적 모형화(dynamic modeling) : 시스템이 시간 흐름에 따라 변화하는 것을 보여주는 상태 다이어그램(state diagram)을 작성
>   3. 기능 모형화(function modeling) : 시스템 내에서 데이터가 변하는 과정을 나타내며, 자료 흐름도(DFD)를 이용

11

UML의 기본 구성요소가 아닌 것은?

① Things
② Terminal
③ Relationship
④ Diagram

> UML의 기본구성요소
> ① 사물(Things) : 모델을 구성하는 가장 중요한 요소로 다이어그램 안에서 관계가 형성될 수 있는 대상들
> ② 관계(Relationships) : 사물과 사물 사이의 연관성을 표현하는 것 (연관 관계, 집합 관계, 포함 관계, 일반화 관계, 의존 관계, 실체화 관계)
> ③ 다이어그램(Diagram) : 사물과 관계를 도형으로 표현한 것

12

소프트웨어의 상위 설계에 속하지 않는 것은?

① 아키텍처 설계
② 모듈 설계
③ 인터페이스 정의
④ 사용자 인터페이스 설계

> - 모듈 설계는 모듈의 세부내용이 설계되는 부분으로 하위 설계에 속함
> - 상위 설계 : 아키텍처 설계, 기본 설계 데이터 설계, 인터페이스 정의, 인터페이스 설계
> - 하위 설계 : 모듈 설계, 상세 설계, 자료구조 설계, 알고리즘 설계

13 빈출

다음 중 자료사전(Data Dictionary)에서 선택의 의미를 나타내는 것은?

① [ ]
② { }
③ +
④ =

자료 사전 기호	의미
=	항목의 정의(~로 구성되어 있다)
+	그리고, 순차(and)
( )	선택사양, 생략가능(optional)
{ }	반복(iteration)
[|]	여러 대안 중 하나 선택
* *	주석(comment)

정답 09 ③ 10 ④ 11 ② 12 ② 13 ①

14
소프트웨어의 사용자 인터페이스개발시스템(User Interface Development System)이 가져야 할 기능이 아닌 것은?

① 사용자 입력의 검증
② 에러 처리와 에러 메시지 처리
③ 도움과 프롬프트(prompt) 제공
④ 소스 코드 분석 및 오류 복구

> 사용자 인터페이스개발시스템의 기능
> • 사용자의 입력을 검증할 수 있어야 함
> • 에러처리와 관련된 에러 메시지를 표시할 수 있어야 함
> • 도움과 프롬프트(prompt)를 제공해야 함

15
요구사항 명세기법에 대한 설명으로 틀린 것은?

① 비정형 명세기법은 사용자의 요구를 표현할 때 자연어를 기반으로 서술한다.
② 비정형 명세기법은 사용자의 요구를 표현할 때 Z 비정형 명세기법을 사용한다.
③ 정형 명세기법은 사용자의 요구를 표현할 때 수학적인 원리와 표기법을 이용한다.
④ 정항 명세기법은 비정형 명세기법에 비해 표현이 간결하다.

> 정형 명세기법은 사용자의 요구를 표현할 때 Z 비정형 명세기법을 사용

16
소프트웨어 개발 단계에서 요구 분석 과정에 대한 설명으로 거리가 먼 것은?

① 분석 결과의 문서화를 통해 향후 유지보수에 유용하게 활용할 수 있다.
② 개발 비용이 가장 많이 소요되는 단계이다.
③ 자료흐름도, 자료 사전 등이 효과적으로 이용될 수 있다.
④ 보다 구체적인 명세를 위해 소단위 명세서(Mini-Spec)가 활용될 수 있다.

> 개발 비용이나 개발 노력이 가장 많이 소요되는 단계는 유지보수 단계

17
애자일 방법론에 해당하지 않는 것은?

① 기능중심 개발
② 스크럼
③ 익스트림 프로그래밍
④ 모듈중심 개발

> 애자일 방법론의 종류
> 익스트림 프로그래밍, 스크럼, 린 소프트웨어 개발 방법론, 크리스탈 패밀리, 기능 주도 개발 방법론, 동적 시스템 개발 방법론 등

18
클라이언트와 서버 간의 통신을 담당하는 시스템 소프트웨어를 무엇이라고 하는가?

① 웨어러블
② 하이웨어
③ 미들웨어
④ 응용 소프트웨어

> 미들웨어는 클라이언트와 서버를 연결하여 데이터를 주고받을 수 있도록 중간에서 매개 역할을 하거나, 네트워크를 통해서 연결된 여러 개의 컴퓨터에 있는 많은 프로세스들에게 어떤 서비스를 사용할 수 있도록 연결해주는 소프트웨어

19
GoF(Gangs of Four) 디자인 패턴 분류에 해당하지 않는 것은?

① 생성 패턴
② 구조 패턴
③ 행위 패턴
④ 추상 패턴

> 디자인 패턴의 분류
> 생성관련 패턴(Creational Patterns), 구조화 패턴(Structural Patterns), 행위 패턴(Behavioral Patterns)

정답 14 ④ 15 ② 16 ② 17 ④ 18 ③ 19 ④

20

바람직한 소프트웨어 설계 지침이 아닌 것은?

① 적당한 모듈의 크기를 유지한다.
② 모듈 간의 접속 관계를 분석하여 복잡도와 중복을 줄인다.
③ 모듈 간의 결합도는 강할수록 바람직하다.
④ 모듈 간의 효과적인 제어를 위해 설계에서 계층적 자료 조직이 제시되어야 한다.

> 모듈 간의 결합도를 최소화시켜야 모듈의 독립성이 향상됨

2과목 소프트웨어 개발

21

소프트웨어 패키징 도구 활용 시 고려사항으로 틀린 것은?

① 반드시 내부 콘텐츠에 대한 암호화 및 보안을 고려한다.
② 보안을 위하여 이기종 연동을 고려하지 않아도 된다.
③ 사용자 편의성을 위한 복잡성 및 비효율성 문제를 고려한다.
④ 제품 소프트웨어 종류에 적합한 암호화 알고리즘을 적용한다.

> 패키징은 프로그램 제작자가 최종사용자가 사용할 프로그램을 다양한 환경에서 쉽게 자동으로 설치(업데이트/삭제 가능)할 수 있게 패키지를 만들어 배포하는 과정을 말함. 보안을 고려해야 하지만, 단일 기종에서만 사용할 수 있도록 할 수는 없고 이기종 연동을 고려해야 함

22 ⭐

EAI(Enterprise Application Integration) 구축유형 중 Hybrid에 대한 설명으로 틀린 것은?

① Hub & Spoke와 Message Bus의 혼합방식이다.
② 필요한 경우 한 가지 방식으로 EAI 구현이 가능하다.
③ 데이터 병목현상을 최소화할 수 있다.
④ 중간에 미들웨어를 두지 않고 각 애플리케이션을 point to point로 연결한다.

EAI 유형

구분	설명
Point-to-Point	1:1 방식으로 애플리케이션 통합 수행
Hub & Spoke	• 모든 데이터가 허브를 통해 전송 • 데이터 전송이 보장되며, 유지보수 비용 절감
메시징 버스	• 데이터 전송하는 데 버스를 이용함으로 병목 현상 발생 가능 • 대량의 데이터 교환에 적합
하이브리드	• Hub & spoke 방식과 메시징 버스 방식의 통합 • 유연한 통합 작업 가능

23 ⭐

소스코드 품질분석 도구 중 정적 분석 도구가 아닌 것은?

① pmd
② checkstyle
③ valance
④ cppcheck

> • 정적 분석 도구 : cppcheck, pmd, checkstyle 등
> • 동적 분석 도구 : Valgrind, Avalanche 등

24

다음 Postfix 연산식에 대한 연산결과로 옳은 것은?

$$3\ 4\ *\ 5\ 6\ *\ +$$

① 35
② 42
③ 77
④ 360

> 후위표기를 연산을 위해 중위표기로 변경해야 함
> ((3 4 *) (5 6 *) +) = ((3 * 4) + (5 * 6)) = 12 + 30 = 42

정답 20 ③ 21 ② 22 ④ 23 ③ 24 ②

25

인터페이스 보안을 위해 네트워크 영역에 적용될 수 있는 것으로 거리가 먼 것은?

① IPSec
② SSL
③ SMTP
④ S-HTTP

③ SMTP(Simple Mail Transfer Protocol)는 보안에 관련된 프로토콜이 아니라, 메일 전송 프로토콜
[오답해설]
① IPSec(IP Security) : 안전하지 않은 네트워크상의 두 컴퓨터 사이에 암호화된 안전한 통신을 제공하는 프로토콜
② SSL(Secure Socket Layer) : 인터넷을 통해 전달되는 정보 보안의 안전한 거래를 허용하기 위해 Netscape사에서 개발한 인터넷 통신 규약 프로토콜
④ S-HTTP(Secure HyperText Transfer Protocol) : HTTP 프로토콜에 송신자 인증, 메시지 기밀성과 무결성, 부인 방지 기능을 확장한 프로토콜

26 ★빈출

검증(Validation) 검사 기법 중 개발자의 장소에서 사용자가 개발자 앞에서 행해지며, 오류와 사용상의 문제점을 사용자와 개발자가 함께 확인하면서 검사하는 기법은?

① 디버깅 검사
② 형상 검사
③ 자료구조 검사
④ 알파 검사

- 인수 테스트는 사용자측 관점에서 소프트웨어가 요구를 충족시키는가를 평가하며, 알파 테스트와 베타 테스트가 있음
- 알파테스트 : 검증(Validation) 검사 기법 중 개발자의 장소에서 사용자가 개발자 앞에서 행해지며, 오류와 사용상의 문제점을 사용자와 개발자가 함께 확인하면서 검사하는 기법
- 베타테스트 : 최종 사용자가 여러 장소의 고객 위치에서 소프트웨어에 대한 검사를 수행하는 기법

27

다음 초기 자료에 대하여 삽입 정렬(Insertion Sort)을 이용하여 오름차순 정렬할 경우 1회전 후의 결과는?

초기 자료 : 8, 3, 4, 9, 7

① 3, 4, 8, 7, 9
② 3, 4, 9, 7, 8
③ 7, 8, 3, 4, 9
④ 3, 8, 4, 9, 7

- 삽입 정렬(Insertion Sort) : 자신보다 앞의 원소가 큰지 작은지 비교해서 키값이 작으면 이동하고, 키값이 크면 그대로 두면서 데이터들을 정렬시키는 방법
- 초기 자료 : 8, 3, 4, 9, 7
1회전 : 3, 8, 4, 9, 7
2회전 : 3, 4, 8, 9, 7
3회전 : 3, 4, 8, 9, 7
4회전 : 3, 4, 7, 8, 9

28

소프트웨어 설치 매뉴얼에 대한 설명으로 틀린 것은?

① 설치과정에서 표시될 수 있는 예외상황에 관련 내용을 별도로 구분하여 설명한다.
② 설치 시작부터 완료할 때까지의 전 과정을 빠짐없이 순서대로 설명한다.
③ 설치 매뉴얼은 개발자 기준으로 작성한다.
④ 설치 매뉴얼에는 목차, 개요, 기본사항 등이 기본적으로 포함되어야 한다.

사용자는 기술적인 배경이 없으므로 설치 매뉴얼은 사용자 기준으로 작성

정답 25 ③ 26 ④ 27 ④ 28 ③

29
인터페이스 구현 검증 도구가 아닌 것은?

① ESB
② xUnit
③ STAF
④ NTAF

인터페이스 구현 검증 도구	
제품명	세부정보
xUnit	java(Junit), C++(Cppunit), .Net(Nunit) 등 다양한 언어를 지원하는 단위테스트 프레임워크
STAF	서비스 호출, 컴포넌트 재사용 등 다양한 환경을 지원하는 테스트 프레임워크
FitNesse	웹기반 테스트케이스 설계/실행/결과확인 등을 지원하는 테스트 프레임워크
NTAF	NHN 테스트 자동화 프레임워크이며, STAF와 FitNesse를 통합
Selenium	다양한 브라우저 지원 및 개발언어를 지원하는 웹애플리케이션 테스트 프레임워크
watir	Ruby 기반 웹애플리케이션 테스트 프레임워크

30
소프트웨어 형상관리에서 관리 항목에 포함되지 않는 것은?

① 프로젝트 요구 분석서
② 소스 코드
③ 운영 및 설치 지침서
④ 프로젝트 개발 비용

- 소프트웨어 형상관리 항목에 프로젝트 개발 비용은 포함되지 않음
- 소프트웨어 형상관리 항목(SCI, Software Configuration Item) : 프로젝트 요구 분석서, 설계서, 프로그램(소스코드, 목적코드, 명령어 파일, 자료 파일, 테스트 파일), 사용자 지침서, 운영 및 설치 지침서 등

31
다음 설명에 해당하는 것은?

> 물리적 저장 장치의 입장에서 본 데이터베이스 구조로서 실제로 데이터베이스에 저장될 레코드의 형식을 정의하고 저장 데이터 항목의 표현 방법, 내부 레코드의 물리적 순서 등을 나타낸다.

① 외부 스키마
② 내부 스키마
③ 개념 스키마
④ 슈퍼 스키마

- ② 내부 스키마(Internal Schema) : 물리적 저장 장치의 입장에서 본 데이터베이스 구조로서 실제로 데이터베이스에 저장될 레코드의 형식을 정의하고 저장 데이터 항목의 표현 방법, 내부 레코드의 물리적 순서 등을 나타냄

[오답해설]
- ① 외부 스키마(External Schema) : 일반 사용자나 응용 프로그래머가 각 개인의 입장에서 필요로 하는 데이터베이스의 논리적 구조
- ③ 개념 스키마(Conceptual Schema) : 조직이나 기관의 총괄적 입장에서 본 데이터베이스의 전체적인 논리적 구조

32 빈출
다음 트리에 대한 INORDER 운행 결과는?

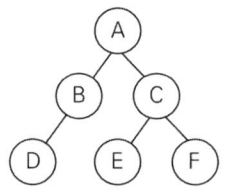

① D B A E C F
② A B D C E F
③ D B E C F A
④ A B C D E F

- 전위순회(root → left → right) : A → B → D → C → E → F
- 중위순회(left → root → right) : D → B → A → E → C → F
- 후위순회(left → right → root) : D → B → E → F → C → A

33
n개의 노드로 구성된 무방향 그래프의 최대 간선수는?

① n - 1
② n/2
③ n(n - 1)/2
④ n(n + 1)

- 무방향 그래프 최대 간선수 : n(n-1)/2
- 방향 그래프 최대 간선수 : n(n-1)

정답 29 ① 30 ④ 31 ② 32 ① 33 ③

34

다음이 설명하는 테스트 용어는?

- 테스트의 결과가 참인지 거짓인지를 판단하기 위해서 사전에 정의된 참값을 입력하여 비교하는 기법 및 활동을 말한다.
- 종류에는 참, 샘플링, 휴리스틱, 일관성 검사가 존재한다.

① 테스트 케이스 ② 테스트 시나리오
③ 테스트 오라클 ④ 테스트 데이터

- 테스트 오라클(Test Oracle) : 테스트의 결과가 참인지 거짓인지를 판단하기 위해서 사전에 정의된 참값을 입력하여 비교하는 기법 및 활동을 말함. 종류에는 참, 샘플링, 휴리스틱, 일관성 검사가 존재
- 테스트 오라클의 유형

구분	설명
참(True) 오라클	발생된 모든 오류를 검출할 수 있음 (거의 모든 전수 테스트 가능)
샘플링(Sampling) 오라클	특정한 테스트 케이스의 입력 값에 대해서만 결과를 제공 (경계값, 구간별 예상값)
휴리스틱(Heuristic, 추정) 오라클	샘플링 오라클을 개선한 오라클 (실험결과, 수치데이터값)
일관성(Consistent) 검사 오라클	테스트 케이스의 수행 전과 후의 결과 값이 동일한지를 확인하는 오라클

35

빌드 자동화 도구에 대한 설명으로 틀린 것은?

① Gradle은 실행할 처리 명령들을 모아 태스크로 만든 후 태스크 단위로 실행한다.
② 빌드 자동화 도구는 지속적인 통합개발환경에서 유용하게 활용된다.
③ 빌드 자동화 도구에는 Ant, Gradle, Jenkins 등이 있다.
④ Jenkins는 Groovy 기반으로 한 오픈소스로 안드로이드 앱 개발 환경에서 사용된다.

- Groovy 기반으로 한 오픈소스로 안드로이드 앱 개발 환경에서 사용되는 것은 Gradle
- Jenkins : 초창기 Hudson이라는 이름을 가졌지만 오라클과 문제로 인해 이름을 바꾸게 됨. 프로젝트 표준 컴파일 환경에서의 컴파일 오류를 검출하고, 자동화 테스트를 수행

36

저작권 관리 구성 요소에 대한 설명이 틀린 것은?

① 콘텐츠 제공자(Contents Provider) : 콘텐츠를 제공하는 저작권자
② 콘텐츠 분배자(Contents Distributor) : 콘텐츠를 메타데이터와 함께 배포 가능한 단위로 묶는 기능
③ 클리어링 하우스(Clearing House) : 키 관리 및 라이선스 발급 관리
④ DRM 컨트롤러 : 배포된 콘텐츠의 이용 권한을 통제

DRM 시스템 구성 요소

구분	설명
콘텐츠 제공자 (Contents Provider)	콘텐츠를 제공하는 저작권자
콘텐츠 분배자 (Contents Distributor)	쇼핑몰 등으로써 암호화된 콘텐츠 제공
패키저(Packager)	콘텐츠를 메타데이터와 함께 배포 가능한 단위로 묶는 기능
보안 컨테이너	원본을 안전하게 유통하기 위한 전자적 보안 장치
DRM 컨트롤러	배포된 콘텐츠의 이용 권한을 통제
클리어링 하우스 (Clearing House)	키관리 및 라이선스 발급관리

37

블랙박스 테스트 기법으로 거리가 먼 것은?

① 기초 경로 검사
② 동치 클래스 분해
③ 경계값 분석
④ 원인 결과 그래프

- 화이트박스 테스트 : 데이터 흐름 검사, 루프 검사, 기초 경로 검사, 조건 검사
- 블랙박스 테스트 : 동치 분할, 경계값 분석, 원인결과 그래프, 오류추측 기법, 비교검사 기법

정답 34 ③ 35 ④ 36 ② 37 ①

38

해싱 함수 중 레코드 키를 여러 부분으로 나누고, 나눈 부분의 각 숫자를 더하거나 XOR한 값을 홈 주소로 사용하는 방식은?

① 제산법
② 폴딩법
③ 기수변환법
④ 숫자분석법

> ② 폴딩법 : 해싱 함수 중 레코드 키를 여러 부분으로 나누고, 나눈 부분의 각 숫자를 더하거나 XOR한 값을 홈 주소로 사용하는 방식
> [오답해설]
> ① 제산법 : 키값을 테이블 크기로 나누어서 그 나머지를 버킷 주소로 변환하는 방법
> ③ 기수변환법 : 특정 진법으로 표현한 레코드 키값을 다른 진법으로 간주하고 키값을 변환하여 주소를 계산하는 방법
> ④ 숫자분석법 : 주어진 모든 키값들에서 그 키를 구성하는 자릿수 분포를 조사하여 고른 분포를 보이는 자릿수를 선택하여 주소를 계산하는 방법

39

다음에서 설명하는 클린 코드 작성 원칙은?

- 한 번에 한 가지 처리만 수행한다.
- 클래스/메소드/함수를 최소 단위로 분리한다.

① 다형성
② 단순성
③ 추상화
④ 의존성

> 단순성
> 한 번에 한 가지 처리만 수행하며, 클래스/메소드/함수를 최소 단위로 분리하여 단순하게 작성

40

디지털 저작권 관리(DRM) 기술과 거리가 먼 것은?

① 콘텐츠 암호화 및 키 관리
② 콘텐츠 식별체계 표현
③ 콘텐츠 오류 감지 및 복구
④ 라이선스 발급 및 관리

DRM의 핵심적 기술 요소

구분	설명	
암호화 (Encryption)	콘텐츠 및 라이센스를 암호화하고, 전자서명을 할 수 있는 기술	PKI, Encryption, Digital Sinature
키관리 (Key Management)	콘텐츠를 암호화한 키에 대한 저장 및 배포기술	Centralized, Enveloping
암호화 파일 생성(Packager)	콘텐츠를 암호화된 콘텐츠로 생성하기 위한 기술	Pre-packaging, On-the-fly Packaging
식별기술 (Identification)	콘텐츠에 대한 식별체계 표현 기술	DOI, URI
저작권표현 (Right Expression)	라이센스의 내용 표현 기술	ODRL, XrML/MPGE-21 REL
정책관리(Policy management)	라이센스 발급 및 사용에 대한 정책표현 및 관리 기술	XML, Contents Management System
크랙 방지 (Tamper Resistance)	크랙에 의한 콘텐츠 사용방지 기술	Secure DB, Secure Time Management, Encryption
인증 (Authentication)	라이센스 발급 및 사용의 기준이 되는 사용자 인증기술	SSO,ID/PW, 디지털인증,이메일 인증
인터페이스 (Interface)	상이한 DRM 플랫폼 간의 상호 호환성 인터페이스 및 인증 기술	IPMP
이벤트보고 (Event Reporting)	콘텐츠의 사용이 적절하게 이루어지고 있는지 모니터링 기술. 불법유통이 탐지되었을 때 이동경로를 추적에 활용	
사용권한 (Permission)	콘텐츠의 사용에 대한 권한을 관리하는 기술요소	렌더파미션, 트랜스포트 퍼미션, 데리버티브 퍼미션

정답 38 ② 39 ② 40 ③

3과목 데이터베이스 구축

41 ⭐

다음 설명과 관련 있는 트랜잭션의 특징은?

> 트랜잭션의 연산은 모두 실행되거나, 모두 실행되지 않아야 한다.

① Durability
② Isolation
③ Consistency
④ Atomicity

트랜잭션 ACID 특징

구분	설명
영속성(Durability)	트랜잭션이 성공적으로 완료되면 처리 결과는 영속적으로 반영되어야 함
일관성(Consistency)	트랜잭션 시작 시점에 참조한 데이터는 종료까지 일관성을 유지해야 함
원자성(Atomicity)	데이터베이스에 트랜잭션은 모두 반영되거나 전혀 반영되지 않아야 함
격리성(Isolation)	동시에 다수 트랜잭션이 처리되는 경우 서로의 연산에 개입하면 안 됨

42

데이터베이스에 영향을 주는 생성, 읽기, 갱신, 삭제 연산으로 프로세스와 테이블 간에 매트릭스를 만들어서 트랜잭션을 분석하는 것은?

① CASE 분석
② 일치 분석
③ CRUD 분석
④ 연관성 분석

CRUD 분석

- 데이터베이스 테이블에 변화를 주는 트랜잭션의 CRUD 연산에 대해 CRUD 매트릭스를 작성하여 분석하는 것
- 테이블에 발생하는 트랜잭션의 주기별 발생횟수를 파악하고 연관된 테이블을 분석하면 테이블에 저장되는 데이터의 양을 유추할 수 있고 트랜잭션이 몰리는 테이블 분석 가능
- CRUD 연산의 우선순위 : C > D > U > R

구분	SQL	조작
Create	INSERT	생성
Read	SELECT	읽기/인출
Update	UPDATE	갱신
Delete	DELETE	삭제/제거

43

정규화된 엔티티, 속성, 관계를 시스템의 성능 향상과 개발 운영의 단순화를 위해 중복, 통합, 분리 등을 수행하는 데이터 모델링 기법은?

① 인덱스정규화
② 반정규화
③ 집단화
④ 머징

반정규화

정규화된 엔티티, 속성, 관계를 시스템의 성능 향상과 개발 운영의 단순화를 위해 중복, 통합, 분리 등을 수행하는 데이터 모델링 기법으로 정규화되어 있는 것을 정규화 이전 상태로 만드는 것을 말함. 많은 조인에 의해 성능이 저하되거나 데이터 조회 시 디스크 I/O량이 많을 때 부분적인 반정규화를 고려

44

학생 테이블을 생성한 후, 성별 필드가 누락되어 이를 추가하려고 한다. 이에 적합한 SQL 명령어는?

① INSERT
② ALTER
③ DROP
④ MODIFY

② ALTER : 기존 테이블에 대해 새로운 열의 첨가, 값의 변경, 기존 열의 삭제 등에 사용

[오답해설]
① INSERT : 기존 테이블에 행을 삽입하는 경우에 사용
③ DROP : 스키마, 도메인, 테이블, 뷰, 인덱스 제거 시 사용(전체 삭제)
④ MODIFY : 열의 데이터 타입을 변경하는 경우에 사용되는데 ALTER 문과 함께 사용

45

정규화의 필요성으로 거리가 먼 것은?

① 데이터 구조의 안정성 최대화
② 중복 데이터의 활성화
③ 수정, 삭제 시 이상현상의 최소화
④ 테이블 불일치 위험의 최소화

정규화(Normalization)는 중복을 배제하여 삽입, 삭제, 갱신 이상의 발생을 방지하는 것

정답 41 ④ 42 ③ 43 ② 44 ② 45 ②

46

개체-관계 모델의 E-R 다이어그램에서 사용되는 기호와 그 의미의 연결이 틀린 것은?

① 사각형 - 개체 타입
② 삼각형 - 속성
③ 선 - 개체타입과 속성을 연결
④ 마름모 - 관계 타입

E-R 다이어그램 표기법

기호	의미
□	개체
○	속성
◇	관계 : 개체 간의 상호작용
─	연결

47

다음 SQL문에서 빈칸에 들어갈 내용으로 옳은 것은?

```
UPDATE 회원 (  ) 전화번호 = '010-14'
WHERE 회원번호 = 'N4';
```

① FROM
② SET
③ INTO
④ TO

- 갱신문(UPDATE) : 기존 레코드 열값을 갱신할 경우 사용
- 구문

  ```
  UPDATE 테이블
  SET 열_이름=변경_내용
  [WHERE 조건]
  ```

- 문제의 SQL 구문은 회원번호가 N4 인 사람의 전화번호를 '010-14' 로 갱신시킨다는 의미

[오답해설]
① FROM : 질의 대상 테이블명을 가리켜야 할 때 사용
③ INTO : 레코드를 추가하는 INSERT 구문에서 함께 사용
④ TO : GRANT(권한 및 롤 부여) 구문에 함께 사용되며, 권한 부여 대상을 가리킬 때 사용

48

릴레이션에 있는 모든 튜플에 대해 유일성은 만족시키지만 최소성은 만족시키지 못하는 키는?

① 후보키   ② 기본키
③ 슈퍼키   ④ 외래키

③ 슈퍼키(super key) : 유일성은 갖지만 최소성을 만족시키지 못하는 애트리뷰트 집합. 테이블을 구성하는 속성의 집합으로, 해당 집합에서 같은 튜플이 발생하지 않는 키

[오답해설]
① 후보키 : 속성 집합으로 구성된 테이블의 각 튜플을 유일하게 식별할 수 있는 속성이나 속성의 조합들을 후보키라 함(유일성, 최소성)
② 기본키 : 개체 식별자
④ 외래키 : 다른 테이블을 참조하는 데 사용되는 속성(두 개의 릴레이션 R1, R2에서 R1에 속한 애트리뷰트인 외래키가 참조 릴레이션 R2의 기본키가 됨)

49

DBA가 사용자 PARK에게 테이블 [STUDENT]의 데이터를 갱신할 수 있는 시스템 권한을 부여하고자 하는 SQL문을 작성하고자 한다. 다음에 주어진 SQL문의 빈칸을 알맞게 채운 것은?

```
SQL>GRANT  ㉠   ㉡  STUDENT TO PARK;
```

① ㉠ INSERT, ㉡ INTO
② ㉠ ALTER, ㉡ TO
③ ㉠ UPDATE, ㉡ ON
④ ㉠ REPLACE, ㉡ IN

- 데이터를 갱신해야하는 권한을 줘야 하므로 GRANT UPDATE ON 구문을 사용해야 함
- 표현식 구문

  ```
  GRANT [객체 권한명](컬럼)
  ON [객체명]
  TO [user|role|PUBLIC](WITH GRANT OPTION)
  ```

- 접근권한을 부여할 때에는 GRANT를 사용하고, 이를 삭제할 경우에는 REVOKE를 사용

정답 46 ② 47 ② 48 ③ 49 ③

50 ⭐

관계대수에 대한 설명으로 틀린 것은?

① 주어진 릴레이션 조작을 위한 연산의 집합이다.
② 일반 집합 연산과 순수 관계 연산으로 구분된다.
③ 질의에 대한 해를 구하기 위해 수행해야 할 연산의 순서를 명시한다.
④ 원하는 정보와 그 정보를 어떻게 유도하는가를 기술하는 비절차적 방법이다.

> - 관계대수(Relational Algebra) : 원하는 정보와 그 정보를 어떻게 유도하는가를 기술하는 절차적인 특성을 가짐
> - 관계해석(Relational Calculus) : 원하는 정보가 무엇이라는 것만 정의하는 비절차적인 특성을 가짐

51 ⭐

다음 SQL문의 실행 결과는?

```
SELECT 과목이름
FROM 성적
WHERE EXISTS (SELECT 학번
FROM 학생 WHERE 학생.학번 = 성적.학번 AND 학생.
학과 IN ('전산', '전기') AND 학생.주소 = '경기';
```

[학생] 테이블

학번	이름	학년	학과	주소
1000	김철수	1	전산	서울
2000	고영준	1	전기	경기
3000	유진호	2	전자	경기
4000	김영진	2	전산	경기
5000	정현영	3	전자	서울

[성적] 테이블

학번	과목번호	과목이름	학점	점수
1000	A100	자료구조	A	91
2000	A200	DB	A+	99
3000	A100	자료구조	B+	88
3000	A200	DB	B	85
4000	A200	DB	A	94
4000	A300	운영체제	B+	89
5000	A300	운영체제	B	88

①
과목이름
DB

②
과목이름
DB
DB

③
과목이름
DB
DB
운영체제

④
과목이름
DB
운영체제

> - EXISTS는 서브쿼리의 결과값에 만족하는 값이 메인쿼리에 있는지 없는지 데이터의 존재유무를 확인하는 조건식
> - 문제의 서브쿼리 조건은 학과가 '전산'이거나 '전기'이면서 주소가 '경기'인 학생의 학번을 선택
>
> | 학번 |
> |---|
> | 2000 |
> | 4000 |
>
> - 학번이 서브쿼리 결과에 해당하는 성적테이블의 과목이름을 검색
>
> | 과목이름 |
> |---|
> | DB |
> | DB |
> | 운영체제 |

52 ⭐

로킹(Locking) 기법에 대한 설명으로 틀린 것은?

① 로킹의 대상이 되는 객체의 크기를 로킹 단위라고 한다.
② 로킹 단위가 작아지면 병행성 수준이 낮아진다.
③ 데이터베이스도 로킹 단위가 될 수 있다.
④ 로킹 단위가 커지면 로크 수가 작아 로킹 오버헤드가 감소한다.

> 로킹 단위가 작아지면 로크의 수가 많아지고, 병행성 수준이 높아짐

정답 50 ④ 51 ③ 52 ②

53

사용자 X1에게 department 테이블에 대한 검색 연산을 회수하는 명령은?

① delete select on department to X1;
② remove select on department from X1;
③ revoke select on department from X1;
④ grant select on department from X1;

- REVOKE 키워드는 부여한 권한을 회수(삭제)시키는 명령어
- revoke select on department from X1;은 사용자 'X1'에게 department 테이블에 대한 select 권한을 회수(삭제)한다는 의미

54

뷰(VIEW)에 대한 설명으로 틀린 것은?

① 뷰 위에 또 다른 뷰를 정의할 수 있다.
② 뷰에 대한 조작에서 삽입, 갱신, 삭제 연산은 제약이 따른다.
③ 뷰의 정의는 기본 테이블과 같이 ALTER문을 이용하여 변경한다.
④ 뷰가 정의된 기본 테이블이 제거되면 뷰도 자동적으로 제거된다.

- 뷰의 정의는 ALTER문을 이용하여 변경할 수 없음. 제거 후 다시 생성해야 함
- 뷰를 제거할 때는 DROP문을 사용

55

데이터 모델에 표시해야 할 요소로 거리가 먼 것은?

① 논리적 데이터 구조
② 출력 구조
③ 연산
④ 제약조건

데이터 모델에 표시해야 할 요소
- 논리적으로 표현된 데이터 구조
- 이 구조에서 허용될 수 있는 연산
- 이 구조와 연산에서의 제약조건에 대한 명세

56

제 3정규형에서 보이스코드 정규형(BCNF)으로 정규화하기 위한 작업은?

① 원자 값이 아닌 도메인을 분해
② 부분 함수 종속 제거
③ 이행 함수 종속 제거
④ 결정자가 후보키가 아닌 함수 종속 제거

보이스코드 정규형(BCNF)에 대한 특성은 결정자가 후보키가 아닌 함수 종속을 제거

57

A1, A2, A3 3개 속성을 갖는 한 릴레이션에서 A1의 도메인은 3개 값, A2의 도메인은 2개 값, A3의 도메인은 4개 값을 갖는다. 이 릴레이션에 존재할 수 있는 가능한 튜플(Tuple)의 최대 수는?

① 24 ② 12
③ 8   ④ 9

- 튜플 : 테이블이 한 행을 구성하는 속성들의 집합
- 도메인 : 어트리뷰트가 취할 수 있는 값들의 집합
- 튜플(Tuple)의 최대 수는 3(A1 도메인 개수) × 2(A2 도메인 개수) × 4(A3 도메인 개수) = 24개

58

데이터베이스 설계 시 물리적 설계 단계에서 수행하는 사항이 아닌 것은?

① 저장 레코드 양식 설계
② 레코드 집중의 분석 및 설계
③ 접근 경로 설계
④ 목표 DBMS에 맞는 스키마 설계

목표 DBMS에 맞는 스키마 설계는 논리적 설계 단계에서 수행하는 사항

정답 53 ③ 54 ③ 55 ② 56 ④ 57 ① 58 ④

59

한 릴레이션 스키마가 4개 속성, 2개 후보키 그리고 그 스키마의 대응 릴레이션 인스턴스가 7개 튜플을 갖는다면 그 릴레이션의 차수(degree)는?

① 1
② 2
③ 4
④ 7

> 릴레이션의 차수(degree)는 그 릴레이션의 속성의 개수이므로 4

60

데이터웨어하우스의 기본적인 OLAP(on-line analytical processing) 연산이 아닌 것은?

① translate
② roll-up
③ dicing
④ drill-down

> **OLAP 연산 유형**
> roll-up, drill-down, pivoting, slicing, dicing

4과목 프로그래밍 언어 활용

61

UNIX SHELL 환경 변수를 출력하는 명령어가 아닌 것은?

① configenv
② printenv
③ env
④ setenv

> **환경 변수 출력 명령어**
> - printenv : 환경 변수 값을 출력
> - env : 환경 변수들 출력 또는 등록
> - setenv : 환경 변수의 값을 설정

62

Java 프로그래밍 언어의 정수 데이터 타입 중 'long'의 크기는?

① 1byte
② 2byte
③ 4byte
④ 8byte

> - JAVA에서 long 자료형의 크기는 8byte
> - 크기 : byte(1byte) < short(2byte) < int(4byte) < long(8byte)

63

Java에서 사용되는 출력 함수가 아닌 것은?

① System.out.print( )
② System.out.println( )
③ System.out.printing( )
④ System.out.printf( )

> 자바에서는 System이라는 표준 입출력 클래스가 있음. err(에러), in(입력), out(출력) 이라는 클래스 변수를 가지고 있으며, 이 중 out(출력)에는 print( ), println( ), printf( )라는 메소드가 포함됨

64

운영체제에서 커널의 기능이 아닌 것은?

① 프로세스 생성, 종료
② 사용자 인터페이스
③ 기억 장치 할당, 회수
④ 파일 시스템 관리

> **운영체제의 커널(Kernel)의 기능**
> 프로세스 관리, 기억장치 관리, 입·출력 관리, 파일 관리, 시스템 호출 인터페이스 등

65

OSI 7계층에서 단말기 사이에 오류 수정과 흐름제어를 수행하여 신뢰성 있고 명확한 데이터를 전달하는 계층은?

① 전송 계층
② 응용 계층
③ 세션 계층
④ 표현 계층

> **전송 계층(Transport Layer)**
> - 통신 양단 간(End-to-End) 투명한 데이터 전송을 제공
> - 에러 제어 및 흐름 제어를 담당

정답 59 ③ 60 ① 61 ① 62 ④ 63 ③ 64 ② 65 ①

66

다음 쉘 스크립트의 의미로 옳은 것은?

```
until who | grep wow
do
sleep 5
done
```

① wow 사용자가 로그인한 경우에만 반복문을 수행한다.
② wow 사용자가 로그인할 때까지 반복문을 수행한다.
③ wow 문자열을 복사한다.
④ wow 사용자에 대한 정보를 무한 반복하여 출력한다.

- until 구문 표현식 : 조건문이 참(true)이면 루프를 끝냄
  ```
  until test 조건문
  do
    실행 구문
  done
  ```
- 즉, 5초마다 접속자 'wow' 의 계정이 시스템에 들어 왔는지 안들어 왔는지를 확인 후 들어 왔으면 루프를 빠져 나간다는 의미

67 ★빈출

다음 자바 코드를 실행한 결과는?

```
int x = 1, y = 6;
while (y--) {
x++;
}
System.out.println("x = " x+"y = " y);
```

① x = 7 y = 0
② x = 6 y = -1
③ x = 7 y = -1
④ Unresolved compilation problem 오류 발생

- while 구문
  ```
  while(조건식) {
      조건의 결과가 참(true)일 때 실행될 문장;
  }
  ```
- 즉, while 문 부분에 조건식이 들어가야 하는데 증감식이 들어감. Type mismatch로 컴파일 오류(Unresolved compilation problem)가 발생

68 ★빈출

다음 파이썬으로 구현된 프로그램의 실행 결과로 옳은 것은?

```
>>> a = [0,10,20,30,40,50,60,70,80,90]
>>> a[ : 7 : 2]
```

① [20, 60]
② [60, 20]
③ [0, 20, 40, 60]
④ [10, 30, 50, 70]

- 파이썬 리스트 슬라이싱 (list slicing) 구문
  ```
  리스트명[start:end:step]
  ```
  start : index 시작 위치
  end : index 마지막 위치
  step : 이동 간격
- 즉, index start(시작) 요소에 아무것도 없으므로 0이 셋팅됨. index 0 ~ index 6(end-1) 까지의 범위를 기준으로 2칸씩 이동한 값이 추출 [0, 20, 40, 60]

69

공통모듈의 재사용 범위에 따른 분류가 아닌 것은?

① 컴포넌트 재사용
② 더미코드 재사용
③ 함수와 객체 재사용
④ 애플리케이션 재사용

더미 데이터(dummy data)는 가짜 데이터로 주로 테스트할 때 사용

정답 66 ② 67 ④ 68 ③ 69 ②

70

다음과 같은 프로세스가 차례로 큐에 도착하였을 때, SJF(Shortest Job First) 정책을 사용할 경우 가장 먼저 처리되는 작업은?

프로세스 번호	실행시간
P1	6
P2	8
P3	4
P4	3

① P1
② P2
③ P3
④ P4

> SJF(Shortest Job First)는 FCFS를 개선한 기법으로, 대기리스트의 프로세스들 중 작업이 끝나기까지의 실행시간 추정치가 가장 작은 프로세스에 CPU를 할당. 따라서 실행시간이 가장 짧은 P4를 제일 먼저 처리해줌

71

4개의 페이지를 수용할 수 있는 주기억장치가 있으며, 초기에는 모두 비어 있다고 가정한다. 다음의 순서로 페이지 참조가 발생할 때, FIFO 페이지 교체 알고리즘을 사용할 경우 페이지 결함의 발생 횟수는?

> 페이지 참조 순서 : 1, 2, 3, 1, 2, 4, 5, 1

① 6회
② 7회
③ 8회
④ 9회

> FIFO(First In First Out)
> 주기억장치에서 가장 먼저 입력되었던 페이지를 교체

순번	1	2	3	4	5	6	7	8
요구 페이지	1	2	3	1	2	4	5	1
페이지 프레임	1	1	1	1	1	1	5	5
		2	2	2	2	2	2	1
			3	3	3	3	3	3
						4	4	4
페이지 부재	O	O	O			O	O	O

72

TCP 흐름제어기법 중 프레임이 손실되었을 때, 손실된 프레임 1개를 전송하고 수신자의 응답을 기다리는 방식으로 한 번에 프레임 1개만 전송할 수 있는 기법은?

① Slow Start
② Sliding Window
③ Stop and Wait
④ Congestion Avoidance

> Stop and Wait(정지 대기) 방식
> 가장 단순한 형태의 흐름제어로 프레임이 손실되었을 때, 손실된 프레임 1개를 전송하고 수신자의 응답을 기다리는 방식으로 한 번에 프레임 1개만 전송할 수 있는 기법

73

결합도(Coupling)에 대한 설명으로 틀린 것은?

① 데이터 결합도(Data Coupling)는 두 모듈이 매개변수로 자료를 전달할 때, 자료구조 형태로 전달되어 이용될 때 데이터가 결합되어 있다고 한다.
② 내용 결합도(Content Coupling)는 하나의 모듈이 직접적으로 다른 모듈의 내용을 참조할 때 두 모듈은 내용적으로 결합되어 있다고 한다.
③ 공통 결합도(Common Coupling)는 두 모듈이 동일한 전역 데이터를 접근한다면 공통결합되어 있다고 한다.
④ 결합도(Coupling)는 두 모듈 간의 상호작용 또는 의존도 정도를 나타내는 것이다.

> 두 모듈이 매개변수로 자료를 전달할 때, 자료구조 형태로 전달되어 이용될 때 데이터가 결합되어 있는 것은 스탬프 결합도(Stamp Coupling)에 대한 설명

정답: 70 ④ 71 ① 72 ③ 73 ①

74

응집도의 종류 중 서로 간에 어떠한 의미 있는 연관관계도 지니지 않은 기능 요소로 구성되는 경우이며, 서로 다른 상위 모듈에 의해 호출되어 처리상의 연관성이 없는 서로 다른 기능을 수행하는 경우의 응집도는?

① Functional Cohesion
② Sequential Cohesion
③ Logical Cohesion
④ Coincidental Cohesion

> **Coincidental Cohesion(우연적 응집도)**
> 서로 간에 어떠한 의미 있는 연관관계도 지니지 않은 기능 요소로 구성되는 경우이며, 서로 다른 상위 모듈에 의해 호출되어 처리상의 연관성이 없는 서로 다른 기능을 수행하는 경우의 응집도

75

자바에서 사용하는 접근제어자의 종류가 아닌 것은?

① internal   ② private
③ default   ④ public

> **자바에서 사용하는 접근제어자(Modifiers)**
> - default(공백) 또는 package – 패키지 내부에서만 상속과 참조 가능
> - public – 패키지 내부 및 외부에서 상속과 참조 가능
> - protected – 패키지 내부에서는 상속과 참조 가능, 외부에서는 상속만 가능
> - private – 같은 클래스 내에서 상속과 참조 가능

76 ⭐

UDP 특성에 해당되는 것은?

① 데이터 전송 후, ACK를 받는다.
② 송신 중에 링크를 유지 관리하므로 신뢰성이 높다.
③ 흐름제어나 순서제어가 없어 전송속도가 빠르다.
④ 제어를 위한 오버헤드가 크다.

> **UDP(User Datagram Protocol)**
> - 비연결 지향(connectionless) 프로토콜
> - 데이터 그램(메시지) 단위로 전송
> - TCP와는 달리 패킷이나 흐름제어, 단편화 및 전송 보장 등의 기능을 제공하지 않음
> - UDP 헤더는 TCP 헤더에 비해 간단하므로 상대적으로 통신 과부하가 적고 빠름

77

다음과 같은 세그먼트 테이블을 가지는 시스템에서 논리 주소(2, 176)에 대한 물리 주소는?

세그먼트 번호	시작 주소	길이(바이트)
0	670	248
1	1752	422
2	222	198
3	996	604

① 398   ② 400
③ 1928   ④ 1930

> - 논리 주소(세그먼트 번호, 변위)
> - 물리 주소 = 세그먼트 테이블의 인덱스에 속한 주소값 + 변위
> - 문제의 보기에 따라 주어진 논리 주소(2, 176)를 따져보면, 세그먼트 번호는 2가 되고, 변위는 176이 됨. 세그먼트 테이블에서 인덱스 2가 속한 주소값은 222가 되므로 따라서 물리 주소를 계산하면, 222 + 176 = 398이 됨

78 ⭐

TCP/IP에서 사용되는 논리 주소를 물리 주소로 변환시켜 주는 프로토콜은?

① TCP   ② ARP
③ FTP   ④ IP

> ARP(Address Resolution Protocol)는 논리 주소를 물리 주소로 변환시키고, RARP(Reverse Address Resolution Protocol)는 반대로 물리 주소를 논리 주소로 변환시키는 프로토콜

정답 74 ④ 75 ① 76 ③ 77 ① 78 ②

79

C언어에서 구조체를 사용하여 데이터를 처리할 때 사용하는 것은?

① for
② scanf
③ struct
④ abstract

- C언어에서 구조체 키워드는 struct
- 구문 형식

  ```
  struct 구조체이름 {
    자료형 변수명;
    자료형2 변수명2;
    ...
  } 구조체변수이름;
  ```

80

PHP에서 사용 가능한 연산자가 아닌 것은?

① @
② #
③ <>
④ ===

PHP에서 #는 연산자가 아니라 한줄 주석을 의미
[오답해설]
① @ : 오류 제어 연산자
③ <> : 비교 연산자 (좌변과 우변이 같지 않은지 비교)
④ === : 비교 연산자 (좌변과 우변이 같은지 비교)

5과목 정보시스템 구축관리

81

이용자가 인터넷과 같은 공중망에 사설망을 구축하여 마치 전용망을 사용하는 효과를 가지는 보안 솔루션은?

① ZIGBEE
② KDD
③ IDS
④ VPN

④ 가상사설망(VPN: Virtual Private Network) : 이용자가 인터넷과 같은 공중망에 사설망을 구축하여 마치 전용망을 사용하는 효과를 가지는 보안 솔루션
[오답해설]
① ZIGBEE : IEEE 802.15.4을 기반으로 하며, 저속/저전력의 무선망을 위한 기술
② KDD(Knowledge Discovery in Database) : 데이터베이스 속에서 지식을 발견하는 개념으로 데이터마이닝. 대용량의 데이터에서 연관관계를 발견하여 실행 가능한 정보를 추출해 내고 의사 결정에 이용하는 과정
③ IDS(Intrucsion Detection System) : 침입 탐지 시스템으로 정보 시스템의 보안을 위협하는 침입행위가 발생할 경우 이를 탐지하기 위한 시스템

82

CMM(Capability Maturity Model) 모델의 레벨로 옳지 않은 것은?

① 최적단계
② 관리단계
③ 계획단계
④ 정의단계

- CMM 모델의 레벨에 계획단계는 존재하지 않음
- CMM 성숙도 5단계(Maturity 5 Level)
  ① 수준 1(Initial, 초보단계) : 소프트웨어 프로세스가 임기응변적이고 혼란스러운 단계이며 프로세스가 거의 정의되어 있지 않고 프로젝트의 성공은 개인적 능력에 달려 있음
  ② 수준 2(Repeatable, 반복단계) - 프로젝트 관리 : 비용산출, 스케줄, 기능성을 지닌 기초적인 프로젝트 프로세스가 확립되어 있는 단계이며, 필요한 프로세스 훈련은 비슷한 어플리케이션을 만든 계승자로부터 반복
  ③ 수준 3(Definition, 정의단계) - 엔지니어링 프로세스 : 관리와 공학 프로세스에 관한 소프트웨어 프로세스가 문서화되고, 규격화되고, 통합되어 있는 단계. 소프트웨어 개발과 유지에 문서화와 공인된 조직의 프로세스를 사용하며, 2단계의 모든 사항을 포함
  ④ 수준 4(Management, 관리단계) - 프로덕트 및 프로세스 품질 : 소프트웨어 프로세스의 평가와 제품의 품질의 세부사항들이 평가되는 단계. 소프트웨어 프로세스와 제품이 정량적으로 이해되고 세부적으로 평가되며 3단계의 모든 사항을 포함
  ⑤ 수준 5(Optimizing, 최적단계) - 지속적인 개선 : 프로세스와 혁신적 생각, 기술로부터 정량적인 피드백을 통해 지속적인 프로세스 향상이 이루어지는 단계로 4단계의 모든 사항을 포함

정답   79 ③ 80 ② 81 ④ 82 ③

83

다음 설명에 해당하는 생명주기 모형으로 가장 옳은 것은?

> 가장 오래된 모형으로 많은 적용 사례가 있지만 요구사항의 변경이 어려우며, 각 단계의 결과가 확인되어야지만 다음 단계로 넘어간다. 선형 순차적 모형으로 고전적 생명 주기 모형이라고도 한다.

① 패키지 모형
② 코코모 모형
③ 폭포수 모형
④ 관계형 모델

폭포수 모형
가장 오래된 모형으로 많은 적용 사례가 있지만 요구사항의 변경이 어려우며, 각 단계의 결과가 확인되어야 다음 단계로 넘어감. 선형 순차적 모형으로 고전적 생명 주기 모형이라고도 함

84

서비스 지향 아키텍처 기반 애플리케이션을 구성하는 층이 아닌 것은?

① 표현층
② 프로세스층
③ 제어 클래스층
④ 비즈니스층

서비스 지향 아키텍처(Service Oriented Architecture, SOA) 기반 계층
- 비즈니스 계층(Business Layer)
- 표현 계층(Presentation Layer)
- 프로세스 계층(Process Layer)
- 서비스 계층(Service Layer)
- 영속 계층(Persistency Layer)

85

다음 내용이 설명하는 스토리지 시스템은?

> - 하드디스크와 같은 데이터 저장장치를 호스트버스 어댑터에 직접 연결하는 방식
> - 저장장치와 호스트 기기 사이에 네트워크 디바이스가 있지 말아야 하고 직접 연결하는 방식으로 구성

① DAS
② NAS
③ N-SCREEN
④ NFC

① DAS(Direct Attached Storage) : 하드디스크와 같은 데이터 저장장치를 호스트버스 어댑터에 직접 연결하는 방식. 저장장치와 호스트 기기 사이에 네트워크 디바이스가 있지 말아야 하고 직접 연결하는 방식으로 구성됨

[오답해설]
② NAS(Network-Attached Storage) : 컴퓨터 네트워크에 연결된 파일 수준의 컴퓨터 기억장치로, 서로 다른 네트워크 클라이언트에 데이터 접근 권한을 제공
③ N-Screen : 여러 개의 단말에서 동일한 콘텐츠를 사용할 수 있는 방법으로 예를 들어 스마트폰, TV, 태블릿, 데스크탑 등에서 동일 콘텐츠를 사용할 수 있음
④ NFC(Near Field Communication) : 근접 무선 통신이라 하며, 가까운 거리에서 다양한 무선 데이터를 주고받을 수 있는 통신 기술

86

소프트웨어 개발 프레임워크의 적용 효과로 볼 수 없는 것은?

① 공통 컴포넌트 재사용으로 중복 예산 절감
② 기술종속으로 인한 선행사업자 의존도 증대
③ 표준화된 연계모듈 활용으로 상호 운용성 향상
④ 개발표준에 의한 모듈화로 유지보수 용이

프레임워크를 사용하면 이미 만들어진 코드를 사용하게 되므로 시간과 비용이 절약되어 생산성이 증가. 기술종속으로 인한 선행사업자 의존도가 증대되는 것을 적용 효과로 볼 수 없음

87

SoftTech사에서 개발된 것으로 구조적 요구 분석을 하기 위해 블록 다이어그램을 채택한 자동화 도구는?

① SREM
② PSL/PSA
③ HIPO
④ SADT

SADT(Structured Analysis and Design Technique)
- SoftTech사에서 개발된 것으로 구조적 요구 분석을 하기 위해 블록 다이어그램을 채택한 자동화 도구
- 요구사항 분석이 논리적으로 표현될 수 있게 블록 다이어그램을 채택

정답 83 ③ 84 ③ 85 ① 86 ② 87 ④

88

익스트림 프로그래밍 (eXtreme Programming)의 5가지 가치에 속하지 않는 것은?

① 의사소통
② 단순성
③ 피드백
④ 고객 배제

XP(eXtreme Programming)의 5가지 핵심 가치	
핵심 가치	내용
존중(Respect)	팀 기반의 활동 중 팀원 간의 상호 존중을 강조
단순성(Simplicity)	사용되지 않는 구조와 알고리즘 배제
의사소통(Communication)	개발자, 관리자, 고객 간의 원활한 의사소통
피드백(Feedback)	지속적인 테스트와 통합, 반복적 결함 수정, 빠른 피드백
용기(Courage)	고객의 요구사항 변화에 능동적인 대처

89

다음은 정보의 접근통제 정책에 대한 설명이다. (ㄱ)에 들어갈 내용으로 옳은 것은?

정책	(ㄱ)	DAC	RBAC
권한 부여	시스템	데이터 소유자	중앙 관리자
접근 결정	보안등급(Label)	신분(Identity)	역할(Role)
정책 변경	고정적(변경 어려움)	변경 용이	변경 용이
장점	안정적 중앙 집중적	구현 용이 유연함	관리 용이

① NAC
② MAC
③ SDAC
④ AAC

정보 보안을 위한 접근통제 정책 종류			
정책	MAC	DAC	RBAC
권한부여	시스템	데이터소유자	중앙관리자
접근결정	보안등급(Label)	신분(Identity)	역할(Role)
정책변경	고정적(변경 어려움)	변경 용이	변경 용이
장점	안정적 중앙 집중적	구현 용이 유연함	관리 용이

90

소프트웨어 개발 모델 중 나선형 모델의 4가지 주요 활동이 순서대로 나열된 것은?

Ⓐ 계획 수립
Ⓑ 고객 평가
Ⓒ 개발 및 검증
Ⓓ 위험 분석

① Ⓐ-Ⓑ-Ⓓ-Ⓒ순으로 반복
② Ⓐ-Ⓓ-Ⓒ-Ⓑ순으로 반복
③ Ⓐ-Ⓑ-Ⓒ-Ⓓ순으로 반복
④ Ⓐ-Ⓒ-Ⓑ-Ⓓ순으로 반복

- 나선형 모형(spiral model)은 폭포수 모델과 프로토타이핑 모델의 장점을 수용하고, 새로운 요소인 위험 분석을 추가한 진화적 개발 모델
- 나선형 모델의 4가지 주요 활동
  1. 계획 수립(planning) : 요구사항 수집, 시스템의 목표 규명, 제약 조건 파악
  2. 위험 분석(risk analysis) : 요구사항을 토대로 위험을 규명하며, 기능 선택의 우선순위, 위험 요소의 분석/프로젝트 타당성 평가 및 프로젝트를 계속 진행할 것인지 중단할 것인지를 결정
  3. 개발(engineering) : 선택된 기능의 개발/개선된 한 단계 높은 수준의 제품을 개발
  4. 평가(evaluation) : 구현된 시스템을 사용자가 평가하여 다음 계획을 세우기 위한 피드백을 받음

91

소프트웨어 비용 추정모형(estimation models)이 아닌 것은?

① COCOMO
② Putnam
③ Function-Point
④ PERT

COCOMO, Putnam, Function-Point는 소프트웨어 비용 추정모형이고, PERT, CPM, Gant 등은 일정 관리 모형

정답   88 ④ 89 ② 90 ② 91 ④

92
공개키 암호화 방식에 대한 설명으로 틀린 것은?

① 공개키로 암호화된 메시지는 반드시 공개키로 복호화해야 한다.
② 비대칭 암호기법이라고도 한다.
③ 대표적인 기법은 RSA 기법이 있다.
④ 키 분배가 용이하고, 관리해야 할 키 개수가 적다.

- 공개키로 암호화된 메시지는 반드시 개인키로 복호화해야 함
- 공개키 암호화 방식은 공개키(public key)와 개인키(private key)를 사용하는 비대칭키 암호화 방식

93
다음이 설명하는 다중화 기술은?

- 광섬유를 이용한 통신기술의 하나를 의미함
- 파장이 서로 다른 복수의 광신호를 동시에 이용하는 것으로 광섬유를 다중화 하는 방식임
- 빛의 파장 축과 파장이 다른 광선은 서로 간섭을 일으키지 않는 성질을 이용함

① Wavelength Division Multiplexing
② Frequency Division Multiplexing
③ Code Division Multiplexing
④ Time Division Multiplexing

① Wavelength Division Multiplexing : 파장 분할 다중화이며, 파장이 서로 다른 빛을 이용하는 통신기술
[오답해설]
② Frequency Division Multiplexing : 주파수 분할 다중화이며, 주파수 대역을 사용하는 통신기술
③ Code Division Multiplexing : 코드 분할 다중화이며, 코드 시퀀스를 사용하는 통신기술
④ Time Division Multiplexing : 시분할 다중화이며, 타임 슬롯(Time Slot)을 사용하는 통신기술

94
웹페이지에 악의적인 스크립트를 포함시켜 사용자 측에서 실행되게 유도함으로써, 정보유출 등의 공격을 유발할 수 있는 취약점은?

① Ransomware ② Pharming
③ Phishing   ④ XSS

④ XSS(Corss Site Scripting) : 웹페이지에 악의적인 스크립트를 포함시켜 사용자 측에서 실행되게 유도함으로써, 정보유출 등의 공격을 유발할 수 있는 취약점
[오답해설]
① Ransomware : 몸값을 의미하는 Ransom과 소프트웨어(Software)의 합성어. 시스템을 잠그거나 데이터를 암호화해 사용할 수 없도록 만든 뒤, 이를 인질로 금전을 요구하는 악성 프로그램
② Pharming : 인터넷 사기 수법으로 해당 사이트가 공식적으로 운영하고 있던 도메인 자체를 탈취하는 공격 기법
③ Phishing : 금융기관 등의 웹 사이트에서 보낸 이메일(email)로 위장하여, 링크를 유도해 타인의 인증 번호나 신용 카드 번호, 계좌 정보 등을 빼내는 공격 기법

95
CBD(Component Based Development)에 대한 설명으로 틀린 것은?

① 개발 기간 단축으로 인한 생산성 향상
② 새로운 기능 추가가 쉬운 확장성
③ 소프트웨어 재사용이 가능
④ 1960년대까지 가장 많이 적용되었던 소프트웨어 개발 방법

CBD(Component Based Development)는 컴포넌트 기반 개발이며, 기존의 시스템 및 소프트웨어를 구성하고 있는 컴포넌트를 조립해서 하나의 새로운 애플리케이션을 만드는 소프트웨어 개발 방법론으로 1990년대에 주류를 이루었던 방식

정답 92 ① 93 ① 94 ④ 95 ④

96

소프트웨어 정의 데이터센터(SDDC : Software Defined Data Center)에 대한 설명으로 틀린 것은?

① 컴퓨팅, 네트워킹, 스토리지, 관리 등을 모두 소프트웨어로 정의한다.
② 인력 개입 없이 소프트웨어 조작만으로 자동 제어 관리한다.
③ 데이터센터 내 모든 자원을 가상화하여 서비스한다.
④ 특정 하드웨어에 종속되어 특화된 업무를 서비스하기에 적합하다.

- 소프트웨어 정의 데이터센터(SDDC)는 특정 하드웨어와 상관없이 독립적
- 소프트웨어 정의 데이터센터(SDDC) : 데이터 센터의 모든 자원이 가상화되어 서비스되고, 사람의 개입 없이 소프트웨어 조작만으로 자동 제어 관리되는 데이터 센터. 특정 하드웨어와 상관없이 독립적이고, 실제 물리적 환경과 동일하게 구성됨. 컴퓨팅, 네트워킹, 스토리지, 관리 등을 모두 소프트웨어로 정의하여 데이터 센터를 구성·관리

97

컴퓨터 운영체제의 커널에 보안 기능을 추가한 것으로 운영체제의 보안상 결함으로 인하여 발생 가능한 각종 해킹으로부터 시스템을 보호하기 위하여 사용되는 것은?

① GPIB
② CentOS
③ XSS
④ Secure OS

- ④ Secure OS : 컴퓨터 운영체제의 커널에 보안 기능을 추가한 것으로 운영체제의 보안상 결함으로 인하여 발생 가능한 각종 해킹으로부터 시스템을 보호하기 위하여 사용되는 것
- [오답해설]
- ① GPIB(General-Purpose Interface Bus) : 컴퓨터와 주변기기를 접속하기 위한 통신규격
- ② CentOS : 리눅스 운영체제 중의 하나
- ③ XSS(Corss Site Scripting) : 웹페이지에 악의적인 스크립트를 포함시켜 사용자 측에서 실행되게 유도함으로써, 정보유출 등의 공격을 유발할 수 있는 취약점

98

N-S(Nassi-Schneiderman) chart에 대한 설명으로 거리가 먼 것은?

① 논리의 기술에 중점을 둔 도형식 표현 방법이다.
② 연속, 선택 및 다중 선택, 반복 등의 제어논리 구조로 표현한다.
③ 주로 화살표를 사용하여 논리적인 제어구조로 흐름을 표현한다.
④ 조건이 복합되어 있는 곳의 처리를 시각적으로 명확히 식별하는 데 적합하다.

N-S 차트는 화살표를 사용하지 않아서 무조건 분기를 제외한 제어구조(순차, 선택, 반복)를 사용

99

다음 내용에 적합한 용어는?

- 대용량 데이터를 분산 처리하기 위한 목적으로 개발된 프로그래밍 모델이다.
- Google에 의해 고안된 기술로써 대표적인 대용량 데이터 처리를 위한 병렬 처리 기법을 제공한다.
- 임의의 순서로 정렬된 데이터를 분산 처리하고 이를 다시 합치는 과정을 거친다.

① MapReduce
② SQL
③ Hijacking
④ Logs

MapReduce
대용량 데이터를 분산 처리하기 위한 목적으로 개발된 프로그래밍 모델. 방대한 입력 데이터를 분할하여 여러 개의 머신들이 분산 처리하는 맵(Map) 함수 단계와 이를 다시 하나의 결과로 합치는 리듀스(Reduce) 함수 단계로 나뉨

정답 96 ④ 97 ④ 98 ③ 99 ①

100

소프트웨어 프로세스에 대한 개선 및 능력 측정 기준에 대한 국제 표준은?

① ISO 14001
② IEEE 802.5
③ IEEE 488
④ SPICE

> **SPICE(Software Process Improvement and Capability dEtermination)**
> 소프트웨어 프로세스 평가를 위한 국제 표준을 제정하는 국제적인 표준화 프로젝트. CMM과 유사한 프로세스 평가를 위한 모델 제시 및 심사과정을 제안함. SPICE를 기준으로 한 심사와 평가가 양성된 심사원에 의해 이루어지고 있음

정답

100 ④

2021년 1회 | 공개기출문제

1과목 소프트웨어 설계

01

운영체제 분석을 위해 리눅스에서 버전을 확인하고자 할 때 사용되는 명령어는?

① ls
② cat
③ pwd
④ uname

- uname을 이용하여 버전을 확인할 수 있지만, cat을 이용하여도 버전확인이 가능함
- uname은 시스템 정보를 확인하는 명령어로 시스템의 이름, 사용 중인 운영체제와 버전, 호스트명, 하드웨어 정보 등을 확인할 수 있음
- cat(concatenate) : 단순 파일을 출력하며, 파일 여러 개를 합치는 기능도 가능함
- ls(list) : 디렉터리의 목록을 확인함
- pwd(printing working directory) : 현재 작업 중인 디렉터리 경로를 출력함

02

통신을 위한 프로그램을 생성하여 포트를 할당하고, 클라이언트의 통신 요청 시 클라이언트와 연결하는 내·외부 송·수신 연계 기술은?

① DB링크 기술
② 소켓 기술
③ 스크럼 기술
④ 프로토타입 기술

- ② 소켓 기술 : 통신을 위한 프로그램을 생성하여 포트를 할당하고, 클라이언트의 통신 요청 시 클라이언트와 연결하는 내·외부 송·수신 연계기술

[오답해설]
① DB링크 기술 : 수신 시스템에서 DB링크를 생성하고, 송신 시스템에서 해당 DB링크를 직접 참조하는 통신기술

03

객체지향 개념에서 연관된 데이터와 함수를 함께 묶어 외부와 경계를 만들고 필요한 인터페이스만을 밖으로 드러내는 과정은?

① 메시지(Message)
② 캡슐화(Encapsulation)
③ 다형성(Polymorphism)
④ 상속(Inheritance)

- ② 캡슐화는 객체를 정의할 때 서로 관련성이 많은 데이터들과 이와 연관된 함수들을 하나로 묶는 것을 말함. 즉, 데이터, 연산, 다른 객체, 상수 등의 관련된 정보와 그 정보를 처리하는 방법을 하나의 단위로 묶는 것

[오답해설]
① 메시지(Message) : 객체에서 어떤 행위를 하도록 지시하는 명령으로, 일반 프로그래밍 과정에서 함수 호출에 해당됨
③ 다형성(Polymorphism) : 두 개 이상의 클래스에서 똑같은 메시지에 대해 객체가 서로 다르게 반응하는 것
④ 상속(Inheritance) : 새로운 클래스를 정의할 때 기존의 클래스들의 속성을 상속받고 필요한 부분을 추가하는 방법

04

GoF(Gangs of Four) 디자인 패턴의 생성패턴에 속하지 않는 것은?

① 추상 팩토리(Abstract Factory)
② 빌더(Builder)
③ 어댑터(Adapter)
④ 싱글턴(Singleton)

추상 팩토리(Abstract Factory), 빌더(Builder), 프로토타입(Prototype), 싱글턴(Singleton) 등의 객체는 생성패턴에 속하고, 어댑터(Adapter) 객체는 구조패턴에 속함

정답 01 ②,④ 02 ② 03 ② 04 ③

05

응용프로그램의 프로시저를 사용하여 원격 프로시저를 로컬 프로시저처럼 호출하는 방식의 미들웨어는?

① WAS(Web Application Server)
② MOM(Message Oriented Middleware)
③ RPC(Remote Procedure Call)
④ ORB(Object Request Broker)

> ③ RPC(Remote Procedure Call, 원격 프로시저 호출) : 네트워크 상에서 애플리케이션과 애플리케이션 간의 연동을 하기 위한 미들웨어
> [오답해설]
> ① WAS(Web Application Server) : 애플리케이션 미들웨어
> ② MOM(Message Oriented Middleware) : 메시지 지향 미들웨어
> ④ ORB(Object Request Broker) : 객체에 대한 서비스 요청을 중개하는 중개자 미들웨어

06

바람직한 소프트웨어 설계 지침이 아닌 것은?

① 모듈의 기능을 예측할 수 있도록 정의한다.
② 이식성을 고려한다.
③ 적당한 모듈의 크기를 유지한다.
④ 가능한 모듈을 독립적으로 생성하고 결합도를 최대화한다.

> 모듈 간의 결합도를 최소화시켜야 모듈의 독립성이 향상됨

07

객체지향 분석 방법론 중 Coad-Yourdon 방법에 해당하는 것은?

① E-R 다이어그램을 사용하여 객체의 행위를 데이터 모델링하는데 초점을 둔 방법이다.
② 객체, 동적, 기능 모델로 나누어 수행하는 방법이다.
③ 미시적 개발 프로세스와 거시적 개발 프로세스를 모두 사용하는 방법이다.
④ Use Case를 강조하여 사용하는 방법이다.

> Coad-Yourdon 방법은 주로 관계를 분석하는 기법으로, E-R 다이어그램을 사용하여 객체 행위를 모델링함

08

다음은 어떤 프로그램 구조를 나타낸다. 모듈 F에서의 fan-in과 fan-out의 수는 얼마인가?

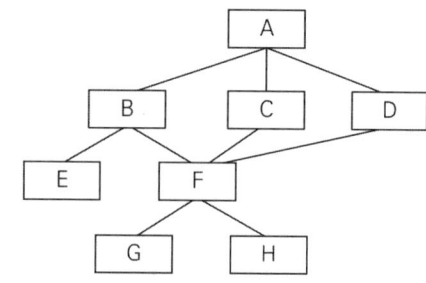

	fan-in	fan-out
①	2	3
②	3	2
③	1	2
④	2	1

> • 팬 입력(fan-in)은 특정 모듈을 직접 제어하는 모듈의 수이며, 모듈 F에서는 3(B, C, D)임
> • 팬 출력(fan-out)은 한 모듈에 의해 직접 제어되는 모듈의 수이며, 모듈 F에서는 2(G, H)임

09

현행 시스템 분석에서 고려하지 않아도 되는 항목은?

① DBMS 분석
② 네트워크 분석
③ 운영체제 분석
④ 인적 자원 분석

> • 현행 시스템 분석은 플랫폼 기능 분석, 플랫폼 성능 특성 분석, 운영체제 분석, 네트워크 분석, DBMS 분석, 비즈니스 융합 분석이 있음
> • 인적 자원 분석은 소프트웨어 개발 시 비용산정 기법에서 고려됨

정답 05 ③ 06 ④ 07 ① 08 ② 09 ④

10

분산 컴퓨팅 환경에서 서로 다른 기종 간의 하드웨어나 프로토콜, 통신환경 등을 연결하여 응용프로그램과 운영환경 간에 원만한 통신이 이루어질 수 있게 서비스를 제공하는 소프트웨어는?

① 미들웨어
② 하드웨어
③ 어픈허브웨어
④ 그레이웨어

> 미들웨어는 클라이언트와 서버를 연결하여 데이터를 주고받을 수 있도록 중간에서 매개 역할을 하거나, 네트워크를 통해서 연결된 여러 개의 컴퓨터에 있는 많은 프로세스들에게 어떤 서비스를 사용할 수 있도록 연결해주는 소프트웨어를 말함

11

CASE(Computer Aided Software Engineering)에 대한 설명으로 틀린 것은?

① 소프트웨어 모듈의 재사용성이 향상된다.
② 자동화된 기법을 통해 소프트웨어 품질이 향상된다.
③ 소프트웨어 사용자들에게 사용 방법을 신속히 숙지시키기 위해 사용된다.
④ 소프트웨어 유지보수를 간편하게 수행할 수 있다.

> • CASE는 사용자들에게 사용 방법을 신속히 숙지시키기 위해 사용되는 것이 아니라, 소프트웨어 공학의 자동화를 의미함
> • CASE(Computer Aided Software Engineering)
> – 소프트웨어 공학의 자동화를 의미하며, 소프트웨어 공학작업 중 하나의 작업을 자동화한 소프트웨어 패키지를 CASE 도구라 하고, 이러한 도구를 한데 모아놓은 것을 소프트웨어 공학환경(Software Engineering Environment)이라 함
> – CASE 도구들은 소프트웨어 관리자들과 실무자들이 소프트웨어 프로세스와 관련된 활동을 지원함. 즉, 프로젝트 관리 활동을 자동화하고, 프로세스에서 생산된 결과물을 관리하며, 엔지니어들의 분석, 설계 및 코딩과 테스트 작업을 도와줌
> – CASE의 주요 기능 : 다양한 소프트웨어 개발 모형 지원, 그래픽 지원, 소프트웨어 생명주기 전 단계의 연결 등이 있음

12

UML(Unified Modeling Language)에 대한 설명 중 틀린 것은?

① 기능적 모델은 사용자 측면에서 본 시스템 기능이며, UML에서는 Use case Diagram을 사용한다.
② 정적 모델은 객체, 속성, 연관관계, 오퍼레이션의 시스템의 구조를 나타내며, UML에서는 Class Diagram, State Diagram, Activity Diagram을 사용한다.
③ 동적 모델은 시스템의 내부 동작을 말하며, UML에서는 Sequence Diagram, State Diagram, Activity Diagram을 사용한다.
④ State Diagram은 객체들 사이의 메시지 교환을 나타내며, Sequence Diagram은 하나의 객체가 가진 상태와 그 상태의 변화에 의한 동작순서를 나타낸다.

> • State Diagram(상태 다이어그램) : 객체가 가진 상태를 나타내거나 객체가 전이 유발에 따른 그 상태의 변화를 나타내는 것
> • Sequence Diagram(순서 다이어그램) : 객체 간의 상호작용 교환 메시지를 시간의 흐름에 따라 나타내는 것

13

기본 유스케이스 수행 시 특별한 조건을 만족할 때 수행하는 유스케이스는?

① 연관   ② 확장
③ 선택   ④ 특화

> ② 확장 : 특별한 조건을 만족할 때 수행하는 유스케이스
> [오답해설]
> ① 연관 : 액터와 유스케이스 간의 상호작용

정답 10 ① 11 ③ 12 ④ 13 ②

14
다음 중 요구사항 모델링에 활용되지 않는 것은?

① 애자일(Agile) 방법
② 유스케이스 다이어그램(Use Case Diagram)
③ 시퀀스 다이어그램(Sequence Diagram)
④ 단계 다이어그램(Phase Diagram)

> 단계 다이어그램(Phase Diagram)은 존재하지 않는 다이어그램이며, 요구사항 모델링에는 애자일, 유스케이스 다이어그램, 시퀀스 다이어그램을 활용가능함

15
디자인 패턴을 이용한 소프트웨어 재사용으로 얻어지는 장점이 아닌 것은?

① 소프트웨어 코드의 품질을 향상시킬 수 있다.
② 개발 프로세스를 무시할 수 있다.
③ 개발자들 사이의 의사소통을 원활하게 할 수 있다.
④ 소프트웨어의 품질과 생산성을 향상시킬 수 있다.

> 디자인 패턴을 이용한 소프트웨어 재사용을 통하여 생산성을 높이고 소프트웨어의 품질을 향상시킬 수 있지만, 재사용을 통해 개발 프로세스를 무시할 수 있는 것은 아님

16
럼바우(Rumbaugh) 분석기법에서 정보 모델링이라고도 하며, 시스템에서 요구되는 객체를 찾아내어 속성과 연산 식별 및 객체들 간의 관계를 규정하여 다이어그램으로 표시하는 모델링은?

① Object
② Dynamic
③ Function
④ Static

> ① 객체 모델링(Object Modeling) : 정보 모델링이라고도 하며, 시스템에서 요구되는 객체를 찾아내어 속성과 연산 식별 및 객체들 간의 관계를 규정함
> [오답해설]
> ② Dynamic(동적 모델링) : 시간의 흐름에 따른 객체들 사이의 제어 흐름, 상호작용, 동작 순서 등의 동적인 행위를 표현함
> ③ Function(기능 모델링) : 다수의 프로세스들 간의 자료 흐름을 중심으로 처리 과정을 표현함

17
소프트웨어를 개발하기 위한 비즈니스(업무)를 객체와 속성, 클래스와 멤버, 전체와 부분 등으로 나누어서 분석해내는 기법은?

① 객체지향 분석
② 구조적 분석
③ 기능적 분석
④ 실시간 분석

> 객체지향 분석(OOA : Object Oriented Analysis)은 사용자의 요구사항을 분석하여 요구된 문제와 관련된 모든 클래스(객체), 이와 연관된 속성과 연산, 그들 간의 관계 등을 정의하여 모델링하는 작업을 의미함

18
애자일 소프트웨어 개발 기법의 가치가 아닌 것은?

① 프로세스와 도구보다는 개인과 상호작용에 더 가치를 둔다.
② 계약 협상보다는 고객과의 협업에 더 가치를 둔다.
③ 실제 작동하는 소프트웨어보다는 이해하기 좋은 문서에 더 가치를 둔다.
④ 계획을 따르기보다는 변화에 대응하는 것에 더 가치를 둔다.

> 문서화보다는 실제 작동하는 코드를 강조하며, 문서화는 커뮤니케이션을 위한 문서화가 되어야 함. 원래의 주제를 잃지 않고 서로 다른 기준점에서 출발해서 이해에 더 많은 시간이 소요되지 않도록 기준점을 제시해야 함

19
UML 다이어그램 중 시스템 내 클래스의 정적구조를 표현하고 클래스와 클래스, 클래스의 속성 사이의 관계를 나타내는 것은?

① Activity Diagram
② Model Diagram
③ State Diagram
④ Class Diagram

> ④ Class Diagram : 시스템 내 클래스의 정적구조를 표현하고 클래스와 클래스, 클래스의 속성 사이의 관계를 나타내는 것
> [오답해설]
> ① Activity Diagram : 사용자의 관점에서 시스템이 어떤 기능을 수행하는지 객체의 처리 로직이나 조건에 따른 처리의 흐름을 순서에 따라 나타낸 것
> ③ State Diagram : 하나의 객체가 자신이 속한 클래스의 상태 변화, 다른 객체와의 상호작용에 따라 상태가 어떻게 변하는지를 나타낸 것

정답 14 ④ 15 ② 16 ① 17 ① 18 ③ 19 ④

20

소프트웨어 설계 시 제일 상위에 있는 main user function에서 시작하여 기능을 하위 기능들로 분할해 가면서 설계하는 방식은?

① 객체 지향 설계
② 데이터 흐름 설계
③ 상향식 설계
④ 하향식 설계

> ④ 하향식 설계는 소프트웨어 설계 시 제일 상위에 있는 main user function에서 시작하여 기능을 하위 기능들로 분할해 가면서 설계하는 방식임
> [오답해설]
> ③ 상향식 설계는 가장 기본적인 컴포넌트를 먼저 설계한 다음 이것을 사용하는 상위 수준의 컴포넌트를 설계하는 것을 말함

2과목 소프트웨어 개발

21

구현 단계에서의 작업 절차를 순서에 맞게 나열한 것은?

> ㉠ 코딩한다.
> ㉡ 코딩작업을 계획한다.
> ㉢ 코드를 테스트한다.
> ㉣ 컴파일한다.

① ㉠ - ㉡ - ㉢ - ㉣
② ㉡ - ㉠ - ㉣ - ㉢
③ ㉢ - ㉠ - ㉡ - ㉣
④ ㉣ - ㉡ - ㉠ - ㉢

> 구현 단계에서의 작업 절차 : 코딩작업을 계획 → 코딩 → 컴파일(번역) → 테스트 → 디버깅

22

다음 자료에 대하여 "Selection Sort"를 사용하여 오름차순으로 정렬한 경우 PASS 3의 결과는?

> 초기상태 : 8, 3, 4, 9, 7

① 3, 4, 7, 9, 8
② 3, 4, 8, 9, 7
③ 3, 8, 4, 9, 7
④ 3, 4, 7, 8, 9

> • 선택 정렬(Selection Sort)은 n개의 레코드 중에서 최소값(최대값)을 찾아 첫 번째 위치에 놓고, 나머지 (n-1)개 중에서 다시 최소값(최대값)을 찾아 두 번째 위치에 놓는 방식을 반복하여 정렬하는 방식
> • 초기상태 : 8, 3, 4, 9, 7
>   - 1회전 : 3 8 4 9 7
>   - 2회전 : 3 4 8 9 7
>   - 3회전 : 3 4 7 9 8

23 빈출

하향식 통합시험을 위해 일시적으로 필요한 조건만을 가지고 임시로 제공되는 시험용 모듈은?

① Stub
② Driver
③ Procedure
④ Function

> ① Stub : 임시 제공되는 가짜 모듈이며 시험용 모듈이라 함
> [오답해설]
> ② Driver : 검사 자료 입출력 제어 프로그램이며, 상향식 통합시험에 필요로 함

정답 20 ④ 21 ② 22 ① 23 ①

24

다음 전위식(prefix)을 후위식(postfix)으로 옳게 표현한 것은?

$$- / * A + B C D E$$

① A B C + D / * E -
② A B * C D / + E -
③ A B * C + D / E -
④ A B C + * D / E -

> 전위식을 후위식으로 변경하기 위해서는 중위식으로 먼저 변경하여 이를 다시 후위식으로 변경하여야 함
> (- (/ (* A (+ B C)) D) E) --- 전위식
> (((A * (B + C)) / D) - E) --- 중위식
> (((A (B C +) *) D) / E -) --- 후위식
> A B C + * D / E -

25

그래프의 특수한 형태로 노드(Nord)와 선분(Branch)으로 되어 있고, 정점 사이에 사이클(Cycle)이 형성되어 있지 않으며, 자료 사이의 관계성이 계층 형식으로 나타나는 비선형 구조는?

① tree   ② network
③ stack   ④ distributed

> • 선형구조 : 데이터의 전후 항목 사이 관계가 1:10이며, 선후 관계가 명확하게 한 개의 선의 형태를 갖는 리스트 구조(배열, 리스트, 스택, 큐, 데크)
> • 비선형구조 : 데이터 항목 사이의 관계가 1:n(혹은 n:m)인 그래프적 특성을 갖는 형태(트리, 그래프)

26

스택에 대한 설명으로 틀린 것은?

① 입출력이 한쪽 끝으로만 제한된 리스트이다.
② Head(front)와 Tail(rear)의 2개 포인터를 갖고 있다.
③ LIFO 구조이다.
④ 더 이상 삭제할 데이터가 없는 상태에서 데이터를 삭제하면 언더플로(Underflow)가 발생한다.

> ②는 큐(Queue)에 대한 설명이고, 스택은 1개의 포인터(Top)를 가짐

27

디지털 저작권 관리(DRM)에 사용되는 기술 요소가 아닌 것은?

① 키 관리   ② 방화벽
③ 암호화   ④ 크랙 방지

> • 방화벽은 DRM에 사용되는 기술 요소가 아니라 네트워크 보안 장비인 침입차단시스템임
> • DRM의 핵심적 기술 요소

구분	설명	종류
암호화 (Encryption)	콘텐츠 및 라이센스를 암호화하고, 전자서명을 할 수 있는 기술	PKI, Encryption, Digital Signature
키 관리 (Key Management)	콘텐츠를 암호화한 키에 대한 저장 및 배포 기술	Centralized, Enveloping
암호화 파일 생성 (Packager)	콘텐츠를 암호화된 콘텐츠로 생성하기 위한 기술	Pre-packaging, On-the-fly Packaging
식별 기술 (Identification)	콘텐츠에 대한 식별체계 표현 기술	DOI, URI
저작권 표현 (Right Expression)	라이센스의 내용 표현 기술	ODRL, XrML/MPGE-21 REL
정책 관리(Policy management)	라이센스 발급 및 사용에 대한 정책표현 및 관리 기술	XML, Contents Management System
크랙 방지 (Tamper Resistance)	크랙에 의한 콘텐츠 사용방지 기술	Secure DB, Secure Time Management, Encryption
인증 (Authentication)	라이센스 발급 및 사용의 기준이 되는 사용자 인증기술	SSO, ID/PW, 디지털인증, 이메일인증
인터페이스 (Interface)	상이한 DRM 플랫폼 간의 상호 호환성 인터페이스 및 인증 기술	IPMP
이벤트 보고 (Event Reporting)	콘텐츠의 사용이 적절하게 이루어지고 있는지 모니터링 기술. 불법유통이 탐지되었을 때 이동경로를 추적에 활용	
사용 권한 (Permission)	콘텐츠의 사용에 대한 권한을 관리하는 기술 요소	렌더 퍼미션, 트랜스포트 퍼미션, 데리버티브 퍼미션

정답 24 ④ 25 ① 26 ② 27 ②

28

여러 개의 선택 항목 중 하나의 선택만 가능한 경우 사용하는 사용자 인터페이스(UI) 요소는?

① 토글 버튼
② 텍스트 박스
③ 라디오 버튼
④ 체크 박스

> ③ 라디오 버튼 : 여러 가지 제시된 것 중 하나만을 선택할 때 사용함
> [오답해설]
> ① 토글 버튼 : 버튼을 클릭하면 상태를 'on', 'off'로 변환시킴
> ② 텍스트 박스 : 메시지를 보여주거나 사용자가 데이터를 입력할 곳을 제공함
> ④ 체크 박스 : 그룹 중에 하나 이상의 후보를 선택할 때 사용함

29

소프트웨어의 일부분을 다른 시스템에서 사용할 수 있는 정도를 의미하는 것은?

① 신뢰성(Reliability)
② 유지보수성(Maintainability)
③ 가시성(Visibility)
④ 재사용성(Reusability)

> ④ 재사용성(Reusability) : 전체나 일부 기능을 다른 목적으로 사용할 수 있는 정도
> [오답해설]
> ① 신뢰성(Reliability) : 정확하고 일관된 결과를 얻기 위해 요구된 기능을 오류 없이 수행하는 정도
> ② 유지보수성(Maintainability) : 변경 및 오류사항 교정을 최소화하는 정도

30

자료구조에 대한 설명으로 틀린 것은?

① 큐는 비선형구조에 해당한다.
② 큐는 First In - First Out 처리를 수행한다.
③ 스택은 Last In - Frist Out 처리를 수행한다.
④ 스택은 서브루틴 호출, 인터럽트 처리, 수식 계산 및 수식 표기법에 응용된다.

> • 선형구조 : 데이터의 전후 항목 사이 관계가 1:1이며, 선후 관계가 명확하게 한 개의 선의 형태를 갖는 리스트 구조(배열, 리스트, 스택, 큐, 데크)
> • 비선형구조 : 데이터 항목 사이의 관계가 1:n(혹은 n:m)인 그래프적 특성을 갖는 형태(트리, 그래프)

31

다음 중 블랙박스 검사 기법은?

① 경계값 분석
② 조건 검사
③ 기초 경로 검사
④ 루프 검사

> • 화이트박스 테스트 : 데이터 흐름 검사, 루프 검사, 기초 경로 검사, 조건 검사
> • 블랙박스 테스트 : 동치 분할, 경계값 분석, 원인결과 그래프, 오류추측 기법, 비교검사 기법

32

이진 검색 알고리즘에 대한 설명으로 틀린 것은?

① 탐색 효율이 좋고 탐색 시간이 적게 소요된다.
② 검색할 데이터가 정렬되어 있어야 한다.
③ 피보나치 수열에 따라 다음에 비교할 대상을 선정하여 검색한다.
④ 비교횟수를 거듭할 때마다 검색 대상이 되는 데이터의 수가 절반으로 줄어든다.

> • 이진 검색은 피보나치 수열에 따라 다음에 비교할 대상을 선정하는 것이 아니라 중앙의 키값과 비교하여 다음에 비교할 대상을 검색함
> • 이진 검색 알고리즘 : 파일이 정렬되어 있어야 하며, 파일의 중앙의 키값과 비교하여 탐색 대상이 반으로 감소됨

정답 28 ③ 29 ④ 30 ① 31 ① 32 ③

33
소프트웨어 품질목표 중 쉽게 배우고 사용할 수 있는 정도를 나타내는 것은?

① Correctness
② Reliability
③ Usability
④ Integrity

> ③ 유용성(Usability) : 쉽게 배우고 사용할 수 있는 정도
> [오답해설]
> ① 정확성(Correctness) : 프로그램이 설계 사양을 만족시키며 사용자가 원하는대로 수행되고 있는 정도
> ② 신뢰성(Reliability) : 프로그램이 항시 정확하게 동작하고 있는 정도
> ④ 무결성(Integrity) : 허가되지 않은 사람의 소프트웨어나 데이터에의 접근을 통제할 수 있는 정도

34
테스트 케이스에 일반적으로 포함되는 항목이 아닌 것은?

① 테스트 조건
② 테스트 데이터
③ 테스트 비용
④ 예상 결과

> 테스트 케이스 항목
> 식별자 번호, 순서 번호, 테스트 조건, 테스트 데이터, 예상 결과

35
소프트웨어 설치 매뉴얼에 포함될 항목이 아닌 것은?

① 제품 소프트웨어 개요
② 설치 관련 파일
③ 프로그램 삭제
④ 소프트웨어 개발 기간

> 설치 매뉴얼에는 목차, 개요, 기본사항, 설치 관련 파일, 프로그램 삭제 등이 기본적으로 포함되어야 함

36
소프트웨어 형상관리(Configuration management)에 관한 설명으로 틀린 것은?

① 소프트웨어에서 일어나는 수정이나 변경을 알아내고 제어하는 것을 의미한다.
② 소프트웨어 개발의 전체 비용을 줄이고, 개발 과정의 여러 방해 요인이 최소화되도록 보증하는 것을 목적으로 한다.
③ 형상관리를 위하여 구성된 팀을 "chief programmer team"이라고 한다.
④ 형상관리의 기능 중 하나는 버전 제어 기술이다.

> chief programmer team은 책임프로그래머팀(중앙집중형)으로 소프트웨어 개발을 위한 팀구성의 하나임

37
퀵 정렬에 관한 설명으로 옳은 것은?

① 레코드의 키 값을 분석하여 같은 값끼리 그 순서에 맞는 버킷에 분배하였다가 버킷의 순서대로 레코드를 꺼내어 정렬한다.
② 주어진 파일에서 인접한 두 개의 레코드 키 값을 비교하여 그 크기에 따라 레코드 위치를 서로 교환한다.
③ 레코드의 많은 자료 이동을 없애고 하나의 파일을 부분적으로 나누어 가면서 정렬한다.
④ 임의의 레코드 키와 매개변수(h)값 만큼 떨어진 곳의 레코드 키를 비교하여 서로 교환해 가면서 정렬한다.

> 퀵 정렬
> 하나의 파일을 피봇이라는 요소를 기준으로 부분적으로 나누어 가면서 정렬함. 수행 시간의 차수는 평균은 $O(n\log n)$이며, 최악일 시에는 $O(n^2)$임

정답: 33 ③ 34 ③ 35 ④ 36 ③ 37 ③

38
해싱 함수(Hashing Function)의 종류가 아닌 것은?

① 제곱법(mid-square)
② 숫자분석법(digit analysis)
③ 개방주소법(open addressing)
④ 제산법(division)

> 개방주소법(open addressing)은 해싱함수를 이용한 주소 계산 시에 충돌을 해결하는 방법임

39
필드 테스팅(field testing)이라고도 불리며 개발자 없이 고객의 사용 환경에 소프트웨어를 설치하여 검사를 수행하는 인수검사 기법은?

① 베타 검사
② 알파 검사
③ 형상 검사
④ 복구 검사

> • 베타테스트 : 최종 사용자가 여러 장소의 고객 위치에서 소프트웨어에 대한 검사를 수행하는 기법
> • 알파테스트 : 검증(Validation) 검사 기법 중 개발자의 장소에서 사용자가 개발자 앞에서 행해지며, 오류와 사용상의 문제점을 사용자와 개발자가 함께 확인하면서 검사하는 기법

40
다음 트리를 Preorder 운행법으로 운행할 경우 다섯 번째로 탐색되는 것은?

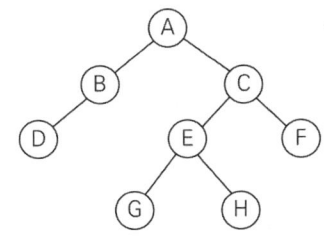

① C
② E
③ G
④ H

> 전위순회는 root → left → right 순서이며, A → B → D → C → E → G → H → F와 같은 순서로 방문하며, 5번째로 방문되는 노드는 E임

3과목 데이터베이스 구축

41
결과 값이 아래와 같을 때 SQL 질의로 옳은 것은?

[공급자] 테이블

공급자 번호	공급자명	위치
16	대신공업사	수원
27	삼진사	서울
39	삼양사	인천
62	진아공업사	대전
70	신촌상사	서울

[결과]

공급자 번호	공급자명	위치
16	대신공업사	수원
70	신촌상사	서울

① SELECT * FROM 공급자 WHERE 공급자명 LIKE '%신%';
② SELECT * FROM 공급자 WHERE 공급자명 LIKE '대%';
③ SELECT * FROM 공급자 WHERE 공급자명 LIKE '%사';
④ SELECT * FROM 공급자 WHERE 공급자명 IS NOT NULL;

> 문제의 결과를 확인하면 공급자명이 (대신공업사, 신촌상사)로 되어있으므로 WHERE 공급자명 LIKE '%신%'로 조건문을 작성해야 함

정답 38 ③ 39 ① 40 ② 41 ①

42

다음에서 설명하는 스키마(Schema)는?

> 데이터베이스 전체를 정의한 것으로 데이터개체, 관계, 제약조건, 접근권한, 무결성 규칙 등을 명세한 것

① 개념 스키마
② 내부 스키마
③ 외부 스키마
④ 내용 스키마

① 개념 스키마(Conceptual Schema) : 조직이나 기관의 총괄적 입장에서 본 데이터베이스의 전체적인 논리적 구조

[오답해설]
② 내부 스키마(Internal Schema) : 물리적 저장 장치의 입장에서 본 데이터베이스 구조로서 실제로 데이터베이스에 저장될 레코드의 형식을 정의하고 저장 데이터 항목의 표현 방법, 내부 레코드의 물리적 순서 등을 나타냄
③ 외부 스키마(External Schema) : 일반 사용자나 응용 프로그래머가 각 개인의 입장에서 필요로 하는 데이터베이스의 논리적 구조

43 ⭐빈출

데이터베이스 설계 단계 중 저장 레코드 양식 설계, 레코드 집중의 분석 및 설계, 접근 경로 설계와 관계되는 것은?

① 논리적 설계
② 요구 조건 분석
③ 개념적 설계
④ 물리적 설계

물리적 설계(physical design)
- 논리적 데이터베이스 구조를 내부 저장 장치 구조와 접근 경로 등을 고려하여 설계
- 구현을 위한 데이터 구조화(저장 장치에서의 데이터 표현)
- 컴퓨터가 접근할 수 있는 저장장치, 즉 디스크에 데이터가 표현될 수 있도록 물리적 데이터 구조로 변환하는 과정
- 트랜잭션 세부설계가 포함됨
- DBMS 종속적, Hardware 종속적

44 ⭐빈출

다음 릴레이션의 카디널리티와 차수가 옳게 나타낸 것은?

아이디	성명	나이	등급	적립금	가입년도
yuyu01	원유철	36	3	2000	2008
sykim10	김성일	29	2	3300	2014
kshan4	한경선	45	3	2800	2009
namsu52	이남수	33	5	1000	2016

	카디널리티	차수
①	4	4
②	4	6
③	6	4
④	6	6

- 기수(대응수, Cardinality)는 Tuple의 개수이므로 4가 됨
- 차수(Degree)는 Attribute의 개수이고, (아이디, 성명, 나이, 등급, 적립금, 가입년도)가 attribute이므로 Degree는 6개임

45

다음과 같은 트랜잭션의 특성은?

> 시스템이 가지고 있는 고정요소는 트랜잭션 수행 전과 트랜잭션 수행 완료 후의 상태가 같아야 한다.

① 원자성(atomicity)
② 일관성(consistency)
③ 격리성(isolation)
④ 영속성(durability)

② 일관성(consistency) : 트랜잭션이 그 실행을 성공적으로 완료하면 언제나 일관된 데이터베이스 상태로 된다는 의미. 즉, 이 트랜잭션의 실행으로 일관성이 깨지지 않는다는 의미임

[오답해설]
① 원자성(atomicity) : 트랜잭션은 전부, 전무의 실행만 있고, 일부 실행으로 트랜잭션의 기능을 가질 수는 없음
③ 격리성(isolation) : 연산의 중간결과에 다른 트랜잭션이나 작업이 접근할 수 없다는 의미
④ 영속성(durability) : 트랜잭션이 일단 그 실행을 성공적으로 끝내면 그 결과를 어떠한 경우에라도 보장받는다는 의미

정답 42 ① 43 ④ 44 ② 45 ②

46

병행제어의 로킹(Locking) 단위에 대한 설명으로 옳지 않은 것은?

① 데이터베이스, 파일, 레코드 등은 로킹 단위가 될 수 있다.
② 로킹 단위가 작아지면 로킹 오버헤드가 증가한다.
③ 한꺼번에 로킹할 수 있는 단위를 로킹 단위라고 한다.
④ 로킹 단위가 작아지면 병행성 수준이 낮아진다.

> 병행 제어의 로킹(Locking)에서 로킹 단위가 작아지면 병행성 수준이 높아짐

47

뷰(VIEW)에 대한 설명으로 옳지 않은 것은?

① DBA는 보안 측면에서 뷰를 활용할 수 있다.
② 뷰 위에 또 다른 뷰를 정의할 수 있다.
③ 뷰에 대한 삽입, 갱신, 삭제 연산 시 제약 사항이 따르지 않는다.
④ 독립적인 인덱스를 가질 수 없다.

> - 뷰에 대한 삽입, 갱신, 삭제 연산 시에는 제약 사항이 있음
> - 뷰의 특징
>   ① 뷰가 정의된 기본 테이블이 제거(변경)되면, 뷰도 자동적으로 제거(변경)됨
>   ② 외부 스키마는 뷰와 기본 테이블의 정의로 구성됨
>   ③ 뷰에 대한 검색은 기본 테이블과 거의 동일(삽입, 삭제, 갱신은 제약)
>   ④ DBA는 보안 측면에서 뷰를 활용할 수 있음
>   ⑤ 뷰는 CREATE문에 의해 정의되며, SYSVIEWS에 저장됨

48

다음 정의에서 말하는 기본 정규형은?

> 어떤 릴레이션 R에 속한 모든 도메인이 원자값(Atomic Value)만으로 되어 있다.

① 제1정규형(1NF)
② 제2정규형(2NF)
③ 제3정규형(3NF)
④ 보이스/코드 정규형(BCNF)

① 제1정규형(1NF) : 어떤 릴레이션 R에 속한 모든 도메인이 원자값(Atomic Value)만으로 되어 있음

[오답해설]
② 제2정규형(2NF) : 어떤 릴레이션 R이 1NF이고 키(기본)에 속하지 않은 애트리뷰트는 모두 기본키의 완전 함수 종속이면, 제2정규형(2NF)에 속함
③ 제3정규형(3NF) : 어떤 릴레이션 R이 2NF이고 키(기본)에 속하지 않은 모든 애트리뷰트들이 기본키에 이행적 함수 종속이 아닐 때 제3정규형(3NF)에 속함
④ 보이스/코드 정규형(BCNF) : 릴레이션 R의 모든 결정자(determinant)가 후보키(candidate key)이면 릴레이션 R은 보이스/코드 정규형(BCNF)에 속함

49

릴레이션 R1에 속한 애튜리뷰트의 조합인 외래키를 변경하려면 이를 참조하고 있는 릴레이션 R2의 기본키도 변경해야 하는 것을 무엇이라 하는가?

① 정보 무결성
② 고유 무결성
③ 널 제약성
④ 참조 무결성

> 참조 무결성
> 외래키 값은 참조 릴레이션에 있는 기본키와 같아야 한다는 규정(상위 개체의 PK와 같아야 함)

50

시스템 카탈로그에 대한 설명으로 틀린 것은?

① 시스템 카탈로그의 갱신은 무결성 유지를 위하여 SQL을 이용하여 사용자가 직접 갱신하여야 한다.
② 데이터베이스에 포함되는 데이터 객체에 대한 정의나 명세에 대한 정보를 유지 관리한다.
③ DBMS가 스스로 생성하고 유지하는 데이터베이스 내의 특별한 테이블의 집합체이다.
④ 카탈로그에 저장된 정보를 메타데이터라고도 한다.

> 시스템 카탈로그의 갱신은 무결성 유지를 위하여 사용자가 검색은 가능하지만, 직접 갱신 작업은 불가능함

정답 46 ④ 47 ③ 48 ① 49 ④ 50 ①

51

조건을 만족하는 릴레이션의 수평적 부분집합으로 구성하며, 연산자의 기호는 그리스 문자 시그마(σ)를 사용하는 관계대수 연산은?

① Select
② Project
③ Join
④ Division

> 셀렉트(SELECT, σ) : 조건에 만족하는 행을 추출할 때 사용함
> 표기 형식 → σ<선택조건> (테이블 이름)

52 ★빈출

SQL에서 스키마(schema), 도메인(domain), 테이블(table), 뷰(view), 인덱스(index)를 정의하거나 변경 또는 삭제할 때 사용하는 언어는?

① DML(Data Manipulation Language)
② DDL(Data Definition Language)
③ DCL(Data Control Language)
④ IDL(Interactive Data Language)

> DDL(Data Definition Language)
> 스키마, 도메인, 테이블, 뷰, 인덱스를 정의하거나 제거하는 데 사용

53

정규화를 거치지 않아 발생하게 되는 이상(anomaly) 현상의 종류에 대한 설명으로 옳지 않은 것은?

① 삭제 이상이란 릴레이션에서 한 튜플을 삭제할 때 의도와는 상관없는 값들도 함께 삭제되는 연쇄 삭제 현상이다.
② 삽입 이상이란 릴레이션에서 데이터를 삽입할 때 의도와는 상관없이 원하지 않는 값들도 함께 삽입되는 현상이다.
③ 갱신 이상이란 릴레이션에서 튜플에 있는 속성값을 갱신할 때 일부 튜플의 정보만 갱신되어 정보에 모순이 생기는 현상이다.
④ 종속 이상이란 하나의 릴레이션에 하나 이상의 함수적 종속성이 존재하는 현상이다.

> 이상 현상에 종속 이상은 포함되지 않으며, 이상 현상의 종류에는 삽입 이상, 삭제 이상, 갱신 이상이 있음

54

관계 데이터 모델에서 릴레이션(relation)에 관한 설명으로 옳은 것은?

① 릴레이션의 각 행을 스키마(schema)라 하며, 예로 도서 릴레이션을 구성하는 스키마에는 도서번호, 도서명, 저자, 가격 등이 있다.
② 릴레이션의 각 열을 튜플(tuple)이라 하며, 하나의 튜플은 각 속성에서 정의된 값을 이용하여 구성된다.
③ 도메인(domain)은 하나의 속성이 가질 수 있는 같은 타입의 모든 값의 집합으로 각 속성의 도메인은 원자값을 갖는다.
④ 속성(attribute)은 한 개의 릴레이션의 논리적인 구조를 정의한 것으로 릴레이션의 이름과 릴레이션에 포함된 속성들의 집합을 의미한다.

> ③ 도메인(domain)은 하나의 속성이 가질 수 있는 같은 타입의 모든 값의 집합임
> [오답해설]
> ① 릴레이션의 각 열을 속성(attribute)이라 하며, 예로 도서 릴레이션을 구성하는 속성에는 도서번호, 도서명, 저자, 가격 등이 있음
> ② 릴레이션의 각 행을 튜플(tuple)이라 하며, 하나의 튜플은 각 속성에서 정의된 값을 이용하여 구성됨

55

3NF에서 BCNF가 되기 위한 조건은?

① 이행적 함수 종속 제거
② 부분적 함수 종속 제거
③ 다치 종속 제거
④ 결정자이면서 후보 키가 아닌 것 제거

> 보이스/코드 정규형(BCNF)
> 릴레이션 R의 모든 결정자(determinant)가 후보키(candidate key)이면 릴레이션 R은 보이스/코드 정규형(BCNF)에 속함

정답 51 ① 52 ② 53 ④ 54 ③ 55 ④

56

데이터베이스 성능에 많은 영향을 주는 DBMS의 구성 요소로 테이블과 클러스터에 연관되어 독립적인 저장 공간을 보유하며, 데이터베이스에 저장된 자료를 더욱 빠르게 조회하기 위하여 사용되는 것은?

① 인덱스(Index)
② 트랜잭션(Transaction)
③ 역정규화(Denormalization)
④ 트리거(Trigger)

---

① 인덱스(Index) : 데이터베이스에 저장된 자료를 더욱 빠르게 조회하기 위하여 사용되는 것

[오답해설]
② 트랜잭션(Transaction) : 한꺼번에 모두 수행되어야 할 일련의 데이터베이스 연산들이며, 병행 제어 및 회복 작업의 논리적 단위임
③ 역정규화(Denormalization) : 정규화되어 있는 것을 정규화 이전 상태로 만드는 것을 말하며, 많은 조인에 의해 성능이 저하되거나 데이터 조회 시 디스크 I/O량이 많을 때 부분적인 반정규화를 고려함
④ 트리거(Trigger) : 데이터베이스가 미리 정해 놓은 특정 조건이 만족되거나 어떤 동작이 수행되면 자동으로 실행되도록 정의한 동작

57

아래의 SQL문을 실행한 결과는?

[R1 테이블]

학번	이름	학년	학과	주소
1000	홍길동	4	컴퓨터	서울
2000	김철수	3	전기	경기
3000	강남길	1	컴퓨터	경기
4000	오말자	4	컴퓨터	경기
5000	장미화	2	전자	서울

[R2 테이블]

학번	과목번호	성적	점수
1000	C100	A	91
1000	C200	A	94
2000	C300	B	85
3000	C400	A	90
3000	C500	C	75
3000	C100	A	90
4000	C400	A	95
4000	C500	A	91
4000	C100	B	80
4000	C200	C	74
5000	C400	B	85

[SQL 문]

```
SELECT 이름
FROM R1
WHERE 학번 IN
    (SELECT 학번
     FROM R2
     WHERE 과목번호 = 'C100');
```

①
이름
홍길동
강남길
장미화

②
이름
홍길동
강남길
오말자

③
이름
홍길동
김철수
강남길
오말자
장미화

④
이름
홍길동
김철수

먼저 서브쿼리의 결과를 유도하면, 서브쿼리의 조건이 [과목번호 = 'C100');]이므로 R2 테이블에서 검색되는 학번은 (1000, 3000, 4000)이고, 이 학번에 해당되는 R1 테이블의 이름을 검색하므로 (홍길동, 강남길, 오말자)가 검색됨

정답 56 ① 57 ②

58

『회원』테이블 생성 후 『주소』필드(컬럼)가 누락되어 이를 추가하려고 한다. 이에 적합한 SQL 명령어는?

① DELETE
② RESTORE
③ ALTER
④ ACCESS

> **ALTER 문**
> 기존 테이블에 대해 새로운 열의 첨가, 값의 변경, 기존 열의 삭제 등에 사용함

59

트랜잭션을 수행하는 도중 장애로 인해 손상된 데이터베이스를 손상되기 이전의 정상적인 상태로 복구시키는 작업은?

① Recovery
② Commit
③ Abort
④ Restart

> **회복(Recovery)**
> 여러 가지 장애로 인해 손상된 데이터베이스를 손상되기 이전의 정상적인 상태로 복구시키는 작업(덤프와 로그 이용)

60

E-R 다이어그램의 표기법으로 옳지 않는 것은?

① 개체타입 - 사각형
② 속성 - 타원
③ 관계집합 - 삼각형
④ 개체타입과 속성을 연결 - 선

E-R 다이어그램 표기법

기호	의미
□	개체
○	속성
◇	관계 : 개체 간의 상호작용
─	연결

4과목 프로그래밍 언어 활용

61

다음 중 응집도가 가장 높은 것은?

① 절차적 응집도
② 순차적 응집도
③ 우연적 응집도
④ 논리적 응집도

> **응집도**
> 1. 우연적 응집도(coincidental cohesion) 응집도가 낮음
> 2. 논리적 응집도(logical cohesion)
> 3. 시간적 응집도(temporal cohesion)
> 4. 절차적 응집도(procedural cohesion)
> 5. 통신적 응집도(communicational cohesion)
> 6. 순차적 응집도(sequential cohesion)
> 7. 기능적 응집도(functional cohesion) 응집도가 높음

62

OSI 7계층에서 물리적 연결을 이용해 신뢰성 있는 정보를 전송하려고 동기화, 오류제어, 흐름제어 등의 전송에러를 제어하는 계층은?

① 데이터 링크 계층
② 물리 계층
③ 응용 계층
④ 표현 계층

> **데이터 링크 계층**
> 물리적 연결을 이용해 신뢰성 있는 정보를 전송하려고 동기화, 오류제어, 흐름제어 등의 전송에러를 제어하는 계층이며, 필요한 장비는 브리지와 스위치가 있음

정답 58 ③ 59 ① 60 ③ 61 ② 62 ①

63

운영체제를 기능에 따라 분류할 경우 제어 프로그램이 아닌 것은?

① 데이터 관리 프로그램
② 서비스 프로그램
③ 작업 제어 프로그램
④ 감시 프로그램

- 서비스 프로그램은 운영체제를 기능에 따라 분류할 경우 처리 프로그램에 해당됨
- 제어프로그램(Control Program) : 컴퓨터 전체의 동작 상태를 감시, 제어하는 기능을 수행하는 프로그램(감시 프로그램, 데이터 관리 프로그램, 작업 제어 프로그램, 통신제어)
- 처리프로그램(Processing Program) : 제어프로그램의 감시 하에 특정 문제를 해결하기 위한 데이터 처리를 담당하는 프로그램(언어번역 프로그램, 서비스 프로그램)

64

IEEE 802.3 LAN에서 사용되는 전송매체 접속제어(MAC)방식은?

① CSMA/CD
② Token Bus
③ Token Ring
④ Slotted Ring

① CSMA/CD : IEEE 802.3
[오답해설]
② Token Bus : IEEE 802.4
③ Token Ring : IEEE 802.5

65

기억공간이 15K, 23K, 22K, 21K 순으로 빈 공간이 있을 때 기억장치 배치 전략으로 "First Fit"을 사용하여 17K의 프로그램을 적재할 경우 내부단편화의 크기는 얼마인가?

① 5K
② 6K
③ 7K
④ 8K

- First Fit은 첫 번째 가용공간에 배치되므로 17K는 23K에 배치되고, 6K의 내부단편화가 발생됨
- 최초적합(First Fit) : 주기억장치의 공백들 중에서 프로그램이나 데이터 배치가 가능한 첫 번째 가용공간에 배치함

66

교착상태가 발생할 수 있는 조건이 아닌 것은?

① Mutual exclusion
② Hold and wait
③ Non-preemption
④ Linear wait

교착상태 4대 발생조건
- 상호배제(Mutual Exclusion)
- 점유와 대기(Hold & Wait)
- 비선점(Non Preemption)
- 환형대기(순환대기, Circular Wait)

67

IPv6에 대한 설명으로 틀린 것은?

① 멀티캐스트(Multicast) 대신 브로드캐스트(Broadcast)를 사용한다.
② 보안과 인증 확장 헤더를 사용함으로써 인터넷 계층의 보안기능을 강화하였다.
③ 애니캐스트(Anycast)는 하나의 호스트에서 그룹 내의 가장 가까운 곳에 있는 수신자에게 전달하는 방식이다.
④ 128비트 주소체계를 사용한다.

IPv6은 Unicast, Anycast, Multicast를 사용할 수 있음

68

TCP/IP 프로토콜에서 TCP가 해당하는 계층은?

① 데이터 링크 계층
② 네트워크 계층
③ 트랜스포트 계층
④ 세션 계층

Transport layer(전송 계층)

종단 간의 데이터 전송에서 무결성을 제공하는 계층으로 응용 계층에서 생성된 긴 메시지가 여러 개의 패킷으로 나누어지고, 각 패킷은 오류없이 순서에 맞게 중복되거나 유실되는 일 없이 전송되도록 하는데, 이러한 전송 계층에는 TCP, UDP 프로토콜 서비스가 있음

정답   63 ②   64 ①   65 ②   66 ④   67 ①   68 ③

69
C 언어에서 변수로 사용할 수 없는 것은?

① data02 ② int01
③ _sub   ④ short

> short는 C 언어의 자료형으로 C 언어에 기본적으로 들어있는 예약어이므로 변수명으로 사용할 수 없음

70
다음 JAVA 코드 출력문의 결과는?

```
..생략..
System.out.println("5 + 2 =" + 3 + 4);
System.out.println("5 + 2 =" + (3 + 4));
..생략..
```

① 5 + 2 = 34
   5 + 2 = 34
② 5 + 2 + 3 + 4
   5 + 2 = 7
③ 7 = 7
   7 + 7
④ 5 + 2 = 34
   5 + 2 = 7

> - System.out.println("5 + 2 =" + 3 + 4); // " " 안의 내용은 문자로 인식하므로 그대로 출력되고, 맨 앞에 문자가 들어있어서 +는 모두 연결자로 사용되므로 5 + 2 = 34가 출력됨
> - System.out.println("5 + 2 =" + (3 + 4)); // " " 안의 내용은 문자로 인식하지만 (3 + 4)가 괄호로 묶여 먼저 연산되므로 7이 계산됨. 따라서 5 + 2 = 7이 출력됨

71
C 언어에서 문자열을 정수형으로 변환하는 라이브러리 함수는?

① atoi( ) ② atof( )
③ itoa( ) ④ ceil( )

> ① atoi( ) : 문자열을 정수형으로 변환하는 라이브러리 함수(char to int)
>
> [오답해설]
> ② atof( ) : 문자열을 실수형으로 변환하는 라이브러리 함수(char to double)
> ③ itoa( ) : 정수형을 문자열로 변환하는 라이브러리 함수(int to char)
> ④ ceil( ) : 숫자 올림 함수. 예를 들어 ceil(1.3)은 2로 숫자올림이 됨

72
운영체제의 가상기억장치 관리에서 프로세스가 일정 시간 동안 자주 참조하는 페이지들의 집합을 의미하는 것은?

① Locality
② Deadlock
③ Thrashing
④ Working Set

> ④ Working Set(워킹셋) : 운영체제의 가상기억장치 관리에서 프로세스가 일정 시간 동안 자주 참조하는 페이지들의 집합을 의미함. 데닝(Denning)이 제안한 프로그램의 움직임에 대한 모델로, 프로그램의 지역성(Locality) 특징을 이용함
>
> [오답해설]
> ① Locality(지역성) : 프로세스 수행 중 일부 페이지가 집중적으로 참조되는 경향을 의미
> ② Deadlock(교착상태) : 둘 이상의 프로세스가 자원을 공유한 상태에서, 서로 상대방의 작업이 끝나기만을 무한정 기다리는 현상
> ③ Thrashing(스레싱) : 페이지 부재가 지나치게 발생하여 프로세스가 수행되는 시간보다 페이지 이동에 시간이 더 많아지는 현상

정답 69 ④ 70 ④ 71 ① 72 ④

73

결합도가 낮은 것부터 높은 순으로 옳게 나열한 것은?

```
(ㄱ) 내용결합도      (ㄴ) 자료결합도
(ㄷ) 공통결합도      (ㄹ) 스탬프결합도
(ㅁ) 외부결합도      (ㅂ) 제어결합도
```

① (ㄱ) → (ㄴ) → (ㄹ) → (ㅂ) → (ㅁ) → (ㄷ)
② (ㄴ) → (ㄹ) → (ㅁ) → (ㅂ) → (ㄷ) → (ㄱ)
③ (ㄴ) → (ㄹ) → (ㅂ) → (ㅁ) → (ㄷ) → (ㄱ)
④ (ㄱ) → (ㄴ) → (ㄹ) → (ㅁ) → (ㅂ) → (ㄷ)

결합도
1. 내용 결합도(content coupling) — 결합도가 높음
2. 공통 결합도(common coupling)
3. 외부 결합도(external coupling)
4. 제어 결합도(control coupling)
5. 스탬프 결합도(stamp coupling)
6. 자료 결합도(data coupling) — 결합도가 낮음

74

다음 설명의 ㈀과 ㈁에 들어갈 내용으로 옳은 것은?

> 가상기억장치의 일반적인 구현 방법에는 프로그램을 고정된 크기의 일정한 블록으로 나누는 (㈀) 기법과 가변적인 크기의 블록으로 나누는 (㈁) 기법이 있다.

	㈀	㈁
①	Paging	Segmentation
②	Segmentation	Allocation
③	Segmentation	Compaction
④	Paging	Linking

- Paging 기법 : 가상기억장치의 일반적인 구현 방법으로 프로그램을 고정된 크기의 일정한 블록으로 나누는 기법
- Segmentation 기법 : 가상기억장치의 구현 방법으로 프로그램을 가변적인 크기의 블록으로 나누는 기법

75

라이브러리의 개념과 구성에 대한 설명 중 틀린 것은?

① 라이브러리란 필요할 때 찾아서 쓸 수 있도록 모듈화되어 제공되는 프로그램을 말한다.
② 프로그래밍 언어에 따라 일반적으로 도움말, 설치 파일, 샘플 코드 등을 제공한다.
③ 외부 라이브러리는 프로그래밍 언어가 기본적으로 가지고 있는 라이브러리를 의미하며, 표준 라이브러리는 별도의 파일 설치를 필요로 하는 라이브러리를 의미한다.
④ 라이브러리는 모듈과 패키지를 총칭하며, 모듈이 개별 파일이라면 패키지는 파일들을 모아 놓은 폴더라고 볼 수 있다.

> 표준 라이브러리는 프로그래밍 언어가 기본적으로 가지고 있는 라이브러리를 의미하며, 외부 라이브러리는 별도의 파일 설치를 필요로 하는 라이브러리를 의미함

76

C 언어에서 산술 연산자가 아닌 것은?

① %   ② *
③ /   ④ =

- C 언어에서 산술 연산자 : *, /, %, +, -
- C 언어에서 대입 연산자 : =, +=, -=, *=, /=, %=, ≫=, ≪=, &=, ∧=, |=

정답 73 ③ 74 ① 75 ③ 76 ④

77

UDP 특성에 해당되는 것은?

① 양방향 연결형 서비스를 제공한다.
② 송신중에 링크를 유지관리하므로 신뢰성이 높다.
③ 순서제어, 오류제어, 흐름제어 기능을 한다.
④ 흐름제어나 순서제어가 없어 전송속도가 빠르다.

> UDP(User Datagram Protocol)
> • 비연결 지향(connectionless) 프로토콜
> • 데이터 그램(메시지) 단위로 전송
> • TCP와는 달리 패킷이나 흐름제어, 단편화 및 전송 보장 등의 기능을 제공하지 않음
> • UDP 헤더는 TCP 헤더에 비해 간단하므로 상대적으로 통신 과부하가 적고 빠름

78

JAVA에서 변수와 자료형에 대한 설명으로 틀린 것은?

① 변수는 어떤 값을 주기억 장치에 기억하기 위해서 사용하는 공간이다.
② 변수의 자료형에 따라 저장할 수 있는 값의 종류와 범위가 달라진다.
③ char 자료형은 나열된 여러 개의 문자를 저장하고자 할 때 사용한다.
④ boolean 자료형은 조건이 참인지 거짓인지 판단하고자 할 때 사용한다.

> JAVA에서 char 자료형은 하나의 문자를 저장하고자 할 때 사용하며, 나열된 여러 개의 문자는 문자열이고 이는 객체로 취급됨

79

다음은 파이썬으로 만들어진 반복문 코드이다. 이 코드의 결과는?

```
>> while(True) :
      print('A')
      print('B')
      print('C')
      continue
      print('D')
```

① A, B, C 출력이 반복된다.
② A, B, C 까지만 출력된다.
③ A, B, C, D 출력이 반복된다.
④ A, B, C, D 까지만 출력된다.

> while(True) : 의 조건이 True이므로 무한루프가 됨. print('A'), print('B'), print('C')를 수행하고, continue문을 만나면 다시 while(True) : 로 올라가서 같은 방식으로 수행되므로 A, B, C 출력이 반복됨

80

WAS(Web Application Server)가 아닌 것은?

① JEUS　　② JVM
③ Tomcat　④ WebSphere

> • WAS(Web Application Server) : HTTP를 통해 사용자 컴퓨터에 애플리케이션을 수행해주는 미들웨어
> • WAS에는 JEUS, Tomcat, WebSphere, JBOSS 등이 있으며, JVM는 자바가상머신으로 자바 애플리케이션의 독립성이나 이식성을 높일 수 있음

정답 77 ④ 78 ③ 79 ① 80 ②

5과목 정보시스템 구축관리

81

다음 암호 알고리즘 중 성격이 다른 하나는?

① MD4
② MD5
③ SHA-1
④ AES

> MD4, MD5, SHA-1은 해시함수 알고리즘이고, AES는 대칭키 암호 알고리즘임

82

크래커가 침입하여 백도어를 만들어 놓거나, 설정파일을 변경했을 때 분석하는 도구는?

① tripwire
② tcpdump
③ cron
④ netcat

> **tripwire**
> 크래커가 침입하여 백도어를 만들어 놓거나, 설정파일을 변경했을 때 분석하는 도구. 공격자가 시스템을 점령했을 때, 파일이 트로이목마 등의 악성 코드로 변경된 경우에, 방어자는 자신의 시스템 내의 파일들이 악의적으로 변경되었는지를 확인할 수 있도록 시스템의 파일 무결성 검사를 함

83

다음 내용이 설명하는 것은?

> - 사물통신, 사물인터넷과 같이 대역폭이 제한된 통신환경에 최적화하여 개발된 푸시기술 기반의 경량 메시지 전송 프로토콜
> - 메시지 매개자(Brocker)를 통해 송신자가 특정 메시지를 발행하고 수신자가 메시지를 구독하는 방식
> - IBM이 주도하여 개발

① GRID
② TELNET
③ GPN
④ MQTT

④ MQTT(Message Queuing Telemetry Transpor) : 사물통신, 사물인터넷과 같이 대역폭이 제한된 통신환경에 최적화하여 개발된 푸시기술 기반의 경량 메시지 전송 프로토콜

[오답해설]
① GRID : 기존의 인터넷과 차세대 인터넷을 하나의 네트워크로 묶어 마치 하나의 신경조직처럼 작동할 수 있게 제어하는 가상 슈퍼컴퓨터
② TELNET : 원격지 호스트 서버에 접근하기 위해 사용하는 프로토콜

84

나선형(Spiral) 모형의 주요 태스크에 해당하지 않는 것은?

① 버전 관리
② 위험 분석
③ 개발
④ 평가

- 버전 관리는 나선형(Spiral) 모형의 주요 태스크에 해당하지 않음
- 나선형 모델의 4가지 주요활동
  - 계획 수립(planning) : 요구사항 수집, 시스템의 목표 규명, 제약조건 파악
  - 위험 분석(risk analysis) : 요구사항을 토대로 위험을 규명하며, 기능 선택의 우선순위, 위험 요소의 분석/프로젝트 타당성 평가 및 프로젝트를 계속 진행할 것인지 중단할 것인지를 결정함
  - 개발(engineering) : 선택된 기능의 개발/개선된 한 단계 높은 수준의 제품을 개발
  - 평가(evaluation) : 구현된 시스템을 사용자가 평가하여 다음 계획을 세우기 위한 피드백을 받음

정답 81 ④ 82 ① 83 ④ 84 ①

85

정보보안을 위한 접근 통제 정책 종류에 해당하지 않는 것은?

① 임의적 접근 통제
② 데이터 전환 접근 통제
③ 강제적 접근 통제
④ 역할 기반 접근 통제

> ② 정보보안을 위한 접근 통제 정책 종류에 데이터 전환 접근 통제는 해당되지 않는다.
> [오답해설]
> ① 임의적 접근 통제(DAC : Discretionary Access Control) : 주체가 속해 있는 그룹의 신원에 근거하여 객체에 대한 접근을 제한하는 방법으로, 객체의 소유자가 접근 여부를 결정함
> ③ 강제적 접근 통제(MAC : Mandatory Access Control) : 주체와 객체의 등급을 비교하여 접근 권한을 부여하는 접근 통제이며, 모든 객체는 기밀성을 지니고 있다고 보고 객체에 보안 레벨을 부여함
> ④ 역할 기반 접근 통제(RBAC : Role Based Access Control) : 주체와 객체의 상호 관계를 통제하기 위하여 역할을 설정하고 관리자는 주체를 역할에 할당한 뒤 그 역할에 대한 접근 권한을 부여하는 방식

86

LOC 기법에 의하여 예측된 총 라인 수가 36,000라인, 개발에 참여할 프로그래머가 6명, 프로그래머들의 평균 생산성이 월간 300라인일 때 개발에 소요되는 기간은?

① 5개월
② 10개월
③ 15개월
④ 20개월

> • 노력(인월) = LOC/1인당 월평균 생산코드 라인 수
>   = 36,000/300 = 120명
> • 개발 기간 = 노력(인월)/투입 인원 = 120/6 = 20개월

87

정형화된 분석 절차에 따라 사용자 요구사항을 파악, 문서화하는 체계적 분석방법으로 자료흐름도, 자료사전, 소단위명세서의 특징을 갖는 것은?

① 구조적 개발 방법론
② 객체지향 개발 방법론
③ 정보공학 방법론
④ CBD 방법론

> ① 구조적 개발 방법론 : 정형화된 분석 절차에 따라 사용자 요구사항을 파악, 문서화하는 체계적 분석방법으로 자료흐름도, 자료사전, 소단위명세서의 특징을 가짐
> [오답해설]
> ② 객체지향 개발 방법론 : 재사용을 가능케 하고, 재사용은 빠른 속도의 소프트웨어 개발과 고품질의 프로그램의 생산을 가능하게 함. 객체지향 소프트웨어는 그 구성이 분리되어 있기 때문에 유지보수가 쉬움
> ③ 정보공학 방법론 : 계획, 분석, 설계 및 구축에 정형화된 기법들을 상호 연관성있게 통합, 적용하는 데이터 중심 방법론
> ④ CBD 방법론 : 시스템 또는 소프트웨어를 구성하는 각각의 컴포넌트를 만들고 조립해 또 다른 컴포넌트나 소프트웨어를 만드는 것

88

정보보호를 위한 암호화에 대한 설명으로 틀린 것은?

① 평문 - 암호화되기 전의 원본 메시지
② 암호문 - 암호화가 적용된 메시지
③ 복호화 - 평문을 암호문으로 바꾸는 작업
④ 키(Key) - 적절한 암호화를 위하여 사용하는 값

> 복호화는 암호문을 평문으로 되돌리는 과정이고, 평문을 암호문으로 바꾸는 작업은 암호화임

정답 85 ② 86 ④ 87 ① 88 ③

89
다음 내용이 설명하는 것은?

- 블록체인(Blockchain) 개발환경을 클라우드로 서비스하는 개념
- 블록체인 네트워크에 노드의 추가 및 제거가 용이
- 블록체인의 기본 인프라를 추상화하여 블록체인 응용프로그램을 만들 수 있는 클라우드 컴퓨팅 플랫폼

① OTT   ② Baas
③ SDDC ④ Wi-SUN

② Baas(Blockchain as a Service) : 블록체인(Blockchain) 개발환경을 클라우드로 서비스하는 개념
[오답해설]
① OTT(Over The Top) : 인터넷을 통하여 TV, 영화 등 미디어 콘텐츠를 제공하는 서비스
③ SDDC(Software-Defined Data Center) : 모든 컴퓨팅 인프라를 가상화하여 서비스하는 데이터센터
④ Wi-SUN : 스마트 그리드 서비스를 제공하기 위한 와이파이 기반의 저전력 장거리 통신기술

90 ★빈출
소프트웨어 비용 산정 기법 중 개발 유형으로 organic, semi-detached, embedded로 구분되는 것은?

① PUTNAM   ② COCOMO
③ FP   ④ SLIM

- COCOMO(Constructive Cost Model) : Boehm(1981)이 제안한 산정기법으로 원시 프로그램의 규모에 의한 비용예측 모형
- COCOMO의 프로젝트 3가지 모드(제품의 복잡도에 따른 프로젝트 개발 유형)
  - 유기적(organic model) : 5만 라인 이하로 소규모 팀이 수행할 수 있는 아주 작고 간단한 소프트웨어 프로젝트
  - 중간형(semi-detached model) : 30만 라인 이하의 프로젝트
  - 내장형(embedded model) : 30만 라인 이상의 프로젝트

91
다음 LAN의 네트워크 토폴로지는 어떤 형인가?

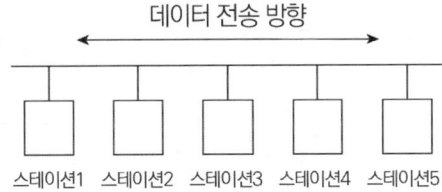

① 그물형   ② 십자형
③ 버스형   ④ 링형

- 문제의 네트워크 토폴로지는 버스형임
- 버스형 토폴로지는 선형 방식으로 컴퓨터 또는 주변 장치를 연결하기 위한 가장 쉬운 네트워크 토폴로지임

92
전기 및 정보통신기술을 활용하여 전력망을 지능화, 고도화함으로써 고품질의 전력서비스를 제공하고 에너지 이용 효율을 극대화하는 전력망은?

① 사물 인터넷
② 스마트 그리드
③ 디지털 아카이빙
④ 미디어 빅뱅

② 스마트 그리드 : 전기 및 정보통신기술을 활용하여 전력망을 지능화, 고도화함으로써 고품질의 전력서비스를 제공하고 에너지 이용 효율을 극대화하는 전력망
[오답해설]
① 사물 인터넷 : 인터넷을 기반으로 사물을 연결하여 정보를 상호 소통할 수 있도록 하는 지능형 기술 및 서비스
③ 디지털 아카이빙 : 지속적으로 보존할 가치를 가진 디지털 객체를 장기간 관리하여 이후의 이용을 보장하는 활동
④ 미디어 빅뱅 : 신문과 방송의 겸영, 방송과 통신의 융합은 물론 기술 진보에 따른 IPTV·스마트TV 등 뉴미디어가 계속 등장하여 전체 미디어 산업이 재편되는 현상을 말함

정답 89 ② 90 ② 91 ③ 92 ②

93

다음 내용이 설명하는 소프트웨어 개발 모형은?

> 소프트웨어 생명주기 모형 중 Boehm이 제시한 고전적 생명주기 모형으로서 선형 순차적 모델이라고도 하며, 타당성 검토, 계획, 요구사항 분석, 설계, 구현, 텍스트, 유지보수의 단계를 통해 소프트웨어를 개발하는 모형

① 프로토타입 모형　② 나선형 모형
③ 폭포수 모형　④ RAD 모형

> **폭포수 모형**
> 소프트웨어 생명주기 모형 중 고전적 생명주기 모형으로 선형 순차적 모델이라고도 하며, 타당성 검토, 계획, 요구사항 분석, 구현, 테스트, 유지보수의 단계를 통해 소프트웨어를 개발하는 모형. 각 단계의 결과가 확인된 후에 다음 단계로 진행하는 단계적, 순차적, 체계적인 접근 방식임

94

스트림 암호화 방식의 설명으로 옳지 않은 것은?

① 비트/바이트/단어들을 순차적으로 암호화한다.
② 해시 함수를 이용한 해시 암호화 방식을 사용한다.
③ RC4는 스트림 암호화 방식에 해당한다.
④ 대칭키 암호화 방식이다.

> 해시 함수를 이용한 해시 암호화 방식은 무결성 보장을 위해 사용함

95

세션 하이재킹을 탐지하는 방법으로 거리가 먼 것은?

① FTP SYN SEGMENT 탐지
② 비동기화 상태 탐지
③ ACK STORM 탐지
④ 패킷의 유실 및 재전송 증가 탐지

> 세션 하이재킹을 탐지하는 방법으로는 비동기화 상태 탐지, ACK STORM 탐지, 패킷의 유실 및 재전송 증가 탐지가 있음

96

소프트웨어공학에 대한 설명으로 거리가 먼 것은?

① 소프트웨어공학이랑 소프트웨어의 개발, 운용, 유지보수 및 파기에 대한 체계적인 접근 방법이다.
② 소프트웨어공학은 소프트웨어 제품의 품질을 향상시키고 소프트웨어 생산성과 작업 만족도를 증대시키는 것이 목적이다.
③ 소프트웨어공학의 궁극적 목표는 최대의 비용으로 계획된 일정보다 가능한 빠른 시일 내에 소프트웨어를 개발하는 것이다.
④ 소프트웨어공학은 신뢰성 있는 소프트웨어를 경제적인 비용으로 획득하기 위해 공학적 원리를 정립하고 이를 이용하는 것이다.

> 소프트웨어공학의 궁극적 목표는 최소의 비용으로 계획된 일정보다 가능한 빠른 시일 내에 좋은 소프트웨어를 개발하는 것임

97

소프트웨어 개발 방법론 중 CBD(Componet Based Development)에 대한 설명으로 틀린 것은?

① 생산성과 품질을 높이고, 유지보수 비용을 최소화할 수 있다.
② 컴포넌트 제작 기법을 통해 재사용성을 향상시킨다.
③ 모듈의 분할과 정복에 의한 하향식 설계 방식이다.
④ 독립적인 컴포넌트 단위의 관리로 복잡성을 최소화할 수 있다.

> - 모듈의 분할과 정복에 의한 하향식 설계 방식은 구조적 개발 방법론임
> - CBD 방법론 : 시스템 또는 소프트웨어를 구성하는 각각의 컴포넌트를 만들고 조립해 또 다른 컴포넌트나 소프트웨어를 만드는 것을 말함

98

정보보안의 3요소에 해당하지 않는 것은?

① 기밀성　　　② 무결성
③ 가용성　　　④ 휘발성

- 정보보안의 3대 요소 : 기밀성(confidentiality), 무결성(integrity), 가용성(availability)
- 기밀성 : 정보자산이 인가된(authorized) 사용자에게만 접근할 수 있도록 보장하여 접근 권한을 가진 사람만이 실제로 접근 가능하도록 함
- 무결성 : 접근 권한이 없는 사용자에 의해 정보가 변경되지 않도록 보호하여 정보의 정확성과 완전성을 확보함
- 가용성 : 정보와 정보시스템의 사용을 인가받은 사람이 그를 사용하려 할 때 언제든지 사용할 수 있도록 보장하는 것

99

소셜 네트워크에서 악의적인 사용자가 지인 또는 특정 유명인으로 가장하여 활동하는 공격 기법은?

① Evil Twin Attack　　② Phishing
③ Logic Bomb　　　　④ Cyberbullying

① Evil Twin Attack : 소셜 네트워크에서 악의적인 사용자가 지인 또는 특정 유명인으로 가장하여 활동하는 공격 기법
[오답해설]
② Phishing : 공격자가 이메일을 이용하여 개인정보를 불법적으로 알아내 이를 이용하는 사기수법
③ Logic Bomb : 시스템의 정상적인 기능을 가로막는 불법적인 소프트웨어
④ Cyberbullying : 가상공간을 뜻하는 사이버(cyber)와 집단 따돌림을 뜻하는 불링(bullying)에서 생겨난 신조어로, 사이버 공간에서 다른 사람을 괴롭히는 행위를 말함

100

공개키 암호에 대한 설명으로 틀린 것은?

① 10명이 공개키 암호를 사용할 경우 5개의 키가 필요하다.
② 복호화키는 비공개 되어 있다.
③ 송신자는 수신자의 공개키로 문서를 암호화한다.
④ 공개키 암호로 널리 알려진 알고리즘은 RSA가 있다.

10명이 공개키 암호를 사용할 경우 20(2n)개의 키가 필요함

정답　98 ④　99 ①　100 ①

2021년 2회 | 공개기출문제

1과목 소프트웨어 설계

01
시스템의 구성요소로 볼 수 없는 것은?

① Process ② Feedback
③ Maintenance ④ Control

- 시스템의 구성요소 : Input(입력), Output(출력), Process(처리), Feedback(피드백), Control(제어)
- Maintenance(유지보수) : 유지보수란 구축된 시스템을 운영관리하는 것

02
유스케이스(Usecase)에 대한 설명 중 옳은 것은?

① 유스케이스 다이어그램은 개발자의 요구를 추출하고 분석하기 위해 주로 사용한다.
② 액터는 대상 시스템과 상호작용하는 사람이나 다른 시스템에 의한 역할이다.
③ 사용자 액터는 본 시스템과 데이터를 주고받는 연동 시스템을 의미한다.
④ 연동의 개념은 일방적으로 데이터를 파일이나 정해진 형식으로 넘겨주는 것을 의미한다.

② 액터는 시스템을 사용하거나 시스템과 상호작용하는 사람이나 외부 시스템을 의미함
[오답해설]
① 유스케이스 다이어그램은 개발자의 입장이 아니라 사용자의 입장에서 요구를 추출하고 분석해야 함
③ 사용자 액터는 본 시스템과 연동되어지는 시스템이 아니라 역할 사용자임
④ 연동은 일방적 소통이 아닌 상호작용의 형태로 나타내어야 함

03
요구사항 개발 프로세스의 순서로 옳은 것은?

㉠ 도출(Elicitation) ㉡ 분석(Analysis)
㉢ 명세(Specification) ㉣ 확인(Validation)

① ㉠ - ㉡ - ㉢ - ㉣
② ㉠ - ㉢ - ㉡ - ㉣
③ ㉠ - ㉣ - ㉡ - ㉢
④ ㉠ - ㉡ - ㉣ - ㉢

요구사항 개발 프로세스의 순서 : ㉠ 도출(Elicitation) → ㉡ 분석(Analysis) → ㉢ 명세(Specification) → ㉣ 확인(Validation)

04
객체지향 기법에서 같은 클래스에 속한 각각의 객체를 의미하는 것은?

① instance ② message
③ method ④ module

① 인스턴스(instance) : 객체지향 기법에서 같은 클래스에 속한 각각의 객체를 의미함
[오답해설]
② 메시지(message) : 객체들 간에 상호작용을 하는 데 사용되는 수단
③ 메소드(method) : 객체가 메시지를 받아 실행해야 할 객체의 구체적인 연산
④ 모듈(module) : 독립적으로 특정 기능을 수행할 수 있게 만든 객체들의 묶음

정답 01 ③ 02 ② 03 ① 04 ①

05 ⭐

객체지향 설계에서 객체가 가지고 있는 속성과 오퍼레이션의 일부를 감추어서 객체의 외부에서는 접근이 불가능하게 하는 개념은?

① 조직화(Organizing)
② 캡슐화(Encapsulation)
③ 정보은닉(Information Hiding)
④ 구조화(Structuralization)

> ③ 정보은닉(Information Hiding) : 캡슐화 정보들을 밖에서 접근 불가능하도록 하는 것을 은닉화라고 함
> [오답해설]
> ② 캡슐화(Encapsulation) : 객체를 정의할 때 서로 관련성이 많은 데이터들과 이와 연관된 함수들을 하나로 묶는 것

06

GoF(Gangs of Four) 디자인 패턴에 대한 설명으로 틀린 것은?

① factory method pattern은 상위클래스에서 객체를 생성하는 인터페이스를 정의하고, 하위클래스에서 인스턴스를 생성하도록 하는 방식이다.
② prototype pattern은 prototype을 먼저 생성하고 인스턴스를 복제하여 사용하는 구조이다.
③ bridge pattern은 기존에 구현되어 있는 클래스에 기능 발생 시 기존 클래스를 재사용할 수 있도록 중간에서 맞춰주는 역할을 한다.
④ mediator pattern은 객체간의 통제와 지시의 역할을 하는 중재자를 두어 객체지향의 목표를 달성하게 해준다.

> • 기존에 구현되어 있는 클래스에 기능 발생 시 기존 클래스를 재사용할 수 있도록 중간에서 맞춰주는 역할을 하는 것은 bridge pattern이 아니라 adapter pattern임
> • bridge pattern : 인터페이스와 구현의 명확한 분리
> • adapter pattern : 객체를 감싸서 다른 인터페이스를 제공(기존 모듈 재사용을 위한 인터페이스 변경)

07

요구사항 분석이 어려운 이유가 아닌 것은?

① 개발자와 사용자 간의 지식이나 표현의 차이가 커서 상호 이해가 쉽지 않다.
② 사용자의 요구는 예외가 거의 없어 열거와 구조화가 어렵지 않다.
③ 사용자의 요구사항이 모호하고 불명확하다.
④ 소프트웨어 개발 과정 중에 요구사항이 계속 변할 수 있다.

> 사용자는 자신의 역할과 환경에 따라 서로 다른 관점으로 생각하고 표현하므로 모순되는 요구사항을 요청하거나 동일한 내용이 다르게 전달될 수 있으므로, 사용자가 원하는 요구사항을 정확하게 파악하고 정리하는 것은 쉽지 않음

08

소프트웨어 아키텍처 설계에서 시스템 품질속성이 아닌 것은?

① 가용성(Availability)
② 독립성(Isolation)
③ 변경용이성(Modifiability)
④ 사용성(Usability)

> 시스템 품질 속성 6가지
> 가용성(Availability), 변경용이성(Modifiability), 성능(Performance), 보안성(Security), 사용편의성(Usability), 시험용이성(Testability)

정답 05 ③ 06 ③ 07 ② 08 ②

09

다음 설명에 해당하는 시스템으로 옳은 것은?

> 시스템 인터페이스를 구성하는 시스템으로, 연계할 데이터를 데이터베이스와 애플리케이션으로부터 연계 테이블 또는 파일 형태로 생성하여 송신하는 시스템이다.

① 연계 서버
② 중계 서버
③ 송신 시스템
④ 수신 시스템

연계시스템 구성
- 송신 시스템 : 연계할 데이터를 DB와 애플리케이션으로부터 연계 테이블 또는 파일 형태로 생성하여 송신함
- 수신 시스템 : 수신한 연계 테이블, 파일데이터를 수신 시스템에서 관리하는 데이터 형식에 맞게 변환하여 DB에 저장하거나 애플리케이션에서 활용할 수 있도록 제공함
- 중계 서버 : 송/수신 시스템 사이에서 데이터를 송수신하고, 연계데이터의 송수신 현황을 모니터링함

10

CASE(Computer-Aided Software Engineering)의 원천 기술이 아닌 것은?

① 구조적 기법
② 프로토타이핑 기술
③ 정보 저장소 기술
④ 일괄처리 기술

CASE의 원천 기술
구조적 기법, 프로토타이핑 기술, 자동 프로그래밍 기술, 정보 저장소 기술, 분산처리 기술

11 ⭐

객체에게 어떤 행위를 하도록 지시하는 명령은?

① Class
② Package
③ Object
④ Message

④ Message : 객체에게 어떤 행위를 하도록 지시하는 명령
[오답해설]
① Class : 객체를 정의해 놓은 것
② Package : 클래스들의 모음
③ Object : 속성과 메소드로 정의됨

12

서브시스템이 입력 데이터를 받아 처리하고 결과를 다른 시스템에 보내는 작업이 반복되는 아키텍처 스타일은?

① 클라이언트 서버 구조
② 계층 구조
③ MVC 구조
④ 파이프 필터 구조

④ 파이프 필터 구조 : 서브시스템이 입력 데이터를 받아 처리하고 결과를 다른 시스템에 보내는 작업이 반복되는 아키텍처 스타일
[오답해설]
① 클라이언트 서버 구조 : 컴포넌트가 다른 컴포넌트에게 서비스를 요청하며 데이터가 여러 컴포넌트를 거치며 처리됨
② 계층 구조 : 모듈들로 응집된 계층 단위로 SW를 구성하며 계층 간에 사용가능의 관계로 표현됨
③ MVC 구조 : 모델-뷰-컨트롤러로 구성되며 기능을 분리한 아키텍처

13 ⭐

럼바우(Rumbaugh)의 객체지향 분석에서 사용하는 분석 활동으로 옳은 것은?

① 객체 모델링, 동적 모델링, 정적 모델링
② 객체 모델링, 동적 모델링, 기능 모델링
③ 동적 모델링, 기능 모델링, 정적 모델링
④ 정적 모델링, 객체 모델링, 기능 모델링

럼바우(Rumbaugh) 분석 기법
객체 모델링(정보 모델링), 동적 모델링[상태 다이어그램(상태도)], 기능 모델링[자료흐름도(DFD)]

정답 09 ③ 10 ④ 11 ④ 12 ④ 13 ②

14

UML 다이어그램이 아닌 것은?

① 액티비티 다이어그램(Activity diagram)
② 절차 다이어그램(Procedural diagram)
③ 클래스 다이어그램(Class diagram)
④ 시퀀스 다이어그램(Sequence diagram)

- UML 다이어그램에 절차 다이어그램(Procedural diagram)은 존재하지 않음
- UML 다이어그램의 종류
  - 구조적 다이어그램 : Class Diagram, Object Diagram, Component Diagram, Deployment Diagram, Composite Diagram, Package Diagram
  - 행위 다이어그램 : Use Case Diagram, Sequence Diagram, State Diagram, Activity Diagram, Timing Diagram, Communication Diagram

15

UML 모델에서 한 객체가 다른 객체에게 오퍼레이션을 수행하도록 지정하는 의미적 관계로 옳은 것은?

① Dependency
② Realization
③ Generalization
④ Association

② 실체화 관계(Realization) : 한 객체가 다른 객체에게 오퍼레이션을 수행하도록 지정하는 의미적 관계
[오답해설]
① 의존 관계(Dependency) : 연관 관계와 같이 한 클래스가 다른 클래스를 사용할 때 나타나며, 두 클래스 관계가 한 메소드의 실행 동안과 같이 매우 짧은 시간 동안만 존재함
③ 일반화 관계(Generalization) : 상속 관계라고도 하며, 한 클래스가 다른 클래스를 포함하는 상위 개념일 때 이를 IS-A관계라고 함
④ 연관 관계(Association Relationship) : 두 사물 간의 구조적 관계로, 어느 한 사물 객체가 다른 사물 객체와 연결되어 있음을 말함

16

다음 중 상위 CASE 도구가 지원하는 주요기능으로 볼 수 없는 것은?

① 모델들 사이의 모순검사 기능
② 전체 소스코드 생성 기능
③ 모델의 오류검증 기능
④ 자료흐름도 작성 기능

CASE 도구의 구분

구분	설명	주요기능
상위 CASE (Upper CASE)	요구분석과 설계 단계를 지원하는 도구. 요구분석 후에 명세서를 작성하고 설계하는 과정을 지원하는 도구	• 여러 가지 방법론을 지원하는 다이어그램 작성 기능 • 모델의 정확성, 일관성을 확인하기 위한 오류 검증 기능 • 프로토타이핑 지원 기능 • 설계 자료 사전 기능
하위 CASE (Lower CASE)	코드를 작성하고 테스트하며 문서화하는 과정에 도움을 주는 도구	• 프로그래밍 지원 기능(코드 생성 및 편집, 컴파일러 등) • 코드 자동 생성 기능 • 테스트 도구(정적 및 동적 분석, 회귀 테스트 등)
통합 CASE (Integrated CASE)	소프트웨어 개발 주기 전체 과정을 지원하기 위하여 공통의 정보 저장소와 통일된 사용자 인터페이스로 도구들을 통합한 것	• 그래픽 기능 • 프로토타이핑과 명세화 기능 • 설계 기능 • 프로그래밍 및 테스트 기능 • 공동 정보 저장소 기능

17

요구사항 관리 도구의 필요성으로 틀린 것은?

① 요구사항 변경으로 인한 비용 편익 분석
② 기존 시스템과 신규 시스템의 성능 비교
③ 요구사항 변경의 추적
④ 요구사항 변경에 따른 영향 평가

기존 시스템과 신규 시스템의 성능 비교는 시스템 성능 관리 단계에서 진행함

18
애자일 개발 방법론이 아닌 것은?

① 스크럼(Scrum)
② 익스트림 프로그래밍(XP, eXtreme Programming)
③ 기능 주도 개발(FDD, Feature Driven Development)
④ 하둡(Hadoop)

> • Hadoop(하둡, High-Availability Distributed Object-Oriented Platform) : 대량의 자료를 처리할 수 있는 큰 컴퓨터 클러스터에서 동작하는 분산 응용 프로그램을 지원하는 프리웨어 자바 소프트웨어 프레임워크
> • 애자일 개발 방법론 종류 : 익스트림 프로그래밍(Extreme Programming, XP), 테스트 주도 개발(Test Driven Development, TDD), 기능 주도 개발(Feature Driven Development, FDD), 스크럼(Scrum)

19
GoF(Gangs of Four) 디자인 패턴 중 생성패턴으로 옳은 것은?

① singleton pattern   ② adapter pattern
③ decorator pattern   ④ state pattern

> 생성관련 패턴(Creational Pattern) 종류
> 빌더(Builder), 프로토타입(Prototype), 싱글턴(Singleton), 추상 팩토리(Abstract Factory), 팩토리 메소드(Factory Method) 패턴 등
> [오답해설]
> ② adapter pattern과 ③ decorator pattern은 구조화 패턴(Structural Patterns)에 속함
> ④ state pattern은 행위 패턴(Behavioral Patterns)에 속함

20
사용자 인터페이스(UI)의 특징으로 틀린 것은?

① 구현하고자 하는 결과의 오류를 최소화한다.
② 사용자의 편의성을 높임으로써 작업시간을 증가시킨다.
③ 막연한 작업 기능에 대해 구체적인 방법을 제시하여 사용자 중심의 상호작용이 되도록 한다.
④ 사용자 중심의 상호작용이 되도록 한다.

> 사용 편의성을 높이려면 사전에 사용자와 협의하면서 화면을 구성해야 하고 기술적으로 작업시간이 단축되도록 개발해야 함

2과목 소프트웨어 개발

21
힙 정렬(Heap Sort)에 대한 설명으로 틀린 것은?

① 정렬할 입력 레코드들로 힙을 구성하고 가장 큰 키 값을 갖는 루트 노드를 제거하는 과정을 반복하여 정렬하는 기법이다.
② 평균 수행 시간은 $O(nlog_2n)$이다.
③ 완전 이진트리(complete binary tree)로 입력자료의 레코드를 구성한다.
④ 최악의 수행 시간은 $O(2n^4)$이다.

> 힙 정렬(Heap Sort)은 평균 수행 시간과 최악 수행 시간도 모두 $O(nlog_2n)$임

22
다음 중 단위 테스트를 통해 발견할 수 있는 오류가 아닌 것은?

① 알고리즘 오류에 따른 원치 않는 결과
② 탈출구가 없는 반복문의 사용
③ 모듈 간의 비정상적 상호작용으로 인한 원치 않는 결과
④ 틀린 계산 수식에 의한 잘못된 결과

> • 모듈 간의 비정상적 상호작용으로 인한 원치 않는 결과는 통합 테스트(Integration Test)에서 발견할 수 있는 오류이며, 단위 테스트는 각 모듈 간의 상호작용은 테스트 대상에 해당되지 않음
> • 단위 테스트를 통해 발견할 수 있는 오류
>   - 잘못 사용한 자료형
>   - 잘못된 논리 연산자
>   - 알고리즘 오류에 따른 원치 않는 결과
>   - 틀린 계산 수식에 의한 잘못된 결과
>   - 탈출구가 없는 반복문의 사용

정답 18 ④ 19 ① 20 ② 21 ④ 22 ③

23

다음 설명의 소프트웨어 테스트의 기본원칙은?

- 파레토 법칙이 좌우한다.
- 애플리케이션 결함의 대부분은 소수의 특정한 모듈에 집중되어 존재한다.
- 결함은 발생한 모듈에서 계속 추가로 발생할 가능성이 높다.

① 살충제 패러독스
② 결함 집중
③ 오류 부재의 궤변
④ 완벽한 테스팅은 불가능

> 파레토 법칙은 20%에 해당하는 코드에서 80%의 결함이 나타나는 결함이 집중되어 존재한다는 것을 말함
> [오답해설]
> ① 살충제 패러독스 : 동일한 테스트 케이스로는 새 결함을 발견할 수 없으므로 주기적으로 테스트 케이스를 개선해야 함
> ③ 오류 부재의 궤변 : 사용자의 요구사항을 만족하지 못한다면 오류를 발견하고 제거해도 품질이 높다고 말할 수 없음

24

버전 관리 항목 중 저장소에 새로운 버전의 파일로 갱신하는 것을 의미하는 용어는?

① 형상 감사(Configuration Audit)
② 롤백(Rollback)
③ 단위 테스트(Unit Test)
④ 체크인(Check-In)

> ④ 체크인(Check-In) : 버전관리 항목 중 저장소에 새로운 버전의 파일로 갱신하는 것을 의미하는 용어
> [오답해설]
> ① 형상 감사(Configuration Audit) : 기준선의 무결성을 평가하기 위해 확인, 검증, 검열 과정을 통해 공식적으로 승인하는 작업
> ② 롤백(Rollback) : 데이터베이스에서 업데이트에 오류가 발생할 때, 이전 상태로 되돌리는 것을 말함
> ③ 단위 테스트(Unit Test) : 코딩이 끝난 후 설계의 최소 단위인 모듈에 초점을 두고 검사하는 단계이며, 독립모듈의 완전성을 시험함

25

소프트웨어 테스트와 관련한 설명으로 틀린 것은?

① 화이트박스 테스트는 모듈의 논리적인 구조를 체계적으로 점검할 수 있다.
② 블랙박스 테스트는 프로그램의 구조를 고려하지 않는다.
③ 테스트 케이스에는 일반적으로 시험 조건, 테스트 데이터, 예상 결과가 포함되어야 한다.
④ 화이트박스 테스트에서 기본 경로(BasisPath)란 흐름 그래프의 시작 노드에서 종료 노드까지의 서로 독립된 경로로 싸이클을 허용하지 않는 경로를 말한다.

> 화이트박스 테스트에서 기본 경로란 흐름 그래프의 시작 노드에서 종료 노드까지의 서로 독립된 경로 싸이클을 허용하는 경로를 말함

26

애플리케이션의 처리량, 응답시간, 경과시간, 자원사용률에 대해 가상의 사용자를 생성하고 테스트를 수행함으로써 성능 목표를 달성하였는지를 확인하는 테스트 자동화 도구는?

① 명세 기반 테스트 설계 도구
② 코드 기반 테스트 설계 도구
③ 기능 테스트 수행 도구
④ 성능 테스트 도구

> 단위 테스트 종류
> - 명세 기반 테스트 : 주어진 명세를 빠짐없이 테스트 케이스로 구현하고 있는지 확인하는 테스트
> - 구조 기반 테스트 : 프로그램 내부 구조 및 복잡도를 검증하는 화이트박스 테스트 시행, 제어 흐름과 조건 결정 등이 목적
> - 성능 테스트 도구 : 애플리케이션의 처리량, 응답시간, 경과시간, 자원사용률에 대해 가상의 사용자를 생성하고 테스트를 수행함으로써 성능 목표를 달성하였는지를 확인하는 테스트 자동화 도구

정답 23 ② 24 ④ 25 ④ 26 ④

27

소프트웨어 형상관리에 대한 설명으로 거리가 먼 것은?

① 소프트웨어에 가해지는 변경을 제어하고 관리한다.
② 프로젝트 계획, 분석서, 설계서, 프로그램, 테스트 케이스 모두 관리 대상이다.
③ 대표적인 형상관리 도구로 Ant, Maven, Gradle 등이 있다.
④ 유지 보수 단계뿐만 아니라 개발 단계에도 적용할 수 있다.

> Ant, Maven, Gradle 등은 빌드 자동화 도구임

28

디지털 저작권 관리(DRM) 구성 요소가 아닌 것은?

① Dataware house
② DRM Controller
③ Packager
④ Contents Distributor

DRM 시스템 구성 요소

구분	설명
콘텐츠 제공자 (Contents Provider)	콘텐츠를 제공하는 저작권자
콘텐츠 분배자 (Contents Distributor)	쇼핑몰 등으로써 암호화된 콘텐츠 제공
패키저(Packager)	콘텐츠를 메타데이터와 함께 배포 가능한 단위로 묶는 기능
보안 컨테이너	원본을 안전하게 유통하기 위한 전자적 보안장치
DRM 컨트롤러	배포된 콘텐츠의 이용 권한을 통제
클리어링 하우스 (Clearing House)	키관리 및 라이선스 발급관리

29

다음 설명의 소프트웨어 버전관리 도구 방식은?

> • 버전관리 자료가 원격저장소와 로컬저장소에 함께 저장되어 관리된다.
> • 로컬 저장소에서 버전관리가 가능하므로 원격 저장소에 문제가 생겨도 로컬 저장소의 자료를 이용하여 작업할 수 있다.
> • 대표적인 버전관리 도구로 Git이 있다.

① 단일 저장소 방식
② 분산 저장소 방식
③ 공유폴더 방식
④ 클라이언트 · 서버 방식

소프트웨어 버전관리 도구 방식

• 분산 저장소 방식 : 버전관리 자료가 원격저장소와 로컬저장소에 함께 저장되어 관리됨
• 공유 폴더 방식 : 로컬 컴퓨터의 공유 폴더에 저장되어 관리되며, 공유폴더의 파일을 자기 pc로 복사 후 이상 유무 확인함
• 클라이언트/서버 방식 : 중앙 시스템(서버)에 저장되어 관리하는 방식

30 ★

블랙박스 테스트를 이용하여 발견할 수 있는 오류가 아닌 것은?

① 비정상적인 자료를 입력해도 오류 처리를 수행하지 않는 경우
② 정상적인 자료를 입력해도 요구된 기능이 제대로 수행되지 않는 경우
③ 반복 조건을 만족하는데도 루프 내의 문장이 수행되지 않는 경우
④ 경계값을 입력할 경우 요구된 출력 결과가 나오지 않는 경우

> 블랙박스 테스트는 외부명세서에 근거를 두고 있는 데이터/입출력 위주의 시험이므로 논리구조를 고려하지 않음

정답 27 ③ 28 ① 29 ② 30 ③

31

다음 자료를 버블 정렬을 이용하여 오름차순으로 정렬할 경우 Pass 2의 결과는?

> 9, 6, 7, 3, 5

① 3, 5, 6, 7, 9
② 6, 7, 3, 5, 9
③ 3, 5, 9, 6, 7
④ 6, 3, 5, 7, 9

버블 정렬(Bubble Sort)
인접한 데이터를 비교하면서 그 크기에 따라 데이터의 위치를 바꾸면서 정렬하는 방식 • PASS 1 : 6 7 3 5 9 • PASS 2 : 6 3 5 7 9 • PASS 3 : 3 5 6 7 9

32

정렬된 N개의 데이터를 처리하는 데 $O(N\log_2 N)$의 시간이 소요되는 정렬 알고리즘은?

① 합병 정렬
② 버블 정렬
③ 선택 정렬
④ 삽입 정렬

정렬 종류	평균	최악
버블 정렬	$O(n^2)$	$O(n^2)$
선택 정렬	$O(n^2)$	$O(n^2)$
삽입 정렬	$O(n^2)$	$O(n^2)$
퀵 정렬	$O(n\log n)$	$O(n^2)$
합병 정렬	$O(n\log n)$	$O(n\log n)$
힙 정렬	$O(n\log n)$	$O(n\log n)$

33

다음 postfix로 표현된 연산식의 연산 결과로 옳은 것은?

> 3 4 * 5 6 * +

① 35
② 42
③ 81
④ 360

후위 표기 연산을 위해 중위 표기로 변경해야 함
((3 4 *) (5 6 *) +) = ((3 * 4) + (5 * 6)) = 12 + 30 = 42

34

EAI(Enterprise Application Integration) 구축 유형에서 애플리케이션 사이에 미들웨어를 두어 처리하는 것은?

① Message Bus
② Point-to-point
③ Hub & Spoke
④ Hybrid

EAI 유형	
구분	설명
Point-to-Point	1:1 방식으로 애플리케이션 통합 수행
Hub & Spoke	• 모든 데이터가 허브를 통해 전송 • 데이터 전송이 보장되며, 유지보수 비용 절감
메시징 버스	• 데이터 전송하는 데 버스를 이용함으로 병목 현상 발생 가능 • 대량의 데이터 교환에 적합
하이브리드	• Hub & spoke 방식과 메시징 버스 방식의 통합 • 유연한 통합 작업 가능

35

인터페이스 구현 검증 도구가 아닌 것은?

① Foxbase
② STAF
③ watir
④ xUnit

인터페이스 구현 검증 도구	
제품명	세부정보
xUnit	java(Junit), C++(Cppunit), .Net(Nunit) 등 다양한 언어를 지원하는 단위 테스트 프레임워크
STAF	서비스 호출, 컴포넌트 재사용 등 다양한 환경을 지원하는 테스트 프레임워크
FitNesse	웹기반 테스트케이스 설계/실행/결과확인 등을 지원하는 테스트 프레임워크
NTAF	NHN 테스트 자동화 프레임워크이며, STAF와 FitNesse를 통합
Selenium	다양한 브라우저 지원 및 개발 언어를 지원하는 웹 애플리케이션 테스트 프레임워크
watir	Ruby 기반 웹 애플리케이션 테스트 프레임워크

정답 31 ④ 32 ① 33 ② 34 ① 35 ①

36

클린코드 작성원칙에 대한 설명으로 틀린 것은?

① 코드의 중복을 최소화한다.
② 코드가 다른 모듈에 미치는 영향을 최대화하도록 작성한다.
③ 누구든지 코드를 쉽게 읽을 수 있도록 작성한다.
④ 간단하게 코드를 작성한다.

> **클린코드 작성원칙**
> • 중복성 최소화 : 중복된 코드는 삭제하고, 공통된 코드를 사용함
> • 가독성 : 누구나 코드를 쉽게 읽을 수 있도록 작성함
> • 단순성 : 한 번에 한 가지를 처리하도록 코드를 간단하게 작성함
> • 의존성 배제 : 코드가 다른 모듈에 미치는 영향을 최소화해야 함

37

소프트웨어 패키징에 대한 설명으로 틀린 것은?

① 패키징은 개발자 중심으로 진행한다.
② 신규 및 변경 개발소스를 식별하고, 이를 모듈화하여 상용제품으로 패키징한다.
③ 고객의 편의성을 위해 매뉴얼 및 버전관리를 지속적으로 한다.
④ 범용 환경에서 사용이 가능하도록 일반적인 배포 형태로 패키징이 진행된다.

> 패키징은 프로그램 제작자가 최종사용자가 사용할 프로그램을 다양한 환경에서 쉽게 자동으로 설치(업데이트/삭제 가능)할 수 있게 패키지를 만들어 배포하는 과정을 말함. 사용자 중심으로 진행되어야 하며, 보안을 고려해야 하지만, 단일 기종에서만 사용할 수 있도록 할 수는 없고 이기종 연동을 고려해야 함

38

공학적으로 잘된 소프트웨어(Well Engineered Software)의 설명 중 틀린 것은?

① 소프트웨어는 유지보수가 용이해야 한다.
② 소프트웨어는 신뢰성이 높아야 한다.
③ 소프트웨어는 사용자 수준에 무관하게 일관된 인터페이스를 제공해야 한다.
④ 소프트웨어는 충분한 테스팅을 거쳐야 한다.

> 소프트웨어의 실제로 최종사용자가 사용하는 것이므로 최종사용자의 요구사항을 최대한 반영하여 소프트웨어를 개발해야 하고, 소프트웨어의 인터페이스는 최종사용자의 수준에 맞게 직관적이고 사용하기 쉽게 설계·개발되어야 함

39

테스트와 디버그의 목적으로 옳은 것은?

① 테스트는 오류를 찾는 작업이고 디버깅은 오류를 수정하는 작업이다.
② 테스트는 오류를 수정하는 작업이고 디버깅은 오류를 찾는 작업이다.
③ 둘 다 소프트웨어의 오류를 찾는 작업으로 오류 수정은 하지 않는다.
④ 둘 다 소프트웨어 오류의 발견, 수정과 무관하다.

> 테스트는 오류를 찾는 작업이고 디버깅은 테스트에서 발견된 오류를 수정/제거하는 작업임

40

다음 중 스택을 이용한 연산과 거리가 먼 것은?

① 선택정렬
② 재귀호출
③ 후위표현(Post-fix expression)의 연산
④ 깊이우선탐색

> • 스택의 응용 : 수식계산, 복귀주소관리, 순환식, 퀵 정렬, 깊이우선탐색, 이진트리 운행
> • 큐의 응용 : 작업 스케줄링, 너비우선탐색, 트리의 Level 순회

정답 36 ② 37 ① 38 ③ 39 ① 40 ①

3과목 데이터베이스 구축

41
병렬 데이터베이스 환경 중 수평 분할에서 활용되는 분할 기법이 아닌 것은?

① 라운드-로빈 ② 범위 분할
③ 예측 분할 ④ 해시 분할

- 수평 분할에서 활용되는 분할 기법 : 범위 분할, 라운드-로빈, 해시 분할
- 범위 분할(Range Partitioning) : 지정한 열의 값을 기준으로 분할
- 해시 분할(Hash Partitioning) : 해시함수에 따라 데이터 분할
- 라운드-로빈 : 테이블의 행(ROW)들을 라운드 로빈 형태로 분산시키는 분할 기법

42 ★빈출
시스템 카탈로그에 대한 설명으로 옳지 않은 것은?

① 사용자가 직접 시스템 카탈로그의 내용을 갱신하여 데이터베이스 무결성을 유지한다.
② 시스템 자신이 필요로 하는 스키마 및 여러 가지 객체에 관한 정보를 포함하고 있는 시스템 데이터베이스이다.
③ 시스템 카탈로그에 저장되는 내용을 메타데이터라고도 한다.
④ 시스템 카탈로그는 DBMS가 스스로 생성하고 유지한다.

시스템 카탈로그에 대한 갱신은 DBMS가 자동적으로 수행하며, 사용자가 INSERT, DELETE, UPDATE문을 사용하여 직접 갱신할 수 없음

43 ★빈출
SQL문에서 SELECT에 대한 설명으로 옳지 않은 것은?

① FROM 절에는 질의에 의해 검색될 데이터들을 포함하는 테이블명을 기술한다.
② 검색결과에 중복되는 레코드를 없애기 위해서는 WHERE 절에 'DISTINCT' 키워드를 사용한다.
③ HAVING 절은 GROUP BY 절과 함께 사용되며, 그룹에 대한 조건을 지정한다.
④ ORDER BY 절은 특정 속성을 기준으로 정렬하여 검색할 때 사용한다.

검색 결과에 중복되는 레코드를 제거하기 위해서는 SELECT 명령 뒤에 'DISTINCT' 키워드를 사용함

44
SQL에서 VIEW를 삭제할 때 사용하는 명령은?

① ERASE ② KILL
③ DROP ④ DELETE

③ DROP : 스키마, 도메인, 테이블, 뷰, 인덱스 제거 시 사용함 (전체 삭제)
[오답해설]
① ERASE : 메모리 관리에서 플래시 메모리를 지울 때 사용하는 명령
② KILL : CPU 점유율이 높은 프로세스 식별자를 강제 종료할 때 사용하는 명령
④ DELETE : 기존 테이블의 행을 삭제할 경우 사용함

45 ★빈출
DDL(Data Define Language)의 명령어 중 스키마, 도메인, 인덱스 등을 정의할 때 사용하는 SQL문은?

① ALTER ② SELECT
③ CREATE ④ INSERT

- CREATE 명령어는 스키마, 도메인, 테이블, 뷰, 인덱스 정의할 때 사용하고, ALTER 명령어는 테이블에 대한 정의 변경할 때 사용됨
- 정의어(DDL) : CREATE, ALTER, DROP
- 조작어(DML) : SELECT, INSERT, DELETE, UPDATE
- 제어어(DCL) : GRANT, REVOKE
[오답해설]
① ALTER : 기존 테이블에 대해 새로운 열의 첨가, 값의 변경, 기존 열의 삭제 등에 사용
② SELECT : 기존 테이블에서 데이터를 추출하여 가져옴
④ INSERT : 기존 테이블에 행을 삽입하는 경우에 사용

정답 41 ③ 42 ① 43 ② 44 ③ 45 ③

46

테이블 R1, R2에 대하여 다음 SQL문의 결과는?

```
(SELECT 학번 FROM R1)
INTERSECT
(SELECT 학번 FROM R2)
```

[R1 테이블]

학번	학점 수
20201111	15
20202222	20

[R2 테이블]

학번	과목 번호
20202222	CS200
CS300	CS300

①

학번	과목 번호
20202222	CS200
CS300	CS300

②

학번
2020222
CS300

③

학번
2020111
2020222
2020333

④

학번	학점 수	과목 번호
20201111	15	NULL
20202222	20	CS200
20203333	NULL	CS300

- INTERSECT는 교집합이므로 공통된 행을 추출하여 가져옴
- 집합 연산자의 종류

옵션	설명
UNION	• 복수 SQL문의 결과에 대한 합집합 결과 • 모든 중복 행을 하나로 만듦
UNION ALL	• 복수 SQL문의 결과에 대한 합집합의 결과 • 중복값도 모두 보여줌
INTERSECT	• 복수의 SQL문에 대한 교집합 결과 • 중복행은 하나로 만듦
EXCEPT	• 두 SQL문 간의 차집합 결과 • 앞선 SQL문에서 뒤의 SQL문의 결과에 대한 차집합 • 중복행은 하나로 만듦

47 ★

데이터베이스 설계 시 물리적 설계 단계에서 수행하는 사항이 아닌 것은?

① 레코드 집중의 분석 및 설계
② 접근 경로 설계
③ 저장 레코드의 양식 설계
④ 목표 DBMS에 맞는 스키마 설계

- 물리적 설계 : 특정 DBMS가 제공하는 물리적 구조에 따라 테이블 저장 구조 설계
- 물리적 설계 단계에서 수행 작업 : 레코드 집중의 분석 및 설계, 레코드 양식 설계, 필드의 데이터 타입, 인덱스, 테이블 저장 방법, 접근 경로 설계 등을 정의

[오답해설]
- 논리적 설계 : 논리적 모델을 이용하여 논리적 스키마 생성
- 논리적 설계 단계에서 수행 작업 : ERD를 이용하여 목표 DBMS에 맞는 스키마 설계, 테이블 구조도, 개념적 설계 단계에서 생성된 ERD를 바탕으로 생성되는 테이블들의 집합

정답 46 ② 47 ④

48

릴레이션에서 기본 키를 구성하는 속성은 널(Null)값이나 중복값을 가질 수 없다는 것을 의미하는 제약조건은?

① 참조 무결성
② 보안 무결성
③ 개체 무결성
④ 정보 무결성

> ③ 개체 무결성 : 릴레이션에서 기본키를 구성하는 속성은 널(Null)값이나 중복값을 가질 수 없음
> [오답해설]
> ① 참조 무결성 : 외래키 값은 NULL이거나 참조 릴레이션의 기본키 값과 동일해야 함

49

병행제어 기법의 종류가 아닌 것은?

① 로킹 기법
② 시분할 기법
③ 타임 스탬프 기법
④ 다중 버전 기법

> 병행 제어 기법 종류
> 로킹 기법, 타임 스탬프 기법, 다중 버전 기법

50

다음 R1과 R2의 테이블에서 아래의 실행 결과를 얻기 위한 SQL문은?

[R1 테이블]

학번	이름	학년	학과	주소
1000	홍길동	1	컴퓨터 공학	서울
2000	김철수	1	전기 공학	경기
3000	강남길	2	컴퓨터 공학	경기
4000	오말자	2	컴퓨터 공학	경기
5000	장미화	3	전자 공학	서울

[R2 테이블]

학번	과목 번호	과목 이름	학점	점수
1000	C100	컴퓨터 구조	A	91
2000	C200	데이터 베이스	A+	99
3000	C100	컴퓨터 구조	B+	89
3000	C200	데이터 베이스	B	85
4000	C200	데이터 베이스	A	93
4000	C300	운영 체제	B+	88
5000	C300	운영 체제	B	82

[실행결과]

과목번호	과목이름
C100	컴퓨터 구조
C200	데이터 베이스

① SELECT 과목번호, 과목이름 FROM RI, R2 WHERE R1.학번 = R2. 학번 AND R1.학과='전자공학' AND R1.이름 = '강남길';
② SELECT 과목번호, 과목이름 FROM RI, R2 WHERE R1.학번 = R2.학번 OR R1.학과='전자공학' OR R1.이름 = '홍길동';
③ SELECT 과목번호, 과목이름 FROM R1, R2 WHERE R1.학번 R2.학번 AND R1.학과='컴퓨터공학' AND R1.이름 = '강남길';
④ SELECT 과목번호, 과목이름 FROM R1, R2 WHERE R1.학번 = R2.학번 OR R1.학과='컴퓨터공학' OR R1.이름 = '홍길동';

정답 48 ③ 49 ② 50 ①

- FROM : 조회할 데이터를 가져올 테이블 'R1', 'R2' 지정함
- WHERE : 두 테이블을 학번으로 묶어서 범위를 간추림

〈실행결과〉

학번	이름	학년	학과	주소	학번	과목번호	과목 이름	학점	점수
1000	홍길동	1	컴퓨터공학	서울	1000	C100	컴퓨터 구조	A	91
2000	김철수	1	전기공학	경기	2000	C200	데이터 베이스	A+	99
3000	강남길	2	컴퓨터공학	경기	3000	C100	컴퓨터 구조	B+	89
3000	강남길	2	컴퓨터공학	경기	3000	C200	데이터 베이스	B	85
4000	오말자	2	컴퓨터공학	경기	4000	C200	데이터 베이스	A	93
4000	오말자	2	컴퓨터공학	경기	4000	C300	운영체제	B+	88
5000	장미화	3	전자공학	서울	5000	C300	운영체제	B	82

- 학과에 컴퓨터공학을 대입하여 체크조건에 따른 중복된 데이터를 걸러냄

〈실행결과〉

학번	이름	학년	학과	주소	학번	과목번호	과목 이름	학점	점수
1000	홍길동	1	컴퓨터공학	서울	1000	C100	컴퓨터 구조	A	91
3000	강남길	2	컴퓨터공학	경기	3000	C100	컴퓨터 구조	B+	89
3000	강남길	2	컴퓨터공학	경기	3000	C200	데이터 베이스	B	85
4000	오말자	2	컴퓨터공학	경기	4000	C200	데이터 베이스	A	93
4000	오말자	2	컴퓨터공학	경기	4000	C300	운영체제	B+	88

- 실행결과에 과목이름이 '컴퓨터 구조', '데이터 베이스'가 나와야 하므로 이 두 개를 모두 가지고 있는 '강남길'로 체크 조건을 줌

〈실행결과〉

학번	이름	학년	학과	주소	학번	과목번호	과목 이름	학점	점수
3000	강남길	2	컴퓨터공학	경기	3000	C100	컴퓨터 구조	B+	89
3000	강남길	2	컴퓨터공학	경기	3000	C200	데이터 베이스	B	85

- SELECT : '과목번호', '과목이름'에 대한 데이터만 추출

〈실행결과〉

과목번호	과목이름
C100	컴퓨터 구조
C200	데이터 베이스

51

다음 관계대수 중 순수 관계 연산자가 아닌 것은?

① 차집합(difference)
② 프로젝트(project)
③ 조인(join)
④ 디비전(division)

순수 관계 연산자
- select δ : 수평 단절, 행을 다 가져옴
- project π : 수직 단절, 열을 다 가져옴
- join $\bowtie$: 공통 속성을 이용해 두 개의 릴레이션 튜플을 연결→만들어진 튜플로 반환
- division $\div$: 릴레이션 S의 모든 튜플과 관련 있는 릴레이션 R의 튜플 반환

[오답해설]
일반 집합 연산자
- UNION : 합집합
- INTERSECTION : 교집합
- DIFFERENCE : 차집합
- CARTESIAN PRODUCT : 교차곱

52

관계형 데이터 모델의 릴레이션에 대한 설명으로 틀린 것은?

① 모든 속성 값은 원자 값을 갖는다.
② 한 릴레이션에 포함된 튜플은 모두 상이하다.
③ 한 릴레이션에 포함된 튜플 사이에는 순서가 없다.
④ 한 릴레이션을 구성하는 속성 사이에는 순서가 존재한다.

릴레이션 특징
- 각각의 튜플은 고유한 값을 가짐(튜플은 모두 다름)
- 튜플 사이에는 순서가 없음
- 속성(애트리뷰트)의 이름은 유일해야 하지만, 값은 동일할 수도 있음
- 속성의 순서는 중요하지 않음
- 속성은 더이상 쪼갤 수 없는 원자값이 들어감

53

릴레이션 R의 차수가 4이고 카디널리티가 5이며, 릴레이션 S의 차수가 6이고 카디널리티가 7일 때, 두 개의 릴레이션을 카티션 프로덕트한 결과의 새로운 릴레이션의 차수와 카디널리티는 얼마인가?

① 24, 35
② 24, 12
③ 10, 35
④ 10, 12

두 개의 릴레이션을 카티션 프로덕트 = 조인(JOIN, $\bowtie$)
조인(JOIN, $\bowtie$)에서의 릴레이션의 차수는 R의 차수와 S의 차수를 합한 것과 같고, 카디널리티(튜플)는 R의 카디널리티와 S의 카디널리티를 곱한 것과 같음
차수 = 4+6 = 10
카디널리티 = 5*7 = 35

정답 51 ① 52 ④ 53 ③

54

속성(attribute)에 대한 설명으로 틀린 것은?

① 속성은 개체의 특성을 기술한다.
② 속성은 데이터베이스를 구성하는 가장 작은 논리적 단위이다.
③ 속성은 파일 구조상 데이터 항목 또는 데이터 필드에 해당된다.
④ 속성의 수를 "cardinality"라고 한다.

> cardinality = 튜플의 수
> • 속성 : 애트리뷰트로 테이블에서 컬럼명에 해당하는 header부분을 의미
> • 속성의 수 = 차수 = Degree = Attribute의 수

55

다음 SQL문에서 ( ) 안에 들어갈 내용으로 옳은 것은?

```
UPDATE 인사급여 (    ) 호봉 = 15 WHERE 성명 = '홍길동';
```

① SET
② FROM
③ INTO
④ IN

> • 갱신문(UPDATE) : 기존 레코드 열값을 갱신할 경우 사용함
> • 구문
> ```
> UPDATE 테이블
> SET 열_이름=변경_내용
> [WHERE 조건]
> ```
> • 위의 SQL 구문은 인사급여 테이블에서 홍길동이라는 이름을 가진 사람을 찾아 그 사람의 호봉을 15로 갱신시킨다는 의미임

56

관계 데이터베이스 모델에서 차수(Degree)의 의미는?

① 튜플의 수
② 테이블의 수
③ 데이터베이스의 수
④ 애트리뷰트의 수

> • 차수 = Degree = Attribute의 수 = 속성의 수(관계 DB의 열)
> [오답해설]
> ① 튜플(Tuple)의 수 = Cardinality = 기수 = 대응수(관계 DB의 행)

57

개체-관계 모델(E-R)의 그래픽 표현으로 옳지 않은 것은?

① 개체타입 - 사각형
② 속성 - 원형
③ 관계타입 - 마름모
④ 연결 - 삼각형

> E-R 다이어그램 표기법
>
> | 기호 | 의미 |
> |---|---|
> | □ | 개체 |
> | ○ | 속성 |
> | ◇ | 관계 : 개체 간의 상호작용 |
> | — | 연결 |

58

트랜잭션의 실행이 실패하였음을 알리는 연산자로 트랜잭션이 수행한 결과를 원래의 상태로 원상 복귀시키는 연산은?

① COMMIT 연산
② BACKUP 연산
③ LOG 연산
④ ROLLBACK 연산

> ④ ROLLBACK : 하나의 트랜잭션이 비정상적으로 종료되어 트랜잭션 원자성이 깨질 경우 처음부터 다시 시작하거나, 부분적으로 연산을 취소하는 연산
> [오답해설]
> ① COMMIT : 트랜잭션을 완료하여 데이터 변경사항을 최종 반영하는 것
> ② BACKUP : 변경 및 삭제 작업의 오류를 대비하여 변경 대상의 레코드는 별도의 테이블에 백업 후, 작업을 수행함
> ③ LOG : 트랜잭션의 기록

정답 54 ④ 55 ① 56 ④ 57 ④ 58 ④

59

데이터 속성 간의 종속성에 대한 엄밀한 고려없이 잘못 설계된 데이터베이스에서는 데이터 처리 연산 수행 시 각종 이상 현상이 발생할 수 있는데, 이러한 이상 현상이 아닌 것은?

① 검색 이상
② 삽입 이상
③ 삭제 이상
④ 갱신 이상

> **이상(anomaly) 현상**
> - 갱신 이상(Modification Anomaly) : 반복된 데이터 중에 일부를 갱신할 시 데이터의 불일치가 발생
> - 삽입 이상(Insertion Anomaly) : 불필요한 정보를 함께 저장하지 않고서는 어떤 정보를 저장하는 것이 불가능
> - 삭제 이상(Deletion Anomaly) : 필요한 정보를 함께 삭제하지 않고서는 어떤 정보를 삭제하는 것이 불가능

60

제3정규형(3NF)에서 BCNF(Boyce-Codd Normal Form)가 되기 위한 조건은?

① 결정자가 후보키가 아닌 함수 종속 제거
② 이행적 함수 종속 제거
③ 부분적 함수 종속 제거
④ 원자값이 아닌 도메인 분해

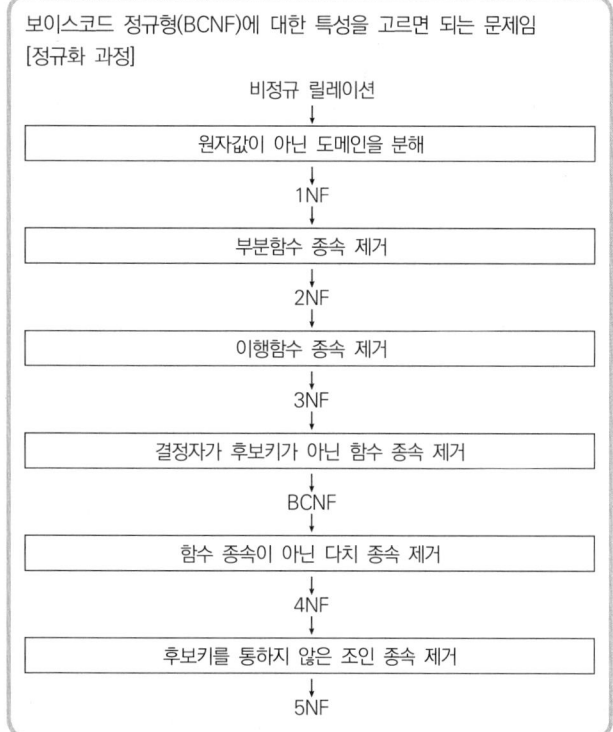

4과목 프로그래밍 언어 활용

61

다음 설명에 해당하는 방식은?

> - 무선 랜에서 데이터 전송 시, 매체가 비어 있음을 확인한 뒤 충돌을 회피하기 위해 임의 시간을 기다린 후 데이터를 전송하는 방법이다.
> - 네트워크에 데이터 전송이 없는 경우라도 동시 전송에 의한 충돌에 대비하여 확인 신호를 전송한다.

① STA
② Collision Domain
③ CSMA/CA
④ CSMA/CD

> - CSMA/CA(Carrier-sense multiple access with collision avoidance) "충돌 방지"
> 무선 랜에서 데이터 전송 시 매체가 비어있음을 확인한 후 충돌을 회피하기 위해 임의 시간을 기다린 후 데이터를 전송하는 방식. 네트워크에 데이터의 전송이 없는 경우라도 동시 전송에 의한 충돌에 대비해 확인 신호를 전송함
> [오답해설]
> ④ CSMA/CD(Carrier-sense multiple access with collision detection) "충돌 감지"
> 이더넷에서 각 단말이 전송 공유 매체에 규칙있게 접근하기 위한 매체 엑세스 제어 방식

62

다음 중 가장 약한 결합도(Coupling)는?

① Common Coupling
② Content Coupling
③ External Coupling
④ Stamp Coupling

> **결합도**
> 1. 내용 결합도(content coupling) — 결합도가 높음
> 2. 공통 결합도(common coupling)
> 3. 외부 결합도(external coupling)
> 4. 제어 결합도(control coupling)
> 5. 스탬프 결합도(stamp coupling)
> 6. 자료 결합도(data coupling) — 결합도가 낮음

63

다음 C 언어 프로그램이 실행되었을 때의 결과는?

```c
#include <stdio.h>
int main(int argc, char *argv[ ]) {
    int a = 4;
    int b = 7;
    int c = a | b;

    printf("%d", c);
    return 0;
}
```

① 3
② 4
③ 7
④ 10

- 비트 논리 연산자 중에서 OR에 대한 문제로, OR 비트 연산자는 두 개의 피연산자 비트를 비교해서 이들 중 하나가 1이라면 1을 반환시킴

  a = 4 = 00000100
  b = 7 = 00000111
  c = 7 = 00000111

- printf("%d", c): c를 int형(정수)으로 출력한다는 의미이므로 00000111을 10진수로 변환시켜 7을 출력시킴

64

다음 파이썬(Python) 프로그램이 실행되었을 때의 결과는?

```python
class FourCal:
    def Setdata(sel, fir, sec):
        sel.fir = fir
        sel.sec = sec
    def add(sel):
        result sel.fir + sel.sec
        return result
a = FourCal( )
a.setdata(4, 2)
print(a.add( ))
```

① 0
② 2
③ 4
④ 6

print(a.add( ))에서 a.add( )는 a 객체의 add 메소드가 수행된 결과 값을 출력하라는 의미임. 즉, a = FourCal( )을 통해 a 객체가 생성되고 a.setdata(4, 2)가 수행되면서 a.fir = 4, a.sec = 2가 되며, a.add()에서 sel(self)는 a이므로 4 + 2 = 6이 되어 6을 return함

65

교착상태의 해결 방법 중 은행원 알고리즘(Banker's Algorithm)이 해당되는 기법은?

① Detection
② Avoidance
③ Recovery
④ Prevention

② Avoidance(회피) : 교착상태 가능성을 배제하지 않고 적절하게 피해나가는 방법(예 은행원 알고리즘)

[오답해설]
① Detection(탐지) : 교착상태 발생을 허용하고 발생 시 원인을 규명하여 해결(예 자원할당 그래프)
③ Recovery(복구) : 교착상태 발견 후 현황대기를 배제시키거나 자원을 중단하는 메모리 할당 기법(예 선점, 프로세스 중지(희생자 선택)]
④ Prevention(예방) : 교착상태의 필요조건을 부정함으로써 교착상태가 발생하지 않도록 미리 예방하는 방법(예 환형대기, 비선점, 점유와 대기, 상호배제 4가지 부정)

66

CIDR(Classless Inter-Domain Routing) 표기로 203.241.132.82/27과 같이 사용되었다면, 해당 주소의 서브넷 마스크(subnet mask)는?

① 255.255.255.0
② 255.255.255.224
③ 255.255.255.240
④ 255.255.255.248

- 203.241.132.82/27 네트워크를 사용한다는 것은 네트워크 주소로 27비트를 사용하고, 호스트 주소로 5비트를 사용한다는 것
- 서브넷마스크는 다음과 같음
  11111111.11111111.11111111.11100000
  255   255   255   224

정답 63 ③ 64 ④ 65 ② 66 ②

67 ⭐

다음 JAVA 프로그램이 실행되었을 때의 결과는?

```
public class Operator{
    public static void main(String[] args){
        int x=5, y=0, z=0;
        y = x++;
        z = --x;
        System.out.print(x + "," + y + "," + z);
    }
}
```

① 5, 5, 5 ② 5, 6, 5
③ 6, 5, 5 ④ 5, 6, 4

- 자바의 증감 연산자에 대한 문제
  - 전위방식(a = ++b) : b값을 1 증가한 후에, 증가한 b값을 a 에 대입시키는 방식
  - 후위방식(a = b++) : b값을 a에 대입시킨 후에, b값을 1 증가시키는 방식
  - 전위방식(a = --b) : b값을 1 감소시킨 후에, 감소한 b값을 a에 대입시키는 방식
  - 후위방식(a = b--) : b값을 a에 대입시킨 후에, b값을 1 감소시키는 방식
- 초기 값은 x=5, y=0, z=0
  - y의 후위방식(x++;) 실행 시, x에 초기값 5가 대입되고, 그 후 x값이 1 증가하여 6이 됨
    x=6, y=5, z=0
  - z의 전위방식(--x;) 실행 시, x=6인 값을 1 감소시켜 대입하므로 x값은 5가 됨
    x=5, y=5, z=5

68

프로세스 적재 정책과 관련한 설명으로 틀린 것은?

① 반복, 스택, 부프로그램은 시간 지역성(Temporal Locality)과 관련이 있다.
② 공간 지역성(Spatial Locality)은 프로세스가 어떤 페이지를 참조했다면 이후 가상주소공간상 그 페이지와 인접한 페이지들을 참조할 가능성이 높음을 의미한다.
③ 일반적으로 페이지 교환에 보내는 시간보다 프로세스 수행에 보내는 시간이 더 크면 스레싱(Thrashing)이 발생한다.
④ 스레싱(Thrashing) 현상을 방지하기 위해서는 각 프로세스가 필요로 하는 프레임을 제공할 수 있어야 한다.

> 페이지의 실행시간보다 교환시간이 큰 것을 스레싱 현상이라고 함

69

프레임워크(Framework)에 대한 설명으로 옳은 것은?

① 소프트웨어 구성에 필요한 기본 구조를 제공함으로써 재사용이 가능하게 해준다.
② 소프트웨어 개발 시 구조가 잡혀 있기 때문에 확장이 불가능하다.
③ 소프트웨어 아키텍처(Architecture)와 동일한 개념이다.
④ 모듈화(Modularity)가 불가능하다.

프레임워크의 특성	
항목	설명
모듈화 (Modularity)	프레임워크는 인터페이스에 의한 캡슐화를 통해서 모듈화를 강화하고 설계와 구현의 변경에 따르는 영향을 극소화하여 소프트웨어의 품질을 향상시킴
재사용성 (Reusability)	프레임워크가 제공하는 인터페이스는 반복적으로 사용할 수 있는 컴포넌트를 정의할 수 있게 하여 재사용성을 높여줌 프레임워크 컴포넌트를 재사용하는 것은 소프트웨어의 품질을 향상시킬 뿐만 아니라 개발자의 생산성도 높여줌
확장성 (Extensibility)	프레임워크는 다형성(polymorphism)을 통해 애플리케이션이 프레임워크의 인터페이스를 확장할 수 있게 함 프레임워크 확장성은 애플리케이션 서비스와 특성을 변경하고 프레임워크를 애플리케이션의 가변성으로부터 분리함으로써 재사용성의 이점을 얻게 함
제어의 역흐름 (Inversion of Control)	프레임워크 코드가 전체 애플리케이션의 처리 흐름을 제어하여 특정한 이벤트가 발생할 때 다형성(Polymorphism)을 통해 애플리케이션이 확장한 메소드를 호출함으로써 제어가 프레임워크로부터 애플리케이션으로 거꾸로 흐르게 함

정답 67 ① 68 ③ 69 ①

70

다음 JAVA 프로그램이 실행되었을 때의 결과는?

```java
public class array1 {
    public static void main(String[ ] args) {
        int cnt = 0;
        do {
            cnt++;
        } while (cnt < 0);
        if(cnt==1)
            cnt++;
        else
            cnt = cnt + 3;
        System.out.printf("%d",cnt);
    }
}
```

① 2
② 3
③ 4
④ 5

- 초기값 cnt = 0이고, do{ } 구문이 먼저 실행됨. do{ }에서 실행문장이 cnt++;이고, 후위방식이므로 1을 증가시켜 cnt=1이 됨
- while{ } 구문에서 조건식 while (cnt < 0);에서 fasle가 되므로 종료되어 빠져나와야 함. 이때, if(cnt==1) 조건문이 true(참)가 되므로 if문에 걸려 수행문장이 실행됨. 여기에서 수행문장에 또다시 cnt++;를 선언했으므로 후위 증가연산이 또 실행되어 1이 증가된 cnt=2인 값이 됨

마지막 System.out.printf("%d",cnt);에서 cnt의 최종 결과값인 2를 출력함

71

리눅스 Bash 쉘(Shell)에서 export와 관련한 설명으로 틀린 것은?

① 변수를 출력하고자 할 때는 export를 사용해야 한다.
② export가 매개변수 없이 쓰일 경우 현재 설정된 환경변수들이 출력된다.
③ 사용자가 생성하는 변수는 export 명령어 표시하지 않는 한 현재 쉘에 국한된다.
④ 변수를 export 시키면 전역(Global)변수처럼 되어 끝까지 기억된다.

리눅스에서 export 명령어는 시스템의 환경변수 목록 전체가 모두 뜨기 때문에 확인하기가 어려우며, 특정 변수 출력에는 echo를 활용해야 함

72

다음 C 언어 프로그램이 실행되었을 때의 결과는?

```c
#include <stdio.h>
int main(int argc, char *argv[ ]) {
    char a;
    a = 'A' + 1;
    printf("%d", a);
    return 0;
}
```

① 1
② 11
③ 66
④ 98

아스키 코드에서 각각의 알파벳 대문자는 'A'는 65, 'B'는 66, 'C'는 67... 이런 순서로 구성됨. 문제의 코드에서 a = 'A' + 1; 은 'A' + 1이 'B'가 되고, 이를 %d(정수형)으로 출력하므로 'B'의 아스키 코드 66이 출력됨

정답 70 ① 71 ① 72 ③

73

다음 C 언어 프로그램이 실행되었을 때의 결과는?

```c
#include <stdio.h>
int main(int argc, char *argv[ ]) {
    int a[2][2] = {(11, 22),(44, 55)};
    int i, sum = 0;
    int *p;
    p= a[0];
    for(i = 1; i <4; i++)
        sum += *(p + i);
    printf("%d", sum);
    return 0;
}
```

① 55 ② 77
③ 121 ④ 132

```
int a[2][2] = {(11, 22),(44, 55)};   // 2차원 배열 선언
int i, sum = 0;    // 변수 선언과 초기화
int *p;   // 포인터 변수 선언
p= a[0];    // 포인터 변수 p가 a[0]을 가리킴
for(i = 1; i < 4; i++)   // 반복문 for문은 i값이 1부터 1씩 증가하
                         여 3까지 수행
sum += *(p + i);   // sum = sum + *(p + i); 문이 반복문에 의해
                         수행
printf("%d", sum);    // sum 출력
```

- sum = sum + *(p + i);이 수행되는 순서
  - 반복문에서 변수 i가 1일 때, 22 = 0 + 22
  - 반복문에서 변수 i가 2일 때, 66 = 22 + 44
  - 반복문에서 변수 i가 3일 때, 121 = 66 + 55
  - printf("%d", sum);을 마지막에 수행하면 121이 출력됨

74

페이징 기법에서 페이지 크기가 작아질수록 발생하는 현상이 아닌 것은?

① 기억장소 이용 효율이 증가한다.
② 입·출력 시간이 늘어난다.
③ 내부 단편화가 감소한다.
④ 페이지 맵 테이블의 크기가 감소한다.

> 일반적으로 페이지 크기가 작아지면, 페이지의 개수가 많아지므로 페이지 맵 테이블의 크기가 증가함

75

다음 중 가장 강한 응집도(Cohesion)는?

① Sequential Cohesion
② Procedural Cohesion
③ Logical Cohesion
④ Coincidental Cohesion

> 응집도
> 1. 우연적 응집도(coincidental cohesion)   응집도가 낮음
> 2. 논리적 응집도(logical cohesion)
> 3. 시간적 응집도(temporal cohesion)
> 4. 절차적 응집도(procedural cohesion)
> 5. 통신적 응집도(communicational cohesion)
> 6. 순차적 응집도(sequential cohesion)
> 7. 기능적 응집도(functional cohesion)   응집도가 높음

76

TCP 프로토콜과 관련한 설명으로 틀린 것은?

① 인접한 노드 사이의 프레임 전송 및 오류를 제어한다.
② 흐름 제어(Flow Control)의 기능을 수행한다.
③ 전이중(Full Duplex) 방식의 양방향 가상회선을 제공한다.
④ 전송 데이터와 응답 데이터를 함께 전송할 수 있다.

> • TCP 프로토콜은 전송 계층의 프로토콜이며, 인접한 노드 사이의 프레임 전송 및 오류를 제어하는 계층은 데이터 링크 계층임
> • 데이터 링크 계층 : 물리적 연결을 이용해 신뢰성 있는 정보를 전송하려고 동기화, 오류제어, 흐름제어 등의 전송에러를 제어, 인접한 노드 사이의 프레임 전송 및 오류를 제어함

정답 73 ③ 74 ④ 75 ① 76 ①

77

C 언어에서 연산자 우선순위가 높은 것에서 낮은 것으로 바르게 나열된 것은?

```
ㄱ. ( )
ㄴ. ==
ㄷ. <
ㄹ. ≪
ㅁ. ||
ㅂ. /
```

① ㄱ, ㅂ, ㄹ, ㄷ, ㄴ, ㅁ
② ㄱ, ㄹ, ㅂ, ㄷ, ㄴ, ㅁ
③ ㄱ, ㄹ, ㅂ, ㄷ, ㅁ, ㄴ
④ ㄱ, ㅂ, ㄹ, ㅁ, ㄴ, ㄷ

C 언어 연산자의 결합방향과 우선순위

구분		연산자	결합방향	우선순위
일차연산자		( ), [], ., →	→	높다
단항연산자		-, ++, --, ~, !, *, &, sizeof	←	↑
이항연산자	산술연산자	*, /, %	→	
	산술연산자	+, -		
	비트이동	≫, ≪		
	대소비교	>, >=, <, <=		
	등가비교	==, !=		
	비트 AND	&		
	비트 XOR	^		
	비트 OR	|		
	논리 AND	&&		
	논리 OR	||		
조건연산자		? :	←	
대입연산자		=, +=, -=, *=, /=, %=, ≫=, ≪=, &=, ^=, |=	←	↓
나열연산자		,	→	낮다

78

C 언어 라이브러리 중 stdlib.h에 대한 설명으로 옳은 것은?

① 문자열을 수치 데이터로 바꾸는 문자 변환함수와 수치를 문자열로 바꿔주는 변환함수 등이 있다.
② 문자열 처리 함수로 strlen( )이 포함되어 있다.
③ 표준 입출력 라이브러리이다.
④ 삼각함수, 제곱근, 지수 등 수학적인 함수를 내장하고 있다.

stdlib.h는 C 언어의 표준 라이브러리
- 문자열을 수치 데이터로 바꾸는 문자 변환함수와 수치를 문자열로 바꿔주는 변환함수 등이 있음
- 문자열 변환, 의사 난수 생성, 동적 메모리 관리 등의 함수들을 포함하고 있음

79

자바스크립트(JavaScript)와 관련된 설명으로 틀린 것은?

① 프로토타입(Prototype)의 개념이 존재한다.
② 클래스 기반으로 객체 상속을 지원한다.
③ Prototype Link와 Prototype Object를 활용할 수 있다.
④ 객체지향 언어이다.

문제 오류로 모두 정답처리된 문제로, 출제기관에서 가답안을 2번으로 발표했으나 모두 정답으로 정정됨. JavaScript는 객체기반언어임

80

OSI 7계층 중 네트워크 계층에 대한 설명으로 틀린 것은?

① 패킷을 발신지로부터 최종 목적지까지 전달하는 책임을 진다.
② 한 노드로부터 다른 노드로 프레임을 전송하는 책임을 진다.
③ 패킷에 발신지와 목적지의 논리 주소를 추가한다.
④ 라우터 또는 교환기는 패킷 전달을 위해 경로를 지정하거나 교환 기능을 제공한다.

한 노드에서 다른 노드로 프레임을 전송하는 책임을 갖는 계층(Layer)은 데이터 링크 계층임

정답 77 ① 78 ① 79 모두 정답 80 ②

5과목 정보시스템 구축관리

81
다음 내용이 설명하는 것은?

- 네트워크상에 광채널 스위치의 이점인 고속 전송과 장거리 연결 및 멀티 프로토콜 기능을 활용
- 각기 다른 운영체제를 가진 여러 기종들이 네트워크상에서 동일 저장장치의 데이터를 공유하게 함으로써, 여러 개의 저장장치나 백업 장비를 단일화시킨 시스템

① SAN ② MBR
③ NAC ④ NIC

① SAN(Storage Area Network) : DAS와 NAS의 단점을 해결한 발전된 스토리지 형태로, 네트워크상에 광채널 스위치의 이점인 고속 전송과 장거리 연결 및 멀티 프로토콜 기능을 활용함
[오답해설]
③ NAC(Network Access Control) : 관리자가 정의한 보안환경이 운영되는 시스템만 네트워크에 연결이 가능하도록 함. Clear Network에 악성 Worm이 감염된 Host가 연결되면 순식간에 네트워크는 악성 Worm이 퍼지게 되므로 이러한 상황을 막고자하는 시스템임

82
SSH(Secure Shell)에 대한 설명으로 틀린 것은?

① SSH의 기본 네트워크 포트는 220번을 사용한다.
② 전송되는 데이터는 암호화 된다.
③ 키를 통한 인증은 클라이언트의 공개키를 서버에 등록해야 한다.
④ 서로 연결되어 있는 컴퓨터 간 원격 명령실행이나 쉘 서비스 등을 수행한다.

SSH의 기본 네트워크 포트는 22번을 사용함

83
CBD(Component Based Development) SW개발 표준 산출물 중 분석 단계에 해당하는 것은?

① 클래스 설계서 ② 통합시험 결과서
③ 프로그램 코드 ④ 사용자 요구사항 정의서

CBD 방법론의 개발 공정
- 요구파악 단계 : 요구사항 기술서, 용어 사전, 개념 모델, 유스 케이스 모델
- 분석 및 설계 : 객체 모델, UI 설계서, 아키텍처 기술서, 인터페이스 명세서, 컴포넌트 명세서, 컴포넌트 설계서, 데이터베이스 설계서
- 구현 : 개발 표준 정의서, 플랫폼 종속적 코드
- 테스트 : 테스트 계획서, 컴포넌트 테스트 보고서, 통합 테스트 보고서, 인수 테스트 보고서

84
다음 내용이 설명하는 접근 제어 모델은?

- 군대의 보안 레벨처럼 정보의 기밀성에 따라 상하 관계가 구분된 정보를 보호하기 위해 사용
- 자신의 권한보다 낮은 보안 레벨 권한을 가진 경우에는 높은 보안 레벨의 문서를 읽을 수 없고 자신의 권한보다 낮은 수준의 문서만 읽을 수 있다.
- 자신의 권한보다 높은 보안 레벨의 문서에는 쓰기가 가능하지만 보안레벨이 낮은 문서의 쓰기 권한은 제한한다.

① Clark-Wilson Integrity Model
② PDCA Model
③ Bell-Lapadula Model
④ Chinese Wall Model

③ Bell-Lapadula Model : 기밀성을 강조하는 모델이며, 군대의 보안 레벨처럼 정보의 기밀성에 따라 상하 관계가 구분된 정보를 보호하기 위해 사용함
[오답해설]
① Clark-Wilson Integrity Model : 비밀 노출 방지보다 자료의 변조 방지(무결성)를 더 중요시하는 모델로 금융, 회계 관련 데이터, 기업 재무제표 등에 사용됨
② PDCA Model : 데밍 사이클이라고 하며, Plan, Do, Check, Act로 구성됨
④ Chinese Wall Model : 충돌을 야기시키는 어떠한 정보의 흐름도 일어나지 않도록 접근 통제 기능을 제공함

정답 81 ① 82 ① 83 ④ 84 ③

85
하둡(Hadoop)과 관계형 데이터베이스 간에 데이터를 전송할 수 있도록 설계된 도구는?

① Apnic
② Topology
③ Sqoop
④ SDB

> **스쿱(Sqoop)**
> 커넥터를 사용하여 관계형 데이터베이스 시스템(RDBMS)에서 하둡분산파일시스템으로 데이터를 수집하는 빅데이터 기술로, 하둡(Hadoop)과 관계형 데이터베이스 간에 데이터를 전송할 수 있도록 설계된 도구임

86
라우팅 프로토콜인 OSPF(Open Shortest Path First)에 대한 설명으로 옳지 않은 것은?

① 네트워크 변화에 신속하게 대처할 수 있다.
② 거리 벡터 라우팅 프로토콜이라고 한다.
③ 멀티캐스팅을 지원한다.
④ 최단 경로 탐색에 Dijkstra를 사용한다.

> • 거리 벡터 라우팅 프로토콜은 RIP임
> • OSPF(Open Shortest Path First) : 네트워크 변화에 신속하게 대처할 수 있으며, 경로탐색에 링크 상태 알고리즘을 사용함
> • RIP(Routing Information Protocol) : 거리 벡터 라우팅 프로토콜이라고도 하며, 최대 홉 카운트는 15로 한정되므로 소규모 네트워크 환경에 적합함

87 ⭐
소프트웨어 비용 추정 모형(estimation models)이 아닌 것은?

① COCOMO
② Putnam
③ Function-Point
④ PERT

> • PERT는 일정 산정 모형임
> • 소프트웨어 비용 추정 모형 : COCOMO, Putnam, Function-Point, 전문가의 감정, 델파이식 산정, LOC(원시코드 라인 수) 기법, 개발 단계별 인월수(MM : Man Month) 기법

88
코드의 기입 과정에서 원래 '12536'으로 기입되어야 하는데 '12936'으로 표기되었을 경우, 어떤 코드 오류에 해당하는가?

① Addition Error
② Omission Error
③ Sequence Error
④ Transcription Error

> ④ Transcription Error : 입력 시 임의의 한 자리를 잘못 기록한 경우 (12536 → 12936)
> [오답해설]
> ① Addition Error : 입력 시 한 자리 추가로 기록한 경우 (1234 → 12347)
> ② Omission Error : 입력 시 한 자리를 빼놓고 기록한 경우 (1234 → 234)

89
ISO 12207 표준의 기본 생명주기의 주요 프로세스에 해당하지 않는 것은?

① 획득 프로세스
② 개발 프로세스
③ 성능평가 프로세스
④ 유지보수 프로세스

> **ISO 12207 표준**
> • 기본 생명주기 프로세스 : 획득, 공급, 개발, 운영, 유지보수 프로세스
> • 지원 생명주기 프로세스 : 품질 보증, 검증, 확인, 활동 검토, 문제 해결 프로세스
> • 조직 생명주기 프로세스 : 관리, 기반 구조, 훈련, 개선 프로세스

정답 85 ③ 86 ② 87 ④ 88 ④ 89 ③

90

소프트웨어 비용 산정 기법 중 개발 유형으로 organic, semi-detached, embedded로 구분되는 것은?

① PUTNAM
② COCOMO
③ FP
④ SLIM

> • COCOMO(Constructive Cost Model) : Boehm(1981)이 제안한 산정기법으로 원시 프로그램의 규모에 의한 비용예측 모형
> • COCOMO의 프로젝트 3가지 모드(제품의 복잡도에 따른 프로젝트 개발 유형)
>   - 유기적(organic model) : 5만 라인 이하로 소규모 팀이 수행할 수 있는 아주 작고 간단한 소프트웨어 프로젝트
>   - 중간형(semi-detached model) : 30만 라인 이하의 프로젝트
>   - 내장형(embedded model) : 30만 라인 이상의 프로젝트

91

SPICE 모델의 프로세스 수행능력 수준의 단계별 설명이 틀린 것은?

① 수준 7 - 미완성 단계
② 수준 5 - 최적화 단계
③ 수준 4 - 예측 단계
④ 수준 3 - 확립 단계

> SPICE 모델
> • 0단계 : 불안정 단계(미완성 단계, 프로젝트 대부분 실패)
> • 1단계 : 수행 단계(목적이 전반적으로 이루어짐)
> • 2단계 : 관리 단계(작업 산출물 인도)
> • 3단계 : 확립 단계(정형화된 프로세스 존재)
> • 4단계 : 예측 단계(산출물의 양적 측정이 가능해져, 일관된 수행 가능)
> • 5단계 : 최적화 단계(프로세스의 지속적인 개선)

92

PC, TV, 휴대폰에서 원하는 콘텐츠를 끊김없이 자유롭게 이용할 수 있는 서비스는?

① Memristor   ② MEMS
③ SNMP   ④ N-Screen

④ N-Screen : 여러 개의 단말에서 동일한 콘텐츠를 사용할 수 있는 방법. 예를 들어 스마트폰, TV, 태블릿, 데스크탑 등에서 동일 콘텐츠를 사용할 수 있음

[오답해설]
① Memristor : memory와 register의 합성어이며, 전원 공급이 끊어져도 다시 전원이 공급되면 이전 상태를 복원함
② MEMS(Micro-Electro Mechanical Systems) : 초소형 정밀기계 기술로 미세전자기계시스템이라고도 함. 실리콘이나 수정, 유리 등을 가공해 만든 초고밀도 집적회로이며, 머리카락 절반 두께의 초소형 기어라든지 손톱 크기의 하드디스크 등 초미세 기계구조물을 만드는 기술을 말함
③ SNMP(Simple Network Management Protocol) : 망관리 프로토콜

93

해시(Hash) 기법에 대한 설명으로 틀린 것은?

① 임의의 길이의 입력 데이터를 받아 고정된 길이의 해시 값으로 변환한다.
② 주로 공개키 암호화 방식에서 키 생성을 위해 사용한다.
③ 대표적인 해시 알고리즘으로 HAVAL, SHA-1 등이 있다.
④ 해시 함수는 일방향 함수(One-way function)이다.

> 정보보호에서 해시(Hash) 기법은 공개키 암호화 방식에서 키 생성을 위해 사용되는 것이 아니라 무결성 보장을 위해 사용됨

94

IPSec(IP Security)에 대한 설명으로 틀린 것은?

① 암호화 수행 시 일방향 암호화만 지원한다.
② ESP는 발신지 인증, 데이터 무결성, 기밀성 모두를 보장한다.
③ 운영 모드는 Tunnel 모드와 Transport 모드로 분류된다.
④ AH는 발신지 호스트를 인증하고, IP 패킷의 무결성을 보장한다.

> IPSec(IP Security)은 암호화 수행 시 양방향 암호화를 지원하며, 안전하지 않은 네트워크상의 두 컴퓨터 사이에 암호화된 안전한 통신을 제공하는 프로토콜임

정답 90 ② 91 ① 92 ④ 93 ② 94 ①

95
메모리상에서 프로그램의 복귀 주소와 변수 사이에 특정 값을 저장해 두었다가 그 값이 변경되었을 경우 오버플로우 상태로 가정하여 프로그램 실행을 중단하는 기술은?

① Stack Guard
② Bridge
③ ASLR
④ FIN

- Stack Guard : 메모리상에서 프로그램의 복귀 주소와 변수 사이에 특정 값을 저장해 두었다가 그 값이 변경되었을 경우 오버플로우 상태로 가정하여 프로그램 실행을 중단하는 기술
- 스택 버퍼 오버플로우 대응방안 : 스택가드(Stack Guard), 스택쉴드(Stack Shield), ASLR(Address Space Layout Randomization), NX-bit(Non-executable stack)

96
침입차단 시스템(방화벽) 중 다음과 같은 형태의 구축 유형은?

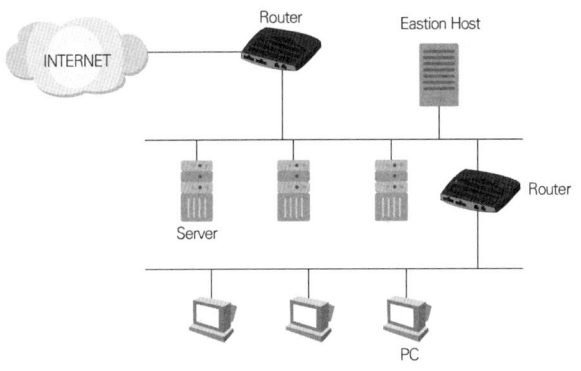

① Block Host
② Tree Host
③ Screened Subnet
④ Ring Homed

스크린 서브넷(Screen Subnet) 게이트웨이
외부 네트워크와 내부 네트워크 사이에 두는 완충적인 통신망으로, 일반적으로 두 개의 스크리닝 라우터 사이에 베스천 호스트가 위치함

97
Secure OS의 보안 기능으로 거리가 먼 것은?

① 식별 및 인증
② 임의적 접근 통제
③ 고가용성 지원
④ 강제적 접근 통제

- Secure OS : 컴퓨터 운영체제의 커널에 보안 기능을 추가한 것으로, 운영체제의 보안상 결함으로 인하여 발생 가능한 각종 해킹으로부터 시스템을 보호하기 위하여 사용되는 것
- Secure OS 보안 운영체제의 기능 : 식별 및 인증, 계정관리, 강제적 접근 통제, 임의적 접근 통제, 객체 재사용 방지, 완전한 중재 및 조정, 감사 및 감사기록 축소, 안전한 경로, 보안 커널 변경 방지, 해킹 방지, 통합관리

98
서버에 열린 포트 정보를 스캐닝해서 보안취약점을 찾는 데 사용하는 도구는?

① type
② mkdir
③ ftp
④ nmap

④ nmap(network mapper) : 서버에 열린 포트 정보를 스캐닝해서 보안 취약점을 찾는 데 사용하는 도구
[오답해설]
② mkdir : 운영체제에서 mkdir 명령어는 디렉터리를 새로 만드는 데 사용됨
③ ftp : 파일 전송 프로토콜

99
서로 다른 네트워크 대역에 있는 호스트들 상호 간에 통신할 수 있도록 해주는 네트워크 장비는?

① L2 스위치
② HIPO
③ 라우터
④ RAD

라우터
3계층인 네트워크 계층의 장비이며, 서로 다른 네트워크 대역에 있는 호스트들 상호 간에 통신할 수 있도록 해주는 역할을 함

정답 95 ① 96 ③ 97 ③ 98 ④ 99 ③

100 ⭐빈출

암호화 키와 복호화 키가 동일한 암호화 알고리즘은?

① RSA ② AES
③ DSA ④ ECC

- 암호화 키와 복호화 키가 동일한 암호화 알고리즘을 대칭키 암호화 알고리즘이라고 하며, 대칭키 암호화 알고리즘은 대표적으로 DES, AES 등이 있음
- 대칭키 암호화 알고리즘 : DES, TDES, AES, SEED, ARIA, IDEA
- 비대칭키(공개키) 암호화 알고리즘 : RSA(소인수분해), ElGamai (이산대수), ECC(타원곡선)

정답

100 ②

2021년 3회 | 공개기출문제

1과목 소프트웨어 설계

01 ★
럼바우(Rumbaugh)의 객체지향 분석 기법 중 자료 흐름도(DFD)를 주로 이용하는 것은?

① 기능 모델링
② 동적 모델링
③ 객체 모델링
④ 정적 모델링

> ① 기능 모형화(function modeling) : 시스템 내에서 데이터가 변하는 과정을 나타내며, 자료 흐름도(DFD)를 이용함
> [오답해설]
> ② 동적 모델링(dynamic modeling) : 시스템이 시간 흐름에 따라 변화하는 것을 보여주는 상태 다이어그램(state diagram)을 작성함
> ③ 객체 모델링(object modeling) : 객체들을 식별하고 객체들 간의 관계를 정의함

02
클래스 다이어그램의 요소로 다음 설명에 해당하는 용어는?

- 클래스의 동작을 의미한다.
- 클래스에 속하는 객체에 대하여 적용될 메소드를 정의한 것이다.
- UML에서는 동작에 대한 인터페이스를 지칭한다고 볼 수 있다.

① Instance
② Operation
③ Item
④ Hiding

> ② Operation : 클래스의 동작을 의미하며, 클래스에 속하는 객체에 대하여 적용될 메소드를 정의한 것
> [오답해설]
> ① Instance(인스턴스) : 객체지향 기법에서 같은 클래스에 속한 각각의 객체를 의미하는 것

03
요구사항 검증(Requirements Validation)과 관련한 설명으로 틀린 것은?

① 요구사항이 고객이 정말 원하는 시스템을 제대로 정의하고 있는지 점검하는 과정이다.
② 개발 완료 이후에 문제점이 발견될 경우 막대한 재작업 비용이 들 수 있기 때문에 요구사항 검증은 매우 중요하다.
③ 요구사항이 실제 요구를 반영하는지, 문서상의 요구사항은 서로 상충되지 않는지 등을 점검한다.
④ 요구사항 검증 과정을 통해 모든 요구사항 문제를 발견할 수 있다.

> 요구사항 검증(Requirements Validation)은 Review, Inspection, Walk-through 등과 같은 방법을 이용하여 명세화된 요구사항 검증하는 과정이지만, 이 과정을 통해 모든 요구사항의 문제를 발견할 수는 없음

04
소프트웨어 공학에서 모델링(Modeling)과 관련한 설명으로 틀린 것은?

① 개발팀이 응용문제를 이해하는 데 도움을 줄 수 있다.
② 유지보수 단계에서만 모델링 기법을 활용한다.
③ 개발될 시스템에 대하여 여러 분야의 엔지니어들이 공통된 개념을 공유하는 데 도움을 준다.
④ 절차적인 프로그램을 위한 자료흐름도는 프로세스 위주의 모델링 방법이다.

> 소프트웨어 공학에서 모델링(Modeling)은 유지보수 단계에서만 활용하는 것이 아니라 개발 전체 단계에서 활용할 수 있음

정답 01 ① 02 ② 03 ④ 04 ②

05

분산 시스템을 위한 마스터-슬레이브(Master-Slave) 아키텍처에 대한 설명으로 틀린 것은?

① 일반적으로 실시간 시스템에서 사용된다.
② 마스터 프로세스는 일반적으로 연산, 통신, 조정을 책임진다.
③ 슬레이브 프로세스는 데이터 수집 기능을 수행할 수 없다.
④ 마스터 프로세스는 슬레이브 프로세스들을 제어할 수 있다.

- 이 패턴은 마스터와 슬레이브, 두 부분으로 구성됨. 마스터 컴포넌트는 동등한 구조를 지닌 슬레이브 컴포넌트들로 작업을 분산하고, 슬레이브가 반환한 결과값으로부터 최종 결과값을 계산함
- 마스터/슬레이브 패턴은 데이터를 동시에 수집하는 동안 사용자 인터페이스 제어에 응답할 때 가장 일반적으로 사용함

06

사용자 인터페이스(User Interface)에 대한 설명으로 틀린 것은?

① 사용자와 시스템이 정보를 주고받는 상호작용이 잘 이루어지도록 하는 장치나 소프트웨어를 의미한다.
② 편리한 유지보수를 위해 개발자 중심으로 설계되어야 한다.
③ 배우기가 용이하고 쉽게 사용할 수 있도록 만들어져야 한다.
④ 사용자 요구사항이 UI에 반영될 수 있도록 구성해야 한다.

사용자 인터페이스(User Interface)는 사용자 중심으로 설계되어야 함

07

객체지향 분석 기법과 관련한 설명으로 틀린 것은?

① 동적 모델링 기법이 사용될 수 있다.
② 기능 중심으로 시스템을 파악하며 순차적인 처리가 중요시되는 하향식(Top-down)방식으로 볼 수 있다.
③ 데이터와 행위를 하나로 묶어 객체를 정의 내리고 추상화시키는 작업이라 할 수 있다.
④ 코드 재사용에 의한 프로그램 생산성 향상 및 요구에 따른 시스템의 쉬운 변경이 가능하다.

객체지향 분석은 객체 중심으로 시스템을 파악하며 상향식 방식으로 볼 수 있음

08

대표적으로 DOS 및 Unix 등의 운영체제에서 조작을 위해 사용하던 것으로, 정해진 명령 문자열을 입력하여 시스템을 조작하는 사용자 인터페이스(User Interface)는?

① GUI(Graphical User Interface)
② CLI(Command Line Interface)
③ CUI(Cell User Interface)
④ MUI(Mobile User Interface)

CLI(Command Line Interface)
문자 방식의 명령어 입력 사용자 인터페이스

09

객체지향의 주요 개념에 대한 설명으로 틀린 것은?

① 캡슐화는 상위클래스에서 속성이나 연산을 전달받아 새로운 형태의 클래스로 확장하여 사용하는 것을 의미한다.
② 객체는 실세계에 존재하거나 생각할 수 있는 것을 말한다.
③ 클래스는 하나 이상의 유사한 객체들을 묶어 공통된 특성을 표현한 것이다.
④ 다형성은 상속받은 여러 개의 하위 객체들이 다른 형태의 특성을 갖는 객체로 이용될 수 있는 성질이다.

캡슐화
객체를 정의할 때 서로 관련성이 많은 데이터들과 이와 연관된 함수들을 하나로 묶는 것

정답 05 ③ 06 ② 07 ② 08 ② 09 ①

10

객체지향 설계에서 정보 은닉(Information Hiding)과 관련한 설명으로 틀린 것은?

① 필요하지 않은 정보는 접근할 수 없도록 하여 한 모듈 또는 하부시스템이 다른 모듈의 구현에 영향을 받지 않게 설계되는 것을 의미한다.
② 모듈들 사이의 독립성을 유지시키는 데 도움이 된다.
③ 설계에서 은닉되어야 할 기본 정보로는 IP주소와 같은 물리적 코드, 상세 데이터 구조 등이 있다.
④ 모듈 내부의 자료 구조와 접근 동작들에만 수정을 국한하기 때문에 요구사항 등 변화에 따른 수정이 불가능하다.

> **정보은닉(Information Hiding)**
> 객체의 상세한 내용을 객체 외부에 철저히 숨기고 단순히 메시지만으로 객체와의 상호작용을 하게 하는 것. 외부에서 알아야 하는 부분만 공개하고 그렇지 않은 부분은 숨김으로써 대상을 단순화시키는 효과가 있음

11

익스트림 프로그래밍(XP)에 대한 설명으로 틀린 것은?

① 빠른 개발을 위해 테스트를 수행하지 않는다.
② 사용자의 요구사항은 언제든지 변할 수 있다.
③ 고객과 직접 대면하며 요구사항을 이야기하기 위해 사용자 스토리(User Story)를 활용할 수 있다.
④ 기존의 방법론에 비해 실용성(Pragmatism)을 강조한 것이라고 볼 수 있다.

> 익스트림 프로그래밍(Extreme Programing, XP)은 애자일 개발 프로세스의 대표자로 애자일 개발 프로세스의 보급에 큰 역할을 함. 이 방법은 고객과 함께 2주 정도의 반복개발을 하고, 테스트 우선 개발을 특징으로 하는 명시적인 기술과 방법을 가지고 있음

12

순차 다이어그램(Sequence Diagram)과 관련한 설명으로 틀린 것은?

① 객체들의 상호작용을 나타내기 위해 사용한다.
② 시간의 흐름에 따라 객체들이 주고받는 메시지의 전달 과정을 강조한다.
③ 동적 다이어그램보다는 정적 다이어그램에 가깝다.
④ 교류 다이어그램(Interaction Diagram)의 한 종류로 볼 수 있다.

> **순차 다이어그램(Sequence Diagram)**
> 객체 간의 메시지 통신을 분석하기 위한 것으로, 이는 시스템의 동적인 모델을 아주 보기 쉽게 표현하고 있기 때문에 의사 소통에 매우 유용함

13

분산 시스템에서의 미들웨어(Middleware)와 관련한 설명으로 틀린 것은?

① 분산 시스템에서 다양한 부분을 관리하고 통신하며 데이터를 교환하게 해주는 소프트웨어로 볼 수 있다.
② 위치 투명성(Location Transparency)을 제공한다.
③ 분산 시스템의 여러 컴포넌트가 요구하는 재사용 가능한 서비스의 구현을 제공한다.
④ 애플리케이션과 사용자 사이에서만 분산 서비스를 제공한다.

> 미들웨어는 클라이언트와 서버를 연결하여 데이터를 주고받을 수 있도록 중간에서 매개 역할을 하거나, 네트워크를 통해서 연결된 여러 개의 컴퓨터에 있는 많은 프로세스들에게 어떤 서비스를 사용할 수 있도록 연결해주는 소프트웨어를 말함

정답 10 ④ 11 ① 12 ③ 13 ④

14

GoF(Gang of Four) 디자인 패턴과 관련한 설명으로 틀린 것은?

① 디자인 패턴을 목적(Purpose)으로 분류할 때 생성, 구조, 행위로 분류할 수 있다.
② Strategy 패턴은 대표적인 구조 패턴으로 인스턴스를 복제하여 사용하는 구조를 말한다.
③ 행위 패턴은 클래스나 객체들이 상호작용하는 방법과 책임을 분산하는 방법을 정의한다.
④ Singleton 패턴은 특정 클래스의 인스턴스가 오직 하나임을 보장하고, 이 인스턴스에 대한 접근 방법을 제공한다.

> Strategy 패턴은 행위 개선을 위한 패턴으로 교환 가능한 행동을 캡슐화하고 위임을 통해서 어떤 행동을 사용할지 결정함

15

소프트웨어 설계에서 사용되는 대표적인 추상화(Abstraction) 기법이 아닌 것은?

① 자료 추상화
② 제어 추상화
③ 과정 추상화
④ 강도 추상화

> 추상화의 종류
> 과정 추상화, 자료 추상화, 제어 추상화

16

소프트웨어 아키텍처와 관련한 설명으로 틀린 것은?

① 파이프 필터 아키텍처에서 데이터는 파이프를 통해 양방향으로 흐르며, 필터 이동 시 오버헤드가 발생하지 않는다.
② 외부에서 인식할 수 있는 특성이 담긴 소프트웨어의 골격이 되는 기본 구조로 볼 수 있다.
③ 데이터 중심 아키텍처는 공유 데이터저장소를 통해 접근자 간의 통신이 이루어지므로 각 접근자의 수정과 확장이 용이하다.
④ 이해 관계자들의 품질 요구사항을 반영하여 품질 속성을 결정한다.

> 파이프 필터 아키텍처에서 데이터는 파이프를 통해 단방향으로 흐르며, 서브시스템이 입력 데이터를 받아 처리하고 결과를 다른 시스템에 보내는 작업이 반복됨

17

애자일 개발 방법론과 관련한 설명으로 틀린 것은?

① 빠른 릴리즈를 통해 문제점을 빠르게 파악할 수 있다.
② 정확한 결과 도출을 위해 계획 수립과 문서화에 중점을 둔다.
③ 고객과의 의사소통을 중요하게 생각한다.
④ 진화하는 요구사항을 수용하는 데 적합하다.

> 애자일 개발 방법론은 계획 수립과 문서화에 적은 비중을 둠

18

UML 모델에서 한 사물의 명세가 바뀌면 다른 사물에 영향을 주며, 일반적으로 한 클래스가 다른 클래스를 오퍼레이션의 매개변수로 사용하는 경우에 나타나는 관계는?

① Association
② Dependency
③ Realization
④ Generalization

> ② 의존 관계(Dependency) : 연관 관계와 같이 한 클래스가 다른 클래스를 사용할 때 나타나며, 두 클래스 관계가 한 메소드의 실행 동안과 같이 매우 짧은 시간 동안만 존재함
> [오답해설]
> ① 연관 관계(Association) : 한 클래스가 다른 클래스에서 제공하는 기능을 사용하는 관계
> ③ 실체화 관계(Realization) : 인터페이스와 인터페이스를 갖는 클래스 간의 관계
> ④ 일반화 관계(Generalization) : 상속 관계라고도 하며, 한 클래스가 다른 클래스를 포함하는 상위 개념일 때, 이를 IS-A관계라고 함

19

요구사항 정의 및 분석·설계의 결과물을 표현하기 위한 모델링 과정에서 사용되는 다이어그램(Diagram)이 아닌 것은?

① Data Flow Diagram
② UML Diagram
③ E-R Diagram
④ AVL Diagram

> 요구사항 정의 및 분석·설계의 결과물을 표현하기 위한 모델링 과정에서 사용되는 다이어그램(Diagram)은 Data Flow Diagram, E-R Diagram, UML Diagram이며, AVL 트리는 탐색구조의 하나임

정답 14 ② 15 ④ 16 ① 17 ② 18 ② 19 ④

20
요구 분석(Requirement Analysis)에 대한 설명으로 틀린 것은?

① 요구 분석은 소프트웨어 개발의 실제적인 첫 단계로 사용자의 요구에 대해 이해하는 단계라 할 수 있다.
② 요구 추출(Requirement Elicitation)은 프로젝트 계획 단계에 정의한 문제의 범위 안에 있는 사용자의 요구를 찾는 단계이다.
③ 도메인 분석(Domain Analysis)은 요구에 대한 정보를 수집하고 배경을 분석하여 이를 토대로 모델링을 하게 된다.
④ 기능적(Functional) 요구에서 시스템 구축에 대한 성능, 보안, 품질, 안정 등에 대한 성능, 보안, 품질, 안정 등에 대한 요구사항을 도출한다.

- 기능 요구 : 사용자가 필요로 하는 정보처리 능력에 대한 것으로, 절차나 입·출력에 대한 요구
- 비기능 요구 : 시스템 SW의 동작에 필요한 특정 요구기능 외에 전체 시스템의 동작을 평가하는 척도를 정의하며, 안정성, 확장성, 보안성, 성능 등이 포함됨

2과목 소프트웨어 개발

21
다음 중 선형 구조로만 묶인 것은?

① 스택, 트리
② 큐, 데크
③ 큐, 그래프
④ 리스트, 그래프

선형구조
데이터 항목 사이의 관계가 1:1이며, 선후 관계가 명확하게 한 개의 선의 형태를 갖는 리스트 구조(배열, 리스트, 스택, 큐, 데크)

22
테스트 드라이버(Test Driver)에 대한 설명으로 틀린 것은?

① 시험대상 모듈을 호출하는 간이 소프트웨어이다.
② 필요에 따라 매개 변수를 전달하고 모듈을 수행한 후의 결과를 보여줄 수 있다.
③ 상향식 통합 테스트에서 사용된다.
④ 테스트 대상 모듈이 호출하는 하위 모듈의 역할을 한다.

테스트 드라이버(Test Driver)
시험사례를 입력받고, 시험을 위해 받은 자료를 모듈로 넘기며, 관련된 결과를 출력하는 메인 프로그램

23
다음 트리에 대한 중위순회 운행 결과는?

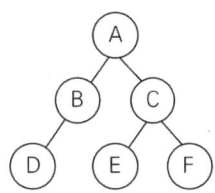

① ABDCEF
② ABCDEF
③ DBECFA
④ DBAECF

- 중위순회(left → root → right)는 왼쪽, 중간, 오른쪽 순서로 방문하며, 문제의 트리를 중위순회한 결과는 D → B → A → E → C → F가 됨
- 전위순회(root → left → right) : A → B → D → C → E → F
- 후위순회(left → right → root) : D → B → E → F → C → A

24
테스트 케이스 자동 생성 도구를 이용하여 테스트 데이터를 찾아내는 방법이 아닌 것은?

① 스터브(Stub)와 드라이버(Driver)
② 입력 도메인 분석
③ 랜덤(Random) 테스트
④ 자료 흐름도

테스트 케이스 자동 생성 도구를 이용하여 테스트 데이터를 찾아내는 방법으로 입력 도메인 분석, 랜덤(Random) 테스트, 자료 흐름도가 있음

정답 20 ④ 21 ② 22 ④ 23 ④ 24 ①

25

소프트웨어 테스트에서 검증(Verification)과 확인(Validation)에 대한 설명으로 틀린 것은?

① 소프트웨어 테스트에서 검증과 확인을 구별하면 찾고자 하는 결함 유형을 명확하게 하는 데 도움이 된다.
② 검증은 소프트웨어 개발 과정을 테스트하는 것이고, 확인은 소프트웨어 결과를 테스트하는 것이다.
③ 검증은 작업 제품이 요구 명세의 기능, 비기능 요구사항을 얼마나 잘 준수하는지 측정하는 작업이다.
④ 검증은 작업 제품이 사용자의 요구에 적합한지 측정하며, 확인은 작업 제품이 개발자의 기대를 충족시키는지를 측정한다.

> 확인(Validation)은 작업 제품이 사용자의 요구에 적합한지 측정하며, 검증(Verification)은 작업 제품이 개발자의 기대를 충족시키는지를 측정함

26

저작권 관리 구성 요소 중 패키저(Packager)의 주요 역할로 옳은 것은?

① 콘텐츠를 제공하는 저작권자를 의미한다.
② 콘텐츠를 메타데이터와 함께 배포 가능한 단위로 묶는다.
③ 라이선스를 발급하고 관리한다.
④ 배포된 콘텐츠의 이용 권한을 통제한다.

> 패키저(Packager)
> 콘텐츠를 메타데이터와 함께 배포 가능한 단위로 묶는 기능

27

다음 설명에 부합하는 용어로 옳은 것은?

- 소프트웨어 구조를 이루며, 다른 것들과 구별될 수 있는 독립적인 기능을 갖는 단위이다.
- 하나 또는 몇 개의 논리적인 기능을 수행하기 위한 명령어들의 집합이라고도 할 수 있다.
- 서로 모여 하나의 완전한 프로그램으로 만들어질 수 있다.

① 통합 프로그램
② 저장소
③ 모듈
④ 데이터

> 모듈
> 서브루틴, 하부시스템, 소프트웨어 내 프로그램 혹은 작업단위 의미. 소프트웨어 구조를 이루며, 다른 것들과 구별될 수 있는 독립적인 기능을 갖는 단위

28

제품 소프트웨어의 사용자 매뉴얼 작성절차로 (가)~(다)와 〈보기〉의 기호를 바르게 연결한 것은?

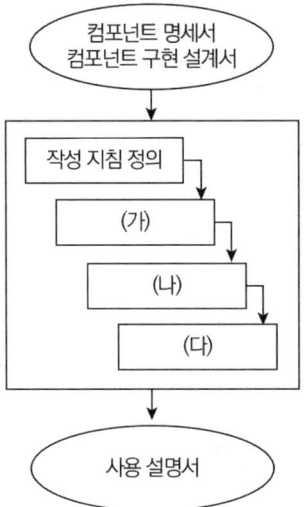

[보 기]
㉠ 사용 설명서 검토
㉡ 구성 요소별 내용 작성
㉢ 사용 설명서 구성 요소 정의

① (가)-㉠, (나)-㉡, (다)-㉢
② (가)-㉢, (나)-㉡, (다)-㉠
③ (가)-㉠, (나)-㉢, (다)-㉡
④ (가)-㉢, (나)-㉠, (다)-㉡

> 사용자 매뉴얼 작성 절차
> 작성 지침 정의 → 사용 설명서 구성 요소 정의 → 구성 요소별 내용 작성 → 사용 설명서 검토

정답 25 ④ 26 ② 27 ③ 28 ②

29
코드의 간결성을 유지하기 위해 사용되는 지침으로 틀린 것은?

① 공백을 이용하여 실행문 그룹과 주석을 명확히 구분한다.
② 복잡한 논리식과 산술식은 괄호와 들여쓰기(Indentation)를 통해 명확히 표현한다.
③ 빈 줄을 사용하여 선언부와 구현부를 구별한다.
④ 한 줄에 최대한 많은 문장을 코딩한다.

> 코드의 간결성을 유지하기 위해 한 라인에 하나의 명령을 코딩함

30
다음 중 최악의 경우 검색 효율이 가장 나쁜 트리 구조는?

① 이진 탐색트리   ② AVL 트리
③ 2-3 트리   ④ 레드-블랙 트리

> ① 이진 탐색트리의 검색 효율은 균형이 맞을 때 O(log n)이고, 균형이 맞지 않을 때 O(n)이 됨
> [오답해설]
> • AVL 트리, 2-3 트리, 레드-블랙 트리는 이진 탐색트리를 항상 균형이 맞게 구성된 탐색구조이므로 검색 효율은 O(log n)임

31
다음 그래프에서 정점 A를 선택하여 깊이우선탐색(DFS)으로 운행한 결과는?

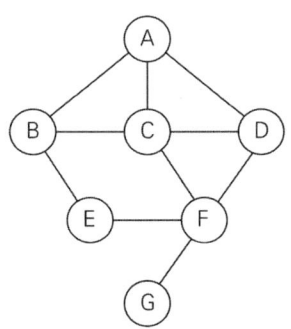

① ABECDFG   ② ABECFDG
③ ABCDEFG   ④ ABEFGCD

> • 깊이우선탐색(depth first search, DFS) : 트리나 그래프를 탐색하는 방법이며, 한 노드를 시작으로 인접한 다른 노드를 재귀적으로 탐색해가고 끝까지 탐색하면 다시 위로 와서 다음을 탐색하여 방문함
> • 깊이우선탐색은 스택을 이용하며, 정점 A부터 운행할 수 있는 것은 A → B → E → F → G → C → D임

32
개별 모듈을 시험하는 것으로 모듈이 정확하게 구현되었는지, 예정한 기능이 제대로 수행되는지를 점검하는 것이 주요 목적인 테스트는?

① 통합 테스트(Integration Test)
② 단위 테스트(Unit Test)
③ 시스템 테스트(System Test)
④ 인수 테스트(Acceptance Test)

> ② 단위 테스트(Unit Test) : 독립 모듈의 완전성을 시험하여, 코딩이 끝난 후 설계의 최소 단위인 모듈에 초점을 두고 검사하는 단계
> [오답해설]
> ① 통합 테스트(Integration Test) : 단위 테스트 이후에 모듈들을 통합하면서 시험함
> ③ 시스템 테스트(System Test) : 모든 모듈들은 하나의 시스템으로 작동하게 됨. 사용자의 모든 요구를 하나의 시스템으로서 완벽하게 수행하기 위해서는 다양한 시험들이 필요함
> ④ 인수 테스트(Acceptance Test) : 사용자측 관점에서 소프트웨어가 요구를 충족시키는가를 평가하며, 알파테스트와 베타테스트가 있음

정답 29 ④ 30 ① 31 ④ 32 ②

33

다음은 스택의 자료 삭제 알고리즘이다. ⓐ에 들어갈 내용으로 옳은 것은? (단, Top : 스택포인터, S : 스택의 이름)

```
If Top = 0 Then
    (   ⓐ   )
Else {
    remove S(Top)
    Top = Top - 1
}
```

① Overflow
② Top = Top + 1
③ Underflow
④ Top = Top

- 언더플로우는 결과가 취급할 수 있는 수의 범위보다 작아지는 상태를 말함. 위의 코드의 조건이 만족된다면 언더플로우 상태가 됨
- 스택 언더플로우(stack underflow) : 스택이 비어있는 상태로 데이터를 꺼낼 수 없는 상태
- 스택 오버플로우(stack overflow) : 스택이 가득 차있는 상태로 데이터를 삽입할 수 없는 상태

34

다음 자료를 버블 정렬을 이용하여 오름차순으로 정렬할 경우 PASS 3의 결과는?

```
9, 6, 7, 3, 5
```

① 6, 3, 5, 7, 9
② 3, 5, 6, 7, 9
③ 6, 7, 3, 5, 9
④ 3, 5, 9, 6, 7

버블 정렬(Bubble Sort)
인접한 데이터를 비교하면서 그 크기에 따라 데이터의 위치를 바꾸면서 정렬하는 방식
- PASS 1 : 6 7 3 5 9
- PASS 2 : 6 3 5 7 9
- PASS 3 : 3 5 6 7 9

35

순서가 A, B, C, D로 정해진 입력 자료를 스택에 입력한 후 출력한 결과로 불가능한 것은?

① D, C, B, A
② B, C, D, A
③ C, B, A, D
④ D, B, C, A

보기 4번의 경우에서는 D를 가장 먼저 출력하기 위해서는 A, B, C, D를 모두 차례대로 삽입해야 함. 이 상태에서 D를 출력하고 C가 출력되기 전에 B를 출력할 수 없음

36

소프트웨어 개발 활동을 수행함에 있어서 시스템이 고장(Failure)을 일으키게 하며, 오류(Error)가 있는 경우 발생하는 것은?

① Fault
② Testcase
③ Mistake
④ Inspection

오류(Error)가 있는 경우 발생하는 것을 결함(fault)이라 함. 테스트는 결함(fault)을 찾기 위해 소프트웨어를 작동시키는 일련의 행위와 절차를 말함

37

소프트웨어 품질 목표 중 하나 이상의 하드웨어 환경에서 운용되기 위해 쉽게 수정될 수 있는 시스템 능력을 의미하는 것은?

① Portability
② Efficiency
③ Usability
④ Correctness

① 이식성(Portability) : 소프트웨어 품질 목표 중 하나 이상의 하드웨어 환경에서 운용되기 위해 쉽게 수정될 수 있는 시스템 능력임
[오답해설]
② 효율성(Efficiency) : 최소한의 처리시간과 기억공간을 사용하여 요구된 기능을 수행하는 것
③ 유용성(Usability) : 쉽게 배우고 사용할 수 있는 정도
④ 정확성(Correctness) : 프로그램이 설계 사양을 만족시키며 사용자가 원하는대로 수행되고 있는 정도

정답 33 ③ 34 ② 35 ④ 36 ① 37 ①

38

테스트를 목적에 따라 분류했을 때, 강도(Stress) 테스트에 대한 설명으로 옳은 것은?

① 시스템에 고의로 실패를 유도하고 시스템이 정상적으로 복귀하는지 테스트한다.
② 시스템에 과다 정보량을 부과하여 과부하 시에도 시스템이 정상적으로 작동되는지를 테스트한다.
③ 사용자의 이벤트에 시스템이 응답하는 시간, 특정 시간 내에 처리하는 업무량, 사용자 요구에 시스템이 반응하는 속도 등을 테스트한다.
④ 부당하고 불법적인 침입을 시도하여 보안시스템이 불법적인 침투를 잘 막아내는지 테스트한다.

> 스트레스 테스트(stress test)
> 소프트웨어에게 다양한 스트레스를 가해 보는 것으로 민감성 테스트(sensitivity test)라고 불리기도 함

39

형상관리의 개념과 절차에 대한 설명으로 틀린 것은?

① 형상 식별은 형상관리 계획을 근거로 형상관리의 대상이 무엇인지 식별하는 과정이다.
② 형상관리를 통해 가시성과 추적성을 보장함으로써 소프트웨어의 생산성과 품질을 높일 수 있다.
③ 형상 통제 과정에서는 형상 목록의 변경 요구를 즉시 수용 및 반영해야 한다.
④ 형상 감사는 형상관리 계획대로 형상관리가 진행되고 있는지, 형상 항목의 변경이 요구사항에 맞도록 제대로 이뤄졌는지 등을 살펴보는 활동이다.

> 형상 통제(Control)
> 식별된 SCI의 변경요구를 검토하고 승인하여 현재의 베이스라인에 적절히 반영될 수 있도록 통제하기 위한 형상관리 활동. 변경 요구(Change Request)의 제기 → 변경 요청서(Change Report) 작성 (변경 요청서는 CCA(Change Control Authority)에 의해 변경의 상태나 우선순위 등 최종 결정을 내리도록 사용자 또는 프로그래머에 의해 작성) → 공학 변경 명령(ECO : Engineering Change Order)

40

소스코드 정적 분석(Static Analysis)에 대한 설명으로 틀린 것은?

① 소스코드를 실행시키지 않고 분석한다.
② 코드에 있는 오류나 잠재적인 오류를 찾아내기 위한 활동이다.
③ 하드웨어적인 방법으로만 코드 분석이 가능하다.
④ 자료 흐름이나 논리 흐름을 분석하여 비정상적인 패턴을 찾을 수 있다.

> 정적 분석 소프트웨어에 해당되는 것으로는 pmd, checkstyle 등이 있음

3과목　데이터베이스 구축

41

데이터의 중복으로 인하여 관계연산을 처리할 때 예기치 못한 곤란한 현상이 발생하는 것을 무엇이라 하는가?

① 이상(Anomaly)
② 제한(Restriction)
③ 종속성(Dependency)
④ 변환(Translation)

> - 이상(Anomaly) : 애트리뷰트 간에 존재하는 여러 종속관계를 하나의 릴레이션에 표현함으로 인해 발생하는 현상(삽입 이상, 삭제 이상, 갱신 이상)
> - 삽입 이상(Insertion Anomaly) : 불필요한 정보를 함께 저장하지 않고서는 어떤 정보를 저장하는 것이 불가능한 것
> - 삭제 이상(Deletion Anomaly) : 필요한 정보를 함께 삭제하지 않고서는 어떤 정보를 삭제하는 것이 불가능한 것
> - 갱신 이상(Modification Anomaly) : 반복된 데이터 중에 일부를 갱신할 때, 데이터의 불일치가 발생할 수 있는 것

정답　38 ②　39 ③　40 ③　41 ①

42 ⭐

다음 중 기본키는 NULL 값을 가져서는 안되며, 릴레이션 내에 오직 하나의 값만 존재해야 한다는 조건을 무엇이라 하는가?

① 개체 무결성 제약조건
② 참조 무결성 제약조건
③ 도메인 무결성 제약조건
④ 속성 무결성 제약조건

> ① 개체 무결성 제약조건 : 릴레이션에서 기본키를 구성하는 속성은 널(Null)값이나 중복값을 가질 수 없음
> [오답해설]
> ② 참조 무결성 제약조건 : 외래키 값은 NULL이거나 참조 릴레이션의 기본키 값과 동일해야 함
> ③ 도메인 무결성 제약조건 : 특정 속성의 값이 그 속성이 정의된 도메인에 속한 값이어야 한다는 규정

43

다음 두 릴레이션 R1과 R2의 카티션 프로덕트(cartesian product) 수행 결과는?

R1	학년
	1
	2
	3

R2	학과
	컴퓨터
	국문
	수학

①
학년	학과
1	컴퓨터
2	국문
3	수학

②
학년	학과
2	컴퓨터
2	국문
2	수학

③
학년	학과
3	컴퓨터
3	국문
3	수학

④
학년	학과
1	컴퓨터
1	국문
1	수학
2	컴퓨터
2	국문
2	수학
3	컴퓨터
3	국문
3	수학

> 카티션 프로덕트(cartesian product)의 수행결과로 속성의 개수는 두 개의 릴레이션을 더한 것과 같고, 튜플의 개수는 두 개의 릴레이션의 튜플을 곱한 것과 같음

44

정규화에 대한 설명으로 적절하지 않은 것은?

① 데이터베이스의 개념적 설계 단계 이전에 수행한다.
② 데이터 구조의 안정성을 최대화한다.
③ 중복을 배제하여 삽입, 삭제, 갱신 이상의 발생을 방지한다.
④ 데이터 삽입 시 릴레이션을 재구성할 필요성을 줄인다.

> • 정규화는 논리적 설계 단계에서 수행함
> • 정규화(Normalization)는 중복을 배제하여 삽입, 삭제, 갱신 이상의 발생을 방지하는 것

45

이전 단계의 정규형을 만족하면서 후보키를 통하지 않는 조인 종속(JD : Join Dependency)을 제거해야 만족하는 정규형은?

① 제3정규형
② 제4정규형
③ 제5정규형
④ 제6정규형

> ③ 제5정규형(5NF) : 후보키를 통하지 않는 조인 종속(JD : Join Dependency)을 제거해야 만족하는 정규형
> [오답해설]
> ① 제3정규형(3NF) : 어떤 릴레이션 R이 2NF이고 키(기본)에 속하지 않은 모든 애트리뷰트들이 기본키에 이행적 함수 종속이 아닐 때 제3정규형(3NF)에 속함
> ② 제4정규형(4NF) : 함수 종속이 아닌 다치 종속을 제거하는 정규형

정답 42 ① 43 ④ 44 ① 45 ③

46

물리적 데이터베이스 설계에 대한 설명으로 거리가 먼 것은?

① 물리적 설계의 목적은 효율적인 방법으로 데이터를 저장하는 것이다.
② 트랜잭션 처리량과 응답시간, 디스크 용량 등을 고려해야 한다.
③ 저장 레코드의 형식, 순서, 접근 경로와 같은 정보를 사용하여 설계한다.
④ 트랜잭션의 인터페이스를 설계하며, 데이터 타입 및 데이터 타입들 간의 관계로 표현한다.

> 논리적 설계에서 트랜잭션의 인터페이스를 설계하며, 물리적 설계에서는 트랜잭션 세부설계가 진행됨

47

SQL의 논리 연산자가 아닌 것은?

① AND
② OTHER
③ OR
④ NOT

> SQL의 논리 연산자
> AND, OR, NOT

48

학적 테이블에서 전화번호가 Null 값이 아닌 학생명을 모두 검색할 때, SQL 구문으로 옳은 것은?

① SELECT 학생명 FROM 학적 WHERE 전화번호 DON'T NULL;
② SELECT 학생명 FROM 학적 WHERE 전화번호 != NOT NULL;
③ SELECT 학생명 FROM 학적 WHERE 전화번호 IS NOT NULL;
④ SELECT 학생명 FROM 학적 WHERE 전화번호 IS NULL;

> 널(NULL)값 비교 시는 '=' (또는 <>) 대신 IS (또는 IS NOT)을 사용함

49

다음 중 SQL에서의 DDL 문이 아닌 것은?

① CREATE
② DELETE
③ ALTER
④ DROP

> • 데이터 정의어(DDL : Data Definition Language) : CREATE, DROP, RENAME, ALTER, TRUNCATE 등
> • 데이터 조작어(DML : Data Manipulation Language) : INSERT, UPDATE, DELETE, SELECT 등

50

동시성 제어를 위한 직렬화 기법으로 트랜잭션 간의 처리 순서를 미리 정하는 방법은?

① 로킹 기법
② 타임스탬프 기법
③ 검증 기법
④ 배타 로크 기법

> • 타임스탬프 기법 : 동시성 제어를 위한 직렬화 기법으로 트랜잭션 간의 처리 순서를 미리 정하는 방법
> • 동시성 제어(Concurrency Control) : 다수 트랜잭션의 동시 처리로부터 데이터의 무결성 확보를 위한 제어 수행을 말함

51

데이터베이스에서 하나의 논리적 기능을 수행하기 위한 작업의 단위 또는 한꺼번에 모두 수행되어야 할 일련의 연산들을 의미하는 것은?

① 트랜잭션
② 뷰
③ 튜플
④ 카디널리티

> ① 트랜잭션 : 한꺼번에 모두 수행되어야 할 일련의 데이터베이스 연산들[응용 프로그램 = 하나 이상의 트랜잭션]
> [오답해설]
> ② 뷰 : 하나 이상의 테이블로부터 유도되어 만들어진 가상 테이블
> ③ 튜플 : 테이블의 한 행을 구성하는 속성들의 집합
> ④ 카디널리티 : 릴레이션에 존재하는 튜플의 개수

정답 46 ④ 47 ② 48 ③ 49 ② 50 ② 51 ①

52
로킹 단위(Locking Granularity)에 대한 설명으로 옳은 것은?

① 로킹 단위가 크면 병행성 수준이 낮아진다.
② 로킹 단위가 크면 병행 제어 기법이 복잡해진다.
③ 로킹 단위가 작으면 로크(lock)의 수가 적어진다.
④ 로킹은 파일 단위로 이루어지며, 레코드와 필드는 로킹 단위가 될 수 없다.

> 로킹 단위가 크면 병행성 수준이 낮아지며, 병행 제어 기법이 간단해짐

53
관계형 데이터베이스에서 다음 설명에 해당하는 키(Key)는?

> 한 릴레이션 내의 속성들의 집합으로 구성된 키로서, 릴레이션을 구성하는 모든 튜플에 대한 유일성은 만족시키지만 최소성은 만족시키지 못한다.

① 후보키   ② 대체키
③ 슈퍼키   ④ 외래키

> ③ 슈퍼키는 유일성만 만족시키지만, 후보키는 유일성과 최소성을 만족시킴
> [오답해설]
> ① 후보키 : 속성 집합으로 구성된 테이블의 각 튜플을 유일하게 식별할 수 있는 속성이나 속성의 조합들을 말함
> ② 대체키 : 기본키를 제외한 후보키들을 말함
> ④ 외래키 : 다른 테이블을 참조하는 데 사용되는 속성을 말함

54
트랜잭션의 주요 특성 중 하나로 둘 이상의 트랜잭션이 동시에 병행 실행되는 경우 어느 하나의 트랜잭션 실행 중에 다른 트랜잭션의 연산이 끼어들 수 없음을 의미하는 것은?

① Log   ② Consistency
③ Isolation   ④ Durability

> 격리성(isolation)
> 연산의 중간결과에 다른 트랜잭션이나 작업이 접근할 수 없다는 의미

55
데이터베이스에서 인덱스(Index)와 관련한 설명으로 틀린 것은?

① 인덱스의 기본 목적은 검색 성능을 최적화하는 것으로 볼 수 있다.
② B-트리 인덱스는 분기를 목적으로 하는 Branch Block을 가지고 있다.
③ BETWEEN 등 범위(Range) 검색에 활용될 수 있다.
④ 시스템이 자동으로 생성하여 사용자가 변경할 수 없다.

> 인덱스(Index)는 시스템에서 자동으로 생성되는 것이 아니라 사용자가 생성/변경할 수 있음

56
SQL문에서 HAVING을 사용할 수 있는 절은?

① LIKE 절
② WHERE 절
③ GROUP BY 절
④ ORDER BY 절

> • GROUP BY 열_이름 [HAVING 조건]
> • HAVING : 그룹에 대한 조건(GROUP BY 사용 시)

57
어떤 릴레이션 R에서 X와 Y를 각각 R의 애트리뷰트 집합의 부분 집합이라고 할 경우 애트리뷰트 X의 값 각각에 대해 시간에 관계없이 항상 애트리뷰트 Y의 값이 오직 하나만 연관되어 있을 때 Y는 X에 함수 종속이라고 한다. 이 함수 종속의 표기로 옳은 것은?

① Y → X   ② Y ⊂ X
③ X → Y   ④ X ⊂ Y

> 어떤 릴레이션에서 속성들의 부분 집합을 X, Y라 할 때, 임의 튜플에서 X의 값이 Y의 값을 함수적으로 결정한다면, Y가 X에 함수적으로 종속되었다고 하고, 기호로는 X → Y 로 표기함

정답 52 ① 53 ③ 54 ③ 55 ④ 56 ③ 57 ③

58

관계대수에 대한 설명으로 틀린 것은?

① 원하는 릴레이션을 정의하는 방법을 제공하며 비절차적 언어이다.
② 릴레이션 조작을 위한 연산의 집합으로 피연산자와 결과가 모두 릴레이션이다.
③ 일반 집합 연산과 순수 관계 연산으로 구분된다.
④ 질의에 대한 해를 구하기 위해 수행해야 할 연산의 순서를 명시한다.

> 관계대수는 릴레이션 조작을 위한 연산의 집합으로 연산자를 이용하여 표현됨(절차적 언어)

59

관계 데이터베이스에 있어서 관계대수 연산이 아닌 것은?

① 디비전(Division)
② 프로젝트(Project)
③ 조인(Join)
④ 포크(Fork)

> • 순수 관계 연산자 : SELECT, PROJECT, JOIN, DIVISION
> • 일반 집합 연산자 : 합집합, 교집합, 차집합, 카티션 프로덕트

60

데이터베이스의 무결성 규정(Integrity Rule)과 관련한 설명으로 틀린 것은?

① 무결성 규정에는 데이터가 만족해야 될 제약 조건, 규정을 참조할 때 사용하는 식별자 등의 요소가 포함될 수 있다.
② 무결성 규정의 대상으로는 도메인, 키, 종속성 등이 있다.
③ 정식으로 허가 받은 사용자가 아닌 불법적인 사용자에 의한 갱신으로부터 데이터베이스를 보호하기 위한 규정이다.
④ 릴레이션 무결성 규정(Relation Integrity Rules)은 릴레이션을 조작하는 과정에서의 의미적 관계(Semantic Relationship)를 명세한 것이다.

> 데이터베이스의 무결성 규정(Integrity Rule)은 권한이 있는 사용자로부터 데이터베이스를 보호하기 위한 규정임

4과목 프로그래밍 언어 활용

61

C Class에 속하는 IP address는?

① 200.168.30.1
② 10.3.2.1 4
③ 225.2.4.1
④ 172.16.98.3

구분	주소 범위	연결 가능한 호스트 개수
A 클래스	0.0.0.0 ~ 127.255.255.255	16,777,214개
B 클래스	128.0.0.0 ~ 191.255.255.255	65,534개
C 클래스	192.0.0.0 ~ 223.255.255.255	254개

클래스별 주소범위와 연결 가능한 호스트 수

62

다음 중 페이지 교체(Page Replacement) 알고리즘이 아닌 것은?

① FIFO(First-In-First-Out)
② LUF(Least Used First)
③ Optimal
④ LRU(Least Recently Used)

> 페이지 교체(Page Replacement) 알고리즘
> FIFO(First-In-First-Out), LRU(Least Recently Used), OPT(최적화 교체, OPTimal replacement)

정답 58 ① 59 ④ 60 ③ 61 ① 62 ②

63 ⭐

다음 JAVA 프로그램이 실행되었을 때의 결과를 쓰시오.

```java
public class ovr {
  public static void main(String[ ] args) {
    int arr[] ;
    int i = 0 ;
    arr = new int[10] ;
    arr[0] = 0 ;
    arr[1] = 1 ;
      while(i < 8) {
        arr[i+2] = arr[i+1] + arr[i] ;
        i++ ;
      }
      System.out.println(arr[9]) ;
  }
}
```

① 13
② 21
③ 34
④ 55

> 문제의 코드에서 조건이 만족할 때 arr[i+2]=arr[i+1]+arr[i] ; 가 수행되어 배열에는 피보나치 수열이 들어감. 배열에는 0번방부터 0 1 1 2 3 5 8 13 21 34가 저장되며 실행 후에 9번방을 출력하여 34가 됨

64

JAVA에서 힙(Heap)에 남아있으나 변수가 가지고 있던 참조값을 잃거나 변수 자체가 없어짐으로써 더 이상 사용되지 않는 객체를 제거해주는 역할을 하는 모듈은?

① Heap Collector
② Garbage Collector
③ Memory Collector
④ Variable Collector

> **Garbage Collector**
> 레퍼런스 변수가 없는 객체를 제거해주는 역할을 수행함

65 ⭐

C 언어에서의 변수 선언으로 틀린 것은?

① int else;
② int Test2;
③ int pc;
④ int True;

> C 언어에서 else는 예약어이므로 식별자의 선언으로 사용될 수 없음

66

모듈 내 구성 요소들이 서로 다른 기능을 같은 시간대에 함께 실행하는 경우의 응집도(Cohesion)는?

① Temporal Cohesion
② Logical Cohesion
③ Coincidental Cohesion
④ Sequential Cohesion

> **시간적 응집도(temporal cohesion)**
> 어느 특정한 시간에 처리되는 몇 개의 기능을 모아 한 모듈로 한 경우, 이들 기능은 시간적인 관계로 결속되는 경우가 됨. 예를 들어, 프로그램의 초기화 모듈이나 프로그램 종료 모듈이 이에 해당됨

67

오류 제어에 사용되는 자동반복 요청방식(ARQ)이 아닌 것은?

① Stop-and-wait ARQ
② Go-back-N ARQ
③ Selective-Repeat ARQ
④ Non-Acknowledge ARQ

> **자동 반복 요청(ARQ : Automatic Repeat reQuest)**
> 통신 경로에서 에러 발생 시 수신측은 에러의 발생을 송신측에 통보하고 송신측은 에러가 발생한 프레임을 재전송함[정지-대기(Stop-and-Wait) ARQ, Go-Back-N ARQ, 선택적 재전송(Selective-Repeat) ARQ, 적응적(Adaptive) ARQ]

정답 63 ③ 64 ② 65 ① 66 ① 67 ④

68

사용자가 요청한 디스크 입·출력 내용이 다음과 같은 순서로 큐에 들어 있을 때 SSTF 스케줄링을 사용한 경우의 처리 순서는? (단, 현재 헤드 위치는 53이고, 제일 안쪽이 1번, 바깥쪽이 200번 트랙이다.)

> 큐의 내용 : 98 183 37 122 14 124 65 67

① 53-65-67-37-14-98-122-124-183
② 53-98-183-37-122-14-124-65-67
③ 53-37-14-65-67-98-122-124-183
④ 53-67-65-124-14-122-37-183-98

SSTF(Shortest Seek Time First)
탐색 거리가 가장 짧은 트랙에 대한 요청을 먼저 서비스하는 기법으로, 디스크 헤드는 현재 요청만을 먼저 처리하므로, 가운데를 집중적으로 서비스함

69

파일 디스크립터(File Descriptor)에 대한 설명으로 틀린 것은?

① 파일 관리를 위해 시스템이 필요로 하는 정보를 가지고 있다.
② 보조기억장치에 저장되어 있다가 파일이 개방(open)되면 주기억장치로 이동된다.
③ 사용자가 파일 디스크립터를 직접 참조할 수 있다.
④ 파일 제어 블록(File Control Block)이라고도 한다.

파일 디스크립터(File Descriptor)
리눅스 혹은 유닉스 계열의 시스템에서 프로세스(process)가 파일(file)을 다룰 때 사용하는 개념으로, 프로세스에서 특정 파일에 접근할 때 사용하는 추상적인 값이며 사용자가 파일 디스크립터를 직접 참조할 수 없음

70

귀도 반 로섬(Guido van Rossum)이 발표한 언어로 인터프리터 방식이자 객체지향적이며, 배우기 쉽고 이식성이 좋은 것이 특징인 스크립트 언어는?

① C++   ② JAVA
③ C#   ④ Python

Python
1991년 Guido van Rossum에 의해 개발된 객체지향 인터프리티드 스크립트 언어. 바이트 코드는 기계에 독립적이어서 다른 하드웨어나 소프트웨어 플랫폼에서 재컴파일없이 수행되며, 보통 멀티패러다임 언어라고 함(매우 간단한 문법을 사용해 사용하기 쉽고 배우기 쉽고, 또 강력한 기능을 갖고 있어 빠른 프로토타입 개발이 가능함)

71

다음 파이썬(Python) 프로그램이 실행되었을 때의 결과는?

```
def cs(n) :
    s = 0
    for num in range(n+1) :
        s += num
    return s

print(cs(11))
```

① 45   ② 55
③ 66   ④ 78

for문에서 range(n+1)은 range(12)가 되어 변수 num은 0에서 11까지 누적합이 되어 66이 출력됨

정답 68 ① 69 ③ 70 ④ 71 ③

72

모듈화(Modularity)와 관련한 설명으로 틀린 것은?

① 소프트웨어의 모듈은 프로그래밍 언어에서 Subroutine, Function 등으로 표현될 수 있다.
② 모듈의 수가 증가하면 상대적으로 각 모듈의 크기가 커지며, 모듈 사이의 상호교류가 감소하여 과부하(Overload) 현상이 나타난다.
③ 모듈화는 시스템을 지능적으로 관리할 수 있도록 해주며, 복잡도 문제를 해결하는 데 도움을 준다.
④ 모듈화는 시스템의 유지보수와 수정을 용이하게 한다.

> 모듈의 수가 증가하면 상대적으로 각 모듈의 크기가 작아지며, 모듈 사이의 상호교류가 증가하여 과부하(Overload) 현상이 나타남

73

192.168.1.0/24 네트워크를 FLSM 방식을 이용하여 4개의 Subnet으로 나누고 IP Subnet-zero를 적용했다. 이때 Subnetting된 네트워크 중 4번째 네트워크의 4번째 사용 가능한 IP는 무엇인가?

① 192.168.1.192
② 192.168.1.195
③ 192.168.1.196
④ 192.168.1.198

> 문제에서 192.168.1.0/24를 사용하므로 호스트 주소는 8비트 사용이 가능하고, 이를 4개로 서브넷팅하므로 4번째 네트워크의 4번째 사용가능한 IP는 192.168.1.196이 됨

74

모듈의 독립성을 높이기 위한 결합도(Coupling)와 관련한 설명으로 틀린 것은?

① 오류가 발생했을 때 전파되어 다른 오류의 원인이 되는 파문 효과(Ripple Effect)를 최소화해야 한다.
② 인터페이스가 정확히 설정되어 있지 않을 경우 불필요한 인터페이스가 나타나 모듈 사이의 의존도는 높아지고 결합도가 증가한다.
③ 모듈들이 변수를 공유하여 사용하게 하거나 제어 정보를 교류하게 함으로써 결합도를 낮추어야 한다.
④ 다른 모듈과 데이터 교류가 필요한 경우 전역변수(Global Variable)보다는 매개변수(Parameter)를 사용하는 것이 결합도를 낮추는 데 도움이 된다.

> 모듈들이 변수를 공유하여 사용하게 하는 것은 공통결합도이고, 제어 정보를 교류하게 하는 것은 제어 결합도임. 결합도를 낮게 하기 위해서는 데이터결합도나 스탬프결합도가 도움이 됨

75

프로세스와 관련한 설명으로 틀린 것은?

① 프로세스가 준비 상태에서 프로세서가 배당되어 실행 상태로 변화하는 것을 디스패치(Dispatch)라고 한다.
② 프로세스 제어 블록(PCB, Process Control Block)은 프로세스 식별자, 프로세스 상태 등의 정보로 구성된다.
③ 이전 프로세스의 상태 레지스터 내용을 보관하고 다른 프로세스의 레지스터를 적재하는 과정을 문맥 교환(Context Switching)이라고 한다.
④ 프로세스는 스레드(Thread) 내에서 실행되는 흐름의 단위이며, 스레드와 달리 주소 공간에 실행 스택(Stack)이 없다.

> 스레드(Thread)는 프로세스 내에서 실행되는 흐름의 단위이며, 다중 스레드 프로세스 모델은 프로세스를 각각의 스레드와 고유의 레지스터, 스택으로 표현, 프로세스 주소 영역을 모든 스레드가 공유함

76

TCP헤더와 관련한 설명으로 틀린 것은?

① 순서번호(Sequence Number)는 전달하는 바이트마다 번호가 부여된다.
② 수신번호확인(Acknowledgement Number)은 상대편 호스트에서 받으려는 바이트의 번호를 정의한다.
③ 체크섬(Checksum)은 데이터를 포함한 세그먼트의 오류를 검사한다.
④ 윈도우 크기는 송수신 측의 버퍼 크기로 최대크기는 32,767bit이다.

> 윈도우 크기는 송수신 측의 버퍼 크기로 최대크기는 65,535bit임

정답 72 ② 73 ③ 74 ③ 75 ④ 76 ④

77

다음 C 언어 프로그램이 실행되었을 때의 결과는?

```
#include <stdio.h>
#include <string.h>
int main(void) {
        char str[50] = "nation";
        char *p2 = "alter";
        strcat(str, p2);
        printf("%s", str);
    return 0;
}
```

① nation
② nationalter
③ alter
④ alternation

> 문제의 코드에서 strcat(str, p2); 는 str에 p2를 연결하는 함수로, 이후에 str을 출력하게 되면 nationalter가 됨

78

다음 중 JAVA에서 우선순위가 가장 낮은 연산자는?

① --
② %
③ &
④ =

우선 순위	명칭	연산자	비고
	JAVA 연산자의 우선 순위		
1	1차 연산자	. [ ] ( )	
2	증감 연산자	++ -- ! ~	←
3	승법 연산자	* / %	→
4	가법 연산자	+ -	→
5	Shift 연산자	<< >>	→
6	관계 연산자	< > <= >=	→
7	등가 연산자	== !=	→
8	bit곱 연산자	&	→
9	bit차 연산자	^	→
10	bit합 연산자	|	→
11	논리곱 연산자	&&	→
12	논리합 연산자	||	→
13	조건 연산자	? :	←
14	대입 연산자	= += -= *= /= %= &= ^= |= >>= <<=	←

79

다음 C 언어 프로그램이 실행되었을 때의 결과는?

```
#include <stdio.h>
int main(void) {
        int a=3, b=4, c=2;
        int r1, r2, r3;

        r1 = b<=4 || c==2;
        r2 = (a>0) && (b<5);
        r3 = !c;

        printf("%d", r1+r2+r3);
        return 0;
}
```

① 0
② 1
③ 2
④ 3

> r1 = b<=4 || c==2; // b<=4 조건이 만족하고, c==2도 만족함. b<=4 || c==2 조건이 만족하므로 r1은 1이 대입됨
> r2 = (a>0) && (b<5); // (a>0) 조건이 만족하고, (b<5)도 만족함. (a>0) && (b<5)조건이 만족하므로 r2는 1이 대입됨
> r3 = !c; // 변수 c의 값은 2이고, !c 수행하여 r3에 0이 대입됨
> printf("%d", r1+r2+r3); // r1+r2+r3 = 1+1+0 = 2

정답 77 ② 78 ④ 79 ③

80

다음 C 언어 프로그램이 실행되었을 때의 결과는?

```
#include <stdio.h>
int main(void) {
int n=4;
int* pt=NULL;
pt=&n;

printf("%d", &n+*pt-*&pt+n);
return 0;
}
```

① 0
② 4
③ 8
④ 12

pt=&n; // 포인터변수 pt에 변수 n의 주소를 저장하여 pt가 n을 가리킴
printf("%d", &n+*pt-*&pt+n); // &n+*pt-*&pt+n의 식은 주소와 값을 연산하고 있지만, &n(변수 n의 주소)는 *&pt에서 같은 주소를 빼고 있으므로 결과적으로 *pt 와 n을 더한 8이 출력됨

5과목 정보시스템 구축관리

81

특정 사이트에 매우 많은 ICMP Echo를 보내면, 이에 대한 응답(Respond)을 하기 위해 시스템 자원을 모두 사용해버려 시스템이 정상적으로 동작하지 못하도록 하는 공격방법은?

① Role-Based Access Control
② Ping Flood
③ Brute-Force
④ Trojan Horses

Ping Flood 공격
특정 사이트에 매우 많은 ICMP Echo를 보내면, 이에 대한 응답(Respond)을 하기 위해 시스템 자원을 모두 사용해버려 시스템이 정상적으로 동작하지 못하도록 하는 공격 방법

82

구글의 구글 브레인 팀이 제작하여 공개한 기계 학습(Machine Learning)을 위한 오픈소스 소프트웨어 라이브러리는?

① 타조(Tajo)
② 원 세그(One Seg)
③ 포스퀘어(Foursquare)
④ 텐서플로(TensorFlow)

④ 텐서플로(TensorFlow) : 구글의 구글 브레인 팀이 제작하여 공개한 기계 학습(Machine Learning)을 위한 오픈소스 소프트웨어 라이브러리로 구글 검색, 광고, 유튜브 등 실제 서비스에 적용됨
[오답해설]
① 타조(Tajo) : 오픈 소스를 기반으로하는 분산 컴퓨팅 플랫폼인 아파치(Apache) 하둡(Hadoop) 기반의 프로젝트
② 원 세그(One Seg) : 일본 디지털 휴대 이동방송 서비스 명칭
③ 포스퀘어(Foursquare) : 위치 기반의 지역 검색 및 추천 서비스이며, 사용자의 위치를 지속적으로 갱신하면서 공유할 수 있는 서비스임

83

비대칭 암호화 방식으로 소수를 활용한 암호화 알고리즘은?

① DES
② AES
③ SMT
④ RSA

공개키 암호방식은 대수학과 계산량 이론을 교묘히 응용한 방식으로 그 안전성은 수학적 문제를 풀기 위한 복잡성을 근거로 하고 있으며, 정수의 소인수분해의 복잡성을 이용하는 것(RSA 암호 등)

84

시스템이 몇 대가 되어도 하나의 시스템에서 인증에 성공하면 다른 시스템에 대한 접근권한도 얻는 시스템을 의미하는 것은?

① SOS
② SBO
③ SSO
④ SOA

SSO(Single Sign On)
단일 사용승인은 하나의 아이디로 여러 사이트를 이용할 수 있는 시스템

정답 80 ③ 81 ② 82 ④ 83 ④ 84 ③

85

오픈소스 웹 애플리케이션 보안 프로젝트로서 주로 웹을 통한 정보 유출, 악성 파일 및 스크립트, 보안 취약점 등을 연구하는 곳은?

① WWW
② OWASP
③ WBSEC
④ ITU

> **OWASP(The Open Web Application Security Project)**
> 오픈소스 웹 애플리케이션 보안 프로젝트로서 주로 웹을 통한 정보 유출, 악성 파일 및 스크립트, 보안 취약점 등을 연구하는 곳

86

생명주기 모형 중 가장 오래된 모형으로 많은 적용 사례가 있지만 요구사항의 변경이 어렵고 각 단계의 결과가 확인되어야 다음 단계로 넘어갈 수 있는 선형 순차적, 고전적 생명 주기 모형이라고도 하는 것은?

① Waterfall Model
② Prototype Model
③ Cocomo Model
④ Spiral Model

> **폭포수형 모형(Waterfall Model)**
> 생명주기 모형 중 가장 오래된 모형으로 많은 적용 사례가 있지만 요구사항의 변경이 어렵고 각 단계의 결과가 확인되어야 다음 단계로 넘어갈 수 있는 선형 순차적, 고전적 생명주기 모형(선형순차 모형, 전형적인 생명주기 모형 : Boehm, 1979)

87

Cocomo model 중 기관 내부에서 개발된 중소규모의 소프트웨어로 일괄 자료 처리나 과학기술계산용, 비즈니스 자료 처리용으로 5만 라인 이하의 소프트웨어를 개발하는 유형은?

① Embeded
② Organic
③ Semi-detached
④ Semi-embeded

> **유기적 모델(organic model)**
> 5만 라인 이하로 소규모 팀이 수행할 수 있는 아주 작고 간단한 소프트웨어 프로젝트

88

다음에서 설명하는 IT 스토리지 기술은?

> - 가상화를 적용하여 필요한 공간만큼 나눠 사용할 수 있도록 하며 서버 가상화와 유사함
> - 컴퓨팅 소프트웨어로 규정하는 데이터 스토리지 체계이며, 일정 조직 내 여러 스토리지를 하나처럼 관리하고 운용하는 컴퓨터 이용 환경
> - 스토리지 자원을 효율적으로 나누어 쓰는 방법으로 이해할 수 있음

① Software Defined Storage
② Distribution Oriented Storage
③ Network Architected Storage
④ Systematic Network Storage

> ① SDS(Software Defined Storage) : 가상화를 적용하여 필요한 공간만큼 나눠 사용할 수 있도록 하며 서버 가상화와 유사함
> [오답해설]
> ③ NAS(Network-Attached Storage) : 컴퓨터 네트워크에 연결된 파일 수준의 컴퓨터 기억장치로, 서로 다른 네트워크 클라이언트에 데이터 접근 권한을 제공함

89

TCP/IP 기반 네트워크에서 동작하는 발행-구독 기반의 메시징 프로토콜로 최근 IoT 환경에서 자주 사용되고 있는 프로토콜은?

① MLFQ
② MQTT
③ Zigbee
④ MTSP

> ② MQTT(Message Queuing Telemetry Transport) : TCP/IP 기반 네트워크에서 동작하는 발행-구독 기반의 메시징 프로토콜로 최근 IoT 환경에서 자주 사용되고 있는 프로토콜
> [오답해설]
> ① MLFQ(Multi-level Feedback Queue) : 다단계 피드백 큐이며, MFQ라고도 함
> ③ Zigbee : IEEE 802.15.4를 기반으로 하며, 저속/저전력의 무선망을 위한 기술

정답 85 ② 86 ① 87 ② 88 ① 89 ②

90
다음 내용이 설명하는 것은?

> 개인과 기업, 국가적으로 큰 위협이 되고 있는 주요 사이버 범죄 중 하나로 Snake, Darkside 등 시스템을 잠그거나 데이터를 암호화해 사용할 수 없도록 하고 이를 인질로 금전을 요구하는 데 사용되는 악성 프로그램

① Format String
② Ransomware
③ Buffer overflow
④ Adware

랜섬웨어(Ransomware)
몸값을 의미하는 Ransom과 소프트웨어(Software)의 합성어로, 시스템을 잠그거나 데이터를 암호화해 사용할 수 없도록 만든 뒤, 이를 인질로 금전을 요구하는 악성 프로그램

91
정보보안을 위한 접근 제어(Access Control)와 관련한 설명으로 틀린 것은?

① 적절한 권한을 가진 인가자만 특정 시스템이나 정보에 접근할 수 있도록 통제하는 것이다.
② 시스템 및 네트워크에 대한 접근 제어의 가장 기본적인 수단은 IP와 서비스 포트로 볼 수 있다.
③ DBMS에 보안 정책을 적용하는 도구인 XDMCP를 통해 데이터베이스에 대한 접근제어를 수행할 수 있다.
④ 네트워크 장비에서 수행하는 IP에 대한 접근 제어로는 관리 인터페이스의 접근제어와 ACL(Access Control List) 등이 있다.

XDMCP(X Display Manager Control Protocol)는 그래픽 환경으로 원격 로그인하는 방법을 제공하는 방식임

92
국내 IT 서비스 경쟁력 강화를 목표로 개발되었으며 인프라 제어 및 관리 환경, 실행 환경, 개발 환경, 서비스 환경, 운영환경으로 구성되어 있는 개방형 클라우드 컴퓨팅 플랫폼은?

① N2OS
② PaaS-TA
③ KAWS
④ Metaverse

② PaaS-TA : 국내 IT 서비스 경쟁력 강화를 목표로 개발되었으며 인프라 제어 및 관리환경, 실행환경, 개발환경, 서비스환경, 운영환경으로 구성되어 있는 개방형 클라우드 컴퓨팅 플랫폼

[오답해설]
① N2OS(Neutralized Network Operating System) : 한국전자통신연구원(ETRI)이 개발한 네트워크 운영체제. 네트워크 운영체제(OS)는 인터넷 패킷을 해석해 장애 요소를 검출하고 최적 장비로 전달함. 네트워크 장비에 탑재되어 하드웨어 자원을 관리하는 핵심 소프트웨어로, 다양한 네트워킹 기술을 적용할 수 있는 개방형 구조 소프트웨어 프레임워크임
④ 메타버스(Metaverse) : 가공, 추상을 의미하는 메타(Meta)와 현실 세계를 의미하는 유니버스(Universe)의 합성어

93
물리적 배치와 상관없이 논리적으로 LAN을 구성하여 Broadcast Domain을 구분할 수 있게 해주는 기술로 접속된 장비들의 성능 향상 및 보안성 증대 효과가 있는 것은?

① VLAN
② STP
③ L2AN
④ ARP

VLAN(Virtual Local Area Network)
물리적 배치와 상관없이 논리적으로 LAN을 구성하여 Broadcast Domain을 구분할 수 있게 해주는 기술로 접속된 장비들의 성능 향상 및 보안성 증대 효과가 있음

정답 90 ② 91 ③ 92 ② 93 ①

94

S/W 각 기능의 원시 코드 라인 수의 비관치, 낙관치, 기대치를 측정하여 예측치를 구하고 이를 이용하여 비용을 산정하는 기법은?

① Effort Per TASK 기법
② 전문가 감정 기법
③ 델파이기법
④ LOC기법

④ LOC(원시코드 라인 수) 기법 : WBS상에서 분해된 각각의 시스템 기능들에 필요한 원시코드 라인 수를 산정함에 있어 PERT의 예측 공식을 이용함
[오답해설]
① Effort Per TASK 기법(개발 단계별 인원수 기법) : 생명주기의 각 단계별로 노력을 산정하여 전체 비용을 예측하는 방식
② 전문가 감정 기법 : 경험이 많은 2인 이상의 전문가에게 프로젝트 비용 산정의 의뢰함
③ 델파이기법 : 전문가 감정 기법의 편견을 줄일 수 있는 방법으로 한 명의 조정자와 여러 명의 전문가가 비용을 산정함

95

소프트웨어 개발 프레임워크와 관련한 설명으로 틀린 것은?

① 반제품 상태의 제품을 토대로 도메인별로 필요한 서비스 컴포넌트를 사용하여 재사용성 확대와 성능을 보장받을 수 있게 하는 개발 소프트웨어이다.
② 개발해야 할 애플리케이션의 일부분이 이미 구현되어 있어 동일한 로직 반복을 줄일 수 있다.
③ 라이브러리와 달리 사용자 코드가 직접 호출하여 사용하기 때문에 소프트웨어 개발 프레임워크가 직접 코드의 흐름을 제어할 수 없다.
④ 생산성 향상과 유지보수성 향상 등의 장점이 있다.

프레임워크를 사용하면 이미 만들어진 코드를 사용하게 되므로 시간과 비용이 절약되어 생산성이 증가됨. 라이브러리와 프레임워크의 가장 큰 차이는 제어 흐름에 대한 주도권이 누구에게 있는가에 있는데, 프레임워크는 전체적인 흐름을 스스로 가지고 있으므로 직접 코드의 흐름을 제어할 수 있음

96

정보 시스템 내에서 어떤 주체가 특정 개체에 접근하려 할 때 양쪽의 보안 레이블(Security Label)에 기초하여 높은 보안 수준을 요구하는 정보(객체)가 낮은 보안 수준의 주체에게 노출되지 않도록 하는 접근 제어 방법은?

① Mandatory Access Control
② User Access Control
③ Discretionary Access Control
④ Data-Label Access Control

① 강제적 접근 통제(MAC : Mandatory Access Control) : 주체와 객체의 등급을 비교하여 접근 권한을 부여하는 접근 통제이며, 모든 객체는 비밀성을 지니고 있다고 보고 객체에 보안 레벨을 부여함
[오답해설]
③ 임의적 접근 통제(DAC : Discretionary Access Control) : 주체가 속해 있는 그룹의 신원에 근거하여 객체에 대한 접근을 제한하는 방법으로 객체의 소유자가 접근 여부를 결정함

97

소프트웨어 생명주기 모형 중 Spiral Model에 대한 설명으로 틀린 것은?

① 비교적 대규모 시스템에 적합하다.
② 개발 순서는 계획 및 정의, 위험 분석, 공학적 개발, 고객 평가 순으로 진행된다.
③ 소프트웨어를 개발하면서 발생할 수 있는 위험을 관리하고 최소화하는 것을 목적으로 한다.
④ 계획, 설계, 개발, 평가의 개발 주기가 한 번만 수행된다.

나선형 모형(spiral model)
폭포수 모델과 프로토타이핑 모델의 장점을 수용하고, 새로운 요소인 위험분석을 추가한 진화적 개발 모델로 계획수립, 위험분석, 개발, 사용자 평가의 과정을 반복적으로 수행함

정답 94 ④ 95 ③ 96 ① 97 ④

98

SQL Injection 공격과 관련한 설명으로 틀린 것은?

① SQL Injection은 임의로 작성한 SQL 구문을 애플리케이션에 삽입하는 공격방식이다.
② SQL Injection 취약점이 발생하는 곳은 주로 웹 애플리케이션과 데이터베이스가 연동되는 부분이다.
③ DBMS의 종류와 관계없이 SQL Injection 공격 기법은 모두 동일하다.
④ 로그인과 같이 웹에서 사용자의 입력값을 받아 데이터베이스 SQL문으로 데이터를 요청하는 경우 SQL Injection을 수행할 수 있다.

> - SQL Injection 공격 기법은 SQL문을 삽입시켜서 비정상적 동작을 하게끔 만드는 것으로 DBMS의 종류에 따라 삽입시켜야 하는 SQL문은 달라져야 함
> - SQL Injection 공격 : 사용자 입력값이나 URL 요청 등에 포함되는 파라미터(parameter)에 악의적인 시스템 명령 또는 SQL 구문을 삽입하여 공격하는 기법으로 주로 로그인, 데이터베이스 열람, 데이터베이스 시스템 명령 권한 획득 등의 공격을 하게 됨

99

침입탐지 시스템(IDS : Intrusion Detection System)과 관련한 설명으로 틀린 것은?

① 이상 탐지 기법(Anomaly Detection)은 Signature Base나 Knowledge Base라고도 불리며 이미 발견되고 정립된 공격 패턴을 입력해두었다가 탐지 및 차단한다.
② HIDS(Host-Based Intrusion Detection)는 운영체제에 설정된 사용자 계정에 따라 어떤 사용자가 어떤 접근을 시도하고 어떤 작업을 했는지에 대한 기록을 남기고 추적한다.
③ NIDS(Network-Based Intrusion Detection System)로는 대표적으로 Snort가 있다.
④ 외부 인터넷에 서비스를 제공하는 서버가 위치하는 네트워크인 DMZ(Demilitarized Zone)에는 IDS가 설치될 수 있다.

> **오용(misuse) 침입탐지 기법**
> Signature Base나 Knowledge Base라고도 불리며 이미 발견되고 정립된 공격 패턴을 입력해두었다가 탐지 및 차단함

100

시스템에 저장되는 패스워드들은 Hash 또는 암호화 알고리즘의 결과값으로 저장된다. 이때 암호공격을 막기 위해 똑같은 패스워드들이 다른 암호 값으로 저장되도록 추가되는 값을 의미하는 것은?

① Pass flag
② Bucket
③ Opcode
④ Salt

> **솔트(salt) 사용**
> 솔트는 공개되어 있는 랜덤값으로 패스워드의 해시값 생성 시 함께 사용되며, 솔트를 사용하면 접근 권한을 얻으려는 공격자가 수행하는 해시함수 연산 횟수가 증가하여, 보다 안전한 패스워드 인증 방식이 됨

정답 98 ③ 99 ① 100 ④

2022년 1회 | 공개기출문제

1과목 소프트웨어 설계

01

User Interface 설계 시 오류 메시지나 경고에 관한 지침으로 가장 거리가 먼 것은?

① 메시지는 이해하기 쉬워야 한다.
② 오류로부터 회복을 위한 구체적인 설명이 제공되어야 한다.
③ 오류로 인해 발생 될 수 있는 부정적인 내용을 적극적으로 사용자들에게 알려야 한다.
④ 소리나 색의 사용을 줄이고 텍스트로만 전달하도록 한다.

- UI 설계 시 최대한 쉽게 확인 가능하도록 텍스트로만 전달하는 것이 아니라, 소리나 색을 사용해야 함
- UI 기본원칙

기본원칙	내용
직관성(Intuitiveness)	누구나 쉽게 이해하고 사용할 수 있도록 제작
유효성(Efficiency)	정확하고 완벽하게 사용자의 목표가 달성될 수 있도록 제작
학습성(Learnability)	초보와 숙련자 모두가 쉽게 배우고 사용할 수 있게 제작
유연성(Flexibility)	사용자의 인터랙션을 최대한 포용하고, 실수를 방지할 수 있도록 제작

02 ★빈출

다음 중 애자일(Agile) 소프트웨어 개발에 대한 설명으로 틀린 것은?

① 공정과 도구보다 개인과의 상호작용을 더 가치 있게 여긴다.
② 동작하는 소프트웨어보다는 포괄적인 문서를 가치 있게 여긴다.
③ 계약 협상보다는 고객과의 협력을 가치 있게 여긴다.
④ 계획을 따르기보다 변화에 대응하기를 가치 있게 여긴다.

- 애자일 소프트웨어 개발에서는 전반적인 문서화보다는 제대로 작동하는 소프트웨어를 만들어야 함
- 애자일의 특성
  - Predictive라기보다 Adaptive(가변적 요구사항에 대응)함
  - 프로세스 중심이 아닌 사람 중심(책임감이 있는 개발자와 전향적인 고객)
  - 전반적인 문서화보다는 제대로 작동하는 소프트웨어를 만들어야 함
  - 계약 협상보다는 고객 협력이 중요함
  - 계획을 따르기보다는 변화에 응대함
  - 모든 경우에 적용되는 것이 아니고 중소형, 아키텍처 설계, 프로토타이핑에 적합함

03

소프트웨어 설계에서 요구사항 분석에 대한 설명으로 틀린 것은?

① 소프트웨어가 무엇을 해야 하는가를 추적하여 요구사항 명세를 작성하는 작업이다.
② 사용자의 요구를 추출하여 목표를 정하고 어떤 방식으로 해결할 것인지 결정하는 단계이다.
③ 소프트웨어 시스템이 사용되는 동안 발견되는 오류를 정리하는 단계이다.
④ 소프트웨어 개발의 출발점이면서 실질적인 첫 번째 단계이다.

- 요구사항 분석은 사용자의 요구사항을 분석하는 단계임
- 소프트웨어 시스템이 사용되는 동안 발견되는 오류를 수정하는 것은 유지보수 단계에서의 활동임

정답 01 ④ 02 ② 03 ③

04

객체지향 기법에서 상위 클래스의 메소드와 속성을 하위 클래스가 물려받는 것을 의미하는 것은?

① Abstraction
② Polymorphism
③ Encapsulation
④ Inheritance

- 상속(Inheritance) : 상위 클래스의 메소드와 속성을 하위 클래스에서 물려받는 것
- 상속성
  - 새로운 클래스를 정의할 때 기존의 클래스들의 속성을 상속받고 필요한 부분을 추가하는 방법
  - 높은 수준의 개념은 낮은 수준의 개념으로 특정화됨
  - 상속은 하위 계층은 상위 계층의 특수화(specialization) 계층이 되며, 상위 계층은 하위 계층의 일반화(generalization) 계층이 됨

05

설계 기법 중 하향식 설계 방법과 상향식 설계 방법에 대한 비교 설명으로 가장 옳지 않은 것은?

① 하향식 설계에서는 통합 검사 시 인터페이스가 이미 정의되어 있어 통합이 간단하다.
② 하향식 설계에서 레벨이 낮은 데이터 구조의 세부 사항은 설계 초기 단계에서 필요하다.
③ 상향식 설계는 최하위 수준에서 각각의 모듈들을 설계하고 이러한 모듈이 완성되면 이들을 결합하여 검사한다.
④ 상향식 설계에서는 인터페이스가 이미 성립되어 있지 않더라도 기능 추가가 쉽다.

상향식 설계는 최하위 수준에서 각각의 모듈들을 설계하고 이러한 모듈이 완성되면 이들을 결합하여 검사하며, 인터페이스가 성립되어 있어야 기능 추가를 쉽게 할 수 있음

06 ★

자료흐름도(DFD)의 각 요소별 표기 형태의 연결이 옳지 않은 것은?

① Process : 원
② Data Flow : 화살표
③ Data Store : 삼각형
④ Terminator : 사각형

자료 흐름도의 구성
- 프로세스(process) : 원
- 흐름(data flow) : 화살표
- 자료 저장소(data store) : 이중 평행선
- 단말(terminator) : 사각형

07

소프트웨어 개발에 이용되는 모델(Model)에 대한 설명 중 거리가 먼 것은?

① 모델은 개발 대상을 추상화하고 기호나 그림 등으로 시각적으로 표현한다.
② 모델을 통해 소프트웨어에 대한 이해도를 향상시킬 수 있다.
③ 모델을 통해 이해 당사자 간의 의사소통이 향상된다.
④ 모델을 통해 향후 개발될 시스템의 유추는 불가능하다.

소프트웨어 개발에 이용되는 모델에 의해 개발 대상을 추상화하고 시각적으로 표현할 수 있으며, 향후 개발될 시스템의 유추가 가능함

08

다음의 설명에 해당하는 언어는?

객체지향 시스템을 개발할 때 산출물을 명세화, 시각화, 문서화하는 데 사용된다. 즉, 개발하는 시스템을 이해하기 쉬운 형태로 표현하여 분석가, 의뢰인, 설계자가 효율적인 의사소통을 할 수 있게 해준다. 따라서, 개발 방법론이나 개발 프로세스가 아니라 표준화된 모델링 언어이다.

① JAVA
② C
③ UML
④ Python

UML(Unified Modeling Language)
- 시스템의 여러 다양한 특성을 표현할 수 있는 방법이 있으며, 객체지향 분석/설계 표현 방법에 대한 표준으로 받아들여지고 있음
- 객체지향 분석/설계용의 모델링 언어이며, 종래의 객체지향 방법론과 함께 제안되어 모델링 언어 표기법의 표준화를 목적으로 한 것

정답: 04 ④ 05 ④ 06 ③ 07 ④ 08 ③

09

다음 내용이 설명하는 UI설계 도구는?

- 디자인, 사용방법설명, 평가 등을 위해 실제 화면과 유사하게 만든 정적인 형태의 모형
- 시각적으로만 구성 요소를 배치하는 것으로 일반적으로 실제로 구현되지는 않음

① 스토리보드(Storyboard)
② 목업(Mockup)
③ 프로토타입(Prototype)
④ 유스케이스(Usecase)

> ② 목업(Mockup) : 실물과 흡사한 정적인 형태의 모형. 시각적으로만 구성 요소를 배치하는 것으로 일반적으로 실제로 구현되지는 않음
> [오답해설]
> ① 스토리보드(Storyboard) : 정책, 프로세스, 와이어프레임, 디스크립션 등이 모두 포함된 설계 문서
> ③ 프로토타입(Prototype) : 다양한 인터랙션이 결합되어 실제 서비스처럼 작동하는 모형

10

애자일(Agile) 기법 중 스크럼(Scrum)과 관련된 용어에 대한 설명이 틀린 것은?

① 스크럼 마스터(Scrum Master)는 스크럼 프로세스를 따르고, 팀이 스크럼을 효과적으로 활용할 수 있도록 보장하는 역할 등을 맡는다.
② 제품 백로그(Product Backlog)는 스크럼 팀이 해결해야 하는 목록으로 소프트웨어 요구사항, 아키텍처 정의 등이 포함될 수 있다.
③ 스프린트(Sprint)는 하나의 완성된 최종 결과물을 만들기 위한 주기로 3달 이상의 장기간으로 결정된다.
④ 속도(Velocity)는 한 번의 스프린트에서 한 팀이 어느 정도의 제품 백로그를 감당할 수 있는지에 대한 추정치로 볼 수 있다.

> 스크럼
> - 30일마다 동작 가능한 제품을 제공하는 스프린트를 중심으로 하고 있음
> - 매일 정해진 시간에 정해진 장소에서 짧은 시간의 개발을 하는 팀을 위한, 프로젝트 관리 중심의 방법론

11

UML 다이어그램 중 정적 다이어그램이 아닌 것은?

① 컴포넌트 다이어그램
② 배치 다이어그램
③ 순차 다이어그램
④ 패키지 다이어그램

> - 순차 다이어그램(Sequence Diagram)은 정적인 구조를 표현하는 다이어그램이 아니고, 동적인 행위를 표현하는 다이어그램임
> - UML 다이어그램의 종류
>   - 구조적 다이어그램 : Class Diagram, Object Diagram, Component Diagram, Deployment Diagram, Composite Diagram, Package Diagram
>   - 행위 다이어그램 : Use Case Diagram, Sequence Diagram, State Diagram, Activity Diagram, Timing Diagram, Communication Diagram

12

LOC기법에 의하여 예측된 총 라인 수가 36,000라인, 개발에 참여할 프로그래머가 6명, 프로그래머들의 평균 생산성이 월간 300라인일 때 개발에 소요되는 기간을 계산한 결과로 가장 옳은 것은?

① 5개월
② 10개월
③ 15개월
④ 20개월

> - 노력(인월) = LOC/1인당 월평균 생산코드 라인 수
>   = 36,000/300 = 120
> - 개발 기간 = 노력(인월)/투입 인원 = 120/6 = 20개월

정답 09 ② 10 ③ 11 ③ 12 ④

13

클래스 설계원칙에 대한 바른 설명은?

① 단일 책임원칙 : 하나의 클래스만 변경 가능해야 한다.
② 개방-폐쇄의 원칙 : 클래스는 확장에 대해 열려 있어야 하며 변경에 대해 닫혀 있어야 한다.
③ 리스코프 교체의 원칙 : 여러 개의 책임을 가진 클래스는 하나의 책임을 가진 클래스로 대체되어야 한다.
④ 의존관계 역전의 원칙 : 클라이언트는 자신이 사용하는 메소드와 의존관계를 갖지 않도록 해야 한다.

> ② OCP(Open-Closed Principle, 개방폐쇄 원칙) : 클래스는 확장에 대해 열려 있어야 하고 변경에 대해 닫혀 있어야 하며, 기존 코드를 변경하지 않으면서 기능을 추가할 수 있도록 설계되어야 함
> [오답해설]
> ① SRP(Single Responsibility Principle, 단일 책임의 원칙) : '무엇을'과 '어떻게'를 분리하여 변경을 국지화시키며, 객체는 하나의 책임(변경의 축)만을 가져야 함
> ③ LSP(Liskov Substitution Principle, 리스코프 대체 원칙) : 기반 클래스는 파생 클래스로 대체 가능해야 함
> ④ DIP(Dependency Inversion Principle, 의존관계 역전의 원칙) : 클라이언트는 구체 클래스가 아닌 인터페이스에 의존하여 변화에 대처하며, 클라이언트는 구체 클래스의 변화에 대해 알지 못해도 됨

14 ★

GoF(Gangs of Four) 디자인 패턴에서 생성(Creational) 패턴에 해당하는 것은?

① 컴포지트(Composite)
② 어댑터(Adapter)
③ 추상 팩토리(Abstract Factory)
④ 옵서버(Observer)

> • 생성관련 패턴(Creational Pattern) : 빌더(Builder), 프로토타입(Prototype), 싱글턴(Singleton), 추상 팩토리(Abstract Factory), 팩토리 메소드(Factory Method) 패턴 등
> [오답해설]
> ① 컴포지트(Composite) : 구조화 패턴
> ② 어댑터(Adapter) : 구조화 패턴
> ④ 옵저버(Observer) : 행위 패턴

15

아키텍처 설계과정이 올바른 순서로 나열된 것은?

> ㉮ 설계 목표 설정
> ㉯ 시스템 타입 결정
> ㉰ 스타일 적용 및 커스터마이즈
> ㉱ 서브시스템의 기능, 인터페이스 동작 작성
> ㉲ 아키텍처 설계 검토

① ㉮ → ㉯ → ㉰ → ㉱ → ㉲
② ㉲ → ㉮ → ㉯ → ㉱ → ㉰
③ ㉮ → ㉲ → ㉯ → ㉱ → ㉰
④ ㉮ → ㉯ → ㉰ → ㉲ → ㉱

> • 아키텍처 설계과정 : 설계 목표 설정 → 시스템 타입 결정 → 스타일 적용 및 커스터마이즈 → 서브시스템의 기능, 인터페이스 동작 작성 → 아키텍처 설계 검토
> • 소프트웨어 아키텍처
>   - 소프트웨어 컴포넌트들과 그들의 외부적으로 보여지는 특성으로 그들 상호 간의 관계들로 구성되는 해당 시스템의 구조 또는 구조들
>   - 소프트웨어의 골격이 되는 기본구조이고, 품질특성과 개발진행방법에 영향을 주며, 소프트웨어 개발을 성공으로 이끌기 위한 중요한 역할을 수행함

16

사용자 인터페이스를 설계할 경우 고려해야 할 가이드라인과 가장 거리가 먼 것은?

① 심미성을 사용성보다 우선하여 설계해야 한다.
② 효율성을 높이게 설계해야 한다.
③ 발생하는 오류를 쉽게 수정할 수 있어야 한다.
④ 사용자에게 피드백을 제공해야 한다.

> • 심미성은 제품을 디자인하고 만들기 위한 설계의 기본 요소 중 하나이며, 색상이나 디자인, 외관의 미적 기능을 말함
> • 사용자 인터페이스는 심미성보다 사용성을 우선하여 설계해야 함

정답 13 ② 14 ③ 15 ① 16 ①

17
소프트웨어 설계에서 자주 발생하는 문제에 대한 일반적이고 반복적인 해결 방법을 무엇이라고 하는가?

① 모듈 분해
② 디자인 패턴
③ 연관 관계
④ 클래스 도출

디자인 패턴
- UML과 같은 일종의 설계기법이며, UML이 전체 설계도면을 설계한다면, Design Pattern은 설계방법을 제시함
- 객체지향 소프트웨어 시스템 디자인 과정에서 자주 접하게 되는 디자인 문제에 대한 기존의 시스템에 적용되어 검증된 해법의 재사용성을 높여 쉽게 적용할 수 있도록 하는 방법론
- 패턴은 여러 가지 상황에 적용될 수 있는 템플릿과 같은 것이며, 문제에 대한 설계를 추상적으로 표현한 것
- 패턴(Pattern)은 90년대 초반 Erich Gamma에 의해 첫 소개된 이후 95년에 Gamma, Helm, John, Vlissides 네 사람에 의해 집대성되었고, 디자인패턴(Design Pattern)이라는 것이 널리 알려졌음

18 ⭐
객체지향 분석기법의 하나로 객체 모형, 동적 모형, 기능 모형의 3개 모형을 생성하는 방법은?

① Wirfs-Block Method
② Rumbaugh Method
③ Booch Method
④ Jacobson Method

Rumbaugh의 OMT(Object Modeling Technique) 기법
- 객체 모형화(object modeling) : 객체들을 식별하고 객체들 간의 관계를 정의
- 동적 모형화(dynamic modeling) : 시스템이 시간 흐름에 따라 변화하는 것을 보여주는 상태 다이어그램(state diagram)을 작성
- 기능 모형화(function modeling) : 시스템 내에서 데이터가 변하는 과정을 나타내며, 자료 흐름도(DFD)를 이용

19
입력되는 데이터를 컴퓨터의 프로세서가 처리하기 전에 미리 처리하여 프로세서가 처리하는 시간을 줄여주는 프로그램이나 하드웨어를 말하는 것은?

① EAI
② FEP
③ GPL
④ Duplexing

FEP(front-end processor)
입력되는 데이터를 컴퓨터의 프로세서가 처리하기 전에 미리 처리하여 프로세서가 처리하는 시간을 줄여주는 프로그램이나 하드웨어를 말함

20 ⭐
객체지향 개념 중 하나 이상의 유사한 객체들을 묶어 공통된 특성을 표현한 데이터 추상화를 의미하는 것은?

① Method
② Class
③ Field
④ Message

클래스(class)
- 공통된 행위와 특성을 갖는 객체의 집합
- 클래스라는 개념은 객체 타입으로 구현된 소프트웨어를 의미하며, 클래스는 동일한 타입의 객체들의 메소드와 변수들을 정의하는 템플릿(templete)임

[오답해설]
① 메소드 : 객체가 어떻게 동작하는지를 규정하고 속성의 값을 변경시킴. 메소드는 메시지에 의해 불리어질 수 있는 제어와 절차적 구성 요소임
④ 메시지 : 한 객체가 다른 객체의 메소드를 부르는 과정으로, 외부에서 하나의 객체에 보내지는 메소드의 요구이며, 일반 프로그래밍 과정에서 함수 호출에 해당됨

정답 17 ② 18 ② 19 ② 20 ②

2과목 소프트웨어 개발

21
클린 코드(Clean Code)를 작성하기 위한 원칙으로 틀린 것은?

① 추상화 : 하위 클래스/메소드/함수를 통해 애플리케이션의 특성을 간략하게 나타내고, 상세 내용은 상위 클래스/메소드/함수에서 구현한다.
② 의존성 : 다른 모듈에 미치는 영향을 최소화하도록 작성한다.
③ 가독성 : 누구든지 읽기 쉽게 코드를 작성한다.
④ 중복성 : 중복을 최소화 할 수 있는 코드를 작성한다.

- 추상화 : 상위 클래스/메소드/함수에서는 간략하게 애플리케이션의 특성을 나타내고, 상세 내용은 하위 클래스/메소드/함수에서 구현함
- 클린 코드 작성 원칙
  - 가독성 : 누구든지 코드를 쉽게 읽을 수 있도록 작성함
  - 단순성 : 코드를 간단하게 작성함. 한 번에 한 가지를 처리하도록 코드를 작성하고 클래스/메소드/함수 등을 최소 단위로 분리함
  - 의존성 배제 : 코드가 다른 모듈에 미치는 영향을 최소화하도록 작성하며, 코드 변경 시 다른 부분에 영향이 없도록 작성함
  - 중복성 최소화 : 중복을 최소화할 수 있는 코드를 작성하며, 중복된 코드는 삭제하고 공통된 코드를 사용함
  - 추상화 : 상위 클래스/메소드/함수에서는 간략하게 애플리케이션의 특성을 나타내고, 상세 내용은 하위 클래스/메소드/함수에서 구현함

22 ⭐
단위 테스트에서 테스트의 대상이 되는 하위 모듈을 호출하고, 파라미터를 전달하는 가상의 모듈로 상향식 테스트에 필요한 것은?

① 테스트 스텁(Test Stub)
② 테스트 드라이버(Test Driver)
③ 테스트 슈트(Test Suites)
④ 테스트 케이스(Test Case)

테스트 드라이버(Test Driver)
시험사례를 입력받고, 시험을 위해 받은 자료를 모듈로 넘기고, 관련된 결과를 출력하는 메인 프로그램

23
스택(Stack)에 대한 옳은 내용으로만 나열된 것은?

㉠ FIFO 방식으로 처리된다.
㉡ 순서 리스트의 뒤(Rear)에서 노드가 삽입되며, 앞(Front)에서 노드가 제거된다.
㉢ 선형 리스트의 양쪽 끝에서 삽입과 삭제가 모두 가능한 자료 구조이다.
㉣ 인터럽트 처리, 서브루틴 호출 작업 등에 응용된다.

① ㉠, ㉡
② ㉡, ㉢
③ ㉣
④ ㉠, ㉡, ㉢, ㉣

스택
- 보통 제한된 구조로 원소의 삽입과 삭제가 한쪽(top)에서만 이루어지는 유한 순서 리스트
- 스택의 구조는 LIFO(Last In First Out)로 되어 있으며, 마지막에 삽입한 원소를 제일 먼저 삭제함
- 마치 항아리와 같이 위쪽의 출입구가 동일하다고 할 수 있으므로 가장 나중에 들어간 것이 가장 먼저 꺼내지고, 이를 후입선출이라고도 함
- 배열로 구현하는 방법은 간단하지만, 크기가 고정됨
- 연결리스트로 구현하면 상대적으로 복잡하지만, 크기를 가변적으로 할 수 있음
- 스택의 응용 : 수식계산, 복귀주소관리, 순환식, 퀵 정렬, 깊이 우선 탐색, 이진트리 운행

24
소프트웨어 모듈화의 장점이 아닌 것은?

① 오류의 파급 효과를 최소화한다.
② 기능의 분리가 가능하여 인터페이스가 복잡하다.
③ 모듈의 재사용 가능으로 개발과 유지보수가 용이하다.
④ 프로그램의 효율적인 관리가 가능하다.

소프트웨어 모듈화가 잘되었다고 평가하면 모듈의 재사용성이 높아지고, 오류의 파급 효과가 최소화됨. 하지만 기능을 작게 분할하여 모듈의 개수가 많아지면 인터페이스가 복잡해질 수 있는 단점이 있을 수 있음

정답 21 ① 22 ② 23 ③ 24 ②

25

소프트웨어 프로젝트 관리에 대한 설명으로 가장 옳은 것은?

① 개발에 따른 산출물 관리
② 소요 인력은 최대화하되 정책 결정은 신속하게 처리
③ 주어진 기간은 연장하되 최소의 비용으로 시스템을 개발
④ 주어진 기간 내에 최소의 비용으로 사용자를 만족시키는 시스템을 개발

> 소프트웨어 프로젝트 관리를 성공적으로 수행하면 주어진 기간 내에 납기지연 없이 최소의 비용으로 높은 품질의 시스템을 개발할 수 있음

26

정형 기술 검토(FTR)의 지침으로 틀린 것은?

① 의제를 제한한다.
② 논쟁과 반박을 제한한다.
③ 문제 영역을 명확히 표현한다.
④ 참가자의 수를 제한하지 않는다.

> - 정형 검토 회의(FTR)는 의제와 논쟁/반박을 제한하며, 참가자의 수도 제한함
> - 정형 검토 회의(Formal Technical Review) : 수정 완료된 형상 객체의 기술적인 정확성에 초점을 두며, 검토자들은 SCI를 산정하여 다른 SCI와의 일관 혹은 잠재적인 부작용 유무를 검토함

27

소프트웨어 재공학의 주요 활동 중 기존 소프트웨어 시스템을 새로운 기술 또는 하드웨어 환경에서 사용할 수 있도록 변환하는 작업을 의미하는 것은?

① Analysis
② Migration
③ Restructuring
④ Reverse Engineering

> - 이식(Migration) : 기존 소프트웨어 시스템을 새로운 기술 환경(플랫폼, 운영체제, 하드웨어 등)으로 옮기는 작업을 의미함
> - 소프트웨어 재공학
>   - 일반적으로 소프트웨어 개발자들이 언제나 과거에 비해 향상된 품질의 소프트웨어를 개발한다고 아무도 장담하지 못할 뿐만 아니라 기존 소프트웨어와의 호환성이 100% 보장되지 않고서야 이미 구축된 데이터 및 사용자교육들에 미치는 영향 때문에 쉽게 소프트웨어의 교체 결정을 내릴 수도 없음. 또한 기존의 소프트웨어에 대한 만족도와 미련이 얼마나 크건 간에 새로운 소프트웨어로 변환하기 힘든 것도 기술적 현실임
>   - 그러므로 소프트웨어에서는 기존의 소프트웨어를 수명연장이라는 목적을 위해 가능한 한 효과적으로 사용할 수밖에 없다는 것임
>   - 그래서 등장한 개념이 소프트웨어 재공학(Software Re-engineering)이며, 소프트웨어 재공학의 개념 체계를 이루는 기술로 개조(Restructuring)가 있고 최근에는 역공학(Reverse Engineering)의 필요성도 대두되고 있음

28

정보시스템 개발 단계에서 프로그래밍 언어 선택 시 고려할 사항으로 가장 거리가 먼 것은?

① 개발 정보시스템의 특성
② 사용자의 요구사항
③ 컴파일러의 가용성
④ 컴파일러의 독창성

> 정보시스템 개발 단계에서 프로그래밍 언어 선택 시 고려할 사항으로 컴파일러는 독창적인 특징을 갖는 것은 좋지 않고, 일반성을 가지고 있는 것이 사용이 용이함

정답 25 ④ 26 ④ 27 ② 28 ④

29

소프트웨어 패키징에 대한 설명으로 틀린 것은?

① 패키징은 개발자 중심으로 진행한다.
② 신규 및 변경 개발 소스를 식별하고, 이를 모듈화하여 상용제품으로 패키징한다.
③ 고객의 편의성을 위해 매뉴얼 및 버전관리를 지속적으로 한다.
④ 범용 환경에서 사용이 가능하도록 일반적인 배포 형태로 패키징이 진행된다.

- 소프트웨어 패키징은 사용자 중심으로 진행함
- 패키징
  - 프로그램 제작자가 최종사용자가 사용할 프로그램을 다양한 환경에서 쉽게 자동으로 설치(업데이트/삭제 가능)할 수 있게 패키지를 만들어 배포하는 과정을 말함(매뉴얼 포함)
  - 개발이 완료된 제품 소프트웨어를 고객에게 전달하기 위한 형태로 패키징하고, 설치와 사용에 필요한 제반 절차 및 환경 등 전체 내용을 포함하는 매뉴얼을 작성하며, 제품 소프트웨어에 대한 패치 개발과 업그레이드를 위해 버전관리를 수행할 수 있음

30 빈출

자료 구조의 분류 중 선형구조가 아닌 것은?

① 트리　　　　② 리스트
③ 스택　　　　④ 데크

- 트리와 그래프는 비선형구조임
- 선형구조 : 데이터 항목 사이의 관계가 1:1이며, 선후 관계가 명확하게 한 개의 선의 형태를 갖는 리스트 구조임(배열, 리스트, 스택, 큐, 데크)

31

아주 오래되거나 참고문서 또는 개발자가 없어 유지보수 작업이 아주 어려운 프로그램을 의미하는 것은?

① Title Code　　　② Source Code
③ Object Code　　④ Alien Code

외계인 코드는 개발이 되고 아주 오래되었거나, 참고문서 또는 개발에 참여했던 개발진을 찾을 수 없는 가독성이 매우 낮은 코드를 말함

32

소프트웨어를 재사용함으로써 얻을 수 있는 이점으로 가장 거리가 먼 것은?

① 생산성 증가
② 프로젝트 문서 공유
③ 소프트웨어 품질 향상
④ 새로운 개발 방법론 도입 용이

- 소프트웨어 재사용과 새로운 개발 방법론 도입은 아무런 관련이 없음
- 소프트웨어 재사용
  - 기존의 기능 및 품질을 인정받은 소프트웨어의 전체 혹은 일부분을 재사용하여 새로 개발되는 소프트웨어의 질을 높이고 생산성을 향상시켜 개발시간과 비용을 감소시키는 소프트웨어 위기의 해결책
  - 기존의 소프트웨어를 사용하여 새로운 소프트웨어를 작성하여 개발의 수고를 삭감하며, 소프트웨어 생산성을 향상시키는 방법
  - 소프트웨어를 부품화하여 관리하고 이들 부품 가운데서 새로운 소프트웨어 개발에 사용할 수 있는 것을 선택하여 사용함

33

인터페이스 간의 통신을 위해 이용되는 데이터 포맷이 아닌 것은?

① AJTML　　　② JSON
③ XML　　　　④ YAML

- JSON(JavaScript Object Notation) : 속성-값 쌍(attribute-value pairs and array data types (or any other serializable value)) 또는 "키-값 쌍"으로 이루어진 데이터 오브젝트를 전달하기 위해 인간이 읽을 수 있는 텍스트를 사용하는 개방형 표준 형식. 비동기 브라우저/서버 통신 (AJAX)을 위해, 넓게는 XML(AJAX가 사용)을 대체하는 주요 데이터 포맷
- XML(eXtensible Markup Language) : W3C에서 다른 특수 목적의 마크업 언어를 만드는 용도에서 권장되는 다목적 마크업 언어. XML은 주로 다른 시스템, 특히 플랫폼과 상관없이 인터넷에 연결된 시스템끼리 데이터를 쉽게 주고받을 수 있게 함
- YAML : XML, C, 파이썬, 펄, RFC2822에서 정의된 e-mail 양식에서 개념을 얻어 만들어진 '사람이 쉽게 읽을 수 있는' 데이터 직렬화 양식. YAML이라는 이름은 "YAML은 마크업 언어가 아니다 (YAML Ain't Markup Language)"라는 재귀적인 이름에서 유래되었으며, 원래 YAML의 의미는 "또 다른 마크업 언어 (Yet Another Markup Language)"였으나, YAML의 핵심은 문서 마크업이 아닌 데이터 중심에 있다는 것을 보여주기 위해 이름이 변경되었음

정답　29 ①　30 ①　31 ④　32 ④　33 ①

34

프로그램 설계도의 하나인 NS Chart에 대한 설명으로 가장 거리가 먼 것은?

① 논리의 기술에 중점을 두고 도형을 이용한 표현 방법이다.
② 이해하기 쉽고 코드 변환이 용이하다.
③ 화살표나 GOTO를 사용하여 이해하기 쉽다.
④ 연속, 선택, 반복 등의 제어 논리 구조를 표현한다.

> NS 차트는 설계도에서 화살표를 사용하지 않으므로 무조건 분기가 제거되고, 순차/선택/반복의 제어구조를 가짐

35

순서가 A, B, C, D로 정해진 입력자료를 push, push, pop, push, push, pop, pop, pop 순서로 스택연산을 수행하는 경우 출력 결과는?

① B D C A
② A B C D
③ B A C D
④ A B D C

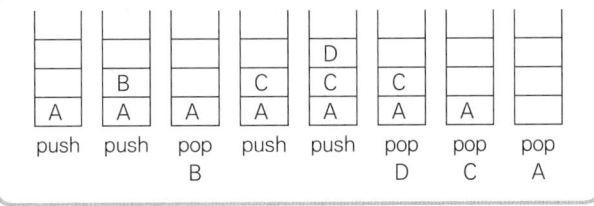

36

분할 정복(Divide and Conquer)에 기반한 알고리즘으로 피벗(pivot)을 사용하며 최악의 경우 $\frac{n(n-1)}{2}$ 회의 비교를 수행해야 하는 정렬(Sort)은?

① Selection Sort
② Bubble Sort
③ Insert Sort
④ Quick Sort

> **퀵(quick) 정렬**
> 분할 정복에 기반한 알고리즘으로 pivot을 기준으로 작은 값 부분과 큰 값 부분으로 분할하여 정렬하는 방법. 수행 시간의 차수는 평균은 $O(n\log n)$이며, 최악일 시에는 $O(n^2)$임

37

화이트박스 검사 기법에 해당하는 것으로만 짝지어진 것은?

> ㉠ 데이터 흐름 검사
> ㉡ 루프 검사
> ㉢ 동등 분할 검사
> ㉣ 경계값 분석
> ㉤ 원인 결과 그래프 기법
> ㉥ 오류 예측 기법

① ㉠, ㉡
② ㉠, ㉣
③ ㉡, ㉤
④ ㉢, ㉥

> • 화이트박스 테스트 : 데이터 흐름 검사, 루프 검사, 기초 경로 검사, 조건 검사
> • 블랙박스 테스트 : 동치(동등) 분할, 경계값 분석, 원인결과 그래프, 오류추측 기법, 비교검사 기법

38

소프트웨어 품질 관련 국제 표준인 ISO/IEC 25000에 관한 설명으로 옳지 않은 것은?

① 소프트웨어 품질 평가를 위한 소프트웨어 품질평가 통합 모델 표준이다.
② System and Software Quality Requirements and Evaluation으로 줄여서 SQuaRE라고도 한다.
③ ISO/IEC 2501n에서는 소프트웨어의 내부 측정, 외부측정, 사용품질 측정, 품질 측정 요소 등을 다룬다.
④ 기존 소프트웨어 품질 평가 모델과 소프트웨어 평가 절차 모델인 ISO/IEC 9126과 ISO/IEC 14598을 통합하였다.

> **ISO/IEC 2501n(품질모델 부분)**
> 내부 소프트웨어 품질, 외부 소프트웨어 품질 및 소프트웨어 사용 품질 등에 대한 특성들을 포함하는 상세한 품질 모델을 제시하며, 품질 모델 이용에 대한 실질적인 지침도 제공함

정답 34 ③ 35 ① 36 ④ 37 ① 38 ③

39

코드 인스펙션과 관련한 설명으로 틀린 것은?

① 프로그램을 수행시켜보는 것 대신에 읽어보고 눈으로 확인하는 방법으로 볼 수 있다.
② 코드 품질 향상 기법 중 하나이다.
③ 동적 테스트 시에만 활용하는 기법이다.
④ 결함과 함께 코딩 표준 준수 여부, 효율성 등의 다른 품질 이슈를 검사하기도 한다.

- 코드 인스펙션은 프로그램을 수행시켜보는 것 대신 코드를 읽어보고 눈으로 확인하는 방법이므로 정적 테스팅 방법임
- 코드 인스펙션 진행 순서
  Planning(계획) → Overview(사전교육) → Preparation(사전검토) → Meeting(인스펙션 회의) → Re-Work, re-Inspection(수정) → Following(후속조치)

40

프로젝트에 내재된 위험 요소를 인식하고 그 영향을 분석하여 이를 관리하는 활동으로서, 프로젝트를 성공시키기 위하여 위험 요소를 사전에 예측, 대비하는 모든 기술과 활동을 포함하는 것은?

① Critical Path Method
② Risk Analysis
③ Work Breakdown Structure
④ Waterfall Model

위험분석

프로젝트에 내재된 위험 요소를 인식하고 그 영향을 분석하여 이를 관리하는 활동으로서, 프로젝트를 성공시키기 위하여 위험 요소를 사전에 예측, 대비하는 모든 기술과 활동을 포함함

3과목 데이터베이스 구축

41 빈출

데이터베이스 설계 단계 중 물리적 설계 시 고려사항으로 적절하지 않은 것은?

① 스키마의 평가 및 정제
② 응답시간
③ 저장 공간의 효율화
④ 트랜잭션 처리량

스키마의 평가 및 정제는 물리적 설계 단계가 아니고, 논리적 설계 단계에서 수행되며, 데이터베이스 설계 단계는 다음과 같이 분류됨
- 개념적 설계(conceptual design)
  - 사용자들의 요구사항을 이해하기 쉬운 형식으로 간단히 기술하는 단계
  - 현실 세계를 정보 모델링을 통해 개념적으로 표현함
  - 속성들로 기술된 개체 타입과 이 개체 타입들 간의 관계를 이용하여 현실 세계를 표현하는 방법
  - 트랜잭션 모델링이 포함됨
  - DBMS와 Hardware에 독립적임
- 논리적 설계(logical design)
  - 개념적 설계에서 만들어진 구조를 구현 가능한 data 모델로 변환하는 단계
  - 개념 세계를 데이터 모델링을 통해 논리적으로 표현함
  - 데이터 필드로 기술된 데이터 타입과 이 데이터 타입들 간의 관계를 이용하여 현실 세계를 표현하는 방법
  - 트랜잭션 인터페이스가 포함됨
  - DBMS 종속적, Hardware 독립적
- 물리적 설계(physical design)
  - 논리적 데이터베이스 구조를 내부 저장 장치 구조와 접근 경로 등을 고려하여 설계함
  - 구현을 위한 데이터 구조화(저장 장치에서의 데이터 표현)
  - 컴퓨터가 접근할 수 있는 저장장치, 즉 디스크에 데이터가 표현될 수 있도록 물리적 데이터 구조로 변환하는 과정
  - 트랜잭션 세부설계가 포함됨
  - DBMS 종속적, Hardware 종속적

정답 39 ③ 40 ② 41 ①

42

DELETE 명령에 대한 설명으로 틀린 것은?

① 테이블의 행을 삭제할 때 사용한다.
② WHERE 조건절이 없는 DELETE 명령을 수행하면 DROP TABLE 명령을 수행했을 때와 동일한 효과를 얻을 수 있다.
③ SQL을 사용 용도에 따라 분류할 경우 DML에 해당한다.
④ 기본 사용 형식은 "DELETE FROM 테이블 [WHERE 조건] ; "이다.

> DELETE는 기본 테이블의 특정 튜플을 삭제할 때 사용하는 명령문이므로 튜플들이 삭제되더라도 테이블 구조는 남아 있음. 즉, 튜플과 구조까지 전체를 삭제하는 DROP과는 다름

43

어떤 릴레이션 R의 모든 조인 종속성의 만족이 R의 후보키를 통해서만 만족될 때, 이 릴레이션 R이 해당하는 정규형은?

① 제5정규형
② 제4정규형
③ 제3정규형
④ 제1정규형

• 제5정규형(5NF) : 후보키를 통하지 않은 조인종속 제거
• 정규화 과정

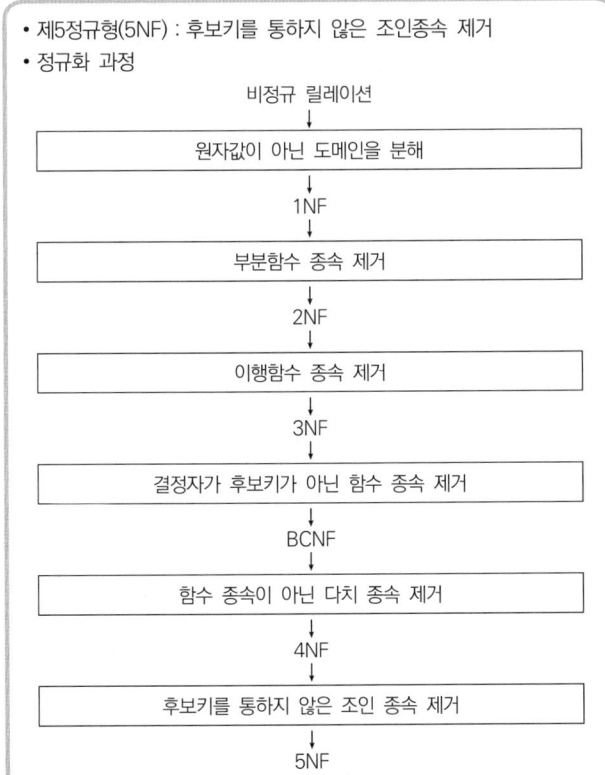

44

E-R 모델에서 다중값 속성의 표기법은?

① ◇
② □
③ ○
④ ─

E-R 다이어그램 표기법	
기호	의미
□	개체 타입
▭	약한 개체 타입
○	속성
◎	다중속성 : 여러 개의 값을 가질 수 있는 속성
◇	관계 : 개체 간의 상호작용
◈	식별 관계 타입
⊙	키속성 : 모든 개체들이 모두 다른 값을 갖는 속성 (기본키)
⊂⊃	부분키 애트리뷰트
⛄	복합속성 : 하나의 속성을 부분으로 나누어질 수 있는 속성
◇─□	전체참여 개체타입

45

다른 릴레이션의 기본키를 참조하는 키를 의미하는 것은?

① 필드키
② 슈퍼키
③ 외래키
④ 후보키

> ③ 외래키 : 다른 테이블을 참조하는 데 사용되는 속성
> [오답해설]
> ② 슈퍼키 : 유일성만 만족시키지만, 후보키는 유일성과 최소성을 만족시킴
> ④ 후보키 : 속성 집합으로 구성된 테이블의 각 튜플을 유일하게 식별할 수 있는 속성이나 속성의 조합들을 말함

정답 42 ② 43 ① 44 ③ 45 ③

46

관계해석에서 '모든 것에 대하여'의 의미를 나타내는 논리 기호는?

① ∃
② ∈
③ ∀
④ ⊂

> ∀(모든) : '모든 것에 대하여'라는 의미의 논리 기호

47

다음 릴레이션의 Degree와 Cardinality는?

학번	이름	학년	학과
13001	홍길동	3학년	전기
13002	이순신	4학년	기계
13003	강감찬	2학년	컴퓨터

① Degree : 4, Cardinality : 3
② Degree : 3, Cardinality : 4
③ Degree : 3, Cardinality : 12
④ Degree : 12, Cardinality : 3

> - 차수(Degree)는 Attribute의 개수이므로 학번, 이름, 학년, 학과가 attribute이므로 Degree는 4개
> - 기수(대응수 : Cardinality)는 Tuple의 개수이므로 3이 됨

48

뷰(View)에 대한 설명으로 틀린 것은?

① 뷰 위에 또 다른 뷰를 정의할 수 있다.
② DBA는 보안성 측면에서 뷰를 활용할 수 있다.
③ 사용자가 필요한 정보를 요구에 맞게 가공하여 뷰로 만들 수 있다.
④ SQL을 사용하면 뷰에 대한 삽입, 갱신, 삭제 연산 시 제약 사항이 없다.

> - 뷰는 삽입, 삭제, 갱신 연산에 제약이 따름
> - 뷰의 장단점
>   - 장점 : 논리적 독립성을 제공하고, 데이터 접근 제어로 보안 가능하며, 사용자의 데이터 관리를 간단하게 함. 하나의 테이블로 여러 개의 상이한 뷰를 정의할 수 있음
>   - 단점 : 독자적인 인덱스를 가질 수 없고, 정의를 변경할 수 없으며, 삽입, 삭제, 갱신 연산에 많은 제약이 따름

49

관계대수식을 SQL 질의로 옳게 표현한 것은?

$$\pi_{이름}(\sigma_{학과='교육'}(학생))$$

① SELECT 학생 FROM 이름 WHERE 학과='교육';
② SELECT 이름 FROM 학생 WHERE 학과='교육';
③ SELECT 교육 FROM 학과 WHERE 이름='학생';
④ SELECT 학과 FROM 학생 WHERE 이름='교육';

> - ll 이름(δ 학과 = '교육' (학생)) : 학생테이블에서 학과가 '교육'인 학생의 이름을 검색하라는 의미
> - 셀렉트(SELECT, σ) : 선택 조건을 만족하는 릴레이션의 수평적 부분 집합(horizontal subset), 행의 집합
>
> $$\sigma_{\langle 선택조건 \rangle}(테이블\ 이름)$$
>
> - 프로젝트(PROJECT, π) : 수직적 부분 집합(vertical subset), 열(column)의 집합
>
> $$\pi_{\langle 속성\ 리스트 \rangle}(테이블\ 이름)$$

50

정규화 과정에서 함수 종속이 A → B이고 B → C일 때 A → C인 관계를 제거하는 단계는?

① 1NF → 2NF
② 2NF → 3NF
③ 3NF → BCNF
④ BCNF → 4NF

> A → B이고 B → C일 때, A → C를 만족하는 관계는 이행적 함수 종속으로, 2NF에서 이행적 함수 종속을 제거하면 3NF가 됨

정답 46 ③ 47 ① 48 ④ 49 ② 50 ②

51
CREATE TABLE 문에 포함되지 않는 기능은?

① 속성 타입 변경
② 속성의 NOT NULL 여부 지정
③ 기본키를 구성하는 속성 지정
④ CHECK 제약조건의 정의

- 속성의 타입을 변경할 때에는 alter문을 이용해야 함
- CREATE : Database, Table, View, Index 등 생성
- ALTER : Table의 속성(Attribute), 도메인(Domain), 제약조건(Constraint) 등 변경

52
SQL과 관련한 설명으로 틀린 것은?

① REVOKE 키워드를 사용하여 열 이름을 다시 부여할 수 있다.
② 데이터 정의어는 기본 테이블, 뷰 테이블, 또는 인덱스 등을 생성, 변경, 제거하는 데 사용되는 명령어이다.
③ DISTINCT를 활용하여 중복 값을 제거할 수 있다.
④ JOIN을 통해 여러 테이블의 레코드를 조합하여 표현할 수 있다.

REVOKE 키워드는 부여한 권한을 회수(삭제)시키는 명령어임

53 ⭐빈출
다음 SQL 문의 실행 결과로 생성되는 튜플 수는?

SELECT 급여 FROM 사원;

<사원> 테이블

사원ID	사원명	급여	부서ID
101	박철수	30000	1
102	한나라	35000	2
103	김감동	40000	3
104	이구수	35000	2
105	최초록	40000	3

① 1   ② 3
③ 4   ④ 5

- 튜플 : 테이블이 한 행을 구성하는 속성들의 집합[튜플(Tuple)의 수 = Cardinality = 기수 = 대응수(관계 DB의 행)]
- 문제의 명령문은 사원 테이블에서 급여항목을 모두 추출하라는 의미로, 리턴되는 행의 수가 5개이므로 튜플의 수는 5임

54
다음 SQL 문에서 사용된 BETWEEN 연산의 의미와 동일한 것은?

SELECT *
FROM 성적
WHERE (점수 BETWEEN 90 AND 95) AND 학과= '컴퓨터공학과' ;

① 점수>=90 AND 점수<=95
② 점수>90 AND 점수<95
③ 점수>90 AND 점수<=95
④ 점수>=90 AND 점수<95

- BETWEEN 연산자는 숫자, 문자, 날짜 컬럼에 모두 사용 가능하며, 지정된 하한값과 상한값 범위 내의 레코드를 추출할 때 사용함. BETWEEN은 비교 연산자인 >=, <=로 변경 가능

BETWEEN a AND b	a와 b의 값 사이에 있는 값(a와 b값이 포함됨)

- 점수 BETWEEN 90 AND 95는 점수 >=90 AND 점수 <=95 와 같음

정답 51 ① 52 ① 53 ④ 54 ①

55

트랜잭션의 상태 중 트랜잭션의 수행이 실패하여 Rollback 연산을 실행한 상태는?

① 철회(Aborted)
② 부분 완료(Partially Committed)
③ 완료(Commit)
④ 실패(Fail)

- 트랜잭션의 상태
  - 활동(active) : 트랜잭션이 실행을 시작하여 실행 중인 상태
  - 부분 완료(partially committed) : 트랜잭션이 마지막 명령문을 실행한 직후의 상태
  - 장애(failed) : 정상적 실행을 더 이상 계속할 수 없어서 중단한 상태
  - 철회(aborted) : 트랜잭션이 실행에 실패하여 ROLLBACK 연산을 수행한 상태
  - 완료(committed) : 트랜잭션이 실행을 성공적으로 완료하여 COMMIT 연산을 수행한 상태
- 트랜잭션의 상태도

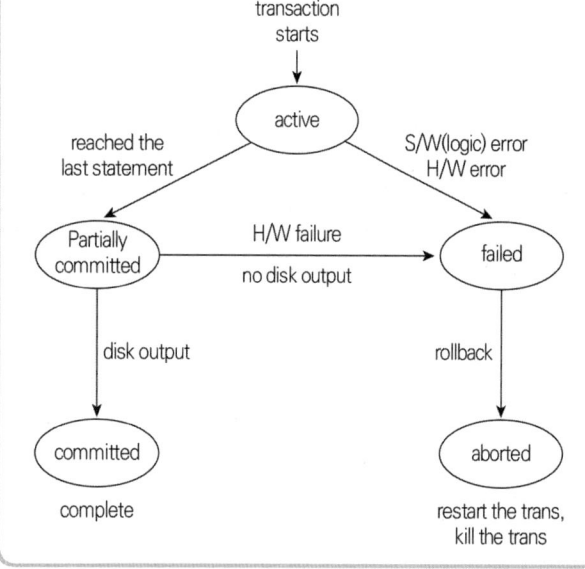

56

데이터 제어어(DCL)에 대한 설명으로 옳은 것은?

① ROLLBACK : 데이터의 보안과 무결성을 정의한다.
② COMMIT : 데이터베이스 사용자의 사용 권한을 취소한다.
③ GRANT : 데이터베이스 사용자의 사용 권한을 부여한다.
④ REVOKE : 데이터베이스 조작 작업이 비정상적으로 종료되었을 때 원래 상태로 복구한다.

③ GRANT : 데이터베이스 사용자에게 사용 권한을 부여함
[오답해설]
① ROLLBACK : 데이터 변경사항을 이전 상태로 되돌리는 명령어
② COMMIT : 트랜잭션을 완료하여 데이터 변경사항을 최종 반영
④ REVOKE : 부여한 권한을 회수(삭제)시키는 명령어

57

테이블 R과 S에 대한 SQL에 대한 SQL문이 실행되었을 때, 실행 결과로 옳은 것은?

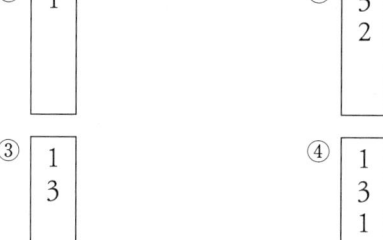

```
SELECT A FROM R
UNION ALL
SELECT A FROM S ;
```

① 1

② 3
   2

③ 1
   3

④ 1
   3
   1
   2

- R 테이블의 A컬럼을 모두 추출한 값은 1, 3이고, S 테이블의 A컬럼을 모두 추출한 값은 1, 2임. UNION ALL은 각 쿼리의 select 결과값을 합쳐서 반환해야 하므로 1, 3, 1, 2가 됨
- 집합 연산자의 유형

집합 연산자	설명
UNION	2개 이상 SQL문의 실행 결과에 대한 중복을 제거한 합집합
UNION ALL	2개 이상 SQL문의 실행 결과에 대한 중복을 제거하지 않은 합집합
INTERSECTION	2개 이상 SQL문의 실행 결과에 대한 중복을 제거한 교집합
EXCEPT (MINUS)	선행 SQL문의 실행 결과와 후행 SQL문의 실행 결과 사이의 중복을 제거한 차집합(일부 DBMS는 MINUS로 사용)

정답 55 ① 56 ③ 57 ④

58

분산 데이터베이스 시스템(Distributed Database System)에 대한 설명으로 틀린 것은?

① 분산 데이터베이스는 논리적으로는 하나의 시스템에 속하지만 물리적으로는 여러 개의 컴퓨터 사이트에 분산되어 있다.
② 위치 투명성, 중복 투명성, 병행 투명성, 장애 투명성을 목표로 한다.
③ 데이터베이스의 설계가 비교적 어렵고, 개발 비용과 처리 비용이 증가한다는 단점이 있다.
④ 분산 데이터베이스 시스템의 주요 구성 요소는 분산 처리기, P2P 시스템, 단일 데이터베이스 등이 있다.

> 분산 데이터베이스 시스템의 주요 구성
> - 분산 처리기(distributed processor) : 지리적으로 분산되어 있는 컴퓨터 시스템
> - 분산 데이터베이스(distributed database) : 지리적으로 분산되어 있는 지역 데이터베이스
> - 통신 네트워크(communication network) : 지리적으로 분산된 자치 처리기들을 통신으로 연결시켜 자원을 공유하게 함으로써 논리적으로 하나의 시스템 기능을 할 수 있게 하는 망

59

테이블 두 개를 조인하여 뷰 V_1을 정의하고, V_1을 이용하여 뷰 V_2를 정의하였다. 다음 명령 수행 후 결과로 옳은 것은?

```
DROP VIEW V_1 CASCADE ;
```

① V_1만 삭제된다.
② V_2만 삭제된다.
③ V_1과 V_2 모두 삭제된다.
④ V_1과 V_2 모두 삭제되지 않는다.

> DROP문에서는 CASCADE 또는 RESTRICTED 옵션을 사용할 수 있음. RESTRICTED는 삭제할 요소가 참조 중이면 삭제되지 않지만, CASCADE는 삭제할 요소가 참조 중이더라도 삭제되며, 연관된 모든 요소들도 함께 삭제됨. 따라서 V_1, V_2 모두 일괄적으로 삭제됨

60

데이터베이스에서 병행제어의 목적으로 틀린 것은?

① 시스템 활용도 최대화
② 사용자에 대한 응답시간 최소화
③ 데이터베이스 공유 최소화
④ 데이터베이스 일관성 유지

> - 데이터베이스 공유 최대화가 되어야 함
> - 병행 제어(Concurrency Control)
>   - 다중 사용자 환경에서는 여러 개의 트랜잭션이 섞여서 실행되는데 이러한 병행 실행은 특별한 제어 방법을 사용하지 않을 경우 갱신 손실 등의 문제를 야기함. 여러 트랜잭션의 '병행 수행으로 인한 문제를 제거하는 방법'을 '병행 제어'라 하고, 대표적인 병행 제어 방법으로 2단계 로킹(Locking)방법을 들 수 있음
>   - 목적 : 공유도는 최대, 응답 시간은 최소, 시스템 활용도는 최대
>   - 필요성 : 여러 사용자가 공유된 데이터베이스를 동시 접근 시 여러 문제가 발생 가능

4과목 프로그래밍 언어 활용

61 빈출

IP 주소체계와 관련한 설명으로 틀린 것은?

① IPv6의 패킷 헤더는 32 octet의 고정된 길이를 가진다.
② IPv6는 주소 자동 설정(Auto Configuration) 기능을 통해 손쉽게 이용자의 단말을 네트워크에 접속시킬 수 있다.
③ IPv4는 호스트 주소를 자동으로 설정하며 유니캐스트(Unicast)를 지원한다.
④ IPv4는 클래스별로 네트워크와 호스트 주소의 길이가 다르다.

> - IPv6의 헤더는 기본헤더와 확장헤더로 구성되어 기본헤더만 사용하는 IPv4와는 차이가 있으며, IPv6의 기본헤더의 크기는 40bytes
> - IPv6 주소의 비트수는 128비트이고, IPv4 주소 비트수는 32비트이므로 IPv6 주소의 비트수는 IPv4 주소 비트수의 4배임

정답 58 ④ 59 ③ 60 ③ 61 ①

62

다음 C 언어 프로그램이 실행되었을 때, 실행 결과는?

```c
#include<stdio.h>
#include<stdlib.h>
int main(int argc, char *argv[ ]) {
    int arr[2][3]={1,2,3,4,5,6};
    int (*p)[3]=NULL;
    p=arr;
    printf("%d", *(p[0]+1)+*(p[1]+2));
    printf("%d", *(*(p+1)+0)+*(*(p+1)+1));
    return 0;
}
```

① 7, 5
② 8, 5
③ 8, 9
④ 7, 9

```
int arr[2][3]={1,2,3,4,5,6}       // 2차원 배열 선언
int (*p)[3] = NULL;               // 배열 포인터 변수
                                     의 선언부
p=arr;                            // 포인터 변수의 초
                                     기화
printf("%d", *(p[0]+1) + *(p[1]+2));   // *(p[0]+1) = 2,
                                          *(p[1]+2) = 6
printf("%d", *(*(p+1)+0) + *(*(p+1)+1));  // *(*(p+1)+0) = 4,
                                             *(*(p+1)+1) = 5
```

63

OSI 7계층 중 데이터링크 계층에 해당되는 프로토콜이 아닌 것은?

① HTTP
② HDLC
③ PPP
④ LLC

HTTP는 응용(Application) 계층의 프로토콜이며, 클라이언트와 서버 사이에 이루어지는 요청/응답(request/response) 프로토콜임

64

C 언어에서 두 개의 논리값 중 하나라도 참이면 1을, 모두 거짓이면 0을 반환하는 연산자는?

① ||
② &&
③ **
④ !=

논리 ||(or) 연산자는 두 개의 논리값 중 하나만 참이라도 결과가 참(1)이 되고, 두 개 모두 거짓이면 거짓(0)이 됨. C 언어에서 0이 아닌 모든 값은 참(1)으로 해석함

65

IPv6에 대한 특성으로 틀린 것은?

① 표시 방법은 8비트씩 4부분의 10진수로 표시한다.
② 2128개의 주소를 표현할 수 있다.
③ 등급별, 서비스별로 패킷을 구분할 수 있어 품질보장이 용이하다.
④ 확장기능을 통해 보안기능을 제공한다.

- IPv6 주소는 전체 128비트이며, 16비트 블록은 4자리 16진수로 나타내고 각 자리는 콜론으로 구분됨
- IPv4 : 32비트, 8비트씩 4부분 예 169.254.17.5
- IPv6 : 128비트, 16비트씩 8부분 예 1080 : 0000 : 0000 : 0000 : 0008 : 0800 : 200C : 417A

66

JAVA의 예외(exception)와 관련한 설명으로 틀린 것은?

① 문법 오류로 인해 발생한 것
② 오동작이나 결과에 악영향을 미칠 수 있는 실행 시간 동안에 발생한 오류
③ 배열의 인덱스가 그 범위를 넘어서는 경우 발생하는 오류
④ 존재하지 않는 파일을 읽으려고 하는 경우에 발생하는 오류

구문 오류(Syntax Error)는 변수이름과 문장부호를 잘못 사용하거나 선언되지 않은 배열을 사용하는 경우 등 JAVA 언어에서 지켜져야 할 규칙들에 위배되는 경우에 발생되는 오류로, 컴파일 시 오류를 발견하며 에러 메시지를 출력시킴

정답 62 ③ 63 ① 64 ① 65 ① 66 ①

67

TCP/IP 계층 구조에서 IP의 동작 과정에서의 전송 오류가 발생하는 경우에 대비해 오류 정보를 전송하는 목적으로 사용하는 프로토콜은?

① ECP(Error Checking Protocol)
② ARP(Address Resolution Protocol)
③ ICMP(Internet Control Message Protocol)
④ PPP(Point-to-Point Protocol)

> ③ ICMP(Internet Control Message Protocol) : IP가 패킷을 전달하는 동안에 발생할 수 있는 오류 등의 문제점을 원본 호스트에 보고하는 일을 함
> [오답해설]
> ② ARP(Address Resolution Protocol) : 논리 주소를 물리 주소로 변환시킴[RARP(Reverse Address Resolution Protocol)는 반대로 물리 주소를 논리 주소로 변환시키는 프로토콜]
> ④ PPP(Point-to-Point Protocol) : 인터넷 접속 환경을 구현해주는 통신 규약
> • 다중 프로토콜을 지원
> • 압축 기능 지원
> • 동기/비동기 회선 모두를 통하여 전송
> • 연결 양끝 노드 간에 일대일(point-to-point)직렬 링크를 구성하여 데이터 전달
> • 동적 IP 주소 자동할당 기능
> • 에러 감지

68 빈출

좋은 소프트웨어 설계를 위한 소프트웨어의 모듈 간의 결합도(Coupling)와 모듈 내 요소 간 응집도(Cohesion)에 대한 설명으로 옳은 것은?

① 응집도는 낮게 결합도는 높게 설계한다.
② 응집도는 높게 결합도는 낮게 설계한다.
③ 양쪽 모두 낮게 설계한다.
④ 양쪽 모두 높게 설계한다.

> 모듈 간의 결합도는 최소화, 응집력은 최대화되어야 독립성이 높아짐

69

다음과 같은 형태로 임계 구역의 접근을 제어하는 상호배제 기법은?

```
P(S) : while S<=0 do skip ;
S := S-1 ;
V(S) : S := S+1 ;
```

① Dekker Algorithm
② Lamport Algorithm
③ Peterson Algorithm
④ Semaphore

> 세마포어
> 멀티프로그래밍 환경에서 공유 자원에 대한 접근을 제한하는 방법으로 사용됨
> 세마포어의 P, V연산
> S : 자원의 개수
> P : 임계 구역에 진입 전 수행
> V : 임계 구역에서 나올 때 수행
> P(S) : While S <= 0 do skip;   // 다른 프로세스가 사용 중(S<=0)이면 대기
> S := S-1;   // 자원 점유를 알림, 개수 감소
> V(S) : S := S + 1;   // 대기중인 프로세스를 깨우는 신호로 자원 반납을 알림. 개수 증가

70

소프트웨어 개발에서 모듈(Module)이 되기 위한 주요 특징에 해당하지 않는 것은?

① 다른 것들과 구별될 수 있는 독립적인 기능을 가진 단위(Unit)이다.
② 독립적인 컴파일이 가능하다.
③ 유일한 이름을 가져야 한다.
④ 다른 모듈에서의 접근이 불가능해야 한다.

> 모듈(Module)
> 모듈은 독립된 하나의 소프트웨어 단위를 말하며, 독립적으로 실행 가능하고 다른 프로그램에서 재사용이 가능함

정답 67 ③ 68 ② 69 ④ 70 ④

71

빈 기억공간의 크기가 20KB, 16KB, 8KB, 40KB일 때 기억장치 배치 전략으로 "Best Fit"을 사용하여 17KB의 프로그램을 적재할 경우 내부단편화의 크기는 얼마인가?

① 3KB
② 23KB
③ 64KB
④ 67KB

- 최적적합(Best Fit) : 주기억장치의 공백들 중 프로그램이나 데이터 배치가 가능한 가장 알맞은 가용공간에 배치함(작업요청 공간과 가장 가까운 공간에 할당)
- 작업을 요청한 프로그램 공간은 17KB로, 보기 중에서 이와 가장 비슷한 공간은 20KB임. 20KB 공간에 17KB의 프로그램을 적재할 경우 3K의 내부 단편화가 발생함

72 ★

다음 C 언어 프로그램이 실행되었을 때, 실행 결과는?

```c
#include <stdio.h>
#include <stdlib.h>
int main(int argc, char *argv[ ]) {
    int i = 0 ;
    while(1) {
        if(i==4) {
            break ;
        }
        ++i ;
    }
    printf("i = %d", i) ;
    return 0 ;
}
```

① i = 0
② i = 1
③ i = 3
④ i = 4

break문 뒷문장들은 실행되지 않으므로 i = 4가 출력됨
```c
int i=0;
while(1){     // 항상 참(무한루프)
    if(i==4){ // i가 4가 되면 반복문을 빠져나옴
        break;
    }
    ++i;      // 1 증가
}
printf("i = %d", i); // i = 4 출력
return 0;
```

73

다음 JAVA 프로그램이 실행되었을 때, 실행 결과는?

```java
public class Ape {
    static void rs(char a[ ]) {
        for(int i = 0 ; i<a.length ; i++)
            if(a[i]=='B')
                a[i] = 'C' ;
            else if(i==a.length - 1)
                a[i] = a[i - 1] ;
            else a[i] = a[i + 1] ;
    }
    static void pca(char a[ ]) {
        for(int i = 0 ; i<a.length ; i++)
            System.out.print(a[i]) ;
        System.out.println( ) ;
    }
    public static void main(String[ ] args) {
        char c[ ] = {'A','B','D','D','A','B','C'} ;
        rs(c) ;
        pca(c) ;
    }
}
```

① BCDABCA
② BCDABCC
③ CDDACCC
④ CDDACCA

정답: 71 ① 72 ④ 73 ②

```
for(int i = 0 ; i < a.length ; i++ )   // 반복문 수행 0부터 1씩
                                       증가하면서 7보다 작을 때까지 수행
    if(a[i] == 'B')                    // a[i] == 'B'조건이 만족하
                                       면 a[i] = 'C'; 수행
        a[i] = 'C';
    else if( i == a.length - 1 )       // i == a.length - 1조건
                                       이  만족한다면  a[i]  =
                                       a[i-1]; 수행
        a[i] = a[i-1];
    else a[i] = a[i+1];                // 위의 조건이 모두 만족하
                                       지 않는다면 a[i] = a[i+1]
                                       수행
public void main(String[ ] args){
    char c[ ] = {'A', 'B', 'D', 'D', 'A', 'B', 'C'};
                                       // c 배열 객체 생성(선언)
    rs(c);                             // rs(c) 메소드 호출
    pca(c);                            // pca(c) 메소드 호출
}
}
```

74

개발 환경 구성을 위한 빌드(Build) 도구에 해당하지 않는 것은?

① Ant
② Kerberos
③ Maven
④ Gradle

빌드 자동화 도구

- ANT : 안정성이 좋고, 문서화가 잘 되어 있으며, target 기능을 이용해서 세밀하게 빌드할 수 있음(자바 소스 파일 컴파일, jar, war, ear, zip 파일의 생성, javadoc 생성, 파일이나 폴더의 이동 및 복사, 삭제, 작업에 대한 의존성 설정, 외부 프로그램 실행 등)
- Maven : 아주 적은 설정만으로도 프로젝트를 빌드하고, 테스트를 실행하며, 품질 보고서를 생성할 수 있음. POM(Project Object Model)을 통해서 jar 파일의 의존성 관리, 빌드, 배포, 문서생성, Release 등을 관리할 수 있음
- Gradle : 기존의 Ant와 Maven을 보완함. 오픈소스 기반의 build 자동화 시스템으로 Groovy 기반 DSL(Domain-Specific Language)로 작성됨
- Jenkins : 초창기 Hudson이라는 이름을 가졌지만 오라클과 문제로 인해 이름을 바꾸게 되었으며, 자동화 테스트를 수행함(CVS/SVN/Git과 같은 버전관리시스템과 연동하여 코드 변경을 감지)

75

3개의 페이지 프레임을 갖는 시스템에서 페이지 참조 순서가 1, 2, 1, 0, 4, 1, 3일 경우 FIFO 알고리즘에 의한 페이지 교체의 경우 프레임의 최종 상태는?

① 1, 2, 0
② 2, 4, 3
③ 1, 4, 2
④ 4, 1, 3

FIFO 알고리즘에 의한 페이지 교체

주기억장치에서 가장 오랫동안 사용되지 않은 페이지를 교체함

요구 페이지	1	2	1	0	4	1	3
페이지 프레임	1	1	1	1	4	4	4
		2	2	2	2	1	1
				0	0	0	3

76

다음 C 언어 프로그램이 실행되었을 때, 실행 결과는?

```
#include <stdio.h>
#include <stdlib.h>
int main(int argc, char *argv[ ]) {
    char str1[20] = "KOREA" ;
    char str2[20] = "LOVE" ;
    char* p1 = NULL ;
    char* p2 = NULL ;
    p1 = str1 ;
    p2 = str2 ;
    str1[1] = p2[2] ;
    str2[3] = p1[4] ;
    strcat(str1, str2) ;
    printf("%c", *(p1+2)) ;
    return 0 ;
}
```

① E
② V
③ R
④ O

```
char str1[20] = "KOREA";   // str1 배열 선언
char str2[20] = "LOVE";    // str2 배열 선언
char* p1=NULL;             // 포인터 변수 p1 선언
char* p2=NULL;             // 포인터 변수 p2 선언
p1=str1;                   // 포인터 변수 p1이 str1[0]을 가리킴
p2=str2;                   // 포인터 변수 p2가 str2[0]을 가리킴
str1[1]=p2[2];             // str1 배열의 내용 "KOREA"가
                           //  "KVREA"로 변경
str2[3]=p1[4];             // str2 배열의 내용 "LOVE"가
                           //  "LOVA"로 변경
strcat(str1,str2);         // strcat( ) 함수는 두 문자열을 결합하
                           //  는 함수
printf("%c", *(p1+2));     // p1이 가리키는 "KVREA"에서 2번방
                           //  의 값 'R' 출력
```

77

다음 Python 프로그램이 실행되었을 때, 실행 결과는?

```
a = 100
list_data = ['a', 'b', 'c']
dict_data = {'a' : 90, 'b' : 95}
print(list_data[0])
print(dict_data['a'])
```

① a / 90   ② 100 / 90
③ 100 / 100   ④ a / a

- list_data = ['a', 'b', 'c']
- dict_data = {'a': 90, 'b': 95}
- print(list_data[0]) : 리스트 0번방에 들어있는 값 'a'가 출력됨
- print(dict_data['a']) : 'a'가 지정하고 있는 90이 출력됨

78

C 언어에서 정수 변수 a, b에 각각 1, 2가 저장되어 있을 때 다음 식의 연산 결과로 옳은 것은?

$$a<b+2 \ \&\& \ a\ll1<=b$$

① 0   ② 1
③ 3   ④ 5

- 문제의 a < b + 2 && a ≪ 1 <= b에서 연산 우선순위는 산술연산자인 + 가 가장 높고, 그 다음 비트연산자인 ≪ 가 됨. 이후에 비교연산자 <, <= 가 처리되고, 마지막으로 논리연산자 &&가 수행됨
- a < b + 2 && a ≪ 1 <= b에 각 변수값을 대입하면 1 < 2 + 2 && 1 ≪ 1 <= 2가 됨
- 먼저 산술연산자인 +가 처리되면, 1 < 4 && 1 ≪ 1 <= 2
- 비트연산자인 ≪가 처리되면, 1 < 4 && 2 <= 2
- 비교연산자 <, <= 가 처리되면, 1 && 1
- 마지막으로 논리연산자 &&가 처리되면, 1이 됨

79

다음 Python 프로그램이 실행되었을 때, 실행 결과는?

```
a = ["대", "한", "민", "국"]
for i in a :
    print(i)
```

① 대한민국   ② 대
                 한
                 민
                 국
③ 대   ④ 대대대대

- 문제의 파이썬 프로그램에 리스트 a의 내용을 아래 반복문(for)을 이용하여 출력하는 코드임
- 반복문의 구성은 for i in a을 사용하여 리스트의 내용을 반복하면서 아래의 프린트문에 의해 각 원소를 출력. 프린트문이 총 4번 수행되므로 리스트의 내용은 ②와 같이 개행되면서 출력됨

정답 77 ① 78 ② 79 ②

80

UNIX 시스템의 쉘(shell)의 주요 기능에 대한 설명이 아닌 것은?

① 사용자 명령을 해석하고 커널로 전달하는 기능을 제공한다.
② 반복적인 명령 프로그램을 만드는 프로그래밍 기능을 제공한다.
③ 쉘 프로그램 실행을 위해 프로세스와 메모리를 관리한다.
④ 초기화 파일을 이용해 사용자 환경을 설정하는 기능을 제공한다.

- 메모리와 프로세스 관리는 쉘 프로그램에서 실행하는 것이 아니고, 커널에서 담당함
- 유닉스 시스템 핵심 구조
  유닉스 시스템은 크게 커널, 쉘, 파일시스템 3가지 핵심 구조로 구성됨

구분	내용
커널(Kernel)	• 유닉스 운영체제의 핵심 • 메인 메모리에 상주하여 컴퓨터 자원 관리 • 디바이스(I/O), 메모리, 프로세스 관리 및 시스템 프로그램과 하드웨어 사이의 함수 관리 및 Swap space, Deamon 관리 등을 담당
쉘(Shell)	• 커널과 사용자 간의 인터페이스를 담당하며, 사용자 명령의 입출력을 수행하며 프로그램을 실행 • 명령어 해석기/번역기라고도 불림
파일시스템 (File System)	디렉터리, 서브 디렉터리, 파일 등의 계층적인 트리구조를 의미하며, 시스템 관리를 위한 기본 환경을 제공함. 슈퍼블록, inode list, 데이터의 3부분으로 구성됨

5과목 정보시스템 구축관리

81 빈출

소프트웨어 생명주기 모델 중 나선형 모델(Spiral Model)과 관련한 설명으로 틀린 것은??

① 소프트웨어 개발 프로세스를 위험 관리(Risk Management) 측면에서 본 모델이다.
② 위험 분석(Risk Analysis)은 반복적인 개발 진행 후 주기의 마지막 단계에서 최종적으로 한 번 수행해야 한다.
③ 시스템을 여러 부분으로 나누어 여러 번의 개발 주기를 거치면서 시스템이 완성된다.
④ 요구사항이나 아키텍처를 이해하기 어렵다거나 중심이 되는 기술에 문제가 있는 경우 적합한 모델이다.

- 나선형 모델에서 위험 분석은 마지막 단계에서 한 번 수행되는 것이 아니고, 계획단계 이후에 반복적으로 수행됨
- 나선형 모델(spiral model)
  ① 폭포수 모델과 프로토타이핑 모델의 장점을 수용하고, 새로운 요소인 위험 분석을 추가한 진화적 개발 모델
  ② 프로젝트 수행 시 발생하는 위험을 관리하고 최소화하려는 것을 목적으로 함
  ③ 계획수립, 위험 분석, 개발, 사용자 평가의 과정을 반복적으로 수행함
  ④ 개발 단계를 반복적으로 수행함으로써 점차적으로 완벽한 소프트웨어를 개발하는 진화적(evolutionary) 모델

정답 80 ③ 81 ②

82

정보시스템과 관련한 다음 설명에 해당하는 것은?

- 각 시스템 간에 공유 디스크를 중심으로 클러스터링으로 엮어 다수의 시스템을 동시에 연결할 수 있다.
- 조직, 기업의 기간 업무 서버 등의 안정성을 높이기 위해 사용될 수 있다.
- 여러 가지 방식으로 구현되며 2개의 서버를 연결하는 것으로 2개의 시스템이 각각 업무를 수행하도록 구현하는 방식이 널리 사용된다.

① 고가용성 솔루션(HACMP)
② 점대점 연결 방식(Point-to-Point Mode)
③ 스턱스넷(Stuxnet)
④ 루팅(Rooting)

> ① 고가용성 솔루션(HACMP) : 각 시스템 간에 공유 디스크를 중심으로 클러스터링으로 엮어 다수의 시스템을 동시에 연결할 수 있음
> [오답해설]
> ② 점대점 연결 방식(Point-to-Point Mode) : 통신 회선을 사용하는 단말 장치 접속 형식의 하나이며, 서로 다른 장치들이 각기 다른 회선으로 사용되는 접속 방식
> ③ 스턱스넷(Stuxnet) : 산업 소프트웨어와 공정 설비를 공격 목표로 하는 극도로 정교한 군사적 수준의 사이버 무기로 지칭되며, 공정 설비와 연결된 프로그램이 논리제어장치(Programmable Logic Controller)의 코드를 악의적으로 변경하여 제어권을 획득함. 네트워크와 이동저장매체인 USB를 통해 전파되며, SCADA(Supervisory Control and Data Acquisition) 시스템이 공격 목표임
> ④ 루팅(Rooting) : 안드로이드 장치 사용자가 안드로이드 서브 시스템에 대한 관리자 권한을 취득하는 작업

83

위조된 매체 접근 제어(MAC) 주소를 지속적으로 네트워크로 흘려보내, 스위치 MAC 주소 테이블의 저장 기능을 혼란시켜 더미 허브(Dummy Hub)처럼 작동하게 하는 공격은?

① Parsing
② LAN Tapping
③ Switch Jamming
④ FTP Flooding

> 스위치 재밍(MACOF)
> 스위치의 주소 테이블의 기능을 마비시키는 공격. 스위치에 랜덤한 형태로 생성한 MAC을 가진 패킷을 무한대로 보내면, 스위치의 MAC 테이블은 자연스레 저장 용량을 넘게 되고, 이는 스위치의 원래 기능을 잃고 더미 허브처럼 작동하게 됨

84

다음 내용이 설명하는 스토리지 시스템은?

- 하드디스크와 같은 데이터 저장장치를 호스트 버스 어댑터에 직접 연결하는 방식
- 저장장치와 호스트 기기 사이에 네트워크 디바이스 없이 직접 연결하는 방식으로 구성

① DAS
② NAS
③ BSA
④ NFC

> DAS(Direct Attached Storage)
> 컴퓨터와 저장장치 간에 전용 케이블로 직접 접속된 전통적 연결 구조. 하드디스크와 같은 데이터 저장장치를 호스트 버스 어댑터에 직접 연결하는 방식으로, 개별 호스트가 직접 연결 등을 통해 각각 저장장치를 소유

85

취약점 관리를 위해 일반적으로 수행하는 작업이 아닌 것은?

① 무결성 검사
② 응용 프로그램의 보안 설정 및 패치(Patch) 적용
③ 중단 프로세스 및 닫힌 포트 위주로 확인
④ 불필요한 서비스 및 악성 프로그램의 확인과 제거

> 중단 프로세스 및 닫힌 포트 위주로 확인하는 것은 취약점 관리를 위해 일반적으로 수행하는 작업으로 볼 수 없음

86

소프트웨어 생명주기 모델 중 V 모델과 관련한 설명으로 틀린 것은?

① 요구 분석 및 설계단계를 거치지 않으며 항상 통합 테스트를 중심으로 V 형태를 이룬다.
② Perry에 의해 제안되었으며 세부적인 테스트 과정으로 구성되어 신뢰도 높은 시스템을 개발하는 데 효과적이다.
③ 개발 작업과 검증 작업 사이의 관계를 명확히 들어내 놓은 폭포수 모델의 변형이라고 볼 수 있다.
④ 폭포수 모델이 산출물 중심이라면 V 모델은 작업과 결과의 검증에 초점을 둔다.

- V 모델도 분석과 설계 단계를 거치며, 소프트웨어 개발 시에 전체적으로 검증을 강조한 모델임
- V 모델
  - 폭포수 모델에 시스템 검증과 테스트 작업을 강조한 것
  - 높은 신뢰성이 요구되는 분야에 적합
  - 장점 : 모든 단계에 검증과 확인 과정이 있어 오류를 줄일 수 있음
  - 단점 : 생명주기의 반복을 허용하지 않아 변경을 다루기가 쉽지 않음

87

블루투스(Bluetooth) 공격과 해당 공격에 대한 설명이 올바르게 연결된 것은?

① 블루버그(BlueBug) - 블루투스의 취약점을 활용하여 장비의 파일에 접근하는 공격으로 OPP를 사용하여 정보를 열람
② 블루스나프(BlueSnarf) - 블루투스를 이용해 스팸처럼 명함을 익명으로 퍼뜨리는 것
③ 블루프린팅(BluePrinting) - 블루투스 공격 장치의 검색 활동을 의미
④ 블루재킹(BlueJacking) - 블루투스 장비 사이의 취약한 연결 관리를 악용한 공격

③ 블루프린팅(BluePrinting) : 서비스 발견 프로토콜(SDP)을 통하여 블루투스 장치들을 검색하고 모델을 확인

[오답해설]
① 블루버그(BlueBug) : 모바일 장비를 물리적으로 소유한 것처럼 전화 걸기, SMS 보내기 등과 인터넷 사용도 가능
② 블루스나프(BlueSnarf) : OPP(OBEX Push Profile) 기능을 사용하여 공격자가 블루투스 장치로부터 주소록 또는 달력 등의 내용을 요청해 이를 열람하거나 취약한 장치의 파일에 접근하는 공격 방법
④ 블루재킹(BlueJacking) : 사용자들은 블루투스를 통해서 메시지들을 보냄. 일반적으로 이들 메시지들은 피해가 없는 광고와 스팸들임

88

DoS(Denial of Service) 공격과 관련한 내용으로 틀린 것은?

① Ping of Death 공격은 정상 크기보다 큰 ICMP 패킷을 작은 조각(Fragment)으로 쪼개어 공격 대상이 조각화된 패킷을 처리하게 만드는 공격 방법이다.
② Smurf 공격은 멀티캐스트(Multicast)를 활용하여 공격 대상이 네트워크의 임의의 시스템에 패킷을 보내게 만드는 공격이다.
③ SYN Flooding은 존재하지 않는 클라이언트가 서버별로 한정된 접속 가능 공간에 접속한 것처럼 속여 다른 사용자가 서비스를 이용하지 못하게 하는 것이다.
④ Land 공격은 패킷 전송 시 출발지 IP주소와 목적지 IP주소 값을 똑같이 만들어서 공격 대상에게 보내는 공격 방법이다.

Smurf 공격은 DoS 공격 중에서 가장 피해가 크며, IP 위장과 ICMP 특징을 이용한 공격. 공격 대상의 IP 주소를 근원지로 대량의 ICMP 응답 패킷을 전송하여, 서비스 거부를 유발시키는 공격임

89

다음 설명에 해당하는 시스템은?

- 1990년대 David Clock이 처음 제안하였다.
- 비정상적인 접근의 탐지를 위해 의도적으로 설치해 둔 시스템이다.
- 침입자를 속여 실제 공격당하는 것처럼 보여줌으로써 크래커를 추적 및 공격기법의 정보를 수집하는 역할을 한다.
- 쉽게 공격자에게 노출되어야 하며 쉽게 공격이 가능한 것처럼 취약해 보여야 한다.

① Apache
② Hadoop
③ Honeypot
④ MapReduce

③ 허니팟(Honeypot) : 비정상적인 접근의 탐지를 위해 의도적으로 설치해 둔 시스템으로 공격자를 유인하기 위한 시스템이므로 쉽게 노출되는 곳에 두어야 함
[오답해설]
① Apache : 월드와이드웹 서버용 소프트웨어
② Hadoop(하둡, High-Availability Distributed Object-Oriented Platform) : 대량의 자료를 처리할 수 있는 큰 컴퓨터 클러스터에서 동작하는 분산 응용 프로그램을 지원하는 프리웨어 자바 소프트웨어 프레임워크
④ MapReduce : 분산 컴퓨팅(distributed computing)에서 대용량 데이터를 병렬 처리(parallel processing)하기 위해 개발된 소프트웨어 프레임워크(framework) 또는 프로그래밍 모델

90

다음이 설명하는 IT 기술은?

- 컨테이너 응용프로그램의 배포를 자동화하는 오픈소스 엔진이다.
- 소프트웨어 컨테이너 안에 응용프로그램들을 배치시키는 일을 자동화해 주는 오픈 소스 프로젝트이자 소프트웨어로 볼 수 있다.

① StackGuard
② Docker
③ Cipher Container
④ Scytale

- 도커(Docker) : 컨테이너 가상화 기술이며, 컨테이너 응용프로그램의 배포를 자동화하는 오픈소스 엔진
- 컨테이너 : 프로세스 격리 기술이며, 사용자가 사용할 프로그램과 환경 설정들이 컨테이너 안에 격리되어 실행되는 방법

91

간트 차트(Gantt Chart)에 대한 설명으로 틀린 것은?

① 프로젝트를 이루는 소작업별로 언제 시작되고 언제 끝나야 하는지를 한 눈에 볼 수 있도록 도와준다.
② 자원 배치 계획에 유용하게 사용된다.
③ CPM 네트워크로부터 만드는 것이 가능하다.
④ 수평 막대의 길이는 각 작업(Task)에 필요한 인원수를 나타낸다.

- 간트 차트는 소작업별로 작업의 시작과 끝을 나타낸 막대 도표
- 간트 차트
  - 1919년 간트가 창안한 것으로 작업계획과 실제의 작업량을 작업일정이나 시간으로 견주어서 평행선으로 표시함
  - 프로젝트 일정 계획 및 이정표로 생명주기 단계, 일정 계획(작업일정), 이정표, 작업기간 등이 포함됨
  - 소작업별로 작업의 시작과 끝을 나타낸 막대 도표
  - 프로젝트 일정 계획, 자원 활용 계획을 세우는 데 유리
  - 작업들 사이의 관계를 직접 보여 주지 못함
  - 작업 경로를 표시할 수 없기 때문에 프로젝트 작업을 발견하는 데 도움을 주지 못함

정답 89 ③ 90 ② 91 ④

92

Python 기반의 웹 크롤링(Web Crawling) 프레임워크로 옳은 것은?

① Li-fi
② Scrapy
③ CrawlCat
④ SBAS

> **스크래피(Scrapy)**
> - 파이썬 기반의 화면 스크랩과 웹 크롤링 프레임워크
> - 스크래피를 사용하면 스크래핑을 간단히 할 수 있음. 스크랩하려는 항목을 정의하는 클래스를 만들고 페이지에서 데이터를 추출하기 위한 몇 가지 규칙을 쓰면 되고, 결과는 JSON, XML, CSV 또는 다른 다양한 형식으로 출력할 수 있음
> - 스크래피는 확장을 통해 웹사이트 로그인, 세션 쿠키 처리 작업도 처리 가능하며, 이미지도 스크랩해서 캡처된 콘텐츠와 연결할 수 있음. 최신 버전에는 스크랩한 데이터 저장을 위한 클라우드 서비스 직접 연결, 재사용 가능한 프록시 연결 기능이 추가됐으며, 난해한 HTML 및 HTTP 동작 처리 부분이 개선됨

93

Secure 코딩에서 입력 데이터의 보안 약점과 관련한 설명으로 틀린 것은?

① SQL 삽입 : 사용자의 입력값 등 외부 입력값이 SQL 쿼리에 삽입되어 공격
② 크로스사이트 스크립트 : 검증되지 않은 외부 입력값에 의해 브라우저에서 악의적인 코드가 실행
③ 운영체제 명령어 삽입 : 운영체제 명령어 파라미터 입력값이 적절한 사전검증을 거치지 않고 사용되어 공격자가 운영체제 명령어를 조작
④ 자원 삽입 : 사용자가 내부 입력값을 통해 시스템 내에 사용이 불가능한 자원을 지속적으로 입력함으로써 시스템에 과부하 발생

> **구현 단계 시큐어코딩 가이드 : 입력 데이터 검증 및 표현 - 경로 조작 및 자원 삽입**
> - 검증되지 않은 외부 입력값을 통해 파일 및 서버 등 시스템 자원에 대한 접근 혹은 식별을 허용할 경우, 입력값 조작을 통해 시스템이 보호하는 자원에 임의로 접근할 수 있는 보안약점임
> - 경로 조작 및 자원 삽입 약점을 이용하여 공격자는 자원의 수정/삭제, 시스템 정보 누출, 시스템 자원 간 충돌로 인한 서비스 장애 등을 유발할 수 있음. 즉, 경로 조작 및 자원 삽입을 통해서 공격자가 허용되지 않은 권한을 획득하여, 설정에 관계된 파일을 변경하거나 실행시킬 수 있음

94

Windows 파일 시스템인 FAT와 비교했을 때의 NTFS의 특징이 아닌 것은?

① 보안에 취약
② 대용량 볼륨에 효율적
③ 자동 압축 및 안정성
④ 저용량 볼륨에서의 속도 저하

> **NTFS(NT File System)**
> - 파일 암호화 및 파일 레벨 보안 지원
> - Windows NT 4.0 이상에서 사용되는 파일시스템
> - NTFS 5.0 파일시스템에서는 디스크상의 파일시스템을 읽고 쓸 때 자동으로 암호화하고 복호화가 가능함

95

DES는 몇 비트의 암호화 알고리즘인가?

① 8
② 24
③ 64
④ 132

> - DES는 대칭키를 사용하며 64비트 암호화 알고리즘
> - DES(Data Encryption Standard)
>   - DES는 64비트 평문을 64비트 암호문으로 암호화하는 대칭 암호 알고리즘(키의 비트 길이는 56비트)
>   - 1976년에 Horst Feistel이 이끄는 IBM의 연구팀에서 개발된 암호 시스템을 미국의 데이터암호화 표준(DES : Data Encryption Standard)으로 승인됨
>   - DES는 미국뿐만 아니라 전 세계의 정부나 은행 등에서 널리 이용되어 옴
>   - 컴퓨터의 발전으로 현재는 전사 공격으로도 해독될 수 있음
>   - 56비트의 키를 이용하는 대칭키 암호 시스템임

정답 92 ② 93 ④ 94 ① 95 ③

96

리눅스에서 생성된 파일 권한이 644일 경우 umask 값은?

① 022
② 666
③ 777
④ 755

- 파일의 기본권한이 666이므로 여기에서 umask 값 022를 제외하면 권한은 644가 됨
- umask를 이용한 파일권한 설정
  - 새롭게 생성되는 파일이나 디렉터리는 디폴트 권한으로 생성되며, 이러한 디폴트 권한은 umask 값에 의해서 결정됨
  - 파일이나 디렉터리 생성 시에 기본 권한을 설정해주며, 각 기본권한에서 umask 값만큼 권한이 제한됨(디렉터리 기본권한 : 777, 파일 기본권한 : 666)
  - umask 값이 안전하지 않은 권한으로 설정된 경우 : 파일이나 프로세스에 허가되지 않은 사용자에게 접근이 가능하여 보안상 큰 위협 요소로 작용함
  - 시스템의 기본값으로 umask는 시스템 환경파일인 /etc/profile 파일에 022로 설정되어 있음
  - 보안을 강화하기 위하여 시스템 환경파일 (/etc/profile)과 각 사용자별 홈 디렉터리 내 환경파일($HOME/.profile)에 umask 값을 027 또는 077로 변경하는 것을 권장함
  - 변경된 umask 값에 따라 생성되는 파일의 권한자 분류 : 소유자(owner), 그룹(group), 다른 사용자(others)

97

다음 내용이 설명하는 로그 파일은?

- 리눅스 시스템에서 사용자의 성공한 로그인/로그아웃 정보 기록
- 시스템의 종료/시작 시간 기록

① tapping
② xtslog
③ linuxer
④ wtmp

- wtmp : 사용자의 로그인, 로그아웃 시간과 시스템의 종료 시간, 시스템 시작 시간 등을 기록
- 유닉스 시스템의 주요 로그 파일

로그 파일명	설명
acct / pacct	사용자별로 실행되는 모든 명령어를 기록
.history	사용자별 명령어를 기록하는 파일로 csh, tcsh, ksh, bash 등 사용자들이 사용하는 쉘에 따라 .history, .bash_history 파일 등으로 기록
lastlog	각 사용자의 최종 로그인 정보
logging	실패한 로그인 시도를 기록
messages	부트 메시지 등 시스템의 콘솔에서 출력된 결과를 기록하고 syslogd에 의해 생성된 메시지도 기록
sulog	su 명령 사용 내역 기록
syslog	운영체제 및 응용프로그램의 주요 동작내역
utmp	현재 로그인한 각 사용자의 기록
utmpx	utmp 기능을 확장한 로그, 원격 호스트 관련 정보 등 자료 구조 확장
wtmp	사용자의 로그인, 로그아웃 시간과 시스템의 종료 시간, 시스템 시작 시간 등을 기록
btmp	5번 이상 로그인 실패한 정보를 기록(솔라리스는 loginlog)
xferlog	FTP 접속을 기록

정답 96 ① 97 ④

98

상향식 비용 산정 기법 중 LOC(원시 코드 라인 수) 기법에서 예측치를 구하기 위해 사용하는 항목이 아닌 것은?

① 낙관치　　　② 기대치
③ 비관치　　　④ 모형치

- LOC에서 사용되는 예측치 공식에는 낙관치, 기대치, 비관치 항목이 있음
- LOC(원시코드 라인 수) 기법
  - WBS상에서 분해된 각각의 시스템 기능들에 필요한 원시코드 라인 수를 산정함에 있어 PERT의 예측공식을 이용함
  - 이 공식은 확률론에서의 베타 분포도(Beta Distribution)에 근거한 낙관치(Optimistic Estimate), 기대치(Most Likely Estimate) 및 비관치(Pessimistic Estimate)의 확률적 집합으로, 예측치(Expected Value)와 이의 작업편방편차(Variance)가 산출되도록 유도함

$$예측치 = \frac{낙관치 + (4 \times 기대치) + 비관치}{6}$$

99

OSI 7 Layer 전 계층의 프로토콜과 패킷 내부의 콘텐츠를 파악하여 침입 시도, 해킹 등을 탐지하고 트래픽을 조정하기 위한 패킷 분석 기술은?

① PLCP(Packet Level Control Processor)
② Traffic Distributor
③ Packet Tree
④ DPI(Deep Packet Inspection)

DPI(Deep Packet Inspection)

기본적으로 패킷의 헤더와 페이로드 부분까지 검사하여 비적합 프로토콜, 바이러스, 패킷의 경로 설정이 올바른지 등을 조사하거나 통계적 분석을 위해 패킷을 수집하는 기술. 전 계층의 프로토콜과 패킷 내부의 콘텐츠를 파악하여 침입 시도, 해킹 등을 탐지하고 트래픽을 조정하기 위한 패킷 분석 기술임

100

소프트웨어 개발 방법론의 테일러링(Tailoring)과 관련한 설명으로 틀린 것은?

① 프로젝트 수행 시 예상되는 변화를 배제하고 신속히 진행하여야 한다.
② 프로젝트에 최적화된 개발 방법론을 적용하기 위해 절차, 산출물 등을 적절히 변경하는 활동이다.
③ 관리 측면에서의 목적 중 하나는 최단기간에 안정적인 프로젝트 진행을 위한 사전 위험을 식별하고 제거하는 것이다.
④ 기술적 측면에서의 목적 중 하나는 프로젝트에 최적화된 기술 요소를 도입하여 프로젝트 특성에 맞는 최적의 기법과 도구를 사용하는 것이다.

- 소프트웨어 테일러링은 프로젝트 수행 시 예상되는 변화도 고려하여 진행되어야 함
- 소프트웨어 테일러링
  - 프로젝트 특성 및 상황에 적용하기 위해 기정의된 개발방법론의 절차나 기법, 산출물 등을 수정 및 보완하여 적용하는 작업
  - 프로세스 테일러링 : 여러 다른 개발환경하에서 개발되는 다양한 종류의 프로젝트에 일관된 하나의 개발 프로세스를 적용하기 어렵기 때문에 프로젝트의 특성에 적합한 프로세스를 적용해야 하고, 이를 위해 프로세스를 수정하는 과정을 프로세스 테일러링이라 함

정답　98 ④　99 ④　100 ①

2022년 2회 | 공개기출문제

1과목 소프트웨어 설계

01 ⭐

UML 다이어그램 중 순차 다이어그램에 대한 설명으로 틀린 것은?

① 객체 간의 동적 상호작용을 시간 개념을 중심으로 모델링하는 것이다.
② 주로 시스템의 정적 측면을 모델링하기 위해 사용한다.
③ 일반적으로 다이어그램의 수직 방향이 시간의 흐름을 나타낸다.
④ 회귀 메시지(Self-Message), 제어블록(Statement block) 등으로 구성된다.

- UML 다이어그램에서 순차 다이어그램(Sequence diagram)은 동적 측면을 모델링하기 위해 사용함
- UML 다이어그램의 종류
  - 구조적 다이어그램 : Class Diagram, Object Diagram, Component Diagram, Deployment Diagram, Composite Diagram, Package Diagram
  - 행위 다이어그램 : Use Case Diagram, Sequence Diagram, State Diagram, Activity Diagram, Timing Diagram, Communication Diagram

02

메시지 지향 미들웨어(Message-Oriented Middleware, MOM)에 대한 설명으로 틀린 것은?

① 느리고 안정적인 응답보다는 즉각적인 응답이 필요한 온라인 업무에 적합하다.
② 독립적인 애플리케이션을 하나의 통합된 시스템으로 묶기 위한 역할을 한다.
③ 송신측과 수신측의 연결 시 메시지 큐를 활용하는 방법이 있다.
④ 상이한 애플리케이션 간 통신을 비동기 방식으로 지원한다.

- 메시지 지향 미들웨어(Message-Oriented Middleware, MOM)는 온라인 업무보다는 이기종 분산 데이터 시스템에서 데이터 동기를 위해 사용됨

03

익스트림 프로그래밍에 대한 설명으로 틀린 것은?

① 대표적인 구조적 방법론 중 하나이다.
② 소규모 개발 조직이 불확실하고 변경이 많은 요구를 접하였을 때 적절한 방법이다.
③ 익스트림 프로그래밍을 구동시키는 원리는 상식적인 원리와 경험을 최대한 끌어 올리는 것이다.
④ 구체적인 실천 방법을 정의하고 있으며, 개발 문서 보다는 소스코드에 중점을 둔다.

- 익스트림 프로그래밍(Extreme Programing, XP)은 애자일 개발 프로세스의 대표로 애자일 개발 프로세스의 보급에 큰 역할을 함. 이 방법은 고객과 함께 2주 정도의 반복개발을 하고, 테스트 우선 개발을 특징으로 하는 명시적인 기술과 방법을 가지고 있음
- 애자일 방법론의 종류 : 익스트림 프로그래밍, 스크럼, 린 소프트웨어 개발 방법론, 크리스털 패밀리, 기능 주도 개발 방법론, 동적 시스템 개발 방법론 등

04

유스케이스(Use Case)의 구성 요소 간의 관계에 포함되지 않는 것은?

① 연관 ② 확장
③ 구체화 ④ 일반화

- 연관 : 액터와 유스케이스 간의 상호작용
- 확장 : 특별한 조건을 만족할 때 수행하는 유스케이스
- 일반화 : 관계성의 종류는 is-a이며, 객체들에 있어 공통적인 성질들을 상위 객체로 정의

정답 01 ② 02 ① 03 ① 04 ③

05

요구사항 분석에서 비기능적(Nonfunctional) 요구에 대한 설명으로 옳은 것은?

① 시스템의 처리량(Throughput), 반응 시간 등의 성능 요구나 품질 요구는 비기능적 요구에 해당하지 않는다.
② '차량 대여 시스템이 제공하는 모든 화면이 3초 이내에 사용자에게 보여야 한다'는 비기능적 요구이다.
③ 시스템 구축과 관련된 안전, 보안에 대한 요구사항들은 비기능적 요구에 해당하지 않는다.
④ '금융 시스템은 조회, 인출, 입금, 송금의 기능이 있어야 한다'는 비기능적 요구이다.

- 기능 요구 : 사용자가 필요로 하는 정보처리 능력에 대한 것으로, 절차나 입·출력에 대한 요구임
- 비기능 요구 : 시스템 SW의 동작에 필요한 특정 요구기능 외에 전체 시스템의 동작을 평가하는 척도를 정의하며, 안정성, 확장성, 보안성, 성능 등이 포함됨

06

정보공학 방법론에서 데이터베이스 설계의 표현으로 사용하는 모델링 언어는?

① Package Diagram
② State Transition Diagram
③ Deployment Diagram
④ Entity-Relationship Diagram

정보공학 방법론
계획, 분석, 설계 및 구축에 정형화된 기법들을 상호 연관성있게 통합, 적용하는 데이터 중심 방법론이며, 데이터베이스 설계의 표현으로 Entity-Relationship Diagram을 사용함

07

미들웨어(Middleware)에 대한 설명으로 틀린 것은?

① 여러 운영체제에서 응용 프로그램들 사이에 위치한 소프트웨어이다.
② 미들웨어의 서비스 이용을 위해 사용자가 정보 교환 방법 등의 내부 동작을 쉽게 확인할 수 있어야 한다.
③ 소프트웨어 컴포넌트를 연결하기 위한 준비된 인프라 구조를 제공한다.
④ 여러 컴포넌트를 1대 1, 1대 다, 다대 다 등 여러 가지 형태로 연결이 가능하다.

- 미들웨어(Middleware)는 내부 동작을 사용자가 확인할 필요가 없음
- 미들웨어는 클라이언트와 서버를 연결하여 데이터를 주고받을 수 있도록 중간에서 매개 역할을 하거나, 네트워크를 통해서 연결된 여러 개의 컴퓨터에 있는 많은 프로세스들에게 어떤 서비스를 사용할 수 있도록 연결해주는 소프트웨어를 말함

08

UI의 설계 지침으로 틀린 것은?

① 이해하기 편하고 쉽게 사용할 수 있는 환경을 제공해야 한다.
② 주요 기능을 메인 화면에 노출하여 조작이 쉽도록 하여야 한다.
③ 치명적인 오류에 대한 부정적인 사항은 사용자가 인지할 수 없도록 한다.
④ 사용자의 직무, 연령, 성별 등 다양한 계층을 수용하여야 한다.

User Interface 설계 시 오류 메시지나 경고에 관한 지침으로 오류로 인해 발생될 수 있는 부정적인 내용을 적극적으로 사용자들에게 알려야 하며, 오류로부터 회복을 위한 구체적인 설명이 제공되어야 함

정답 05 ② 06 ④ 07 ② 08 ③

09

객체지향 개념에서 다형성(Polymorphism)과 관련한 설명으로 틀린 것은?

① 다형성은 현재 코드를 변경하지 않고 새로운 클래스를 쉽게 추가할 수 있게 한다.
② 다형성이란 여러 가지 형태를 가지고 있다는 의미로, 여러 형태를 받아들일 수 있는 특징을 말한다.
③ 메소드 오버라이딩(Overriding)은 상위 클래스에서 정의한 일반 메소드의 구현을 하위 클래스에서 무시하고 재정의할 수 있다.
④ 메소드 오버로딩(Overloading)의 경우 매개 변수 타입은 동일하지만 메소드명을 다르게 함으로써 구현, 구분할 수 있다.

> 메소드 오버로딩(Overloading)은 메소드명은 동일하지만, 매개 변수 타입이나 개수를 다르게 함으로써 구현, 구분할 수 있음

10

소프트웨어 개발 영역을 결정하는 요소 중 다음 사항과 관계있는 것은?

> - 소프트웨어에 의해 간접적으로 제어되는 장치와 소프트웨어를 실행하는 하드웨어
> - 기존의 소프트웨어와 새로운 소프트웨어를 연결하는 소프트웨어
> - 순서적 연산에 의해 소프트웨어를 실행하는 절차

① 기능(Function)
② 성능(Performance)
③ 제약조건(Constraint)
④ 인터페이스(Interface)

> 인터페이스(Interface)
> 소프트웨어에 의해 간접적으로 제어되는 장치와 소프트웨어를 실행하는 하드웨어. 기존의 소프트웨어와 새로운 소프트웨어를 연결하는 소프트웨어

11

객체에 대한 설명으로 틀린 것은?

① 객체는 상태, 동작, 고유 식별자를 가진 모든 것이라 할 수 있다.
② 객체는 공통 속성을 공유하는 클래스들의 집합이다.
③ 객체는 필요한 자료 구조와 이에 수행되는 함수들을 가진 하나의 독립된 존재이다.
④ 객체의 상태는 속성값에 의해 정의된다.

> - 객체(Object) : 현실세계에 존재할 수 있는 유형, 무형의 모든 대상을 말하며, 속성과 메소드로 정의됨
> - 클래스(class) : 공통된 행위와 특성을 갖는 객체의 집합

12

속성과 관련된 연산(Operation)을 클래스 안에 묶어서 하나로 취급하는 것을 의미하는 객체지향 개념은?

① Inheritance
② Class
③ Encapsulation
④ Association

> 캡슐화(Encapsulation)
> 객체를 정의할 때 서로 관련성이 많은 데이터들과 이와 연관된 함수들을 하나로 묶는 것을 말함
> [데이터(속성) + 연산(메소드) → 캡슐화]

정답 09 ④ 10 ④ 11 ② 12 ③

13 ⭐

애자일(Agile) 프로세스 모델에 대한 설명으로 틀린 것은?

① 변화에 대한 대응보다는 자세한 계획을 중심으로 소프트웨어를 개발한다.
② 프로세스와 도구 중심이 아닌 개개인과의 상호소통을 통해 의견을 수렴한다.
③ 협상과 계약보다는 고객과의 협력을 중시한다.
④ 문서 중심이 아닌, 실행 가능한 소프트웨어를 중시한다.

- 애자일 프로세스 모델은 계획을 따르기보다는 변화에 응대함
- 애자일의 특성
  - Predictive라기보다 Adaptive(가변적 요구사항에 대응)함
  - 프로세스 중심이 아닌 사람 중심(책임감이 있는 개발자와 전향적인 고객)
  - 전반적인 문서화보다는 제대로 작동하는 소프트웨어를 만들어야 함
  - 계약 협상보다는 고객 협력이 중요함
  - 계획을 따르기보다는 변화에 응대함
  - 모든 경우에 적용되는 것이 아니고 중소형, 아키텍처 설계, 프로토타이핑에 적합함

14

명백한 역할을 가지고 독립적으로 존재할 수 있는 시스템의 부분으로 넓은 의미에서는 재사용되는 모든 단위라고 볼 수 있으며, 인터페이스를 통해서만 접근할 수 있는 것은?

① Model ② Sheet
③ Component ④ Cell

컴포넌트(Component)
프로그래밍에서 재사용이 가능한 각각의 독립된 단위이며, 명백한 역할을 가지고 독립적으로 존재할 수 있는 시스템의 부분임

15 ⭐

GoF(Gang of Four) 디자인 패턴을 생성, 구조, 행동 패턴의 세 그룹으로 분류할 때, 구조 패턴이 아닌 것은?

① Adapter 패턴 ② Bridge 패턴
③ Builder 패턴 ④ Proxy 패턴

- 구조 패턴(Structural Patterns) : 브리지(Bridge), 데코레이터(Decorator), 컴포지트(Composite), 프록시(Proxy), 어댑터(Adapter), 퍼케이드(Facade), 플라이웨이트(Flyweight), 다이나믹 링키지(Dynamic Linkage), 가상 프록시 패턴 등

[오답해설]
③ 빌더(Builder) : 생성관련 패턴(Creational Pattern)

16

UI와 관련된 기본 개념 중 하나로, 시스템의 상태와 사용자의 지시에 대한 효과를 보여주어 사용자가 명령에 대한 진행 상황과 표시된 내용을 해석할 수 있도록 도와주는 것은?

① Feedback ② Posture
③ Module ④ Hash

피드백(Feedback)
UI와 관련된 기본 개념 중 하나로, 시스템의 상태와 사용자의 지시에 대한 효과를 보여주어 사용자가 명령에 대한 진행 상황과 표시된 내용을 해석할 수 있도록 도와주는 것

17

UI의 종류로 멀티 터치(Multi-touch), 동작 인식(Gesture Recognition) 등 사용자의 자연스러운 움직임을 인식하여 서로 주고받는 정보를 제공하는 사용자 인터페이스를 의미하는 것은?

① GUI(Graphical User Interface)
② OUI(Organic User Interface)
③ NUI(Natural User Interface)
④ CLI(Command Line Interface)

③ NUI(Natural UI) : 사용자의 말과 행동 기반 제스처 입력 인터페이스이며, 멀티 터치(Multi-touch), 동작 인식(Gesture Recognition) 등 사용자의 자연스러운 움직임을 인식하여 서로 주고받는 정보를 제공함

[오답해설]
② OUI(Organic User Interface) : 모든 사물과 사용자 간에 상호작용을 위한 인터페이스. 즉, 실세계에 존재하는 모든 사물이 입출력 장치로 변화할 수 있는 사용자 인터페이스라고 할 수 있음

18

소프트웨어 모델링과 관련한 설명으로 틀린 것은?

① 모델링 작업의 결과물은 다른 모델링 작업에 영향을 줄 수 없다.
② 구조적 방법론에서는 DFD(Data Flow Diagram), DD(Data Dictionary) 등을 사용하여 요구사항의 결과를 표현한다.
③ 객체지향 방법론에서는 UML 표기법을 사용한다.
④ 소프트웨어 모델을 사용할 경우 개발될 소프트웨어에 대한 이해도 및 이해 당사자 간의 의사소통 향상에 도움이 된다.

> 모델링 작업의 결과물은 다른 모델링 작업에 영향을 줄 수 있음

19

유스케이스 다이어그램(Use Case Diagram)에 관련된 내용으로 틀린 것은?

① 시스템과 상호작용하는 외부 시스템은 액터로 파악해서는 안된다.
② 유스케이스는 사용자 측면에서의 요구사항으로, 사용자가 원하는 목표를 달성하기 위해 수행할 내용을 기술한다.
③ 시스템 액터는 다른 프로젝트에서 이미 개발되어 사용되고 있으며, 본 시스템과 데이터를 주고받는 등 서로 연동되는 시스템을 말한다.
④ 액터가 인식할 수 없는 시스템 내부의 기능을 하나의 유스케이스로 파악해서는 안된다.

> 액터는 시스템을 사용하거나 시스템과 상호작용하는 사람이나 외부 시스템을 의미함

20

소프트웨어 아키텍처 모델 중 MVC(Model-View-Controller)와 관련한 설명으로 틀린 것은?

① MVC 모델은 사용자 인터페이스를 담당하는 계층의 응집도를 높일 수 있고, 여러 개의 다른 UI를 만들어 그 사이에 결합도를 낮출 수 있다.
② 모델(Model)은 뷰(View)와 제어(Controller) 사이에서 전달자 역할을 하며, 뷰마다 모델 서브시스템이 각각 하나씩 연결된다.
③ 뷰(View)는 모델(Model)에 있는 데이터를 사용자 인터페이스에 보이는 역할을 담당한다.
④ 제어(Controller)는 모델(Model)에 명령을 보냄으로써 모델의 상태를 변경할 수 있다.

- 컨트롤러(Controller) : 뷰에서 이벤트(입력/수정/삭제)가 전달되면 모델에 이벤트를 전달하여 처리하고 업데이트된 데이터를 뷰로 전달하여 인터페이스에 표시되게 함
- 모델(Model) : 데이터를 가진 객체를 말하며, 데이터는 내부의 상태에 대한 정보를 가질 수도 있고 모델을 표현하는 이름 속성으로 가질 수도 있음

정답: 18 ① 19 ① 20 ②

2과목 소프트웨어 개발

21 ★빈출
통합 테스트(Integration Test)와 관련한 설명으로 틀린 것은?

① 시스템을 구성하는 모듈의 인터페이스와 결합을 테스트하는 것이다.
② 하향식 통합 테스트의 경우 넓이 우선(Breadth First) 방식으로 테스트를 할 모듈을 선택할 수 있다.
③ 상향식 통합 테스트의 경우 시스템 구조도의 최상위에 있는 모듈을 먼저 구현하고 테스트한다.
④ 모듈 간의 인터페이스와 시스템의 동작이 정상적으로 잘 되고 있는지를 빨리 파악하고자 할 때 상향식보다는 하향식 통합 테스트를 사용하는 것이 좋다.

- 상향식 통합 : 시스템 하위 레벨의 모듈로부터 점진적으로 상위 모듈로 통합하면서 테스트하는 기법으로, 스텁은 필요치 않고 드라이버가 필요함
- 통합 테스트 : 단위검사가 끝난 모듈들을 하나로 결합하여 시스템으로 완성하는 과정에서의 검사

22
다음과 같이 레코드가 구성되어 있을 때, 이진 검색 방법으로 14를 찾을 경우 비교되는 횟수는?

| 1 2 3 4 5 6 7 8 9 10 11 12 13 14 15 |

① 2
② 3
③ 4
④ 5

- 이진 검색 알고리즘
- 파일이 정렬되어 있어야 하며, 파일 중앙의 키값과 비교하여 탐색 대상이 반으로 감소됨
- (1+15)/2 = 8   --- 1번
- (9+15)/2 = 12   --- 2번
- (13+15)/2 = 14   --- 3번

23 ★빈출
소프트웨어 공학에서 워크스루(Walkthrough)에 대한 설명으로 틀린 것은?

① 사용사례를 확장하여 명세하거나 설계 다이어그램, 원시 코드, 테스트 케이스 등에 적용할 수 있다.
② 복잡한 알고리즘 또는 반복, 실시간 동작, 병행 처리와 같은 기능이나 동작을 이해하려고 할 때 유용하다.
③ 인스펙션(Inspection)과 동일한 의미를 가진다.
④ 단순한 테스트 케이스를 이용하여 프로덕트를 수작업으로 수행해 보는 것이다.

- 워크스루(Walkthrough)는 개발에 참여한 요원들이 개발자의 산출물의 품질을 검토하기 위한 목적으로 하는 기술 검토 회의. 요구사항 명세서를 미리 배포하여 사전 검토한 후 짧은 검토 회의를 통해 오류를 조기에 검출하는 데 목적을 두는 요구사항 검토 방법
- 인스펙션 : 검토 자료를 회의 전에 배포해서 사전 검토한 후 짧은 시간 동안 검토 회의를 진행하면서 결함을 발견함. 인스펙션은 결함의 발견과 함께 해결방법까지 모색하는 보다 강한 워크스루라고 할 수 있음

24
소프트웨어의 개발과정에서 소프트웨어의 변경사항을 관리하기 위해 개발된 일련의 활동을 뜻하는 것은?

① 복호화
② 형상관리
③ 저작권
④ 크랙

- 소프트웨어 형상관리는 소프트웨어에 대한 변경을 철저히 관리하기 위해 개발된 일련의 활동임. 소프트웨어를 이루는 부품의 Baseline(변경 통제 시점)을 정하고 변경을 철저히 통제하는 것

정답 21 ③ 22 ② 23 ③ 24 ②

25

테스트 케이스와 관련한 설명으로 틀린 것은?

① 테스트의 목표 및 테스트 방법을 결정하기 전에 테스트 케이스를 작성해야 한다.
② 프로그램에 결함이 있더라도 입력에 대해 정상적인 결과를 낼 수 있기 때문에 결함을 검사할 수 있는 테스트 케이스를 찾는 것이 중요하다.
③ 개발된 서비스가 정의된 요구사항을 준수하는지 확인하기 위한 입력값과 실행 조건, 예상 결과의 집합으로 볼 수 있다.
④ 테스트 케이스 실행이 통과되었는지 실패하였는지 판단하기 위한 기준을 테스트 오라클(Test Oracle)이라고 한다.

- 테스트 케이스에는 일반적으로 시험 조건, 테스트 데이터, 예상 결과가 포함되어야 함
- 테스트 케이스 항목 : 식별자 번호, 순서 번호, 테스트 조건, 테스트 데이터, 예상 결과

26

객체지향 개념을 활용한 소프트웨어 구현과 관련한 설명 중 틀린 것은?

① 객체(Object)란 필요한 자료 구조와 수행되는 함수들을 가진 하나의 독립된 존재이다.
② JAVA에서 정보은닉(Information Hiding)을 표기할 때 private의 의미는 '공개'이다.
③ 상속(Inheritance)은 개별 클래스를 상속 관계로 묶음으로써 클래스 간의 체계화된 전체 구조를 파악하기 쉽다는 장점이 있다.
④ 같은 클래스에 속하는 개개의 객체이자 하나의 클래스에서 생성된 객체를 인스턴스(Instance)라고 한다.

JAVA에서 정보은닉(Information Hiding)을 표기할 때 public의 의미는 '공개'임

27

DRM(Digital Rights Management)과 관련한 설명으로 틀린 것은?

① 디지털 콘텐츠와 디바이스의 사용을 제한하기 위해 하드웨어 제조업자, 저작권자, 출판업자 등이 사용할 수 있는 접근 제어 기술을 의미한다.
② 디지털 미디어의 생명 주기 동안 발생하는 사용 권한 관리, 과금, 유통 단계를 관리하는 기술로도 볼 수 있다.
③ 클리어링 하우스(Clearing House)는 사용자에게 콘텐츠 라이선스를 발급하고 권한을 부여해주는 시스템을 말한다.
④ 원본을 안전하게 유통하기 위한 전자적 보안은 고려하지 않기 때문에 불법 유통과 복제의 방지는 불가능하다.

- DRM은 디지털 콘텐츠 제공자의 권리와 이익을 안전하게 보호하며 불법복제를 막고 사용료 부과와 결제대행 등 콘텐츠의 생성에서 유통·관리까지를 일괄적으로 지원하는 기술임
- DRM은 디지털 콘텐츠의 생성과 이용까지 유통 전 과정에 걸쳐 디지털 콘텐츠를 안전하게 관리 및 보호하고, 부여된 권한정보에 따라 디지털 콘텐츠의 이용을 통제하는 기술임

28

위험 모니터링의 의미로 옳은 것은?

① 위험을 이해하는 것
② 첫 번째 조치로 위험을 피할 수 있도록 하는 것
③ 위험 발생 후 즉시 조치하는 것
④ 위험 요소 징후들에 대하여 계속적으로 인지하는 것

위험 모니터링

식별된 위험에 대해 추적하고, 잔존하는 위험을 감시하며, 새롭게 발견되는 위험을 식별하여 위험 요소 징후들에 대하여 계속적으로 인지하는 것

정답 25 ① 26 ② 27 ④ 28 ④

29

동시에 소스를 수정하는 것을 방지하며 다른 방향으로 진행된 개발 결과를 합치거나 변경 내용을 추적할 수 있는 소프트웨어 버전관리 도구는?

① RCS(Revision Control System)
② RTS(Reliable Transfer Service)
③ RPC(Remote Procedure Call)
④ RVS(Relative Version System)

버전 프로그램 종류

구분	설명
CVS (Concurrent Version System)	• 서버와 클라이언트로 구성되어 다수의 인원이 동시에 범용적인 운영체제로 접근 가능하여 버전관리를 가능케 함 • Client가 이클립스에 내장되어 있음
SVN (Subverion)	GNU의 버전관리시스템으로 CVS의 장점은 이어받고 단점은 개선하여 2000년에 발표되었고, 사실상 업계 표준으로 사용되고 있음
RCS (Revision Control System)	CVS와 달리 소스 파일의 수정을 한 사람만으로 제한하여 다수의 사람이 파일의 수정을 동시에 할 수 없도록 파일을 잠금는 방식으로 버전 컨트롤을 수행함
Bitkeeper	SVN과 비슷한 중앙 통제 방식의 버전 컨트롤 툴로서 대규모 프로젝트에서 빠른 속도를 내도록 개발됨
Git	• 기존 리눅스 커널의 버전 컨트롤을 하는 Bitkeeper를 대체하기 위해서 나온 새로운 버전 컨트롤로, 현재의 리눅스는 이것을 통해 버전 컨트롤이 되고 있음. Git은 속도에 중점을 둔 분산형 버전관리시스템(DVCS)이며, 대형 프로젝트에서 효과적이고 실제로 유용함 • Git는 SVN과 다르게 Commit은 로컬 저장소에서 이루어지고 push라는 동작으로 원격 저장소에 반영됨(로컬 저장소에서 작업이 이루어져 매우 빠른 응답을 받을 수 있음) • 받을 때도 pull 또는 Fetch로 서버에서 변경된 내역을 받아 올 수 있음
Clear Case	IBM에서 제작되었고, 복수 서버, 복수 클라이언트 구조이며 서버가 부족할 때 필요한 서버를 하나씩 추가하여 확장성을 기할 수 있음

30

화이트박스 테스트와 관련한 설명으로 틀린 것은?

① 화이트박스 테스트의 이해를 위해 논리흐름도(Logic-Flow Diagram)를 이용할 수 있다.
② 테스트 데이터를 이용해 실제 프로그램을 실행함으로써 오류를 찾는 동적 테스트(Dynamic Test)에 해당한다.
③ 프로그램의 구조를 고려하지 않기 때문에 테스트 케이스는 프로그램 또는 모듈의 요구나 명세를 기초로 결정한다.
④ 테스트 데이터를 선택하기 위하여 검증기준(Test Coverage)을 정한다.

화이트박스 시험

프로그램 내의 모든 논리적 구조를 파악하거나, 경로들의 복잡도를 계산하여 시험사례를 만듦. 절차, 즉 순서에 대한 제어구조를 이용하여 시험사례들을 유도하는 시험사례 설계방법임

31

알고리즘과 관련한 설명으로 틀린 것은?

① 주어진 작업을 수행하는 컴퓨터 명령어를 순서대로 나열한 것으로 볼 수 있다.
② 검색(Searching)은 정렬이 되지 않은 데이터 혹은 정렬이 된 데이터 중에서 키값에 해당되는 데이터를 찾는 알고리즘이다.
③ 정렬(Sorting)은 흩어져있는 데이터를 키값을 이용하여 순서대로 열거하는 알고리즘이다.
④ 선형 검색은 검색을 수행하기 전에 반드시 데이터의 집합이 정렬되어 있어야 한다.

검색을 수행하기 전에 반드시 데이터의 집합이 정렬되어 있어야 하는 검색은 선형 검색이 아니고, 이진 검색임

정답 29 ① 30 ③ 31 ④

32

버블 정렬을 이용하여 다음 자료를 오름차순으로 정렬할 경우 PASS 1의 결과는?

9, 6, 7, 3, 5

① 6, 9, 7, 3, 5
② 3, 9, 6, 7, 5
③ 3, 6, 7, 9, 5
④ 6, 7, 3, 5, 9

> **버블 정렬(Bubble Sort)**
> 인접한 데이터를 비교하면서 그 크기에 따라 데이터의 위치를 바꾸면서 정렬하는 방식
> • PASS 1 : 6 7 3 5 9
> • PASS 2 : 6 3 5 7 9
> • PASS 3 : 3 5 6 7 9

33

다음은 인스펙션(Inspection) 과정을 표현한 것이다. (가)~(마)에 들어갈 말을 〈보기〉에서 찾아 바르게 연결한 것은?

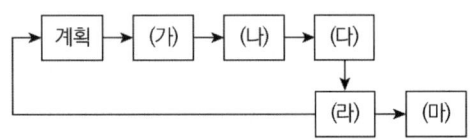

[보 기]
㉠ 준비   ㉡ 사전 교육
㉢ 인스펙션 회의   ㉣ 수정
㉤ 후속 조치

① (가) - ㉡, (나) - ㉢
② (나) - ㉠, (다) - ㉢
③ (다) - ㉢, (라) - ㉤
④ (라) - ㉣, (마) - ㉢

> **인스펙션(Inspection) 과정**
> Planning(계획) > Overview(사전교육) > Preparation(사전검토, 준비) > Meeting(인스펙션 회의) > Re-Work, re-Inspection(수정) > Following(후속조치)

34

소프트웨어를 보다 쉽게 이해할 수 있고 적은 비용으로 수정할 수 있도록 겉으로 보이는 동작의 변화 없이 내부구조를 변경하는 것은?

① Refactoring
② Architecting
③ Specification
④ Renewal

> **리팩토링(Refactoring)**
> 소프트웨어를 보다 쉽게 이해할 수 있고 적은 비용으로 수정할 수 있도록 겉으로 보이는 동작의 변화 없이 내부구조를 변경하는 것으로 Code smell을 고치고 다듬는 과정임

35

단위 테스트(Unit Test)와 관련한 설명으로 틀린 것은?

① 구현 단계에서 각 모듈의 개발을 완료한 후 개발자가 명세서의 내용대로 정확히 구현되었는지 테스트한다.
② 모듈 내부의 구조를 구체적으로 볼 수 있는 구조적 테스트를 주로 시행한다.
③ 필요 데이터를 인자를 통해 넘겨주고, 테스트 완료 후 그 결과값을 받는 역할을 하는 가상의 모듈을 테스트 스텁(Stub)이라고 한다.
④ 테스트할 모듈을 호출하는 모듈도 있고, 테스트할 모듈이 호출하는 모듈도 있다.

> 상위 모듈의 역할을 하는 가상의 모듈을 테스트 드라이버(test driver)라 하고 테스트할 모듈을 호출하는 역할을 함. 즉, 필요한 데이터를 인자를 통하여 넘겨주고 테스트가 완료된 후 그 결과값을 받는 역할을 함

정답 32 ④ 33 ② 34 ① 35 ③

36

IDE(Integrated Development Environment) 도구의 각 기능에 대한 설명으로 틀린 것은?

① Coding - 프로그래밍 언어를 가지고 컴퓨터 프로그램을 작성할 수 있는 환경을 제공
② Compile - 저급언어의 프로그램을 고급언어 프로그램으로 변환하는 기능
③ Debugging - 프로그램에서 발견되는 버그를 찾아 수정할 수 있는 기능
④ Deployment - 소프트웨어를 최종 사용자에게 전달하기 위한 기능

> **Compile**
> 고급언어의 프로그램을 저급언어 프로그램으로 변환하는 기능. 즉, 원시(소스)코드를 번역하여 목적코드로 변환하는 기능임

37 빈출

아래 Tree 구조에 대하여 후위순회(Postorder) 한 결과는?

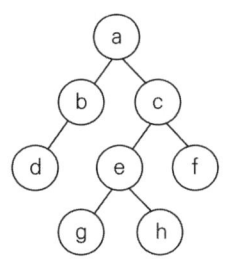

① a → b → d → c → e → g → h → f
② d → b → g → h → e → f → c → a
③ d → b → a → g → e → h → c → f
④ a → b → d → g → e → h → c → f

> **후위순회(left → right → root)**
> d → b → g → h → e → f → c → a

38

인터페이스 구현 시 사용하는 기술로 속성-값 쌍(Attribute-Value Pairs)으로 이루어진 데이터 오브젝트를 전달하기 위해 사용하는 개방형 표준 포맷은?

① JSON   ② HTML
③ AVPN   ④ DOF

> **JSON(JavaScript Object Notation)**
> 속성-값 쌍[attribute-value pairs and array data types (or any other serializable value)] 또는 "키-값 쌍"으로 이루어진 데이터 오브젝트를 전달하기 위해 인간이 읽을 수 있는 텍스트를 사용하는 개방형 표준 형식으로, 비동기 브라우저/서버 통신(AJAX)을 위해, 넓게는 XML(AJAX가 사용)을 대체하는 주요 데이터 포맷임

39

순서가 있는 리스트에서 데이터의 삽입(Push), 삭제(Pop)가 한쪽 끝에서 일어나며 LIFO(Last_In-First-Out)의 특징을 가지는 자료구조는?

① Tree   ② Graph
③ Stack   ④ Queue

> **스택**
> • 보통 제한된 구조로 원소의 삽입과 삭제가 한쪽(top)에서만 이루어지는 유한 순서 리스트
> • 스택의 구조는 LIFO(Last In First Out)로 되어 있으며, 마지막에 삽입한 원소를 제일 먼저 삭제함
> • 마치 항아리와 같이 위쪽의 출입구가 동일하다고 할 수 있으므로 가장 나중에 들어간 것이 가장 먼저 꺼내지고, 이를 후입선출이라고도 함
> • 배열로 구현하는 방법은 간단하지만, 크기가 고정됨
> • 연결리스트로 구현하면 상대적으로 복잡하지만, 크기를 가변적으로 할 수 있음
> • 스택의 응용 : 수식계산, 복귀주소관리, 순환식, 퀵 정렬, 깊이 우선 탐색, 이진트리 운행

40
다음 중 단위 테스트 도구로 사용될 수 없는 것은?

① CppUnit
② JUnit
③ HttpUnit
④ IgpUnit

> **단위 테스트 도구**
> JUnit, CppUnit, NUnit, HttpUnit

3과목 데이터베이스 구축

41
다음 조건을 모두 만족하는 정규형은?

> - 테이블 R에 속한 모든 도메인이 원자값만으로 구성되어 있다.
> - 테이블 R에서 키가 아닌 모든 필드가 키에 대해 함수적으로 종속되며, 키의 부분 집합이 결정자가 되는 부분 종속이 존재하지 않는다.
> - 테이블 R에 존재하는 모든 함수적 종속에서 결정자가 후보키이다.

① BCNF   ② 제1정규형
③ 제2정규형   ④ 제3정규형

- 제1정규형(1NF) : 어떤 릴레이션 R에 속한 모든 도메인이 원자값(Atomic Value)만으로 되어 있음
- 제2정규형(2NF) : 어떤 릴레이션 R이 1NF이고 키(기본)에 속하지 않은 애트리뷰트는 모두 기본키의 완전 함수 종속이면, 제2정규형(2NF)에 속함
- 제3정규형(3NF) : 어떤 릴레이션 R이 2NF이고 키(기본)에 속하지 않은 모든 애트리뷰트들이 기본키에 이행적 함수 종속이 아닐 때 제3정규형(3NF)에 속함
- 보이스/코드 정규형(BCNF) : 릴레이션 R의 모든 결정자(determinant)가 후보키(candidate key)이면 릴레이션 R은 보이스/코드 정규형(BCNF)에 속함

[정규화 과정]

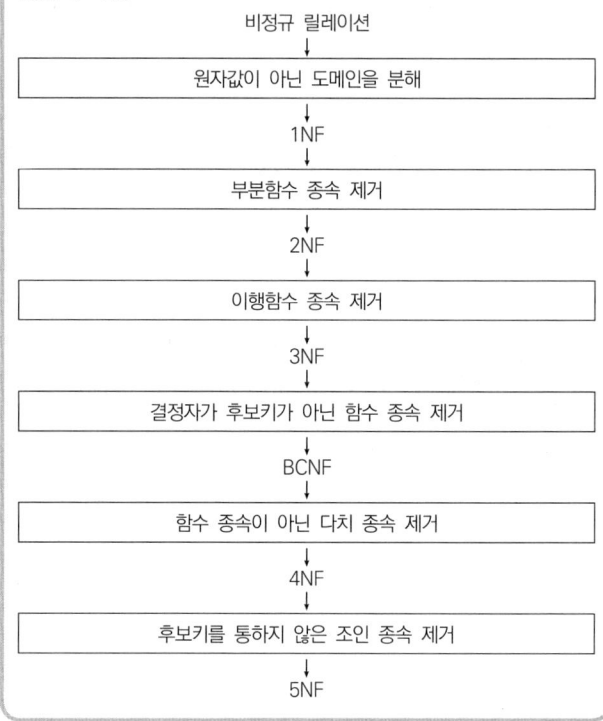

정답 40 ④ 41 ①

42

데이터베이스의 트랜잭션 성질들 중에서 다음 설명에 해당하는 것은?

> 트랜잭션의 모든 연산들이 정상적으로 수행 완료되거나 아니면 전혀 어떠한 연산도 수행되지 않은 원래 상태가 되도록 해야 한다.

① Atomicity
② Consistency
③ Isolation
④ Durability

트랜잭션 ACID 특징

영속성(Durability)	트랜잭션이 성공적으로 완료되면 처리 결과는 영속적으로 반영되어야 함
일관성(Consistency)	트랜잭션 시작 시점에 참조된 데이터는 종료까지 일관성을 유지해야 함
원자성(Atomicity)	데이터베이스에 트랜잭션은 모두 반영되거나 전혀 반영되지 않아야 함
격리성(Isolation)	동시에 다수 트랜잭션이 처리되는 경우 서로의 연산에 개입하면 안 됨

43

분산 데이터베이스 시스템과 관련한 설명으로 틀린 것은?

① 물리적으로 분산된 데이터베이스 시스템을 논리적으로 하나의 데이터베이스 시스템처럼 사용할 수 있도록 한 것이다.
② 물리적으로 분산되어 지역별로 필요한 데이터를 처리할 수 있는 지역 컴퓨터(Local Computer)를 분산 처리기(Distributed Processor)라고 한다.
③ 분산 데이터베이스 시스템을 위한 통신 네트워크 구조가 데이터 통신에 영향을 주므로 효율적으로 설계해야 한다.
④ 데이터베이스가 분산되어 있음을 사용자가 인식할 수 있도록 분산 투명성(Distribution Transparency)을 배제해야 한다.

> 분산 데이터베이스 시스템에서는 이를 사용하는 사용자로 하여금 데이터베이스가 서로 분산되어 있는지 알리지 않고 자신만의 데이터베이스를 이용하는 것처럼 사용하게끔 함. 이처럼 데이터베이스는 사용자에게 투명성을 제공해야 하는데, 이는 분산 데이터베이스에서 중요한 요소임

44

다음 테이블을 보고 강남지점의 판매량이 많은 제품부터 출력되도록 할 때 다음 중 가장 적절한 SQL 구문은? (단, 출력은 제품명과 판매량이 출력되도록 한다.)

〈푸드〉 테이블

지점명	제품명	판매량
강남지점	비빔밥	500
강북지점	도시락	300
강남지점	도시락	200
강남지점	미역국	550
수원지점	비빔밥	600
인천지점	비빔밥	800
강남지점	잡채밥	250

① SELECT 제품명, 판매량 FROM 푸드 ORDER BY 판매량 ASC ;
② SELECT 제품명, 판매량 FROM 푸드 ORDER BY 판매량 DESC ;
③ SELECT 제품명, 판매량 FROM 푸드 WHERE 지점명 = '강남지점' ORDER BY 판매량 ASC ;
④ SELECT 제품명, 판매량 FROM 푸드 WHERE 지점명 = '강남지점' ORDER BY 판매량 DESC ;

> ORDER BY절은 특정 속성을 기준으로 검색하여 정렬할 때 사용하고, 정렬 방법에는 ASC(오름차순)와 DESC(내림차순)가 있음. 따라서 SELECT 구문에 WHERE 지점명 = '강남지점'이라는 조건으로 한정시킨 후 판매량이 많은 순으로 정렬을 시키기 위해서 판매량 DESC;라는 DESC(내림차순) 정렬 옵션을 써줘야 함

정답 42 ① 43 ④ 44 ④

45

데이터베이스의 인덱스와 관련한 설명으로 틀린 것은?

① 문헌의 색인, 사전과 같이 데이터를 쉽고 빠르게 찾을 수 있도록 만든 데이터 구조이다.
② 테이블에 붙여진 색인으로 데이터 검색 시 처리속도 향상에 도움이 된다.
③ 인덱스의 추가, 삭제 명령어는 각각 ADD, DELETE이다.
④ 대부분의 데이터베이스에서 테이블을 삭제하면 인덱스도 같이 삭제된다.

> 인덱스 삭제는 Drop 구문을 사용해야 하고, 인덱스 추가는 기존 인덱스를 삭제 후 새롭게 생성(Create)시켜 사용함

46

물리적 데이터베이스 구조의 기본 데이터 단위인 저장 레코드의 양식을 설계할 때 고려사항이 아닌 것은?

① 데이터 타입
② 데이터 값의 분포
③ 트랜잭션 모델링
④ 접근 빈도

> 트랜잭션 모델링은 개념적 설계 단계에서 수행되고, 트랜잭션 인터페이스 설계는 논리적 설계 단계에서 수행됨

47

SQL의 기능에 따른 분류 중에서 REVOKE문과 같이 데이터의 사용 권한을 관리하는 데 사용하는 언어는?

① DDL(Data Definition Language)
② DML(Data Manipulation Language)
③ DCL(Data Control Language)
④ DUL(Data User Language)

> - REVOKE : 부여한 권한을 회수(삭제)시키는 명령어
> - 정의어(DDL) : CREATE, ALTER, DROP
> - 조작어(DML) : SELECT, INSERT, DELETE, UPDATE
> - 제어어(DCL) : GRANT, REVOKE

48

데이터 사전에 대한 설명으로 틀린 것은?

① 시스템 카탈로그 또는 시스템 데이터베이스라고도 한다.
② 데이터 사전 역시 데이터베이스의 일종이므로 일반 사용자가 생성, 유지 및 수정할 수 있다.
③ 데이터베이스에 대한 데이터인 메타데이터(Metadata)를 저장하고 있다.
④ 데이터 사전에 있는 데이터에 실제로 접근하는 데 필요한 위치 정보는 데이터 디렉터리(Data Directory)라는 곳에서 관리한다.

> **데이터 사전(Data Dictionary)**
> 데이터베이스의 데이터(사용자 데이터)를 제외한 모든 정보(DBMS가 관리하는 데이터)가 있으며, 데이터 사전의 내용을 변경하는 권한은 시스템 사용자(데이터베이스 관리자 : DBA)가 가짐. 반면 일반 사용자에게는 단순 조회만 가능한 읽기 전용 테이블 형태가 제공됨

49

데이터베이스에서 릴레이션에 대한 설명으로 틀린 것은?

① 모든 튜플은 서로 다른 값을 가지고 있다.
② 하나의 릴레이션에서 튜플은 특정한 순서를 가진다.
③ 각 속성은 릴레이션 내에서 유일한 이름을 가진다.
④ 모든 속성값은 원자값(atomic value)을 가진다.

> **릴레이션 특징**
> - 각각의 튜플은 고유한 값을 가짐(튜플은 모두 다름)
> - 튜플 사이에는 순서가 없음
> - 속성(애트리뷰트)의 이름은 유일해야 하지만, 값은 동일할 수도 있음
> - 속성의 순서는 중요하지 않음
> - 속성은 더이상 쪼갤 수 없는 원자값이 들어감

정답 45 ③ 46 ③ 47 ③ 48 ② 49 ②

50

데이터베이스에서의 뷰(View)에 대한 설명으로 틀린 것은?

① 뷰는 다른 뷰를 기반으로 새로운 뷰를 만들 수 있다.
② 뷰는 일종의 가상 테이블이며, update에는 제약이 따른다.
③ 뷰는 기본 테이블을 만드는 것처럼 create view를 사용하여 만들 수 있다.
④ 뷰는 논리적으로 존재하는 기본 테이블과 다르게 물리적으로만 존재하며 카탈로그에 저장된다.

> 뷰는 가상(논리) 테이블이므로 물리적으로 존재하지 않음

51

트랜잭션의 상태 중 트랜잭션의 마지막 연산이 실행된 직후의 상태로, 모든 연산의 처리는 끝났지만 트랜잭션이 수행한 최종 결과를 데이터베이스에 반영하지 않은 상태는?

① Active
② Partially Committed
③ Committed
④ Aborted

- 트랜잭션의 상태
  - 활동(active) : 트랜잭션이 실행을 시작하여 실행 중인 상태
  - 부분 완료(partially committed) : 트랜잭션이 마지막 명령문을 실행한 직후의 상태
  - 장애(failed) : 정상적 실행을 더 이상 계속할 수 없어서 중단한 상태
  - 철회(aborted) : 트랜잭션이 실행에 실패하여 ROLLBACK 연산을 수행한 상태
  - 완료(committed) : 트랜잭션이 실행을 성공적으로 완료하여 COMMIT 연산을 수행한 상태
- 트랜잭션의 상태도

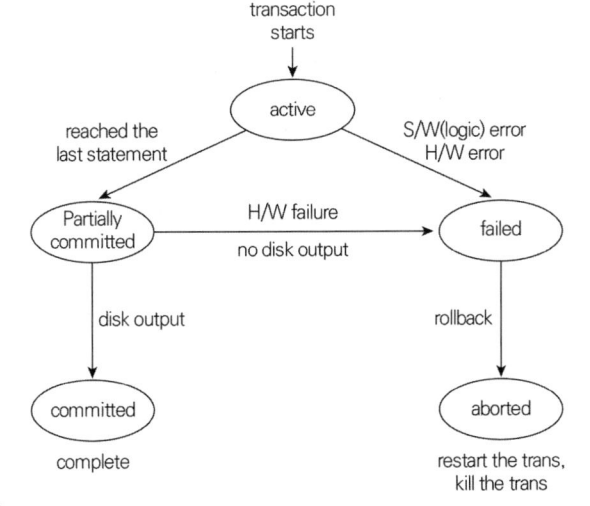

52

SQL의 명령을 사용 용도에 따라 DDL, DML, DCL로 구분할 경우, 그 성격이 나머지 셋과 다른 것은?

① SELECT
② UPDATE
③ INSERT
④ GRANT

- 정의어(DDL) : CREATE, ALTER, DROP
- 조작어(DML) : SELECT, INSERT, DELETE, UPDATE
- 제어어(DCL) : GRANT, REVOKE

53

키의 종류 중 유일성과 최소성을 만족하는 속성 또는 속성들의 집합은?

① Atomic key
② Super key
③ Candidate key
④ Test key

> Candidate key(후보키)
>
> 후보키(Candidate Key)는 튜플을 유일하게 구분할 수 있는 최소 슈퍼키로, 한 릴레이션에서 유일성과 최소성을 모두 만족시킴

정답: 50 ④ 51 ② 52 ④ 53 ③

54

데이터베이스에서 개념적 설계 단계에 대한 설명으로 틀린 것은?

① 산출물로 E-R Diagram을 만들 수 있다.
② DBMS에 독립적인 개념스키마를 설계한다.
③ 트랜잭션 인터페이스를 설계 및 작성한다.
④ 논리적 설계 단계의 앞 단계에서 수행된다.

> 논리적 설계 단계에서 트랜잭션 인터페이스를 설계 및 작성하며, 데이터베이스 설계 단계는 다음과 같음
> • 개념적 설계(conceptual design)
>   - 사용자들의 요구사항을 이해하기 쉬운 형식으로 간단히 기술하는 단계
>   - 현실 세계를 정보 모델링을 통해 개념적으로 표현함
>   - 속성들로 기술된 개체 타입과 이 개체 타입들 간의 관계를 이용하여 현실 세계를 표현하는 방법임
>   - 트랜잭션 모델링이 포함됨
>   - DBMS와 Hardware에 독립적임
> • 논리적 설계(logical design)
>   - 개념적 설계에서 만들어진 구조를 구현 가능한 data 모델로 변환하는 단계
>   - 개념 세계를 데이터 모델링을 통해 논리적으로 표현함
>   - 데이터 필드로 기술된 데이터 타입과 이 데이터 타입들 간의 관계를 이용하여 현실 세계를 표현하는 방법
>   - 트랜잭션 인터페이스가 포함됨
>   - DBMS 종속적, Hardware 독립적
> • 물리적 설계(physical design)
>   - 논리적 데이터베이스 구조를 내부 저장 장치 구조와 접근 경로 등을 고려하여 설계
>   - 구현을 위한 데이터 구조화(저장 장치에서의 데이터 표현)
>   - 컴퓨터가 접근할 수 있는 저장 장치, 즉 디스크에 데이터가 표현될 수 있도록 물리적 데이터 구조로 변환하는 과정
>   - 트랜잭션 세부설계가 포함됨
>   - DBMS 종속적, Hardware 종속적

55

테이블의 기본키(Primary Key)로 지정된 속성에 관한 설명으로 가장 거리가 먼 것은?

① NOT NULL로 널값을 가지지 않는다.
② 릴레이션에서 튜플을 구별할 수 있다.
③ 외래키로 참조될 수 있다.
④ 검색할 때 반드시 필요하다.

> 검색할 때 기본키(Primary Key)가 반드시 필요하지는 않음. 다만 기본키를 사용하지 않는다면 중복 데이터로 인한 정제작업과 우선 순위를 매기는 작업의 어려운 과정이 필요할 수 있음

56

데이터 모델의 구성 요소 중 데이터 구조에 따라 개념 세계나 컴퓨터 세계에서 실제로 표현된 값들을 처리하는 작업을 의미하는 것은?

① Relation   ② Data Structure
③ Constraint   ④ Operation

> • 데이터 모델은 데이터 구조, 연산, 제약조건으로 구성됨
> • 데이터 구조(Data Structure)는 현실 세계를 개념 세계로 추상화했을 때 어떤 요소로 이루어져 있는지를 표현하는 개념적 구조임
> • 연산(Operation)은 값들을 처리하는 작업임
> • 제약조건(Constraint)은 제약사항임

57

다음 [조건]에 부합하는 SQL문을 작성하고자 할 때, [SQL문]의 빈칸에 들어갈 내용으로 옳은 것은? (단, '팀코드' 및 '이름'은 속성이며, '직원'은 테이블이다.)

[조건]
이름이 '정도일'인 팀원이 소속된 팀코드를 이용하여 해당 팀에 소속된 팀원들의 이름을 출력하는 SQL문 작성

[SQL문]
SELECT 이름
FROM 직원
WHERE 팀코드=(   );

① WHERE 이름='정도일'
② SELECT 팀코드 FROM 이름 WHERE 직원='정도일'
③ WHERE 직원='정도일'
④ SELECT 팀코드 FROM 직원 WHERE 이름='정도일'

> 직원 테이블에서 정도일 팀원의 소속팀코드만을 추출하기 위해 'where 절 서브쿼리'를 사용함

정답 54 ③ 55 ④ 56 ④ 57 ④

58

무결성 제약조건 중 개체 무결성 제약조건에 대한 설명으로 옳은 것은?

① 릴레이션 내의 튜플들이 각 속성의 도메인에 정해진 값만을 가져야 한다.
② 기본키는 NULL값을 가져서는 안 되며 릴레이션 내에 오직 하나의 값만 존재해야 한다.
③ 자식 릴레이션의 외래키는 부모 릴레이션의 기본키와 도메인이 동일해야 한다.
④ 자식 릴레이션의 값이 변경될 때 부모 릴레이션의 제약을 받는다.

- 개체 무결성 제약조건 : 릴레이션에서 기본키를 구성하는 속성은 널(Null)값이나 중복값을 가질 수 없음
- 참조 무결성 제약조건 : 외래키 값은 NULL이거나 참조 릴레이션의 기본키 값과 동일해야 함
- 도메인 무결성 제약조건 : 특정 속성의 값이 그 속성이 정의된 도메인에 속한 값이어야 한다는 규정

59

관계 데이터 모델에서 릴레이션(Relation)에 포함되어 있는 튜플(Tuple)의 수를 무엇이라고 하는가?

① Degree
② Cardinality
③ Attribute
④ Cartesian product

카디널리티(cardinality)는 관계 데이터 모델에서 릴레이션에 포함되어 있는 튜플(Tuple)의 개수임

60

사용자 'PARK'에게 테이블을 생성할 수 있는 권한을 부여하기 위한 SQL문의 구성으로 빈칸에 적합한 내용은?

[SQL문]

GRANT (   ) PARK ;

① CREATE TABLE TO
② CREATE TO
③ CREATE FROM
④ CREATE TABLE FROM

- 테이블을 생성할 수 있는 권한을 줘야 하므로 GRANT CREATE TABLE TO user 구문을 사용해야 함

  GRANT CREATE TABLE TO 유저명   // 테이블을 생성할 수 있는 권한
  GRANT DROP ANY TABLE TO 유저명 // 테이블을 제거할 수 있는 권한

- 접근권한을 부여할 때에는 GRANT를 사용하고, 이를 삭제할 경우에는 REVOKE를 사용함

4과목 프로그래밍 언어 활용

61

C 언어에서 문자열 처리 함수의 서식과 그 기능의 연결로 틀린 것은?

① strlen(s) - s의 길이를 구한다.
② strcpy(s1, s2) - s2를 s1으로 복사한다.
③ strcmp(s1, s2) - s1과 s2를 연결한다.
④ strrev(s) - s를 거꾸로 변환한다.

strcmp(s1, s2)는 문자열 비교하는 함수로, 대소문자까지 구분하여 비교하며 그 결과를 정수로 반환시킴

반환값	문자 비교
-1	s1 < s2
0	s1 = s2
1	s1 > s2

62 빈출

다음 C 언어 프로그램이 실행되었을 때, 실행 결과는?

```
#include <stdio.h>
int main(int argc, char *argv[ ]) {
    int a=5, b=3, c=12;
    int t1, t2, t3;
    t1 = a && b;
    t2 = a || b;
    t3 = !c;
    printf("%d", t1+t2+t3);
    return 0;
}
```

① 0
② 2
③ 5
④ 14

- C 논리 연산자

	예	
&&	A && B 양쪽 모두 true(참)일 때 true(참)	AND(논리곱)
||	A || B 양쪽 중 한쪽만 true(참)이면 true(참)	OR(논리합)
!	!A true(참)이면 false(거짓)로 전환 false(거짓)이면 true(참)로 전환	NOT(논리 부정)

- C 언어 int형 자료에서 0이 아닌 모든 값은 true(참)이므로 true면 1이고 false이면 0임
  t1 = a && b;   // True && True → True → 1 할당
  t2 = a || b;   // True or False → True → 1 할당
  t3 = !c;   // NOT True → False → 0 할당
  따라서 t1 = 1, t2 = 1, t3 = 0이 되므로 1+1+0 = 2가 됨

63

다음 C 언어 프로그램이 실행되었을 때, 실행 결과는?

```
#include <stdio.h>
struct st{
    int a;
    int c[10];
};

int main (int argc, char *argv[ ]) {
    int i=0;
    struct st ob1;
    struct st ob2;
    ob1.a=0;
    ob2.a=0;

    for(i=0; i<10; i++) {
        ob1.c[i] = i;
        ob2.c[i] = ob1.c[i]+i;
    }

    for(i=0; i<10; i=i+2) {
        ob1.a = ob1.a+ob1.c[i];
        ob2.a = ob2.a+ob2.c[i];
    }

    printf("%d", ob1.a+ob2.a);
    return 0;
}
```

① 30
② 60
③ 80
④ 120

정답 62 ② 63 ②

```
for(i=0 ; i<10 ; i++) {    // for문 1씩 증가
    ob1.c[i]=i ;           // 반복문을 이용하여 ob1.c에 0~9로
                           배열 초기화
    ob2.c[i]=ob1.c[i]+i ;  //반복문을 이용하여 ob2.c라는 배열에
                           0+0, 1+1, 2+2, 3+3,
}                          // 4+4, 5+5, 6+6, 7+7, 8+8, 9+9로
                           초기화

for(i=0 ; i<10 ; i=i+2) {  // for문 2씩 증가
    ob1.a=ob1.a+ob1.c[i] ;
    // 반복문을 이용하여 ob1.a에 0+0, 0+2, 2+4, 6+6, 12+8 순으로
    값이 할당
    ob2.a=ob2.a+ob2.c[i] ;
    // 반복문을 이용하여 ob2.a에 0+0, 0+4, 4+8, 12+12, 24+16 순
    으로 값이 할당
}
ob1.a = 20, ob2.a = 40이 되므로 출력값은 20 + 40 = 60
```

64

IP 프로토콜에서 사용하는 필드와 해당 필드에 대한 설명으로 틀린 것은?

① Header Length는 IP 프로토콜의 헤더 길이를 32비트 워드 단위로 표시한다.
② Packet Length는 IP 헤더를 제외한 패킷 전체의 길이를 나타내며 최대 크기는 $2^{32} - 1$비트이다.
③ Time To Live는 송신 호스트가 패킷을 전송하기 전 네트워크에서 생존할 수 있는 시간을 지정한 것이다.
④ Version Number는 IP 프로토콜의 버전번호를 나타낸다.

Packet Length는 IP 헤더를 포함한 패킷 전체의 길이를 나타내며 최대 크기는 $2^{16} - 1$비트임

65

다음 Python 프로그램의 실행 결과가 [실행결과]와 같을 때, 빈 칸에 적합한 것은?

```
x = 20
if x==10 :
print('10')
(     ) x==20 :
print('20')
else :
print('other')
```

[실행결과]
20

① either   ② elif
③ else if   ④ else

조건문을 여러 개 사용하고 싶을 때, 보통 if~ elif~ else문이 활용됨. elif 키워드를 여러 개 사용해서 조건에 맞는 좀 더 세분화된 값을 추출할 수 있음

66

RIP 라우팅 프로토콜에 대한 설명으로 틀린 것은?

① 경로 선택 메트릭은 홉 카운트(hop count)이다.
② 라우팅 프로토콜을 IGP와 EGP로 분류했을 때 EGP에 해당한다.
③ 최단 경로 탐색에 Bellman-Ford 알고리즘을 사용한다.
④ 각 라우터는 이웃 라우터들로부터 수신한 정보를 이용하여 라우팅 표를 갱신한다.

• 내부 라우팅(Interior Routing) - AS 내의 라우팅(IGP) : RIP(Routing Information Protocol), OSPF(Open Shortest Path First), IGRP(Interior Gateway Routing Protocol), EIGRP(Enhanced Interior Gateway Routing Protocol), IS-IS(Intermediate System-to-Intermediate System)
• 외부 라우팅(Exterior Routing) - AS 간 라우팅(EGP) : BGP(Border Gateway Protocol)

67

다음에서 설명하는 프로세스 스케줄링은?

> 최소 작업 우선(SJF) 기법의 약점을 보완한 비선점 스케줄링 기법으로 다음과 같은 식을 이용해 우선순위를 판별한다.
>
> 우선순위 = $\dfrac{\text{대기한 시간} + \text{서비스를 받을 시간}}{\text{서비스를 받을 시간}}$

① FIFO 스케줄링　② RR 스케줄링
③ HRN 스케줄링　④ MQ 스케줄링

- HRN은 우선 순위를 계산하여 그 수치가 가장 높은 것부터 낮은 순으로 우선 순위가 부여됨
- HRN 우선순위 계산식 = (대기 시간 + 서비스 시간) / 서비스 시간

68

UNIX 운영체제에 관한 특징으로 틀린 것은?

① 하나 이상의 작업에 대하여 백그라운드에서 수행이 가능하다.
② Multi-User는 지원하지만 Multi-Tasking은 지원하지 않는다.
③ 트리 구조의 파일 시스템을 갖는다.
④ 이식성이 높으며 장치 간의 호환성이 높다.

- UNIX 운영체제는 Multi-Tasking을 지원함
- UNIX의 특징 : 대화식 운영체제(Shell), 멀티태스킹, 멀티유저환경, 계층적 파일 시스템, 이식성, 호환성 등

69

UDP 프로토콜의 특징이 아닌 것은?

① 비연결형 서비스를 제공한다.
② 단순한 헤더 구조로 오버헤드가 적다.
③ 주로 주소를 지정하고, 경로를 설정하는 기능을 한다.
④ TCP와 같이 트랜스포트 계층에 존재한다.

- 데이터 전송을 위한 주소 지정, 경로 설정을 제공하는 기능은 IP 프로토콜의 특징임

70

Python 데이터 타입 중 시퀀스(Sequence) 데이터 타입에 해당하며 다양한 데이터 타입들을 주어진 순서에 따라 저장할 수 있으나 저장된 내용을 변경할 수 없는 것은?

① 복소수(complex) 타입
② 리스트(list) 타입
③ 사전(diet) 타입
④ 튜플(tuple) 타입

- 리스트(list)는 순서가 있고 변경 가능함. 즉, 기존 데이터의 수정과 삭제가 가능함
- 튜플(Tuple)은 순서가 있고 변경 불가능함. 즉, 기존 데이터의 수정과 삭제가 불가능함

정답 67 ③　68 ②　69 ③　70 ④

71

다음 JAVA 프로그램이 실행되었을 때, 실행결과는?

```java
public class Rarr {
    static int[ ] marr( ) {
        int temp[ ] = new int[4];
        for(int i=0; i<temp.length; i++)
            temp[i] = i;
        return temp;
    }
    public static void main(String[ ] args) {
        int iarr[ ];
        iarr = marr( );
        for(int i=0; i<iarr.length; i++)
            System.out.print(iarr[i] + " ");
    }
}
```

① 1 2 3 4
② 0 1 2 3
③ 1 2 3
④ 0 1 2

```
public class Rarr {
  static int[ ] marr( ) {              // 정수형 배열 리턴하는 메소드
    int temp[ ] = new int[4];          // 배열 생성
    for(int i=0; i<temp.length; i++)
      temp[i] = i;                     // 배열의 각 원소에 인덱스로 초기화
    return temp;                       // 배열 리턴
  }
  public static void main(String[ ] args) {
    int iarr[ ];                       // 배열 레퍼런스 변수 선언
    iarr = marr( );                    // marr( )에서 리턴한 배열을 대입
    for(int i=0; i<iarr.length; i++)
      System.out.print(iarr[i] + " "); // 배열의 모든 원소를 출력
  }
}
```

72

다음 JAVA 프로그램이 실행되었을 때의 결과는?

```java
public class ovr {
    public static void main(String[ ] args) {
        int a=1, b=2, c=3, d=4;
        int mx, mn;
        mx = a<b? b : a;
        if(mx==1) {
            mn = a>mx? b : a;
        }
        else {
            mn = b<mx? d : c;
        }
        System.out.println(mn);
    }
}
```

① 1
② 2
③ 3
④ 4

삼항 연산자의 문법은 '(조건문)? 참 : 거짓'
mx = a<b? b : a; 에서 실행된 결과값은 2가 되므로 mx=2
if~ else 조건문에서 else 구문이 실행되므로 mn = b<mx? d : c;
가 실행되고, 실행 결과값이 3이 되어 mn=3이므로 출력값은 3이 됨

정답 71 ② 72 ③

73

다음 중 Myers가 구분한 응집도(Cohesion)의 정도에서 가장 낮은 응집도를 갖는 단계는?

① 순차적 응집도(Sequential Cohesion)
② 기능적 응집도(Functional Cohesion)
③ 시간적 응집도(Temporal Cohesion)
④ 우연적 응집도(Coincidental Cohesion)

응집도

1. 우연적 응집도(coincidental cohesion) 응집도가 낮음
2. 논리적 응집도(logical cohesion)
3. 시간적 응집도(temporal cohesion)
4. 절차적 응집도(procedural cohesion)
5. 통신적 응집도(communicational cohesion)
6. 순차적 응집도(sequential cohesion)
7. 기능적 응집도(functional cohesion) 응집도가 높음

74

다음 C 언어 프로그램이 실행되었을 때, 실행 결과는?

```c
#include <stdio.h>
int main(int arge, char *argv[ ]) {
    int n1 = 1, n2 = 2, n3 = 3 ;
    int r1, r2, r3 ;

    r1 = (n2<=2) || (n3>3) ;
    r2 = !n3 ;
    r3 = (n1>1) && (n2<3) ;

    printf("%d", r3 - r2+r1 );
    return 0 ;
}
```

① 0
② 1
③ 2
④ 3

C 언어 논리 연산자

&&	예 A && B 양쪽 모두 true(참)일 때 true(참)	AND(논리곱)
||	예 A || B 양쪽 중 한쪽만 true(참)면 true(참)	OR(논리합)
!	예 !A true(참)이면 false(거짓)로 전환 false(거짓)이면 true(참)로 전환	NOT(논리 부정)

• r1 = 1, r2=0, r3 = 0이 되므로, 0 - 0 + 1 = 1이 됨

75

IP 프로토콜의 주요 특징에 해당하지 않는 것은?

① 체크섬(Checksum) 기능으로 데이터 체크섬(Data Checksum) 만 제공한다.
② 패킷을 분할, 병합하는 기능을 수행하기도 한다.
③ 비연결형 서비스를 제공한다.
④ Best Effort 원칙에 따른 전송 기능을 제공한다.

IP Header Checksum은 검사합으로 간단하게 오류를 검출하는 방법이며, 체크섬을 이용하여 네트워크를 통해 전송한 데이터의 무결성을 검사할 수 있음

정답: 73 ④ 74 ② 75 ①

76

4개의 페이지를 수용할 수 있는 주기억장치가 있으며, 초기에는 모두 비어있다고 가정한다. 다음의 순서로 페이지 참조가 발생할 때, LRU 페이지 교체 알고리즘을 사용할 경우 몇 번의 페이지 결함이 발생하는가?

> 페이지 참조 순서 1, 2, 3, 1, 2, 4, 1, 2, 5

① 5회
② 6회
③ 7회
④ 8회

LRU(Least Recently Used)
주기억장치에서 가장 오랫동안 사용되지 않은 페이지를 교체함

순번	1	2	3	4	5	6	7	8	9
요구 페이지	1	2	3	1	2	4	1	2	5
페이지 프레임	1	1	1	1	1	1	1	1	1
		2	2	2	2	2	2	2	2
			3	3	3	3	3	3	5
						4	4	4	4
페이지 부재	○	○	○			○			○

77

사용자 수준에서 지원되는 스레드(thread)가 커널에서 지원되는 스레드에 비해 가지는 장점으로 옳은 것은?

① 한 프로세스가 운영체제를 호출할 때 전체 프로세스가 대기할 필요가 없으므로 시스템 성능을 높일 수 있다.
② 동시에 여러 스레드가 커널에 접근할 수 있으므로 여러 스레드가 시스템 호출을 동시에 사용할 수 있다.
③ 각 스레드를 개별적으로 관리할 수 있으므로 스레드의 독립적인 스케줄링이 가능하다.
④ 커널 모드로의 전환 없이 스레드 교환이 가능하므로 오버헤드가 줄어든다.

> 사용자 수준에서 지원되는 스레드(thread)가 커널에서 지원되는 스레드에 비해 가지는 장점으로는 스레드 간을 전환할 때마다 커널 스케줄러를 호출할 필요가 없어서 오버헤드가 줄어든다는 것임

78

한 모듈이 다른 모듈의 내부 기능 및 그 내부 자료를 참조하는 경우의 결합도는?

① 내용 결합도(Content Coupling)
② 제어 결합도(Control Coupling)
③ 공통 결합도(Common Coupling)
④ 스탬프 결합도(Stamp Coupling)

결합도

1. 내용 결합도(content coupling)   결합도가 높음
2. 공통 결합도(common coupling)
3. 외부 결합도(external coupling)
4. 제어 결합도(control coupling)
5. 스탬프 결합도(stamp coupling)
6. 자료 결합도(data coupling)   결합도가 낮음

① 내용 결합도(Content Coupling) : 하나의 모듈이 직접적으로 다른 모듈의 내용을 참조할 때 두 모듈은 내용적으로 결합되어 있다고 함

[오답 해설]
② 제어 결합도(Control Coupling) : 어떤 모듈이 다른 모듈을 호출할 경우, 제어 정보를 파라미터로 넘겨주는 경우 이들 두 모듈은 제어 결합도를 가졌다고 함
③ 공통 결합도(Common Coupling) : 두 모듈이 동일한 전역 데이터를 접근한다면 공통결합되어 있다고 함
④ 스탬프 결합도(Stamp Coupling) : 두 모듈이 매개변수로 자료를 전달할 때, 자료구조 형태로 전달되어 이용될 경우 데이터가 결합되어 있는 것

76 ① 77 ④ 78 ①

79

a[0]의 주소값이 10일 경우 다음 C 언어 프로그램이 실행되었을 때의 결과는? (단, int형의 크기는 4Byte로 가정한다.)

```
#include <stdio.h>
int main(int argc, char *argv[ ]) {
    int a[ ]={14, 22, 30, 38};
    printf("%u", &a[2]);
    printf("%u", a);
    return 0;
}
```

① 14, 10
② 14, 14
③ 18, 10
④ 18, 14

- 내용값 : a[0]=14, a[1]=22, a[2]=30, a[3]=38
- 주소값 : &a[0]=10, &a[1]=14, &a[2]=18, &a[3]=22 (int형의 크기를 4Byte로 가정했으므로)
- 배열의 이름 a는 이 배열 전체의 첫 번째 시작 주소값을 가지고 있으므로 a = &a[0] = 10이 됨

80 빈출

모듈화(Modularity)와 관련한 설명으로 틀린 것은?

① 시스템을 모듈로 분할하면 각각의 모듈을 별개로 만들고 수정할 수 있기 때문에 좋은 구조가 된다.
② 응집도는 모듈과 모듈 사이의 상호의존 또는 연관 정도를 의미한다.
③ 모듈 간의 결합도가 약해야 독립적인 모듈이 될 수 있다.
④ 모듈 내 구성 요소들 간의 응집도가 강해야 좋은 모듈 설계이다.

모듈과 모듈 사이의 상호의존 또는 연관 정도를 의미하는 것은 결합도이고, 응집도는 단일모듈 내의 활동정도를 말하며, 응집도가 높으면 모듈의 독립성이 높아 모듈화가 잘 되었다고 평가할 수 있음

5과목 정보시스템 구축관리

81 빈출

소프트웨어 개발에서 정보보안 3요소에 해당하지 않는 설명은?

① 기밀성 : 인가된 사용자에 대해서만 자원 접근이 가능하다.
② 무결성 : 인가된 사용자에 대해서만 자원 수정이 가능하며 전송 중인 정보는 수정되지 않는다.
③ 가용성 : 인가된 사용자는 가지고 있는 권한 범위 내에서 언제든 자원 접근이 가능하다.
④ 휘발성 : 인가된 사용자가 수행한 데이터는 처리 완료 즉시 폐기되어야 한다.

정보보안의 3대 요소
기밀성(confidentiality), 무결성(integrity), 가용성(availability)

82

어떤 외부 컴퓨터가 접속되면 접속 인가 여부를 점검해서 인가된 경우에는 접속이 허용되고, 그 반대의 경우에는 거부할 수 있는 접근제어 유틸리티는?

① tcp wrapper
② trace checker
③ token finder
④ change detector

tcp wrapper
어떤 외부 컴퓨터가 접속되면 접속 인가 여부를 점검해서 인가된 경우에는 접속이 허용되고, 그 반대의 경우에는 거부할 수 있는 접근제어 유틸리티로 서버에서 침입차단서비스를 제공하는 공용 컴퓨터 프로그램임

83

기기를 키오스크에 갖다 대면 원하는 데이터를 바로 가져올 수 있는 기술로 10㎝ 이내 근접 거리에서 기가급 속도로 데이터 전송이 가능한 초고속 근접무선통신(NFC : Near Field Communication) 기술은?

① BcN(Broadband Convergence Network)
② Zing
③ Marine Navi
④ C-V2X(Cellular Vehicle To Everything)

- ② Zing : 기기를 키오스크에 갖다 대면 원하는 데이터를 바로 가져올 수 있는 기술로 10㎝ 이내 근접 거리에서 기가급 속도로 데이터 전송이 가능한 초고속 근접무선통신(NFC : Near Field Communication) 기술

[오답해설]
① BcN(Broadband Convergence Network) : 통신·방송·인터넷이 융합된 품질 보장형 광대역 멀티미디어 서비스를 언제 어디서나 끊김 없이 안전하게 이용할 수 있는 차세대 통합 네트워크
③ Marine Navi : LTE와 지능형 CCTV, 인공지능(AI) 등을 활용한 KT의 통합 선박 안전 솔루션
④ C-V2X(Cellular Vehicle To Everything) : 차량 사물 통신으로, 차량이 네트워크를 통해 다른 차량, 모바일 기기, 도로 등의 사물과 정보를 교환하는 기술

84

취약점 관리를 위한 응용 프로그램의 보안 설정과 가장 거리가 먼 것은?

① 서버 관리실 출입 통제
② 실행 프로세스 권한 설정
③ 운영체제의 접근 제한
④ 운영체제의 정보 수집 제한

- 서버 관리실 출입 통제는 응용 프로그램의 보안 설정이 아니라, 물리적 보호 조치에 해당됨
- 취약점 관리를 위한 응용 프로그램의 보안 설정 : 운영체제의 접근 제한, 운영체제의 정보 수집 제한, 실행 프로세스 권한 설정

85

소프트웨어 개발 프레임워크와 관련한 설명으로 가장 적절하지 않은 것은?

① 반제품 상태의 제품을 토대로 도메인별로 필요한 서비스 컴포넌트를 사용하여 재사용성 확대와 성능을 보장 받을 수 있게 하는 개발 소프트웨어이다.
② 라이브러리와는 달리 사용자 코드에서 프레임워크를 호출해서 사용하고, 그에 대한 제어도 사용자 코드가 가지는 방식이다.
③ 설계 관점에 개발 방식을 패턴화시키기 위한 노력의 결과물인 소프트웨어 디자인 패턴을 반제품 소프트웨어 상태로 집적화시킨 것으로 볼 수 있다.
④ 프레임워크의 동작 원리를 그 제어 흐름의 일반적인 프로그램 흐름과 반대로 동작한다고 해서 IoC (Inversion of Control)이라고 설명하기도 한다.

- 프레임워크를 사용하면 이미 만들어진 코드를 사용하게 되므로 시간과 비용이 절약되어 생산성이 증가되며, 라이브러리와 프레임워크의 가장 큰 차이는 제어 흐름에 대한 주도권이 누구에게 있는가에 있음. 프레임워크는 전체적인 흐름을 스스로 가지고 있으므로 직접 코드의 흐름을 제어할 수 있음
- 프레임워크를 사용하면 이미 만들어진 코드를 사용하게 되므로 시간과 비용이 절약되어 생산성이 증가됨

정답 83 ② 84 ① 85 ②

86

클라우드 기반 HSM(Cloud-based Hardware Security Module)에 대한 설명으로 틀린 것은?

① 클라우드(데이터센터) 기반 암호화 키 생성, 처리, 저장 등을 하는 보안 기기이다.
② 국내에서는 공인인증제의 폐지와 전자서명법 개정을 추진하면서 클라우드 HSM 용어가 자주 등장하였다.
③ 클라우드에 인증서를 저장하므로 기존 HSM 기기나 휴대폰에 인증서를 저장해 다닐 필요가 없다.
④ 하드웨어가 아닌 소프트웨어적으로만 구현되기 때문에 소프트웨어식 암호 기술에 내재된 보안 취약점을 해결할 수 없다는 것이 주요 단점이다.

> **클라우드 기반 HSM**
> 클라우드 시스템 내에서 제공되는 정보보안 서비스 모듈이며, 암호화 키를 안전하게 보관/관리하고, 암호, 인증, 전자서명 등에 필요한 암호 알고리즘을 수행하기 위한 전용 하드웨어 모듈

87

다음 내용이 설명하는 기술로 가장 적절한 것은?

> - 다른 국을 향하는 호출이 중계에 의하지 않고 직접 접속되는 그물 모양의 네트워크이다.
> - 통신량이 많은 비교적 소수의 국 사이에 구성될 경우 경제적이며 간편하지만, 다수의 국 사이에는 회선이 세분화되어 비경제적일 수도 있다.
> - 해당 형태의 무선 네트워크의 경우 대용량을 빠르고 안전하게 전달할 수 있어 행사장이나 군 등에서 많이 활용된다.

① Virtual Local Area Network
② Simple Station Network
③ Mesh Network
④ Modem Network

③ Mesh Network : 다른 국을 향하는 호출이 중계에 의하지 않고 직접 접속되는 그물 모양의 네트워크로, 통신량이 많은 비교적 소수의 국 사이에 구성될 경우 경제적이며 간편하지만, 다수의 국 사이에는 회선이 세분화되어 비경제적일 수도 있음

[오답해설]
① VLAN(Virtual Local Area Network) : 물리적 배치와 상관없이 논리적으로 LAN을 구성하여 Broadcast Domain을 구분할 수 있게 해주는 기술로 접속된 장비들의 성능 향상 및 보안성 증대 효과가 있음

88

물리적 위협으로 인한 문제에 해당하지 않는 것은?

① 화재, 홍수 등 천재지변으로 인한 위협
② 하드웨어 파손, 고장으로 인한 장애
③ 방화, 테러로 인한 하드웨어와 기록장치를 물리적으로 파괴하는 행위
④ 방화벽 설정의 잘못된 조작으로 인한 네트워크, 서버 보안 위협

> 방화벽 설정의 잘못된 조작으로 인한 네트워크, 서버 보안 위협은 물리적 위협이 아니라, 기술적 위협에 해당함

정답 86 ④ 87 ③ 88 ④

89

악성코드의 유형 중 다른 컴퓨터의 취약점을 이용하여 스스로 전파하거나 메일로 전파되며 스스로를 증식하는 것은?

① Worm
② Rogue Ware
③ Adware
④ Reflection Attack

① Worm : 악성코드의 유형 중 다른 컴퓨터의 취약점을 이용하여 스스로 전파하거나 메일로 전파되며 스스로를 증식함

[오답해설]
② Rogue Ware(악성 보안 소프트웨어, Rogue security software) : 악성 소프트웨어 및 인터넷 사기의 일종으로 사용자의 컴퓨터에 바이러스가 있다고 생각하게 하여 가짜 악성코드 제거 도구에 대한 비용을 지불하도록 함
③ Adware : 광고(advertisement)와 소프트웨어(software)의 합성어이며, 특정 소프트웨어를 실행할 때 또는 자동으로 활성화되는 광고프로그램
④ Reflection Attack : 송신자가 생성한 메시지를 가로챈 공격자가 그 메시지를 다시 송신자에게 재전송하여 접근 권한을 얻는 형태의 공격 방법

90

다음 설명에 해당하는 공격기법은?

시스템 공격 기법 중 하나로 허용범위 이상의 ICMP 패킷을 전송하여 대상 시스템의 네트워크를 마비시킨다.

① Ping of Death
② Session Hijacking
③ Piggyback Attack
④ XSS

Ping of Death
- 네트워크에서는 패킷을 전송하기 적당한 크기로 잘라서 보내는데 Ping of Death는 네트워크의 이런 특성을 이용한 것
- 네트워크의 연결 상태를 점검하기 위한 ping 명령을 보낼 때, 패킷을 최대한 길게 하여 (최대 65,500바이트) 공격 대상에게 보내면 패킷은 네트워크에서 수백 개의 패킷으로 잘게 쪼개져 보내짐
- 네트워크의 특성에 따라 한 번 나뉜 패킷이 다시 합쳐져서 전송되는 일은 거의 없으며, 공격 대상 시스템은 결과적으로 대량의 작은 패킷을 수신하게 되어 네트워크가 마비됨

[오답해설]
② Session Hijacking : 다른 사람의 세션 상태를 훔치거나 도용하여 액세스하는 해킹 기법
③ Piggyback Attack : 사회공학적 방법의 하나이며, 중요한 정보를 취급하는 곳과 같은 물리적인 보안 장치들이 많이 존재하는 장치들을 우회하는 방법으로, 마치 몰래 따라 들어가듯이 공격자가 다른 사용자의 연결에서 계정을 사용하지 않는 비활성 기간을 이용하여 시스템에 액세스함
④ XSS(Corss Site Scripting) : 웹페이지에 악의적인 스크립트를 포함시켜 사용자 측에서 실행되게 유도함으로써, 정보유출 등의 공격을 유발할 수 있는 취약점

91

다음 설명에 해당하는 소프트웨어는?

- 개발해야 할 애플리케이션의 일부분이 이미 내장된 클래스 라이브러리로 구현이 되어 있다.
- 따라서, 그 기반이 되는 이미 존재하는 부분을 확장 및 이용하는 것으로 볼 수 있다.
- JAVA 기반의 대표적인 소프트웨어로는 스프링(Spring)이 있다.

① 전역 함수 라이브러리
② 소프트웨어 개발 프레임워크
③ 컨테이너 아키텍처
④ 어휘 분석기

소프트웨어 개발 프레임워크
개발해야 할 애플리케이션의 일부분이 이미 내장된 클래스 라이브러리로 구현이 되어 있으므로, 그 기반이 되는 이미 존재하는 부분을 확장 및 이용하는 것으로 볼 수 있음. JAVA 기반의 대표적인 소프트웨어로는 스프링(Spring)이 있음

92

소프트웨어 개발 방법론 중 애자일(Agile) 방법론의 특징과 가장 거리가 먼 것은?

① 각 단계의 결과가 완전히 확인된 후 다음 단계 진행
② 소프트웨어 개발에 참여하는 구성원들 간의 의사소통 중시
③ 환경 변화에 대한 즉시 대응
④ 프로젝트 상황에 따른 주기적 조정

> 각 단계의 결과가 완전히 확인된 후 다음 단계 진행되는 방식은 폭포수 모형의 특징임

93

대칭 암호 알고리즘과 비대칭 암호 알고리즘에 대한 설명으로 틀린 것은?

① 대칭 암호 알고리즘은 비교적 실행 속도가 빠르기 때문에 다양한 암호의 핵심 함수로 사용될 수 있다.
② 대칭 암호 알고리즘은 비밀키 전달을 위한 키 교환이 필요하지 않아 암호화 및 복호화의 속도가 빠르다.
③ 비대칭 암호 알고리즘은 자신만이 보관하는 비밀키를 이용하여 인증, 전자서명 등에 적용이 가능하다.
④ 대표적인 대칭키 암호 알고리즘으로는 AES, IDEA 등이 있다.

> 대칭 암호 알고리즘은 비밀키 전달을 위한 키 교환이 필요하여 키분배나 관리에 어려움이 있지만, 키의 길이가 짧아서 암호화 및 복호화의 속도가 빠름

94

두 명의 개발자가 5개월에 걸쳐 10,000라인의 코드를 개발하였을 때, 월별(man-month) 생산성 측정을 위한 계산 방식으로 가장 적합한 것은?

① 10,000/2
② 10,000/(5×2)
③ 10,000/5
④ (2×10,000)/5

> 월별 생산성 = 전체 라인 수 / (기간 * 투입인원)
> = 10,000/(5×2)

95

접근 통제 방법 중 조직 내에서 직무, 직책 등 개인의 역할에 따라 결정하여 부여하는 접근 정책은?

① RBAC
② DAC
③ MAC
④ QAC

> ① 역할 기반 접근 통제(RBAC : Role Based Access Control) : 주체와 객체의 상호 관계를 통제하기 위하여 역할을 설정하고 관리자는 주체를 역할에 할당한 뒤 그 역할에 대한 접근 권한을 부여하는 방식
> • 정보보안을 위한 접근 통제 정책 종류
>
> | 정책 | MAC | DAC | RBAC |
> | --- | --- | --- | --- |
> | 권한부여 | 시스템 | 데이터소유자 | 중앙관리자 |
> | 접근결정 | 보안등급(Label) | 신분(Identity) | 역할(Role) |
> | 정책변경 | 고정적
(변경 어려움) | 변경 용이 | 변경 용이 |
> | 장점 | 안정적 중앙
집중적 | 구현 용이
유연함 | 관리 용이 |
>
> [오답 해설]
> ① 임의적 접근 통제(DAC : Discretionary Access Control) : 주체가 속해 있는 그룹의 신원에 근거하여 객체에 대한 접근을 제한하는 방법으로 객체의 소유자가 접근 여부를 결정함
> ③ 강제적 접근 통제(MAC : Mandatory Access Control) : 주체와 객체의 등급을 비교하여 접근 권한을 부여하는 접근 통제이며, 모든 객체는 기밀성을 지니고 있다고 보고 객체에 보안 레벨을 부여함

정답: 92 ① 93 ② 94 ② 95 ①

96

COCOMO(Constructive Cost Model) 모형의 특징이 아닌 것은?

① 프로젝트를 완성하는 데 필요한 man-month로 산정 결과를 나타낼 수 있다.
② 보헴(Boehm)이 제안한 것으로 원시코드 라인 수에 의한 비용 산정 기법이다.
③ 비교적 작은 규모의 프로젝트 기록을 통계 분석하여 얻은 결과를 반영한 모델이며 중소 규모 소프트웨어 프로젝트 비용 추정에 적합하다.
④ 프로젝트 개발유형에 따라 object, dynamic, function의 3가지 모드로 구분한다.

> - COCOMO(Constructive Cost Model) : Boehm(1981)이 제안한 산정기법으로 원시 프로그램의 규모에 의한 비용예측 모형
> - COCOMO의 프로젝트 3가지 모드(제품의 복잡도에 따른 프로젝트 개발 유형)
>   - 유기적(organic model) : 5만 라인 이하로 소규모 팀이 수행할 수 있는 아주 작고 간단한 소프트웨어 프로젝트
>   - 중간형(semi-detached model) : 30만 라인 이하의 프로젝트
>   - 내장형(embedded model) : 30만 라인 이상의 프로젝트

97

각 사용자 인증의 유형에 대한 설명으로 가장 적절하지 않은 것은?

① 지식 : 주체는 '그가 알고 있는 것'을 보여주며 예시로는 패스워드, PIN 등이 있다.
② 소유 : 주체는 '그가 가지고 있는 것'을 보여주며 예시로는 토큰, 스마트카드 등이 있다.
③ 존재 : 주체는 '그를 대체하는 것'을 보여주며 예시로는 패턴, QR 등이 있다.
④ 행위 : 주체는 '그가 하는 것'을 보여주며 예시로는 서명, 움직임, 음성 등이 있다.

> 존재 : 주체는 '그를 나타내는 것'을 보여주며 예시로는 지문, 홍채 등이 있음

98

시스템의 사용자가 로그인하여 명령을 내리는 과정에 대한 시스템의 동작 중 다음 설명에 해당하는 것은?

> - 자신의 신원(Identity)을 시스템에 증명하는 과정이다.
> - 아이디와 패스워드를 입력하는 과정이 가장 일반적인 예시라고 볼 수 있다.

① Aging
② Accounting
③ Authorization
④ Authentication

> **Authentication**
> 인증은 임의의 정보에 접근할 수 있는 주체의 능력이나 주체의 자격을 검증하는 단계로, 아이디와 패스워드를 입력하는 과정이 가장 일반적인 예시라고 볼 수 있음

정답 96 ④ 97 ③ 98 ④

99

다음에서 설명하는 IT 기술은?

- 네트워크를 제어부, 데이터 전달부로 분리하여 네트워크 관리자가 보다 효율적으로 네트워크를 제어, 관리할 수 있는 기술
- 기존의 라우터, 스위치 등과 같이 하드웨어에 의존하는 네트워크 체계에서 안정성, 속도, 보안 등을 소프트웨어로 제어, 관리하기 위해 개발됨
- 네트워크 장비의 펌웨어 업그레이드를 통해 사용자의 직접적인 데이터 전송 경로 관리가 가능하고, 기존 네트워크에는 영향을 주지 않으면서 특정 서비스의 전송 경로 수정을 통하여 인터넷상에서 발생하는 문제를 처리할 수 있음

① SDN(Software Defined Networking)
② NFS(Network File System)
③ Network Mapper
④ AOE Network

---

① SDN(Software Defined Networking) : 네트워크를 제어부, 데이터 전달부로 분리하여 네트워크 관리자가 보다 효율적으로 네트워크를 제어, 관리할 수 있는 기술
[오답 해설]
② NFS(Network File System) : 네트워크 파일 시스템이며 네트워크상에서 파일 시스템을 공유하도록 설계된 파일 시스템
③ Network Mapper : 네트워크 보안을 위한 유틸리티이며, IP 패킷을 사용하여 네트워크에 어느 호스트가 살아 있고, 그들이 어떠한 포트를 제공하며, 운영체제 버전이 무엇이며, 방화벽의 패킷 타입이 무엇인지 등 네트워크의 특징들을 검사함
④ AOE Network : Activity On Edge의 약자이며, 작업들을 수행하는 데 걸리는 최단시간을 구함

100

프로젝트 일정 관리 시 사용하는 PERT 차트에 대한 설명에 해당하는 것은?

① 각 작업들이 언제 시작하고 언제 종료되는지에 대한 일정을 막대 도표를 이용하여 표시한다.
② 시간선(Time-line) 차트라고도 한다.
③ 수평 막대의 길이는 각 작업의 기간을 나타낸다.
④ 작업들 간의 상호 관련성, 결정경로, 경계시간, 자원할당 등을 제시한다.

- ①~③의 설명은 간트 차트에 해당함
- PERT(Program Evaluation and Review Technique) : CPM이 각 작업의 개발기간을 하나의 숫자로 예측한데 비해 PERT(프로그램 평가 및 검토 기술)는 불확실성을 고려하여 낙관치, 기대치, 비관치의 베타분포를 가정하여 확률적으로 예측치(d)를 구하며 작업들 간의 상호 관련성, 결정경로, 경계시간, 자원할당 등을 제시함

정답 99 ① 100 ④

PART 03

최신 CBT
기출복원 700제
(2022년 3회~2024년 3회)

2022년 3회 | 최신 CBT 기출복원문제

1과목 소프트웨어 설계

01
다음 중 익스트림 프로그래밍(XP)에 대한 설명으로 틀린 것은?

① 기존의 방법론에 비해 실용성(Pragmatism)을 강조한 것이라고 볼 수 있다.
② 사용자의 요구사항은 언제든지 변할 수 있다.
③ 고객과 직접 대면하며 요구사항을 이야기하기 위해 사용자 스토리(User Story)를 활용할 수 있다.
④ 빠른 개발을 위해 테스트를 수행하지 않는다.

- 익스트림 프로그래밍(eXtreme Programing, XP)은 애자일 개발 프로세스의 대표자로 애자일 개발 프로세스의 보급에 큰 역할을 함. 이 방법은 고객과 함께 2주 정도의 반복개발을 하고, 테스트 우선 개발을 특징으로 하는 명시적인 기술과 방법을 가지고 있음

02
다음 중 코드 인스펙션과 관련한 설명으로 틀린 것은?

① 프로그램을 수행시켜보는 것 대신에 읽어보고 눈으로 확인하는 방법으로 볼 수 있다.
② 동적 테스트 시에만 활용하는 기법이다.
③ 코드 품질 향상 기법 중 하나이다.
④ 결함과 함께 코딩 표준 준수 여부, 효율성 등의 다른 품질 이슈를 검사하기도 한다.

- 코드 인스펙션은 프로그램을 수행시켜보는 것 대신 코드를 읽어보고 눈으로 확인하는 방법이므로 정적 테스팅 방법임
- 코드 인스펙션 진행 순서
  Planning(계획) → Overview(사전교육) → Preparation(사전검토) → Meeting(인스펙션 회의) → Re-Work, re-Inspection(수정) → Following(후속조치)

03
요구 분석(Requirement Analysis)에 대한 설명으로 틀린 것은?

① 요구 분석은 소프트웨어 개발의 실제적인 첫 단계로 사용자의 요구에 대해 이해하는 단계라 할 수 있다.
② 요구 추출(Requirement Elicitation)은 프로젝트 계획 단계에 정의한 문제의 범위 안에 있는 사용자의 요구를 찾는 단계이다.
③ 도메인 분석(Domain Analysis)은 요구에 대한 정보를 수집하고 배경을 분석하여 이를 토대로 모델링을 하게 된다.
④ 기능적(Functional) 요구에서 시스템 구축에 대한 성능, 보안, 품질, 안정 등에 대한 성능, 보안, 품질, 안정 등에 대한 요구사항을 도출한다.

- 기능 요구 : 사용자가 필요로 하는 정보처리 능력에 대한 것으로 절차나 입·출력에 대한 요구
- 비기능 요구 : 시스템 SW의 동작에 필요한 특정 요구기능 외에 전체 시스템의 동작을 평가하는 척도를 정의하며, 안정성, 확장성, 보안성, 성능 등이 포함됨

04
순차 다이어그램(Sequence Diagram)과 관련한 설명으로 틀린 것은?

① 객체들의 상호작용을 나타내기 위해 사용한다.
② 동적 다이어그램보다는 정적 다이어그램에 가깝다.
③ 시간의 흐름에 따라 객체들이 주고받는 메시지의 전달 과정을 강조한다.
④ 교류 다이어그램(Interaction Diagram)의 한 종류로 볼 수 있다.

- 순차 다이어그램(Sequence Diagram)
객체 간의 메시지 통신을 분석하기 위한 것으로 시스템의 동적인 모델을 아주 보기 쉽게 표현하고 있기 때문에 의사 소통에 매우 유용함

정답 01 ④ 02 ② 03 ④ 04 ②

05 ⭐빈출
CASE가 갖고 있는 주요 기능이 아닌 것은?

① 그래픽 지원
② 소프트웨어 생명주기 전 단계의 연결
③ 다양한 소프트웨어 개발 모형 지원
④ 언어번역

> **CASE의 주요 기능**
> 다양한 소프트웨어 개발 모형 지원, 그래픽 지원, 소프트웨어 생명주기 전 단계의 연결

06 ⭐빈출
UI 설계 원칙 중 누구나 쉽게 이해하고 사용할 수 있어야 한다는 원칙은?

① 희소성 ② 유연성
③ 직관성 ④ 멀티운용성

> 직관성(Intuitiveness)은 UI 설계 원칙에서 누구나 쉽게 이해하고 사용할 수 있도록 제작하는 것을 의미
>
> [오답해설]
> • 유연성(Flexibility) : 사용자의 인터랙션을 최대한 포용하고, 실수를 방지할 수 있도록 제작
> • UI 기본원칙
>
> | 기본원칙 | 내용 |
> |---|---|
> | 직관성(Intuitiveness) | 누구나 쉽게 이해하고 사용할 수 있도록 제작 |
> | 유효성(Efficiency) | 정확하고 완벽하게 사용자의 목표가 달성될 수 있도록 제작 |
> | 학습성(Learnability) | 초보와 숙련자 모두가 쉽게 배우고 사용할 수 있게 제작 |
> | 유연성(Flexibility) | 사용자의 인터랙션을 최대한 포용하고, 실수를 방지할 수 있도록 제작 |

07 ⭐빈출
객체지향의 주요 개념에 대한 설명으로 틀린 것은?

① 다형성은 상속받은 여러 개의 하위 객체들이 다른 형태의 특성을 갖는 객체로 이용될 수 있는 성질이다.
② 객체는 실세계에 존재하거나 생각할 수 있는 것을 말한다.
③ 클래스는 하나 이상의 유사한 객체들을 묶어 공통된 특성을 표현한 것이다.
④ 캡슐화는 상위클래스에서 속성이나 연산을 전달받아 새로운 형태의 클래스로 확장하여 사용하는 것을 의미한다.

> **캡슐화**
> 객체를 정의할 때 서로 관련성이 많은 데이터들과 이와 연관된 함수들을 하나로 묶는 것을 말함

08 ⭐빈출
자료 흐름도(DFD)의 각 요소별 표기 형태의 연결이 옳지 않은 것은?

① Data Store : 삼각형
② Data Flow : 화살표
③ Process : 원
④ Terminator : 사각형

> **자료 흐름도의 구성**
> • 프로세스(process) : 원
> • 흐름(data flow) : 화살표
> • 자료 저장소(data store) : 이중 평행선
> • 단말(terminator) : 사각형

정답 05 ④ 06 ③ 07 ④ 08 ①

09

분산 시스템을 위한 마스터-슬레이브(Master-Slave) 아키텍처에 대한 설명으로 틀린 것은?

① 마스터 프로세스는 일반적으로 연산, 통신, 조정을 책임진다.
② 슬레이브 프로세스는 데이터 수집 기능을 수행할 수 없다.
③ 일반적으로 실시간 시스템에서 사용된다.
④ 마스터 프로세스는 슬레이브 프로세스들을 제어할 수 있다.

- 이 패턴은 마스터와 슬레이브, 두 부분으로 구성되는데, 마스터 컴포넌트는 동등한 구조를 지닌 슬레이브 컴포넌트들로 작업을 분산하고, 슬레이브가 반환한 결과값으로부터 최종 결과값을 계산
- 마스터/슬레이브 패턴은 데이터를 동시에 수집하는 동안 사용자 인터페이스 제어에 응답할 때 가장 일반적으로 사용

10

다음 럼바우(Rumbaugh)의 객체지향 분석 기법 중 자료 흐름도(DFD)를 주로 이용하는 것은?

① 객체 모델링
② 동적 모델링
③ 기능 모델링
④ 정적 모델링

③ 기능 모델링(function modeling) : 시스템 내에서 데이터가 변하는 과정을 나타내며, 자료 흐름도(DFD)를 이용
[오답해설]
① 객체 모델링(object modeling) : 객체들을 식별하고 객체들 간의 관계를 정의
② 동적 모델링(dynamic modeling) : 시스템이 시간 흐름에 따라 변화하는 것을 보여주는 상태 다이어그램(state diagram)을 작성

11

COCOMO model 중 기관 내부에서 개발된 중소 규모의 소프트웨어로 일괄 자료 처리나 과학기술 계산용, 비즈니스 자료 처리용으로 5만 라인 이하의 소프트웨어를 개발하는 유형은?

① embeded
② semi-detached
③ organic
④ semi-embeded

③ 유기적(organic model) : 5만 라인 이하로 소규모 팀이 수행할 수 있는 아주 작고 간단한 소프트웨어 프로젝트
[오답해설]
① 내장형(embeded model) : 30만 라인 이상의 프로젝트
② 중간형(semi-detached model) : 30만 라인 이하의 프로젝트

12

분산 시스템에서의 미들웨어(Middleware)와 관련한 설명으로 틀린 것은?

① 분산 시스템에서 다양한 부분을 관리하고 통신하며 데이터를 교환하게 해주는 소프트웨어로 볼 수 있다.
② 위치 투명성(Location Transparency)을 제공한다.
③ 분산 시스템의 여러 컴포넌트가 요구하는 재사용 가능한 서비스의 구현을 제공한다.
④ 애플리케이션과 사용자 사이에서만 분산 서비스를 제공한다.

미들웨어는 클라이언트와 서버를 연결하여 데이터를 주고받을 수 있도록 중간에서 매개 역할을 하거나, 네트워크를 통해서 연결된 여러 개의 컴퓨터에 있는 많은 프로세스들에게 어떤 서비스를 사용할 수 있도록 연결해주는 소프트웨어를 말함

13

소프트웨어 아키텍처 모델 중 MVC(Model-View-Controller)와 관련한 설명으로 틀린 것은?

① MVC 모델은 사용자 인터페이스를 담당하는 계층의 응집도를 높일 수 있고, 여러 개의 다른 UI를 만들어 그 사이에 결합도를 낮출 수 있다.
② 제어(Controller)는 모델(Model)에 명령을 보냄으로써 모델의 상태를 변경할 수 있다.
③ 뷰(View)는 모델(Model)에 있는 데이터를 사용자 인터페이스에 보이는 역할을 담당한다.
④ 모델(Model)은 뷰(View)와 제어(Controller) 사이에서 전달자 역할을 하며, 뷰마다 모델 서브시스템이 각각 하나씩 연결된다.

- 컨트롤러(Controller) : 뷰에서 이벤트(입력/수정/삭제)가 전달되면 모델에 이벤트를 전달하여 처리하고 업데이트된 데이터를 뷰로 전달하여 인터페이스에 표시되게 함
- 모델(Model) : 데이터를 가진 객체를 말하며, 데이터는 내부의 상태에 대한 정보를 가질 수도 있고 모델을 표현하는 이름 속성으로 가질 수도 있음

정답 09 ② 10 ③ 11 ③ 12 ④ 13 ④

14

HIPO(Hierarchy Input Process Output)에 대한 설명으로 거리가 먼 것은?

① 보기 쉽고 이해하기 쉽다.
② HIPO 차트 종류에는 가시적 도표, 총체적 도표, 세부적 도표가 있다.
③ 기능과 자료의 의존 관계를 동시에 표현할 수 있다.
④ 상향식 소프트웨어 개발을 위한 문서화 도구이다.

> HIPO는 Top-Down 개발기법(계층적 구조)이며, 문서의 체계화가 가능함

15

GoF(Gang of Four) 디자인 패턴과 관련한 설명으로 틀린 것은?

① 디자인 패턴을 목적(Purpose)으로 분류할 때 생성, 구조, 행위로 분류할 수 있다.
② Singleton 패턴은 특정 클래스의 인스턴스가 오직 하나임을 보장하고, 이 인스턴스에 대한 접근 방법을 제공한다.
③ 행위 패턴은 클래스나 객체들이 상호작용하는 방법과 책임을 분산하는 방법을 정의한다.
④ Strategy 패턴은 대표적인 구조 패턴으로 인스턴스를 복제하여 사용하는 구조를 말한다.

> Strategy 패턴은 행위 개선을 위한 패턴으로 교환 가능한 행동을 캡슐화하고 위임을 통해서 어떤 행동을 사용할지 결정함

16

UML 확장 모델에서 스테레오 타입 객체를 표현할 때 사용하는 기호로 맞는 것은?

① (( ))
② 《 》
③ {{ }}
④ [[ ]]

> UML 확장 모델에서 스테레오 타입 객체를 표현하는 것은 《 》

17

애자일 개발 방법론과 관련한 설명으로 틀린 것은?

① 빠른 릴리즈를 통해 문제점을 빠르게 파악할 수 있다.
② 진화하는 요구사항을 수용하는 데 적합하다.
③ 고객과의 의사소통을 중요하게 생각한다.
④ 정확한 결과 도출을 위해 계획 수립과 문서화에 중점을 둔다.

> 애자일 개발 방법론은 계획 수립과 문서화에 적은 비중을 둠

18

대표적으로 DOS 및 Unix 등의 운영체제에서 조작을 위해 사용하던 것으로, 정해진 명령 문자열을 입력하여 시스템을 조작하는 사용자 인터페이스(User Interface)는?

① CUI(Cell User Interface)
② GUI(Graphical User Interface)
③ CLI(Command Line Interface)
④ MUI(Mobile User Interface)

> CLI(Command Line Interface)
> 문자 방식의 명령어 입력 사용자 인터페이스

19

위험 모니터링의 의미로 옳은 것은?

① 위험 요소 징후들에 대하여 계속적으로 인지하는 것
② 첫 번째 조치로 위험을 피할 수 있도록 하는 것
③ 위험 발생 후 즉시 조치하는 것
④ 위험을 이해하는 것

> 위험 모니터링
> 식별된 위험에 대해 추적하고, 잔존하는 위험을 감시하며, 새롭게 발견되는 위험을 식별하여 위험 요소 징후들에 대하여 계속적으로 인지하는 것

정답 14 ④ 15 ④ 16 ② 17 ④ 18 ③ 19 ①

20
요구사항 검증(Requirements Validation)과 관련한 설명으로 틀린 것은?

① 요구사항 검증 과정을 통해 모든 요구사항 문제를 발견할 수 있다.
② 개발 완료 이후에 문제점이 발견될 경우 막대한 재작업 비용이 들 수 있기 때문에 요구사항 검증은 매우 중요하다.
③ 요구사항이 실제 요구를 반영하는지, 문서상의 요구사항은 서로 상충되지 않는지 등을 점검한다.
④ 요구사항이 고객이 정말 원하는 시스템을 제대로 정의하고 있는지 점검하는 과정이다.

> 요구사항 검증(Requirements Validation)은 Review, Inspection, Walk-through 등과 같은 방법을 이용하여 명세화된 요구사항을 검증하는 과정이지만, 이 과정을 통해 모든 요구사항의 문제를 발견할 수는 없음

2과목 소프트웨어 개발

21
ISO/IEC 9126의 소프트웨어 품질 특성 중 기능성(Functionality)의 하위 특성으로 옳지 않은 것은?

① 적합성
② 정확성
③ 학습성
④ 보안성

> 기능성(Functionality)의 하위 특성은 정확성, 적합성, 상호호환성, 보안성, 유연성이 있음

22
물리적 배치와 상관없이 논리적으로 LAN을 구성하여 Broadcast Domain을 구분할 수 있게 해주는 기술로 접속된 장비들의 성능 향상 및 보안성 증대 효과가 있는 것은?

① L2AN
② STP
③ ARP
④ VLAN

> VLAN(Virtual Local Area Network)
> 물리적 배치와 상관없이 논리적으로 LAN을 구성하여 Broadcast Domain을 구분할 수 있게 해주는 기술로 접속된 장비들의 성능 향상 및 보안성 증대 효과가 있음

23
디지털 저작권 관리(DRM)의 기술 요소가 아닌 것은?

① 크랙 방지 기술
② 방화벽 기술
③ 암호화 기술
④ 정책 관리 기술

> 디지털 저작권 관리(DRM)의 기술 요소에는 암호화, 키 관리, 크랙 방지, 정책 관리, 인증, 식별 기술, 저작권 표현, 사용 권한 등이 있음

24
제품 소프트웨어의 형상관리 역할로 틀린 것은?

① 형상관리를 통해 이전 리비전이나 버전에 대한 정보에 접근 가능하여 배포본 관리에 유용
② 불필요한 사용자의 소스 수정 제한
③ 프로젝트 개발비용을 효율적으로 관리
④ 동일한 프로젝트에 대해 여러 개발자 동시개발 가능

> • 제품 소프트웨어의 형상관리는 프로젝트 개발비용을 효율적으로 관리하기 위한 활동이 아니라 전체 변경을 관리하는 것
> • 소프트웨어 형상관리는 소프트웨어에 대한 변경을 철저히 관리하기 위해 개발된 일련의 활동으로, 소프트웨어를 이루는 부품의 Baseline(변경통제 시점)을 정하고 변경을 철저히 통제하는 것

정답 20 ① 21 ③ 22 ④ 23 ② 24 ③

25
소프트웨어 테스트와 관련한 설명으로 틀린 것은?

① 화이트박스 테스트에서 기본 경로(BasisPath)란 흐름 그래프의 시작 노드에서 종료 노드까지의 서로 독립된 경로로 싸이클을 허용하지 않는 경로를 말한다.
② 화이트박스 테스트는 모듈의 논리적인 구조를 체계적으로 점검할 수 있다.
③ 테스트 케이스에는 일반적으로 시험 조건, 테스트 데이터, 예상 결과가 포함되어야 한다.
④ 블랙박스 테스트는 프로그램의 구조를 고려하지 않는다.

> 화이트박스 테스트에서 기본 경로란 흐름 그래프의 시작 노드에서 종료 노드까지의 서로 독립된 경로로 싸이클을 허용하는 경로를 말함

26
검증(Validation) 검사 기법 중 개발자의 장소에서 사용자가 개발자 앞에서 행해지며, 오류와 사용상의 문제점을 사용자와 개발자가 함께 확인하면서 검사하는 기법은?

① 디버깅 검사
② 형상 검사
③ 자료구조 검사
④ 알파 검사

> - 인수 테스트는 사용자측 관점에서 소프트웨어가 요구를 충족시키는가를 평가하며, 알파 테스트와 베타 테스트가 있음
> - 알파 테스트 : 검증(Validation) 검사 기법 중 개발자의 장소에서 사용자가 개발자 앞에서 행해지며, 오류와 사용상의 문제점을 사용자와 개발자가 함께 확인하면서 검사하는 기법
> - 베타 테스트 : 최종 사용자가 여러 장소의 고객 위치에서 소프트웨어에 대한 검사를 수행하는 기법

27
스택에 대한 설명으로 틀린 것은?

① 입출력이 한쪽 끝으로만 제한된 리스트이다.
② Head(front)와 Tail(rear)의 2개 포인터를 갖고 있다.
③ LIFO 구조이다.
④ 더 이상 삭제할 데이터가 없는 상태에서 데이터를 삭제하면 언더플로(Underflow)가 발생한다.

> ②는 큐(Queue)에 대한 설명이고, 스택은 1개의 포인터(Top)를 가짐

28
소프트웨어 테스트에서 오류의 80%는 전체 모듈의 20% 내에서 발견된다는 법칙은?

① Brooks의 법칙
② Boehm의 법칙
③ Pareto의 법칙
④ Jackson의 법칙

> ③ Pareto의 법칙은 소프트웨어 테스트에서 오류의 80%는 전체 모듈의 20% 내에서 발견된다는 법칙
> [오답해설]
> ① Brooks의 법칙 : 스케줄 지연 사태는 인력 추가가 오히려 악화시킬 수 있음
> ② Boehm의 법칙 : 개발 단계 초기에 결함을 발견하면 나중 단계에 발견하는 것보다 시간과 비용을 절약할 수 있음

29
다음 중 클린 코드 작성원칙으로 거리가 먼 것은?

① 누구든지 쉽게 이해하는 코드 작성
② 중복이 최대화된 코드 작성
③ 다른 모듈에 미치는 영향 최소화
④ 단순, 명료한 코드 작성

> **클린 코드 작성원칙**
> - 가독성이 좋은 코드 : 단순하고 직접적으로 잘 쓰인 문장처럼 읽히고 설계자의 의도가 보이는 코드로 추상화와 단순한 제어문으로 구성된 코드를 말함
> - 변경이 쉬운 코드 : 작성자가 아닌 사람도 읽기 쉽고 고치기 쉬운 코드로, 이를 위해서는 의미 있는 이름이 부여되고 특정한 목적을 달성하는 방법은 하나만 제공함. 또 의존성은 최소화하며 각 의존성에 대한 정의가 명확함
> - 중복 없는 코드 : 같은 작업을 여러 차례 반복하지 않는 코드로 같은 작업을 여러 차례 반복한다면 코드가 문제 해결을 제대로 하지 못한다는 증거
> - 주의 깊게 짜인 코드 : 고치려고 살펴봐도 딱히 손댈 곳이 없는, 작성자가 이미 모든 상황을 고려한 소스코드

정답 25 ① 26 ④ 27 ② 28 ③ 29 ②

30

CMM(Capability Maturity Model) 모델의 레벨로 옳지 않은 것은?

① 계획단계　　② 관리단계
③ 정의단계　　④ 최적단계

> **CMM(Capability Maturity Model) 모델의 레벨**
> 수준 1(Initial, 초보단계), 수준 2(Repeatable, 반복단계), 수준 3(Definition, 정의단계), 수준 4(Management, 관리단계), 수준 5(Optimizing, 최적단계)

31

소프트웨어의 일부분을 다른 시스템에서 사용할 수 있는 정도를 의미하는 것은?

① 신뢰성(Reliability)
② 유지보수성(Maintainability)
③ 가시성(Visibility)
④ 재사용성(Reusability)

> ④ 재사용성(Reusability) : 전체나 일부 기능을 다른 목적으로 사용할 수 있는 정도
> [오답해설]
> ① 신뢰성(Reliability) : 정확하고 일관된 결과를 얻기 위해 요구된 기능을 오류 없이 수행하는 정도
> ② 유지보수성(Maintainability) : 변경 및 오류 사항 교정을 최소화하는 정도

32

단위 테스트에서 테스트의 대상이 되는 하위 모듈을 호출하고, 파라미터를 전달하는 가상의 모듈로 상향식 테스트에 필요한 것은?

① 테스트 스텁(Test Stub)
② 테스트 케이스(Test Case)
③ 테스트 슈트(Test Suites)
④ 테스트 드라이버(Test Driver)

> **테스트 드라이버(Test Driver)**
> 시험사례를 입력받고, 시험을 위해 받은 자료를 모듈로 넘기며, 관련된 결과를 출력하는 메인 프로그램

33

해싱함수 중 레코드 키를 여러 부분으로 나누고, 나눈 부분의 각 숫자를 더하거나 XOR한 값을 홈 주소로 사용하는 방식은?

① 제산법　　② 폴딩법
③ 기수변환법　　④ 숫자분석법

> ② 폴딩법 : 해싱함수 중 레코드 키를 여러 부분으로 나누고, 나눈 부분의 각 숫자를 더하거나 XOR한 값을 홈 주소로 사용하는 방식
> [오답해설]
> ① 제산법 : 키값을 테이블 크기로 나누어서 그 나머지를 버킷 주소로 변환하는 방법
> ③ 기수변환법 : 특정 진법으로 표현한 레코드 키값을 다른 진법으로 간주하고 키값을 변환하여 주소를 계산하는 방법
> ④ 숫자분석법 : 주어진 모든 키값들에서 그 키를 구성하는 자릿수 분포를 조사하여 고른 분포를 보이는 자릿수를 선택하여 주소를 계산하는 방법

34

소스코드 품질분석 도구 중 정적 분석 도구가 아닌 것은?

① pmd　　② cppcheck
③ valMeter　　④ checkstyle

> • 정적 분석 도구 : cppcheck, pmd, checkstyle 등
> • 동적 분석 도구 : Valgrind, Avalanche 등

정답　30 ①　31 ④　32 ④　33 ②　34 ③

35

다음이 설명하는 테스트 용어는?

- 테스트의 결과가 참인지 거짓인지를 판단하기 위해서 사전에 정의된 참값을 입력하여 비교하는 기법 및 활동을 말한다.
- 종류에는 참, 샘플링, 휴리스틱, 일관성 검사가 존재한다.

① 테스트 케이스
② 테스트 시나리오
③ 테스트 오라클
④ 테스트 데이터

- 테스트 오라클(Test Oracle) : 테스트의 결과가 참인지 거짓인지를 판단하기 위해서 사전에 정의된 참값을 입력하여 비교하는 기법 및 활동을 말하며, 종류에는 참, 샘플링, 휴리스틱, 일관성 검사가 존재함
- 테스트 오라클의 유형

참(True) 오라클	발생된 모든 오류를 검출할 수 있음 (거의 모든 전수 테스트 가능)
샘플링(Sampling) 오라클	특정한 테스트 케이스의 입력값에 대해서만 결과를 제공함 (경계값, 구간별 예상값)
휴리스틱(Heuristic, 추정) 오라클	샘플링 오라클을 개선한 오라클 (실험결과, 수치데이터값)
일관성(Consistent) 검사 오라클	테스트 케이스의 수행 전과 후의 결과 값이 동일한지를 확인하는 오라클

36

알고리즘과 관련한 설명으로 틀린 것은?

① 주어진 작업을 수행하는 컴퓨터 명령어를 순서대로 나열한 것으로 볼 수 있다.
② 선형 검색은 검색을 수행하기 전에 반드시 데이터의 집합이 정렬되어 있어야 한다.
③ 정렬(Sorting)은 흩어져있는 데이터를 키값을 이용하여 순서대로 열거하는 알고리즘이다.
④ 검색(Searching)은 정렬이 되지 않은 데이터 혹은 정렬이 된 데이터 중에서 키값에 해당되는 데이터를 찾는 알고리즘이다.

검색을 수행하기 전에 반드시 데이터의 집합이 정렬되어 있어야 하는 검색은 선형 검색이 아니고, 이진 검색임

37

다음 트리에 대한 중위순회 운행 결과는?

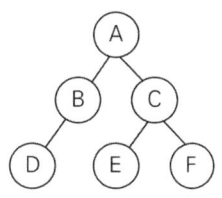

① ABDCEF
② ABCDEF
③ DBECFA
④ DBAECF

- 중위순회(left → root → right)는 왼쪽, 중간, 오른쪽 순서로 방문하며, 문제의 트리를 중위순회한 결과는 D → B → A → E → C → F
- 전위순회(root → left → right) : A → B → D → C → E → F
- 후위순회(left → right → root) : D → B → E → F → C → A

38

IPSec(IP Security)에 대한 설명으로 틀린 것은?

① 암호화 수행 시 일방향 암호화만 지원한다.
② ESP는 발신지 인증, 데이터 무결성, 기밀성 모두를 보장한다.
③ 운영 모드는 Tunnel 모드와 Transport 모드로 분류된다.
④ AH는 발신지 호스트를 인증하고, IP 패킷의 무결성을 보장한다.

- IPSec(IP Security)은 암호화 수행 시 양방향 암호화를 지원함
- IPSec(IP Security) : 안전하지 않은 네트워크상의 두 컴퓨터 사이에 암호화된 안전한 통신을 제공하는 프로토콜

정답 35 ③ 36 ② 37 ④ 38 ①

39

EAI(Enterprise Application Integration)의 구축 유형으로 옳지 않은 것은?

① Point-to-Point ② Hub & Spoke
③ Tree ④ Message Bus

EAI 유형	
구분	설명
Point-to-Point	1:1 방식으로 애플리케이션 통합 수행
Hub & Spoke	• 모든 데이터가 허브를 통해 전송 • 데이터 전송이 보장되며, 유지보수 비용 절감
메시징 버스	• 데이터 전송하는 데 버스를 이용함으로 병목 현상 발생 가능 • 대량의 데이터 교환에 적합
하이브리드	• Hub & spoke 방식과 메시징 버스 방식의 통합 • 유연한 통합 작업 가능

40

다음 설명의 소프트웨어 테스트의 기본원칙은?

- 파레토 법칙이 좌우한다.
- 애플리케이션 결함의 대부분은 소수의 특정한 모듈에 집중되어 존재한다.
- 결함은 발생한 모듈에서 계속 추가로 발생할 가능성이 높다.

① 살충제 패러독스 ② 결함 집중
③ 오류 부재의 궤변 ④ 완벽한 테스팅은 불가능

파레토 법칙은 20%에 해당하는 코드에서 80%의 결함이 나타나는 결함이 집중되어 존재한다는 것을 말함
[오답해설]
① 살충제 패러독스 : 동일한 테스트 케이스로는 새 결함을 발견할 수 없으므로 주기적으로 테스트 케이스를 개선해야 함
③ 오류 부재의 궤변 : 사용자의 요구사항을 만족하지 못한다면 오류를 발견하고 제거해도 품질이 높다고 말할 수 없음

3과목 데이터베이스 구축

41

뷰(View)의 장점이 아닌 것은?

① 사용자 데이터 관리 용이 ② 데이터 보안 용이
③ 논리적 독립성 제공 ④ 뷰 자체로 인덱스를 가짐

뷰는 독자적인 인덱스를 가질 수 없음

42

테이블 R과 S에 대한 SQL에 대한 SQL문이 실행되었을 때, 실행 결과로 옳은 것은?

R		S		
A	B	A	B	SELECT A FROM R
1	A	1	A	UNION ALL
3	B	2	B	SELECT A FROM S ;

① 1

② 3
   2

③ 1
   3

④ 1
   3
   1
   2

- R 테이블의 A컬럼을 모두 추출한 값은 1,3이고, S 테이블의 A컬럼을 모두 추출한 값은 1,2임. UNION ALL은 각 쿼리의 select 결과 값을 합쳐서 반환해야 하므로 1,3,1,2가 됨
- 집합 연산자의 유형

집합 연산자	설명
UNION	2개 이상 SQL문의 실행 결과에 대한 중복을 제거한 합집합
UNION ALL	2개 이상 SQL문의 실행 결과에 대한 중복을 제거하지 않은 합집합
INTERSECTION	2개 이상 SQL문의 실행 결과에 대한 중복을 제거한 교집합
EXCEPT (MINUS)	선행 SQL문의 실행 결과와 후행 SQL문의 실행 결과 사이의 중복을 제거한 차집합(일부 DBMS는 MINUS로 사용)

정답 39 ③ 40 ② 41 ④ 42 ④

43
분산 데이터베이스의 투명성(Transparency)에 해당하지 않는 것은?

① Location Transparency
② Replication Transparency
③ Failure Transparency
④ Media Access Transparency

> 분산 데이터베이스 투명성(Transparency)
> - 위치 투명성(Location Transparency) : 장소를 가리지 않고 데이터 접근 가능
> - 중복 투명성(Replication Transparency) : 데이터 일관성 유지
> - 장애 투명성(Failure Transparency) : 장애 시에도 무결성 보장
> - 분할 투명성(Division Transparency) : 여러 단편으로 분할 및 저장

44
SQL문에서 HAVING을 사용할 수 있는 절은?

① LIKE 절
② GROUP BY 절
③ WHERE 절
④ ORDER BY 절

> - GROUP BY 열_이름 [HAVING 조건]
> - HAVING : 그룹에 대한 조건(GROUP BY 사용 시)

45
릴레이션에 있는 모든 튜플에 대해 유일성은 만족시키지만 최소성은 만족시키지 못하는 키는?

① 후보키
② 기본키
③ 슈퍼키
④ 외래키

> ③ 슈퍼키(super key) : 유일성은 갖지만 최소성을 만족시키지 못하는 애트리뷰트 집합. 테이블을 구성하는 속성의 집합으로, 해당 집합에서 같은 튜플이 발생하지 않는 키
> [오답해설]
> ① 후보키 : 속성 집합으로 구성된 테이블의 각 튜플을 유일하게 식별할 수 있는 속성이나 속성의 조합들을 후보키라 함(유일성, 최소성)
> ② 기본키 : 개체 식별자
> ④ 외래키 : 다른 테이블을 참조하는 데 사용되는 속성(두 개의 릴레이션 R1, R2에서 R1에 속한 애트리뷰트인 외래키가 참조 릴레이션 R2의 기본키가 됨)

46
데이터 제어어(DCL)에 대한 설명으로 옳은 것은?

① ROLLBACK : 데이터의 보안과 무결성을 정의한다.
② COMMIT : 데이터베이스 사용자의 사용 권한을 취소한다.
③ REVOKE : 데이터베이스 조작 작업이 비정상적으로 종료되었을 때 원래 상태로 복구한다.
④ GRANT : 데이터베이스 사용자의 사용 권한을 부여한다.

> ④ GRANT : 데이터베이스 사용자에게 사용 권한을 부여함
> [오답해설]
> ① ROLLBACK : 데이터 변경사항을 이전 상태로 되돌리는 명령어
> ② COMMIT : 트랜잭션을 완료하여 데이터 변경사항을 최종 반영
> ③ REVOKE : 부여한 권한을 회수(삭제)시키는 명령어

47
개체-관계 모델(E-R)의 그래픽 표현으로 옳지 않은 것은?

① 개체타입 - 사각형
② 속성 - 원형
③ 관계타입 - 마름모
④ 연결 - 삼각형

> E-R 다이어그램 표기법
>
> | 기호 | 의미 |
> |---|---|
> | □ | 개체 |
> | ○ | 속성 |
> | ◇ | 관계 : 개체 간의 상호작용 |
> | — | 연결 |

48
릴레이션 R의 모든 결정자(determinant)가 후보키이면 그 릴레이션 R은 어떤 정규형에 속하는가?

① 제1정규형
② 제2정규형
③ 보이스/코드 정규형
④ 제4정규형

> 보이스/코드 정규형(BCNF)
> 릴레이션 R의 모든 결정자(determinant)가 후보키(candidate key)이면 릴레이션 R은 보이스/코드 정규형(BCNF)에 속함

정답 43 ④ 44 ② 45 ③ 46 ④ 47 ④ 48 ③

49

다음 설명과 관련 있는 트랜잭션의 특징은?

> 트랜잭션의 연산은 모두 실행되거나, 모두 실행되지 않아야 한다.

① Atomicity
② Isolation
③ Consistency
④ Durability

트랜잭션 ACID 특징

영속성(Durability)	트랜잭션이 성공적으로 완료되면 처리 결과는 영속적으로 반영되어야 함
일관성(Consistency)	트랜잭션 시작 시점에 참조한 데이터는 종료까지 일관성을 유지해야 함
원자성(Atomicity)	데이터베이스에 트랜잭션은 모두 반영되거나 전혀 반영되지 않아야 함
격리성(Isolation)	동시에 다수 트랜잭션이 처리되는 경우 서로의 연산에 개입하면 안 됨

50

다음 릴레이션의 Degree와 Cardinality는?

학번	이름	학년	학과
13001	홍길동	3학년	전기
13002	이순신	4학년	기계
13003	강감찬	2학년	컴퓨터

① Degree : 4, Cardinality : 3
② Degree : 3, Cardinality : 4
③ Degree : 3, Cardinality : 12
④ Degree : 12, Cardinality : 3

- 차수(Degree)는 Attribute의 개수로 학번, 이름, 학년, 학과가 attribute이므로 Degree는 4개
- 기수(대응수 : Cardinality)는 Tuple의 개수이므로 3이 됨

51

시스템 카탈로그에 대한 설명으로 틀린 것은?

① 카탈로그에 저장된 정보를 메타데이터라고도 한다.
② 데이터베이스에 포함되는 데이터 객체에 대한 정의나 명세에 대한 정보를 유지 관리한다.
③ DBMS가 스스로 생성하고 유지하는 데이터베이스 내의 특별한 테이블의 집합체이다.
④ 시스템 카탈로그의 갱신은 무결성 유지를 위하여 SQL을 이용하여 사용자가 직접 갱신하여야 한다.

> 시스템 카탈로그의 갱신은 무결성 유지를 위하여 사용자가 검색은 가능하지만, 직접 갱신 작업은 불가능함

52

데이터베이스에서 인덱스(Index)와 관련한 설명으로 틀린 것은?

① 인덱스의 기본 목적은 검색 성능을 최적화하는 것으로 볼 수 있다.
② 시스템이 자동으로 생성하여 사용자가 변경할 수 없다.
③ BETWEEN 등 범위(Range) 검색에 활용될 수 있다.
④ B-트리 인덱스는 분기를 목적으로 하는 Branch Block을 가지고 있다.

> 인덱스(Index)는 시스템에서 자동으로 생성되는 것이 아니라 사용자가 생성/변경할 수 있음

53

병행제어의 로킹(Locking) 단위에 대한 설명으로 옳지 않은 것은?

① 데이터베이스, 파일, 레코드 등은 로킹 단위가 될 수 있다.
② 로킹 단위가 작아지면 데이터베이스 공유도가 증가한다.
③ 로킹 단위가 작아지면 로킹 오버헤드가 감소한다.
④ 한꺼번에 로킹할 수 있는 객체의 크기를 로킹 단위라고 한다.

> 로킹 단위가 작아지면 로킹 오버헤드가 증가하며, 로킹 단위가 커지면 로킹 오버헤드가 감소함

정답 49 ① 50 ① 51 ④ 52 ② 53 ③

54

다른 릴레이션의 기본키를 참조하는 키를 의미하는 것은?

① 필드키 ② 슈퍼키
③ 외래키 ④ 후보키

> ③ 외래키 : 다른 테이블을 참조하는 데 사용되는 속성
> [오답해설]
> ② 슈퍼키 : 유일성만 만족시키지만, 후보키는 유일성과 최소성을 만족시킴
> ④ 후보키 : 속성 집합으로 구성된 테이블의 각 튜플을 유일하게 식별할 수 있는 속성이나 속성의 조합들을 말함

55 ⭐빈출

관계대수에 대한 설명으로 틀린 것은?

① 원하는 릴레이션을 정의하는 방법을 제공하며 비절차적 언어이다.
② 릴레이션 조작을 위한 연산의 집합으로 피연산자와 결과가 모두 릴레이션이다.
③ 일반 집합 연산과 순수 관계 연산으로 구분된다.
④ 질의에 대한 해를 구하기 위해 수행해야 할 연산의 순서를 명시한다.

> 관계대수는 릴레이션 조작을 위한 연산의 집합으로 연산자를 이용하여 표현됨(절차적 언어)

56

정규화를 거치지 않아 발생하게 되는 이상(anomaly) 현상의 종류에 대한 설명으로 옳지 않은 것은?

① 삭제 이상이란 릴레이션에서 한 튜플을 삭제할 때 의도와는 상관없는 값들도 함께 삭제되는 연쇄 삭제 현상이다.
② 삽입 이상이란 릴레이션에서 데이터를 삽입할 때 의도와는 상관없이 원하지 않는 값들도 함께 삽입되는 현상이다.
③ 갱신 이상이란 릴레이션에서 튜플에 있는 속성값을 갱신할 때 일부 튜플의 정보만 갱신되어 정보에 모순이 생기는 현상이다.
④ 종속 이상이란 하나의 릴레이션에 하나 이상의 함수적 종속성이 존재하는 현상이다.

> 이상 현상에 종속 이상은 포함되지 않으며, 이상 현상의 종류에는 삽입 이상, 삭제 이상, 갱신 이상이 있음

57

릴레이션에 대한 설명으로 거리가 먼 것은?

① 튜플들의 삽입, 삭제 등의 작업으로 인해 릴레이션은 시간에 따라 변한다.
② 한 릴레이션에 포함된 튜플들은 모두 상이하다.
③ 애트리뷰트는 논리적으로 쪼갤 수 없는 원자값으로 저장한다.
④ 한 릴레이션에 포함된 튜플 사이에는 순서가 있다.

> 릴레이션 특성
> • 릴레이션의 튜플들은 모두 상이함
> • 릴레이션에서 애트리뷰트들 간의 순서는 의미가 없음
> • 한 릴레이션에 포함된 튜플 사이에는 순서가 없음
> • 애트리뷰트는 원자값으로서 분해가 불가능함

58 ⭐빈출

DCL 명령어가 아닌 것은?

① COMMIT ② ROLLBACK
③ GRANT ④ SELECT

> • 정의어(DDL) : CREATE, ALTER, DROP
> • 조작어(DML) : SELECT, INSERT, DELETE, UPDATE
> • 제어어(DCL) : GRANT, REVOKE

정답 54 ③ 55 ① 56 ④ 57 ④ 58 ④

59

다음 중 기본키는 NULL값을 가져서는 안 되며, 릴레이션 내에 오직 하나의 값만 존재해야 한다는 조건을 무엇이라 하는가?

① 개체 무결성 제약조건
② 참조 무결성 제약조건
③ 도메인 무결성 제약조건
④ 속성 무결성 제약조건

> ① 개체 무결성 제약조건 : 릴레이션에서 기본키를 구성하는 속성은 널(Null)값이나 중복값을 가질 수 없음
> [오답해설]
> ② 참조 무결성 제약조건 : 외래키 값은 NULL이거나 참조 릴레이션의 기본키 값과 동일해야 함
> ③ 도메인 무결성 제약조건 : 특정 속성의 값이 그 속성이 정의된 도메인에 속한 값이어야 한다는 규정

60

학적 테이블에서 전화번호가 Null값이 아닌 학생명을 모두 검색할 때, SQL 구문으로 옳은 것은?

① SELECT 학생명 FROM 학적 WHERE 전화번호 IS NOT NULL;
② SELECT 학생명 FROM 학적 WHERE 전화번호 != NOT NULL;
③ SELECT 학생명 FROM 학적 WHERE 전화번호 DON'T NULL;
④ SELECT 학생명 FROM 학적 WHERE 전화번호 IS NULL;

> 널(NULL)값 비교 시는 '=' (또는 〈〉) 대신 IS (또는 IS NOT)을 사용함

4과목 프로그래밍 언어 활용

61

HRN(Highest Response-ratio Next) 스케줄링 방식에 대한 설명으로 옳지 않은 것은?

① 대기 시간이 긴 프로세스의 경우 우선 순위가 높아진다.
② SJF 기법을 보완하기 위한 방식이다.
③ 긴 작업과 짧은 작업 간의 지나친 불평등을 해소할 수 있다.
④ 우선 순위를 계산하여 그 수치가 가장 낮은 것부터 높은 순으로 우선 순위가 부여된다.

> HRN은 우선 순위를 계산하여 그 수치가 가장 높은 것부터 낮은 순으로 우선 순위가 부여됨

62

C 언어에서 정수 자료형으로 옳은 것은?

① int
② float
③ char
④ double

> ① int : 정수 자료형
> [오답해설]
> ② float : 실수 자료형
> ③ char : 문자 자료형
> ④ double : 실수 자료형

63

UDP 특성에 해당되는 것은?

① 양방향 연결형 서비스를 제공한다.
② 송신 중에 링크를 유지관리하므로 신뢰성이 높다.
③ 순서제어, 오류제어, 흐름제어 기능을 한다.
④ 흐름제어나 순서제어가 없어 전송속도가 빠르다.

> UDP(User Datagram Protocol)
> • 비연결 지향(connectionless) 프로토콜
> • 데이터그램(메시지) 단위로 전송
> • TCP와는 달리 패킷이나 흐름제어, 단편화 및 전송 보장 등의 기능을 제공하지 않음
> • UDP 헤더는 TCP 헤더에 비해 간단하므로 상대적으로 통신 과부하가 적고 빠름

정답 59 ① 60 ① 61 ④ 62 ① 63 ④

64
운영체제에 대한 설명으로 거리가 먼 것은?

① 다중 사용자와 다중 응용프로그램 환경하에서 자원의 현재 상태를 파악하고 자원 분배를 위한 스케줄링을 담당한다.
② CPU, 메모리 공간, 기억 장치, 입출력 장치 등의 자원을 관리한다.
③ 운영체제의 종류로는 매크로 프로세서, 어셈블러, 컴파일러 등이 있다.
④ 입출력 장치와 사용자 프로그램을 제어한다.

> 운영체제의 종류로는 UNIX, Windows, Linux, Android, iOS 등이 있음

65
JAVA 언어에서 접근제한자가 아닌 것은?

① public
② protected
③ package
④ private

> ③ JAVA 언어의 접근제한자(Modifiers)에는 default(공백)형이 있으며, 이는 package라는 키워드를 쓰지 않고 생략함
> [오답해설]
> ① public : 패키지 내부 및 외부에서 상속과 참조 가능함
> ② protected : 패키지 내부에서는 상속과 참조 가능, 외부에서는 상속만 가능함
> ④ private : 같은 클래스 내에서 상속과 참조 가능함

66
OSI 7계층 중 데이터링크 계층에 해당되는 프로토콜이 아닌 것은?

① HTTP
② HDLC
③ PPP
④ LLC

> HTTP는 응용(Application) 계층의 프로토콜이며, 클라이언트와 서버 사이에 이루어지는 요청/응답(request/response) 프로토콜임

67
다음 C 언어 프로그램이 실행되었을 때의 결과는?

```c
#include <stdio.h>
int main(int argc, char *argv[ ]) {
    int a[2][2] = {(11, 22),(44, 55)};
    int I, sum = 0;
    int *p;
    p = a[0];
    for(i = 1;i < 4; i++)
    sum += *(p + i);
    printf("%d", sum);
    return 0;
}
```

① 55
② 77
③ 121
④ 132

> int a[2][2] = {(11, 22),(44, 55)}; // 2차원 배열 선언
> int i, sum = 0; // 변수 선언과 초기화
> int *p; // 포인터 변수 선언
> p= a[0]; // 포인터 변수 p가 a[0]을 가리킴
> for(i = 1;i < 4; i++) // 반복문 for문은 i값이 1부터 1씩 증가하여 3까지 수행
> sum += *(p + i); // sum = sum + *(p + i); 문이 반복문에 의해 수행
> printf("%d", sum); // sum 출력
> • sum = sum + *(p + i);이 수행되는 순서
> – 반복문에서 변수 i가 1일 때, 22 = 0 + 22
> – 반복문에서 변수 i가 2일 때, 66 = 22 + 44
> – 반복문에서 변수 i가 3일 때, 121 = 66 + 55
> – printf("%d", sum);을 마지막에 수행하면 121이 출력됨

정답 64 ③ 65 ③ 66 ① 67 ③

68

기억공간이 15K, 23K, 22K, 21K 순으로 빈 공간이 있을 때 기억장치 배치 전략으로 "First Fit"을 사용하여 17K의 프로그램을 적재할 경우 내부단편화의 크기는 얼마인가?

① 5K
② 6K
③ 7K
④ 8K

- First Fit은 첫 번째 가용공간에 배치되므로 17K는 23K에 배치되고, 6K의 내부단편화가 발생
- 최초적합(First Fit) : 주기억장치의 공백들 중에서 프로그램이나 데이터 배치가 가능한 첫 번째 가용공간에 배치

69

TCP/IP 네트워크에서 IP 주소를 MAC 주소로 변환하는 프로토콜은?

① UDP
② ARP
③ TCP
④ ICMP

IP는 MAC 주소를 알아내야만 통신을 할 수 있으며, ARP(Address Resolution Protocol)는 IP 주소를 MAC 주소로 변환하는 프로토콜임

70 ★빈출

다음 C프로그램의 결과값은?

```
main(void){
    int i;
    int sum = 0;
    for(i=1; i<=10; i=i+2)
        sum = sum + i;
    printf("%d", sum);
}
```

① 15
② 19
③ 25
④ 27

for문의 반복문을 살펴보면, 1~10까지 2씩 증가한 값을 모두 더하는 코드이므로 sum은 1+3+5+7+9 = 25가 됨

71

다음과 같은 형태로 임계 구역의 접근을 제어하는 상호배제 기법은?

P(S) : while S<=0 do skip ;
S := S - 1 ;
V(S) : S := S + 1 ;

① Dekker Algorithm
② Lamport Algorithm
③ Peterson Algorithm
④ Semaphore

세마포어

멀티프로그래밍 환경에서 공유 자원에 대한 접근을 제한하는 방법으로 사용됨
- 세마포어의 P, V연산
  - S : 자원의 개수
  - P : 임계 구역에 진입 전 수행
  - V : 임계 구역에서 나올 때 수행
  - P(S) : While S <= 0 do skip; // 다른 프로세스가 사용 중(S<=0)이면 대기함
  S := S-1; // 자원 점유를 알림, 개수 감소
  V(S) : S := S + 1; // 대기 중인 프로세스를 깨우는 신호로 자원 반납을 알림. 개수 증가

72

IEEE 802.3 LAN에서 사용되는 전송매체 접속제어(MAC)방식은?

① CSMA/CD
② Token Bus
③ Token Ring
④ Slotted Ring

① CSMA/CD : IEEE 802.3
[오답해설]
② Token Bus : IEEE 802.4
③ Token Ring : IEEE 802.5

정답 68 ② 69 ② 70 ③ 71 ④ 72 ①

73
C 언어에서의 변수 선언으로 틀린 것은?

① int else;
② int Test2;
③ int pc;
④ int True;

> C 언어에서 else는 예약어이므로 식별자의 선언으로 사용될 수 없음

74 ⭐
IPv6에 대한 설명으로 틀린 것은?

① 32비트의 주소체계를 사용한다.
② 멀티미디어의 실시간 처리가 가능하다.
③ IPv4보다 보안성이 강화되었다.
④ 자동으로 네트워크 환경구성이 가능하다.

> IPv4는 32비트 체계이며, IPv6는 32비트에서 128비트로 확장된 것임

75
다음 자바 코드를 실행한 결과는?

```
int x = 1, y = 6;
while (y--) {
x++;
}
System.out.println("x = " + x + ",y = " + y);
```

① x = 7, y = 0
② x = 6, y = -1
③ x = 7, y = -1
④ Unresolved compilation problem 오류 발생

> • while 구문
> ```
> while(조건식) {
>     조건의 결과가 참(true)일 때 실행될 문장;
> }
> ```
> • 즉, while문 부분에 조건식이 들어가야 하는데 증감식이 들어갔으며, Type mismatch로 컴파일 오류(Unresolved compilation problem)가 발생함

76
다음 JAVA 프로그램이 실행되었을 때의 결과는?

```
public class array1 {
    public static void main(String[ ] args) {
        int cnt = 0;
        do {
            cnt++;
        } while (cnt < 0);
        if(cnt==1)
            cnt++;
        else
            cnt = cnt + 3;
        System.out.printf("%d", cnt);
    }
}
```

① 2
② 3
③ 4
④ 5

> • 초기값 cnt = 0이고, do{ }구문이 먼저 실행됨. do{ }에서 실행문장이 cnt++;이고, 후위방식이므로 1을 증가시켜 cnt=1이 됨
> • while{ } 구문에서 조건식 while (cnt < 0);에서 fasle가 되니까 종료되어 빠져나와야 함. 이때, if(cnt==1) 조건문이 true(참)이 되므로 if문에 걸려 수행문장이 실행되며, 여기에서 수행문장에 또다시 cnt++;를 선언했으므로 후위 증가연산이 또 실행되어 1이 증가된 cnt=2인 값이 됨
> 마지막 System.out.printf("%d",cnt);에서 cnt의 최종 결과값인 2를 출력함

77
RIP(Routing Information Protocol)에 대한 설명으로 틀린 것은?

① 거리 벡터 라우팅 프로토콜이라고도 한다.
② 소규모 네트워크 환경에 적합하다.
③ 최대 홉 카운트를 115홉 이하로 한정하고 있다.
④ 최단경로탐색에는 Bellman-Ford 알고리즘을 사용한다.

> RIP는 거리 벡터 라우팅 프로토콜이며, 홉(Hop)을 기준으로 하고 최대 15홉까지 지원하므로 큰 망에선 사용할 수 없음

정답 73 ① 74 ① 75 ④ 76 ① 77 ③

78

다음 Python 프로그램이 실행되었을 때, 실행 결과는?

```
a = 100
list_data = ['a', 'b', 'c']
dict_data = {'a' : 90, 'b' : 95}
print (list_data[0])
print(dict_data['a'])
```

① a
   90
② 100
   90
③ 100
   100
④ a
   a

- list_data = ['a', 'b', 'c']
- dict_data = {'a': 90, 'b': 95}
- print(list_data[0]) : 리스트 0번방에 들어있는 값 'a'가 출력됨
- print(dict_data['a']) : 'a'가 지정하고 있는 90이 출력됨

79

교착상태가 발생할 수 있는 조건이 아닌 것은?

① Mutual exclusion
② Hold and wait
③ Non-preemption
④ Linear wait

교착상태 4대 발생조건
- 상호배제(Mutual Exclusion)
- 점유와 대기(Hold & Wait)
- 비선점(Non Preemption)
- 환형대기(순환대기, Circular Wait)

80 ⭐빈출

TCP/IP 프로토콜에서 TCP가 해당하는 계층은?

① 데이터 링크 계층
② 네트워크 계층
③ 트랜스포트 계층
④ 세션 계층

Transport layer(전송 계층)
종단 간의 데이터 전송에서 무결성을 제공하는 계층으로 응용 계층에서 생성된 긴 메시지가 여러 개의 패킷으로 나누어지고, 각 패킷은 오류없이 순서에 맞게 중복되거나 유실되는 일 없이 전송되도록 하는데, 이러한 전송 계층에는 TCP, UDP 프로토콜 서비스가 있음

5과목 정보시스템 구축관리

81

다음 내용이 설명하는 소프트웨어 개발 모형은?

소프트웨어 생명주기 모형 중 Boehm이 제시한 고전적 생명주기 모형으로서 선형 순차적 모델이라고도 하며, 타당성 검토, 계획, 요구사항 분석, 설계, 구현, 텍스트, 유지보수의 단계를 통해 소프트웨어를 개발하는 모형

① 프로토타입 모형
② 나선형 모형
③ 폭포수 모형
④ RAD 모형

폭포수 모형
소프트웨어 생명주기 모형 중 고전적 생명주기 모형으로 선형 순차적 모델이라고도 하며, 타당성 검토, 계획, 요구사항 분석, 구현, 테스트, 유지보수의 단계를 통해 소프트웨어를 개발하는 모형. 각 단계의 결과가 확인된 후에 다음 단계로 진행하는 단계적, 순차적, 체계적인 접근 방식임

82 ⭐빈출

다음 암호 알고리즘 중 성격이 다른 하나는?

① MD4
② MD5
③ SHA-1
④ AES

MD4, MD5, SHA-1은 해시함수 알고리즘이고, AES는 대칭키 암호 알고리즘임

정답
78 ①   79 ④   80 ③   81 ③   82 ④

83

다음 내용이 설명하는 것은?

- 블록체인(Blockchain) 개발환경을 클라우드로 서비스하는 개념
- 블록체인 네트워크에 노드의 추가 및 제거가 용이
- 블록체인의 기본 인프라를 추상화하여 블록체인 응용 프로그램을 만들 수 있는 클라우드 컴퓨팅 플랫폼

① OTT
② Baas
③ SDDC
④ Wi-SUN

② Baas(Blockchain as a Service) : 블록체인(Blockchain) 개발환경을 클라우드로 서비스하는 개념
[오답해설]
① OTT(Over The Top) : 인터넷을 통하여 TV, 영화 등 미디어 콘텐츠를 제공하는 서비스
③ SDDC(Software-Defined Data Center) : 모든 컴퓨팅 인프라를 가상화하여 서비스하는 데이터센터
④ Wi-SUN : 스마트 그리드 서비스를 제공하기 위한 와이파이 기반의 저전력 장거리 통신기술

84

Secure 코딩에서 입력 데이터의 보안 약점과 관련한 설명으로 틀린 것은?

① SQL 삽입 : 사용자의 입력값 등 외부 입력값이 SQL 쿼리에 삽입되어 공격
② 크로스사이트 스크립트 : 검증되지 않은 외부 입력값에 의해 브라우저에서 악의적인 코드가 실행
③ 운영체제 명령어 삽입 : 운영체제 명령어 파라미터 입력값이 적절한 사전검증을 거치지 않고 사용되어 공격자가 운영체제 명령어를 조작
④ 자원 삽입 : 사용자가 내부 입력값을 통해 시스템 내에 사용이 불가능한 자원을 지속적으로 입력함으로써 시스템에 과부하 발생

- 구현 단계 시큐어코딩 가이드 : 입력 데이터 검증 및 표현 - 경로 조작 및 자원 삽입
  - 검증되지 않은 외부 입력값을 통해 파일 및 서버 등 시스템 자원에 대한 접근 혹은 식별을 허용할 경우, 입력값 조작을 통해 시스템이 보호하는 자원에 임의로 접근할 수 있는 보안약점임
  - 경로 조작 및 자원 삽입 약점을 이용하여 공격자는 자원의 수정/삭제, 시스템 정보 누출, 시스템 자원 간 충돌로 인한 서비스 장애 등을 유발할 수 있음. 즉, 경로 조작 및 자원 삽입을 통해서 공격자가 허용되지 않은 권한을 획득하여, 설정에 관계된 파일을 변경하거나 실행시킬 수 있음

85

TCP/IP 기반 네트워크에서 동작하는 발행-구독 기반의 메시징 프로토콜로 최근 IoT 환경에서 자주 사용되고 있는 프로토콜은?

① MLFQ
② MQTT
③ Zigbee
④ MTSP

② MQTT(Message Queuing Telemetry Transport) : TCP/IP 기반 네트워크에서 동작하는 발행-구독 기반의 메시징 프로토콜로, 최근 IoT 환경에서 자주 사용되고 있는 프로토콜
[오답해설]
① MLFQ(Multi-level Feedback Queue) : 다단계 피드백 큐이며, MFQ라고도 함
③ Zigbee : IEEE 802.15.4를 기반으로 하며, 저속/저전력의 무선망을 위한 기술

86

정형화된 분석 절차에 따라 사용자 요구사항을 파악, 문서화하는 체계적 분석방법으로 자료 흐름도, 자료사전, 소단위명세서의 특징을 갖는 것은?

① 구조적 개발 방법론
② 객체지향 개발 방법론
③ 정보공학 방법론
④ CBD 방법론

> ① 구조적 개발 방법론 : 정형화된 분석 절차에 따라 사용자 요구사항을 파악, 문서화하는 체계적 분석방법으로 자료 흐름도, 자료사전, 소단위명세서의 특징을 가짐
> [오답해설]
> ② 객체지향 개발 방법론 : 재사용을 가능케 하고, 재사용은 빠른 속도의 소프트웨어 개발과 고품질의 프로그램의 생산을 가능하게 함. 객체지향 소프트웨어는 그 구성이 분리되어 있기 때문에 유지보수가 쉬움
> ③ 정보공학 방법론 : 계획, 분석, 설계 및 구축에 정형화된 기법들을 상호 연관성있게 통합, 적용하는 데이터 중심 방법론
> ④ CBD 방법론 : 시스템 또는 소프트웨어를 구성하는 각각의 컴포넌트를 만들고 조립해 또 다른 컴포넌트나 소프트웨어를 만드는 것을 말함

87

정보보호를 위한 암호화에 대한 설명으로 틀린 것은?

① 평문 - 암호화되기 전의 원본 메시지
② 암호문 - 암호화가 적용된 메시지
③ 복호화 - 평문을 암호문으로 바꾸는 작업
④ 키(Key) - 적절한 암호화를 위하여 사용하는 값

> 복호화는 암호문을 평문으로 되돌리는 과정이며, 평문을 암호문으로 바꾸는 작업은 암호화임

88

악성코드의 유형 중 다른 컴퓨터의 취약점을 이용하여 스스로 전파하거나 메일로 전파되며 스스로를 증식하는 것은?

① Worm
② Rogue Ware
③ Adware
④ Reflection Attack

> ① Worm : 악성코드의 유형 중 다른 컴퓨터의 취약점을 이용하여 스스로 전파하거나 메일로 전파되며 스스로를 증식함
> [오답해설]
> ② Rogue Ware(악성 보안 소프트웨어, Rogue security software) : 악성 소프트웨어 및 인터넷 사기의 일종으로 사용자의 컴퓨터에 바이러스가 있다고 생각하게 하여 가짜 악성코드 제거 도구에 대한 비용을 지불하도록 함
> ③ Adware : 광고(advertisement)와 소프트웨어(software)의 합성어이며, 특정 소프트웨어를 실행할 때 또는 자동으로 활성화되는 광고프로그램
> ④ Reflection Attack : 송신자가 생성한 메시지를 가로챈 공격자가 그 메시지를 다시 송신자에게 재전송하여 접근 권한을 얻는 형태의 공격 방법

89

클라우드 기반 HSM(Cloud-based Hardware Security Module)에 대한 설명으로 틀린 것은?

① 클라우드(데이터센터) 기반 암호화 키 생성, 처리, 저장 등을 하는 보안 기기이다.
② 국내에서는 공인인증제의 폐지와 전자서명법 개정을 추진하면서 클라우드 HSM 용어가 자주 등장하였다.
③ 클라우드에 인증서를 저장하므로 기존 HSM 기기나 휴대폰에 인증서를 저장해 다닐 필요가 없다.
④ 하드웨어가 아닌 소프트웨어적으로만 구현되기 때문에 소프트웨어식 암호 기술에 내재된 보안 취약점을 해결할 수 없다는 것이 주요 단점이다.

> **클라우드 기반 HSM**
> 클라우드 시스템 내에서 제공되는 정보보안 서비스 모듈이며, 암호화 키를 안전하게 보관/관리하고, 암호, 인증, 전자서명 등에 필요한 암호 알고리즘을 수행하기 위한 전용 하드웨어 모듈

정답 86 ① 87 ③ 88 ① 89 ④

90
세션 하이재킹을 탐지하는 방법으로 거리가 먼 것은?

① FTP SYN SEGMENT 탐지
② 비동기화 상태 탐지
③ ACK STORM 탐지
④ 패킷의 유실 및 재전송 증가 탐지

> 세션 하이재킹을 탐지하는 방법 : 비동기화 상태 탐지, ACK STORM 탐지, 패킷의 유실 및 재전송 증가 탐지

91 ⭐
정보보안의 3요소에 해당하지 않는 것은?

① 기밀성　　　　② 무결성
③ 가용성　　　　④ 휘발성

> - 정보보안의 3대 요소 : 기밀성(confidentiality), 무결성(integrity), 가용성(availability)
> - 기밀성 : 정보자산이 인가된(authorized) 사용자에게만 접근할 수 있도록 보장하여 접근 권한을 가진 사람만이 실제로 접근 가능하도록 함
> - 무결성 : 접근 권한이 없는 사용자에 의해 정보가 변경되지 않도록 보호하여 정보의 정확성과 완전성을 확보함
> - 가용성 : 정보와 정보시스템의 사용을 인가받은 사람이 그를 사용하려고 할 때 언제든지 사용할 수 있도록 보장하는 것

92
다음에서 설명하는 IT 스토리지 기술은?

> - 가상화를 적용하여 필요한 공간만큼 나눠 사용할 수 있도록 하며 서버 가상화와 유사함
> - 컴퓨팅 소프트웨어로 규정하는 데이터 스토리지 체계이며, 일정 조직 내 여러 스토리지를 하나처럼 관리하고 운용하는 컴퓨터 이용 환경
> - 스토리지 자원을 효율적으로 나누어 쓰는 방법으로 이해할 수 있음

① Software Defined Storage
② Distribution Oriented Storage
③ Network Architected Storage
④ Systematic Network Storage

> ① SDS(Software Defined Storage) : 가상화를 적용하여 필요한 공간만큼 나눠 사용할 수 있도록 하며 서버 가상화와 유사함
> [오답해설]
> ③ NAS(Network-Attached Storage) : 컴퓨터 네트워크에 연결된 파일 수준의 컴퓨터 기억장치로, 서로 다른 네트워크 클라이언트에 데이터 접근 권한을 제공함

93
시스템에 저장되는 패스워드들은 Hash 또는 암호화 알고리즘의 결과값으로 저장된다. 이때 암호공격을 막기 위해 똑같은 패스워드들이 다른 암호값으로 저장되도록 추가되는 값을 의미하는 것은?

① Pass flag　　　② Bucket
③ Opcode　　　　④ Salt

> 솔트(salt) 사용
>
> 솔트는 공개되어 있는 랜덤값으로 패스워드의 해시값 생성 시 함께 사용되며, 솔트를 사용하면 접근 권한을 얻으려는 공격자가 수행하는 해시함수 연산 횟수가 증가하여, 보다 안전한 패스워드 인증 방식이 됨

94
비대칭 암호화 방식으로 소수를 활용한 암호화 알고리즘은?

① DES　　　　② AES
③ SMT　　　　④ RSA

> 공개키 암호방식은 대수학과 계산량 이론을 교묘히 응용한 방식으로 그 안전성은 수학적 문제를 풀기 위한 복잡성을 근거로 하고 있으며, 정수의 소인수분해의 복잡성을 이용하는 것(RSA 암호 등)

정답 90 ① 91 ④ 92 ① 93 ④ 94 ④

95

SQL Injection 공격과 관련한 설명으로 틀린 것은?

① SQL Injection은 임의로 작성한 SQL 구문을 애플리케이션에 삽입하는 공격방식이다.
② SQL Injection 취약점이 발생하는 곳은 주로 웹 애플리케이션과 데이터베이스가 연동되는 부분이다.
③ DBMS의 종류와 관계없이 SQL Injection 공격 기법은 모두 동일하다.
④ 로그인과 같이 웹에서 사용자의 입력값을 받아 데이터베이스 SQL문으로 데이터를 요청하는 경우 SQL Injection을 수행할 수 있다.

- SQL Injection 공격 기법은 SQL문을 삽입시켜서 비정상적 동작을 하게끔 만드는 것으로, DBMS의 종류에 따라 삽입시켜야 하는 SQL문은 달라져야 함
- SQL Injection 공격 : 사용자 입력값이나 URL 요청 등에 포함되는 파라미터(parameter)에 악의적인 시스템 명령 또는 SQL 구문을 삽입하여 공격하는 기법이며, 주로 로그인, 데이터베이스 열람, 데이터베이스 시스템 명령 권한 획득 등의 공격을 하게 됨

96

다음이 설명하는 용어로 옳은 것은?

- 오픈 소스를 기반으로 한 분산 컴퓨팅 플랫폼이다.
- 일반 PC급 컴퓨터들로 가상화된 대형 스토리지를 형성한다.
- 다양한 소스를 통해 생성된 빅데이터를 효율적으로 저장하고 처리한다.

① 포스퀘어(Foursquare)
② 비컨(Beacon)
③ 하둡(Hadoop)
④ 멤리스터(Memristor)

Hadoop(하둡, High-Availability Distributed Object-Oriented Platform) : 대량의 자료를 처리할 수 있는 큰 컴퓨터 클러스터에서 동작하는 분산 응용 프로그램을 지원하는 프리웨어 자바 소프트웨어 프레임워크

97

다음 설명에 해당하는 시스템은?

- 1990년대 David Clock이 처음 제안하였다.
- 비정상적인 접근의 탐지를 위해 의도적으로 설치해 둔 시스템이다.
- 침입자를 속여 실제 공격당하는 것처럼 보여줌으로써 크래커를 추적 및 공격기법의 정보를 수집하는 역할을 한다.
- 쉽게 공격자에게 노출되어야 하며 쉽게 공격이 가능한 것처럼 취약해 보여야 한다.

① Apache
② Hadoop
③ Honeypot
④ MapReduce

③ 허니팟(Honeypot) : 비정상적인 접근의 탐지를 위해 의도적으로 설치해 둔 시스템으로 공격자를 유인하기 위한 시스템이므로 쉽게 노출되는 곳에 두어야 함

[오답해설]
① Apache : 월드와이드웹 서버용 소프트웨어
② Hadoop(하둡, High-Availability Distributed Object-Oriented Platform) : 대량의 자료를 처리할 수 있는 큰 컴퓨터 클러스터에서 동작하는 분산 응용 프로그램을 지원하는 프리웨어 자바 소프트웨어 프레임워크
④ MapReduce : 분산 컴퓨팅(distributed computing)에서 대용량 데이터를 병렬 처리(parallel processing)하기 위해 개발된 소프트웨어 프레임워크(framework) 또는 프로그래밍 모델

98

시스템의 사용자가 로그인하여 명령을 내리는 과정에 대한 시스템의 동작 중 다음 설명에 해당하는 것은?

- 자신의 신원(Identity)을 시스템에 증명하는 과정이다.
- 아이디와 패스워드를 입력하는 과정이 가장 일반적인 예시라고 볼 수 있다.

① Authentication   ② Accounting
③ Authorization   ④ Aging

Authentication
인증은 임의의 정보에 접근할 수 있는 주체의 능력이나 주체의 자격을 검증하는 단계로, 아이디와 패스워드를 입력하는 과정이 가장 일반적인 예시라고 볼 수 있음

99

웹페이지에 악의적인 스크립트를 포함시켜 사용자 측에서 실행되게 유도함으로써, 정보유출 등의 공격을 유발할 수 있는 취약점은?

① Ransomware
② Pharming
③ XSS
④ Phishing

③ XSS(Cross Site Scripting) : 웹페이지에 악의적인 스크립트를 포함시켜 사용자 측에서 실행되게 유도함으로써, 정보유출 등의 공격을 유발할 수 있는 취약점
[오답해설]
① Ransomware : 몸값을 의미하는 Ransom과 소프트웨어(Software)의 합성어. 시스템을 잠그거나 데이터를 암호화해 사용할 수 없도록 만든 뒤, 이를 인질로 금전을 요구하는 악성 프로그램
② Pharming : 신종 인터넷 사기 수법으로 해당 사이트가 공식적으로 운영하고 있던 도메인 자체를 탈취하는 공격 기법
④ Phishing : 금융기관 등의 웹 사이트에서 보낸 이메일(email)로 위장하여, 링크를 유도해 타인의 인증번호나 신용카드번호, 계좌정보 등을 빼내는 공격 기법

100

S/W 각 기능의 원시코드 라인 수의 비관치, 낙관치, 기대치를 측정하여 예측치를 구하고 이를 이용하여 비용을 산정하는 기법은?

① LOC 기법
② 전문가 감정 기법
③ 델파이 기법
④ Effort Per TASK 기법

③ LOC(원시코드 라인 수) 기법 : WBS상에서 분해된 각각의 시스템 기능들에 필요한 원시코드 라인 수를 산정함에 있어 PERT의 예측 공식을 이용함
[오답해설]
② 전문가 감정 기법 : 경험이 많은 2인 이상의 전문가에게 프로젝트 비용 산정을 의뢰함
③ 델파이 기법 : 전문가 감정 기법의 편견을 줄일 수 있는 방법으로 한 명의 조정자와 여러 명의 전문가가 비용을 산정함
④ Effort Per TASK 기법(개발 단계별 인원수 기법) : 생명주기의 각 단계별로 노력을 산정하여 전체 비용을 예측하는 방식

2023년 1회 | 최신 CBT 기출복원문제

1과목 소프트웨어 설계

01

애자일(Agile) 기법 중 스크럼(Scrum)과 관련된 용어에 대한 설명이 틀린 것은?

① 스크럼 마스터(Scrum Master)는 스크럼 프로세스를 따르고, 팀이 스크럼을 효과적으로 활용할 수 있도록 보장하는 역할 등을 맡는다.
② 스프린트 이벤트에 월별 스크럼 회의가 포함된다.
③ 제품 백로그(Product Backlog)는 스크럼 팀이 해결해야 하는 목록으로 소프트웨어 요구사항, 아키텍처 정의 등이 포함될 수 있다.
④ 속도(Velocity)는 한 번의 스프린트에서 한 팀이 어느 정도의 제품 백로그를 감당할 수 있는지에 대한 추정치로 볼 수 있다.

스크럼
- 스크럼 회의는 월별로 진행되는 것이 아니라, 매일 진행되어 일일 스크럼 회의라 함
- 30일마다 동작 가능한 제품을 제공하는 스프린트를 중심으로 하고 있음
- 매일 정해진 시간에 정해진 장소에서 짧은 시간의 개발을 하는 팀을 위한, 프로젝트 관리 중심의 방법론

02 ★

자료 사전에서 여러 대안 중 하나를 선택하는 기호는?

① [|]   ② **
③ { }   ④ +

자료 사전 기호	의미
=	항목의 정의(~로 구성되어 있다)
+	그리고, 순차(and)
( )	선택사양, 생략가능(optional)
{ }	반복(iteration)
[|]	여러 대안 중 하나 선택
* *	주석(comment)

03

코드 설계에서 대상항목의 크기, 중량, 거리 등을 그대로 사용하는 코드는?

① 순차 코드   ② 블록 코드
③ 연상 코드   ④ 표의 숫자 코드

④ 표의 숫자 코드 : 대상항목의 크기, 중량, 거리 등을 그대로 사용하는 코드
[오답해설]
① 일련번호식 코드(순차 코드, Sequential Code) : 발생순, 크기순, 가나다순 등에 따라 순차적으로 부여함
② 블록 코드 : 공통성 있는 것끼리 블록으로 묶어서 구분하며 블록 내에서는 순차적으로 부여함
③ 연상 코드 : 대상과 관계있는 문자나 숫자를 조합하여 만든 코드(상품명이나 거래처명에 많이 이용)

정답 01 ② 02 ① 03 ④

04 ⭐

객체에 대한 서비스 요청을 중개하는 중개자 미들웨어는?

① WAS(Web Application Server)
② MOM(Message Oriented Middleware)
③ RPC(Remote Procedure Call)
④ ORB(Object Request Broker)

> ④ ORB(Object Request Broker)는 객체에 대한 서비스 요청을 중개하는 중개자 미들웨어
> [오답해설]
> ① WAS(Web Application Server) : 애플리케이션 미들웨어
> ② MOM(Message Oriented Middleware) : 메시지 지향 미들웨어
> ③ RPC(Remote Procedure Call, 원격 프로시저 호출) : 네트워크상에서 애플리케이션과 애플리케이션 간의 연동을 하기 위한 미들웨어

05

CASE(Computer Aided Software Engineering)에 대한 설명으로 틀린 것은?

① 자동화된 기법을 통해 소프트웨어 품질이 향상된다.
② 소프트웨어 모듈의 재사용성이 향상된다.
③ 소프트웨어 유지보수를 간편하게 수행할 수 있다.
④ 소프트웨어 개발 방법론을 쉽게 구성하도록 한다.

> • CASE는 소프트웨어 개발 방법론을 쉽게 구성하도록 하는 것이 아니라, 소프트웨어 공학의 자동화를 의미함
> • CASE(Computer Aided Software Engineering)
> - 소프트웨어 공학의 자동화를 의미하며, 소프트웨어 공학작업 중 하나의 작업을 자동화한 소프트웨어 패키지를 CASE 도구라 하며, 이러한 도구를 한데 모아놓은 것을 소프트웨어 공학환경(Software Engineering Environment)이라 함
> - CASE 도구들은 소프트웨어 관리자들과 실무자들이 소프트웨어 프로세스와 관련된 활동을 지원함. 즉, 프로젝트 관리 활동을 자동화하고, 프로세스에서 생산된 결과물을 관리하며, 엔지니어들의 분석, 설계 및 코딩과 테스트 작업을 도와줌
> - CASE의 주요 기능 : 다양한 소프트웨어 개발 모형 지원, 그래픽 지원, 소프트웨어 생명주기 전 단계의 연결 등이 있음

06

공통 모듈에 대한 명세 기법 중 요구사항 간 충돌이 없어야 한다는 원칙은?

① 독립성
② 상호작용성
③ 일관성
④ 내용성

명세속성	설명
정확성	요구사항은 정확해야 함
명확성	단 한 가지로 해석되어야 함
완전성	모든 것(기능, 비기능)이 표현되어야 함
일관성	요구사항 간 충돌이 없어야 함
수정용이성	요구사항의 변경이 가능해야 함
추적성	제안서 등을 통해 추적이 가능해야 함

07

객체지향 기법에서 관계성의 종류는 is-a이며, 객체들에 있어 공통적인 성질들을 상위 객체로 정의하는 것을 나타내는 용어는?

① 일반화
② 추상화
③ 캡슐화
④ 집단화

> ① 일반화(generalization) : 관계성의 종류는 is-a이며, 객체들에 있어 공통적인 성질들을 상위 객체로 정의함
> [오답해설]
> ② 추상화 : 복잡한 구조(문제)를 해결하기 위하여 설계 대상의 상세내용은 배제하고 유사점을 요약해서 표현하는 기법
> ③ 캡슐화 : 객체를 정의할 때 서로 관련성이 많은 데이터들과 이와 연관된 함수들을 하나로 묶는 것을 말함
> ④ 집단화(aggregation) : 클래스들 사이의 '부분-전체(part-whole)' 관계 또는 '부분(is-a-part-of)'의 관계로 설명되는 연관성임

정답 04 ④ 05 ④ 06 ③ 07 ①

08

다음 중 요구사항 정의 및 분석·설계의 결과물을 표현하기 위한 모델링 과정에서 사용되는 다이어그램(Diagram)이 아닌 것은?

① E-R Diagram
② Data Flow Diagram
③ Heap Diagram
④ UML Diagram

> 요구사항 정의 및 분석·설계의 결과물을 표현하기 위한 모델링 과정에서 사용되는 다이어그램(Diagram)은 Data Flow Diagram, E-R Diagram, UML Diagram임

09

GoF(Gang of Four) 디자인 패턴과 관련한 설명으로 틀린 것은?

① Singleton 패턴은 대표적인 구조 패턴으로 인스턴스를 복제하여 사용하는 구조를 말한다.
② Strategy 패턴은 행위 개선을 위한 패턴으로 교환 가능한 행동을 캡슐화하고 위임을 통해서 어떤 행동을 사용할지 결정한다.
③ 행위 패턴은 클래스나 객체들이 상호작용하는 방법과 책임을 분산하는 방법을 정의한다.
④ 디자인 패턴을 목적(Purpose)으로 분류할 때 생성, 구조, 행위로 분류할 수 있다.

> Singleton 패턴은 특정 클래스의 인스턴스가 오직 하나임을 보장하고, 이 인스턴스에 대한 접근 방법을 제공함

10

다음 중 데이터 흐름도(DFD)의 구성요소에서 자료 저장소에 해당하는 것은?

① data dictionary
② data flow
③ terminator
④ data store

> 자료 흐름도의 구성
> 프로세스(process), 흐름, 자료 저장소(data store), 단말(terminator)

11

다음 중 럼바우(Rumbaugh)의 객체지향 분석 절차를 가장 바르게 나열한 것은?

① 객체 모형 → 동적 모형 → 기능 모형
② 객체 모형 → 기능 모형 → 동적 모형
③ 기능 모형 → 동적 모형 → 객체 모형
④ 기능 모형 → 객체 모형 → 동적 모형

> Rumbaugh의 OMT(Object Modeling Technique) 기법
> - 객체 모형화(object modeling) : 객체들을 식별하고 객체들 간의 관계를 정의
> - 동적 모형화(dynamic modeling) : 시스템이 시간 흐름에 따라 변화하는 것을 보여주는 상태 다이어그램(state diagram)을 작성
> - 기능 모형화(function modeling) : 시스템 내에서 데이터가 변하는 과정을 나타내며, 자료 흐름도(DFD)를 이용

12

수신 시스템에서 DB링크를 생성하고, 송신 시스템에서 해당 DB링크를 직접 참조하는 통신기술은?

① DB링크 기술
② 소켓 기술
③ 스크럼 기술
④ 프로토타입 기술

> ① DB링크 기술 : 수신 시스템에서 DB링크를 생성하고, 송신 시스템에서 해당 DB링크를 직접 참조하는 통신기술
> [오답해설]
> ② 소켓 기술 : 통신을 위한 프로그램을 생성하여 포트를 할당하고, 클라이언트의 통신 요청 시 클라이언트와 연결하는 내·외부 송·수신 연계기술

정답 08 ③ 09 ① 10 ④ 11 ① 12 ①

13

디자인 패턴을 이용한 소프트웨어 재사용으로 얻어지는 장점이 아닌 것은?

① 소프트웨어 코드의 품질을 향상시킬 수 있다.
② 개발자들 사이의 의사소통을 원활하게 할 수 있다.
③ 유지보수를 개발단계 안으로 넣은 것이다.
④ 소프트웨어의 품질과 생산성을 향상시킬 수 있다.

> 디자인 패턴을 이용한 소프트웨어 재사용을 통하여 생산성을 높이고 소프트웨어의 품질을 향상시킬 수 있지만, 유지보수를 개발단계 안으로 넣은 것은 아님

14

HIPO(Hierarchy Input Process Output)에 대한 설명으로 거리가 먼 것은?

① 관람자에 따라 다른 도표 제공이 가능하다.
② 상향식 소프트웨어 개발을 위한 문서화 도구이다.
③ 기능과 자료의 의존 관계를 동시에 표현할 수 있다.
④ HIPO 차트 종류에는 가시적 도표, 총체적 도표, 세부적 도표가 있다.

> HIPO는 Top-Down 개발기법(계층적 구조)이며, 문서의 체계화가 가능함

15

객체지향 분석 기법과 관련한 설명으로 틀린 것은?

① 정적 모델링 기법만 사용될 수 있다.
② 객체 중심으로 시스템을 파악하며 상향식 방식으로 볼 수 있다.
③ 데이터와 행위를 하나로 묶어 객체를 정의 내리고 추상화시키는 작업이라 할 수 있다.
④ 코드 재사용에 의한 프로그램 생산성 향상 및 요구에 따른 시스템의 쉬운 변경이 가능하다.

> 객체지향은 동적 모델링 기법이 사용될 수 있음

16

'인터넷 서점'에 대한 유스케이스 다이어그램에서 '회원등록' 유스케이스를 수행하기 위해서는 '실명확인' 유스케이스가 반드시 선행되어야 한다면 이들의 관계는?

① 일반화(generalization) 관계
② 확장(extend) 관계
③ 포함(include) 관계
④ 연관(association) 관계

> 포함(include) 관계
> 복잡한 시스템에서 중복된 것을 줄이기 위한 방법으로 함수의 호출처럼 포함된 사용사례를 호출하는 의미를 가짐
> [오답해설]
> ① 일반화(generalization) 관계 : 사용사례의 상속을 의미하며 유사한 사용사례를 모아 일반적인 사용사례를 정의함
> ② 확장(extend) 관계 : 예외 사항을 나타내는 관계로 이벤트를 추가하여 다른 사례로 확장함
> ④ 연관(association) 관계 : 두 개 이상의 클래스 사이의 의존 관계로서 한 클래스를 사용함을 나타냄

17

다음 중 UML의 기본 구성요소가 아닌 것은?

① Relationship
② Tuple
③ Things
④ Diagram

> UML의 기본 구성요소
> • 사물(Things) : 모델을 구성하는 가장 중요한 요소로 다이어그램 안에서 관계가 형성될 수 있는 대상들을 말함
> • 관계(Relationships) : 사물과 사물 사이의 연관성을 표현하는 것(연관 관계, 집합 관계, 포함 관계, 일반화 관계, 의존 관계, 실체화 관계)
> • 다이어그램(Diagram) : 사물과 관계를 도형으로 표현한 것

정답 13 ③ 14 ② 15 ① 16 ③ 17 ②

18

다음 내용이 설명하는 UI설계 도구는?

- 디자인, 사용방법설명, 평가 등을 위해 실제 화면과 유사하게 만든 정적인 형태의 모형
- 시각적으로만 구성 요소를 배치하는 것으로 일반적으로 실제로 구현되지는 않음

① 유스케이스(Usecase)
② 스토리보드(Storyboard)
③ 프로토타입(Prototype)
④ 목업(Mockup)

> ④ 목업(Mockup) : 실물과 흡사한 정적인 형태의 모형. 시각적으로만 구성 요소를 배치하는 것으로 일반적으로 실제로 구현되지는 않음
> [오답해설]
> ② 스토리보드(Storyboard) : 정책, 프로세스, 와이어프레임, 디스크립션 등이 모두 포함된 설계 문서
> ③ 프로토타입(Prototype) : 다양한 인터랙션이 결합되어 실제 서비스처럼 작동하는 모형

19 빈출

㉠에 들어갈 용어로 옳은 것은?

(㉠)(은)는 유사한 문제를 해결하기 위해 설계들을 분류하고 각 문제 유형별로 가장 적합한 설계를 일반화하여 체계적으로 정리해 놓은 것으로 소프트웨어 개발에서 효율성과 재사용성을 높일 수 있다.

① 디자인 패턴
② 요구사항 정의서
③ 소프트웨어 개발 생명주기
④ 소프트웨어 프로세스 모델

> ① 디자인 패턴 : 객체지향 소프트웨어 시스템 디자인 과정에서 자주 접하게 되는 디자인 문제에 대한 기존의 시스템에 적용되어 검증된 해법의 재사용성을 높여 쉽게 적용할 수 있도록 하는 방법론. UML과 같은 일종의 설계기법이며, UML이 전체설계도면을 설계한다면, Design Pattern은 설계방법을 제시함
> [오답해설]
> ② 요구사항 정의서 : 사용자의 요구사항을 명세한 문서로 소프트웨어 자체는 물론이고, 정보처리시스템의 전체 영역, 이용환경을 전반적으로 명세화함
> ③ 소프트웨어 개발 생명주기 : 소프트웨어가 개발되기 위해 정의되고 사용이 완전히 끝나 폐기될 때까지의 전 과정
> ④ 소프트웨어 프로세스 모델 : 소프트웨어를 개발하기 위한 절차를 정의하는 모델로 폭포수 모델, 프로토타입 모델, 나선형 모델 등이 있음

20

요구사항 분석에서 비기능적(Nonfunctional) 요구에 대한 설명으로 옳은 것은?

① 시스템의 처리량(Throughput), 반응 시간 등의 성능 요구나 품질 요구는 비기능적 요구에 해당하지 않는다.
② '차량 대여 시스템이 제공하는 모든 화면이 3초 이내에 사용자에게 보여야 한다'는 비기능적 요구이다.
③ 시스템 구축과 관련된 안전, 보안에 대한 요구사항들은 비기능적 요구에 해당하지 않는다.
④ '금융 시스템은 조회, 인출, 입금, 송금의 기능이 있어야 한다'는 비기능적 요구이다.

> - 기능 요구 : 사용자가 필요로 하는 정보처리 능력에 대한 것으로 절차나 입·출력에 대한 요구
> - 비기능 요구 : 시스템SW의 동작에 필요한 특정 요구기능 외에 전체 시스템의 동작을 평가하는 척도를 정의하며, 안정성, 확장성, 보안성, 성능 등이 포함됨

정답 18 ④ 19 ① 20 ②

2과목 소프트웨어 개발

21
해싱함수 중 레코드 키를 여러 부분으로 나누고, 나눈 부분의 각 숫자를 더하거나 XOR한 값을 홈 주소로 사용하는 방식은?

① 폴딩법
② 제산법
③ 기수변환법
④ 숫자분석법

① 폴딩법 : 해싱함수 중 레코드 키를 여러 부분으로 나누고, 나눈 부분의 각 숫자를 더하거나 XOR한 값을 홈 주소로 사용하는 방식임
[오답해설]
② 제산법 : 키값을 테이블 크기로 나누어서 그 나머지를 버킷 주소로 변환하는 방법
③ 기수변환법 : 특정 진법으로 표현한 레코드 키값을 다른 진법으로 간주하고 키값을 변환하여 주소를 계산하는 방법
④ 숫자분석법 : 주어진 모든 키값들에서 그 키를 구성하는 자릿수 분포를 조사하여 고른 분포를 보이는 자릿수를 선택하여 주소를 계산하는 방법

22
다음 중 소프트웨어 설치 매뉴얼에 포함될 항목이 아닌 것은?

① 설치 관련 파일
② 제품 소프트웨어 개요
③ 프로그램 삭제
④ 소프트웨어 개발비용

설치 매뉴얼에는 목차, 개요, 기본사항, 설치 관련 파일, 프로그램 삭제 등이 기본적으로 포함되어야 함

23
모든 모듈들은 하나의 시스템으로 작동하게 된다. 사용자의 모든 요구를 하나의 시스템으로서 완벽하게 수행하기 위한 테스트는?

① 통합 테스트(Integration Test)
② 단위 테스트(Unit Test)
③ 시스템 테스트(System Test)
④ 인수 테스트(Acceptance Test)

③ 시스템 테스트(System Test) : 모든 모듈들은 하나의 시스템으로 작동하게 됨. 사용자의 모든 요구를 하나의 시스템으로서 완벽하게 수행하기 위한 테스트
[오답해설]
① 통합 테스트(Integration Test) : 단위 테스트 이후에 모듈들을 통합하면서 시험함
② 단위 테스트(Unit Test) : 독립 모듈의 완전성을 시험하여, 코딩이 끝난 후 설계의 최소 단위인 모듈에 초점을 두고 검사하는 단계
④ 인수 테스트(Acceptance Test) : 사용자측 관점에서 소프트웨어가 요구를 충족시키는가를 평가하며, 알파 테스트와 베타 테스트가 있음

24
CMMI(Capability Maturity Model Integration)의 성숙도 모델에서 표준화된 프로젝트 프로세스가 존재하나 프로젝트 목표 및 활동이 정량적으로 측정되지 못하는 단계는?

① 초기(initial) 단계
② 관리(managed) 단계
③ 정의(defined) 단계
④ 최적화(optimizing) 단계

- 표준화된 프로젝트 프로세스가 존재하나 프로젝트 목표 및 활동이 정량적으로 측정되지 못하는 단계는 3레벨인 정의(defined) 단계임
- CMMI의 단계적 모델

단계적 모델
Level 1 : Initial
Level 2 : Managed
Level 3 : Defined
Level 4 : Quantitatively Managed
Level 5 : Optimizing

25
다음 중 테스트 케이스 자동 생성 도구를 이용하여 테스트 데이터를 찾아내는 방법이 아닌 것은?

① 입력 도메인 분석
② 자료 흐름도
③ 랜덤(Random) 테스트
④ 소단위 명세서

테스트 케이스 자동 생성 도구를 이용하여 테스트 데이터를 찾아내는 방법으로 입력 도메인 분석, 랜덤(Random) 테스트, 자료 흐름도가 있음

정답 21 ① 22 ④ 23 ③ 24 ③ 25 ④

26

소프트웨어 패키징에 대한 설명으로 틀린 것은?

① 특정 환경에서 사용이 가능하도록 일반적인 배포 형태로 패키징이 진행된다.
② 패키징은 사용자 중심으로 진행한다.
③ 고객의 편의성을 위해 매뉴얼 및 버전관리를 지속적으로 한다.
④ 신규 및 변경 개발소스를 식별하고, 이를 모듈화하여 상용제품으로 패키징한다.

> 패키징은 프로그램 제작자가 최종사용자가 사용할 프로그램을 다양한 환경에서 쉽게 자동으로 설치(업데이트/삭제 가능)할 수 있게 패키지를 만들어 배포하는 과정을 말하며, 범용 환경에서 사용이 가능하도록 일반적인 배포 형태로 패키징이 진행됨

27 빈출

EAI(Enterprise Application Integration)의 구축 유형으로 옳지 않은 것은?

① Nunit
② Point-to-Point
③ Message Bus
④ Hub & Spoke

EAI 유형

구분	설명
Point-to-Point	1:1 방식으로 애플리케이션 통합 수행
Hub & Spoke	• 모든 데이터가 허브를 통해 전송 • 데이터 전송이 보장되며, 유지보수 비용 절감
메시징 버스	• 데이터 전송하는 데 버스를 이용함으로 병목 현상 발생 가능 • 대량의 데이터 교환에 적합
하이브리드	• Hub & spoke 방식과 메시징 버스 방식의 통합 • 유연한 통합 작업 가능

28

기준선의 무결성을 평가하기 위해 확인, 검증, 검열 과정을 통해 공식적으로 승인하는 작업을 의미하는 용어는?

① 형상 감사(Configuration Audit)
② 롤백(Rollback)
③ 단위 테스트(Unit Test)
④ 체크인(Check-In)

> ① 형상 감사(Configuration Audit) : 기준선의 무결성을 평가하기 위해 확인, 검증, 검열 과정을 통해 공식적으로 승인하는 작업임
>
> [오답해설]
> ② 롤백(Rollback) : 데이터베이스에서 업데이트에 오류가 발생할 때, 이전 상태로 되돌리는 것
> ③ 단위 테스트(Unit Test) : 코딩이 끝난 후 설계의 최소 단위인 모듈에 초점을 두고 검사하는 단계이며, 독립모듈의 완전성을 시험함
> ④ 체크인(Check-In) : 버전관리 항목 중 저장소에 새로운 버전의 파일로 갱신하는 것을 의미함

29 빈출

다음이 설명하는 테스트 용어는?

> • 테스트의 결과가 참인지 거짓인지를 판단하기 위해서 사전에 정의된 참값을 입력하여 비교하는 기법 및 활동을 말한다.
> • 종류에는 참, 샘플링, 휴리스틱, 일관성 검사가 존재한다.

① 테스트 케이스
② 테스트 시나리오
③ 테스트 오라클
④ 테스트 데이터

> • 테스트 오라클(Test Oracle) : 테스트의 결과가 참인지 거짓인지를 판단하기 위해서 사전에 정의된 참값을 입력하여 비교하는 기법 및 활동으로 종류에는 참, 샘플링, 휴리스틱, 일관성 검사가 존재함
> • 테스트 오라클의 유형
>
> | 참(True) 오라클 | 발생된 모든 오류를 검출할 수 있음
(거의 모든 전수 테스트 가능) |
> |---|---|
> | 샘플링(Sampling) 오라클 | 특정한 테스트 케이스의 입력값에 대해서만 결과를 제공함
(경계값, 구간별 예상값) |
> | 휴리스틱(Heuristic, 추정) 오라클 | 샘플링 오라클을 개선한 오라클
(실험결과, 수치데이터값) |
> | 일관성(Consistent) 검사 오라클 | 테스트 케이스의 수행 전과 후의 결과 값이 동일한지를 확인하는 오라클 |

정답 26 ① 27 ① 28 ① 29 ③

30 빈출

스택을 사용하는 예로 옳지 않은 것은?

① 함수의 재귀호출
② 트리의 너비우선탐색
③ 부프로그램의 호출
④ 후위표기(postfix)식의 계산

- 스택은 보통 제한된 구조로 원소의 삽입과 삭제가 한쪽(top)에서만 이루어지는 유한 순서 리스트이며, 깊이우선탐색에서는 스택이 사용되지만, 너비우선탐색에서는 큐를 사용함
- 스택의 응용 : 수식계산, 복귀주소관리, 순환식, 퀵 정렬, 깊이우선탐색, 이진트리 운행
- 큐의 응용 : 작업 스케줄링, 너비우선탐색, 트리의 Level 순회

31

다음 설명의 소프트웨어 테스트의 기본원칙은?

> 동일한 테스트 케이스로는 새 결함을 발견할 수 없으므로 주기적으로 테스트 케이스를 개선해야 한다.

① 살충제 패러독스
② 파레토 법칙
③ 오류 부재의 궤변
④ 완벽한 테스팅은 불가능

① 살충제 패러독스 : 동일한 테스트 케이스로는 새 결함을 발견할 수 없으므로 주기적으로 테스트 케이스를 개선해야 함
[오답해설]
② 파레토 법칙 : 20%에 해당하는 코드에서 80%의 결함이 나타나는 결함이 집중되어 존재한다는 것을 말함
③ 오류 부재의 궤변 : 사용자의 요구사항을 만족하지 못한다면 오류를 발견하고 제거해도 품질이 높다고 말할 수 없음

32

정렬된 N개의 데이터를 처리하는데 평균일 때는 O(Nlog₂N), 최악일 때는 O(N²)의 시간이 소요되는 정렬 알고리즘은?

① 힙 정렬
② 퀵 정렬
③ 버블 정렬
④ 합병 정렬

정렬 종류	평균	최악
버블 정렬	O(n²)	O(n²)
선택 정렬	O(n²)	O(n²)
삽입 정렬	O(n²)	O(n²)
퀵 정렬	O(nlog n)	O(n²)
합병 정렬	O(nlog n)	O(nlog n)
힙 정렬	O(nlog n)	O(nlog n)

33 빈출

다음 postfix로 표현된 연산식의 연산 결과로 옳은 것은?

> 3 4 * 5 6 + *

① 23
② 42
③ 132
④ 360

후위표기를 연산을 위해 중위표기로 변경해야 함
((3 4 *) (5 6 +) *) = ((3 * 4) * (5 + 6)) = 12 * 11 = 132

34 빈출

상향식 통합시험을 위해 검사 자료 입출력 제어 프로그램은?

① Stub
② Driver
③ Procedure
④ Function

② Driver : 검사 자료 입출력 제어 프로그램이며, 상향식 통합시험에 필요로 함
[오답해설]
① Stub : 임시 제공되는 가짜 모듈이며 시험용 모듈이라 함

정답 30 ② 31 ① 32 ② 33 ③ 34 ②

35

이진트리의 순회(traversal) 경로를 나타낸 그림이다. 이와 같은 이진트리 순회방식은 무엇인가? (단, 노드의 숫자는 순회순서를 의미한다.)

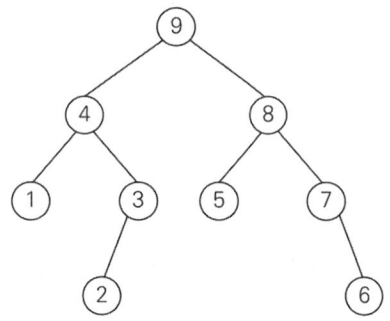

① 병렬 순회(parallel traversal)
② 전위순회(pre-order traversal)
③ 중위순회(in-order traversal)
④ 후위순회(post-order traversal)

> 후위순회(post-order traversal) : 왼쪽 서브 트리 → 오른쪽 서브 트리 → 루트

36

디지털 저작권 관리(DRM)에 사용되는 기술 요소가 아닌 것은?

① Encryption
② Key Management
③ IDS
④ Tamper Resistance

- IDS는 DRM에 사용되는 기술 요소가 아니라 네트워크 보안 장비인 침입탐지시스템임
- DRM의 핵심적 기술 요소

구분	설명	종류
암호화 (Encryption)	콘텐츠 및 라이선스를 암호화하고, 전자서명을 할 수 있는 기술	PKI, Encryption, Digital Signature
키 관리 (Key Management)	콘텐츠를 암호화한 키에 대한 저장 및 배포 기술	Centralized, Enveloping
암호화 파일 생성 (Packager)	콘텐츠를 암호화된 콘텐츠로 생성하기 위한 기술	Pre-packaging, On-the-fly Packaging
식별 기술 (Identification)	콘텐츠에 대한 식별체계 표현 기술	DOI, URI
저작권 표현 (Right Expression)	라이선스의 내용 표현 기술	ODRL, XrML/MPGE-21 REL
정책 관리(Policy management)	라이선스 발급 및 사용에 대한 정책표현 및 관리 기술	XML, Contents Management System
크랙 방지 (Tamper Resistance)	크랙에 의한 콘텐츠 사용방지 기술	Secure DB, Secure Time Management, Encryption
인증 (Authentication)	라이선스 발급 및 사용의 기준이 되는 사용자 인증기술	SSO, ID/PW, 디지털인증, 이메일인증
인터페이스 (Interface)	상이한 DRM 플랫폼 간의 상호 호환성 인터페이스 및 인증 기술	IPMP
이벤트 보고 (Event Reporting)	콘텐츠의 사용이 적절하게 이루어지고 있는지 모니터링 기술. 불법 유통이 탐지되었을 때 이동경로를 추적에 활용	
사용 권한 (Permission)	콘텐츠의 사용에 대한 권한을 관리하는 기술 요소	렌더 퍼미션, 트랜스포트 퍼미션, 데리버티브 퍼미션

37

자료구조에 대한 설명으로 틀린 것은?

① 큐는 First In - First Out 처리를 수행한다.
② 큐는 선형구조에 해당한다.
③ 스택은 Last In - Frist Out 처리를 수행한다.
④ 스택은 비선형구조에 해당한다.

- 선형구조 : 데이터의 전후 항목 사이 관계가 1:1이며, 선후 관계가 명확하게 한 개의 선의 형태를 갖는 리스트 구조(배열, 리스트, 스택, 큐, 데크)
- 비선형구조 : 데이터 항목 사이의 관계가 1:n(혹은 n:m)인 그래프적 특성을 갖는 형태(트리, 그래프)

정답   35 ④   36 ③   37 ④

38
그룹 중에 하나 이상의 후보를 선택할 때 사용하는 사용자 인터페이스(UI) 요소는?

① 토글 버튼
② 텍스트 박스
③ 라디오 버튼
④ 체크 박스

> ④ 체크 박스 : 그룹 중에 하나 이상의 후보를 선택할 때 사용함
> [오답해설]
> ① 토글 버튼 : 버튼을 클릭하면 상태를 'on', 'off'로 변환시킴
> ② 텍스트 박스 : 메시지를 보여주거나 사용자가 데이터를 입력할 곳을 제공함
> ③ 라디오 버튼 : 여러 가지 제시된 것 중 하나만을 선택할 때 사용함

39
소프트웨어 품질 관련 국제 표준인 ISO/IEC 25000에 관한 설명으로 옳지 않은 것은?

① 소프트웨어 품질 평가를 위한 소프트웨어 품질 평가 통합 모델 표준이다.
② System and Software Quality Requirements and Evaluation으로 줄여서 SQuaRE라고도 한다.
③ ISO/IEC 2501n에서는 소프트웨어의 내부 측정, 외부측정, 사용품질 측정, 품질 측정 요소 등을 다룬다.
④ 기존 소프트웨어 품질 평가 모델과 소프트웨어 평가 절차 모델인 ISO/IEC 9126과 ISO/IEC 14598을 통합하였다.

> ISO/IEC 2501n(품질 모델 부분)
> 내부 소프트웨어 품질, 외부 소프트웨어 품질 및 소프트웨어 사용 품질 등에 대한 특성들을 포함하는 상세한 품질 모델을 제시하며, 품질 모델 이용에 대한 실질적인 지침도 제공함

40
변경 및 오류 사항 교정을 최소화하는 정도를 의미하는 것은?

① 신뢰성(Reliability)
② 유지보수성(Maintainability)
③ 가시성(Visibility)
④ 재사용성(Reusability)

> ② 유지보수성(Maintainability) : 변경 및 오류 사항 교정을 최소화하는 정도
> [오답해설]
> ① 신뢰성(Reliability) : 정확하고 일관된 결과를 얻기 위해 요구된 기능을 오류 없이 수행하는 정도
> ④ 재사용성(Reusability) : 전체나 일부 기능을 다른 목적으로 사용할 수 있는 정도

3과목 데이터베이스 구축

41
시스템 카탈로그에 대한 설명으로 틀린 것은?

① 시스템 카탈로그의 갱신은 무결성 유지를 위하여 SQL을 이용하여 사용자가 직접 갱신할 수 없다.
② 데이터베이스에 포함되는 데이터 객체에 대한 정의나 명세에 대한 정보를 유지 관리한다.
③ DBMS와 사용자가 생성하고 유지하는 데이터베이스 내의 특별한 테이블의 집합체이다.
④ 카탈로그에 저장된 정보를 메타데이터라고도 한다.

> DBMS가 스스로 생성하고 유지하는 데이터베이스 내의 특별한 테이블의 집합체임

42 빈출
DDL에 해당하는 SQL 명령으로만 나열된 것은?

① DROP, CREATE, ALTER
② INSERT, DELETE, UPDATE, DROP
③ SELECT, INSERT, DELETE, UPDATE
④ SELECT, INSERT, DELETE, ALTER

> • 정의어(DDL) : CREATE, ALTER, DROP
> • 조작어(DML) : SELECT, INSERT, DELETE, UPDATE
> • 제어어(DCL) : GRANT, REVOKE

정답 38 ④ 39 ③ 40 ② 41 ③ 42 ①

43

데이터베이스 데이터 모델에 대한 설명으로 옳지 않은 것은?

① 계층 데이터 모델은 트리 형태의 데이터 구조를 가진다.
② 관계 데이터 모델은 테이블로 데이터베이스를 나타낸다.
③ 네트워크 데이터 모델은 그래프 형태로 데이터베이스 구조를 표현한다.
④ 계층 데이터 모델, 관계 데이터 모델, 네트워크 데이터 모델은 개념적 데이터 모델이다.

- 개념적 데이터 모델 : 개체관계 모델
- 논리적 데이터 모델 : 관계 데이터 모델, 계층 데이터 모델, 네트워크 데이터 모델

44

관계형 데이터베이스의 표준 질의어인 SQL(Structured Query Language)에서 CREATE TABLE문에 대한 설명으로 옳지 않은 것은?

① CREATE TABLE문은 테이블 이름을 기술하며 해당 테이블에 속하는 컬럼에 대해서 컬럼이름과 데이터타입을 명시한다.
② PRIMARY KEY절에서는 기본키 속성을 지정한다.
③ FOREIGN KEY절에서는 참조하고 있는 행이 삭제되거나 변경될 때의 옵션으로 NO ACTION, CASCADE, SET NULL, SET DEFAULT 등을 사용할 수 있다.
④ CHECK절은 무결성 제약 조건으로 반드시 UPDATE 키워드와 함께 사용한다.

- CHECK절은 조건식이 들어갈 수도 있고, 반드시 UPDATE 키워드와 함께 사용될 필요는 없음
- CREATE문의 구문
  ```
  CREATE TABLE 테이블_명
  ( {열_이름  데이터_타입 [NOT NULL][DEFAULT 묵시값] }
    [PRIMARY KEY(열_이름)]
    {{UNIQUE(열_이름)}}
    {{FOREIGN KEY(열_이름) REFERENCES 기본테이블}}
      [ON DELETE 옵션]
      [ON UPDATE 옵션]
      [CHECK (조건식)] )
  ※ { } : 반복을 의미, [ ] : 생략을 의미
  ```

45

범 기관적 입장에서 데이터베이스를 정의한 것으로서 데이터 베이스에 저장될 데이터의 종류와 데이터 간의 관계를 기술하며 데이터 보안 및 무결성 규칙에 대한 명세를 포함하는 것은?

① 외부 스키마 ② 내부 스키마
③ 개념 스키마 ④ 물리 스키마

③ 개념 스키마 : 범 기관적 입장에서 데이터베이스 전체 관점
[오답해설]
① 외부 스키마 : 사용자나 응용 프로그래머 관점
② 내부 스키마 : 내부 물리적 저장 장치 관점

46

단독으로 존재하며 다른 것과 구분되는 객체이며, 애트리뷰트들의 집합을 의미하는 것은?

① 도메인 ② 튜플
③ 엔티티 ④ 다형성

③ 엔티티 : 단독으로 존재하며 다른 것과 구분되는 객체이며, 애트리뷰트들의 집합을 가짐
[오답해설]
① 도메인 : 애트리뷰트가 취할 수 있는 값들의 집합
② 튜플 : 테이블이 한 행을 구성하는 속성들의 집합

47

트랜잭션이 정상적으로 완료(commit)되거나, 중단(abort)되었을 때 롤백(rollback)되어야 하는 트랜잭션의 성질은?

① 원자성(atomicity) ② 일관성(consistency)
③ 격리성(isolation) ④ 영속성(durability)

트랜잭션의 성질
- 원자성(atomicity) : 트랜잭션은 전부, 전무의 실행만이 있지 일부 실행으로 트랜잭션의 기능을 가질 수는 없음
- 일관성(consistency) : 트랜잭션이 그 실행을 성공적으로 완료하면 언제나 일관된 데이터베이스 상태로 된다는 의미. 즉, 이 트랜잭션의 실행으로 일관성이 깨지지 않는다는 의미
- 격리성(isolation) : 연산의 중간결과에 다른 트랜잭션이나 작업이 접근할 수 없다는 의미
- 영속성(durability) : 트랜잭션의 일단 그 실행을 성공적으로 끝내면 그 결과를 어떠한 경우에라도 보장받는다는 의미

정답 43 ④ 44 ④ 45 ③ 46 ③ 47 ①

48

개체 관계 모델(Entity-Relationship model)을 그래프 방식으로 표현한 E-R 다이어그램에서 마름모 모양으로 표현되는 것은?

① 개체 타입(entity type)
② 관계 타입(relationship type)
③ 속성(attribute)
④ 키 속성(key attribute)

- E-R 다이어그램에서 마름모 모양은 관계 타입(relationship type)을 의미함
- E-R 다이어그램 표기법

기호	의미
사각형	개체 타입
이중 사각형	약한 개체 타입
타원	속성
이중 타원	다중속성 : 여러 개의 값을 가질 수 있는 속성
마름모	관계 : 개체 간의 상호작용
이중 마름모	식별 관계 타입
밑줄 타원	키속성 : 모든 개체들이 모두 다른 값을 갖는 속성 (기본키)
점선 타원	부분키 애트리뷰트
복합 타원	복합속성 : 하나의 속성을 부분으로 나누어질 수 있는 속성

49

다음 중 병행제어의 로킹(Locking) 단위에 대한 설명으로 옳지 않은 것은?

① 한꺼번에 로킹할 수 있는 객체의 크기를 로킹 단위라고 한다.
② 로킹 단위가 작아지면 로킹 오버헤드가 증가한다.
③ 로킹 단위가 작아지면 데이터베이스 공유도가 감소한다.
④ 데이터베이스, 파일, 레코드 등은 로킹 단위가 될 수 있다.

로킹 단위가 작아지면 데이터베이스 공유도가 증가하며, 로킹 오버헤드가 증가함

50

고객계좌 테이블에서 잔고가 100,000원에서 3,000,000원 사이인 고객들의 등급을 '우대고객'으로 변경하고자 〈보기〉와 같은 SQL문을 작성하였다. ㉠과 ㉡의 내용으로 옳은 것은?

[보 기]
UPDATE 고객계좌
(㉠) 등급 = '우대고객'
WHERE 잔고 (㉡) 100000 AND 3000000

	㉠	㉡
①	SET	IN
②	SET	BETWEEN
③	VALUES	IN
④	VALUES	BETWEEN

- 갱신문(UPDATE) : 기존 레코드 열값을 갱신할 경우 사용함

  UPDATE 테이블
  SET 열_이름=변경_내용
  [WHERE 조건]

- BETWEEN x AND y : x에서 y 사이를 말함

51

분산 데이터베이스 목표 중 "사용하려는 데이터가 저장된 사이트를 사용자는 알 필요가 없는 것이며, 위치 정보는 시스템 카탈로그에 유지된다"는 것과 관계있는 것은?

① 장애 투명성
② 병행 투명성
③ 위치 투명성
④ 중복 투명성

- ③ 위치 투명성 : 사용하려는 데이터가 저장된 사이트를 사용자는 알 필요가 없는 것이며, 위치 정보는 시스템 카탈로그에 유지됨
[오답해설]
- ① 장애 투명성 : 데이터베이스의 분산된 물리적 환경에서 특정 지역의 컴퓨터 시스템이나 네트워크에 장애가 발생해도 데이터 무결성이 보장됨
- ④ 중복 투명성 : 한 논리적 데이터 객체가 여러 상이한 사이트에 중복될 수 있으며, 중복 데이터의 일관성 유지는 사용자와 무관하게 시스템이 수행함

정답 48 ② 49 ③ 50 ② 51 ③

52

참조 무결성을 유지하기 위하여 DROP문에서 부모 테이블의 항목값을 삭제할 경우 삭제할 요소가 참조 중이면 삭제하지 않기 위한 옵션은?

① CLUSTER
② CASCADE
③ SET-NULL
④ RESTRICTED

> DROP문에서는 CASCADE 또는 RESTRICTED 옵션을 사용할 수 있으며, RESTRICTED는 삭제할 요소가 참조 중이면 삭제되지 않지만, CASCADE는 삭제할 요소가 참조 중이더라도 삭제됨

53

릴레이션 R = {A, B, C, D, E}가 함수적 종속성들의 집합 FD = {A → C, {A, B} → D, D → E, {A, B} → E}를 만족할 때, R이 속할 수 있는 가장 높은 차수의 정규형으로 옳은 것은? (단, 기본키는 복합속성 {A, B}이고, 릴레이션 R의 속성값은 더이상 분해될 수 없는 원자값으로만 구성된다.)

① 제1정규형
② 제2정규형
③ 제3정규형
④ 보이스 / 코드 정규형

> 기본키가 복합속성 {A, B}로 구성되어 있는데, 함수적 종속성의 집합에서 A → C가 존재하므로 부분함수 종속성이 존재함. 부분함수 종속이 존재하기 때문에 현재 상태는 제1정규형이라 할 수 있음

54

다음 관계대수 연산의 수행 결과로 옳은 것은? (단, ∏는 프로젝트, σ는 셀렉트, ⋈은 자연조인을 나타내는 연산자이다.)

관계 대수: ∏고객번호, 상품코드 (σ가격<=40 (구매 ⋈N 상품))

구매

고객번호	상품코드
100	P1
200	P2
100	P3
100	P2
200	P1
300	P2

상품

상품코드	비용	가격
P1	20	35
P2	50	65
P3	10	27
P4	20	45
P5	30	50
P6	40	55

①
고객번호	상품코드
100	P1
100	P3

②
고객번호	상품코드
100	P1
200	P1

③
고객번호	상품코드
100	P1
100	P3
200	P1

④
고객번호	상품코드
200	P2
100	P2
300	P2

> - 구매테이블과 상품테이블을 자연조인하고, 조건에 맞는 튜플을 고르며, 그 테이블에서 고객번호와 상품코드만 검색함
> - 셀렉트(SELECT, σ) : 선택 조건을 만족하는 릴레이션의 수평적 부분 집합(horizontal subset), 행의 집합
> - 프로젝트(PROJECT, π) : 수직적 부분 집합(vertical subset), 열(column)의 집합
> - 조인(JOIN, ⋈) : 두 관계로부터 관련된 튜플들을 하나의 튜플로 결합하는 연산. 카티션 프로덕트와 셀렉트를 하나로 결합한 이항 연산자로, 일반적으로 조인이라 하면 자연조인을 말함

정답 52 ④ 53 ① 54 ③

55

다음 중 트랜잭션을 수행하는 도중 장애로 인해 손상된 데이터베이스를 손상되기 이전의 정상적인 상태로 복구시키는 작업은?

① Commit
② Abort
③ Recovery
④ Restart

> **회복(Recovery)**
> 여러 가지 장애로 인해 손상된 데이터베이스를 손상되기 이전의 정상적인 상태로 복구시키는 작업(덤프와 로그 이용)

56 ⭐

직원(사번, 이름, 입사년도, 부서)테이블에 대한 SQL문 중 문법적으로 옳은 것은?

① SELECT COUNT (부서) FROM 직원 GROUP 부서;
② SELECT * FROM 직원 WHERE 입사년도 IS NULL;
③ SELECT 이름, 입사년도 FROM 직원 WHERE 이름 = '손%';
④ SELECT 이름, 부서 FROM 직원 WHERE 입사년도 = (2022,2023);

> ② 정상적인 문법이며, 입사년도가 널(NULL)인 직원들의 레코드를 검색함
> [오답해설]
> ① 부서별로 처리하기 위해서는 GROUP 부서;가 아니라, GROUP BY 부서;로 써야 함
> ③ 부분매치 질의문은 WHERE 이름 = '손%';에서 = 을 LIKE로 수정해야 함. WHERE 이름 LIKE '손%';
> ④ 입사년도와 비교되는 항목이 여러 개이므로 =이 아니라 IN으로 써야 함

57

<보기>는 관계형 데이터베이스의 정규화 작업을 설명한 것이다. 제1정규형, 제2정규형, 제3정규형, BCNF를 생성하는 정규화 작업을 순서대로 나열한 것은?

―[보 기]―
ㄱ. 결정자가 후보키가 아닌 함수 종속성을 제거한다.
ㄴ. 부분 함수 종속성을 제거한다.
ㄷ. 속성을 원자값만 갖도록 분해한다.
ㄹ. 이행적 함수 종속성을 제거한다.

① ㄱ → ㄴ → ㄷ → ㄹ
② ㄱ → ㄷ → ㄹ → ㄴ
③ ㄷ → ㄱ → ㄴ → ㄹ
④ ㄷ → ㄴ → ㄹ → ㄱ

> 정규형은 릴레이션에 존재하는 이상 문제를 해결하기 위하여 릴레이션을 분해함
> • 제1정규형 : 속성을 원자값만 갖도록 분해함
> • 제2정규형 : 부분 함수 종속성을 제거하여 완전 함수 종속성을 갖도록 함
> • 제3정규형 : 이행적 함수 종속성을 제거함
> • BCNF : 결정자가 후보키가 아닌 함수 종속성을 제거함

58 ⭐

관계형 데이터베이스의 뷰(View)에 대한 장점으로 옳지 않은 것은?

① 뷰는 데이터의 논리적 독립성을 일정 부분 제공할 수 있다.
② 뷰를 통해 데이터의 접근을 제어함으로써 보안을 제공할 수 있다.
③ 뷰에 대한 연산의 제약이 없어서 효율적인 응용프로그램의 개발이 가능하다.
④ 뷰는 여러 사용자의 상이한 응용이나 요구를 지원할 수 있어서 데이터 관리를 단순하게 한다.

> ③ 뷰에 대한 연산의 검색은 제약이 없지만, 삽입/삭제/갱신에는 제약이 있음
> • SQL 뷰 : 하나 이상의 테이블로부터 유도되어 만들어진 가상 테이블이며, 실행시간에만 구체화되는 특수한 테이블. 뷰에 대한 검색은 기본 테이블과 거의 동일(삽입, 삭제, 갱신은 제약)하며, DBA는 보안 측면에서 뷰를 활용할 수 있음

정답 55 ③ 56 ② 57 ④ 58 ③

59

SQL에서는 데이터베이스 검색의 성능 및 편의 향상을 위하여 내장함수를 제공한다. 다음 중 SQL의 내장 집계함수(aggregate function)가 아닌 것은?

① COUNT ② SUM
③ TOTAL ④ MAX

> SQL의 내장 집계함수(aggregate function)
> COUNT, SUM, MAX, MIN, AVG

60

데이터베이스 설계 단계에서 목표 DBMS에 맞는 스키마 설계와 트랜잭션 인터페이스 설계에 대한 것은 어떤 단계에서 이루어지는가?

① 요구 조건 분석 단계
② 개념적 설계 단계
③ 논리적 설계 단계
④ 물리적 설계 단계

> 논리적 설계 단계
> 논리적 데이터 모델로 변환, 트랜잭션 인터페이스 설계(응용 프로그램의 인터페이스 설계), 스키마의 평가 및 정제

4과목 프로그래밍 언어 활용

61

C 언어에서 산술 연산자가 아닌 것은?

① % ② *
③ / ④ =

> • C 언어에서 산술 연산자 : *, /, %, +, -
> • C 언어에서 대입 연산자 : =, +=, -=, *=, /=, %=, ≫=, ≪=, &=, ∧=, |=

62

여덟 개의 페이지(0 ~ 7페이지)로 구성된 프로세스에 네 개의 페이지 프레임이 할당되어 있고, 이 프로세스의 페이지 참조 순서는 〈보기〉와 같다. 이 경우 LRU 페이지 교체 알고리즘을 적용할 때 페이지 부재(page-fault) 발생 횟수는? (단, 〈보기〉의 숫자는 참조하는 페이지번호를 나타내고, 최초의 페이지 프레임은 모두 비어있다고 가정한다.)

[보기]
1, 0, 2, 2, 2, 1, 7, 6, 7, 0, 1, 2

① 5 ② 6
③ 7 ④ 8

순번	1	0	2	2	2	1	7	6	7	0	1	2
페이지 프레임	1	1	1	1	1	1	1	1	1	1	1	1
		0	0	0	0	0	0	6	6	6	6	2
			2	2	2	2	2	2	2	0	0	0
							7	7	7	7	7	7
페이지 부재	○	○	○				○	○		○		○

63

다음 중 OSI 7계층 중 네트워크 계층에 대한 설명으로 틀린 것은?

① 네트워크 계층에서는 IP를 사용한다.
② 라우터 또는 교환기는 패킷 전달을 위해 경로를 지정하거나 교환 기능을 제공한다.
③ 패킷에 발신지와 목적지의 논리 주소를 추가한다.
④ 한 노드로부터 다른 노드로 프레임을 전송하는 책임을 진다.

> 한 노드에서 다른 노드로 프레임을 전송하는 책임을 갖는 계층(Layer)은 데이터 링크 계층임

정답 59 ③ 60 ③ 61 ④ 62 ③ 63 ④

64

운영체제를 기능에 따라 분류할 경우 제어 프로그램이 아닌 것은?

① 감시 프로그램 ② 데이터 관리 프로그램
③ 통신제어 ④ 언어번역 프로그램

- 언어번역 프로그램은 운영체제를 기능에 따라 분류할 경우 처리 프로그램에 해당됨
- 제어프로그램(Control Program) : 컴퓨터 전체의 동작 상태를 감시, 제어하는 기능을 수행하는 프로그램(감시 프로그램, 데이터 관리 프로그램, 작업 제어 프로그램, 통신제어)
- 처리프로그램(Processing Program) : 제어프로그램의 감시 하에 특정 문제를 해결하기 위한 데이터 처리를 담당하는 프로그램(언어번역 프로그램, 서비스 프로그램)

65 빈출

다음 Java 프로그램에서 사용된 객체지향 언어의 특성이 아닌 것은?

```java
class Calc1 {
    protected int a, b;
    public Calc1( ) {
        a = 1;
        b = 2;
    }
}
class Plus extends Calc1 {
    void answer( ) {
        System.out.println(a + "+" + b + "=" + (a + b));
    }
    void answer(int a, int b) {
        System.out.println(a + "+" + b + "=" + (a + b));
    }
}
```

① 오버라이딩(overriding) ② 상속(inheritance)
③ 캡슐화(encapsulation) ④ 오버로딩(overloading)

- 자바코드에서 answer( ) 메소드가 오버로딩이 되고 있지만, 오버라이딩되고 있는 메소드는 존재하지 않음

66

C 언어에서 변수명으로 사용할 수 없는 것은?

① data02 ② 5int01
③ _sub ④ shrt

- C 언어의 변수명으로 문자, 숫자, _를 사용할 수 있지만, 숫자가 맨 앞에 위치할 수 없음

67 빈출

다음 중 응집도가 가장 낮은 것은?

① 절차적 응집도 ② 논리적 응집도
③ 우연적 응집도 ④ 통신적 응집도

응집도
1. 우연적 응집도(coincidental cohesion) 응집도가 낮음
2. 논리적 응집도(logical cohesion)
3. 시간적 응집도(temporal cohesion)
4. 절차적 응집도(procedural cohesion)
5. 통신적 응집도(communicational cohesion)
6. 순차적 응집도(sequential cohesion)
7. 기능적 응집도(functional cohesion) 응집도가 높음

68

다음 중 스크립트 언어가 아닌 것은?

① ASP ② Python
③ JavaScript ④ Cobol

- Cobol언어는 컴파일 언어임
- 스크립트 프로그래밍 언어 유형 : JavaScript(자바스크립트), jQuery, JSP(JavaServer Pages), PHP(Hypertext Preprocessor), ASP(Active Server Pages), Python, VBScript

정답 64 ④ 65 ① 66 ② 67 ③ 68 ④

69 빈출

교착상태에 대한 설명으로 옳지 않은 것은?

① 교착상태를 예방하기 위한 방법에는 점유와 대기 조건의 방지, 비선점(non-preemptive) 조건의 방지, 순환대기 조건의 방지 방법이 있다.
② 교착상태를 회피하기 위한 방법으로 은행가 알고리즘(banker algorithm)이 있다.
③ 둘 이상의 프로세스들이 서로 다른 프로세스가 점유하고 있는 자원을 기다리느라 어느 프로세스도 진행하지 못하는 상태를 말한다.
④ 상호배제 조건, 점유와 대기 조건, 비선점(non-preemptive) 조건, 순환 대기의 조건 중 어느 하나만 만족하면 발생한다.

> 교착상태는 상호배제 조건, 점유와 대기 조건, 비선점(non-preemptive) 조건, 순환 대기의 조건이 필요 조건임

70

프로세스와 스레드(thread)에 대한 설명으로 옳지 않은 것은?

① 하나의 스레드는 여러 프로세스에 포함될 수 있다.
② 스레드는 프로세스에서 제어를 분리한 실행단위이다.
③ 스레드는 같은 프로세스에 속한 다른 스레드와 코드를 공유한다.
④ 스레드는 프로그램 카운터를 독립적으로 가진다.

> - 프로세스의 구성은 제어흐름 부분(실행부분)과 실행환경 부분으로 분리할 수 있으며, 스레드는 프로세스의 실행부분을 담당하여 실행의 기본단위가 됨
> - 하나의 스레드는 여러 프로세스에 포함될 수 없으며, 하나의 프로세스에는 한 개 또는 여러 개의 스레드가 포함될 수 있음
> - 프로세서를 사용하는 기본 단위이며, 명령어를 독립적으로 실행할 수 있는 하나의 제어 흐름임. 프로세스와 마찬가지로 스레드들도 중앙처리장치를 공유하며, 한 순간에 오직 하나의 스레드만이 수행을 함

71 빈출

C 프로그램의 실행 결과로 옳은 것은?

```c
#include<stdio.h>
int main( )
{
    int i, sum=0;
    for(i=1; i<=10; i+=2) {
        if(i%2 && i%3) continue;
        sum += i;
    }
    printf("%d n", sum);
    return 0;
}
```

① 6
② 12
③ 25
④ 55

> for(i=1; i<=10; i+=2)   // 변수 i는 1부터 10까지 2씩 증가(1, 3, 5, 7, 9)
> if(i%2 && i%3) continue;   // i%2 && i%3 조건이 &&로 묶여있으므로 두 개의 조건이 다 만족할때만 continue가 수행됨. 즉, 변수 i의 값이 3과 9인 경우에만 sum += i;이 수행됨

정답 69 ④ 70 ① 71 ②

72

현재 실행 중이던 프로세스가 지정된 시간 이전에 입출력 요구에 의하여 스스로 CPU를 반납하고 대기 상태로 전이하는 것은?

① Block
② Deadlock
③ Interrupt
④ Wake up

① Block(실행 상태 → 대기 상태) : 실행 중인 프로세스가 입출력 명령을 만나면 입출력 전용 프로세서에게 중앙처리장치를 스스로 양도하고 자신은 대기 상태로 전환
[오답해설]
② Deadlock(교착 상태) : 둘 이상의 프로세스가 자원을 공유한 상태에서, 서로 상대방의 작업이 끝나기만을 무한정 기다리는 현상
③ Interrupt(인터럽트) : 컴퓨터가 프로그램을 수행하는 동안 컴퓨터의 내부 또는 외부에서 예기치 않은 사건이 발생했을 때 응급조치를 수행한 후 계속적으로 프로그램 처리를 수행하는 운영체제의 기능
④ Wake up(대기 상태 → 준비 상태) : 입출력 완료를 기다리다가 입출력 완료 신호가 들어오면 대기 중인 프로세스는 준비 상태로 전환

73 ★빈출

C 프로그램에서 int형 변수 a와 b의 값이 모두 5일 때, 다음 연산 중 결과값이 같은 것끼리 묶은 것은?

ㄱ. a && b   ㄴ. a & b
ㄷ. a == b   ㄹ. a - b

① ㄱ, ㄴ
② ㄱ, ㄷ
③ ㄴ, ㄷ
④ ㄴ, ㄹ

- a && b = 1(true) : 일반적으로 0이 아닌 값 true
- a & b = 5 : 비트연산
- a == b = 1(true)
- a - b = 0

74

IPv6에 대한 설명으로 틀린 것은?

① 전송 데이터의 오류 검사를 위해 체크썸을 사용한다.
② 멀티캐스트(Multicast)를 사용한다.
③ 애니캐스트(Anycast)는 하나의 호스트에서 그룹내의 가장 가까운 곳에 있는 수신자에게 전달하는 방식이다.
④ 128비트 주소체계를 사용한다.

IPv4는 체크썸을 사용하지만, IPv6은 체크썸을 사용하지 않음

75

다음 C 프로그램 실행 결과로 출력되는 sum값으로 옳은 것은?

```
#include <stdio.h>
int foo(void) {
    int var1 = 1;
    static int var2 = 1;
    return (var1++) + (var2++);
}
void main( ) {
    int i=0, sum=0;
    while(i < 3) {
        sum = sum + foo( );
        i++;
    }
    printf("sum=%d\n", sum);
}
```

① 8
② 9
③ 10
④ 11

변수 var1은 지역변수로 선언되었으므로 foo( ) 함수를 호출 시에 생성되고 반환 시에 소멸됨. 하지만 변수 var2는 정적 변수이므로 정적 영역에 저장되어 함수 호출, 반환과 관계없이 프로그램 종료 시까지 존재함

정답 72 ① 73 ② 74 ① 75 ②

76

오류 제어에 사용되는 자동반복 요청방식(ARQ)이 아닌 것은?

① Stop-and-wait ARQ
② Go-back-N ARQ
③ Selective-Repeat ARQ
④ Non-Acknowledge ARQ

> **자동 반복 요청(ARQ : Automatic Repeat reQuest)**
> 통신 경로에서 에러 발생 시 수신측은 에러의 발생을 송신측에 통보하고 송신측은 에러가 발생한 프레임을 재전송함[정지-대기(Stop-and-Wait) ARQ, Go-Back-N ARQ, 선택적 재전송(Selective-Repeat) ARQ, 적응적(Adaptive) ARQ]

77 빈출

다음 C 언어 프로그램이 실행되었을 때, 실행 결과는?

```c
#include<stdio.h>
#include<stdlib.h>
int main(int argc, char *argv[ ]) {
int arr[2][3] = {1,2,3,4,5,6};
int (*p)[3] = NULL;
p = arr;
printf("%d", *(p[0]+1)+*(p[1]+2));
printf("%d", *(*(p+1)+0)+*(*(p+1)+1));
return 0;
}
```

① 7, 5
② 8, 5
③ 8, 9
④ 7, 9

> ```
> int arr[2][3]={1,2,3,4,5,6}   // 2차원 배열 선언
> int (*p)[3] = NULL;           // 배열 포인터 변수의 선언부
> p=arr;                         // 포인터 변수의 초기화
> printf("%d", *(p[0]+1) + *(p[1]+2));   // *(p[0]+1) = 2,
>                                         //   *(p[1]+2) = 6
> printf("%d", *(*(p+1)+0) + *(*(p+1)+1));  // *(*(p+1)+0) = 4,
>                                            //   *(*(p+1)+1) = 5
> ```

78

다음 C 프로그램의 실행 결과로 옳은 것은?

```c
#include <stdio.h>
int sub(int n) {
    if(n==0) return 0;
    if(n==1) return 1;
    return (sub(n-1) + sub(n-2));
}
void main( ) {
    int a=0;
    a=sub(4);
    printf("%d", a);
}
```

① 0
② 1
③ 2
④ 3

> 함수가 재귀 호출을 사용하고 있으며, 변수가 0이나 1이 될 때 반환함
> sub(4)
> → (sub(3) + sub(2))
> → (sub(2) + sub(1)) + (sub(1) + sub(0))
> → ((sub(1) + sub(0)) + 1) + (1 + 0)
> → ((1 + 0) + 1) + (1 + 0)
> → 3

정답 76 ④ 77 ③ 78 ④

79

SJF(Shortest Job First) 스케줄링에서 준비 큐에 도착하는 시간과 CPU 사용시간이 다음 표와 같다. 모든 작업들의 평균 대기 시간은 얼마인가?

프로세스 번호	도착 시간	실행 시간
1	0초	6초
2	1초	4초
3	2초	1초
4	3초	2초

① 3　　　　　　② 4
③ 5　　　　　　④ 6

- SJF(Shortest Job First) : FCFS를 개선한 기법으로, 대기 리스트의 프로세스들 중 작업이 끝나기까지의 실행시간 추정치가 가장 작은 프로세스에 CPU를 할당함
- 프로세스 1이 0초에 도착하여 6초를 실행하고 대기시간은 0초
- 프로세스 1의 완료시간 6초에서 실행시간이 가장 작은 프로세스는 3이고, 프로세스 3은 1초 실행하고, 대기시간은 4초임
- 프로세스 3의 완료시간 7초에서 실행시간이 가장 작은 프로세스는 4이고, 프로세스 4는 2초 실행하고, 대기시간은 4초임
- 프로세스 4의 완료시간 9초에서 실행시간이 남아있는 프로세스는 2이고, 프로세스 2는 4초 실행하고, 대기시간은 8초임
- 평균 대기 시간은 (0+4+4+8)/4 = 4초임

80

IEEE 802.3 LAN에서 사용되는 전송매체 접속제어(MAC)방식은?

① CSMA/CD　　　② Token Bus
③ Token Ring　　　④ Slotted Ring

① CSMA/CD : IEEE 802.3
[오답해설]
② Token Bus : IEEE 802.4
③ Token Ring : IEEE 802.5

5과목　정보시스템 구축관리

81

Secure 코딩에서 입력 데이터의 보안 약점과 관련한 설명으로 틀린 것은?

① SQL 삽입 : 사용자의 입력값 등 외부 입력값이 SQL 쿼리에 삽입되어 공격
② 크로스사이트 스크립트 : 검증되지 않은 외부 입력값에 의해 브라우저에서 악의적인 코드가 실행
③ 운영체제 명령어 삽입 : 운영체제 명령어 파라미터 입력값이 적절한 사전검증을 거치지 않고 사용되어 공격자가 운영체제 명령어를 조작
④ 자원 삽입 : 사용자가 내부 입력값을 통해 시스템 내에 사용이 불가능한 자원을 지속적으로 입력함으로써 시스템에 과부하 발생

구현 단계 시큐어코딩 가이드 : 입력 데이터 검증 및 표현 – 경로 조작 및 자원 삽입
- 검증되지 않은 외부 입력값을 통해 파일 및 서버 등 시스템 자원에 대한 접근 혹은 식별을 허용할 경우, 입력값 조작을 통해 시스템이 보호하는 자원에 임의로 접근할 수 있는 보안약점임
- 경로 조작 및 자원 삽입 약점을 이용하여 공격자는 자원의 수정/삭제, 시스템 정보 누출, 시스템 자원 간 충돌로 인한 서비스 장애 등을 유발할 수 있음. 즉, 경로 조작 및 자원 삽입을 통해서 공격자가 허용되지 않은 권한을 획득하여, 설정에 관계된 파일을 변경하거나 실행시킬 수 있음

정답　79 ②　80 ①　81 ④

82

관리자가 정의한 보안환경이 운영되는 시스템만 네트워크에 연결이 가능하도록 하며, Clear Network에 악성 Worm이 감염된 Host가 연결되면 순식간에 네트워크는 악성 Worm이 퍼지게 되므로 이러한 상황을 막고자하는 시스템은?

① SAN
② MBR
③ NAC
④ NIC

> ③ NAC(Network Access Control) : 관리자가 정의한 보안환경이 운영되는 시스템만 네트워크에 연결이 가능하도록 함. Clear Network에 악성 Worm이 감염된 Host가 연결되면 순식간에 네트워크는 악성 Worm이 퍼지게 되므로 이러한 상황을 막고자하는 시스템임
> [오답해설]
> ① SAN(Storage Area Network) : DAS와 NAS의 단점을 해결한 발전된 스토리지 형태. 네트워크상에 광채널 스위치의 이점인 고속 전송과 장거리 연결 및 멀티 프로토콜 기능을 활용함

83 ★빈출

소프트웨어 개발 프로세스 모형에 대한 설명으로 옳은 것은?

① 폭포수(waterfall) 모델은 개발 초기단계에 시범 소프트웨어를 만들어 사용자에게 경험하게 함으로써 사용자 피드백을 신속하게 제공할 수 있다.
② 프로토타입(prototyping) 모델은 개발이 완료되고 사용단계에 들어서야 사용자 의견을 반영할 수 있다.
③ 익스트림 프로그래밍(extreme programming)은 1950년대 항공 방위 소프트웨어 시스템 개발경험을 토대로 처음 개발되어 1970년대부터 널리 알려졌다.
④ 나선형(spiral) 모델은 위험분석을 해나가면서 시스템을 개발한다.

> ④ 나선형(spiral) 모델은 폭포수 모델과 프로토타이핑 모델의 장점을 수용하고, 새로운 요소인 위험분석을 추가한 진화적 개발 모델임
> [오답해설]
> ① 프로토타입 모델은 개발 초기단계에 시범 소프트웨어를 만들어 사용자에게 경험하게 함으로써 사용자 피드백을 신속하게 제공할 수 있음
> ② 폭포수 모델은 분석단계에서 사용자들이 요구한 사항들이 잘 반영되었는지를 개발이 완료 전까지는 사용자가 볼 수 없으며, 그 이후에 사용자의 의견을 반영할 수 있음
> ③ 익스트림 프로그래밍(eXtreme Programming, XP)은 비즈니스상의 요구가 시시각각 변동이 심한 경우에 적합한 개발 방법이며, 1999년 켄트 백의 저서인 'Extreme Programming Explained - Embrace Change'에서 발표되었으며, Agile Process의 대표적 개발기법임

84

블록 암호 알고리즘의 운영 모드로 옳지 않은 것은?

① ECC(Electronic Cipher Code)
② CBC(Cipher Block Chaining)
③ CFB(Cipher Feedback)
④ ECB(Electronic Codebook)

> 블록 암호의 운용 모드
> ECB(Electric CodeBook) 모드, CBC(Cipher Block Chaining) 모드, CFB(Cipher FeedBack) 모드, OFB(Output-FeedBack) 모드, CTR(CounTeR) 모드

85

다음 중 파일 전송 프로토콜은?

① type
② mkdir
③ ftp
④ nmap

> ③ ftp : 파일 전송 프로토콜
> [오답해설]
> ② mkdir : 운영체제에서 mkdir 명령어는 디렉터리를 새로 만드는 데 사용됨
> ④ nmap(network mapper) : 서버에 열린 포트 정보를 스캐닝해서 보안 취약점을 찾는 데 사용하는 도구

86

CMM(Capability Maturity Model) 모델의 레벨로 옳지 않은 것은?

① 인수단계
② 관리단계
③ 정의단계
④ 최적단계

> CMM(Capability Maturity Model) 모델의 레벨
> 수준 1(Initial, 초보단계), 수준 2(Repeatable, 반복단계), 수준 3(Definition, 정의단계), 수준 4(Management, 관리단계), 수준 5(Optimizing, 최적단계)

정답 82 ③ 83 ④ 84 ① 85 ③ 86 ①

87 ⭐

소프트웨어 비용 추정 모형(estimation models)이 아닌 것은?

① CPM
② Putnam
③ COCOMO
④ Function-Point

- CPM은 일정 산정 모형임
- 소프트웨어 비용 추정 모형 : COCOMO, Function-Point, Putnam, 전문가의 감정, 델파이식 산정, LOC(원시코드 라인 수) 기법, 개발 단계별 인월수(MM : Man Month) 기법

88

우리나라 국가 표준으로 지정되었으며 경량 환경 및 하드웨어 구현에서의 효율성 향상을 위해 개발된 128비트 블록 암호 알고리즘은?

① ARIA
② HMAC
③ 3DES
④ IDEA

① ARIA : 대한민국의 국가보안기술연구소에서 개발한 블록 암호 체계. ARIA라는 이름은 학계(Academy), 연구소(Research Institute), 정부 기관(Agency)이 공동으로 개발한 특징을 함축적으로 표현한 것임. ARIA의 블록 크기는 128비트이고 키길이는 128/192/256비트이며, 라운드수는 12/14/16임
[오답해설]
② HMAC : 속도향상과 보안성을 높이기 위해 MAC와 MDC를 합쳐 놓은 새로운 해시. 해시함수의 입력에 사용자의 비밀키와 메시지를 동시에 포함하여 해시코드를 구하는 방법
③ 3DES : DES보다 강력하도록 DES를 3단 겹치게 한 암호 알고리즘
④ IDEA : 블록 암호 알고리즘으로써 64비트의 평문에 대하여 동작하며, 키의 길이는 128비트이고, 8라운드의 암호 방식을 적용함

89

다음 내용이 설명하는 로그 파일은?

- 리눅스 시스템에서 사용자의 성공한 로그인/로그아웃 정보 기록
- 시스템의 종료/시작 시간 기록

① tapping
② xtslog
③ linuxer
④ wtmp

- wtmp : 사용자의 로그인, 로그아웃 시간과 시스템의 종료 시간, 시스템 시작 시간 등을 기록
- 유닉스 시스템의 주요 로그 파일

로그 파일명	설명
acct / pacct	사용자별로 실행되는 모든 명령어를 기록
.history	사용자별 명령어를 기록하는 파일로 csh, tcsh, ksh, bash 등 사용자들이 사용하는 쉘에 따라 .history, .bash_history 파일 등으로 기록
lastlog	각 사용자의 최종 로그인 정보
logging	실패한 로그인 시도를 기록
messages	부트 메시지 등 시스템의 콘솔에서 출력된 결과를 기록하고 syslogd에 의해 생성된 메시지도 기록
sulog	su 명령 사용 내역 기록
syslog	운영체제 및 응용프로그램의 주요 동작내역
utmp	현재 로그인한 각 사용자의 기록
utmpx	utmp 기능을 확장한 로그, 원격 호스트 관련 정보 등 자료 구조 확장
wtmp	사용자의 로그인, 로그아웃 시간과 시스템의 종료 시간, 시스템 시작 시간 등을 기록
btmp	5번 이상 로그인 실패한 정보를 기록(솔라리스는 loginlog)
xferlog	FTP 접속을 기록

정답 87 ① 88 ① 89 ④

90

Link State Routing 기법을 사용하며, 전달 정보는 인접 네트워크 정보를 이용하는 프로토콜은?

① RIP
② OSPF
③ Static
④ EIGRP

> ② OSPF(Open Shortest Path First) : Link State Routing 기법을 사용하며, 전달 정보는 인접 네트워크 정보를 이용함
> [오답해설]
> ① RIP(Routing Information Protocol) : 거리 벡터(Distance-Vector) 방식을 사용하는 라우팅 프로토콜임. 목적지 네트워크까지 도달하는데 몇 개의 라우터를 거치는가를 나타내는 홉(Hop) 카운트를 사용하는데, 최대 15홉 이하 규모의 네트워크를 주요 대상으로 함
> ④ EIGRP(Enhanced Interior Gateway Routing Protocol) : IGRP를 기반으로 한 개방형 라우팅 프로토콜이며, 라우터 내 대역폭 및 처리 능력의 이용과 토폴로지가 변경된 뒤에 일어나는 불안정한 라우팅을 최소화하는 데 최적화되었음

91

다음 내용이 설명하는 것은?

- 사물통신, 사물인터넷과 같이 대역폭이 제한된 통신환경에 최적화하여 개발된 푸시기술 기반의 경량 메시지 전송 프로토콜
- 메시지 매개자(Brocker)를 통해 송신자가 특정 메시지를 발행하고 수신자가 메시지를 구독하는 방식
- IBM이 주도하여 개발

① GRID
② TELNET
③ GPN
④ MQTT

> ④ MQTT(Message Queuing Telemetry Transport) : 사물통신, 사물인터넷과 같이 대역폭이 제한된 통신환경에 최적화하여 개발된 푸시기술 기반의 경량 메시지 전송 프로토콜
> [오답해설]
> ① GRID : 기존의 인터넷과 차세대 인터넷을 하나의 네트워크로 묶어 마치 하나의 신경조직처럼 작동할 수 있게 제어하는 가상 슈퍼컴퓨터
> ② TELNET : 원격지 호스트 서버에 접근하기 위해 사용하는 프로토콜

92

다음 중 스크랩 프로그램의 종류가 아닌 것은?

① Chukwa
② Sqoop
③ Kafka
④ Spoofing

> - Spoofing : 속임을 이용한 공격에 해당되며, 네트워크에서 스푸핑 대상은 MAC 주소, IP 주소, 포트 등 네트워크 통신과 관련된 모든 것이 될 수 있음
> - 스크랩 프로그램의 종류
>   - 정형 데이터 : ETL, FTP, API, DBtoDB, Sqoop
>   - 비정형 데이터 : 크롤링, RSS, Open API, Chukwa, Kafka
>   - 반정형 데이터 : Flume, Scribe

93

서비스 거부 공격에 해당하는 것을 〈보기〉에서 고른 것은?

[보기]

ㄱ. Ping of Death 공격
ㄴ. SYN Flooding 공격
ㄷ. Session Hijacking 공격
ㄹ. ARP Redirect 공격

① ㄱ, ㄴ
② ㄴ, ㄷ
③ ㄷ, ㄹ
④ ㄱ, ㄹ

> - DoS(Denial of Service : 서비스 거부) 공격 : Ping of death, TearDrop 공격, SYN Flooding 공격, Land 공격, Smurf 공격
> [오답해설]
> - Session Hijacking 공격 : TCP가 가지는 고유한 취약점을 이용해 정상적인 접속을 빼앗는 방법. TCP는 클라이언트와 서버 간 통신을 할 때 패킷의 연속성을 보장하기 위해 클라이언트와 서버는 각각 시퀀스 넘버를 사용함. 이 시퀀스 넘버가 잘못되면 이를 바로 잡기 위한 작업을 하는데, TCP 세션 하이재킹은 서버와 클라이언트에 각각 잘못된 시퀀스 넘버를 위조해서 연결된 세션에 잠시 혼란을 준 뒤 자신이 끼어들어가는 방식임
> - ARP Redirect 공격 : 공격자가 자신의 MAC 주소가 라우터 또는 게이트웨이인 것으로 속여서 수행하는 공격

정답 90 ② 91 ④ 92 ④ 93 ①

94
IPSec(IP Security)에 대한 설명으로 틀린 것은?

① 암호화 수행 시 양방향 암호화를 지원한다.
② ESP는 발신지 인증, 데이터 무결성, 기밀성 모두를 보장한다.
③ 운영 모드는 Tunnel 모드와 Transport 모드로 분류된다.
④ AH는 발신지 인증, 데이터 무결성, 기밀성 모두를 보장한다.

> - IPSec(IP Security)의 AH는 발신지 호스트를 인증하고, IP 패킷의 무결성을 보장함
> - IPSec(IP Security) : 안전하지 않은 네트워크상의 두 컴퓨터 사이에 암호화된 안전한 통신을 제공하는 프로토콜

95
IEEE 802.15.4를 기반으로 하며, 저속/저전력의 무선망을 위한 기술은?

① MLFQ ② MQTT
③ Zigbee ④ MTSP

> ③ Zigbee : IEEE 802.15.4를 기반으로 하며, 저속/저전력의 무선망을 위한 기술
> [오답해설]
> ① MLFQ(Multi-level Feedback Queue) : 다단계 피드백 큐이며, MFQ라고도 함
> ② MQTT(Message Queuing Telemetry Transport) : TCP/IP 기반 네트워크에서 동작하는 발행-구독 기반의 메시징 프로토콜로 최근 IoT 환경에서 자주 사용되고 있는 프로토콜

96
정보화 사회에서 개인정보를 불법적인 방법으로 추출하여 개인의 경제적인 피해를 유발하는 사고가 많이 발생하고 있다. 개인정보를 불법적으로 추출하는 방법으로 옳지 않은 것은?

① 스니핑(sniffing) ② 스푸핑(spoofing)
③ 페이징(paging) ④ 피싱(phishing)

> 스니핑은 정보를 도청하는 것이고, 스푸핑은 IP나 DNS 등을 속이는 것을 말함. 피싱은 개인정보를 낚는 방식이며, 페이징은 정보보호 분야에서 사용되는 기술이 아니라 가상기억장치에서 사용되는 기술임

97
소프트웨어 개발 프로세스 모델 중 하나인 나선형 모델(spiral model)에 대한 설명으로 옳지 않은 것은?

① 폭포수(waterfall) 모델과 원형(prototype) 모델의 장점을 결합한 모델이다.
② 점증적으로 개발을 진행하여 소프트웨어 품질을 지속적으로 개선할 수 있다.
③ 위험을 분석하고 최소화하기 위한 단계가 포함되어 있다.
④ 관리가 복잡하여 대규모 시스템의 소프트웨어 개발에는 적합하지 않다.

> **나선형 모형(Spiral Model)**
> 폭포수 모델과 프로토타이핑 모델의 장점을 수용하고, 새로운 요소인 위험분석을 추가한 진화적 개발 모델로, 프로젝트 수행 시 발생하는 위험을 관리하고 최소화하려는 것을 목적으로 하며 계획수립, 위험분석, 개발, 사용자 평가의 과정을 반복적으로 수행함. 개발 단계를 반복적으로 수행함으로써 점차적으로 완벽한 소프트웨어를 개발하는 진화적(evolutionary) 모델이며, 대규모 시스템의 소프트웨어 개발에 적합함

98
다음 중 공학적으로 잘 작성된 소프트웨어의 특성이 아닌 것은?

① 소프트웨어는 편리성이나 유지보수성에 점차 비중을 적게 두는 경향이 있다.
② 소프트웨어는 사용자가 원하는 대로 동작해야 한다.
③ 소프트웨어는 신뢰성이 높아야 하며 효율적이어야 한다.
④ 소프트웨어는 잠재적인 에러가 가능한 적어야 하며 유지보수가 용이해야 한다.

> 소프트웨어는 편리성이나 유지보수성에 점차 비중을 많이 두고 있음

정답 94 ④ 95 ③ 96 ③ 97 ④ 98 ①

99

다음 내용이 설명하는 것은?

- 실제로 존재하지 않거나 출시되지 않은 제품을 말한다.
- 일반적으로 기업이나 개인이 제품을 발표한 후, 실제로는 출시되지 않거나 개발이 중단된 경우 사용한다.

① 소프트웨어　　② 그레이웨어
③ 하드웨어　　　④ 베이퍼웨어

베이퍼웨어(Vaporware)
아직 실용화되지 않았거나 실제 존재하지 않지만 논의되고 광고도 하는 소프트웨어 또는 하드웨어. 일반적으로 기업이나 개인이 제품을 발표한 후, 실제로는 출시되지 않거나 개발이 중단된 경우 사용함

100

Python 기반의 웹 크롤링(Web Crawling) 프레임워크로 옳은 것은?

① Li-fi　　　　② Scrapy
③ CrawlCat　　④ SBAS

스크래피(Scrapy)
- 파이썬 기반의 화면 스크랩과 웹 크롤링 프레임워크
- 스크래피를 사용하면 스크래핑을 간단히 할 수 있으며, 스크랩하려는 항목을 정의하는 클래스를 만들고 페이지에서 데이터를 추출하기 위한 몇 가지 규칙을 쓰면 됨. 결과는 JSON, XML, CSV 또는 다른 다양한 형식으로 출력할 수 있음
- 스크래피는 확장을 통해 웹사이트 로그인, 세션 쿠키 처리 작업도 처리 가능하며, 이미지도 스크랩해서 캡처된 콘텐츠와 연결할 수 있음. 최신 버전에는 스크랩한 데이터 저장을 위한 클라우드 서비스 직접 연결, 재사용 가능한 프록시 연결 기능이 추가됐으며, 난해한 HTML 및 HTTP 동작 처리 부분이 개선됨

정답　99 ④　100 ②

2023년 2회 | 최신 CBT 기출복원문제

1과목 소프트웨어 설계

01
소프트웨어 개발 방법론의 테일러링(Tailoring)과 관련한 설명으로 틀린 것은?

① 관리 측면에서의 목적 중 하나는 최단기간에 안정적인 프로젝트 진행을 위한 사전 위험을 식별하고 제거하는 것이다.
② 프로젝트에 최적화된 개발 방법론을 적용하기 위해 절차, 산출물 등을 적절히 변경하는 활동이다.
③ 프로젝트 수행 시 예상되는 변화를 배제하고 신속히 진행하여야 한다.
④ 기술적 측면에서의 목적 중 하나는 프로젝트에 최적화된 기술 요소를 도입하여 프로젝트 특성에 맞는 최적의 기법과 도구를 사용하는 것이다.

- 소프트웨어 테일러링은 프로젝트 수행 시 예상되는 변화도 고려하여 진행되어야 함
- 소프트웨어 테일러링
  - 프로젝트 특성 및 상황에 적용하기 위해 기정의된 개발방법론의 절차나 기법, 산출물 등을 수정 및 보완하여 적용하는 작업임
  - 프로세스 테일러링 : 여러 다른 개발환경하에서 개발되는 다양한 종류의 프로젝트에 일관된 하나의 개발 프로세스를 적용하기 어렵기 때문에 프로젝트의 특성에 적합한 프로세스를 적용해야 하고, 이를 위해 프로세스를 수정하는 과정을 프로세스 테일러링이라 함

02
WAS(Web Application Server)가 아닌 것은?

① JEUS   ② JVM
③ Tomcat   ④ WebSphere

- WAS(Web Application Server) : HTTP를 통해 사용자 컴퓨터에 애플리케이션을 수행해주는 미들웨어
- WAS에는 JEUS, Tomcat, WebSphere, JBOSS 등이 있으며, JVM는 자바가상머신으로 자바 애플리케이션의 독립성이나 이식성을 높일 수 있음

03
UI의 종류로 멀티 터치(Multi-touch), 동작 인식(Gesture Recognition) 등 사용자의 자연스러운 움직임을 인식하여 서로 주고받는 정보를 제공하는 사용자 인터페이스를 의미하는 것은?

① GUI(Graphical User Interface)
② OUI(Organic User Interface)
③ NUI(Natural User Interface)
④ CLI(Command Line Interface)

- ③ NUI(Natural UI) : 사용자의 말과 행동 기반 제스처 입력 인터페이스이며, 멀티 터치(Multi-touch), 동작 인식(Gesture Recognition) 등 사용자의 자연스러운 움직임을 인식하여 서로 주고받는 정보를 제공함
  [오답해설]
- ② OUI(Organic User Interface) : 모든 사물과 사용자 간에 상호작용을 위한 인터페이스로, 즉 실세계에 존재하는 모든 사물이 입출력장치로 변화할 수 있는 사용자 인터페이스라고 할 수 있음

04 ★빈출
다음 중 바람직한 소프트웨어 설계 지침이 아닌 것은?

① 적당한 모듈의 크기를 유지한다.
② 모듈 간의 접속 관계를 분석하여 복잡도와 중복을 높인다.
③ 모듈 간의 결합도는 약할수록 바람직하다.
④ 모듈 간의 효과적인 제어를 위해 설계에서 계층적 자료 조직이 제시되어야 한다.

- 모듈 간의 접속 관계를 분석하여 복잡도와 중복을 줄임

정답   01 ③   02 ②   03 ③   04 ②

05 ⭐

다음 중 GoF(Gangs of Four) 디자인 패턴 중 생성패턴으로 옳은 것은?

① adapter pattern
② decorator pattern
③ Factory Method pattern
④ state pattern

> **생성관련 패턴(Creational Pattern) 종류**
> 빌더(Builder), 프로토타입(Prototype), 싱글턴(Singleton), 추상 팩토리(Abstract Factory), 팩토리 메소드(Factory Method) 패턴 등
> [오답해설]
> ① adapter pattern과 ② decorator pattern은 구조화 패턴(Structural Patterns)에 속함
> ④ state pattern은 행위 패턴(Behavioral Patterns)에 속함

06

다음 설명에 해당하는 시스템으로 옳은 것은?

> 수신한 연계테이블, 파일데이터를 수신 시스템에서 관리하는 데이터 형식에 맞게 변환하여 DB에 저장하거나 애플리케이션에서 활용할 수 있도록 제공한다.

① 연계 서버
② 중계 서버
③ 송신 시스템
④ 수신 시스템

> **연계시스템 구성**
> - 송신 시스템 : 연계할 데이터를 DB와 애플리케이션으로부터 연계테이블 또는 파일 형태로 생성하여 송신함
> - 수신 시스템 : 수신한 연계테이블, 파일데이터를 수신 시스템에서 관리하는 데이터 형식에 맞게 변환하여 DB에 저장하거나 애플리케이션에서 활용할 수 있도록 제공함
> - 중계 서버 : 송/수신 시스템 사이에서 데이터를 송수신하고, 연계데이터의 송수신 현황을 모니터링함

07

UML 모델에서 연관 관계와 같이 한 클래스가 다른 클래스를 사용할 때 나타나고, 두 클래스 관계가 한 메소드의 실행 동안과 같이 매우 짧은 시간 동안만 존재하는 관계로 옳은 것은?

① Dependency
② Realization
③ Generalization
④ Association

> ① 의존 관계(Dependency) : 연관 관계와 같이 한 클래스가 다른 클래스를 사용할 때 나타남. 두 클래스 관계가 한 메소드의 실행 동안과 같이 매우 짧은 시간 동안만 존재함
> [오답해설]
> ② 실체화 관계(Realization) : 한 객체가 다른 객체에게 오퍼레이션을 수행하도록 지정하는 의미적 관계
> ③ 일반화 관계(Generalization) : 상속 관계라고도 하며, 한 클래스가 다른 클래스를 포함하는 상위 개념일 때 이를 IS-A관계라고 함
> ④ 연관 관계(Association Relationship) : 두 사물 간의 구조적 관계로, 어느 한 사물 객체가 다른 사물 객체와 연결되어 있음을 말함

08

소프트웨어의 사용자 인터페이스 개발 시스템(User Interface Development System)이 가져야 할 기능이 아닌 것은?

① 소스 코드 개발과 디버깅 작업
② 에러 처리와 에러 메시지 처리
③ 도움과 프롬프트(prompt) 제공
④ 복구사용자 입력의 검증

> **사용자 인터페이스 개발 시스템의 기능**
> - 사용자의 입력을 검증할 수 있어야 함
> - 에러 처리와 관련된 에러 메시지를 표시할 수 있어야 함
> - 도움과 프롬프트(prompt) 제공을 해야 함

정답 05 ③ 06 ④ 07 ① 08 ①

09
소프트웨어의 하위 설계에 속하지 않는 것은?

① 아키텍처 설계
② 모듈 설계
③ 자료구조 설계
④ 알고리즘 설계

- 모듈 설계는 모듈의 세부내용이 설계되는 부분으로 하위 설계에 속함
- 상위 설계 : 아키텍처 설계, 기본 설계, 데이터 설계, 인터페이스 정의, 인터페이스 설계
- 하위 설계 : 모듈 설계, 상세 설계, 자료구조 설계, 알고리즘 설계

10
다음 중 독립적으로 특정 기능을 수행할 수 있게 만든 객체들의 묶음을 의미하는 것은?

① instance
② message
③ method
④ module

④ 모듈(module) : 독립적으로 특정 기능을 수행할 수 있게 만든 객체들의 묶음
[오답해설]
① 인스턴스(instance) : 객체지향 기법에서 같은 클래스에 속한 각각의 객체를 의미하는 것
② 메시지(message) : 객체들 간에 상호작용을 하는 데 사용되는 수단
③ 메소드(method) : 객체가 메시지를 받아 실행해야 할 객체의 구체적인 연산

11
소프트웨어 개발 단계에서 요구분석 과정에 대한 설명으로 거리가 먼 것은?

① 분석 결과의 문서화를 통해 향후 유지보수에 유용하게 활용할 수 있다.
② 사용자의 요구사항 분석은 열거가 쉽고, 예외적인 부분이 거의 없어서 용이하다.
③ 자료흐름도, 자료 사전 등이 효과적으로 이용될 수 있다.
④ 보다 구체적인 명세를 위해 소단위 명세서(Mini-Spec)가 활용될 수 있다.

사용자의 요구사항 분석은 열거가 어렵고, 예외적인 부분이 많아서 전체적으로 어려운 작업임

12
다음 중 UML 다이어그램에서 행위 다이어그램이 아닌 것은?

① Sequence Diagram
② State Diagram
③ Class diagram
④ Activity Diagram

UML 다이어그램의 종류
- 구조적 다이어그램 : Class Diagram, Object Diagram, Component Diagram, Deployment Diagram, Composite Diagram, Package Diagram
- 행위 다이어그램 : Use Case Diagram, Sequence Diagram, State Diagram, Activity Diagram, Communication Diagram, Timing Diagram

13
다음 중 애자일 개발 방법론이 아닌 것은?

① 익스트림 프로그래밍(XP, eXtreme Programming)
② COCOMO(Constructive Cost Model)
③ 스크럼(Scrum)
④ 기능 주도 개발(FDD, Feature Driven Development)

- COCOMO(Constructive Cost Model)는 Boehm(1981)이 제안한 산정기법으로 원시 프로그램의 규모에 의한 비용예측 모형
- 애자일 개발 방법론 종류 : 익스트림 프로그래밍(Extreme Programming, XP), 테스트 주도 개발(Test Driven Development, TDD), 기능 주도 개발(Feature Driven Development, FDD), 스크럼(Scrum)

14
요구사항 개발 프로세스의 순서로 옳은 것은?

㉠ 도출(Elicitation) ㉡ 분석(Analysis)
㉢ 명세(Specification) ㉣ 확인(Validation)

① ㉠ - ㉡ - ㉢ - ㉣
② ㉠ - ㉢ - ㉡ - ㉣
③ ㉠ - ㉣ - ㉡ - ㉢
④ ㉠ - ㉡ - ㉣ - ㉢

요구사항 개발 프로세스의 순서 : ㉠ 도출(Elicitation) → ㉡ 분석(Analysis) → ㉢ 명세(Specification) → ㉣ 확인(Validation)

정답 09 ① 10 ④ 11 ② 12 ③ 13 ② 14 ①

15 ⭐빈출

다음 중 럼바우(Rumbaugh)의 객체지향 분석에서 사용하는 분석 활동으로 옳은 것은?

① 객체 모델링, 동적 모델링, 정적 모델링
② 정적 모델링, 객체 모델링, 기능 모델링
③ 동적 모델링, 기능 모델링, 정적 모델링
④ 객체 모델링, 동적 모델링, 기능 모델링

> 럼바우(Rumbaugh) 분석 기법
> 객체 모델링(정보 모델링), 동적 모델링[상태 다이어그램(상태도)], 기능 모델링[자료흐름도(DFD)]

16

요구사항 명세기법에 대한 설명으로 틀린 것은?

① 비정형 명세기법은 사용자의 요구를 표현할 때 자연어를 기반으로 서술한다.
② 정형 명세기법은 사용자의 요구를 표현할 때 Z 비정형 명세기법을 사용한다.
③ 정형 명세기법은 사용자의 요구를 표현할 때 수학적인 원리를 이용하지 않는다.
④ 정형 명세기법은 비정형 명세기법에 비해 표현이 간결하다.

> 정형 명세기법은 사용자의 요구를 표현할 때 수학적인 원리와 표기법을 이용함

17

다음 중 시스템의 구성요소로 볼 수 없는 것은?

① Maintenance   ② Feedback
③ Input   ④ Control

> • 시스템의 구성요소 : Input(입력), Output(출력), Process(처리), Feedback(피드백), Control(제어)
> • Maintenance는 유지보수를 말하며, 유지보수란 구축된 시스템을 운영관리하는 것임

18 ⭐빈출

다음 중 자료 사전(Data Dictionary)에서 항목의 정의를 나타내는 것은?

① =   ② { }
③ +   ④ ( )

자료 사전 기호	의미
=	항목의 정의(~로 구성되어 있다)
+	그리고, 순차(and)
( )	선택사양, 생략가능(optional)
{ }	반복(iteration)
[	]	여러 대안 중 하나 선택
* *	주석(comment)

19

모듈들로 응집된 계층 단위로 SW를 구성하며 계층 간에 사용가능의 관계로 표현되는 아키텍처 스타일은?

① 클라이언트 서버 구조
② 계층 구조
③ MVC 구조
④ 파이프 필터 구조

> ② 계층 구조 : 모듈들로 응집된 계층 단위로 SW를 구성하며 계층 간에 사용가능의 관계로 표현됨
> [오답해설]
> ① 클라이언트 서버 구조 : 컴포넌트가 다른 컴포넌트에게 서비스를 요청하며 데이터가 여러 컴포넌트를 거치며 처리됨
> ③ MVC 구조 : 모델-뷰-컨트롤러로 구성되며 기능을 분리한 아키텍처
> ④ 파이프 필터 구조 : 서브시스템이 입력 데이터를 받아 처리하고 결과를 다른 시스템에 보내는 작업이 반복되는 아키텍처 스타일

정답 15 ④ 16 ③ 17 ① 18 ① 19 ②

20

다음 중 객체지향 설계에서 객체가 가지고 있는 속성과 오퍼레이션의 일부를 감추어서 객체의 외부에서는 접근이 불가능하게 하는 개념은?

① 정보은닉(Infomation Hiding)
② 캡슐화(Encapsulation)
③ 조직화(Organizing)
④ 구조화(Structuralization)

> **정보은닉(Information Hiding)**
> 캡슐화 정보들을 밖에서 접근 불가능하도록 하는 것을 은닉화라고 함
> [오답해설]
> ② 캡슐화(Encapsulation) : 객체를 정의할 때 서로 관련성이 많은 데이터들과 이와 연관된 함수들을 하나로 묶는 것을 말함

2과목 소프트웨어 개발

21

소프트웨어 형상관리에서 관리 항목에 포함되지 않는 것은?

① 프로젝트 요구분석서
② 프로젝트 개발비용
③ 운영 및 설치 지침서
④ 소스코드

> • 소프트웨어 형상관리 항목에 프로젝트 개발비용은 포함되지 않음
> • 소프트웨어 형상관리 항목(SCI : Software Configuration Item)
> : 프로젝트 요구분석서, 설계서, 프로그램(소스코드, 목적코드, 명령어 파일, 자료 파일, 테스트 파일), 사용자 지침서, 운영 및 설치 지침서 등

22

소프트웨어 품질 관련 국제 표준인 ISO/IEC 25000에 관한 설명으로 옳지 않은 것은?

① ISO/IEC 2501n에서는 소프트웨어의 내부 측정, 외부측정, 사용품질 측정, 품질 측정 요소 등을 다룬다.
② System and Software Quality Requirements and Evaluation으로 줄여서 SQuaRE라고도 한다.
③ 소프트웨어 품질 평가를 위한 소프트웨어 품질 평가 통합 모델 표준이다.
④ 기존 소프트웨어 품질 평가 모델과 소프트웨어 평가 절차 모델인 ISO/IEC 9126과 ISO/IEC 14598을 통합하였다.

> **ISO/IEC 2501n(품질모델 부분)**
> 내부 소프트웨어 품질, 외부 소프트웨어 품질 및 소프트웨어 사용 품질 등에 대한 특성들을 포함하는 상세한 품질 모델을 제시하며, 품질 모델 이용에 대한 실질적인 지침도 제공함

23

코딩이 끝난 후 설계의 최소 단위인 모듈에 초점을 두고 검사하는 단계이며, 독립모듈의 완전성을 시험하는 것으로 옳은 것은?

① 통합 테스트(Integration Test)
② 단위 테스트(Unit Test)
③ 시스템 테스트(System Test)
④ 인수 테스트(Acceptance Test)

> ② 단위 테스트(Unit Test) : 코딩이 끝난 후 설계의 최소 단위인 모듈에 초점을 두고 검사하는 단계이며, 독립모듈의 완전성을 시험함
> [오답해설]
> ① 통합 테스트(Integration Test) : 단위 테스트 이후에 모듈을 상향식이나 하향식으로 통합하면서 하는 테스트
> ③ 시스템 테스트(System Test) : 모든 모듈들은 하나의 시스템으로 작동하게 되며, 사용자의 모든 요구를 하나의 시스템으로서 완벽하게 수행하기 위해서는 다양한 시험들이 필요함
> ④ 인수 테스트(Acceptance Test) : 사용자측 관점에서 소프트웨어가 요구를 충족시키는가를 평가하며, 알파 테스트와 베타 테스트가 있음

정답 20 ① 21 ② 22 ① 23 ②

24

CMMI(Capability Maturity Model Integration)의 성숙도 모델에서 표준화된 프로젝트 프로세스가 존재하나 프로젝트 목표 및 활동이 정량적으로 측정되지 못하는 단계는?

① 관리(managed) 단계
② 초기(initial) 단계
③ 정의(defined) 단계
④ 최적화(optimizing) 단계

- 표준화된 프로젝트 프로세스가 존재하나 프로젝트 목표 및 활동이 정량적으로 측정되지 못하는 단계는 3레벨인 정의(defined) 단계임
- CMMI의 단계적 모델

단계적 모델
Level 1 : Initial
Level 2 : Managed
Level 3 : Defined
Level 4 : Quantitatively Managed
Level 5 : Optimizing

25

다음 중 소스코드 품질분석 도구 중 정적 분석 도구가 아닌 것은?

① pmd
② checkstyle
③ cppcheck
④ Avalanche

- 정적 분석 도구 : cppcheck, pmd, checkstyle 등
- 동적 분석 도구 : Valgrind, Avalanche 등

26

정렬된 N개의 데이터를 처리하는 데 평균 O(nlog n)의 시간이 소요되는 정렬 알고리즘은?

① 선택 정렬
② 버블 정렬
③ 삽입 정렬
④ 힙 정렬

정렬종류	평균	최악
버블 정렬	$O(n^2)$	$O(n^2)$
선택 정렬	$O(n^2)$	$O(n^2)$
삽입 정렬	$O(n^2)$	$O(n^2)$
퀵 정렬	$O(nlog\ n)$	$O(n^2)$
합병 정렬	$O(nlog\ n)$	$O(nlog\ n)$
힙 정렬	$O(nlog\ n)$	$O(nlog\ n)$

27

클린코드 작성원칙에 대한 설명으로 틀린 것은?

① 코드의 중복을 최대화한다.
② 코드가 다른 모듈에 미치는 영향을 최소화하도록 작성한다.
③ 누구든지 코드를 쉽게 읽을 수 있도록 작성한다.
④ 간단하게 코드를 작성한다.

클린코드 작성원칙
- 중복성 최소화 : 중복된 코드는 삭제하며, 공통된 코드를 사용함
- 가독성 : 누구나 코드를 쉽게 읽을 수 있도록 작성함
- 단순성 : 한 번에 한 가지를 처리하도록 코드를 간단하게 작성함
- 의존성 배제 : 코드가 다른 모듈에 미치는 영향을 최소화해야 함

28

다음 트리에 대한 후위순회 운행 결과는?

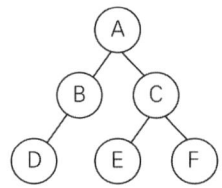

① ABDCEF
② ABCDEF
③ DBEFCA
④ DBAECF

- 후위순회(left → right → root)는 왼쪽, 오른쪽, 중간 순서로 방문하며, 문제의 트리를 중위순회한 결과는 D → B → E → F → C → A가 됨
- 전위순회(root → left → right) : A → B → D → C → E → F
- 중위순회(left → root → right) : D → B → A → E → C → F

29

n개의 노드로 구성된 방향 그래프의 최대 간선수는?

① n - 1
② n/2
③ n(n - 1)/2
④ n(n - 1)

- 무방향 그래프 최대 간선수 : n(n-1)/2
- 방향 그래프 최대 간선수 : n(n-1)

정답 24 ③ 25 ④ 26 ④ 27 ① 28 ③ 29 ④

30

순서가 A, B, C, D로 정해진 입력 자료를 스택에 입력한 후 출력한 결과로 불가능한 것은?

① B, C, D, A
② D, A, B, C
③ C, B, A, D
④ D, C, B, A

> ②의 경우 D를 가장 먼저 출력하기 위해서는 A, B, C, D를 모두 차례대로 삽입해야 함. 이 상태에서 D를 출력하고 C가 출력되기 전에 A를 출력할 수 없음

31

다음 중 버전관리 항목 중 저장소에 새로운 버전의 파일로 갱신하는 것을 의미하는 용어는?

① 체크인(Check-In)
② 롤백(Rollback)
③ 형상 감사(Configuration Audit)
④ 단위 테스트(Unit Test)

> ① 체크인(Check-In) : 버전관리 항목 중 저장소에 새로운 버전의 파일로 갱신하는 것을 의미하는 용어
> [오답해설]
> ② 롤백(Rollback) : 데이터베이스에서 업데이트에 오류가 발생할 때, 이전 상태로 되돌리는 것
> ③ 형상 감사(Configuration Audit) : 기준선의 무결성을 평가하기 위해 확인, 검증, 검열 과정을 통해 공식적으로 승인하는 작업
> ④ 단위 테스트(Unit Test) : 코딩이 끝난 후 설계의 최소 단위인 모듈에 초점을 두고 검사하는 단계이며, 독립모듈의 완전성을 시험함

32

프로그램이 설계 사양을 만족시키며 사용자가 원하는대로 수행되고 있는 정도로 옳은 것은?

① Portability
② Efficiency
③ Usability
④ Correctness

> ④ 정확성(Correctness) : 프로그램이 설계 사양을 만족시키며 사용자가 원하는대로 수행되고 있는 정도
> [오답해설]
> ① 이식성(Portability) : 소프트웨어 품질 목표 중 하나 이상의 하드웨어 환경에서 운용되기 위해 쉽게 수정될 수 있는 시스템 능력
> ② 효율성(Efficiency) : 최소한의 처리시간과 기억공간을 사용하여 요구된 기능을 수행하는 것
> ③ 유용성(Usability) : 쉽게 배우고 사용할 수 있는 정도

33 ★빈출

EAI(Enterprise Application Integration) 구축 유형에서 Hub & spoke 방식과 메시징 버스 방식이 통합된 것은?

① Message Bus
② Point-to-point
③ Hub & Spoke
④ Hybrid

EAI 유형

구분	설명
Point-to-Point	1:1 방식으로 애플리케이션 통합 수행
Hub & Spoke	• 모든 데이터가 허브를 통해 전송 • 데이터 전송이 보장되며, 유지보수 비용 절감
메시징 버스	• 데이터 전송하는 데 버스를 이용함으로 병목 현상 발생 가능 • 대량의 데이터 교환에 적합
하이브리드	• Hub & spoke 방식과 메시징 버스 방식의 통합 • 유연한 통합 작업 가능

34

다음 중 큐를 이용한 연산과 거리가 먼 것은?

① 너비우선탐색
② 작업 스케줄링
③ 트리의 Level 순회
④ 깊이우선탐색

> • 큐의 응용 : 작업 스케줄링, 너비우선탐색, 트리의 Level 순회
> • 스택의 응용 : 수식계산, 복귀주소관리, 순환식, 퀵 정렬, 깊이우선탐색, 이진트리 운행

정답 30 ② 31 ① 32 ④ 33 ④ 34 ④

35

제품 소프트웨어 패키징 도구 활용 시 고려사항이 아닌 것은?

① 사용자 편의성을 위한 복잡성 및 비효율성 문제를 고려한다.
② 추가로 다양한 이기종 연동을 고려한다.
③ 내부 콘텐츠에 대한 보안은 고려하지 않는다.
④ 제품 소프트웨어의 종류에 적합한 암호화 알고리즘을 고려한다.

패키징 도구 활용 시 고려사항

- 반드시 암호화/보안을 고려하며, 패키징 시 사용자에게 배포되는 소프트웨어임을 감안하여 반드시 내부 콘텐츠에 대한 암호화 및 보안을 고려함
- 추가로 다양한 이기종 연동을 고려하며, 패키징 도구를 활용하여 여러 가지 이기종 콘텐츠 및 단말기 간 DRM 연동을 고려함
- 사용자 편의성을 위한 복잡성 및 비효율성 문제를 고려하며, 패키징 도구를 고려하면 사용자의 입장에서 불편해질 수 있는 문제를 고려하여 최대한 효율적으로 적용될 수 있도록 함
- 제품 소프트웨어의 종류에 적합한 암호화 알고리즘을 적용하며, 암호화 알고리즘이 여러 가지 종류가 있는데, 제품 소프트웨어의 종류에 맞는 알고리즘을 선택하여 배포 시 범용성에 지장이 없도록 고려함

36

디지털 저작권 관리(DRM) 구성 요소가 아닌 것은?

① Packager
② DRM Controller
③ Watermarking
④ Contents Distributor

DRM 시스템 구성 요소

구분	설명
콘텐츠 제공자 (Contents Provider)	콘텐츠를 제공하는 저작권자
콘텐츠 분배자 (Contents Distributor)	쇼핑몰 등으로서 암호화된 콘텐츠 제공
패키저(Packager)	콘텐츠를 메타데이터와 함께 배포 가능한 단위로 묶는 기능
보안 컨테이너	원본을 안전하게 유통하기 위한 전자적 보안장치
DRM 컨트롤러	배포된 콘텐츠의 이용 권한을 통제
클리어링 하우스 (Clearing House)	키관리 및 라이선스 발급관리

37

다음 중 블랙박스 테스트를 이용하여 발견할 수 있는 오류가 아닌 것은?

① 내부의 논리적인 경로가 제대로 수행되지 않는 경우
② 정상적인 자료를 입력해도 요구된 기능이 제대로 수행되지 않는 경우
③ 비정상적인 자료를 입력해도 오류 처리를 수행하지 않는 경우
④ 경계값을 입력할 경우 요구된 출력 결과가 나오지 않는 경우

- 내부의 논리적인 구조를 시험할 수 있는 시험은 화이트박스 테스트임
- 블랙박스 테스트는 외부명세서에 근거를 두고 있는 데이터/입출력 위주의 시험이므로 논리구조를 고려하지 않음

38

다음 자료를 버블 정렬을 이용하여 오름차순으로 정렬할 경우 Pass 3의 결과는?

8, 6, 7, 2, 5

① 2, 5, 6, 7, 8
② 6, 7, 2, 5, 8
③ 2, 5, 8, 6, 7
④ 6, 2, 5, 7, 8

버블 정렬(Bubble Sort)

인접한 데이터를 비교하면서 그 크기에 따라 데이터의 위치를 바꾸면서 정렬하는 방식
- PASS 1 : 6 7 2 5 8
- PASS 2 : 6 2 5 7 8
- PASS 3 : 2 5 6 7 8

정답 35 ③ 36 ③ 37 ① 38 ①

39

소프트웨어 버전관리 도구 방식으로는 분산 저장소 방식, 공유 폴더 방식, 클라이언트/서버 방식이 있다. 다음 설명의 소프트웨어 버전관리 도구 방식으로 옳은 것은?

- 버전관리 자료가 원격 저장소와 로컬 저장소에 함께 저장되어 관리된다.
- 로컬 저장소에서 버전관리가 가능하므로 원격 저장소에 문제가 생겨도 로컬 저장소의 자료를 이용하여 작업할 수 있다.
- 대표적인 버전관리 도구로 Git이 있다.

① 단일 저장소 방식
② 공유폴더 방식
③ 분산 저장소 방식
④ 클라이언트 · 서버 방식

소프트웨어 버전관리 도구 방식

- 분산 저장소 방식 : 버전관리 자료가 원격 저장소와 로컬 저장소에 함께 저장되어 관리됨
- 공유 폴더 방식 : 로컬 컴퓨터의 공유 폴더에 저장되어 관리되며, 공유 폴더의 파일을 자기 pc로 복사 후 이상 유무 확인함
- 클라이언트/서버 방식 : 중앙시스템(서버)에 저장된 관리 방식

40

다음 Postfix 연산식에 대한 연산결과로 옳은 것은?

$$3\ 4\ *\ 5\ 6\ *\ +$$

① 35
② 42
③ 77
④ 360

후위 표기를 연산을 위해 중위 표기로 변경해야 함
[(3 4 *) (5 6 *) +] = [(3 * 4) + (5 * 6)] = 12 + 30 = 42

3과목 데이터베이스 구축

41

분산 데이터베이스 시스템(Distributed Database System)에 대한 설명으로 틀린 것은?

① 데이터베이스의 설계가 비교적 어렵고, 개발비용과 처리비용이 증가한다는 단점이 있다.
② 분산 데이터베이스 시스템의 주요 구성 요소는 분산 처리기, P2P 시스템, 단일 데이터베이스 등이 있다.
③ 위치 투명성, 중복 투명성, 병행 투명성, 장애 투명성을 목표로 한다.
④ 분산 데이터베이스는 논리적으로는 하나의 시스템에 속하지만 물리적으로는 여러 개의 컴퓨터 사이트에 분산되어 있다.

분산 데이터베이스 시스템의 주요 구성

- 분산 처리기(distributed processor) : 지리적으로 분산되어 있는 컴퓨터 시스템
- 분산 데이터베이스(distributed database) : 지리적으로 분산되어 있는 지역 데이터베이스
- 통신 네트워크(communication network) : 지리적으로 분산된 자치 처리기들을 통신으로 연결시켜 자원을 공유하게 함으로써 논리적으로 하나의 시스템 기능을 할 수 있게 하는 망

42

물리데이터 저장소의 파티션 설계에서 파티션 유형으로 옳지 않은 것은?

① 범위 분할(Range Partitioning)
② 해시 분할(Hash Partitioning)
③ 조합 분할(Composite Partitioning)
④ 유닛 분할(Unit Processing)

파티션 분할 유형

- 범위 분할(Range Partitioning)
- 목록 분할(List Partitioning)
- 해시 분할(Hash Partitioning)
- 조합 분할(Composite Partitioning)

정답 39 ③ 40 ② 41 ② 42 ④

43

어떤 릴레이션에서 속성들의 부분 집합을 X, Y라 할 때, 임의 튜플에서 X의 값이 Y의 값을 함수적으로 결정한다면, Y가 X에 함수적으로 종속되었다고 한다. 이 함수 종속의 표기로 옳은 것은?

① Y → X
② Y ⊂ X
③ X ⊂ Y
④ X → Y

> 어떤 릴레이션에서 속성들의 부분 집합을 X, Y라 할 때, 임의 튜플에서 X의 값이 Y의 값을 함수적으로 결정한다면, Y가 X에 함수적으로 종속되었다고 하고, 기호로는 X → Y로 표기함

44

SQL문에서 SELECT에 대한 설명으로 옳지 않은 것은?

① FROM절에는 질의에 의해 검색될 데이터들을 포함하는 테이블명을 기술한다.
② 검색결과에 중복되는 레코드를 없애기 위해서는 SELECT 명령 뒤에 'DISTINCT' 키워드를 사용한다.
③ WHERE절은 GROUP BY절과 함께 사용되며, 그룹에 대한 조건을 지정한다.
④ ORDER BY절은 특정 속성을 기준으로 정렬하여 검색할 때 사용한다.

> HAVING절은 GROUP BY절과 함께 사용되며, 그룹에 대한 조건을 지정함

45

다음 중 SQL에서의 DDL문으로 옳은 것은?

① INSERT
② DELETE
③ ALTER
④ SELECT

> - 데이터 정의어(DDL : Data Definition Language) : CREATE, DROP, RENAME, ALTER, TRUNCATE 등
> - 데이터 조작어(DML : Data Manipulation Language) : INSERT, UPDATE, DELETE, SELECT 등

46

릴레이션 R의 차수가 3이고 카디널리티가 7이며, 릴레이션 S의 차수가 5이고 카디널리티가 3일 때, 두 개의 릴레이션을 카티션 프로덕트한 결과의 새로운 릴레이션의 차수와 카디널리티는 얼마인가?

① 15, 21
② 15, 10
③ 8, 21
④ 8, 10

> 카티션 프로덕트에서의 릴레이션의 차수는 R의 차수와 S의 차수를 합한 것과 같고, 카디널리티(튜플)는 R의 카디널리티와 S의 카디널리티를 곱한 것과 같음
> - 차수 = 3 + 5 = 8
> - 카디널리티 = 7 * 3 = 21

47

다음 중 병행 제어 기법의 종류가 아닌 것은?

① 로킹 기법
② 다중 버전 기법
③ 타임스탬프 기법
④ 인월수 기법

> **병행 제어 기법 종류**
> 로킹 기법, 타임스탬프 기법, 다중 버전 기법

48

관계 데이터베이스에 있어서 관계대수 연산의 순수 관계 연산이 아닌 것은?

① 디비전(Division)
② 카티션 프로덕트(Cartesian Product)
③ 조인(Join)
④ 프로젝트(Project)

> 순수 관계 연산자
> - select : 수평 단절, 행을 다 가져옴
> - project : 수직 단절, 열을 다 가져옴
> - join : 공통 속성을 이용해 두 개의 릴레이션 튜플을 연결→만들어진 튜플로 반환
> - division : 릴레이션 S의 모든 튜플과 관련 있는 릴레이션 R의 튜플 반환
>
> [오답해설]
> 일반 집합 연산자
> - UNION : 합집합
> - INTERSECTION : 교집합
> - DIFFERENCE : 차집합
> - CARTESIAN PRODUCT : 카티션 프로덕트

49

다음 중 특정 속성의 값이 그 속성이 정의된 도메인에 속한 값이어야 한다는 조건을 무엇이라 하는가?

① 개체 무결성 제약조건
② 참조 무결성 제약조건
③ 도메인 무결성 제약조건
④ 속성 무결성 제약조건

> ③ 도메인 무결성 제약조건 : 특정 속성의 값이 그 속성이 정의된 도메인에 속한 값이어야 한다는 규정
>
> [오답해설]
> ① 개체 무결성 제약조건 : 릴레이션에서 기본키를 구성하는 속성은 널(Null)값이나 중복값을 가질 수 없음
> ② 참조 무결성 제약조건 : 외래키 값은 NULL이거나 참조 릴레이션의 기본키 값과 동일해야 함

50

데이터 속성 간의 종속성에 대한 엄밀한 고려없이 잘못 설계된 데이터베이스에서는 데이터 처리 연산 수행 시 불필요한 정보를 함께 저장하지 않고서는 어떤 정보를 저장하는 것이 불가능한 것은?

① 검색 이상
② 삽입 이상
③ 삭제 이상
④ 갱신 이상

> ③ 삽입 이상(Insertion Anomaly) : 불필요한 정보를 함께 저장하지 않고서는 어떤 정보를 저장하는 것이 불가능
>
> [오답해설]
> ③ 삭제 이상(Deletion Anomaly) : 필요한 정보를 함께 삭제하지 않고서는 어떤 정보를 삭제하는 것이 불가능
> ④ 갱신 이상(Modification Anomaly) : 반복된 데이터 중에 일부를 갱신할 시 데이터의 불일치가 발생

51

다음 중 SQL문에서 HAVING을 사용할 수 있는 절은?

① CHECK절
② WHERE절
③ ORDER BY절
④ GROUP BY절

> - GROUP BY 열_이름 [HAVING 조건]
> - HAVING : 그룹에 대한 조건(GROUP BY 사용 시)

52

변경 및 삭제 작업의 오류를 대비하여 변경 대상의 레코드는 별도의 테이블에 복사하는 작업은?

① COMMIT 연산
② BACKUP 연산
③ LOG 연산
④ ROLLBACK 연산

> ② BACKUP : 변경 및 삭제 작업의 오류를 대비하여 변경 대상의 레코드는 별도의 테이블에 백업 후, 작업을 수행함
>
> [오답해설]
> ① COMMIT : 트랜잭션을 완료하여 데이터 변경사항이 최종 반영되는 것
> ③ LOG : 트랜잭션의 기록
> ④ ROLLBACK : 하나의 트랜잭션이 비정상적으로 종료되어 트랜잭션 원자성이 깨질 경우 처음부터 다시 시작하거나, 부분적으로 연산을 취소하는 연산

정답 : 48 ② 49 ③ 50 ② 51 ④ 52 ②

53

이전 단계의 정규형을 만족하면서 후보키를 통하지 않는 조인 종속(JD : Join Dependency)을 제거해야 만족하는 정규형은?

① 제3정규형
② 제4정규형
③ 제5정규형
④ 제6정규형

> ③ 제5정규형(5NF) : 후보키를 통하지 않는 조인 종속(JD : Join Dependency)을 제거해야 만족하는 정규형
> [오답해설]
> ① 제3정규형(3NF) : 어떤 릴레이션 R이 2NF이고 키(기본)에 속하지 않은 모든 애트리뷰트들이 기본키에 이행적 함수 종속이 아닐 때 제3정규형(3NF)에 속함
> ② 제4정규형(4NF) : 함수 종속이 아닌 다치 종속을 제거하는 정규형

54 빈출

데이터베이스에서 하나 이상의 테이블로부터 유도되어 만들어진 가상 테이블들을 의미하는 것은?

① 트랜잭션
② 뷰
③ 튜플
④ 카디널리티

> ② 뷰 : 하나 이상의 테이블로부터 유도되어 만들어진 가상 테이블
> [오답해설]
> ① 트랜잭션 : 한꺼번에 모두 수행되어야 할 일련의 데이터베이스 연산들(응용 프로그램 = 하나 이상의 트랜잭션)
> ③ 튜플 : 테이블의 한 행을 구성하는 속성들의 집합
> ④ 카디널리티 : 릴레이션에 존재하는 튜플의 개수

55

다음 중 관계형 데이터베이스에서 기본키를 제외한 후보키들을 말하는 키(Key)는?

① 후보키
② 대체키
③ 슈퍼키
④ 외래키

> ② 대체키 : 기본키를 제외한 후보키들을 말함
> [오답해설]
> ① 후보키 : 속성 집합으로 구성된 테이블의 각 튜플을 유일하게 식별할 수 있는 속성이나 속성의 조합들
> ③ 슈퍼키 : 유일성만 만족시키지만, 후보키는 유일성과 최소성을 만족시킴
> ④ 외래키 : 다른 테이블을 참조하는 데 사용되는 속성

56 빈출

학적 테이블에서 전화번호가 Null값인 학생명을 모두 검색할 때, SQL 구문으로 옳은 것은?

① SELECT 학생명 FROM 학적 WHERE 전화번호 DON'T NULL;
② SELECT 학생명 FROM 학적 WHERE 전화번호 != NOT NULL;
③ SELECT 학생명 FROM 학적 WHERE 전화번호 IS NOT NULL;
④ SELECT 학생명 FROM 학적 WHERE 전화번호 IS NULL;

> 널(NULL)값 비교 시는 '=' (또는 〈〉) 대신 IS (또는 IS NOT)을 사용함

57 빈출

E-R 다이어그램의 표기법으로 옳지 않는 것은?

① 개체타입 - 오각형
② 속성 - 타원
③ 관계집합 - 마름모
④ 개체타입과 속성을 연결 - 선

E-R 다이어그램 표기법

기호	의미
□	개체
○	속성
◇	관계 : 개체 간의 상호작용
—	연결

정답 53 ③ 54 ② 55 ② 56 ④ 57 ①

58

다음 중 관계대수에 대한 설명으로 옳지 않은 것은?

① 일반 집합 연산과 순수 관계 연산으로 구분된다.
② 릴레이션 조작을 위한 연산의 집합으로 피연산자만 릴레이션이다.
③ 원하는 릴레이션을 정의하는 방법을 제공하며 절차적 언어이다.
④ 질의에 대한 해를 구하기 위해 수행해야 할 연산의 순서를 명시한다.

- 릴레이션 조작을 위한 연산의 집합으로 피연산자와 결과가 모두 릴레이션임
- 관계대수는 릴레이션 조작을 위한 연산의 집합으로 연산자를 이용하여 표현됨(절차적 언어)

59

로킹 단위(Locking Granularity)에 대한 설명으로 옳은 것은?

① 로킹 단위가 크면 병행성 수준이 높아진다.
② 로킹 단위가 크면 병행 제어 기법이 복잡해진다.
③ 로킹 단위가 작으면 로크(lock)의 수가 많아진다.
④ 로킹은 파일 단위로 이루어지며, 레코드와 필드는 로킹 단위가 될 수 없다.

③ 로킹 단위가 작으면 로크(lock)의 수가 많아짐
[오답해설]
① 로킹 단위가 크면 병행성 수준이 낮아짐
② 로킹 단위가 크면 병행 제어 기법이 간단해짐
④ 로킹은 파일, 레코드 등의 단위로 이루어짐

60

다음 중 트랜잭션을 수행하는 도중 장애로 인해 손상된 데이터베이스를 손상되기 이전의 정상적인 상태로 복구시키는 작업은?

① Recovery   ② Commit
③ Abort   ④ Restart

회복(Recovery)
여러 가지 장애로 인해 손상된 데이터베이스를 손상되기 이전의 정상적인 상태로 복구시키는 작업(덤프와 로그 이용)

4과목 프로그래밍 언어 활용

61

은행가 알고리즘(Banker's Algorithm)은 교착상태의 해결 방법 중 어떤 기법에 해당하는가?

① Avoidance   ② Detection
③ Prevention   ④ Recovery

교착상태 회피(Avoidance) 기법은 교착상태가 발생할 가능성은 배제하지 않으며, 교착상태 발생 시 적절히 피해가는 기법. 시스템이 안전 상태가 되도록 프로세스의 자원 요구만을 할당하는 기법으로 은행원 알고리즘(Banker's Algorithm)이 대표적임
[오답해설]
② 교착상태 발견(탐지, Detection) : 컴퓨터 시스템에 교착상태가 발생했는지 교착상태에 있는 프로세스와 자원을 발견하는 것으로, 교착상태 발견 알고리즘과 자원할당 그래프를 사용함
③ 교착상태 예방(방지, Prevention) : 사전에 교착상태가 발생되지 않도록 교착상태 필요조건에서 상호배제를 제외하고, 어느 것 하나를 부정함으로 교착상태를 예방함. 만약 상호배제를 부정한다면, 공유자원의 동시 사용으로 인하여 하나의 프로세스가 다른 하나의 프로세스에게 영향을 주므로, 다중프로그래밍에서 프로세스를 병행 수행할 수 없는 결과가 나옴
④ 교착상태 회복(복구, Recovery) : 교착상태가 발생한 프로세스를 제거하거나 프로세스에 할당된 자원을 선점하여 교착상태를 회복함

62

한 프로세스가 CPU를 독점하는 폐단을 방지하기 위해서 각 프로세스에게 할당된 일정한 시간(Time Slice) 동안만 CPU를 사용하도록 하는 스케줄링 기법으로 범용 시분할 시스템에 적합한 것은?

① FIFO(First-In-First-Out)
② RR(Round-Robin)
③ SRT(Shortest-Remaining-Time)
④ HRN(High-Response-ratio-Next)

각 프로세스에게 할당된 일정한 시간(Time Slice) 동안만 CPU를 사용하도록 하는 스케줄링 기법으로, 범용 시분할 시스템에 가장 적합한 스케줄링 기법은 RR(Round-Robin)임

정답 58 ② 59 ③ 60 ① 61 ① 62 ②

63

C 언어에서 변수로 사용할 수 없는 것은?

① data0205
② _a12sub
③ char
④ int01

> char는 C 언어의 자료형으로 C 언어에 기본적으로 들어있는 예약어이므로 변수명으로 사용할 수 없음

64

다음과 같은 가용 공간을 갖는 주기억장치에 크기가 25KB인 프로세스가 적재 요청된다. 최악적합(worst-fit) 배치전략을 사용할 경우 할당되는 가용 공간 시작주소로 올바른 것은?

가용 공간 리스트	
시작주소	크기
w	30KB
x	20KB
y	15KB
z	35KB

① w
② x
③ y
④ z

> 최악적합(worst-fit)방법으로 요청한다고 했으므로 25KB는 현재 가장 큰 공간인 35KB에 할당됨

65

다음 C 언어 프로그램이 실행되었을 때의 결과는?

```
#include <stdio.h>
int main(void) {
int n = 6;
int* pt = NULL;
pt=&n;

printf("%d", &n+*pt-*&pt+n);
return 0;
}
```

① 0
② 4
③ 8
④ 12

> pt=&n ; // 포인터변수 pt에 변수 n의 주소를 저장하여 pt가 n을 가리킴
> printf("%d", &n+*pt-*&pt+n); // &n+*pt-*&pt+n의 식은 주소와 값을 연산하고 있지만, &n(변수 n의 주소)는 *&pt에서 같은 주소를 빼고 있으므로 결과적으로 *pt와 n을 더한 12가 출력됨

66

CIDR(Classless Inter-Domain Routing) 표기로 203.241.132.82/25와 같이 사용되었다면, 해당 주소의 서브넷 마스크(subnet mask)는?

① 255.255.255.0
② 255.255.255.128
③ 255.255.255.224
④ 255.255.255.248

> • 203.241.132.82/25 네트워크를 사용한다는 것은 네트워크 주소로 25비트를 사용하고, 호스트 주소로 7비트를 사용한다는 것
> • 서브넷 마스크는 다음과 같음
> 11111111.11111111.11111111.10000000
>   255   255   255   128

정답 63 ③ 64 ④ 65 ④ 66 ②

67

운영체제의 디스크 스케줄링 기법에 대한 설명으로 옳은 것은?

① FCFS(First-Come-First-Served)는 현재의 판독/기록 헤드위치에서 대기 큐 내 요구들 중 탐색 시간이 가장 짧은 것을 선택하여 처리하는 기법이다.
② N-Step-SCAN은 대기 큐 내에서 디스크 암(disk arm)이 외부 실린더에서 내부 실린더로 움직이는 방향에 있는 요구들만을 처리하는 기법이다.
③ C-LOOK은 디스크 암(disk arm)이 내부 혹은 외부 트랙으로 이동할 때, 움직이는 방향에 더 이상 처리할 요구가 없는 경우 마지막 트랙까지 이동하지 않는 기법이다.
④ SSTF(Shortest-Seek-Time-First)는 각 요구 처리에 대한 응답 시간을 항상 공평하게 하는 기법이다.

> **C-LOOK**
> C-SCAN 기법을 개선한 기법. 디스크 헤드가 바깥쪽에서 안쪽으로 이동하는 것을 기본 헤드의 이동방향이라고 한다면, 트랙의 바깥쪽에서 안쪽 방향의 마지막 입출력 요청을 처리한 다음, 디스크의 끝까지 이동하는 것이 아니라 다시 가장 바깥쪽 트랙으로 이동함
>
> [오답해설]
> • FCFS(First-Come First-Service)
>   - 입출력 요청 대기 큐에 들어온 순서대로 서비스를 하는 방법
>   - 가장 간단한 스케줄링으로, 디스크 대기 큐를 재배열하지 않고, 먼저 들어온 트랙에 대한 요청을 순서대로 디스크 헤드를 이동시켜 처리함
> • N-step SCAN
>   - SCAN 기법을 개선한 기법
>   - SCAN의 무한 대기 발생 가능성을 제거한 것으로 SCAN보다 응답 시간의 편차가 적고, SCAN과 같이 진행 방향상의 요청을 서비스하지만, 진행 중에 새로이 추가된 요청은 서비스하지 않고 다음 진행 시에 서비스하는 기법임
> • SSTF(Shortest Seek Time First)
>   - FCFS보다 처리량이 많고 평균 응답 시간이 짧음
>   - 탐색 거리가 가장 짧은 트랙에 대한 요청을 먼저 서비스하는 기법
>   - 디스크 헤드는 현재 요청만을 먼저 처리하므로, 가운데를 집중적으로 서비스함

68

다음 중 B Class에 속하는 IP address는?

① 200.168.30.1
② 10.3.2.1 4
③ 225.2.4.1
④ 172.16.98.3

클래스별 주소 범위와 연결 가능한 호스트 수

구분	주소 범위	연결 가능한 호스트 개수
A 클래스	0.0.0.0 ~ 127.255.255.255	16,777,214개
B 클래스	128.0.0.0 ~ 191.255.255.255	65,534개
C 클래스	192.0.0.0 ~ 223.255.255.255	254개

69

다음은 파이썬으로 만들어진 반복문 코드이다. 이 코드의 결과는?

```
a = 0
while a < 10:
a = a + 1
if a % 2 == 0: continue
print(a)
```

① 1 3 5 7 9
② 2 4 6 8
③ 1 3 5 7
④ 2 4 6 8 10

> a % 2 == 0은 a를 2로 나눴을 때 나머지가 0인 경우로 짝수를 의미하고, continue는 아래의 문장을 실행하지 않고 조건식으로 건너가라는 의미이므로 짝수는 출력되지 않음. 즉, 홀수의 값을 출력하는 문제임

정답: 67 ③ 68 ④ 69 ①

70

다음 중 가장 약한 결합도(Coupling)는?

① Common Coupling
② Data Coupling
③ External Coupling
④ Stamp Coupling

결합도

1. 내용 결합도(content coupling) — 결합도가 높음
2. 공통 결합도(common coupling)
3. 외부 결합도(external coupling)
4. 제어 결합도(control coupling)
5. 스탬프 결합도(stamp coupling)
6. 자료 결합도(data coupling) — 결합도가 낮음

71

교착상태가 발생하는 필요조건에 해당하지 않은 것은?

① 상호배제(mutual exclusion)
② 점유와 대기(hold and wait)
③ 비환형 대기(non-circular wait)
④ 비선점(non-preemption)

교착상태의 필요조건

상호배제 조건, 점유와 대기 조건, 비선점(non-preemption) 조건, 순환 대기의 조건

72

프레임워크(Framework)에 대한 설명으로 옳은 것은?

① 소프트웨어 구성에 필요한 기본 구조를 제공함으로써 재사용이 불가능하다.
② 소프트웨어 개발 시 다형성(polymorphism)을 통해 확장이 가능하다.
③ 소프트웨어 아키텍처(Architecture)와 동일한 개념이다.
④ 모듈화(Modularity)가 불가능하다.

프레임워크의 특성

항목	설명
모듈화 (Modularity)	프레임워크는 인터페이스에 의한 캡슐화를 통해서 모듈화를 강화하고 설계와 구현의 변경에 따르는 영향을 극소화하여 소프트웨어의 품질을 향상시킴
재사용성 (Reusability)	프레임워크가 제공하는 인터페이스는 반복적으로 사용할 수 있는 컴포넌트를 정의할 수 있게 하여 재사용성을 높여 주며, 프레임워크 컴포넌트를 재사용하는 것은 소프트웨어의 품질을 향상시킬 뿐만 아니라 개발자의 생산성도 높여 줌
확장성 (Extensibility)	프레임워크는 다형성(polymorphism)을 통해 애플리케이션이 프레임워크의 인터페이스를 확장할 수 있게 함. 프레임워크 확장성은 애플리케이션 서비스와 특성을 변경하고 프레임워크를 애플리케이션의 가변성으로부터 분리함으로써 재사용성의 이점을 얻게 함
제어의 역흐름 (Inversion of Control)	프레임워크 코드가 전체 애플리케이션의 처리 흐름을 제어하여 특정한 이벤트가 발생할 때 다형성(Polymorphism)을 통해 애플리케이션이 확장한 메소드를 호출함으로써 제어가 프레임워크로부터 애플리케이션으로 거꾸로 흐르게 함

73

다음 중 페이징 기법에서 페이지 크기가 작아질수록 발생하는 현상이 아닌 것은?

① 기억장소 이용 효율이 증가한다.
② 페이지 맵 테이블의 크기가 감소한다.
③ 내부 단편화가 감소한다.
④ 입·출력 시간이 늘어난다.

일반적으로 페이지 크기가 작아지면, 페이지의 개수가 많아지므로 페이지 맵 테이블의 크기가 증가함

정답 70 ② 71 ③ 72 ② 73 ②

74

다음 Java 프로그램의 출력 결과는?

```java
class ClassP {
  int func1(int a, int b) {
    return (a+b);
  }
  int func2(int a, int b) {
    return (a-b);
  }
  int func3(int a, int b) {
    return (a*b);
  }
}
public class ClassA extends ClassP {
  int func1(int a, int b) {
    return (a%b);
  }
  double func2(double a, double b) {
    return (a*b);
  }
  int func3(int a, int b) {
    return (a/b);
  }
  public static void main(String[ ] args) {
    ClassP P = new ClassA( );
    System.out.print(P.func1(5, 2) + ", "
        + P.func2(5, 2) + ", " + P.func3(5, 2));
  }
}
```

① 1, 3, 2
② 1, 3, 2.5
③ 1, 10.0, 2.5
④ 7, 3, 10

- func1, func3는 오버라이딩이 되고, func2는 오버라이딩이 되지 않음
- 오버라이딩이 되기 위해서는 시그니처(반환형, 메소드명, 인자의 개수/형)가 같아야 되는데 func2는 반환형이 int/double로 일치하지 않기 때문에 오버라이딩이 되지 않음)
- ClassP P = new ClassA( );와 같이 객체가 생성되었기 때문에 오버라이딩이 된 메소드는 하위클래스(ClassA)의 메소드가 수행되지만, 오버라이딩이 되지 않은 메소드는 상위클래스(ClassP)의 메소드가 수행됨

75

OSI 7계층에서 네트워크 장비로 스위치가 필요하며, 물리적 연결을 이용해 신뢰성 있는 정보를 전송하려고 동기화, 오류제어, 흐름제어 등의 전송에러를 제어하는 계층은?

① 표현 계층
② 물리 계층
③ 응용 계층
④ 데이터 링크 계층

> **데이터 링크 계층**
> 물리적 연결을 이용해 신뢰성 있는 정보를 전송하려고 동기화, 오류제어, 흐름제어 등의 전송에러를 제어하는 계층이며, 필요한 장비는 브리지와 스위치가 있음

76

다음 중 가장 강한 응집도(Cohesion)는?

① Sequential Cohesion
② Procedural Cohesion
③ Logical Cohesion
④ Functional Cohesion

> **응집도**
> 1. 우연적 응집도(coincidental cohesion)   응집도가 낮음
> 2. 논리적 응집도(logical cohesion)
> 3. 시간적 응집도(temporal cohesion)
> 4. 절차적 응집도(procedural cohesion)
> 5. 통신적 응집도(communicational cohesion)
> 6. 순차적 응집도(sequential cohesion)
> 7. 기능적 응집도(functional cohesion)   응집도가 높음

정답 74 ① 75 ④ 76 ④

77

FIFO 페이지 교체 알고리즘을 사용하는 가상메모리에서 프로세스 P가 다음과 같은 페이지 번호 순서대로 페이지에 접근할 때, 페이지 부재(page-fault) 발생 횟수는? (단, 프로세스 P가 사용하는 페이지 프레임은 총 4개이고, 빈 상태에서 시작한다.)

| 1 2 3 4 5 2 1 1 6 7 5 |

① 6회
② 7회
③ 8회
④ 9회

순번	1	2	3	4	5	6	7	8	9	10	11
요구 페이지	1	2	3	4	5	2	1	1	6	7	5
페이지 프레임	1	1	1	1	5	5	5	5	5	5	5
		2	2	2	2	2	1	1	1	1	1
			3	3	3	3	3	3	6	6	6
				4	4	4	4	4	4	7	7
페이지 부재	○	○	○	○	○		○		○	○	

78

다음 중 TCP 프로토콜과 관련한 설명으로 틀린 것은?

① IP 주소를 이용하여 출발지와 목적지를 나타낸다.
② 흐름 제어(Flow Control)의 기능을 수행한다.
③ 전이중(Full Duplex) 방식의 양방향 가상회선을 제공한다.
④ 전송 데이터와 응답 데이터를 함께 전송할 수 있다.

- 출발지 IP 주소와 목적지 IP 주소는 IP에 포함되며, 이는 네트워크 계층임
- 데이터 링크 계층 : 물리적 연결을 이용해 신뢰성 있는 정보를 전송하려고 동기화, 오류제어, 흐름제어 등의 전송에러를 제어, 인접한 노드 사이의 프레임 전송 및 오류를 제어함

79

개발 환경 구성을 위한 빌드(Build) 도구에 해당하지 않는 것은?

① Gradle
② ANT
③ Kerberos
④ Maven

빌드 자동화 도구

- Jenkins : 초창기 Hudson이라는 이름을 가졌지만 오라클과의 문제로 인해 이름을 바꾸게 되었으며, 자동화 테스트를 수행함(CVS/SVN/Git과 같은 버전관리시스템과 연동하여 코드 변경을 감지)
- Maven : 아주 적은 설정만으로도 프로젝트를 빌드하고, 테스트를 실행하며, 품질 보고서를 생성할 수 있음. POM(Project Object Model)을 통해서 jar 파일의 의존성 관리, 빌드, 배포, 문서생성, Release 등을 관리할 수 있음
- Gradle : 기존의 Ant와 Maven을 보완했으며, 오픈소스 기반의 build 자동화 시스템으로 Groovy 기반 DSL(Domain-Specific Language)로 작성되었음
- ANT : 안정성이 좋고, 문서화가 잘 되어 있으며, target기능을 이용해서 세밀하게 빌드할 수 있음(자바 소스 파일 컴파일, jar, war, ear, zip 파일의 생성, javadoc 생성, 파일이나 폴더의 이동 및 복사, 삭제, 작업에 대한 의존성 설정, 외부 프로그램 실행 등)

80

페이지 교체(Page Replacement) 알고리즘이 아닌 것은?

① LRU(Least Recently Used)
② FIFO(First-In-First-Out)
③ Optimal
④ LUF(Least Used First)

페이지 교체(Page Replacement) 알고리즘

FIFO(First-In-First-Out), LRU(Least Recently Used), OPT(최적화 교체, OPTimal replacement)

정답 77 ③ 78 ① 79 ③ 80 ④

5과목 정보시스템 구축관리

81
다음이 설명하는 용어로 옳은 것은?

- 오픈 소스를 기반으로 한 분산 컴퓨팅 플랫폼이다.
- 일반 PC급 컴퓨터들로 가상화된 대형 스토리지를 형성한다.
- 다양한 소스를 통해 생성된 빅데이터를 효율적으로 저장하고 처리한다.

① 하둡(Hadoop)
② 비컨(Beacon)
③ 맴리스터(Memristor)
④ 포스퀘어(Foursquare)

> Hadoop(하둡, High-Availability Distributed Object-Oriented Platform)은 대량의 자료를 처리할 수 있는 큰 컴퓨터 클러스터에서 동작하는 분산 응용 프로그램을 지원하는 프리웨어 자바 소프트웨어 프레임워크임

82
다음이 설명하는 용어로 옳은 것은?

- 네트워크 관리 및 운영을 보다 직관적이고 자동화된 방식으로 구현하기 위한 혁신적인 접근 방식이다.
- 네트워크 관리자가 네트워크의 의도(intent)나 목표를 고수준에서 정의하면, 네트워크가 이를 자동으로 해석하고 실행하며 지속적으로 유지하는 시스템을 제공한다.
- 적용하고자 하는 네트워크 관리 정책 등을 관리자가 모두 서술하지 않고 자연어 형태의 상위 수준 언어로 표현하고 이를 인공지능을 활용하여 정밀하게 분석한 후에 적용시키는 것이다.

① ESM ② IDS
③ IBN ④ IPS

> IBN(Intent Based Networking)
> - 네트워크 관리 및 운영을 보다 직관적이고 자동화된 방식으로 구현하기 위한 혁신적인 접근 방식
> - 네트워크 관리자가 네트워크의 의도(intent)나 목표를 고수준에서 정의하면, 네트워크가 이를 자동으로 해석하고 실행하며 지속적으로 유지하는 시스템을 제공함
> - 적용하고자 하는 네트워크 관리 정책 등을 관리자가 모두 서술하지 않고 자연어 형태의 상위 수준 언어로 표현하고 이를 인공지능을 활용하여 정밀하게 분석한 후에 적용시키는 것

83
다음 중 소프트웨어 비용 추정 모형(estimation models)이 아닌 것은?

① 개발 단계별 인월수(MM : Man Month) 기법
② Putnam
③ 델파이식 산정
④ PERT

> - PERT는 일정 산정 모형임
> - 소프트웨어 비용 추정 모형 : COCOMO, Putnam, Function-Point, 전문가의 감정, 델파이식 산정, LOC(원시코드 라인 수) 기법, 개발 단계별 인월수(MM : Man Month) 기법

84
공개키 암호화 방식에 대한 설명으로 옳지 않은 것은?

① 공개키 암호화 방식은 암호화, 복호화에 서로 다른 키를 사용한다.
② 공개키 암호화 방식은 비밀키(또는 대칭키) 암호화 방식에 비해 암호화 속도가 빠르다.
③ 공개키 암호화 방식은 알고리즘과 공개키를 알아도 개인키를 알아내는 것이 매우 어렵다.
④ 대표적인 공개키 암호화 방식의 알고리즘으로 RSA 방식이 있다.

> 공개키 암호화 방식은 비밀키(또는 대칭키) 암호화 방식에 비해 암호화 강도는 높다고 할 수 있지만, 암호화 속도는 느림

정답 81 ① 82 ③ 83 ④ 84 ②

85
해시(Hash) 기법에 대한 설명으로 틀린 것은?

① 고정된 길이의 입력 데이터를 받아 임의의 길이의 해시값으로 변환한다.
② 주로 메시지의 무결성 보장을 위해 사용한다.
③ 대표적인 해시 알고리즘으로 HAVAL, SHA-1 등이 있다.
④ 해시 함수는 일방향 함수(One-way function)이다.

> 정보보호에서 해시(Hash) 기법은 임의의 길이의 입력 데이터를 받아 고정된 길이의 해시값으로 변환함

86
각 사용자 인증의 유형에 대한 설명으로 가장 적절하지 않은 것은?

① 지식 : 주체는 '그가 알고 있는 것'을 보여주며 예시로는 패스워드, PIN 등이 있다.
② 소유 : 주체는 '그가 가지고 있는 것'을 보여주며 예시로는 토큰, 스마트카드 등이 있다.
③ 존재 : 주체는 '그를 대체하는 것'을 보여주며 예시로는 패턴, QR 등이 있다.
④ 행위 : 주체는 '그가 하는 것'을 보여주며 예시로는 서명, 움직임, 음성 등이 있다.

> 존재
> 주체는 '그를 나타내는 것'을 보여주며 예시로는 지문, 홍채 등이 있음

87
코드의 기입 과정에서 원래 '12536'으로 기입되어야 하는데 '72536'으로 표기되었을 경우, 어떤 코드 오류에 해당하는가?

① Addition Error
② Omission Error
③ Sequence Error
④ Transcription Error

> ④ Transcription Error : 입력 시 임의의 한 자리를 잘못 기록한 경우 (12536 → 72536)
> [오답해설]
> ① Addition Error : 입력 시 한 자리 추가로 기록한 경우(1234 → 12347)
> ② Omission Error : 입력 시 한 자리를 빼놓고 기록한 경우(1234 → 234)

88
다음 중 ISO 12207 표준의 기본 생명주기의 주요 프로세스에 해당하지 않는 것은?

① 개선 프로세스
② 개발 프로세스
③ 획득 프로세스
④ 유지보수 프로세스

> ISO 12207 표준
> • 기본 생명주기 프로세스 : 획득, 공급, 개발, 운영, 유지보수 프로세스
> • 지원 생명주기 프로세스 : 품질 보증, 검증, 확인, 활동 검토, 문제 해결 프로세스
> • 조직 생명주기 프로세스 : 관리, 기반 구조, 훈련, 개선 프로세스

89
㉠, ㉡에 들어갈 네트워크 보안 공격을 바르게 연결한 것은?

(㉠)은(는) TCP 연결 설정을 위한 3-way handshaking 과정에서 half-open 연결 시도가 가능하다는 취약성을 이용하는 공격 방식이다.
(㉡)은(는) 서버와 클라이언트가 TCP 통신을 하고 있을 때, RST 패킷을 보내고 시퀀스 넘버 등을 조작하여 연결을 가로채는 공격 방식이다.

	㉠	㉡
①	SYN 플러딩	IP 스푸핑
②	SYN 플러딩	세션 하이재킹
③	ARP 스푸핑	IP 스푸핑
④	ARP 스푸핑	세션 하이재킹

> • SYN 플러딩 공격은 대상 시스템에 연속적인 SYN패킷을 보내서 넘치게 만들어 버리는 공격
> • TCP 세션 하이재킹은 TCP가 가지는 고유한 취약점을 이용해 정상적인 접속을 빼앗는 방법

정답 85 ① 86 ③ 87 ④ 88 ① 89 ②

90

시스템 또는 소프트웨어를 구성하는 각각의 컴포넌트를 만들고 조립해 또 다른 컴포넌트나 소프트웨어를 만드는 특징을 갖는 것은?

① 구조적 개발 방법론
② 객체지향 개발 방법론
③ 정보공학 방법론
④ CBD 방법론

> ④ CBD 방법론 : 시스템 또는 소프트웨어를 구성하는 각각의 컴포넌트를 만들고 조립해 또 다른 컴포넌트나 소프트웨어를 만드는 것
> [오답해설]
> ① 구조적 개발 방법론 : 정형화된 분석 절차에 따라 사용자 요구사항을 파악, 문서화하는 체계적 분석방법으로 자료흐름도, 자료사전, 소단위명세서의 특징을 가짐
> ② 객체지향 개발 방법론 : 재사용을 가능케 하고, 재사용은 빠른 속도의 소프트웨어 개발과 고품질의 프로그램의 생산을 가능하게 하며, 객체지향 소프트웨어는 그 구성이 분리되어 있기 때문에 유지 보수가 쉬움
> ③ 정보공학 방법론 : 계획, 분석, 설계 및 구축에 정형화된 기법들을 상호 연관성있게 통합, 적용하는 데이터 중심 방법론

91

다음 중 SPICE 모델의 프로세스 수행능력 수준의 단계별 설명이 틀린 것은?

① 수준 2 - 미완성 단계
② 수준 3 - 확립 단계
③ 수준 4 - 예측 단계
④ 수준 5 - 최적화 단계

> SPICE 모델
> • 0단계 : 불안정 단계(미완성 단계, 프로젝트 대부분 실패)
> • 1단계 : 수행 단계(목적이 전반적으로 이루어짐)
> • 2단계 : 관리 단계(작업 산출물 인도)
> • 3단계 : 확립 단계(정형화된 프로세스 존재)
> • 4단계 : 예측 단계(산출물의 양적 측정이 가능해져, 일관된 수행 가능)
> • 5단계 : 최적화 단계(프로세스의 지속적인 개선)

92

원격지 호스트 서버에 접근하기 위해 사용하는 프로토콜은?

① GRID
② TELNET
③ GPN
④ MQTT

> ② TELNET : 원격지 호스트 서버에 접근하기 위해 사용하는 프로토콜
> [오답해설]
> ① GRID : 기존의 인터넷과 차세대 인터넷을 하나의 네트워크로 묶어 마치 하나의 신경조직처럼 작동할 수 있게 제어하는 가상 슈퍼컴퓨터
> ④ MQTT(Message Queuing Telemetry Transport) : 사물통신, 사물인터넷과 같이 대역폭이 제한된 통신환경에 최적화하여 개발된 푸시기술 기반의 경량 메시지 전송 프로토콜

93

소프트웨어 생명주기 모형 중 나선형 모델에 대한 설명으로 틀린 것은?

① 소프트웨어를 개발하면서 발생할 수 있는 위험을 관리하고 최소화하는 것을 목적으로 한다.
② 개발 순서는 계획 및 정의, 위험 분석, 공학적 개발, 고객 평가 순으로 진행된다.
③ 비교적 소규모 시스템에 적합하다.
④ 계획, 설계, 개발, 평가의 개발 주기가 반복적으로 수행된다.

> 나선형 모형(spiral model)
> 폭포수 모델과 프로토타이핑 모델의 장점을 수용하고, 새로운 요소인 위험분석을 추가한 진화적 개발 모델. 계획수립, 위험분석, 개발, 사용자 평가의 과정을 반복적으로 수행하며, 비교적 대규모 시스템에 적합함

정답 90 ④ 91 ① 92 ② 93 ③

94

오픈 소스를 기반으로 하는 분산 컴퓨팅 플랫폼인 아파치(Apache) 하둡(Hadoop) 기반의 프로젝트는?

① 타조(Tajo)
② 원 세그(One Seg)
③ 포스퀘어(Foursquare)
④ 텐서플로(TensorFlow)

- ① 타조(Tajo) : 오픈 소스를 기반으로하는 분산 컴퓨팅 플랫폼인 아파치(Apache) 하둡(Hadoop) 기반의 프로젝트
  [오답해설]
- ② 원 세그(One Seg) : 일본 디지털 휴대 이동 방송 서비스 명칭
- ③ 포스퀘어(Foursquare) : 위치 기반의 지역 검색 및 추천 서비스이며, 사용자의 위치를 지속적으로 갱신하면서 공유할 수 있는 서비스
- ④ 텐서플로(TensorFlow) : 구글의 구글 브레인 팀이 제작하여 공개한 기계 학습(Machine Learning)을 위한 오픈 소스 소프트웨어 라이브러리로 구글 검색, 광고, 유튜브 등 실제 서비스에 적용됨

95

스위칭 환경에서 스니핑(Sniffing)을 수행하기 위한 공격으로 옳지 않은 것은?

① ARP 스푸핑(Spoofing)
② ICMP 리다이렉트(Redirect)
③ 메일 봄(Mail Bomb)
④ 스위치 재밍(Switch Jamming)

- 스위칭 환경에서 스니핑(Sniffing)을 수행하기 위한 공격 : ARP 스푸핑(Spoofing), ICMP 리다이렉트(Redirect), 스위치 재밍(Switch Jamming)
- 메일 봄(Mail Bomb) : 특정한 사람이나 특정한 시스템에 피해를 줄 목적으로 한꺼번에 또는 지속적으로 대용량의 전자우편을 보내는 것

96

침입탐지시스템(IDS : Intrusion Detection System)과 관련한 설명으로 틀린 것은?

① 오용(misuse) 침입탐지 기법 : Signature Base나 Knowledge Base라고도 불리며 이미 발견되고 정립된 공격 패턴을 입력해두었다가 탐지 및 차단한다.
② HIDS(Host-Based Intrusion Detection)는 운영체제에 설정된 사용자 계정에 따라 어떤 사용자가 어떤 접근을 시도하고 어떤 작업을 했는지에 대한 기록을 남기고 추적한다.
③ NIDS(Network-Based Intrusion Detection System)로는 대표적으로 Snort가 있다.
④ 외부 인터넷에 서비스를 제공하는 서버가 위치하는 네트워크인 DMZ(Demilitarized Zone)에는 IDS가 설치될 수 있다.

HIDS(Host-Based Intrusion Detection)는 운영체제에 설정된 사용자 계정에 따라 어떤 사용자가 어떤 접근을 시도하고 어떤 작업을 했는지에 대한 기록을 남기고 추적함

97

다음 중 계획, 분석, 설계 및 구축에 정형화된 기법들을 상호 연관성있게 통합, 적용하는 데이터 중심 방법론은?

① 객체지향 개발 방법론
② CBD 방법론
③ 정보공학 방법론
④ 구조적 개발 방법론

- ③ 정보공학 방법론 : 계획, 분석, 설계 및 구축에 정형화된 기법들을 상호 연관성있게 통합, 적용하는 데이터 중심 방법론
  [오답해설]
- ① 객체지향 개발 방법론 : 재사용을 가능케 하고, 재사용은 빠른 속도의 소프트웨어 개발과 고품질의 프로그램의 생산을 가능하게 함. 객체지향 소프트웨어는 그 구성이 분리되어 있기 때문에 유지 보수가 쉬움
- ② CBD 방법론 : 시스템 또는 소프트웨어를 구성하는 각각의 컴포넌트를 만들고 조립해 또 다른 컴포넌트나 소프트웨어를 만드는 것을 말함
- ④ 구조적 개발 방법론 : 정형화된 분석 절차에 따라 사용자 요구사항을 파악, 문서화하는 체계적 분석방법으로 자료흐름도, 자료사전, 소단위명세서의 특징을 가짐

정답 94 ① 95 ③ 96 ② 97 ③

98

IEEE 802.15.4을 기반으로 하며, 저속/저전력의 무선망을 위한 기술은?

① MLFQ
② MQTT
③ Zigbee
④ SDS

> ③ Zigbee : IEEE 802.15.4를 기반으로 하며, 저속/저전력의 무선망을 위한 기술
> [오답해설]
> ① MLFQ(Multi-level Feedback Queue) : 다단계 피드백 큐이며, MFQ라고도 함
> ② MQTT(Message Queuing Telemetry Transport) : TCP/IP 기반 네트워크에서 동작하는 발행-구독 기반의 메시징 프로토콜로 최근 IoT 환경에서 자주 사용되고 있는 프로토콜
> ④ SDS(Software Defined Storage) : 가상화를 적용하여 필요한 공간만큼 나눠 사용할 수 있도록 하며, 서버 가상화와 유사함

99

정보시스템과 관련한 다음 설명에 해당하는 것은?

> - 각 시스템 간에 공유 디스크를 중심으로 클러스터링으로 엮어 다수의 시스템을 동시에 연결할 수 있다.
> - 조직, 기업의 기간 업무 서버 등의 안정성을 높이기 위해 사용될 수 있다.
> - 여러 가지 방식으로 구현되며 2개의 서버를 연결하는 것으로 2개의 시스템이 각각 업무를 수행하도록 구현하는 방식이 널리 사용된다.

① 고가용성 솔루션(HACMP)
② 점대점 연결 방식(Point-to-Point Mode)
③ 스턱스넷(Stuxnet)
④ 루팅(Rooting)

> ① 고가용성 솔루션(HACMP) : 각 시스템 간에 공유 디스크를 중심으로 클러스터링으로 엮어 다수의 시스템을 동시에 연결할 수 있음
> [오답해설]
> ② 점대점 연결 방식(Point-to-Point Mode) : 통신 회선을 사용하는 단말 장치 접속 형식의 하나이며, 서로 다른 장치들이 각기 다른 회선으로 사용되는 접속 방식
> ③ 스턱스넷(Stuxnet) : 산업 소프트웨어와 공정 설비를 공격 목표로 하는 극도로 정교한 군사적 수준의 사이버 무기로 지칭됨. 공정 설비와 연결된 프로그램이 논리제어장치(Programmable Logic Controller)의 코드를 악의적으로 변경하여 제어권을 획득하고, 네트워크와 이동저장매체인 USB를 통해 전파되며, SCADA(Supervisory Control and Data Acquisition) 시스템이 공격 목표임
> ④ 루팅(Rooting) : 안드로이드 장치 사용자가 안드로이드 서브 시스템에 대한 관리자 권한을 취득하는 작업

100

다음 알고리즘 중 공개키 암호 알고리즘에 해당하는 것은?

① ElGamal 알고리즘
② SEED 알고리즘
③ DES 알고리즘
④ AES 알고리즘

> - 대칭키 암호화 알고리즘 : DES, 3DES, AES, SEED, IDEA, ARIA, Blowfish, RC5, RC6 등
> - 비대칭키 암호화 알고리즘 : RSA, ElGamal, ECC, RABIN 등

2023년 3회 | 최신 CBT 기출복원문제

1과목 소프트웨어 설계

01 ⭐

COCOMO(Constructive Cost Model) 모형의 특징이 아닌 것은?

① 비교적 작은 규모의 프로젝트 기록을 통계 분석하여 얻은 결과를 반영한 모델이며 중소 규모 소프트웨어 프로젝트 비용 추정에 적합하다.
② 보헴(Boehm)이 제안한 것으로 원시코드 라인 수에 의한 비용 산정 기법이다.
③ 프로젝트 개발 유형에 따라 object, dynamic, function의 3가지 모드로 구분한다.
④ 프로젝트를 완성하는 데 필요한 man-month로 산정 결과를 나타낼 수 있다.

- COCOMO(Constructive Cost Model) : Boehm(1981)이 제안한 산정기법으로 원시 프로그램의 규모에 의한 비용예측 모형
- COCOMO의 프로젝트 3가지 모드(제품의 복잡도에 따른 프로젝트 개발 유형)
  - 유기적(organic model) : 5만 라인 이하로 소규모 팀이 수행할 수 있는 아주 작고 간단한 소프트웨어 프로젝트
  - 중간형(semi-detached model) : 30만 라인 이하의 프로젝트
  - 내장형(embedded model) : 30만 라인 이상의 프로젝트

02 ⭐

폭포수 모형(waterfall model)의 진행 단계를 순서대로 바르게 나열한 것은?

ㄱ. 요구분석	ㄴ. 유지보수
ㄷ. 시험	ㄹ. 구현
ㅁ. 설계	

① ㄱ-ㅁ-ㄷ-ㄹ-ㄴ
② ㅁ-ㄱ-ㄹ-ㄷ-ㄴ
③ ㅁ-ㄱ-ㄷ-ㄹ-ㄴ
④ ㄱ-ㅁ-ㄹ-ㄷ-ㄴ

- 폭포수 모형(waterfall model)의 진행 단계 : 계획 – 요구분석 – 설계 – 구현 – 시험 – 운영/유지보수

03 ⭐

다음 중 XP(eXtreme Programming)의 5가지 가치로 거리가 먼 것은?

① 존중
② 의사소통
③ 피드백
④ 직관성

- XP의 5가지 가치에 직관성은 포함되지 않음
- XP(eXtreme Programming)의 5가지 핵심 가치
  - 존중(Respect) : 팀 기반의 활동 중 팀원 간의 상호 존중을 강조
  - 단순성(Simplicity) : 사용되지 않는 구조와 알고리즘 배제
  - 의사소통(Communication) : 개발자, 관리자, 고객 간의 원활한 의사소통
  - 피드백(Feedback) : 지속적인 테스트와 통합, 반복적 결함 수정, 빠른 피드백
  - 용기(Courage) : 고객의 요구사항 변화에 능동적인 대처

04

코드 설계에서 대상과 관계있는 문자나 숫자를 조합하여 만든 코드는?

① 순차 코드
② 블록 코드
③ 연상 코드
④ 표의 숫자 코드

- ③ 연상 코드 : 대상과 관계있는 문자나 숫자를 조합하여 만든 코드(상품명이나 거래처명에 많이 이용)
- [오답해설]
- ① 일련번호식 코드(순차 코드, Sequential Code)는 발생순, 크기순, 가나다순 등에 따라 순차적으로 부여함
- ② 블록 코드 : 공통성 있는 것끼리 블록으로 묶어서 구분하며, 블록 내에서는 순차적으로 부여함
- ④ 표의 숫자 코드 : 대상항목의 크기, 중량, 거리 등을 그대로 사용하는 코드

정답 01 ③ 02 ④ 03 ④ 04 ③

05

객체지향 프로그램에서 한 객체가 다른 객체의 메소드를 부르는 과정은?

① 메소드
② 클래스
③ 상속성
④ 메시지

> ④ 메시지 : 한 객체가 다른 객체의 메소드를 부르는 과정으로, 외부에서 하나의 객체에 보내지는 메소드의 요구
> [오답해설]
> ① 메소드 : 메소드는 객체가 어떻게 동작하는지를 규정하고 속성의 값을 변경시킴
> ② 클래스 : 객체 타입으로 구현된 소프트웨어. 클래스는 동일한 타입의 객체들의 메소드와 변수들을 정의하는 템플릿(templete)임
> ③ 상속성 : 새로운 클래스를 정의할 때 기존의 클래스들의 속성을 상속받고 필요한 부분을 추가하는 방법

06

다음 중 소프트웨어 설계 시 구축된 플랫폼의 성능특성 분석에 사용되는 측정 항목이 아닌 것은?

① 응답시간(Response Time)
② 피드백(Feedback)
③ 사용률(Utilization)
④ 가용성(Availability)

> • 플랫폼 성능 특성 측정 항목은 반환 시간(turnaround time), 사용률(utilization), 응답시간(response time), 가용성(availability)이 있음
> • 반환 시간(turnaround time) : 애플리케이션에 작업을 의뢰한 시간부터 처리가 완료될 때까지 걸린 시간
> • 사용률(utilization) : 애플리케이션이 의뢰한 작업을 처리하는 동안 CPU, 메모리 등의 자원 사용률
> • 응답시간(response time) : 애플리케이션에 요청을 전달한 시간부터 응답이 도착할 때까지 걸린 시간
> • 가용성(availability) : 일정 시간 내에 애플리케이션이 처리하는 일의 양

07 ★빈출

럼바우(Rumbaugh) 분석기법에서 시간의 흐름에 따른 객체들 사이의 제어 흐름, 상호작용, 동작 순서 등의 동적인 행위를 표현하는 모델링은?

① Object
② Dynamic
③ Function
④ Static

> ② Dynamic(동적 모델링) : 시간의 흐름에 따른 객체들 사이의 제어 흐름, 상호작용, 동작 순서 등의 동적인 행위를 표현함
> [오답해설]
> ① Object(객체 모델링) : 정보 모델링이라고도 하며, 시스템에서 요구되는 객체를 찾아내어 속성과 연산 식별 및 객체들 간의 관계를 규정함
> ③ Function(기능 모델링) : 다수의 프로세스들 간의 자료 흐름을 중심으로 처리 과정을 표현함

08 ★빈출

다음 중 UML 다이어그램이 아닌 것은?

① 클래스 다이어그램(class diagram)
② 속성 다이어그램(attribute diagram)
③ 사용사례 다이어그램(use-case diagram)
④ 순차 다이어그램(sequence diagram)

> UML 다이어그램
> Class Diagram, Sequence Diagram, State Diagram, Use Case Diagram 등

09

두 개 이상의 클래스에서 똑같은 메시지에 대해 객체가 서로 다르게 반응하는 것은?

① 메시지(Message)
② 캡슐화(Encapsulation)
③ 다형성(Polymorphism)
④ 상속(Inheritance)

> ③ 다형성(Polymorphism) : 두 개 이상의 클래스에서 똑같은 메시지에 대해 객체가 서로 다르게 반응하는 것
> [오답해설]
> ① 메시지(Message) : 객체에서 어떤 행위를 하도록 지시하는 명령. 일반 프로그래밍 과정에서 함수 호출에 해당됨
> ② 캡슐화(Encapsulation) : 객체를 정의할 때 서로 관련성이 많은 데이터들과 이와 연관된 함수들을 하나로 묶는 것. 즉, 데이터, 연산, 다른 객체, 상수 등의 관련된 정보와 그 정보를 처리하는 방법을 하나의 단위로 묶는 것
> ④ 상속(Inheritance) : 새로운 클래스를 정의할 때 기존의 클래스들의 속성을 상속받고 필요한 부분을 추가하는 방법

정답　05 ④　06 ②　07 ②　08 ②　09 ③

10
다음 중 DBMS 분석 시 고려사항으로 거리가 먼 것은?

① 성능
② 토폴로지
③ 가용성
④ 상호 호환성

> DBMS 분석 시 고려사항으로는 성능, 가용성, 상호 호환성, 구축비용이 있음

11
다음 내용이 설명하는 디자인 패턴은?

> • 객체를 생성하기 위한 인터페이스를 정의하여 어떤 클래스가 인스턴스화 될 것인지는 서브클래스가 결정하도록 하는 것
> • Virtual-Constructor 패턴이라고도 함

① Visitor 패턴
② Observer 패턴
③ Factory Method 패턴
④ Bridge 패턴

> ③ Factory Method 패턴 : 객체를 생성하기 위한 인터페이스를 정의하여 어떤 클래스가 인스턴스화 될 것인지는 서브클래스가 결정하도록 하는 것
> [오답해설]
> ① Visitor 패턴 : 작업 종류의 효율적 추가·변경
> ② Observer 패턴 : 상태가 변경되면 다른 객체들한테 연락을 돌릴 수 있게 해줌(1대 다의 객체 의존관계를 정의)
> ④ Bridge 패턴 : 인터페이스와 구현의 명확한 분리

12
객체지향 분석 방법론 중 여러 가지 다른 방법론을 통합하여 하나의 방법론으로 만들었는데 분석보다는 설계쪽에 더 많은 중점을 두고 있는 것은?

① Coad와 Yourdon 방법
② Booch 방법
③ Jacobson 방법
④ Wirfs-Brocks 방법

> ② Booch 방법 : 여러 가지 다른 방법론을 통합하여 하나의 방법론으로 만들었는데, 분석보다는 설계쪽에 더 많은 중점을 두고 있음. 규모가 큰 프로젝트 수행 시 과정이 매우 복잡해지며, 구현언어(Ada)에 제한됨
> [오답해설]
> ① Coad/Yourdon 방법 : E-R 다이어그램을 사용하여 객체의 행위를 모델링하며 객체식별, 구조식별, 주제정의, 속성 및 관계정의, 서비스정의 등의 과정으로 구성됨

13
다음에서 설명하는 소프트웨어 개발 방법론으로 옳은 것은?

> 프로세스와 도구 중심이 아닌 개발 과정의 소통을 중요하게 생각하는 소프트웨어 개발 방법론으로 반복적인 개발을 통한 잦은 출시를 목표로 한다.

① 애자일 개발 방법론
② 구조적 개발 방법론
③ 객체지향 개발 방법론
④ 컴포넌트 기반 개발 방법론

> ① 애자일 개발 방법론 : 애자일 소프트웨어 개발(Agile software development) 혹은 애자일 개발 프로세스는 소프트웨어 엔지니어링에 대한 개념적인 얼개로, 프로젝트의 생명주기동안 반복적인 개발을 촉진함. eBusiness 시장 및 SW 개발환경 등 주위변화를 수용하고 이에 능동적으로 대응하는 여러 방법론을 통칭
> [오답해설]
> ② 구조적 개발 방법론 : 크고 복잡한 문제를 작고 단순한 문제로 나누어 해결하는 하향식 개발방법으로 구조적 분석, 구조적 설계, 구조적 프로그래밍으로 구성됨
> ③ 객체지향 개발 방법론 : 재사용을 가능케 하고, 재사용은 빠른 속도의 소프트웨어 개발과 고품질의 프로그램의 생산을 가능하게 함. 객체지향 소프트웨어는 그 구성이 분리되어 있기 때문에 유지보수가 쉬움
> ④ 컴포넌트 기반 개발 방법론 : 시스템 또는 소프트웨어를 구성하는 각각의 컴포넌트를 만들고 조립해 또 다른 컴포넌트나 소프트웨어를 만드는 것. 소프트웨어 컴포넌트를 조립해 새로운 애플리케이션을 만들 수가 있어 개발기간을 단축할 수 있으며, 기존의 컴포넌트를 재사용할 수 있어 생산성과 경제성을 높일 수 있음

정답 10 ② 11 ③ 12 ② 13 ①

14
다음 중 요구분석(Requirement Analysis)에 대한 설명으로 틀린 것은?

① 요구분석은 소프트웨어 개발의 실제적인 첫 단계로 사용자의 요구에 대해 이해하는 단계라 할 수 있다.
② 비기능적 요구에서 사용자가 필요로 하는 정보처리 능력에 대한 것으로 절차나 입·출력에 대한 요구사항을 도출한다.
③ 도메인 분석은 요구에 대한 정보를 수집하고 배경을 분석하여 이를 토대로 모델링을 하게 된다.
④ 요구 추출은 프로젝트 계획 단계에 정의한 문제의 범위 안에 있는 사용자의 요구를 찾는 단계이다.

- 기능 요구 : 사용자가 필요로 하는 정보처리 능력에 대한 것으로 절차나 입·출력에 대한 요구
- 비기능 요구 : 시스템 SW의 동작에 필요한 특정 요구기능 외에 전체 시스템의 동작을 평가하는 척도를 정의하며, 안정성, 확장성, 보안성, 성능 등이 포함됨

15
다음 중 CASE가 갖고 있는 주요 기능이 아닌 것은?

① 상호 호환성
② 소프트웨어 생명주기 전 단계의 연결
③ 그래픽 지원
④ 다양한 소프트웨어 개발 모형 지원

CASE의 주요 기능
다양한 소프트웨어 개발 모형 지원, 그래픽 지원, 소프트웨어 생명주기 전 단계의 연결

16 빈출
사용자 인터페이스(User Interface)에 대한 설명으로 틀린 것은?

① 사용자와 시스템이 정보를 주고받는 상호작용이 잘 이루어지도록 하는 장치나 소프트웨어를 의미한다.
② 편리한 유지보수를 위해 사용자 중심으로 설계되어야 한다.
③ 사용자가 학습하고 배울 부분을 최대화하여 설계해야 한다.
④ 사용자 요구사항이 UI에 반영될 수 있도록 구성해야 한다.

사용자 인터페이스(User Interface)는 배우기가 용이하고 쉽게 사용할 수 있도록 만들어져야 함

17
다음 내용이 설명하는 UI설계 도구는?

- 디자인, 사용방법 설명, 평가 등을 위해 실제 화면과 유사하게 만든 정적인 형태의 모형
- 시각적으로만 구성 요소를 배치하는 것으로 일반적으로 실제로 구현되지는 않음

① 유스케이스(Usecase)
② 스토리보드(Storyboard)
③ 프로토타입(Prototype)
④ 목업(Mockup)

④ 목업(Mockup) : 실물과 흡사한 정적인 형태의 모형. 시각적으로만 구성 요소를 배치하는 것으로 일반적으로 실제로 구현되지는 않음
[오답해설]
② 스토리보드(Storyboard) : 정책, 프로세스, 와이어프레임, 디스크립션 등이 모두 포함된 설계 문서
③ 프로토타입(Prototype) : 다양한 인터랙션이 결합되어 실제 서비스처럼 작동하는 모형

18 빈출
바람직한 소프트웨어 설계 지침이 아닌 것은?

① 이식성을 고려한다.
② 모듈의 기능을 예측할 수 있도록 정의한다.
③ 모듈의 크기는 가능한 크게 유지한다.
④ 가능한 모듈을 독립적으로 생성하고 결합도를 최소화한다.

모듈은 적당한 크기를 유지해야 함. 같은 기능을 하는 모듈의 크기가 크다면 재사용이나 유지보수가 어려움

정답 14 ② 15 ① 16 ③ 17 ④ 18 ③

19

네트워크상에서 애플리케이션과 애플리케이션 간의 연동을 하기 위한 미들웨어는?

① TP monitor
② ORB
③ RPC
④ HUB

> ③ RPC(Remote Procedure Call, 원격 프로시저 호출) : 네트워크상에서 애플리케이션과 애플리케이션 간의 연동을 하기 위한 미들웨어(또는 다른 컴퓨터에 있는 원격 애플리케이션을 연동시키는 경우 많이 이용됨)
> [오답해설]
> ① TP monitor(Transaction Processing monitor, 트랜잭션 처리 모니터) : 통신량이 많은 클라이언트와 서버 사이에 위치하여 서버 애플리케이션 및 자원을 효율적으로 관리함
> ② ORB(Object Request Broker) : 객체지향 미들웨어로 분산 컴퓨팅 환경에서 프로그래머에게 다른 컴퓨터의 프로그램을 네트워크를 통해 호출할 수 있음

20 ★

UML 모델에서 사용하는 Structural Diagram에 속하지 않은 것은?

① Sequence Diagram
② Object Diagram
③ Component Diagram
④ Package Diagram

> • Sequence Diagram은 행위 다이어그램으로 분류됨
> • 구조적 다이어그램 : Class Diagram, Object Diagram, Component Diagram, Deployment Diagram, Composite Diagram, Package Diagram
> • 행위 다이어그램 : Use Case Diagram, Sequence Diagram, State Diagram, Activity Diagram, Communication Diagram, Timing Diagram

2과목 소프트웨어 개발

21

IDE(Integrated Development Environment) 도구의 각 기능에 대한 설명으로 틀린 것은?

① Compile - 저급언어의 프로그램을 고급언어 프로그램으로 변환하는 기능
② Deployment - 소프트웨어를 최종 사용자에게 전달하기 위한 기능
③ Debugging - 프로그램에서 발견되는 버그를 찾아 수정할 수 있는 기능
④ Coding - 프로그래밍 언어를 가지고 컴퓨터 프로그램을 작성할 수 있는 환경을 제공

> Compile
> 고급언어의 프로그램을 저급언어 프로그램으로 변환하는 기능. 즉, 원시(소스)코드를 번역하여 목적코드로 변환하는 기능

22

제어흐름 그래프가 다음과 같을 때 McCabe의 cyclomatic 수는 얼마인가?

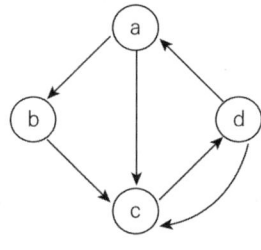

① 3
② 4
③ 5
④ 6

> V(G) = E - N + 2(E : 간선의 수, N : 노드의 수)
>   = 6 - 4 + 2 = 4

정답 19 ③ 20 ① 21 ① 22 ②

23

다음 자료구조 중에서 선형 구조로만 묶은 것은?

> ㄱ. 스택(stack)
> ㄴ. 트리(tree)
> ㄷ. 연결리스트(linked list)
> ㄹ. 그래프(graph)

① ㄱ, ㄴ
② ㄱ, ㄷ
③ ㄴ, ㄷ
④ ㄴ, ㄹ

- 선형 구조 : 스택, 큐, 데크, 배열, 연결리스트
- 비선형 구조 : 트리, 그래프

24

정렬된 N개의 데이터를 처리하는 데 평균 $O(\log_2 N^2)$의 시간이 소요되는 정렬 알고리즘은?

① 힙 정렬
② 퀵 정렬
③ 버블 정렬
④ 합병 정렬

정렬 종류	평균	최악
버블 정렬	$O(n^2)$	$O(n^2)$
선택 정렬	$O(n^2)$	$O(n^2)$
삽입 정렬	$O(n^2)$	$O(n^2)$
퀵 정렬	$O(n\log n)$	$O(n^2)$
합병 정렬	$O(n\log n)$	$O(n\log n)$
힙 정렬	$O(n\log n)$	$O(n\log n)$

25

다음 전위(prefix) 표기식의 계산 결과는?

> + - 5 4 × 4 7

① -19
② 7
③ 8
④ 29

문제의 전위 표기식을 [+ (- 5 4) (× 4 7)]와 같이 묶어서 계산. 중위 표기식으로 변환하면 [(5 - 4) + (4 × 7)]와 같이 표현할 수 있음

26

인터페이스 보안을 위해 네트워크 영역에 적용될 수 있는 솔루션과 거리가 먼 것은?

① SNMP
② SSL
③ IPSec
④ S-HTTP

① SNMP(Simple Network Management Protocol) : 보안에 관련된 프로토콜이 아니라, 네트워크 관리 프로토콜임
[오답해설]
② SSL(Secure Socket Layer) : 인터넷을 통해 전달되는 정보보안의 안전한 거래를 허용하기 위해 Netscape사에서 개발한 인터넷 통신 규약 프로토콜
③ IPSec(IP Security) : 안전하지 않은 네트워크상의 두 컴퓨터 사이에 암호화된 안전한 통신을 제공하는 프로토콜
④ S-HTTP(Secure HyperText Transfer Protocol) : HTTP 프로토콜에 송신자 인증, 메시지 기밀성과 무결성, 부인 방지 기능을 확장한 프로토콜

27

〈보기〉의 이진 트리에 대해 지정된 방법으로 순회한 결과가 옳지 않은 것은?

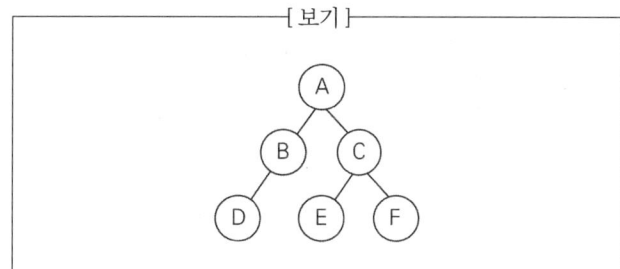

[보기]

① 중위순회 : D → B → A → E → C → F
② 레벨 순회 : A → B → C → D → E → F
③ 전위순회 : A → B → D → C → E → F
④ 후위순회 : D → B → A → E → F → C

후위순회는 트리의 왼쪽 → 오른쪽 → 중간으로 순회함
위의 〈보기〉의 트리에서 후위순회는 D → B → E → F → C → A 순임

28

White Box Testing에 대한 설명으로 옳지 않은 것은?

① Base Path Testing이 대표적인 기법이다.
② Source Code의 모든 문장을 한 번 이상 수행함으로서 진행된다.
③ 모듈 안의 작동을 직접 관찰할 수 없다.
④ 산출물의 각 기능별로 적절한 프로그램의 제어구조에 따라 선택, 반복 등의 부분들을 수행함으로써 논리적 경로를 점검한다.

> White Box Testing은 내부명세서를 근거로 내부의 논리적 오류를 테스트하는 것으로 모듈 안의 작동을 직접 관찰할 수 있어야 함

29

다음 중 큐에 대한 설명으로 옳은 것은?

① 후입선출 구조이다.
② Head(front)와 Tail(rear)의 2개 포인터를 갖고 있다.
③ 입출력이 한쪽 끝으로만 제한된 리스트이다.
④ 삽입과 삭제시에 Top 포인터만을 이용한다.

> • 큐(Queue)는 선입선출의 구조이며, Head(front)와 Tail(rear)의 2개 포인터를 가짐
> • 스택은 후입선출 구조이며, 1개의 포인터(Top)를 가짐

30

ISO/IEC 9126의 소프트웨어 품질 특성 중 기능성(Functionlity)의 하위 특성으로 옳지 않은 것은?

① 정확성   ② 적합성
③ 적응성   ④ 보안성

> 기능성(Functionlity)의 하위 특성은 정확성, 적합성, 상호호환성, 보안성, 유연성이 있음

31

디지털 저작권 관리(DRM)에 사용되는 기술 요소가 아닌 것은?

① 키관리   ② IDS
③ Encryption   ④ 크랙방지

> • IDS는 DRM에 사용되는 기술 요소가 아니라 네트워크 보안 장비인 침입탐지시스템임
> • DRM의 핵심적 기술 요소

구분	설명	종류
암호화 (Encryption)	콘텐츠 및 라이선스를 암호화하고, 전자서명을 할 수 있는 기술	PKI, Encryption, Digital Signature
키 관리 (Key Management)	콘텐츠를 암호화한 키에 대한 저장 및 배포 기술	Centralized, Enveloping
암호화 파일 생성 (Packager)	콘텐츠를 암호화된 콘텐츠로 생성하기 위한 기술	Pre-packaging, On-the-fly Packaging
식별 기술 (Identification)	콘텐츠에 대한 식별체계 표현 기술	DOI, URI
저작권 표현 (Right Expression)	라이선스의 내용 표현 기술	ODRL, XrML/MPGE-21 REL
정책 관리(Policy management)	라이선스 발급 및 사용에 대한 정책표현 및 관리 기술	XML, Contents Management System
크랙 방지 (Tamper Resistance)	크랙에 의한 콘텐츠 사용방지 기술	Secure DB, Secure Time Management, Encryption
인증 (Authentication)	라이선스 발급 및 사용의 기준이 되는 사용자 인증기술	SSO, ID/PW, 디지털인증, 이메일인증
인터페이스 (Interface)	상이한 DRM 플랫폼 간의 상호 호환성 인터페이스 및 인증 기술	IPMP
이벤트 보고 (Event Reporting)	콘텐츠의 사용이 적절하게 이루어지고 있는지 모니터링 기술. 불법 유통이 탐지되었을 때 이동경로를 추적에 활용	
사용 권한 (Permission)	콘텐츠의 사용에 대한 권한을 관리하는 기술 요소	렌더 퍼미션, 트랜스포트 퍼미션, 데리버티브 퍼미션

정답 28 ③ 29 ② 30 ③ 31 ②

32

인터페이스 구현 검증도구 중 웹기반 테스트케이스 설계/실행/결과확인 등을 지원하는 테스트 프레임워크는?

① xUnit
② STAF
③ FitNesse
④ RubyNode

③ FitNesse : 웹기반 테스트케이스 설계/실행/결과확인 등을 지원하는 테스트 프레임워크

[오답해설]
① xUnit : java(Junit), C++(Cppunit), .Net(Nunit) 등 다양한 언어를 지원하는 단위테스트 프레임워크
② STAF : 서비스 호출, 컴포넌트 재사용 등 다양한 환경을 지원하는 테스트 프레임워크

33

다음 중 알고리즘에 대한 설명으로 옳지 않은 것은?

① 알고리즘은 적어도 하나 이상의 출력 결과를 생성해야 한다.
② 알고리즘 시간복잡도 O(1)이 의미하는 것은 알고리즘의 수행시간이 입력 데이터수와 관계없이 일정하다는 의미이다.
③ 알고리즘은 한 번의 수행 단계를 거치지만 반드시 종료해야 하는 것은 아니다.
④ 알고리즘은 외부에서 제공되는 데이터가 0개 이상 있다.

- 유한성 : 알고리즘의 명령대로 순차적인 실행을 하면 언젠가는 반드시 실행이 종료되어야 함
- 알고리즘의 조건
  - 입력 : 외부에서 제공되는 데이터가 0개 이상 있음
  - 출력 : 적어도 하나의 결과를 생성함
  - 명확성 : 알고리즘을 구성하는 각 명령어들은 그 의미가 명백하고 모호하지 않아야 함
  - 유한성 : 알고리즘의 명령대로 순차적인 실행을 하면 언젠가는 반드시 실행이 종료되어야 함
  - 유효성 : 원칙적으로 모든 명령들은 종이와 연필만으로 수행될 수 있게 기본적이어야 하며, 반드시 실행 가능해야 함(원칙적으로 모든 명령들은 오류가 없이 실행 가능해야 함)

34

다음 자료에 대하여 "Selection Sort"를 사용하여 오름차순으로 정렬한 경우 PASS 2의 결과는?

초기상태 : 8, 3, 4, 9, 7

① 3, 4, 7, 9, 8
② 3, 4, 8, 9, 7
③ 3, 8, 4, 9, 7
④ 3, 4, 7, 8, 9

- 선택 정렬(Selection Sort)은 n개의 레코드 중에서 최소값(최대값)을 찾아 첫 번째 위치에 놓고, 나머지 (n-1)개 중에서 다시 최소값(최대값)을 찾아 두 번째 위치에 놓는 방식을 반복하여 정렬하는 방식임
- 초기상태 : 8, 3, 4, 9, 7
  - 1회전 : 3 8 4 9 7
  - 2회전 : 3 4 8 9 7

35

힙 정렬(Heap Sort)에 대한 설명으로 틀린 것은?

① 정렬할 입력 레코드들로 힙을 구성하고 가장 큰 키값을 갖는 루트 노드를 제거하는 과정을 반복하여 정렬하는 기법이다.
② 평균 수행 시간은 $O(n\log_2 n)$이다.
③ 이진탐색트리로 입력자료의 레코드를 구성한다.
④ 최악의 수행 시간은 $O(n\log_2 n)$이다.

힙 정렬은 이진탐색트리가 아니고, 완전이진트리(complete binary tree)로 입력자료의 레코드를 구성함

36

정확하고 일관된 결과를 얻기 위해 요구된 기능을 오류 없이 수행하는 정도를 의미하는 것은?

① 신뢰성(Reliability)
② 유지보수성(Maintainability)
③ 가시성(Visibility)
④ 재사용성(Reusability)

- ① 신뢰성(Reliability) : 정확하고 일관된 결과를 얻기 위해 요구된 기능을 오류 없이 수행하는 정도
  [오답해설]
- ② 유지보수성(Maintainability) : 변경 및 오류 사항 교정을 최소화하는 정도
- ④ 재사용성(Reusability) : 전체나 일부 기능을 다른 목적으로 사용할 수 있는 정도

37

테스트 케이스에 일반적으로 포함되는 항목이 아닌 것은?

① 테스트 조건
② 테스트 노력
③ 예상 결과
④ 테스트 데이터

테스트 케이스 항목
식별자 번호, 순서 번호, 테스트 조건, 테스트 데이터, 예상 결과

38

소프트웨어 품질목표 중 허가되지 않은 사람의 소프트웨어나 데이터에의 접근을 통제할 수 있는 정도를 나타내는 것은?

① Correctness
② Reliability
③ Usability
④ Integrity

- ④ 무결성(Integrity) : 허가되지 않은 사람의 소프트웨어나 데이터에의 접근을 통제할 수 있는 정도
  [오답해설]
- ① 정확성(Correctness) : 프로그램이 설계 사양을 만족시키며 사용자가 원하는대로 수행되고 있는 정도
- ② 신뢰성(Reliability) : 프로그램이 항시 정확하게 동작하고 있는 정도
- ③ 유용성(Usability) : 쉽게 배우고 사용할 수 있는 정도

39

자료구조에 대한 설명으로 틀린 것은?

① 큐는 선형구조에 해당한다.
② 큐는 Last In - Frist Out 처리를 수행한다.
③ 스택은 Last In - Frist Out 처리를 수행한다.
④ 스택은 서브루틴 호출, 인터럽트 처리, 수식 계산 및 수식 표기법에 응용된다.

- 큐는 First In - First Out 처리를 수행
- 선형구조 : 데이터의 전후 항목 사이 관계가 1:1이며, 전후 관계가 명확하게 한 개의 선의 형태를 갖는 리스트 구조(배열, 리스트, 스택, 큐, 데크)
- 비선형구조 : 데이터 항목 사이의 관계가 1:n(혹은 n:m)인 그래프적 특성을 갖는 형태(트리, 그래프)

40

검증(Validation) 검사 기법 중 개발자의 장소에서 사용자가 개발자 앞에서 행해지며, 오류와 사용상의 문제점을 사용자와 개발자가 함께 확인하면서 검사하는 기법은?

① 베타 검사
② 알파 검사
③ 형상 검사
④ 복구 검사

- 알파 테스트 : 검증(Validation) 검사 기법 중 개발자의 장소에서 사용자가 개발자 앞에서 행해지며, 오류와 사용상의 문제점을 사용자와 개발자가 함께 확인하면서 검사하는 기법
- 베타 테스트 : 최종 사용자가 여러 장소의 고객 위치에서 소프트웨어에 대한 검사를 수행하는 기법

정답 36 ① 37 ② 38 ④ 39 ② 40 ②

3과목 데이터베이스 구축

41

다음 내용이 설명하는 것은?

- 네트워크상에 광채널 스위치의 이점인 고속 전송과 장거리 연결 및 멀티 프로토콜 기능을 활용
- 각기 다른 운영체제를 가진 여러 기종들이 네트워크상에서 동일 저장장치의 데이터를 공유하게 함으로써, 여러 개의 저장장치나 백업 장비를 단일화시킨 시스템

① MBR ② NIC
③ NAC ④ SAN

④ SAN(Storage Area Network) : DAS와 NAS의 단점을 해결한 발전된 스토리지 형태. 네트워크상에 광채널 스위치의 이점인 고속 전송과 장거리 연결 및 멀티 프로토콜 기능을 활용함
[오답해설]
③ NAC(Network Access Control) : 관리자가 정의한 보안환경이 운영되는 시스템만 네트워크에 연결이 가능하도록 함. Clear Network에 악성 Worm이 감염된 Host가 연결되면 순식간에 네트워크는 악성 Worm이 퍼지게 되므로 이러한 상황을 막고자 하는 시스템

42

관계형 데이터베이스 언어인 SQL에 대한 설명으로 옳은 것은?

① 데이터 정의어(DDL)를 이용하여 데이터를 검색한다.
② 데이터 조작어(DML)를 이용하여 권한을 부여하거나 취소한다.
③ DELETE문은 테이블을 삭제하는 데 사용한다.
④ SELECT문에서 FROM절은 필수 항목이고, WHERE절은 선택항목이다.

SELECT [ALL | DISTINCT 열_리스트(검색 대상)]
FROM 테이블_리스트
[WHERE 조건]
[오답해설]
① 데이터 조작어(DML)를 이용하여 데이터를 검색함
② 데이터 제어어(DCL)를 이용하여 권한을 부여하거나 취소함
③ DROP문은 테이블을 삭제하는 데 사용함

43

E-R 모델의 표현 방법으로 옳지 않은 것은?

① 개체타입 : 사각형 ② 관계타입 : 마름모
③ 다중속성 : 오각형 ④ 연결 : 선

E-R 다이어그램 표기법

기호	의미
□	개체 타입
▭	약한 개체 타입
○	속성
◎	다중속성 : 여러 개의 값을 가질 수 있는 속성
◇	관계 : 개체 간의 상호작용
◈	식별 관계 타입
⊙	키속성 : 모든 개체들이 모두 다른 값을 갖는 속성 (기본키)
⌇	부분키 애트리뷰트
⛁	복합속성 : 하나의 속성을 부분으로 나누어질 수 있는 속성

44

관계대수 연산에서 테이블에서 조건에 맞는 행을 검색할 수 있는 연산은?

① ⋈ ② ⊃
③ π ④ σ

④ 셀렉트(SELECT, σ) : 테이블에서 조건에 맞는 행을 검색할 수 있음
[오답해설]
① 조인(JOIN, ⋈) : 두 관계로부터 관련된 튜플들을 하나의 튜플로 결합하는 연산
③ 프로젝트(PROJECT, π) : 테이블에서 속성리스트를 선택하여 검색할 수 있음

45

데이터베이스 설계 과정에서 목표 DBMS의 구현 데이터 모델로 표현된 데이터베이스 스키마가 도출되는 단계는?

① 요구사항 분석 단계
② 개념적 설계 단계
③ 논리적 설계 단계
④ 물리적 설계 단계

> **논리적 설계 단계**
> 앞 단계의 개념적 설계 단계에서 만들어진 정보 구조로부터 목표 DBMS가 처리할 수 있는 스키마를 생성하며, 이 스키마는 요구 조건 명세를 만족해야 되고, 무결성과 일관성 제약 조건도 만족하여야 함

46

MS Access의 데이터베이스를 이용한 성적 테이블에서 적어도 2명 이상이 수강하는 과목에 대해 등록한 학생수와 평균점수를 구하기 위한 SQL 질의문을 작성할 경우 빈칸에 적절한 표현은?

〈테이블명 : 성적〉

학번	과목	성적	점수
100	자료구조	A	90
100	운영체제	A	95
200	운영체제	B	85
300	프로그래밍	A	90
300	데이터베이스	C	75
300	자료구조	A	95

```
select 과목, count(*) as 학생수, AVG(점수) as 평균점수
from 성적
group by 과목
```

① where sum(학번) >= 2;
② where count(학번) >= 2;
③ having sum(학번) >= 2;
④ having count(학번) >=2;

> group by절에서 조건식이 들어가면 having을 사용함
> select 과목, count(*) as 학생수, AVG(점수) as 평균점수
> from 성적
> group by 과목 having count(학번) >=2;

47

다음 중 이행적 함수 종속 관계를 의미하는 것은?

① A→B이고 B→C일 때, C→B를 만족하는 관계
② A→B이고 B→C일 때, C→A를 만족하는 관계
③ A→B이고 B→C일 때, B→A를 만족하는 관계
④ A→B이고 B→C일 때, A→C를 만족하는 관계

> 함수 종속 관계 : A→B, B→C이면 A→C가 성립하는 이행적 함수 종속(transitive FD)이 존재하며, 이는 이상 현상의 원인이 됨

48

데이터베이스에 저장된 데이터값과 그것이 표현하는 현실 세계의 실제값이 일치하는 정확성을 의미하는 것은?

① 트리거(rtigger)
② 무결성(integrity)
③ 잠금(lock)
④ 복귀(rollback)

> ② 무결성(integrity) : 데이터베이스에 저장된 데이터값과 그것이 표현하는 현실 세계의 실제값이 일치하는 정확성을 의미함
>
> [오답해설]
> ① 트리거는 데이터베이스가 미리 정해 놓은 특정 조건이 만족되거나 어떤 동작이 수행되면 자동으로 실행되도록 정의한 동작. 조건이 만족되는 경우에 취해야 하는 조치를 명세함
> ③ 잠금(lock) : lock된 데이터는 다른 트랜잭션이 접근할 수 없으며, unlock될 때까지 대기하여야 함
> ④ 복귀(rollback) : 트랜잭션의 비정상적인 종료

49

SQL의 분류 중 DML에 해당하지 않는 것은?

① UPDATE
② ALTER
③ INSERT
④ SELECT

> • 정의어(DDL) : CREATE, ALTER, DROP
> • 조작어(DML) : SELECT, INSERT, DELETE, UPDATE
> • 제어어(DCL) : GRANT, REVOKE

정답 45 ③ 46 ④ 47 ④ 48 ② 49 ②

50

다음 중 데이터 제어언어(DCL)의 기능으로 옳지 않은 것은?

① 릴레이션 생성
② 병행수행 제어
③ 무결성 유지
④ 데이터 보안

> 제어언어(DCL)의 기능은 정확성과 안정성 유지이며, 무결성 유지, 보안(권한) 검사, 병행수행 제어가 포함됨

51

데이터베이스 설계 시에 양질의 데이터베이스를 구축하기 위하여 데이터베이스 릴레이션을 정규화한다. 이때 고려해야 할 사항과 가장 관련이 없는 것은?

① 원하지 않는 데이터의 중복을 제거한다.
② 원하지 않는 데이터의 종속을 제거한다.
③ 한 릴레이션 내의 속성들 간의 관계를 고려한다.
④ 한 릴레이션 내의 튜플들 간의 관계를 고려한다.

> • 정규화는 데이터의 중복을 최소화하고 이상현상을 방지하는데, 정규화를 위해 반드시 속성들 간의 관계를 고려해야 하지만 튜플들 간의 관계는 고려하지 않음
> • 정규화의 개념
> - 이상문제를 해결하기 위해 애트리뷰트 간의 종속관계를 분석하여 여러 개의 릴레이션으로 분해하는 과정
> - 릴레이션의 애트리뷰트, 엔티티, 관계성을 파악하여 데이터의 중복성을 최소화하는 과정
> - 논리적 설계 단계에서 수행
> - 정규화를 통해 릴레이션을 분해하면 일반적으로 연산시간이 증가함

52 ⭐빈출

다음과 같은 트랜잭션의 특성은?

> 트랜잭션이 일단 그 실행을 성공적으로 끝내면 그 결과를 어떠한 경우에도 보장받는다는 의미이다.

① 원자성(atomicity)
② 일관성(consistency)
③ 격리성(isolation)
④ 영속성(durability)

④ 영속성(durability) : 트랜잭션이 일단 그 실행을 성공적으로 끝내면 그 결과를 어떠한 경우에도 보장받는다는 의미
[오답해설]
① 원자성(atomicity) : 트랜잭션은 전부, 전무의 실행만이 있지 일부 실행으로 트랜잭션의 기능을 가질 수는 없음
② 일관성(consistency) : 트랜잭션이 그 실행을 성공적으로 완료하면 언제나 일관된 데이터베이스 상태로 된다는 의미. 즉, 이 트랜잭션의 실행으로 일관성이 깨지지 않는다는 의미
③ 격리성(isolation) : 연산의 중간결과에 다른 트랜잭션이나 작업이 접근할 수 없다는 의미

53

사원(사번, 이름) 테이블에서 사번이 100인 튜플을 삭제하는 SQL문으로 옳은 것은? (단, 사번의 자료형은 INT이고, 이름의 자료형은 CHAR(20)으로 가정한다.)

① DELETE FROM 사원
   WHERE 사번=100;
② DELETE IN 사원
   WHERE 사번=100;
③ DROP TABLE 사원
   WHERE 사번=100;
④ DROP 사원 COLUMN
   WHERE 사번=100;

> DELETE FROM 테이블명 WHERE 조건;
> ① DELETE FROM 사원
>   WHERE 사번=100;
> 사원 테이블에서 사번이 100인 사원의 튜플을 삭제함
> [오답해설]
> ② DELETE IN 사원 WHERE 사번=100;   // DELETE FROM이 맞는 표현
> ③ DROP TABLE 사원 WHERE 사번=100;   // DROP은 전체(구조, 데이터) 삭제를 하는 DDL 명령
> ④ DROP 사원 COLUMN WHERE 사번=100;   // DROP은 전체(구조, 데이터) 삭제를 하는 DDL 명령

정답 50 ① 51 ④ 52 ④ 53 ①

54

다음 중 『학생』테이블 생성 후 『과목』필드(컬럼)가 누락되어 이를 추가하려고 한다. 이에 적합한 SQL 명령어는?

① DELETE ② RESTORE
③ ALTER ④ ACCESS

> **ALTER문**
> 기존 테이블에 대해 새로운 열의 첨가, 값의 변경, 기존 열의 삭제 등에 사용함

55

〈보기〉의 직원 테이블에서 키(key)와 관련된 설명으로 옳지 않은 것은? (단, 사번과 주민등록번호는 각 유일한 값을 갖고, 부서번호는 부서 테이블을 참조하는 속성이며, 나이가 같은 동명이인이 존재할 수 있다.)

―――[보 기]―――
직원(사번, 이름, 주민등록번호, 주소, 나이, 성별, 부서번호)

① 부서번호는 외래키이다.
② 사번은 기본키가 될 수 있다.
③ (이름, 나이)는 후보키가 될 수 있다.
④ 주민등록번호는 대체키가 될 수 있다.

> 후보키는 유일성과 최소성을 만족하여야 함. 위의 문제에서 직원 테이블은 나이가 같은 동명이인이 존재할 수 있기 때문에 (이름, 나이)는 유일성을 만족할 수 없으므로 후보키가 될 수 없음
> • 기본키(primary key) : 개체 식별자. 튜플을 유일하게 식별할 수 있는 애트리뷰트 집합(보통 key라고 하면 기본키를 말하지만 때에 따라서 후보키를 뜻하는 경우도 있음). 기본키는 그 키값만으로 그 키값을 가진 튜플을 대표하기 때문에 기본키가 null값을 포함하면 유일성이 깨짐
> • 대체키(alternate key) : 기본키를 제외한 후보키들
> • 후보키(candidate key) : 속성 집합으로 구성된 테이블의 각 튜플을 유일하게 식별할 수 있는 속성이나 속성의 조합들을 후보키라 함(유일성, 최소성)

56

SQL에서 VIEW를 생성할 때 사용하는 명령은?

① ERASE ② KILL
③ CREATE ④ DELETE

> ③ CREATE : 스키마, 도메인, 테이블, 뷰, 인덱스 생성 시 사용
> [오답해설]
> ① ERASE : 메모리 관리에서 플래시 메모리를 지울 때 사용하는 명령
> ② KILL : CPU 점유율이 높은 프로세스 식별자를 강제 종료할 때 사용하는 명령
> ④ DELETE : 기존 테이블의 행을 삭제할 경우 사용

57

다음에서 설명하는 스키마(Schema)는?

> 물리적 저장 장치의 입장에서 본 데이터베이스 구조로서 실제로 데이터베이스에 저장될 레코드의 형식을 정의하고 저장 데이터 항목의 표현 방법, 내부 레코드의 물리적 순서 등을 나타낸다.

① 개념 스키마 ② 내부 스키마
③ 외부 스키마 ④ 내용 스키마

> ② 내부 스키마(Internal Schema) : 물리적 저장 장치의 입장에서 본 데이터베이스 구조로서, 실제로 데이터베이스에 저장될 레코드의 형식을 정의하고 저장 데이터 항목의 표현 방법, 내부 레코드의 물리적 순서 등을 나타냄
> [오답해설]
> ① 개념 스키마(Conceptual Schema) : 조직이나 기관의 총괄적 입장에서 본 데이터베이스의 전체적인 논리적 구조
> ③ 외부 스키마(External Schema) : 일반 사용자나 응용 프로그래머가 각 개인의 입장에서 필요로 하는 데이터베이스의 논리적 구조

정답 54 ③ 55 ③ 56 ③ 57 ②

58
참조 무결성에 대한 설명으로 옳지 않은 것은?

① 검색 연산의 수행 결과는 어떠한 참조 무결성 제약조건도 위배하지 않는다.
② 참조하는 릴레이션에서 튜플이 삭제되는 경우, 참조 무결성 제약조건이 위배될 수 있다.
③ 외래키값은 참조되는 릴레이션의 어떤 튜플의 기본 키값과 같거나 널(NULL)값일 수 있다.
④ 참조 무결성 제약조건은 DBMS에 의하여 유지된다.

- 참조 무결성(referential integrity) : 외래키값은 널이거나, 참조 릴레이션에 있는 기본키와 같아야 한다는 규정. FK는 상위개체의 PK와 같아야 함
- 참조하는 릴레이션은 하위(자식) 릴레이션이므로, 튜플이 삭제되는 경우에도 참조 무결성 제약조건이 위배되지 않음

59
데이터베이스가 미리 정해 놓은 특정 조건이 만족되거나 어떤 동작이 수행되면 자동으로 실행되도록 정의한 동작은?

① 인덱스(Index)
② 트랜잭션(Transaction)
③ 역정규화(Denormalization)
④ 트리거(Trigger)

④ 트리거(Trigger) : 데이터베이스가 미리 정해 놓은 특정 조건이 만족되거나 어떤 동작이 수행되면 자동으로 실행되도록 정의한 동작
[오답해설]
① 인덱스(Index) : 데이터베이스에 저장된 자료를 더욱 빠르게 조회하기 위하여 사용되는 것
② 트랜잭션(Transaction) : 한꺼번에 모두 수행되어야 할 일련의 데이터베이스 연산들이며, 병행 제어 및 회복 작업의 논리적 단위
③ 역정규화(Denormalization) : 정규화되어 있는 것을 정규화 이전 상태로 만드는 것. 많은 조인에 의해 성능이 저하되거나 데이터 조회 시 디스크 I/O량이 많을 때 부분적인 반정규화를 고려함

60
다음 정의에서 말하는 기본 정규형은?

> 릴레이션 R의 모든 결정자(determinant)가 후보키(candidate key)이면 릴레이션 R은 이 정규형에 속한다.

① 제1정규형(1NF)
② 제2정규형(2NF)
③ 제3정규형(3NF)
④ 보이스/코드 정규형(BCNF)

④ 보이스/코드 정규형(BCNF) : 릴레이션 R의 모든 결정자(determinant)가 후보키(candidate key)이면 릴레이션 R은 보이스/코드 정규형(BCNF)에 속함
[오답해설]
① 제1정규형(1NF) : 어떤 릴레이션 R에 속한 모든 도메인이 원자값(Atomic Value)만으로 되어 있음
② 제2정규형(2NF) : 어떤 릴레이션 R이 1NF이고 키(기본)에 속하지 않은 애트리뷰트는 모두 기본키의 완전 함수 종속이면, 제2정규형(2NF)에 속함
③ 제3정규형(3NF) : 어떤 릴레이션 R이 2NF이고 키(기본)에 속하지 않은 모든 애트리뷰트들이 기본키에 이행적 함수 종속이 아닐 때 제3정규형(3NF)에 속함

4과목 프로그래밍 언어 활용

61
JAVA의 예외(exception)와 관련한 설명으로 틀린 것은?

① 배열의 인덱스가 그 범위를 넘어서는 경우 발생하는 오류
② 오동작이나 결과에 악영향을 미칠 수 있는 실행 시간 동안에 발생한 오류
③ 존재하지 않는 파일을 읽으려고 하는 경우에 발생하는 오류
④ 문법 오류로 인해 발생한 것

구문 오류(Syntax Error)는 변수이름과 문장부호를 잘못 사용하거나 선언되지 않은 배열을 사용하는 경우 등 JAVA 언어에서 지켜져야 할 규칙들에 위배되는 경우에 발생되는 오류로 컴파일 시 오류를 발견하며, 에러 메시지를 출력시킴

정답 58 ② 59 ④ 60 ④ 61 ④

62

프로세스 상태(process state)에 대한 설명으로 옳은 것은?

① 종료상태(terminated state)는 프로세스가 기억장치를 비롯한 모든 필요한 자원을 할당받은 상태에서 프로세서의 할당을 기다리고 있는 상태이다.
② 대기상태(waiting/blocked state)는 프로세스가 원하는 자원을 할당받지 못해서 기다리고 있는 상태이다.
③ 실행상태(running state)는 사용자가 요청한 작업이 커널에 등록되어 커널 공간에 PCB 등이 만들어진 상태이다.
④ 준비상태(ready state)는 프로세스의 수행이 끝난 상태이다.

대기(Block) 상태 : I/O와 같은 사건으로 인해 중앙처리장치를 양도하고 I/O 완료 시까지 대기 큐에서 대기하고 있는 상태
[오답해설]
• ①은 준비상태에 대한 설명
• ③은 생성상태에 대한 설명
• ④는 종료상태에 대한 설명

63

프로세스 P1, P2, P3, P4를 선입선출(First In First Out) 방식으로 스케줄링을 수행할 경우 평균응답시간으로 옳은 것은? (단, 응답시간은 프로세스 도착시간부터 처리가 종료될 때까지의 시간을 말한다.)

프로세스	도착시간	처리시간
P1	0	2
P2	2	2
P3	3	3
P4	4	9

① 3 ② 4
③ 5 ④ 6

• P1 : 0초 도착, 2초 결과 출력, 응답 시간 : 2-0 = 2
• P2 : 2초 도착, 4초 결과 출력, 응답 시간 : 4-2 = 2
• P3 : 3초 도착, 7초 결과 출력, 응답 시간 : 7-3 = 4
• P4 : 4초 도착, 16초 결과 출력, 응답 시간 : 16-4 = 12
• 평균 응답시간 : (2+2+4+12)/4 = 5

64

다음 중 응집도가 가장 높은 것은?

① 절차적 응집도 ② 논리적 응집도
③ 우연적 응집도 ④ 통신적 응집도

응집도
1. 우연적 응집도(coincidental cohesion)   응집도가 낮음
2. 논리적 응집도(logical cohesion)
3. 시간적 응집도(temporal cohesion)
4. 절차적 응집도(procedural cohesion)
5. 통신적 응집도(communicational cohesion)
6. 순차적 응집도(sequential cohesion)
7. 기능적 응집도(functional cohesion)   응집도가 높음

65

FIFO 페이지 교체 알고리즘을 사용하는 가상메모리에서 프로세스 P가 다음과 같은 페이지 번호 순서대로 페이지에 접근할 때, 페이지 부재(page-fault) 발생 횟수는? (단, 프로세스 P가 사용하는 페이지 프레임은 총 4개이고, 빈 상태에서 시작한다.)

1 2 3 4 5 2 1 1 6 7 5

① 6회 ② 7회
③ 8회 ④ 9회

순번	1	2	3	4	5	6	7	8	9	10	11
요구 페이지	1	2	3	4	5	2	1	1	6	7	5
페이지 프레임	1	1	1	1	5	5	5	5	5	5	5
		2	2	2	2	2	1	1	1	1	1
			3	3	3	3	3	3	6	6	6
				4	4	4	4	4	4	7	7
페이지 부재	○	○	○	○	○		○		○	○	

정답 62 ② 63 ③ 64 ④ 65 ③

66

다음은 파이썬으로 만들어진 반복문 코드이다. 이 코드의 결과는?

```
>> while(True) :
    print('A')
    print('B')
    print('C')
    break
    print('D')
```

① A, B, C 출력이 반복된다.
② A, B, C까지만 출력된다.
③ A, B, C, D 출력이 반복된다.
④ A, B, C, D까지만 출력된다.

while(True)의 조건이 True이므로 무한루프가 됨. print('A'), print('B'), print('C')를 수행하고, break문을 만나면 반복문이 종료되므로 A, B, C까지만 출력됨

67

다음 C 프로그램의 출력값은?

```
#include <stdio.h>
int main( ) {
    int a[ ] = {1, 2, 4, 8};
    int *p = a;

    p[1] = 3;
    a[1] = 4;
    p[2] = 5;

    printf("%d, %d\n", a[1]+p[1], a[2]+p[2]);

    return 0;
}
```

① 5, 9
② 6, 9
③ 7, 9
④ 8, 10

- int *p = a;   // 포인터변수 p가 배열 a를 가리킴
- 즉, a[0]과 p[0], a[1]과 p[1] … 은 같은 곳을 가리킴

68

교착상태(Dead lock)가 발생할 수 있는 조건 중 비선점(non-preemption)조건에 대한 설명으로 옳은 것은?

① 프로세스가 자신에게 이미 할당된 자원을 보유하고 있으면서 다른 프로세스에 할당된 자원을 요구하면서 기다리는 경우이다.
② 한 프로세스에게 할당된 자원은 그 프로세스가 사용을 완전히 종료하기 전까지는 해제되지 않는 경우이다.
③ 여러 프로세스들이 같은 자원을 동시에 사용하지 못하게 하는 경우이다.
④ 각 프로세스들이 서로 다른 프로세스가 가지고 있는 자원을 요구하며 하나의 순환(Cycle) 구조를 이루는 경우이다.

비선점(non-preemption) 조건
프로세스가 사용 중인 공유자원을 강제로 빼앗을 수 없는 의미로, 어느 하나의 프로세스에게 할당된 공유자원의 사용이 끝날 때까지 다른 하나의 프로세스가 강제로 중단시킬 수 없음
[오답해설]
- ①은 점유와 대기 조건
- ③은 상호배제 조건
- ④는 환형 대기 조건

69

운영체제를 기능에 따라 분류할 경우 제어 프로그램이 아닌 것은?

① 통신 제어
② 작업 제어 프로그램
③ 언어번역 프로그램
④ 감시 프로그램

- 언어번역 프로그램은 운영체제를 기능에 따라 분류할 경우 처리 프로그램에 해당됨
- 제어 프로그램(Control Program) : 컴퓨터 전체의 동작 상태를 감시, 제어하는 기능을 수행하는 프로그램(감시 프로그램, 데이터 관리 프로그램, 작업 제어 프로그램, 통신 제어)
- 처리 프로그램(Processing Program) : 제어 프로그램의 감시 하에 특정 문제를 해결하기 위한 데이터 처리를 담당하는 프로그램(언어번역 프로그램, 서비스 프로그램)

정답 66 ② 67 ④ 68 ② 69 ③

70

IPv6에 대한 설명으로 틀린 것은?

① 멀티캐스트(Multicast)를 사용한다.
② 보안과 인증 확장 헤더를 사용함으로써 인터넷 계층의 보안기능을 강화하였다.
③ 애니캐스트(Anycast)는 하나의 호스트에서 그룹 내의 가장 가까운 곳에 있는 수신자에게 전달하는 방식이다.
④ 32비트 주소체계를 사용한다.

> IPv6은 128비트 주소체계를 사용함

71

UNIX의 커널에 관한 설명으로 옳은 것은?

① 명령어 해석기이다.
② 시스템과 사용자 간의 인터페이스를 담당한다.
③ 여러 종류의 쉘이 있다.
④ 프로세스, 기억장치, 입출력 관리를 수행한다.

> 프로세스, 기억장치, 입출력 관리를 수행하는 것은 커널의 역할
> [오답해설]
> 쉘(Shell)은 유닉스 시스템과 사용자 사이의 인터페이스를 제공하는 것을 말함. 즉, 사용자가 문자열들을 입력하면 그것을 해석하여 그에 따르는 명령어를 찾아서 커널에 알맞은 작업을 요청하게 됨

72

다음과 같은 형태로 임계 구역의 접근을 제어하는 상호배제 기법은?

```
P(S) : while S<=0 do skip ;
S := S - 1 ;
V(S) : S := S + 1 ;
```

① Dekker Algorithm
② Lamport Algorithm
③ Peterson Algorithm
④ Semaphore

> • 세마포어 : 멀티프로그래밍 환경에서 공유 자원에 대한 접근을 제한하는 방법으로 사용됨
> • 세마포어의 P, V연산
> S : 자원의 개수
> P : 임계 구역에 진입 전 수행
> V : 임계 구역에서 나올 때 수행
> P(S) : While S <= 0 do skip;// 다른 프로세스가 사용 중(S <=0)이면 대기
> S := S-1;   // 자원 점유를 알림, 개수 감소
> V(S) : S := S + 1;   // 대기 중인 프로세스를 깨우는 신호로 자원 반납을 알림. 개수 증가

73

다음 중 페이징 기법에서 페이지 크기가 작아질수록 발생하는 현상이 아닌 것은?

① 페이지 맵 테이블의 크기가 증가한다.
② 입·출력 시간이 늘어난다.
③ 내부 단편화가 증가한다.
④ 기억장소 이용 효율이 증가한다.

> 일반적으로 페이지 크기가 작아지면, 내부 단편화가 감소함

74

다음의 Java 프로그램에서 사용되지 않은 기법은?

```
class Adder {
    public int add(int a, int b) { return a+b;}
    public double add(double a, double b) { return a+b;}
}
class Computer extends Adder {
    private int x;
    public int calc(int a, int b, int c) { if (a == 1) return add(b, c);       else return x;}
    Computer( ) { x = 0;}
}

public class Adder_Main {
    public static void main(String args[ ]) {
        Computer c = new Computer( );
        System.out.println("100 + 200 = " + c.calc(1, 100, 200));
        System.out.println("5.7 + 9.8 = " + c.add(5.7, 9.8));
    }
}
```

① 캡슐화(Encapsulation)
② 상속(Inheritance)
③ 오버라이딩(Overriding)
④ 오버로딩(Overloading)

> 클래스 Adder에서 add 메소드가 행위는 같지만 인자가 서로 상이하게 오버로딩되고 있지만, 위의 소스에서 오버라이딩 개념은 사용되고 있지 않음

75

TCP/IP 프로토콜 중 전송 계층 프로토콜은?

① UDP
② FTP
③ SNMP
④ HTTP

> 전송(Transport) 계층은 네트워크 양단의 송수신 호스트 사이의 신뢰성 있는 전송 기능을 제공함. 시스템의 논리 주소와 포트를 가지므로 각 상위 계층의 프로세스를 연결하며, TCP와 UDP가 사용됨
> [오답해설]
> HTTP, SNMP, FTP는 응용(Application) 계층의 프로토콜임

76

CPU 스케줄링에서 HRN 방식으로 스케줄링할 경우, 입력된 작업이 다음과 같을 때 우선순위가 가장 높은 작업은?

작업	대기시간	서비스시간
A	15	8
B	15	5
C	10	7
D	5	5
E	8	6

① A
② B
③ C
④ D

> • HRN(Highest Response Next) : SJF의 단점인 실행시간이 긴 프로세스와 짧은 프로세스의 지나친 불평등을 보완한 기법. 대기시간을 고려하여 실행시간이 짧은 프로세스와 대기시간이 긴 프로세스에게 우선순위를 높여주며, 우선순위 계산식에서 가장 큰 값을 가진 프로세스를 스케줄링 함
> • 우선순위 = (대기시간 + 서비스 받을 시간) / 서비스 받을 시간
> • 작업 A : (15+8)/8 = 2.875
> • 작업 B : (15+5)/5 = 4
> • 작업 C : (10+7)/7 = 2.4285...
> • 작업 D : (5+5)/5 = 2
> • 작업 E : (8+6)/6 = 2.3333...

정답 74 ③ 75 ① 76 ②

77 ⭐

아래 C-프로그램의 실행 결과로 적합한 것은?

```
void main( )
   {
      int a=10;
      int b;
      int *c=&b;
      b = a++;
      b += 10;
      printf("a=%d \n", a);
      printf("b=%d \n", b);
      printf("c=%d \n", *c);
   }
```

① a=10
   b=20
   c=20

② a=10
   b=21
   c=21

③ a=11
   b=20
   c=20

④ a=11
   b=21
   c=21

> int *c=&b; // 포인터변수 c는 변수 b를 가리킴
> b = a++; // 변수 b에 변수 a의 값을 넣은 후에 변수 a를 1 증가시킴
> b += 10; // 변수 b값에 10을 더하여 변수 b에 넣음

78

주기억장치의 현재 사용 중인 영역과 사용 가능한 영역의 크기가 다음 그림과 같다. 메모리 할당 시스템은 최악적합(worst-fit)방법으로 요청 영역을 배당한다. 만일 15K 기억공간을 요청받은 경우 메모리 할당 시스템이 배당한 영역 번호는?

영역번호	1	2	3	4	5	6	7
사용 가능 크기	40K	사용중	145K	사용중	300K	사용중	15K

① 1   ② 3
③ 5   ④ 7

> 최악적합(worst-fit)방법으로 요청한다고 했으므로 현재 사용 가능한 크기 중에 가장 큰 공간에 배치됨

79

스케줄링(Scheduling)은 다중 프로그래밍 운영체제에서 자원의 성능을 향상시키고 효율적인 프로세서의 관리를 위해 작업 순서를 결정하는 것이다. 스케줄링 알고리즘과 관련이 없는 것은?

① RR   ② HRN
③ SSTF   ④ SRT

> • 비선점(Non-preemptive) 스케줄링 : FCFS, SJF, HRN 등
> • 선점(Preemptive) 스케줄링 : SRT, RR, MLQ, MFQ 등

80

IEEE 802.4 LAN에서 사용되는 전송매체 접속제어(MAC)방식은?

① CSMA/CD   ② Token Bus
③ Token Ring   ④ Slotted Ring

> ② Token Bus : IEEE 802.4
> [오답해설]
> ① CSMA/CD : IEEE 802.3
> ③ Token Ring : IEEE 802.5

정답 77 ③   78 ③   79 ③   80 ②

5과목 정보시스템 구축관리

81
다음 내용이 설명하는 것은?

- 블록체인(Blockchain) 개발환경을 클라우드로 서비스하는 개념
- 블록체인 네트워크에 노드의 추가 및 제거가 용이
- 블록체인의 기본 인프라를 추상화하여 블록체인 응용 프로그램을 만들 수 있는 클라우드 컴퓨팅 플랫폼

① OTT
② Baas
③ SDDC
④ Wi-SUN

② Baas(Blockchain as a Service) : 블록체인(Blockchain) 개발환경을 클라우드로 서비스하는 개념
[오답해설]
① OTT(Over The Top) : 인터넷을 통하여 TV, 영화 등 미디어 콘텐츠를 제공하는 서비스
③ SDDC(Software-Defined Data Center) : 모든 컴퓨팅 인프라를 가상화하여 서비스하는 데이터센터
④ Wi-SUN : 스마트 그리드 서비스를 제공하기 위한 와이파이 기반의 저전력 장거리 통신기술

82
다음 중 무선랜을 보호하기 위한 기술로 옳지 않은 것은?

① WiFi Rogue Access Points
② WiFi Protected Access
③ Wired Equivalent Privacy
④ WiFi Protected Access Enterprise

- WiFi Rogue Access Points : 악의적인 WiFi 액세스 포인트
- Wired Equivalent Privacy(WEP) : 무선 LAN에서 사용하는 암호화 기법으로 동일한 키(key)와 알고리즘을 사용해 데이터를 암호화하고 해독하는 대칭키 알고리즘 방식을 기본으로 하는 암호화 기법
- WiFi Protected Access(WPA) : 키값이 쉽게 깨지는 WEP의 취약점을 보완하기 위해 개발됨. 데이터 암호화를 강화하기 위해 TKIP(Temporal Key Integrity Protocol)라는 IEEE 802.11i 보안 표준을 사용하며, WPA 규격에는 WPA-Personal과 WPA-Enterprise가 있음

83
COCOMO model 중 30만 라인 이하의 소프트웨어를 개발하는 유형은?

① embeded
② organic
③ semi-detached
④ semi-embeded

③ 중간형(semi-detached model) : 30만 라인 이하의 프로젝트
[오답해설]
① 내장형(embeded model) : 30만 라인 이상의 프로젝트
② 유기적(organic model) : 5만 라인 이하로 소규모 팀이 수행할 수 있는 아주 작고 간단한 소프트웨어 프로젝트

84
TCP/IP 기반 네트워크에서 동작하는 발행-구독 기반의 메시징 프로토콜로 최근 IoT 환경에서 자주 사용되고 있는 프로토콜은?

① MLFQ
② MQTT
③ Zigbee
④ MTSP

② MQTT(Message Queuing Telemetry Transport) : TCP/IP 기반 네트워크에서 동작하는 발행-구독 기반의 메시징 프로토콜로 최근 IoT 환경에서 자주 사용되고 있는 프로토콜
[오답해설]
① MLFQ(Multi-level Feedback Queue) : 다단계 피드백 큐이며, MFQ라고도 함
③ Zigbee : IEEE 802.15.4를 기반으로 하며, 저속/저전력의 무선망을 위한 기술

85

스마트 그리드 서비스를 제공하기 위한 와이파이 기반의 저전력 장거리 통신기술은?

① PICONET
② SCRUM
③ NFC
④ WI-SUN

> ④ WI-SUN : 스마트 그리드 서비스를 제공하기 위한 와이파이 기반의 저전력 장거리 통신기술
> [오답해설]
> ① PICONET(피코넷) : 여러 개의 독립된 통신장치가 UWB(Ultra Wideband) 통신 기술 또는 블루투스 기술을 사용하여 통신망을 형성하는 무선 네트워크 기술
> ② SCRUM : 애자일 기법의 하나이며, 소프트웨어 개발 시에 30일마다 동작 가능한 제품을 제공하는 스플린트를 중심으로 하고 있음. 매일 정해진 시간에 정해진 장소에서 짧은 시간의 개발을 하는 팀을 위한, 프로젝트 관리 중심의 방법론
> ③ NFC : 가까운(10cm 이내) 거리에서 무선 데이터를 주고받는 통신기술

86

소프트웨어 공학에 대한 설명으로 거리가 먼 것은?

① 소프트웨어 공학의 목표는 양질의 소프트웨어를 생산하는 것이다.
② 소프트웨어의 품질을 평가하는 기준으로는 정확성, 유지보수성, 무결성, 사용성 등이 있다.
③ 소프트웨어 프로세스 모형으로는 폭포수 모형, 프로토타입 모형, 나선형 프로세스 모형이 있고, 이러한 방법을 혼합한 방법은 사용하지 않는다.
④ 소프트웨어를 개발하는 동안 여러 작업들을 자동화 하도록 도와주는 도구를 CASE(Computer Aided Software Engineering)라고 한다.

> • 소프트웨어 프로세스 모형은 실제로 사용 시에 조직에 맞게 다듬어지고 혼합되어 사용되는 경우도 있음
> • 소프트웨어 공학의 정의 : 최소의 경비로 품질 높은 소프트웨어 상품의 개발, 유지보수 및 관리를 위한 모든 기법, 도구, 방법론의 총칭으로서, 전산학(기술적 요소), 경영학(관리적 요소), 심리학(융합적 요소)을 토대로 한 종합 학문
> • 소프트웨어 공학의 목적 : 소프트웨어 공학은 소프트웨어 위기를 극복하기 위해 개발한 학문으로, 소프트웨어 제품의 품질을 향상시키고, 생산성과 작업 만족도 증대, 신뢰도 높은 소프트웨어의 생산 등을 목적으로 하는 학문. 소프트웨어를 개발 및 유지보수의 생산성 향상과 품질 향상

87

IPSec에서 두 컴퓨터 간의 보안 연결 설정을 위해 사용되는 것은?

① Extensible Authentication Protocol
② Internet Key Exchange
③ Encapsulating Security Payload
④ Authentication Header

> ② IKE(Internet Key Exchange)를 이용한 비밀키 교환 : ISAKMP(Internet Security Association and Key Management Protocol), SKEME, Oakley 알고리즘의 조합. 두 컴퓨터 간의 보안 연결(SA : Security Association)을 설정함
> [오답해설]
> ③ ESP(Encapsulating Security Payload) : 메시지의 암호화를 제공함. 사용하는 암호화 알고리즘으로는 DES-CBC, 3DES, RC5, IDEA, 3IDEA, CAST, blowfish가 있음
> ④ AH(Authentication Header) : 데이터가 전송 도중에 변조되었는지를 확인할 수 있도록 데이터의 무결성에 대해 검사하고, 데이터를 스니핑한 뒤 해당 데이터를 다시 보내는 재생공격(Replay Attack)을 막을 수 있음

88

공개키(public key) 암호화 방식에 대한 설명으로 옳지 않은 것은?

① 공개키와 개인키로 이루어진다.
② 대표적 활용 예로는 전자서명이 있다.
③ 송수신자는 서로 다른 키를 사용한다.
④ 개인키는 메시지를 전송할 때 사용한다.

> 공개키 암호화 방식은 비대칭키 방식이며, 메시지를 전송하는 송신측에서 공개키를 이용하여 암호화하고 수신측에서 개인키를 이용하여 복호화함

정답 85 ④ 86 ③ 87 ② 88 ④

89

소프트웨어 생명주기 모형 중 프로토타입(prototype) 모형에 대한 설명으로 옳은 것을 〈보기〉에서 고른 것은?

[보기]
ㄱ. 프로토타입 모형의 마지막 단계는 설계이다.
ㄴ. 발주자가 목표 시스템의 모습을 미리 볼 수 있다.
ㄷ. 폭포수 모형보다 발주자의 요구사항을 반영하기가 용이하다.
ㄹ. 프로토타입별로 구현시스템에 대하여 베타테스트를 실시한다.

① ㄱ, ㄴ
② ㄴ, ㄷ
③ ㄷ, ㄹ
④ ㄱ, ㄹ

ㄴ. 개발이 완료되기 전에 시제품을 미리 만드므로 발주자가 목표 시스템의 모습을 미리 볼 수 있음
ㄷ. 시제품을 미리 만들어 피드백을 얻을 수 있으므로 폭포수 모형보다 발주자의 요구사항을 반영하기가 용이함
[오답해설]
ㄱ. 프로토타입 모형의 마지막 단계는 공학적 제품화 단계임
ㄹ. 프로토타입별로가 아니라 통합하여, 베타테스트를 실시함

90

인터넷 환경에서 다른 사용자들이 송수신하는 네트워크상의 데이터를 도청하여 패스워드나 중요한 정보를 알아내는 형태의 공격은?

① 서비스 거부(DoS : denial of service) 공격
② ICMP 스머프(smurf) 공격
③ 스니핑(sniffing)
④ 트로이 목마(Trojan horse)

스니핑은 정보를 도청하는 것이고, 스푸핑은 IP나 DNS 등을 속이는 것을 말하며, 피싱은 개인정보를 낚는 방식임. 페이징은 정보보호 분야에서 사용되는 기술이 아니라 가상기억장치에서 사용되는 기술임
[오답해설]
① DoS 공격은 희생시스템에 과도한 부하를 일으켜 희생시스템의 가용성을 떨어뜨리는 공격임
② 스머프 공격은 DoS 공격의 일종으로, IP를 속여 다이렉트 브로드캐스트를 수행하여 희생시스템에 과도한 에코 메시지를 받게하는 공격임
④ 트로이 목마는 유용한 프로그램인 것처럼 위장하여 사용자의 시스템으로 침투하여 악의적인 기능을 수행하는 프로그램임

91

현재의 위험을 받아들이고 잠재적 손실 비용을 감수하도록 조치하는 방안은?

① 위험 회피
② 위험 감소
③ 위험 수용
④ 위험 전가

③ 위험 수용 : 현재의 위험을 받아들이고 잠재적 손실 비용을 감수하는 것
[오답해설]
① 위험 회피 : 위험이 존재하는 프로세스나 사업을 수행하지 않고 포기하는 것
② 위험 감소 : 위험을 감소시킬 수 있는 대책을 채택하여 구현하는 것
④ 위험 전가 : 보험이나 외주 등으로 잠재적 비용을 제3자에게 이전하거나 할당하는 것

92

LOC 기법에 의하여 예측된 총 라인 수가 20,000라인, 프로그래머의 월 평균 생산성이 200라인, 개발에 참여할 프로그래머가 10인일 때, 개발 소요 기간은?

① 10개월
② 20개월
③ 25개월
④ 100개월

- 노력(인월) = LOC/1인당 월평균 생산코드 라인 수
  = 20,000/200 = 100
- 개발 기간 = 노력(인월)/투입 인원 = 100/10 = 10개월

정답 89 ② 90 ③ 91 ③ 92 ①

93
행위나 이벤트의 발생을 증명하여 나중에 행위나 이벤트를 부인할 수 없도록 하는 보안 요소는?

① 기밀성
② 부인방지
③ 가용성
④ 무결성

> ② 부인방지 : 행위나 이벤트의 발생을 증명하여 나중에 행위나 이벤트를 부인할 수 없도록 함
>
> [오답해설]
> ① 기밀성 : 정보자산이 인가된(authorized) 사용자에게만 접근할 수 있도록 보장하여 접근 권한을 가진 사람만이 실제로 접근 가능하도록 함
> ③ 가용성 : 정보와 정보시스템의 사용을 인가받은 사람이 그를 사용하려고 할 때 언제든지 사용할 수 있도록 보장하는 것
> ④ 무결성 : 접근 권한이 없는 사용자에 의해 정보가 변경되지 않도록 보호하여 정보의 정확성과 완전성을 확보함

94
다음 설명에 해당하는 것은?

> PC나 스마트폰을 해킹하여 특정 프로그램이나 기기 자체를 사용하지 못하도록 하는 악성코드로서 인터넷 사용자의 컴퓨터에 설치되어 내부 문서나 스프레드시트, 이미지 파일 등을 암호화하여 열지 못하도록 만든 후 돈을 보내주면 해독용 열쇠 프로그램을 전송해 준다며 금품을 요구한다.

① Web Shell
② Ransomware
③ Honeypot
④ Stuxnet

> **Ransomware**
> 랜섬웨어는 '몸값'(Ransom)과 '소프트웨어'(Software)의 합성어로, 컴퓨터 사용자의 문서를 볼모로 잡고 돈을 요구한다고 해서 '랜섬(ransom)'이란 수식어가 붙음. 인터넷 사용자의 컴퓨터에 잠입해 내부 문서나 스프레드 시트, 그림 파일 등을 제멋대로 암호화해 열지 못하도록 만들거나 첨부된 이메일 주소로 접촉해 돈을 보내 주면 해독용 열쇠 프로그램을 전송해 준다며 금품을 요구하기도 함
>
> [오답해설]
> ① Web Shell : 웹 서버에 명령을 실행해 관리자 권한을 획득하는 방식의 공격 방법으로, 공격자가 원격에서 대상 웹 서버에 웹 스크립트 파일을 전송, 관리자 권한을 획득한 후 웹페이지 소스 코드 열람, 악성코드 스크립트 삽입, 서버 내 자료유출 등의 공격을 하는 것
> ③ Honeypot : 컴퓨터 프로그램에 침입한 스팸과 컴퓨터바이러스, 크래커를 탐지하는 가상컴퓨터. 침입자를 속이는 최신 침입탐지기법으로 마치 실제로 공격을 당하는 것처럼 보이게 하여 크래커를 추적하고 정보를 수집하는 역할을 함
> ④ Stuxnet : 발전소 등 전력 설비에 쓰이는 지멘스의 산업자동화제어 시스템(PCS7)만을 감염시켜 오작동을 일으키거나 시스템을 마비시키는 신종 웜 바이러스

95
나선형(spiral) 모형에서 단계별로 수행하는 작업 순서로 옳은 것은?

① 위험분석 - 계획 및 정의 - 개발 - 고객평가
② 계획 및 정의 - 위험분석 - 개발 - 고객평가
③ 계획 및 정의 - 개발 - 위험분석 - 고객평가
④ 위험분석 - 계획 및 정의 - 고객평가 - 개발

> • 나선형(spiral) 모형의 수행 순서 : 계획 및 정의 - 위험분석 - 개발 - 고객평가
> • 나선형 모형의 작업 순서
>   - 계획수립(planning) : 요구사항 수집, 시스템의 목표 규명, 제약 조건 파악
>   - 위험분석(risk analysis) : 요구사항을 토대로 위험을 규명하며, 기능 선택의 우선순위, 위험 요소의 분석/프로젝트 타당성 평가 및 프로젝트를 계속 진행할 것인지 중단할 것인지를 결정함
>   - 개발(engineering) : 선택된 기능의 개발/개선된 한 단계 높은 수준의 제품을 개발
>   - 평가(evaluation) : 구현된 시스템을 사용자가 평가하여 다음 계획을 세우기 위한 피드백을 받음

96
좋은 소프트웨어가 가져야 할 특성과 그 설명의 연결이 옳지 않은 것은?

① 확실성(dependability) - 신뢰성, 보안성, 안전성을 포함하는 포괄적인 특성이다.
② 결함 내성(fault tolerance) - 소프트웨어는 고객의 변경 요구를 수용할 수 있는 방법으로 작성되어야 한다.
③ 사용편리성(usability) - 사용자가 소프트웨어를 편리하게 사용할 수 있어야 한다.
④ 효율성(efficiency) - 소프트웨어는 메모리, 프로세서와 같은 자원을 낭비하지 않아야 한다.

> • 결함 내성은 소프트웨어에 결함이 있더라도 정상적인 수행이 이루어지는 성질을 말함
> • 안전성(dependability) : 소프트웨어의 신뢰성, 보안성, 안정성을 포함하는 포괄적인 특성을 말함

정답 93 ② 94 ② 95 ② 96 ②

97

주체가 속해 있는 그룹의 신원에 근거하여 객체에 대한 접근을 제한하는 방법으로 객체의 소유자가 접근 여부를 결정하는 기법은?

① Mandatory Access Control
② Discretionary Access Control
③ Role Based Access Control
④ Reference Monitor

② 임의적 접근 통제(DAC : Discretionary Access Control) : 주체가 속해 있는 그룹의 신원에 근거하여 객체에 대한 접근을 제한하는 방법으로 객체의 소유자가 접근 여부를 결정함
[오답해설]
① 강제적 접근 통제(MAC : Mandatory Access Control) : 주체와 객체의 등급을 비교하여 접근 권한을 부여하는 접근 통제이며, 모든 객체는 기밀성을 지니고 있다고 보고 객체에 보안 레벨을 부여함
③ 역할기반 접근 통제(RBAC : Role Based Access Control) : 주체와 객체의 상호 관계를 통제하기 위하여 역할을 설정하고 관리자는 주체를 역할에 할당한 뒤 그 역할에 대한 접근 권한을 부여하는 방식
④ 참조 모니터(Reference Monitor) : 접근 행렬의 모니터 검사 기구를 추상화한 것으로 보안의 핵심 부분. 일반적으로는 흐름 제어도 그 대상으로 함

98

다음 중 소프트웨어 개발 팀 구성에 대한 설명으로 옳지 않은 것은?

① 중앙집중식 팀 구성은 구성원이 한 관리자의 명령에 따라 일하고 결과를 보고하는 방식을 취한다.
② 중앙집중식 팀은 한 사람에 의하여 통제할 수 있는 비교적 소규모 문제에 적합하다.
③ 분산형 팀 구성은 의사교환을 위한 비용이 크고 개개인의 생산성을 떨어뜨린다.
④ 분산형 팀의 의사교환 경로는 계층적(hierarchical)이다.

계층적인 팀조직은 혼합형 또는 통제형 팀으로, 초보자와 경험자를 분리하여 경험자는 초보자에게 작업을 지시하고, 초보자는 지시에 따라 작업을 하며 경험자에 보고하는 형식으로 대규모 프로젝트에 적합함. 그리고 모든 구성원은 상하 좌우 구성원들과 유기적인 관계를 가짐

99

암호화 키와 복호화 키가 동일한 암호화 알고리즘은?

① DSA
② DES
③ ECC
④ RSA

- 암호화 키와 복호화 키가 동일한 암호화 알고리즘을 대칭키 암호화 알고리즘이라고 하며, 대칭키 암호화 알고리즘은 대표적으로 DES, AES 등이 있음
- 대칭키 암호화 알고리즘 : DES, TDES, AES, SEED, ARIA, IDEA
- 비대칭키(공개키) 암호화 알고리즘 : RSA(소인수분해), ElGamai (이산대수), ECC(타원곡선)

100

정보보호의 주요 목적에 대한 설명으로 옳지 않은 것은?

① 기밀성(confidentiality)은 인가된 사용자만이 데이터에 접근할 수 있도록 제한하는 것을 말한다.
② 가용성(availability)은 필요할 때 데이터에 접근할 수 있는 능력을 말한다.
③ 무결성(integrity)은 식별, 인증 및 인가 과정을 성공적으로 수행했거나 수행 중일 때 발생하는 활동을 말한다.
④ 책임성(accountability)은 제재, 부인방지, 오류제한, 침입탐지 및 방지, 사후처리 등을 지원하는 것을 말한다.

무결성은 정보와 정보처리 방법의 완전성과 정확성을 보호하는 것이며, 또한 네트워크를 통하여 송수신되는 정보의 내용이 불법적으로 생성 또는 변경되거나 삭제되지 않도록 보호되어야 하는 것임

정답: 97 ② 98 ④ 99 ② 100 ③

2024년 1회 | 최신 CBT 기출복원문제

1과목 소프트웨어 설계

01
UI 제스처의 구성요소에 가장 포함되지 않는 것은?
① 핀치
② 펀치
③ 더블탭
④ 드래그

> **UI 제스처의 구성요소**
> 드래그, 핀치, 탭, 더블탭, 프레스

02
입력되는 데이터를 컴퓨터의 프로세서가 처리하기 전에 미리 처리하여 프로세서가 처리하는 시간을 줄여주는 프로그램이나 하드웨어를 말하는 것은?
① FEP
② EAI
③ GPL
④ Duplexing

> **FEP(front-end processor)**
> 입력되는 데이터를 컴퓨터의 프로세서가 처리하기 전에 미리 처리하여 프로세서가 처리하는 시간을 줄여주는 프로그램이나 하드웨어를 말함

03 ★빈출
UI 설계 원칙 중 누구나 쉽게 이해하고 사용할 수 있어야 한다는 원칙은?
① 희소성
② 유연성
③ 직관성
④ 멀티운용성

> ③ 직관성(Intuitiveness)은 UI 설계 원칙에서 누구나 쉽게 이해하고 사용할 수 있도록 제작하는 것을 의미함
> [오답해설]
> ② 유연성(Flexibility) : 사용자의 인터랙션을 최대한 포용하고, 실수를 방지할 수 있도록 제작함

04 ★빈출
UML에서 활용되는 다이어그램 중 시스템의 동작을 표현하는 행위(Behavioral) 다이어그램에 해당하지 않는 것은?
① 유스케이스 다이어그램(Use Case Diagram)
② 시퀀스 다이어그램(Sequence Diagram)
③ 활동 다이어그램(Activity Diagram)
④ 배치 다이어그램(Deployment Diagram)

> • 배치 다이어그램(Deployment Diagram)은 구조적 다이어그램으로 분류됨
> • 구조적 다이어그램 : Class Diagram, Component Diagram, Object Diagram, Deployment Diagram, Composite Diagram, Package Diagram
> • 행위 다이어그램 : Use Case Diagram, Sequence Diagram, State Diagram, Activity Diagram, Communication Diagram, Timing Diagram

05 ★빈출
객체지향에서 정보 은닉과 가장 밀접한 관계가 있는 것은?
① Encapsulation
② Class
③ Method
④ Instance

> ① Encapsulation(캡슐화) : 객체를 정의할 때 서로 관련성이 많은 데이터들과 이와 연관된 함수들을 하나로 묶는 것을 말함
> [오답해설]
> ② Class(클래스) : 클래스는 동일한 타입의 객체들의 메소드와 변수들을 정의하는 템플릿(templete)
> ③ Method(메소드) : 메소드는 객체가 어떻게 동작하는지를 규정하고 속성의 값을 변경시킴
> ④ Instance(인스턴스) : 객체지향 기법에서 같은 클래스에 속한 각각의 객체를 의미

정답 01 ② 02 ① 03 ③ 04 ④ 05 ①

06

인터페이스 구현 검증도구 중 아래에서 설명하는 것은?

> C++(Cppunit), .Net(Nunit) 등 다양한 언어를 지원하는 단위테스트 프레임워크

① xUnit ② STAF
③ FitNesse ④ RubyNode

① xUnit : java(Junit), C++(Cppunit), .Net(Nunit) 등 다양한 언어를 지원하는 단위테스트 프레임워크
[오답해설]
② STAF : 서비스 호출, 컴포넌트 재사용 등 다양한 환경을 지원하는 테스트 프레임워크
③ FitNesse : 웹기반 테스트케이스 설계·실행·결과확인 등을 지원하는 테스트 프레임워크

07 ⭐

자료 사전에서 자료의 생략을 의미하는 기호는?

① { } ② **
③ = ④ ( )

자료 사전 기호	의미
=	항목의 정의(~로 구성되어 있다)
+	그리고, 순차(and)
( )	선택사항, 생략가능(optional)
{ }	반복(iteration)
[|]	여러 대안 중 하나 선택
* *	주석(comment)

08 ⭐

XP(eXtreme Programming)의 5가지 가치로 거리가 먼 것은?

① 용기 ② 의사소통
③ 정형분석 ④ 피드백

- XP의 5가지 가치에 정형분석은 포함되지 않음
- XP(eXtreme Programming)의 5가지 핵심 가치
  - 존중(Respect) : 팀 기반의 활동 중 팀원 간의 상호 존중을 강조
  - 단순성(Simplicity) : 사용되지 않는 구조와 알고리즘 배제
  - 의사소통(Communication) : 개발자, 관리자, 고객 간의 원활한 의사소통
  - 피드백(Feedback) : 지속적인 테스트와 통합, 반복적 결함 수정, 빠른 피드백
  - 용기(Courage) : 고객의 요구사항 변화에 능동적인 대처

09 ⭐

럼바우(Rumbaugh)의 객체지향 분석 절차를 가장 바르게 나열한 것은?

① 객체 모형 → 동적 모형 → 기능 모형
② 객체 모형 → 기능 모형 → 동적 모형
③ 기능 모형 → 동적 모형 → 객체 모형
④ 기능 모형 → 객체 모형 → 동적 모형

Rumbaugh의 OMT(Object Modeling Technique) 기법

- 객체 모형화(object modeling) : 객체들을 식별하고 객체들 간의 관계를 정의
- 동적 모형화(dynamic modeling) : 시스템이 시간 흐름에 따라 변화하는 것을 보여주는 상태 다이어그램(state diagram)을 작성
- 기능 모형화(function modeling) : 시스템 내에서 데이터가 변하는 과정을 나타내며, 자료 흐름도(DFD)를 이용

10

공통 모듈에 대한 명세 기법 중 해당 기능에 대해 일관되게 이해하고 한 가지로 해석될 수 있도록 작성하는 원칙은?

① 상호작용성 ② 명확성
③ 독립성 ④ 내용성

명세속성	설명
정확성	요구사항은 정확해야 함
명확성	단 한 가지로 해석되어야 함
완전성	모든 것(기능, 비기능)이 표현되어야 함
일관성	요구사항 간 충돌이 없어야 함
수정용이성	요구사항의 변경이 가능해야 함
추적성	제안서 등을 통해 추적이 가능해야 함

정답 06 ① 07 ④ 08 ③ 09 ① 10 ②

11

사용자 인터페이스(User Interface)에 대한 설명으로 틀린 것은?

① 사용자와 시스템이 정보를 주고받는 상호작용이 잘 이루어지도록 하는 장치나 소프트웨어를 의미한다.
② 편리한 유지보수를 위해 개발자 중심으로 설계되어야 한다.
③ 배우기가 용이하고 쉽게 사용할 수 있도록 만들어져야 한다.
④ 사용자 요구사항이 UI에 반영될 수 있도록 구성해야 한다.

> 사용자 인터페이스(User Interface)는 사용자 중심으로 설계되어야 함

12 ★빈출

데이터 흐름도(DFD)의 구성요소에 포함되지 않는 것은?

① process
② data flow
③ data store
④ data dictionary

> 자료 흐름도의 구성
> 프로세스(process), 흐름, 자료 저장소(data store), 단말(terminator)

13

미들웨어 솔루션의 유형에 포함되지 않는 것은?

① WAS
② Web Server
③ RPC
④ ORB

> Web Server는 미들웨어 솔루션이 아니라, 사용자에게 웹을 제공하기 위한 서버
> [오답해설]
> ① WAS(Web Application Server) : 클라이언트(웹브라우저)로부터 웹서버가 요청을 받으면 애플리케이션에 대한 로직을 수행하여 웹서버로 다시 반환해주는 서버
> ③ RPC(Remote Procedure Call, 원격 프로시저 호출) : 네트워크상에서 애플리케이션과 애플리케이션 간의 연동을 하기 위한 미들웨어(또는 다른 컴퓨터에 있는 원격 애플리케이션을 연동시키는 경우 많이 이용됨)
> ④ ORB(Object Request Broker) : 객체지향 미들웨어로 분산 컴퓨팅 환경에서 프로그래머에게 다른 컴퓨터의 프로그램을 네트워크를 통해 호출할 수 있음

14

CASE(Computer-Aided Software Engineering) 도구에 대한 설명으로 거리가 먼 것은?

① 소프트웨어 개발 과정의 일부 또는 전체를 자동화하기 위한 도구이다.
② 표준화된 개발 환경 구축 및 문서 자동화 기능을 제공한다.
③ 작업 과정 및 데이터 공유를 통해 작업자 간의 커뮤니케이션을 증대한다.
④ 2000년대 이후 소개되었으며, 객체지향 시스템에 한해 효과적으로 활용된다.

> CASE(Computer Aided Software Engineering)
> • 소프트웨어 공학의 자동화를 의미하며, 소프트웨어 공학작업 중 하나의 작업을 자동화한 소프트웨어 패키지를 CASE 도구라 하고, 이러한 도구를 한데 모아놓은 것을 소프트웨어 공학환경(Software Engineering Environment)이라 함
> • CASE 도구들은 소프트웨어 관리자들과 실무자들이 소프트웨어 프로세스와 관련된 활동을 지원함. 즉, 프로젝트 관리 활동을 자동화하고, 프로세스에서 생산된 결과물을 관리하며, 엔지니어들의 분석, 설계 및 코딩과 테스트 작업을 도와줌
> • CASE의 주요 기능 : 다양한 소프트웨어 개발 모형 지원, 그래픽 지원, 소프트웨어 생명주기 전 단계의 연결 등이 있음

정답   11 ②   12 ④   13 ②   14 ④

15

다음은 어떤 프로그램 구조를 나타낸다. 모듈 F에서의 fan-in과 fan-out의 수는 얼마인가?

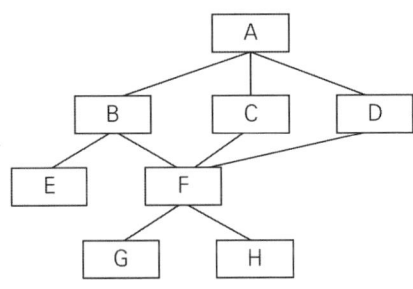

	fan-in	fan-out
①	2	3
②	3	2
③	1	2
④	2	1

- 팬 입력(fan-in)은 특정 모듈을 직접 제어하는 모듈의 수이며, 모듈 F에서는 3(B, C, D)
- 팬 출력(fan-out)은 한 모듈에 의해 직접 제어되는 모듈의 수이며, 모듈 F에서는 2(G, H)

16

디자인 패턴 사용의 장·단점에 대한 설명으로 거리가 먼 것은?

① 소프트웨어 구조 파악이 용이하다.
② 객체지향 설계 및 구현의 생산성을 높이는 데 적합하다.
③ 재사용을 위한 개발 시간이 단축된다.
④ 절차형 언어와 함께 이용될 때 효율이 극대화된다.

- 디자인 패턴은 객체지향 방법론의 가장 큰 장점인 재사용성과 모듈성을 극대화시켜서 이를 적용하면 시스템개발은 물론 유지보수에도 큰 효과가 있음
- 디자인 패턴의 장점
  - 많은 전문가의 경험과 노하우를 별다른 시행착오 없이 얻을 수 있음
  - 실질적 설계에 도움이 됨
  - 쉽고 정확하게 설계내용을 다른 사람과 공유 가능함
  - 기존 시스템이 어떤 디자인 패턴을 사용하고 있는 지를 기술함으로써 쉽고 간단하게 시스템을 이해할 수 있음

17

GoF(Gangs of Four) 디자인 패턴 분류에 해당하지 않는 것은?

① 생성 패턴
② 구조 패턴
③ 행위 패턴
④ 추상 패턴

디자인 패턴의 분류

생성관련 패턴(Creational Pattern), 구조화 패턴(Structural Patterns), 행위 패턴(Behavioral Patterns)

18

다음 내용이 설명하는 객체지향 설계 원칙은?

- 클라이언트는 자신이 사용하지 않는 메소드와 의존관계를 맺으면 안 된다.
- 클라이언트가 사용하지 않는 인터페이스 때문에 영향을 받아서는 안 된다.

① 인터페이스 분리 원칙
② 단일책임 원칙
③ 개방폐쇄의 원칙
④ 리스코프 교체의 원칙

① ISP(Interface Segregation Principle, 인터페이스 분리의 원칙) : 클라이언트는 자신이 사용하지 않는 메소드와 의존관계를 맺으면 안 됨
[오답해설]
② SRP(Single Responsibility Principle, 단일책임의 원칙) : 객체는 하나의 책임(변경의 축)만을 가져야 함
③ OCP(Open-Closed Principle, 개방폐쇄 원칙) : 기존 코드를 변경하지 않으면서 기능을 추가할 수 있도록 설계되어야 함
④ LSP(Liskov Substitution Principle, 리스코프 대체 원칙) : 기반 클래스는 파생 클래스로 대체 가능해야 함

정답 15 ② 16 ④ 17 ④ 18 ①

19

요구사항 분석 시에 필요한 기술로 가장 거리가 먼 것은?

① 청취와 인터뷰 질문 기술
② 분석과 중재기술
③ 설계 및 코딩 기술
④ 관찰 및 모델 작성 기술

> 설계 및 코딩 기술은 요구사항 분석에 필요한 것이 아니라 설계나 구현에 필요한 기술

20

소프트웨어 설계 시 제일 상위에 있는 main user function에서 시작하여 기능을 하위 기능들로 분할해 가면서 설계하는 방식은?

① 객체지향 설계
② 데이터 흐름 설계
③ 상향식 설계
④ 하향식 설계

> ④ 하향식 설계는 소프트웨어 설계 시 제일 상위에 있는 main user function에서 시작하여 기능을 하위 기능들로 분할해 가면서 설계하는 방식
> [오답해설]
> ③ 상향식 설계는 가장 기본적인 컴포넌트를 먼저 설계한 다음 이것을 사용하는 상위 수준의 컴포넌트를 설계하는 것

2과목 소프트웨어 개발

21

빌드 자동화 도구에 대한 설명으로 틀린 것은?

① Jenkins는 Groovy기반으로 한 오픈소스로 안드로이드 앱 개발환경에서 사용된다.
② 빌드 자동화 도구는 지속적인 통합개발환경에서 유용하게 활용된다.
③ 빌드 자동화 도구에는 Ant, Gradle, Jenkins 등이 있다.
④ Gradle은 실행할 처리 명령들을 모아 태스크로 만든 후 태스크 단위로 실행한다.

> • Groovy 기반으로 한 오픈소스로 안드로이드 앱 개발환경에서 사용되는 것은 Gradle
> • Jenkins : 초창기 Hudson이라는 이름을 가졌지만 오라클과 문제로 인해 이름을 바꾸게 됨. 프로젝트 표준 컴파일 환경에서의 컴파일 오류를 검출하고, 자동화 테스트를 수행함

22

White Box Testing에 대한 설명으로 옳지 않은 것은?

① Base Path Testing, Boundary Value Analysis가 대표적인 기법이다.
② Source Code의 모든 문장을 한 번 이상 수행함으로서 진행된다.
③ 모듈 안의 작동을 직접 관찰할 수 있다.
④ 산출물의 각 기능별로 적절한 프로그램의 제어구조에 따라 선택, 반복 등의 부분들을 수행함으로써 논리적 경로를 점검한다.

> Base Path Testing(기본 경로 기법)은 화이트박스 테스트 기법이고, Boundary Value Analysis(경계값 분석 기법)은 블랙박스 테스트 기법

23

CMMI(Capability Maturity Model Integration)의 성숙도 모델에서 표준화된 프로젝트 프로세스가 존재하나 프로젝트 목표 및 활동이 정량적으로 측정되지 못하는 단계는?

① 관리(managed) 단계
② 초기(initial) 단계
③ 정의(defined) 단계
④ 최적화(optimizing) 단계

> • 표준화된 프로젝트 프로세스가 존재하나 프로젝트 목표 및 활동이 정량적으로 측정되지 못하는 단계는 3레벨인 정의(defined) 단계
> • CMMI의 단계적 모델
>
> | 단계적 모델 |
> | --- |
> | Level 1 : Initial |
> | Level 2 : Managed |
> | Level 3 : Defined |
> | Level 4 : Quantitatively Managed |
> | Level 5 : Optimizing |

정답 19 ③ 20 ④ 21 ① 22 ① 23 ③

24

인터페이스 구현 검증도구 중 아래에서 설명하는 것은?

- 서비스 호출, 컴포넌트 재사용 등 다양한 환경을 지원하는 테스트 프레임워크
- 각 테스트 대상 분산 환경에 데몬을 사용하여 테스트 대상 프로그램을 통해 테스트를 수행하고, 통합하여 자동화하는 검증 도구

① xUnit　　　　　② STAF
③ FitNesse　　　　④ RubyNode

② STAF : 서비스 호출, 컴포넌트 재사용 등 다양한 환경을 지원하는 테스트 프레임워크

[오답해설]
① xUnit : java(Junit), C++(Cppunit), .Net(Nunit) 등 다양한 언어를 지원하는 단위테스트 프레임워크
③ FitNesse : 웹기반 테스트케이스 설계·실행·결과확인 등을 지원하는 테스트 프레임워크

인터페이스 구현 검증 도구

제품명	세부정보
xUnit	java(Junit), C++(Cppunit), .Net(Nunit) 등 다양한 언어를 지원하는 단위테스트 프레임워크
STAF	서비스 호출, 컴포넌트 재사용 등 다양한 환경을 지원하는 테스트 프레임워크
FitNesse	웹기반 테스트케이스 설계·실행·결과확인 등을 지원하는 테스트 프레임워크
NTAF	NHN 테스트 자동화 프레임워크이며, STAF와 FitNesse를 통합
Selenium	다양한 브라우저 지원 및 개발언어를 지원하는 웹 애플리케이션 테스트 프레임워크
watir	Ruby 기반 웹 애플리케이션 테스트 프레임워크

25

EAI(Enterprise Application Integration)의 구축 유형으로 옳지 않은 것은?

① Point-to-Point　　② Hub & Spoke
③ Message Bus　　　④ Tree

EAI 유형

구분	설명
Point-to-Point	1:1 방식으로 애플리케이션 통합 수행
Hub & Spoke	• 모든 데이터가 허브를 통해 전송 • 데이터 전송이 보장되며, 유지보수 비용 절감
메시징 버스	• 데이터 전송하는 데 버스를 이용함으로 병목 현상 발생 가능 • 대량의 데이터 교환에 적합
하이브리드	• Hub & spoke 방식과 메시징 버스 방식의 통합 • 유연한 통합 작업 가능

26

인터페이스 보안을 위해 네트워크 영역에 적용될 수 있는 솔루션과 거리가 먼 것은?

① IPSec　　　　　② SMTP
③ SSL　　　　　　④ S-HTTP

SMTP(Simple Mail Transfer Protocol)는 보안에 관련된 프로토콜이 아니라, 메일 전송 프로토콜임

[오답해설]
① IPSec(IP Security) : 안전하지 않은 네트워크상의 두 컴퓨터 사이에 암호화된 안전한 통신을 제공하는 프로토콜
③ SSL(Secure Socket Layer) : 인터넷을 통해 전달되는 정보보안의 안전한 거래를 허용하기 위해 Netscape사에서 개발한 인터넷 통신 규약 프로토콜
④ S-HTTP(Secure HyperText Transfer Protocol) : HTTP 프로토콜에 송신자 인증, 메시지 기밀성과 무결성, 부인 방지 기능을 확장한 프로토콜

정답　24 ②　25 ④　26 ②

27

다음 트리에 대한 중위순회 운행 결과는?

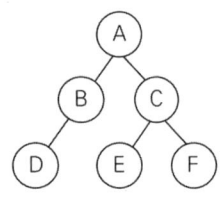

① ABDCEF
② ABCDEF
③ DBECFA
④ DBAECF

- 중위순회(left → root → right)는 왼쪽, 중간, 오른쪽 순서로 방문하며, 문제의 트리를 중위순회한 결과는 D → B → A → E → C → F가 됨
- 전위순회(root → left → right) : A → B → D → C → E → F
- 후위순회(left → right → root) : D → B → E → F → C → A

28

다음 중 스택을 이용한 연산과 거리가 먼 것은?

① 선택정렬
② 재귀호출
③ 후위표현(Post-fix expression)의 연산
④ 깊이우선탐색

- 스택의 응용 : 수식계산, 복귀주소관리, 순환식, 퀵 정렬, 깊이 우선 탐색, 이진트리 운행
- 큐의 응용 : 작업 스케줄링, 너비 우선 탐색, 트리의 Level 순회

29

다음 트리의 차수(degree)와 단말 노드(terminal node)의 수는?

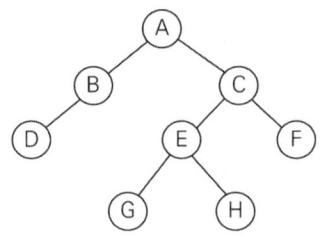

① 차수 : 4, 단말 노드 : 4
② 차수 : 2, 단말 노드 : 4
③ 차수 : 4, 단말 노드 : 8
④ 차수 : 2, 단말 노드 : 8

- 트리의 노드 중에서 가장 큰 차수가 트리의 차수(Degree of Tree)가 됨. 문제의 트리에서 노드 A, C, E의 차수가 2이고, 트리에서 이 차수가 가장 크므로 트리의 차수는 2
- 단말 노드는 자식 노드가 없는 노드를 말함. 문제의 트리에서 단말 노드는 D, G, H, F로 모두 4개

30

소프트웨어 품질 관련 국제 표준인 ISO/IEC 25000에 관한 설명으로 옳지 않은 것은?

① 기존 소프트웨어 품질 평가 모델과 소프트웨어 평가 절차 모델인 ISO/IEC 9126과 ISO/IEC 14598을 통합하였다.
② System and Software Quality Requirements and Evaluation으로 줄여서 SQuaRE라고도 한다.
③ 소프트웨어 품질 평가를 위한 소프트웨어 품질평가 통합 모델 표준이다.
④ ISO/IEC 2501n에서는 소프트웨어의 내부 측정, 외부 측정, 사용품질 측정, 품질 측정 요소 등을 다룬다.

ISO/IEC 2501n(품질모델 부분)

내부 소프트웨어 품질, 외부 소프트웨어 품질 및 소프트웨어 사용 품질 등에 대한 특성들을 포함하는 상세한 품질 모델을 제시하며, 품질 모델 이용에 대한 실질적인 지침도 제공

정답 27 ④ 28 ① 29 ② 30 ④

31

다음 자료를 버블 정렬을 이용하여 오름차순으로 정렬할 경우 PASS 3의 결과는?

> 9, 6, 7, 3, 5

① 6, 3, 5, 7, 9
② 3, 5, 6, 7, 9
③ 6, 7, 3, 5, 9
④ 3, 5, 9, 6, 7

> **버블 정렬(Bubble Sort)**
> 인접한 데이터를 비교하면서 그 크기에 따라 데이터의 위치를 바꾸면서 정렬하는 방식
> • PASS 1 : 6 7 3 5 9
> • PASS 2 : 6 3 5 7 9
> • PASS 3 : 3 5 6 7 9

32

다음 postfix로 표현된 연산식의 연산 결과로 옳은 것은?

> 3 4 * 5 6 * +

① 35
② 42
③ 81
④ 360

> 후위표기를 연산을 위해 중위표기로 변경해야 함
> [(3 4 *) (5 6 *) +] = [(3 * 4) + (5 * 6)] = 12 + 30 = 42

33

디지털 저작권 관리(DRM) 구성 요소가 아닌 것은?

① Dataware house
② DRM Controller
③ Packager
④ Contents Distributor

> **DRM 시스템 구성 요소**
>
> | 구분 | 설명 |
> |---|---|
> | 콘텐츠 제공자 (Contents Provider) | 콘텐츠를 제공하는 저작권자 |
> | 콘텐츠 분배자 (Contents Distributor) | 쇼핑몰 등으로써 암호화된 콘텐츠 제공 |
> | 패키저(Packager) | 콘텐츠를 메타데이터와 함께 배포 가능한 단위로 묶는 기능 |
> | 보안 컨테이너 | 원본을 안전하게 유통하기 위한 전자적 보안 장치 |
> | DRM 컨트롤러 | 배포된 콘텐츠의 이용 권한을 통제 |
> | 클리어링 하우스 (Clearing House) | 키관리 및 라이선스 발급관리 |

34

소프트웨어 테스트에서 오류의 80%는 전체 모듈의 20% 내에서 발견된다는 법칙은?

① Brooks의 법칙
② Boehm의 법칙
③ Pareto의 법칙
④ Jackson의 법칙

> Pareto의 법칙은 소프트웨어 테스트에서 오류의 80%는 전체 모듈의 20% 내에서 발견된다는 법칙임
> [오답해설]
> ① Brooks의 법칙 : 인력 추가는 스케줄 지연 사태를 오히려 악화시킬 수 있음
> ② Boehm의 법칙 : 개발 단계 초기에 결함을 발견하면 나중 단계에 발견하는 것보다 시간과 비용을 절약할 수 있음

35 ★

소프트웨어 형상관리의 의미로 적절한 것은?

① 비용에 관한 사항을 효율적으로 관리하는 것
② 개발 과정의 변경 사항을 관리하는 것
③ 테스트 과정에서 소프트웨어를 통합하는 것
④ 개발 인력을 관리하는 것

> 소프트웨어 형상관리는 소프트웨어에 대한 변경을 철저히 관리하기 위해 개발된 일련의 활동으로, 소프트웨어를 이루는 부품의 Baseline(변경 통제 시점)을 정하고 변경을 철저히 통제하는 것

정답 31 ② 32 ② 33 ① 34 ③ 35 ②

36
다음 설명의 소프트웨어 테스트의 기본원칙은?

- 파레토 법칙이 좌우한다.
- 애플리케이션 결함의 대부분은 소수의 특정한 모듈에 집중되어 존재한다.
- 결함은 발생한 모듈에서 계속 추가로 발생할 가능성이 높다.

① 살충제 패러독스
② 결함 집중
③ 오류 부재의 궤변
④ 완벽한 테스팅은 불가능

파레토 법칙은 20%에 해당하는 코드에서 80%의 결함이 나타나는 결함이 집중되어 존재한다는 것을 말함
[오답해설]
① 살충제 패러독스 : 동일한 테스트 케이스로는 새 결함을 발견할 수 없으므로 주기적으로 테스트 케이스를 개선해야 함
③ 오류 부재의 궤변 : 사용자의 요구사항을 만족하지 못한다면 오류를 발견하고 제거해도 품질이 높다고 말할 수 없음

37 ★빈출
하향식 통합에 있어서 모듈 간의 통합 시험을 위해 일시적으로 필요한 조건만을 가지고 임시로 제공되는 시험용 모듈을 무엇이라고 하는가?

① Stub
② Driver
③ Procedure
④ Function

- 하향식 통합 : 주프로그램으로부터 그 모듈이 호출하는 다음 레벨의 모듈을 테스트하고, 점차적으로 하위 모듈로 이동하는 방법. 드라이버는 필요치 않고 통합이 시도되지 않은 곳에 스텁이 필요하며, 통합이 진행되면서 스텁은 실제 모듈로 교체됨
- Stub : 모듈의 부수적인 인터페이스를 사용하는 가짜 모듈(입출력 흉내만 내는 무기능 모듈)
[오답해설]
② Driver : 시험사례를 입력받아 시험을 위해 받은 자료를 모듈로 넘기고, 관련된 결과를 출력하는 메인 프로그램

38
소프트웨어 품질 목표 중 하나 이상의 하드웨어 환경에서 운용되기 위해 쉽게 수정될 수 있는 시스템 능력을 의미하는 것은?

① Portability
② Efficiency
③ Usability
④ Correctness

① 이식성(Portability) : 소프트웨어 품질 목표 중 하나 이상의 하드웨어 환경에서 운용되기 위해 쉽게 수정될 수 있는 시스템 능력임
[오답해설]
② 효율성(Efficiency) : 최소한의 처리시간과 기억공간을 사용하여 요구된 기능을 수행하는 것
③ 유용성(Usability) : 쉽게 배우고 사용할 수 있는 정도
④ 정확성(Correctness) : 프로그램이 설계 사양을 만족시키며 사용자가 원하는대로 수행되고 있는 정도

39
소프트웨어 형상관리에서 관리 항목에 포함되지 않는 것은?

① 프로젝트 요구 분석서
② 소스 코드
③ 운영 및 설치 지침서
④ 프로젝트 개발비용

- 소프트웨어 형상관리 항목에 프로젝트 개발비용은 포함되지 않음
- 소프트웨어 형상관리 항목(SCI : Software Configuration Item) : 프로젝트 요구 분석서, 설계서, 프로그램(소스코드, 목적코드, 명령어 파일, 자료 파일, 테스트 파일), 사용자 지침서, 운영 및 설치 지침서 등

40
다음 중 최악의 경우 검색 효율이 가장 나쁜 트리 구조는?

① 이진 탐색트리
② AVL 트리
③ 2-3 트리
④ 레드-블랙 트리

이진 탐색트리의 검색 효율은 균형이 맞을 때 $O(\log n)$이고, 균형이 맞지 않을 때 $O(n)$이 됨
[오답해설]
AVL 트리, 2-3 트리, 레드-블랙 트리는 이진 탐색트리가 항상 균형이 맞게 구성된 탐색구조이므로 검색 효율은 $O(\log n)$임

정답 36 ② 37 ① 38 ① 39 ④ 40 ①

3과목 데이터베이스 구축

41 ⭐

시스템 카탈로그에 대한 설명으로 틀린 것은?

① 시스템 카탈로그의 갱신은 무결성 유지를 위하여 SQL을 이용하여 사용자가 직접 갱신하여야 한다.
② 데이터베이스에 포함되는 데이터 객체에 대한 정의나 명세에 대한 정보를 유지 관리한다.
③ DBMS가 스스로 생성하고 유지하는 데이터베이스 내의 특별한 테이블의 집합체이다.
④ 카탈로그에 저장된 정보를 메타데이터라고도 한다.

> 시스템 카탈로그의 갱신은 무결성 유지를 위하여 사용자가 검색은 가능하지만, 직접 갱신 작업은 불가능함

42

접근 통제 방법 중 조직 내에서 직무, 직책 등 개인의 역할에 따라 결정하여 부여하는 접근 정책은?

① RBAC
② DAC
③ MAC
④ QAC

> - 역할 기반 접근 통제(RBAC : Role Based Access Control) : 주체와 객체의 상호 관계를 통제하기 위하여 역할을 설정하고 관리자는 주체를 역할에 할당한 뒤 그 역할에 대한 접근 권한을 부여하는 방식
> - 정보보안을 위한 접근 통제 정책 종류
>
> | 정책 | MAC | DAC | RBAC |
> |---|---|---|---|
> | 권한부여 | 시스템 | 데이터소유자 | 중앙관리자 |
> | 접근결정 | 보안등급(Label) | 신분(Identity) | 역할(Role) |
> | 정책변경 | 고정적(변경 어려움) | 변경 용이 | 변경 용이 |
> | 장점 | 안정적 중앙 집중적 | 구현 용이 유연함 | 관리 용이 |
>
> [오답해설]
> - 임의적 접근 통제(DAC : Discretionary Access Control) : 주체가 속해 있는 그룹의 신원에 근거하여 객체에 대한 접근을 제한하는 방법으로 객체의 소유자가 접근 여부를 결정함
> - 강제적 접근 통제(MAC : Mandatory Access Control) : 주체와 객체의 등급을 비교하여 접근 권한을 부여하는 접근 통제이며, 모든 객체는 기밀성을 지니고 있다고 보고 객체에 보안 레벨을 부여함

43 ⭐

데이터 무결성 제약조건 중 "개체 무결성 제약"조건에 대한 설명으로 맞는 것은?

① 릴레이션 내의 튜플들이 각 속성의 도메인에 지정된 값만을 가져야 한다.
② 기본키에 속해 있는 애트리뷰트는 널값이나 중복값을 가질 수 없다.
③ 릴레이션은 참조할 수 없는 외래키 값을 가질 수 없다.
④ 외래키 값은 참조 릴레이션의 기본키 값과 동일해야 한다.

> 개체 무결성 : 릴레이션에서 기본키를 구성하는 속성은 널(Null)값이나 중복값을 가질 수 없음
>
> [오답해설]
> ① 릴레이션 내의 튜플들이 각 속성의 도메인에 지정된 값만을 가져야 한다는 규정은 도메인 무결성 제약
> ③ 릴레이션은 참조할 수 없는 외래키 값을 가질 수 없는 것은 참조 무결성 제약
> ④ 외래키 값은 참조 릴레이션의 기본키 값과 동일해야 한다는 규정은 참조 무결성 제약

44

뷰(view)에 대한 설명으로 옳지 않은 것은?

① 뷰는 CREATE문을 사용하여 정의한다.
② 뷰는 데이터의 논리적 독립성을 제공한다.
③ 뷰를 제거할 때에는 DROP문을 사용한다.
④ 뷰는 저장장치 내에 물리적으로 존재한다.

> 뷰는 가상(논리) 테이블이므로 물리적으로 존재하지 않음

정답 41 ① 42 ① 43 ② 44 ④

45 ⭐빈출

다음 SQL문의 실행 결과는?

```
SELECT 가격 FROM 도서가격
WHERE 책번호 = (SELECT 책번호
FROM 도서 WHERE 책명='자료구조');
```

[도서]

책번호	책명
111	운영체제
222	자료구조
333	컴퓨터구조

[도서가격]

책번호	가격
111	20,000
222	25,000
333	10,000
444	15,000

① 10,000 ② 15,000
③ 20,000 ④ 25,000

> 서브쿼리의 where절이 먼저 실행되어 서브쿼리의 리턴값이 222가 됨. 도서가격테이블에서 책번호가 222인 것의 가격을 검색하므로 최종 결과값이 25,000이 됨

46

하나의 애트리뷰트가 가질 수 있는 원자값들의 집합을 의미하는 것은?

① 도메인   ② 튜플
③ 엔티티   ④ 다형성

> 도메인은 애트리뷰트가 취할 수 있는 값들의 집합임
> [오답해설]
> ② 튜플 : 테이블이 한 행을 구성하는 속성들의 집합임
> ③ 엔티티 : 단독으로 존재하며 다른 것과 구분되는 객체이며, 애트리뷰트들의 집합을 가짐

47

테이블 R1, R2에 대하여 다음 SQL문의 결과는?

```
(SELECT 학번 FROM R1)
INTERSECT
(SELECT 학번 FROM R2)
```

[R1 테이블]

학번	학점수
20201111	15
20202222	20

[R2 테이블]

학번	과목번호
20202222	CS200
CS300	CS300

①
학번	과목번호
20202222	CS200
CS300	CS300

②
학번
2020222
CS300

③
학번
2020111
2020222
2020333

④
학번	학점수	과목번호
20201111	15	NULL
20202222	20	CS200
20203333	NULL	CS300

정답 45 ④ 46 ① 47 ②

- INTERSECT는 교집합이므로 공통된 행을 추출하여 가져옴
- 집합연산자의 종류

옵션	설명
UNION	• 복수 SQL문의 결과에 대한 합집합 결과 • 모든 중복 행을 하나로 만듦
UNION ALL	• 복수 SQL문의 결과에 대한 합집합의 결과 • 중복값도 모두 보여줌
INTERSECT	• 복수의 SQL문에 대한 교집합 결과 • 중복행은 하나로 만듦
EXCEPT	• 두 SQL문 간의 차집합 결과 • 앞선 SQL문에서 뒤의 SQL문의 결과에 대한 차집합 • 중복행은 하나로 만듦

48

다음 두 릴레이션 R1과 R2의 카티션 프로덕트(cartesian product) 수행 결과는?

R1

학년
1
2
3

R2

학과
컴퓨터
국문
수학

①

학년	학과
1	컴퓨터
2	국문
3	수학

②

학년	학과
2	컴퓨터
2	국문
2	수학

③

학년	학과
3	컴퓨터
3	국문
3	수학

④

학년	학과
1	컴퓨터
1	국문
1	수학
2	컴퓨터
2	국문
2	수학
3	컴퓨터
3	국문
3	수학

> 카티션 프로덕트(cartesian product)의 수행 결과로 속성의 개수는 두 개의 릴레이션을 더한 것과 같고, 튜플의 개수는 두 개의 릴레이션의 튜플을 곱한 것과 같음

49 ⭐빈출

트랜잭션의 특성 중 다음 설명에 해당하는 것은?

> "트랜잭션의 연산은 데이터베이스에 모두 반영되든지 아니면 전혀 반영되지 않아야 한다."

① Durability   ② Share
③ Consistency   ④ Atomicity

> ④ 원자성(Atomicity) : 트랜잭션은 전부, 전무의 실행만이 있지 일부 실행으로 트랜잭션의 기능을 가질 수는 없음
> [오답해설]
> ① 영속성(Durability) : 트랜잭션이 일단 그 실행을 성공적으로 끝내면 그 결과를 어떠한 경우에라도 보장받는다는 의미임
> ③ 일관성(Consistency) : 트랜잭션이 그 실행을 성공적으로 완료하면 언제나 일관된 데이터베이스 상태로 된다는 의미로, 즉 이 트랜잭션의 실행으로 일관성이 깨지지 않는다는 의미임

50

분산 데이터베이스 목표 중 "데이터베이스의 분산된 물리적 환경에서 특정 지역의 컴퓨터시스템이나 네트워크에 장애가 발생해도 데이터 무결성이 보장된다"는 것과 관계있는 것은?

① 장애 투명성   ② 병행 투명성
③ 위치 투명성   ④ 중복 투명성

> 장애 투명성은 데이터베이스의 분산된 물리적 환경에서 특정 지역의 컴퓨터 시스템이나 네트워크에 장애가 발생해도 데이터 무결성이 보장됨
> [오답해설]
> ③ 위치 투명성 : 사용하려는 데이터가 저장된 사이트를 사용자는 알 필요가 없는 것이며, 위치 정보는 시스템 카탈로그에 유지됨
> ④ 중복 투명성 : 한 논리적 데이터 객체가 여러 상이한 사이트에 중복될 수 있으며, 중복 데이터의 일관성 유지는 사용자와 무관하게 시스템이 수행함

정답 48 ④ 49 ④ 50 ①

51

데이터베이스 시스템에서 삽입, 갱신, 삭제 등의 이벤트가 발생할 때마다 관련 작업이 자동으로 수행되는 절차형 SQL은?

① 트리거(rtigger)　② 무결성(integrity)
③ 잠금(lock)　④ 복귀(rollback)

> 트리거는 데이터베이스가 미리 정해 놓은 특정 조건이 만족되거나 어떤 동작이 수행되면 자동으로 실행되도록 정의한 동작. 조건이 만족되는 경우에 취해야 하는 조치를 명세함
> [오답해설]
> ② 무결성(integrity) : 데이터베이스에 저장된 데이터값과 그것이 표현하는 현실세계의 실제값이 일치하는 정확성을 의미함
> ③ 잠금(lock) : lock된 데이터는 다른 트랜잭션이 접근할 수 없으며, unlock될 때까지 대기하여야 함
> ④ 복귀(rollback) : 트랜잭션의 비정상적인 종료

52

참조 무결성을 유지하기 위하여 DROP문에서 부모 테이블의 항목값을 삭제할 경우 자동적으로 자식 테이블의 해당 레코드를 삭제하기 위한 옵션은?

① CLUSTER　② CASCADE
③ SET-NULL　④ RESTRICTED

> DROP문에서는 CASCADE 또는 RESTRICTED 옵션을 사용할 수 있음. RESTRICTED는 삭제할 요소가 참조 중이면 삭제되지 않지만, CASCADE는 삭제할 요소가 참조 중이더라도 삭제됨

53

정규화 과정 중 1NF에서 2NF가 되기 위한 조건은?

① 1NF를 만족하는 모든 도메인이 원자값이어야 한다.
② 1NF를 만족하고 키가 아닌 모든 애트리뷰트들이 기본키에 이행적으로 함수 종속되지 않아야 한다.
③ 1NF를 만족하고 다치 종속이 제거되어야 한다.
④ 1NF를 만족하고 키가 아닌 모든 속성이 기본키에 대하여 완전함수적 종속 관계를 만족해야 한다.

> 제2정규형(2NF)은 어떤 릴레이션 R이 1NF이고 키(기본)에 속하지 않은 애트리뷰트는 모두 기본키의 완전함수 종속 관계를 만족해야 함
> [오답해설]
> ① 모든 도메인이 원자값이어야 하는 조건은 1NF임
> ② 키가 아닌 모든 애트리뷰트들이 기본키에 이행적으로 함수 종속되지 않아야 하는 조건은 3NF임
> ③ 다치 종속이 제거되어야 하는 조건은 4NF임

54

릴레이션에 대한 설명으로 거리가 먼 것은?

① 튜플들의 삽입, 삭제 등의 작업으로 인해 릴레이션은 시간에 따라 변한다.
② 한 릴레이션에 포함된 튜플들은 모두 상이하다.
③ 애트리뷰트는 논리적으로 쪼갤 수 없는 원자값으로 저장한다.
④ 한 릴레이션에 포함된 튜플 사이에는 순서가 있다.

> 릴레이션 특성
> • 릴레이션의 튜플들은 모두 상이함
> • 릴레이션에서 애트리뷰트들 간의 순서는 의미가 없음
> • 한 릴레이션에 포함된 튜플 사이에는 순서가 없음
> • 애트리뷰트는 원자값으로서 분해가 불가능함

55

병행제어의 로킹(Locking) 단위에 대한 설명으로 옳지 않은 것은?

① 데이터베이스, 파일, 레코드 등은 로킹 단위가 될 수 있다.
② 로킹 단위가 작아지면 로킹 오버헤드가 감소한다.
③ 로킹 단위가 작아지면 데이터베이스 공유도가 증가한다.
④ 한꺼번에 로킹할 수 있는 객체의 크기를 로킹 단위라고 한다.

> 로킹 단위가 작아지면 로킹 오버헤드가 증가하며, 로킹 단위가 커지면 로킹 오버헤드가 감소함

56
E-R 모델의 표현 방법으로 옳지 않은 것은?

① 개체타입 : 사각형 ② 관계타입 : 마름모
③ 속성 : 오각형 ④ 연결 : 선

E-R 다이어그램 표기법	
기호	의미
□	개체
○	속성
◇	관계 : 개체 간의 상호작용
—	연결

57
SQL의 분류 중 DDL에 해당하지 않는 것은?

① UPDATE ② ALTER
③ DROP ④ CREATE

- 정의어(DDL) : CREATE, ALTER, DROP
- 조작어(DML) : SELECT, INSERT, DELETE, UPDATE
- 제어어(DCL) : GRANT, REVOKE

58
관계 데이터베이스에 있어서 관계대수 연산이 아닌 것은?

① 디비전(Division) ② 프로젝트(Project)
③ 조인(Join) ④ 포크(Fork)

- 순수 관계 연산자 : SELECT, PROJECT, JOIN, DIVISION
- 일반 집합 연산자 : 합집합, 교집합, 차집합, 카티션 프로덕트

59
다음 설명의 ( ) 안에 들어갈 내용으로 적합한 것은?

"후보키는 릴레이션에 있는 모든 튜플에 대해 유일성과 ( )을 모두 만족시켜야 한다."

① 중복성 ② 최소성
③ 참조성 ④ 동일성

후보키는 속성 집합으로 구성된 테이블의 각 튜플을 유일하게 식별할 수 있는 속성이나 속성의 조합이며, 유일성과 최소성을 모두 만족시켜야 함

60
데이터 제어언어(DCL)의 기능으로 옳지 않은 것은?

① 데이터 보안
② 논리적, 물리적 데이터 구조 정의
③ 무결성 유지
④ 병행수행 제어

제어언어(DCL)의 기능은 정확성과 안정성을 유지하며 무결성 유지, 보안(권한) 검사, 병행수행 제어가 포함됨

정답 56 ③ 57 ① 58 ④ 59 ② 60 ②

4과목 프로그래밍 언어 활용

61 ⭐
다음 파이썬(Python) 프로그램이 실행되었을 때의 결과는?

```
r = [1, 2, 3, 4, 5, 6, 7, 8]
r[:5:2] = (10, 20, 30)
print(r)
```

① [4, 5, 6, 7, 8, 10, 20, 30]
② [4, 5, 6, 10, 20, 30, 7, 8]
③ [10, 20, 30, 4, 5, 6, 7, 8]
④ [10, 2, 20, 4, 30, 6, 7, 8]

> 슬라이싱을 사용해 리스트의 일부 요소를 건너뛰면서 교체하는 코드.
> 리스트 슬라이싱은 리스트[시작인덱스 : 종료인덱스 : 인덱스간격] 형태로 사용됨
> r[:5:2] = (10, 20, 30)   // r[:5:2]는 리스트 r의 제일 맨처음부터 인덱스 5 전까지(0부터 4까지) 2칸씩 건너뛰며 슬라이싱함. 즉, r[:5:2]는 [1, 3, 5]를 의미함
> 여기에 튜플(10, 20, 30)을 할당해주게 되므로 [1, 3, 5]의 자리가 (10, 20, 30)로 바뀌고, 리스트 r은 [10, 2, 20, 4, 30, 6, 7, 8]로 출력됨

62 ⭐
다음 중 응집도가 가장 높은 것은?

① 절차적 응집도   ② 순차적 응집도
③ 우연적 응집도   ④ 논리적 응집도

> 응집도
> 1. 우연적 응집도(coincidental cohesion)   응집도가 낮음
> 2. 논리적 응집도(logical cohesion)
> 3. 시간적 응집도(temporal cohesion)
> 4. 절차적 응집도(procedural cohesion)
> 5. 통신적 응집도(communicational cohesion)
> 6. 순차적 응집도(sequential cohesion)
> 7. 기능적 응집도(functional cohesion)   응집도가 높음

63 ⭐
다음 C 프로그램의 출력 결과는?

```c
#include<stdio.h>
int main(void)
{
  int a=30, c;
  c = (10 < a < 20);
  printf("%d", c);

  return 0;
}
```

① 2   ② 0
③ 1   ④ 10

> c = (10 < a < 20);은 위의 문장에서 a=30이므로 c = (10 < 30 < 20);이 됨. (10 < 30 < 20)에서 연산자 우선순위에 따라 10 < 30이 먼저 수행되며 10 < 30의 결과가 1이므로 다음으로 수행되는 1 < 20의 수행 결과도 1이 됨

64
IPv6에 대한 설명으로 틀린 것은?

① 128비트의 주소 공간을 제공한다.
② 인증 및 보안 기능을 포함하고 있다.
③ 패킷 크기가 64Kbyte로 고정되어 있다.
④ IPv6 확장 헤더를 통해 네트워크 기능 확장이 용이하다.

> • ③은 IPv4에 대한 설명임
> • IPv6 특징 : IP 주소 영역 확장(IP 주소 필드값을 32비트에서 4배 확장된 128비트로 확장), 애니캐스트(AnyCast) 주소 지원(하나의 메시지를 여러 개의 장치에 동시에 전송이 가능하도록 지원)

정답 61 ④ 62 ② 63 ③ 64 ③

65

은행가 알고리즘(Banker's Algorithm)은 교착상태의 해결 방법 중 어떤 기법에 해당하는가?

① Avoidance
② Detection
③ Prevention
④ Recovery

교착상태 회피(Avoidance) 기법은 교착상태가 발생할 가능성은 배제하지 않으며, 교착상태 발생 시 적절히 피해가는 기법. 시스템이 안전 상태가 되도록 프로세스의 자원 요구만을 할당하는 기법으로 은행원 알고리즘(Banker's Algorithm)이 대표적임
[오답해설]
② 교착상태 발견(탐지, Detection) : 컴퓨터 시스템에 교착상태가 발생했는지 교착상태에 있는 프로세스와 자원을 발견하는 것으로, 교착상태 발견 알고리즘과 자원할당 그래프를 사용함
③ 교착상태 예방(방지, Prevention) : 사전에 교착상태가 발생되지 않도록 교착상태 필요조건에서 상호배제를 제외하고, 어느 것 하나를 부정함으로 교착상태를 예방함. 만약 상호배제를 부정한다면, 공유자원의 동시 사용으로 인하여 하나의 프로세스가 다른 하나의 프로세스에게 영향을 주므로, 다중프로그래밍에서 프로세스를 병행 수행할 수 없는 결과가 나옴
④ 교착상태 회복(복구, Recovery) : 교착상태가 발생한 프로세스를 제거하거나 프로세스에 할당된 자원을 선점하여 교착상태를 회복함

66 빈출

교착상태 발생의 필요 충분 조건이 아닌 것은?

① 상호배제(mutual exclusion)
② 점유와 대기(hold and wait)
③ 환형대기(circular wait)
④ 선점(preemption)

교착상태 4대 발생조건
- 상호배제(Mutual Exclusion)
- 점유와 대기(Hold & Wait)
- 비선점(Non Preemption)
- 환형대기(순환대기, Circular Wait)

67

기억공간이 15K, 23K, 22K, 21K 순으로 빈 공간이 있을 때 기억장치 배치 전략으로 "First Fit"을 사용하여 17K의 프로그램을 적재할 경우 내부단편화의 크기는 얼마인가?

① 5K
② 6K
③ 7K
④ 8K

- First Fit은 첫 번째 가용공간에 배치되므로 17K는 23K에 배치되고, 6K의 내부단편화가 발생됨
- 최초적합(First Fit) : 주기억장치의 공백들 중에서 프로그램이나 데이터 배치가 가능한 첫 번째 가용공간에 배치함

68 빈출

OSI-7계층에서 종단간 신뢰성 있고 효율적인 데이터를 전송하기 위해 오류검출과 복구, 흐름 제어를 수행하는 계층은?

① 전송 계층
② 세션 계층
③ 표현 계층
④ 응용 계층

전송 계층은 수신측에 전달되는 데이터에 오류가 없고 데이터의 순서가 수신측에 그대로 보존되도록 보장하는 연결 서비스의 역할을 하는 종단간(end-to-end) 서비스 계층임. 각 패킷은 오류없이 순서에 맞게 중복되거나 유실되는 일 없이 전송되도록 하는데 이러한 전송 계층에는 TCP, UDP 프로토콜 서비스가 있음

69

운영체제를 기능에 따라 분류할 경우 제어 프로그램이 아닌 것은?

① 데이터 관리 프로그램
② 서비스 프로그램
③ 작업 제어 프로그램
④ 감시 프로그램

- 서비스 프로그램은 운영체제를 기능에 따라 분류할 경우 처리 프로그램에 해당됨
- 제어 프로그램(Control Program) : 컴퓨터 전체의 동작 상태를 감시, 제어하는 기능을 수행하는 프로그램(감시 프로그램, 데이터 관리 프로그램, 작업 제어 프로그램, 통신제어)
- 처리 프로그램(Processing Program) : 제어프로그램의 감시 하에 특정 문제를 해결하기 위한 데이터 처리를 담당하는 프로그램을 말함 (언어번역 프로그램, 서비스 프로그램)

정답 65 ① 66 ④ 67 ② 68 ① 69 ②

70

TCP/IP 네트워크에서 IP 주소를 MAC 주소로 변환하는 프로토콜은?

① UDP
② ARP
③ TCP
④ ICMP

> IP는 MAC 주소를 알아내야만 통신을 할 수 있으며, ARP(Address Resolution Protocol)는 IP 주소를 MAC 주소로 변환하는 프로토콜임
> [오답해설]
> ① UDP(User Datagram Protocol) : 비연결 지향(connectionless) 프로토콜이며, TCP와는 달리 패킷이나 흐름제어, 단편화 및 전송 보장 등의 기능을 제공하지 않음
> ③ TCP(Transport Control Protocol) : 연결형(connection oriented) 프로토콜이며, 이는 실제로 데이터를 전송하기 전에 먼저 TCP 세션을 맺는 과정이 필요함을 의미함
> ④ ICMP(Internet Control Message Protocol) : IP가 패킷을 전달하는 동안에 발생할 수 있는 오류 등의 문제점을 원본 호스트에 보고하는 일을 함

71

프로세스 상태의 종류가 아닌 것은?

① Ready
② Running
③ Requst
④ Exit

> 프로세스 상태 전이 순서
> • 생성(New) 상태 : 작업이 제출되어 스풀 공간에 수록함
> • 준비(Ready) 상태 : 중앙처리장치가 사용 가능한(할당할 수 있는) 상태
> • 실행(Running) 상태 : 프로세스가 중앙처리장치를 차지(프로세스를 실행)하고 있는 상태
> • 대기(Block) 상태 : I/O와 같은 사건으로 인해 중앙처리장치를 양도하고 I/O 완료 시까지 대기 큐에서 대기하고 있는 상태
> • 완료(Exit) 상태 : 중앙처리장치를 할당받아 주어진 시간 내에 수행을 종료한 상태

72

HRN(Highest Response-ratio Next) 스케줄링 방식에 대한 설명으로 옳지 않은 것은?

① 대기 시간이 긴 프로세스의 경우 우선 순위가 높아진다.
② SJF 기법을 보완하기 위한 방식이다.
③ 긴 작업과 짧은 작업 간의 지나친 불평등을 해소할 수 있다.
④ 우선 순위를 계산하여 그 수치가 가장 낮은 것부터 높은 순으로 우선 순위가 부여된다.

> HRN은 우선 순위를 계산하여 그 수치가 가장 높은 것부터 낮은 순으로 우선 순위가 부여됨

73

자바에서 사용하는 접근제어자의 종류가 아닌 것은?

① internal
② private
③ default
④ public

> 자바에서 사용하는 접근제어자(Modifiers)
> • default(공백) 또는 package : 패키지 내부에서만 상속과 참조 가능
> • public : 패키지 내부 및 외부에서 상속과 참조 가능
> • protected : 패키지 내부에서는 상속과 참조 가능, 외부에서는 상속만 가능
> • private : 같은 클래스 내에서 상속과 참조 가능

74

IEEE 802.11 워킹 그룹의 무선 LAN 표준화 현황 중 QoS 강화를 위해 MAC 지원 가능을 채택한 것은?

① 802.22a
② 802.11b
③ 802.11g
④ 802.11e

> IEEE 802.11e(2005) : QoS 보장을 위한 일련의 MAC 기능의 향상
> [오답해설]
> ② IEEE 802.11b(WiFi 1, 1999) : 802.11의 속도를 2.4GHz 대역에서 최대 11Mbps까지 올린 확장 표준
> ③ IEEE 802.11g(WiFi 3, 2003) : 802.11b를 2.4GHz 대역에서 최대 22 또는 54Mbps 등 고속의 동작을 위한 확장 표준

정답 70 ② 71 ③ 72 ④ 73 ① 74 ④

75

C 언어에서 사용할 수 없는 변수명은?

① student2019 ② text-color
③ _korea   ④ amoun

- C 언어는 변수명으로 '-'을 사용할 수 없음
- C 언어 명칭(Identifier) 작성규칙
  - 예약어만을 명칭으로 사용할 수 없음
  - 영문자, 숫자, 밑줄(_)을 사용하여 명칭을 구성할 수 있음
  - 숫자로 시작해서는 안 됨
  - 대문자와 소문자는 구별됨

76

스크립트 언어가 아닌 것은?

① PHP   ② Cobol
③ Basic ④ Python

- Cobol 언어는 컴파일 언어임
- 스크립트 프로그래밍 언어 유형 : JavaScript(자바스크립트), jQuery, JSP(JavaServer Pages), PHP(Hypertext Preprocessor), ASP(Active Server Pages), Python, VBScript

77

다음 C 언어 프로그램이 실행되었을 때의 결과는?

```
#include <stdio.h>
int main(void) {
int n = 4;
int* pt = NULL;
pt=&n;

printf("%d", &n+*pt-*&pt+n);
return 0;
}
```

① 0   ② 4
③ 8   ④ 12

pt=&n ; // 포인터변수 pt에 변수 n의 주소를 저장하여 pt가 n을 가리킴
printf("%d", &n+*pt-*&pt+n) ; // &n+*pt-*&pt+n의 식은 주소와 값을 연산하고 있지만, &n(변수 n의 주소)는 *&pt에서 같은 주소를 빼고 있으므로 결과적으로 *pt와 n을 더한 8이 출력됨

78

다음의 페이지 참조 열(Page reference string)에 대해 페이지 교체 기법으로 선입선출 알고리즘을 사용할 경우 페이지 부재(Page Fault) 횟수는? (단, 할당된 페이지 프레임 수는 3이고, 처음에는 모든 프레임이 비어 있다.)

〈페이지 참조 열〉

7, 0, 1, 2, 0, 3, 0, 4, 2, 3, 0, 3, 2, 1, 2, 0, 1, 7, 0

① 13 ② 14
③ 15 ④ 20

순번	1	2	3	4	5	6	7	8	9	10	11	12	13	14	15	16	17	18	19
요구 페이지	7	0	1	2	0	3	0	4	2	3	0	3	2	1	2	0	1	7	0
페이지 프레임	7	7	7	2	2	2	2	4	4	0	0	0	0	0	0	0	7	7
		0	0	0	0	3	3	3	2	2	2	2	2	1	1	1	1	1	0
			1	1	1	1	0	0	0	3	3	3	3	3	2	2	2	2	2
페이지 부재	O	O	O	O		O		O	O	O	O			O		O	O	O	

79

C 언어에서 배열 b[5]의 값은?

static int b[9]={1, 2, 3};

① 0 ② 1
③ 2 ④ 3

static int b[9]={1, 2, 3};으로 선언되었으므로 b[0]=1, b[1]=2, b[2]=3이 삽입되고, 나머지 방에는 0이 삽입됨

정답 75 ② 76 ② 77 ③ 78 ② 79 ①

80 ⭐

결합도가 낮은 것부터 높은 순으로 옳게 나열한 것은?

(ㄱ) 내용 결합도	(ㄴ) 자료 결합도
(ㄷ) 공통 결합도	(ㄹ) 스탬프 결합도
(ㅁ) 외부 결합도	(ㅂ) 제어 결합도

① (ㄱ) → (ㄴ) → (ㄹ) → (ㅂ) → (ㅁ) → (ㄷ)
② (ㄴ) → (ㄹ) → (ㅁ) → (ㅂ) → (ㄷ) → (ㄱ)
③ (ㄴ) → (ㄹ) → (ㅂ) → (ㅁ) → (ㄷ) → (ㄱ)
④ (ㄱ) → (ㄴ) → (ㄹ) → (ㅁ) → (ㅂ) → (ㄷ)

> **결합도**
> 1. 내용 결합도(content coupling) — 결합도가 높음
> 2. 공통 결합도(common coupling)
> 3. 외부 결합도(external coupling)
> 4. 제어 결합도(control coupling)
> 5. 스탬프 결합도(stamp coupling)
> 6. 자료 결합도(data coupling) — 결합도가 낮음

5과목 정보시스템 구축관리

81

모바일 단말기를 통해 외부에서 업무를 처리하는 모바일 오피스 환경에서 BYOD(Bring Your Own Device) 서비스 제공을 위한 보안 강화 기술과 가장 관련된 것은?

① VPN(Virtual Private Network)
② FTP(File Transfer Protocol)
③ MDM(Mobile Device Management)
④ MSM(Mobile Station Modem)

> - MDM : 스마트폰, 태블릿, 휴대용 컴퓨터와 같은 모바일 기기를 보호, 관리, 감시, 지원하는 솔루션으로, BYOD(Bring Your Own Device) 환경에서 애플리케이션을 통한 보안 기능을 제공함. 단말기가 아닌 애플리케이션 레벨에서 제어가 가능한 MAM(Mobile Application Management)으로 발전됨
> - MSM(Mobile Station Modem)은 미국 퀄컴사가 개발한 디지털 신호처리 기술이자 상품명인데, 그중에 MSM 6571은 1x/EV-DO 기능이 추가된 칩 제품임

82

메모리상에서 프로그램의 복귀 주소와 변수 사이에 특정 값을 저장해 두었다가 그 값이 변경되었을 경우 오버플로우 상태로 가정하여 프로그램 실행을 중단하는 기술은?

① 모드체크
② 리커버리 통제
③ 시스로그
④ 스택가드

> **스택 버퍼 오버플로우 대응방안**
> 스택가드(Stack Guard), 스택쉴드(Stack Shield), ASLR(Address Space Layout Randomization), NX-bit(Non-executable stack)

83

구글의 구글 브레인 팀이 제작하여 공개한 기계 학습(Machine Learning)을 위한 오픈소스 소프트웨어 라이브러리는?

① 타조(Tajo)
② 원 세그(One Seg)
③ 포스퀘어(Foursquare)
④ 텐서플로(TensorFlow)

> ④ 텐서플로(TensorFlow) : 구글의 구글 브레인 팀이 제작하여 공개한 기계 학습(Machine Learning)을 위한 오픈소스 소프트웨어 라이브러리로 구글 검색, 광고, 유튜브 등 실제 서비스에 적용됨
> [오답해설]
> ① 타조(Tajo) : 오픈 소스를 기반으로 하는 분산 컴퓨팅 플랫폼인 아파치(Apache) 하둡(Hadoop) 기반의 프로젝트
> ② 원 세그(One Seg) : 일본 디지털 휴대 이동방송 서비스 명칭
> ③ 포스퀘어(Foursquare) : 위치 기반의 지역 검색 및 추천 서비스이며, 사용자의 위치를 지속적으로 갱신하면서 공유할 수 있는 서비스

정답 80 ③ 81 ③ 82 ④ 83 ④

84

다음 내용이 설명하는 로그 파일은?

- 리눅스 시스템에서 사용자의 성공한 로그인/로그아웃 정보 기록
- 시스템의 종료/시작 시간 기록

① tapping ② xtslog
③ linuxer ④ wtmp

- wtmp : 사용자의 로그인, 로그아웃 시간과 시스템의 종료 시간, 시스템 시작 시간 등을 기록
- 유닉스 시스템의 주요 로그 파일

로그 파일명	설명
acct/pacct	사용자별로 실행되는 모든 명령어를 기록
.history	사용자별 명령어를 기록하는 파일로 csh, tcsh, ksh, bash 등 사용자들이 사용하는 쉘에 따라 .history, .bash_history 파일 등으로 기록
lastlog	각 사용자의 최종 로그인 정보
logging	실패한 로그인 시도를 기록
messages	부트 메시지 등 시스템의 콘솔에서 출력된 결과를 기록하고 syslogd에 의해 생성된 메시지도 기록
sulog	su 명령 사용 내역 기록
syslog	운영체제 및 응용프로그램의 주요 동작내역
utmp	현재 로그인한 각 사용자의 기록
utmpx	utmp 기능을 확장한 로그, 원격 호스트 관련 정보 등 자료 구조 확장
wtmp	사용자의 로그인, 로그아웃 시간과 시스템의 종료 시간, 시스템 시작 시간 등을 기록
btmp	5번 이상 로그인 실패한 정보를 기록(솔라리스는 loginlog)
xferlog	FTP 접속을 기록

85

다음 내용이 설명하는 것은?

- 네트워크상에 광채널 스위치의 이점인 고속 전송과 장거리 연결 및 멀티 프로토콜 기능을 활용
- 각기 다른 운영체제를 가진 여러 기종들이 네트워크상에서 동일 저장장치의 데이터를 공유하게 함으로써, 여러 개의 저장장치나 백업 장비를 단일화시킨 시스템

① SAN ② MBR
③ NAC ④ NIC

① SAN(Storage Area Network) : DAS와 NAS의 단점을 해결한 발전된 스토리지 형태. 네트워크상에 광채널 스위치의 이점인 고속 전송과 장거리 연결 및 멀티 프로토콜 기능을 활용함

[오답해설]
③ NAC(Network Access Control) : 관리자가 정의한 보안환경이 운영되는 시스템만 네트워크에 연결이 가능하도록 함. Clear Network에 악성 Worm이 감염된 Host가 연결되면 순식간에 네트워크는 악성 Worm이 퍼지게 되므로 이러한 상황을 막고자하는 시스템

86

웹과 컴퓨터 프로그램에서 용량이 작은 데이터를 교환하기 위해 데이터 객체를 속성·값의 쌍 형태로 표현하는 형식으로 자바스크립트(JavaScript)를 토대로 개발되어진 형식은?

① Python ② XML
③ JSON ④ WEB SEVER

JSON(JavaScript Object Notation)

- 속성-값 쌍[attribute-value pairs and array data types (or any other serializable value)] 또는 "키-값 쌍"으로 이루어진 데이터 오브젝트를 전달하기 위해 인간이 읽을 수 있는 텍스트를 사용하는 개방형 표준 형식
- 비동기 브라우저/서버 통신(AJAX)을 위해, 넓게는 XML(AJAX가 사용)을 대체하는 주요 데이터 포맷
- JSON은 특히, 인터넷에서 자료를 주고 받을 때 그 자료를 표현하는 방법으로 알려져 있음
- 웹과 컴퓨터 프로그램에서 용량이 작은 데이터를 교환하기 위해 데이터 객체를 속성/값의 쌍 형태로 표현하는 형식으로 자바스크립트를 토대로 개발되어진 형식

[오답해설]
① Python : 네덜란드의 귀도 반 로섬(Guido van Rossum)이 개발하였고, 범용 프로그래밍 언어로서 코드 가독성(readability)과 간결한 코딩을 강조한 언어
② XML : W3C에서 다른 특수 목적의 마크업 언어를 만드는 용도에서 권장되는 다목적 마크업 언어. XML은 주로 다른 시스템, 특히 플랫폼과 상관없이 인터넷에 연결된 시스템끼리 데이터를 쉽게 주고받을 수 있게 함

정답 84 ④ 85 ① 86 ③

87

TCP/IP 기반 네트워크에서 동작하는 발행-구독 기반의 메시징 프로토콜로 최근 IoT 환경에서 자주 사용되고 있는 프로토콜은?

① MLFQ ② MQTT
③ Zigbee ④ MTSP

> ② MQTT(Message Queuing Telemetry Transport) : TCP/IP 기반 네트워크에서 동작하는 발행-구독 기반의 메시징 프로토콜로 최근 IoT 환경에서 자주 사용되고 있는 프로토콜
>
> [오답해설]
> ① MLFQ(Multi-level Feedback Queue) : 다단계 피드백 큐이며, MFQ라고도 함
> ③ Zigbee : IEEE 802.15.4를 기반으로 하며, 저속/저전력의 무선망을 위한 기술

88

공개키 암호화에 대한 설명으로 옳지 않은 것은?

① ECC(Elliptic Curve Cryptography)와 Rabin은 공개키 암호 방식이다.
② RSA는 소인수분해의 어려움에 기초를 둔 알고리즘이다.
③ 전자서명할 때는 서명하는 사용자의 공개키로 암호화한다.
④ ElGamal은 이산대수 문제의 어려움에 기초를 둔 알고리즘이다.

> • 전자서명할 때는 서명하는 사용자의 개인키로 암호화함
> • 공개키 알고리즘

알고리즘명	발표년도	개발자	안전도 근거
RSA	1978	Rivest, Shamir, Adleman	소인수분해 문제
Knapsack	1978	R.C.Merkle, M.E.Hellman	부분합 문제
McEliece	1978	McEliece	대수적 부호 이론
ELGamal	1985	ELGamal	이산대수 문제
ECC	1985	N.kObitz, V.Miller	타원곡선 이산대수 문제
RPK	1996	W.M.Raike	이산대수 문제
Lattice	1997	Goldwasser, Goldreich, Halevi	가장 가까운 벡터를 찾는 문제

89

전송계층 보안 프로토콜인 TLS(Transport Layer Security)가 제공하는 보안 서비스에 해당하지 않는 것은?

① 메시지 부인 방지
② 클라이언트와 서버 간의 상호 인증
③ 메시지 무결성
④ 메시지 기밀성

> • 상호 인증 : 클라이언트와 서버 간의 상호 인증(RSA, DSS, X.509)
> • 기밀성 : 대칭키 암호화 알고리즘을 통한 데이터의 암호화(DES, 3DES, RC4 등)
> • 데이터 무결성 : MAC 기법을 이용해 데이터 변조 여부 확인 (HMAC-md5, HMAC-SHA-1)

90

여러 개의 독립된 통신장치가 UWB(Ultra Wideband) 기술 또는 블루투스 기술을 사용하여 통신망을 형성하는 무선 네트워크 기술은?

① PICONET ② SCRUM
③ NFC ④ WI-SUN

> PICONET(피코넷)은 여러 개의 독립된 통신장치가 UWB(Ultra Wideband) 통신 기술 또는 블루투스 기술을 사용하여 통신망을 형성하는 무선 네트워크 기술임
>
> [오답해설]
> ② SCRUM : 애자일 기법의 하나이며, 소프트웨어 개발 시에 30일마다 동작 가능한 제품을 제공하는 스플린트를 중심으로 하고 있음. 매일 정해진 시간에 정해진 장소에서 짧은 시간의 개발을 하는 팀을 위한, 프로젝트 관리 중심의 방법론
> ③ NFC : 가까운(10cm 이내) 거리에서 무선 데이터를 주고받는 통신 기술
> ④ WI-SUN : 스마트 그리드 서비스를 제공하기 위한 와이파이 기반의 저전력 장거리 통신기술

정답 87 ② 88 ③ 89 ① 90 ①

91 ⭐

프로토타입을 지속적으로 발전시켜 최종 소프트웨어 개발까지 이르는 개발방법으로 위험관리가 중심인 소프트웨어 생명주기 모형은?

① 나선형 모형
② 델파이 모형
③ 폭포수 모형
④ 기능점수 모형

> 나선형 모형(spiral model)은 폭포수 모델과 프로토타이핑 모델의 장점을 수용하고, 새로운 요소인 위험분석을 추가한 진화적 개발 모델임
> [오답해설]
> ② 델파이 모형 : 조정자를 통해 여러 전문가의 의견 일치를 얻어내는 기법으로 전문가 감정 기법의 문제점을 보완하기 위한 방법
> ③ 폭포수 모형 : 소프트웨어의 개발 시 프로세스에 체계적인 원리를 도입할 수 있는 첫 방법론이며, 적용사례가 많고 널리 사용된 방법
> ④ 기능점수 모형 : 소프트웨어의 각 기능에 대하여 가중치를 부여하여 요인별 가중치를 합산해서 소프트웨어의 규모나 복잡도, 난이도를 산출하는 모형

92 ⭐

소프트웨어공학에 대한 설명으로 거리가 먼 것은?

① 소프트웨어공학이란 소프트웨어의 개발, 운용, 유지보수 및 파기에 대한 체계적인 접근 방법이다.
② 소프트웨어공학은 소프트웨어 제품의 품질을 향상시키고 소프트웨어 생산성과 작업 만족도를 증대시키는 것이 목적이다.
③ 소프트웨어공학의 궁극적 목표는 최대의 비용으로 계획된 일정보다 가능한 빠른 시일 내에 소프트웨어를 개발하는 것이다.
④ 소프트웨어공학은 신뢰성 있는 소프트웨어를 경제적인 비용으로 획득하기 위해 공학적 원리를 정립하고 이를 이용하는 것이다.

> 소프트웨어공학의 궁극적 목표는 최소의 비용으로 계획된 일정보다 가능한 빠른 시일 내에 좋은 소프트웨어를 개발하는 것임

93 ⭐

소인수분해 문제를 이용한 공개키 암호화 기법에 널리 사용되는 암호 알고리즘 기법은?

① RSA
② ECC
③ PKI
④ PEM

> RSA(Rivest, Sharmir, Adleman)는 소인수분해 문제를 이용한 공개키 암호화 기법에 널리 사용되는 암호 알고리즘 기법
> [오답해설]
> ② ECC(Elliptic Curve Cryptosystem) : 타원곡선 암호로 RSA 암호보다 짧은 키 길이로서 같은 정도의 강도를 확보하고, 암호화·복호화의 처리에 필요한 시간을 단축할 수 있음
> ③ PKI(Public Key Infrastructure) : 공개키를 이용하여 송수신 데이터를 암호화하고 디지털 인증서를 통해 사용자를 인증하는 시스템
> ④ PEM(Privacy Enhanced Mail) : 인터넷 표준안으로 IETF에서 만든 암호화 기법이며, 자동 암호화로 전송 중 유출되더라도 내용 확인이 불가능함. PGP에 비해 보안능력이 뛰어나지만, 중앙 집중식 키 인증 방식으로 대중적으로 사용되기는 어려움

94

LOC 기법에 의하여 예측된 총 라인 수가 50000라인, 프로그래머의 월 평균 생산성이 200라인, 개발에 참여할 프로그래머가 10인일 때, 개발 소요 기간은?

① 25개월
② 50개월
③ 200개월
④ 2000개월

> • 노력(인월) = LOC/1인당 월평균 생산코드 라인 수
>   = 50,000/200 = 250
> • 개발 기간 = 노력(인월)/투입 인원 = 250/10 = 25개월

정답 91 ① 92 ③ 93 ① 94 ①

95

최대 홉수를 15로 제한한 라우팅 프로토콜은?

① RIP
② OSPF
③ Static
④ EIGRP

> **RIP(Routing Information Protocol)**
> - 거리 벡터(Distance-Vector) 방식을 사용하는 라우팅 프로토콜
> - 목적지 네트워크까지 도달하는 데 몇 개의 라우터를 거치는가를 나타내는 홉(Hop) 카운트를 사용하는데, 최대 15홉 이하 규모의 네트워크를 주요 대상으로 함
> - 최적의 경로를 산출하기 위한 정보로서 홉(거리값)만을 고려하므로, RIP를 선택한 경로가 최적의 경로가 아닌 경우가 많이 발생할 수 있음
> [오답해설]
> ② OSPF(Open Shortest Path First) : Link State Routing 기법을 사용하며, 전달 정보는 인접 네트워크 정보를 이용함
> ④ EIGRP(Enhanced Interior Gateway Routing Protocol) : IGRP를 기반으로 한 개방형 라우팅 프로토콜이며, 라우터 내 대역폭 및 처리 능력의 이용과 토폴로지가 변경된 뒤에 일어나는 불안정한 라우팅을 최소화하는 데 최적화되었음

96

컴퓨터 사용자의 키보드 움직임을 탐지해 ID, 패스워드 등 개인의 중요한 정보를 몰래 빼가는 해킹 공격은?

① Key Logger Attack
② Worm
③ Rollback
④ Zombie Worm

> Key Logger Attack은 컴퓨터 사용자의 키보드 움직임을 탐지해 ID, 패스워드 등 개인의 중요한 정보를 몰래 빼가는 해킹 공격
> [오답해설]
> ② Worm : 동일한 웜을 재생산하고 네트워크, 취약 부위, 공유 폴더 등 취약점을 통해 자체적으로 배포하는 기능을 가지고 있으며, 특별한 사용자의 행동이 없어도 실행됨
> ③ Rollback : 트랜잭션의 비정상적인 종료

97

폭포수 모형의 특징으로 거리가 먼 것은?

① 개발 중 발생한 요구사항을 쉽게 반영할 수 있다.
② 순차적인 접근방법을 이용한다.
③ 단계적 정의와 산출물이 명확하다.
④ 모형의 적용 경험과 성공사례가 많다.

> 폭포수 모형은 개발 중에 발생하는 요구사항의 반영이 어려움

98

다음 설명의 정보보안 침해 공격 관련 용어는?

> 인터넷 사용자의 컴퓨터에 침입해 내부 문서 파일 등을 암호화해 사용자가 열지 못하게 하는 공격으로, 암호 해독용 프로그램의 전달을 조건으로 사용자에게 돈을 요구하기도 한다.

① Smishing
② C-brain
③ Trojan Horse
④ Ransomware

> 랜섬웨어(Ransomware)는 몸값을 의미하는 Ransom과 소프트웨어(Software)의 합성어로 시스템을 잠그거나 데이터를 암호화해 사용할 수 없도록 만든 뒤, 이를 인질로 금전을 요구하는 악성 프로그램
> [오답해설]
> ① Smishing : 문자메시지(SMS)와 피싱(Phishing)의 합성어로, 문자 메시지를 이용한 휴대폰 해킹 기법
> ③ Trojan Horse : 겉으로는 악성 소프트웨어가 아닌 것처럼 보이나, 실제로는 악의적인 목적을 숨기고 있는 프로그램

정답 95 ① 96 ① 97 ① 98 ④

99

시스템 내의 정보는 오직 인가된 사용자만 수정할 수 있는 보안 요소는?

① 기밀성
② 부인방지
③ 가용성
④ 무결성

④ 무결성 : 접근 권한이 없는 사용자에 의해 정보가 변경되지 않도록 보호하여 정보의 정확성과 완전성을 확보

[오답해설]
① 기밀성 : 정보자산이 인가된(authorized) 사용자에게만 접근할 수 있도록 보장하여 접근 권한을 가진 사람만이 실제로 접근 가능하도록 함
② 부인방지 : 행위나 이벤트의 발생을 증명하여 나중에 행위나 이벤트를 부인할 수 없도록 함
③ 가용성 : 정보와 정보시스템의 사용을 인가 받은 사람이 사용하려고 할 때 언제든지 사용할 수 있도록 보장하는 것

100

IP 또는 ICMP의 특성을 악용하여 특정 사이트에 집중적으로 데이터를 보내 네트워크 또는 시스템의 상태를 불능으로 만드는 공격 방법은?

① TearDrop
② Smishing
③ Qshing
④ Smurfing

Smurfing 공격은 IP 패킷 변조를 통한 스푸핑을 하여 ICMP Request를 받은 네트워크는 ICMP Request 패킷의 위조된 시작 IP 주소로 ICMP Reply를 다시 보냄. 결국 공격 대상은 수많은 ICMP Reply를 받게 되고 Ping of Death처럼 수많은 패킷이 시스템을 과부하 상태로 만듦

[오답해설]
① TearDrop : IP패킷 전송이 잘게 나누어졌다가 다시 재조합하는 과정의 약점을 악용한 공격
② Smishing : 문자메시지(SMS)와 피싱(Phishing)의 합성어로, 문자 메시지를 이용한 휴대폰 해킹 기법
③ Qshing : QR코드와 피싱(Phishing)의 합성어로, QR코드를 통해 악성 링크로 접속을 유도하거나 직접 악성코드를 심는 방법

정답 99 ④ 100 ④

2024년 2회 | 최신 CBT 기출복원문제

1과목 소프트웨어 설계

01
GoF(Gang of Four)의 디자인 패턴에서 행위 패턴에 속하는 것은?
① Builder   ② Visitor
③ Prototype   ④ Bridge

> **행위 패턴(Behavioral Patterns)**
> 비지터(Visitor), 템플릿 메소드(Template Method), 커맨드(Command), 이터레이터(Iterator), 옵저버(Observer), 스테이트(State), 스트래티지(Strategy), 메멘토(Memento), Chain of Responsibility, 인터프리터(Interpreter), 미디에이터(Mediator) 패턴

02
요구사항 개발 프로세스의 순서로 옳은 것은?

> ㉠ 도출(Elicitation)   ㉡ 분석(Analysis)
> ㉢ 명세(Specification)   ㉣ 확인(Validation)

① ㉠ - ㉡ - ㉢ - ㉣
② ㉠ - ㉢ - ㉡ - ㉣
③ ㉠ - ㉣ - ㉡ - ㉢
④ ㉠ - ㉡ - ㉣ - ㉢

> 요구사항 개발 프로세스의 순서는 ㉠ 도출(Elicitation) → ㉡ 분석(Analysis) → ㉢ 명세(Specification) → ㉣ 확인(Validation)

03
XP(eXtreme Programming)의 5가지 가치로 거리가 먼 것은?
① 용기   ② 의사소통
③ 정형분석   ④ 피드백

> - XP의 5가지 가치에 정형분석은 포함되지 않음
> - XP(eXtreme Programming)의 5가지 핵심 가치
>   - 존중(Respect) : 팀 기반의 활동 중 팀원 간의 상호 존중을 강조
>   - 단순성(Simplicity) : 사용되지 않는 구조와 알고리즘 배제
>   - 의사소통(Communication) : 개발자, 관리자, 고객 간의 원활한 의사소통
>   - 피드백(Feedback) : 지속적인 테스트와 통합, 반복적 결함 수정, 빠른 피드백
>   - 용기(Courage) : 고객의 요구사항 변화에 능동적인 대처

04
소프트웨어 설계에서 자주 발생하는 문제에 대한 일반적이고 반복적인 해결 방법을 무엇이라고 하는가?
① 모듈 분해   ② 디자인 패턴
③ 연관 관계   ④ 클래스 도출

> **디자인 패턴**
> - UML과 같은 일종의 설계기법이며, UML이 전체 설계도면을 설계한다면 Design Pattern은 설계방법을 제시함
> - 객체지향 소프트웨어 시스템 디자인 과정에서 자주 접하게 되는 디자인 문제에 대한 기존의 시스템에 적용되어 검증된 해법의 재사용성을 높여 쉽게 적용할 수 있도록 하는 방법론
> - 패턴은 여러 가지 상황에 적용될 수 있는 템플릿과 같은 것이며, 문제에 대한 설계를 추상적으로 표현한 것
> - 패턴(Pattern)은 90년대 초반 Erich Gamma에 의해 첫 소개된 이후 95년에 Gamma, Helm, John, Vlissides 네 사람에 의해 집대성되었고, 디자인 패턴(Design Pattern)이라는 것이 널리 알려짐

정답 01 ② 02 ① 03 ③ 04 ②

05

GoF(Gangs of Four) 디자인 패턴에 대한 설명으로 틀린 것은?

① factory method pattern은 상위클래스에서 객체를 생성하는 인터페이스를 정의하고, 하위클래스에서 인스턴스를 생성하도록 하는 방식이다.
② prototype pattern은 prototype을 먼저 생성하고 인스턴스를 복제하여 사용하는 구조이다.
③ bridge pattern은 기존에 구현되어 있는 클래스에 기능 발생 시 기존 클래스를 재사용할 수 있도록 중간에서 맞춰주는 역할을 한다.
④ mediator pattern은 객체 간의 통제와 지시의 역할을 하는 중재자를 두어 객체지향의 목표를 달성하게 해준다.

- 기존에 구현되어 있는 클래스에 기능 발생 시 기존 클래스를 재사용할 수 있도록 중간에서 맞춰주는 역할을 하는 것은 bridge pattern이 아니라 adapter pattern의 설명
- bridge pattern : 인터페이스와 구현의 명확한 분리
- adapter pattern : 객체를 감싸서 다른 인터페이스를 제공(기존 모듈 재사용을 위한 인터페이스 변경)

06

입력되는 데이터를 컴퓨터의 프로세서가 처리하기 전에 미리 처리하여 프로세서가 처리하는 시간을 줄여주는 프로그램이나 하드웨어를 말하는 것은?

① EAI
② Duplexing
③ GPL
④ FEP

FEP(Front-End Processor)
입력되는 데이터를 컴퓨터의 프로세서가 처리하기 전에 미리 처리하여 프로세서가 처리하는 시간을 줄여주는 프로그램이나 하드웨어를 말함

07

클래스 다이어그램의 요소로 다음 설명에 해당하는 용어는?

- 클래스의 동작을 의미한다.
- 클래스에 속하는 객체에 대하여 적용될 메소드를 정의한 것이다.
- UML에서는 동작에 대한 인터페이스를 지칭한다고 볼 수 있다.

① Instance
② Operation
③ Item
④ Hiding

② Operation : 클래스의 동작을 의미하며, 클래스에 속하는 객체에 대하여 적용될 메소드를 정의한 것
[오답해설]
① Instance(인스턴스) : 객체지향 기법에서 같은 클래스에 속한 각각의 객체를 의미하는 것

08

다음 (   ) 안에 들어갈 내용으로 옳은 것은?

컴포넌트 설계 시 "(   )에 의한 설계"를 따를 경우, 해당 명세서에서는
(1) 컴포넌트의 오퍼레이션 사용 전에 참이 되어야 할 선행조건
(2) 사용 후 만족되어야 할 결과조건
(3) 오퍼레이션이 실행되는 동안 항상 만족되어야 할 불변조건 등이 포함되어야 한다.

① 관계(Relation)
② 프로토콜(Protocol)
③ 패턴(Pattern)
④ 협약(Contract)

협약에 의한 설계(Design by Contract)
클래스에 대한 여러 가지의 가정을 공유하도록 명세한 것으로 소프트웨어 컴포넌트에 대한 정확한 인터페이스 명세를 위하여 선행조건, 결과조건, 불변조건을 나타내는 설계 방법

정답 05 ③ 06 ④ 07 ② 08 ④

09
데이터 흐름도(DFD)의 구성요소에 포함되지 않는 것은?

① process ② data flow
③ data store ④ data dictionary

> **자료 흐름도의 구성**
> 프로세스(process), 흐름, 자료 저장소(data store), 단말(terminator)

10
UI의 종류로 멀티 터치(Multi-touch), 동작 인식(Gesture Recognition) 등 사용자의 자연스러운 움직임을 인식하여 서로 주고받는 정보를 제공하는 사용자 인터페이스를 의미하는 것은?

① GUI(Graphical User Interface)
② OUI(Organic User Interface)
③ NUI(Natural User Interface)
④ CLI(Command Line Interface)

> • NUI(Natural UI) : 사용자의 말과 행동 기반 제스처 입력 인터페이스이며, 멀티 터치(Multi-touch), 동작 인식(Gesture Recognition) 등 사용자의 자연스러운 움직임을 인식하여 서로 주고받는 정보를 제공
> • OUI(Organic User Interface) : 모든 사물과 사용자 간에 상호작용을 위한 인터페이스로 즉, 실세계에 존재하는 모든 사물이 입출력장치로 변화할 수 있는 사용자 인터페이스라고 할 수 있음

11
HIPO(Hierarchy Input Process Output)에 대한 설명으로 거리가 먼 것은?

① 상향식 소프트웨어 개발을 위한 문서화 도구이다.
② HIPO 차트 종류에는 가시적 도표, 총체적 도표, 세부적 도표가 있다.
③ 기능과 자료의 의존 관계를 동시에 표현할 수 있다.
④ 보기 쉽고 이해하기 쉽다.

> HIPO는 Top-Down 개발기법(계층적 구조)이며, 문서의 체계화가 가능함

12
시스템의 구성요소로 볼 수 없는 것은?

① Maintenance ② Feedback
③ Process ④ Control

> • 시스템의 구성요소는 Input(입력), Output(출력), Process(처리), Feedback(피드백), Control(제어)
> • Maintenance는 유지보수를 말하며, 유지보수란 구축된 시스템을 운영·관리하는 것

13
검토 회의 전에 요구사항 명세서를 미리 배포하여 사전 검토한 후 짧은 검토 회의를 통해 오류를 조기에 검출하는 데 목적을 두는 요구사항 검토 방법은?

① 빌드 검증 ② 동료 검토
③ 워크스루 ④ 개발자 검토

> 워크스루(Walkthrough)는 개발에 참여한 요원들이 개발자의 산출물의 품질을 검토하기 위한 목적으로 하는 기술 검토 회의로, 요구사항 명세서를 미리 배포하여 사전 검토한 후 짧은 검토 회의를 통해 오류를 조기에 검출하는 데 목적을 두는 요구사항 검토 방법임

14
럼바우(Rumbaugh)의 객체지향 분석에서 사용하는 분석 활동으로 옳은 것은?

① 객체 모델링, 동적 모델링, 정적 모델링
② 객체 모델링, 동적 모델링, 기능 모델링
③ 동적 모델링, 기능 모델링, 정적 모델링
④ 정적 모델링, 객체 모델링, 기능 모델링

> **럼바우(Rumbaugh) 분석 기법**
> 객체 모델링(정보 모델링), 동적 모델링[상태 다이어그램(상태도)], 기능 모델링[자료흐름도(DFD)]

정답 09 ④ 10 ③ 11 ① 12 ① 13 ③ 14 ②

15

애자일 개발 방법론이 아닌 것은?

① 스크럼(Scrum)
② 익스트림 프로그래밍(XP, eXtreme Programming)
③ 기능 주도 개발(FDD, Feature Driven Development)
④ 하둡(Hadoop)

- Hadoop(하둡, High-Availability Distributed Object-Oriented Platform) : 대량의 자료를 처리할 수 있는 큰 컴퓨터 클러스터에서 동작하는 분산 응용 프로그램을 지원하는 프리웨어 자바 소프트웨어 프레임워크
- 애자일 개발 방법론 종류 : 익스트림 프로그래밍(eXtreme Programming, XP), 테스트 주도 개발(Test Driven Development, TDD), 기능 주도 개발(Feature Driven Development, FDD), 스크럼(Scrum)

16

트랜잭션이 올바르게 처리되고 있는지 데이터를 감시하고 제어하는 미들웨어는?

① RPC
② ORB
③ TP monitor
④ HUB

③ TP monitor(Transaction Processing monitor, 트랜잭션 처리 모니터) : 통신량이 많은 클라이언트와 서버 사이에 위치하여 서버 애플리케이션 및 자원을 효율적으로 관리함

[오답해설]
① RPC(Remote Procedure Call, 원격 프로시저 호출) : 네트워크상에서 애플리케이션과 애플리케이션 간의 연동을 하기 위한 미들웨어(또는 다른 컴퓨터에 있는 원격 애플리케이션을 연동시키는 경우 많이 이용됨)
② ORB(Object Request Broker) : 객체지향 미들웨어로 분산 컴퓨팅 환경에서 프로그래머에게 다른 컴퓨터의 프로그램을 네트워크를 통해 호출할 수 있음

17

유스케이스(Usecase)에 대한 설명 중 옳은 것은?

① 유스케이스 다이어그램은 개발자의 요구를 추출하고 분석하기 위해 주로 사용한다.
② 액터는 대상 시스템과 상호작용하는 사람이나 다른 시스템에 의한 역할이다.
③ 사용자 액터는 본 시스템과 데이터를 주고받는 연동 시스템을 의미한다.
④ 연동의 개념은 일방적으로 데이터를 파일이나 정해진 형식으로 넘겨주는 것을 의미한다.

② 액터는 시스템을 사용하거나 시스템과 상호작용하는 사람, 외부 시스템을 의미함

[오답해설]
① 유스케이스 다이어그램은 개발자의 입장이 아니라 사용자의 입장에서 요구를 추출하고 분석해야 함
③ 사용자 액터는 본 시스템과 연동되어지는 시스템이 아니라 역할 사용자임
④ 연동은 일방적 소통이 아닌 상호작용의 형태로 나타내어야 함

18

CASE가 갖고 있는 주요 기능이 아닌 것은?

① 그래픽 지원
② 소프트웨어 생명주기 전 단계의 연결
③ 언어번역
④ 다양한 소프트웨어 개발 모형 지원

CASE의 주요 기능
다양한 소프트웨어 개발 모형 지원, 그래픽 지원, 소프트웨어 생명주기 전 단계의 연결

정답 15 ④ 16 ③ 17 ② 18 ③

19

서브시스템이 입력 데이터를 받아 처리하고 결과를 다른 시스템에 보내는 작업이 반복되는 아키텍처 스타일은?

① 클라이언트 서버 구조
② 계층 구조
③ MVC 구조
④ 파이프 필터 구조

> ④ 파이프 필터 구조 : 서브시스템이 입력 데이터를 받아 처리하고 결과를 다른 시스템에 보내는 작업이 반복되는 아키텍처 스타일
> [오답해설]
> ① 클라이언트 서버 구조 : 컴포넌트가 다른 컴포넌트에게 서비스를 요청하며 데이터가 여러 컴포넌트를 거치며 처리됨
> ② 계층 구조 : 모듈들로 응집된 계층 단위로 SW를 구성하며 계층 간에 사용가능의 관계로 표현됨
> ③ MVC 구조 : 모델-뷰-컨트롤러로 구성되며 기능을 분리한 아키텍처

20

UML 확장 모델에서 스테레오 타입 객체를 표현할 때 사용하는 기호로 맞는 것은?

① 《 》
② (( ))
③ {{ }}
④ [[ ]]

> UML 확장 모델에서 스테레오 타입 객체를 표현하는 것은 《 》

2과목 소프트웨어 개발

21 ★

테스트 드라이버(Test Driver)에 대한 설명으로 틀린 것은?

① 시험대상 모듈을 호출하는 간이 소프트웨어이다.
② 필요에 따라 매개변수를 전달하고 모듈을 수행한 후의 결과를 보여줄 수 있다.
③ 상향식 통합 테스트에서 사용된다.
④ 테스트 대상 모듈이 호출하는 하위 모듈의 역할을 한다.

> 테스트 드라이버(Test Driver)
> 시험사례를 입력받아 시험을 위해 받은 자료를 모듈로 넘기고, 관련된 결과를 출력하는 메인 프로그램

22

다음과 같이 레코드가 구성되어 있을 때, 이진 검색 방법으로 14를 찾을 경우 비교되는 횟수는?

| 1 2 3 4 5 6 7 8 9 10 11 12 13 14 15 |

① 2
② 3
③ 4
④ 5

> 이진 검색 알고리즘 : 파일이 정렬되어 있어야 하며, 파일의 중앙의 키 값과 비교하여 탐색 대상이 반으로 감소됨
> (1+15)/2 = 8   --- 1번
> (9+15)/2 = 12   --- 2번
> (13+15)/2 = 14   --- 3번

23

다음 그래프에서 정점 A를 선택하여 깊이우선탐색(DFS)으로 운행한 결과는?

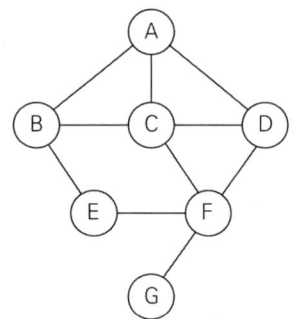

① ABECDFG
② ABECFDG
③ ABCDEFG
④ ABEFGCD

> • 깊이우선탐색(depth first search, DFS) : 트리나 그래프를 탐색하는 방법이며, 한 노드를 시작으로 인접한 다른 노드를 재귀적으로 탐색해 가고 끝까지 탐색하면 다시 위로 와서 다음을 탐색하여 방문
> • 깊이우선탐색은 스택을 이용하며, 정점 A부터 운행할 수 있는 것은 A → B → E → F → G → C → D

정답 19 ④ 20 ① 21 ④ 22 ② 23 ④

24

소프트웨어 공학에서 워크스루(Walkthrough)에 대한 설명으로 틀린 것은?

① 사용사례를 확장하여 명세하거나 설계 다이어그램, 원시 코드, 테스트 케이스 등에 적용할 수 있다.
② 복잡한 알고리즘 또는 반복, 실시간 동작, 병행 처리와 같은 기능이나 동작을 이해하려고 할 때 유용하다.
③ 인스펙션(Inspection)과 동일한 의미를 가진다.
④ 단순한 테스트 케이스를 이용하여 프로덕트를 수작업으로 수행해 보는 것이다.

- 워크스루(Walkthrough)는 개발에 참여한 요원들이 개발자의 산출물의 품질을 검토하기 위한 목적으로 하는 기술 검토 회의로, 요구사항 명세서를 미리 배포하여 사전 검토한 후 짧은 검토 회의를 통해 오류를 조기에 검출하는 데 목적을 두는 요구사항 검토 방법
- 인스펙션 : 검토 자료를 회의 전에 배포해서 사전 검토한 후 짧은 시간 동안 검토 회의를 진행하면서 결함을 발견함. 인스펙션은 결함의 발견과 함께 해결방법까지 모색하는 보다 강한 워크스루라고 할 수 있음

25

제품 소프트웨어의 사용자 매뉴얼 작성절차로 (가)~(다)와 〈보기〉의 기호를 바르게 연결한 것은?

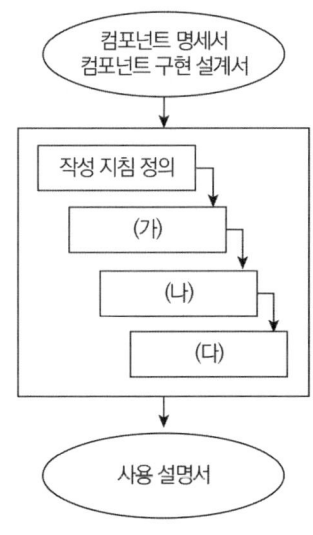

[보 기]
㉠ 사용 설명서 검토
㉡ 구성 요소별 내용 작성
㉢ 사용 설명서 구성 요소 정의

① (가)-㉠, (나)-㉡, (다)-㉢
② (가)-㉢, (나)-㉡, (다)-㉠
③ (가)-㉠, (나)-㉢, (다)-㉡
④ (가)-㉢, (나)-㉠, (다)-㉡

사용자 매뉴얼 작성 절차
작성 지침 정의 → 사용 설명서 구성 요소 정의 → 구성 요소별 내용 작성 → 사용 설명서 검토

26

다음 중 단위 테스트 도구로 사용될 수 없는 것은?

① CppUnit   ② JUnit
③ HttpUnit   ④ IgpUnit

단위 테스트 도구
JUnit, CppUnit, NUnit, HttpUnit

27

다음 자료를 버블 정렬을 이용하여 오름차순으로 정렬할 경우 PASS 3의 결과는?

9, 6, 7, 3, 5

① 6, 3, 5, 7, 9   ② 3, 5, 6, 7, 9
③ 6, 7, 3, 5, 9   ④ 3, 5, 9, 6, 7

버블 정렬(Bubble Sort)
인접한 데이터를 비교하면서 그 크기에 따라 데이터의 위치를 바꾸면서 정렬하는 방식
- PASS 1 : 6 7 3 5 9
- PASS 2 : 6 3 5 7 9
- PASS 3 : 3 5 6 7 9

28

소프트웨어의 개발과정에서 소프트웨어의 변경사항을 관리하기 위해 개발된 일련의 활동을 뜻하는 것은?

① 복호화
② 형상관리
③ 저작권
④ 크랙

> 소프트웨어 형상관리는 소프트웨어에 대한 변경을 철저히 관리하기 위해 개발된 일련의 활동으로 소프트웨어를 이루는 부품의 Baseline(변경통제 시점)을 정하고 변경을 철저히 통제하는 것

29

소프트웨어 테스트에서 검증(Verification)과 확인(Validation)에 대한 설명으로 틀린 것은?

① 소프트웨어 테스트에서 검증과 확인을 구별하면 찾고자 하는 결함 유형을 명확하게 하는 데 도움이 된다.
② 검증은 소프트웨어 개발 과정을 테스트하는 것이고, 확인은 소프트웨어 결과를 테스트하는 것이다.
③ 검증은 작업 제품이 요구 명세의 기능, 비기능 요구사항을 얼마나 잘 준수하는지 측정하는 작업이다.
④ 검증은 작업 제품이 사용자의 요구에 적합한지 측정하며, 확인은 작업 제품이 개발자의 기대를 충족시키는지를 측정한다.

> 확인(Validation)은 작업 제품이 사용자의 요구에 적합한지 측정하며, 검증(Verification)은 작업 제품이 개발자의 기대를 충족시키는지를 측정함

30

인터페이스 보안을 위해 네트워크 영역에 적용될 수 있는 솔루션과 거리가 먼 것은?

① IPSec
② SSL
③ SMTP
④ S-HTTP

> ③ SMTP(Simple Mail Transfer Protocol)는 보안에 관련된 프로토콜이 아니라, 메일 전송 프로토콜
>
> [오답해설]
> ① IPSec(IP Security) : 안전하지 않은 네트워크상의 두 컴퓨터 사이에 암호화된 안전한 통신을 제공하는 프로토콜
> ② SSL(Secure Socket Layer) : 인터넷을 통해 전달되는 정보보안의 안전한 거래를 허용하기 위해 Netscape사에서 개발한 인터넷 통신 규약 프로토콜
> ④ S-HTTP(Secure HyperText Transfer Protocol) : HTTP 프로토콜에 송신자 인증, 메시지 기밀성과 무결성, 부인 방지 기능을 확장한 프로토콜

31

소스코드 정적 분석(Static Analysis)에 대한 설명으로 틀린 것은?

① 소스코드를 실행시키지 않고 분석한다.
② 코드에 있는 오류나 잠재적인 오류를 찾아내기 위한 활동이다.
③ 하드웨어적인 방법으로만 코드 분석이 가능하다.
④ 자료 흐름이나 논리 흐름을 분석하여 비정상적인 패턴을 찾을 수 있다.

> 정적 분석 소프트웨어에 해당하는 것으로는 pmd, checkstyle 등이 있음

정답 28 ② 29 ④ 30 ③ 31 ③

32

DRM(Digital Rights Management)과 관련한 설명으로 틀린 것은?

① 디지털 콘텐츠와 디바이스의 사용을 제한하기 위해 하드웨어 제조업자, 저작권자, 출판업자 등이 사용할 수 있는 접근 제어 기술을 의미한다.
② 디지털 미디어의 생명주기 동안 발생하는 사용권한 관리, 과금, 유통단계를 관리하는 기술로도 볼 수 있다.
③ 클리어링 하우스(Clearing House)는 사용자에게 콘텐츠 라이선스를 발급하고 권한을 부여해주는 시스템을 말한다.
④ 원본을 안전하게 유통하기 위한 전자적 보안은 고려하지 않기 때문에 불법 유통과 복제의 방지는 불가능하다.

- DRM은 디지털 콘텐츠 제공자의 권리와 이익을 안전하게 보호하며 불법복제를 막고 사용료 부과와 결제대행 등 콘텐츠의 생성에서 유통·관리까지를 일괄적으로 지원하는 기술
- DRM은 디지털 콘텐츠의 생성과 이용까지 유통 전 과정에 걸쳐 디지털 콘텐츠를 안전하게 관리 및 보호하고, 부여된 권한정보에 따라 디지털 콘텐츠의 이용을 통제하는 기술

33

테스트 케이스와 관련한 설명으로 틀린 것은?

① 테스트의 목표 및 테스트 방법을 결정하기 전에 테스트 케이스를 작성해야 한다.
② 프로그램에 결함이 있더라도 입력에 대해 정상적인 결과를 낼 수 있기 때문에 결함을 검사할 수 있는 테스트 케이스를 찾는 것이 중요하다.
③ 개발된 서비스가 정의된 요구사항을 준수하는지 확인하기 위한 입력값과 실행 조건, 예상 결과의 집합으로 볼 수 있다.
④ 테스트 케이스 실행이 통과되었는지 실패하였는지 판단하기 위한 기준을 테스트 오라클(Test Oracle)이라고 한다.

- 테스트 케이스에는 일반적으로 시험 조건, 테스트 데이터, 예상 결과가 포함되어야 함
- 테스트 케이스 항목 : 식별자 번호, 순서 번호, 테스트 조건, 테스트 데이터, 예상 결과

34

다음 트리에 대한 중위순회 운행 결과는?

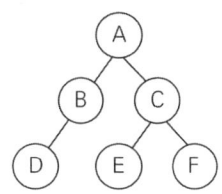

① ABDCEF
② ABCDEF
③ DBECFA
④ DBAECF

- 중위순회(left → root → right)는 왼쪽, 중간, 오른쪽 순서로 방문하며, 문제의 트리를 중위순회한 결과는 D → B → A → E → C → F가 됨
- 전위순회(root → left → right) : A → B → D → C → E → F
- 후위순회(left → right → root) : D → B → E → F → C → A

35

제품 소프트웨어 패키징 도구 활용 시 고려사항이 아닌 것은?

① 제품 소프트웨어의 종류에 적합한 암호화 알고리즘을 고려한다.
② 추가로 다양한 이기종 연동을 고려한다.
③ 사용자 편의성을 위한 복잡성 및 비효율성 문제를 고려한다.
④ 내부 콘텐츠에 대한 보안은 고려하지 않는다.

패키징 도구 활용 시 고려사항

- 반드시 암호화·보안을 고려함. 패키징 시 사용자에게 배포되는 소프트웨어임을 감안하여 반드시 내부 콘텐츠에 대한 암호화 및 보안을 고려함
- 추가로 다양한 이기종 연동을 고려함. 패키징 도구를 활용하여 여러 가지 이기종 콘텐츠 및 단말기 간 DRM 연동을 고려함
- 사용자 편의성을 위한 복잡성 및 비효율성 문제를 고려함. 패키징 도구를 고려하면 사용자의 입장에서 불편해질 수 있는 문제를 고려하여, 최대한 효율적으로 적용될 수 있도록 함
- 제품 소프트웨어의 종류에 적합한 암호화 알고리즘을 적용함. 암호화 알고리즘이 여러 가지 종류가 있는데, 제품 소프트웨어의 종류에 맞는 알고리즘을 선택하여 배포 시 범용성에 지장이 없도록 고려함

36

소프트웨어를 보다 쉽게 이해할 수 있고 적은 비용으로 수정할 수 있도록 겉으로 보이는 동작의 변화 없이 내부구조를 변경하는 것은?

① Refactoring
② Architecting
③ Specification
④ Renewal

> 리팩토링(Refactoring)
> 소프트웨어를 보다 쉽게 이해할 수 있고 적은 비용으로 수정할 수 있도록 겉으로 보이는 동작의 변화 없이 내부구조를 변경하는 것으로, Code smell을 고치고 다듬는 과정

37

IDE(Integrated Development Environment) 도구의 각 기능에 대한 설명으로 틀린 것은?

① Coding - 프로그래밍 언어를 가지고 컴퓨터 프로그램을 작성할 수 있는 환경을 제공
② Compile - 저급언어의 프로그램을 고급언어 프로그램으로 변환하는 기능
③ Debugging - 프로그램에서 발견되는 버그를 찾아 수정할 수 있는 기능
④ Deployment - 소프트웨어를 최종 사용자에게 전달하기 위한 기능

> Compile
> 고급언어의 프로그램을 저급언어 프로그램으로 변환하는 기능으로 원시(소스)코드를 번역하여 목적코드로 변환하는 기능

38

저작권 관리 구성 요소 중 패키저(Packager)의 주요 역할로 옳은 것은?

① 콘텐츠를 제공하는 저작권자를 의미한다.
② 콘텐츠를 메타데이터와 함께 배포 가능한 단위로 묶는다.
③ 라이선스를 발급하고 관리한다.
④ 배포된 콘텐츠의 이용 권한을 통제한다.

> 패키저(Packager)
> 콘텐츠를 메타데이터와 함께 배포 가능한 단위로 묶는 기능

39

제어흐름 그래프가 다음과 같을 때 McCabe의 cyclomatic 수는 얼마인가?

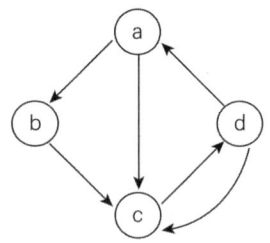

① 3
② 4
③ 5
④ 6

> V(G) = E − N + 2 (E : 간선의 수, N : 노드의 수)
>   = 6 − 4 + 2
>   = 4

40

알파, 베타 테스트와 가장 밀접한 연관이 있는 테스트 단계는?

① 단위 테스트
② 인수 테스트
③ 통합 테스트
④ 시스템 테스트

> ② 인수 테스트 : 사용자측 관점에서 소프트웨어가 요구를 충족시키는가를 평가하며, 알파 테스트와 베타 테스트가 있음
> [오답해설]
> ① 단위 테스트 : 코딩이 끝난 후 설계의 최소 단위인 모듈에 초점을 두고 검사하는 단계이며, 독립모듈의 완전성을 시험
> ③ 통합 테스트 : 단위검사가 끝난 모듈들을 하나로 결합하여 시스템으로 완성하는 과정에서의 검사
> ④ 시스템 테스트 : 모든 모듈들은 하나의 시스템으로 작동하게 되며, 사용자의 모든 요구를 하나의 시스템으로서 완벽하게 수행하기 위해서는 다양한 시험들이 필요함

정답 36 ① 37 ② 38 ② 39 ② 40 ②

3과목 데이터베이스 구축

41
DCL 명령어가 아닌 것은?

① COMMIT
② ROLLBACK
③ GRANT
④ SELECT

> - 정의어(DDL) : CREATE, ALTER, DROP
> - 조작어(DML) : SELECT, INSERT, DELETE, UPDATE
> - 제어어(DCL) : GRANT, REVOKE

42
데이터베이스에 영향을 주는 생성, 읽기, 갱신, 삭제 연산으로 프로세스와 테이블 간에 매트릭스를 만들어서 트랜잭션을 분석하는 것은?

① CASE 분석
② 일치 분석
③ CRUD 분석
④ 연관성 분석

> **CRUD 분석**
> - 데이터베이스 테이블에 변화를 주는 트랜잭션의 CRUD 연산에 대해 CRUD 매트릭스를 작성하여 분석하는 것
> - 테이블에 발생하는 트랜잭션의 주기별 발생 횟수를 파악하고 연관된 테이블을 분석하면 테이블에 저장되는 데이터의 양을 유추할 수 있고 트랜잭션이 몰리는 테이블 분석 가능
> - CRUD 연산의 우선순위 : C > D > U > R
>
> | 구분 | SQL | 조작 |
> | --- | --- | --- |
> | Create | INSERT | 생성 |
> | Read | SELECT | 읽기/인출 |
> | Update | UPDATE | 갱신 |
> | Delete | DELETE | 삭제/제거 |

43
다음 관계형 데이터 모델에 대한 설명으로 옳은 것은?

고객ID	고객이름	거주도시
S1	홍길동	서울
S2	이정재	인천
S3	신보라	인천
S4	김흥국	서울
S5	도요새	용인

① relation 3개, attribute 3개, tuple 5개
② relation 3개, attribute 5개, tuple 3개
③ relation 1개, attribute 5개, tuple 3개
④ relation 1개, attribute 3개, tuple 5개

> relation(릴레이션)은 table(테이블)을 나타내고, attribute(애트리뷰트)는 column(컬럼)을 나타내며, tuple(튜플)은 row(행)을 나타냄. 따라서 relation은 1개, attribute는 '고객ID, 고객이름, 거주도시'로 3개, tuple은 5행이 됨

44
개체-관계 모델의 E-R 다이어그램에서 사용되는 기호와 그 의미의 연결이 틀린 것은?

① 사각형 - 개체 타입
② 삼각형 - 속성
③ 선 - 개체타입과 속성을 연결
④ 마름모 - 관계 타입

> **E-R 다이어그램 표기법**
>
> | 기호 | 의미 |
> | --- | --- |
> | □ | 개체 |
> | ○ | 속성 |
> | ◇ | 관계 : 개체 간의 상호작용 |
> | — | 연결 |

정답 41 ④ 42 ③ 43 ④ 44 ②

45

결과값이 아래와 같을 때 SQL 질의로 옳은 것은?

[공급자] 테이블

공급자 번호	공급자명	위치
16	대신공업사	수원
27	삼진사	서울
39	삼양사	인천
62	진아공업사	대전
70	신촌상사	서울

[결과]

공급자 번호	공급자명	위치
16	대신공업사	수원
70	신촌상사	서울

① SELECT * FROM 공급자 WHERE 공급자명 LIKE '%신%';
② SELECT * FROM 공급자 WHERE 공급자명 LIKE '대%';
③ SELECT * FROM 공급자 WHERE 공급자명 LIKE '%사';
④ SELECT * FROM 공급자 WHERE 공급자명 IS NOT NULL;

> 문제의 결과를 확인하면 공급자명이 (대신공업사, 신촌상사)로 되어 있으므로 WHERE 공급자명 LIKE '%신%'로 조건문을 작성해야 함

46

정규화된 엔티티, 속성, 관계를 시스템의 성능 향상과 개발 운영의 단순화를 위해 중복, 통합, 분리 등을 수행하는 데이터 모델링 기법은?

① 인덱스정규화
② 반정규화
③ 집단화
④ 머징

> **반정규화**
> 정규화된 엔티티, 속성, 관계를 시스템의 성능 향상과 개발 운영의 단순화를 위해 중복, 통합, 분리 등을 수행하는 데이터 모델링 기법으로 정규화되어 있는 것을 정규화 이전 상태로 만드는 것을 말함. 많은 조인에 의해 성능이 저하되거나 데이터 조회 시 디스크 I/O양이 많을 때 부분적인 반정규화를 고려함

47

릴레이션에 대한 설명으로 거리가 먼 것은?

① 튜플들의 삽입, 삭제 등의 작업으로 인해 릴레이션은 시간에 따라 변한다.
② 한 릴레이션에 포함된 튜플들은 모두 상이하다.
③ 애트리뷰트는 논리적으로 쪼갤 수 없는 원자값으로 저장한다.
④ 한 릴레이션에 포함된 튜플 사이에는 순서가 있다.

> **릴레이션 특성**
> - 릴레이션의 튜플들은 모두 상이함
> - 릴레이션에서 애트리뷰트들 간의 순서는 의미가 없음
> - 한 릴레이션에 포함된 튜플 사이에는 순서가 없음
> - 애트리뷰트는 원자값으로서 분해가 불가능함

48

데이터웨어하우스의 기본적인 OLAP(on-line analytical processing) 연산이 아닌 것은?

① translate
② roll-up
③ dicing
④ drill-down

> **OLAP 연산 유형**
> roll-up, drill-down, pivoting, slicing, dicing

정답 45 ① 46 ② 47 ④ 48 ①

49

다음 R과 S 두 릴레이션에 대한 Division 연산의 수행 결과는?

R

D1	D2	D3
a	1	A
b	1	A
a	2	A
c	2	B

S

D2	D3
1	A

①
D3
A
B

②
D2
2
2

③
D3
A

④
D1
a
b

- 디비전(DIVISION, ÷) : 동시에 포함하는 속성
- 모든 S 릴레이션에 대해서 R 릴레이션쪽에 S 릴레이션의 모든 튜플이 포함되어 있어야 하므로 정답은 ④가 됨

50

A1, A2, A3 3개 속성을 갖는 한 릴레이션에서 A1의 도메인은 3개 값, A2의 도메인은 2개 값, A3의 도메인은 4개 값을 갖는다. 이 릴레이션에 존재할 수 있는 가능한 튜플(Tuple)의 최대 수는?

① 24
② 12
③ 8
④ 9

- 튜플 : 테이블이 한 행을 구성하는 속성들의 집합
- 도메인 : 애트리뷰트가 취할 수 있는 값들의 집합
- 튜플(Tuple)의 최대 수는 3(A1 도메인 개수) × 2(A2 도메인 개수) × 4(A3 도메인 개수) = 24개

51 ⭐

다음 SQL문에서 빈칸에 들어갈 내용으로 옳은 것은?

```
UPDATE 회원 (    ) 전화번호 = '010-14'
WHERE 회원번호 = 'N4';
```

① FROM
② SET
③ INTO
④ TO

- 갱신문(UPDATE) : 기존 레코드 열값을 갱신할 경우 사용
- 구문

  ```
  UPDATE 테이블
  SET 열_이름=변경_내용
  [WHERE 조건]
  ```

- 문제의 SQL 구문은 회원번호가 N4인 사람의 전화번호를 '010-14'로 갱신시킨다는 의미

[오답해설]
① FROM : 질의 대상 테이블명을 가리켜야 할 때 사용
③ INTO : 레코드를 추가하는 INSERT 구문에서 함께 사용
④ TO : GRANT(권한 및 롤 부여) 구문에 함께 사용되며, 권한 부여 대상을 가리킬 때 사용

정답 49 ④ 50 ① 51 ②

52

병행제어 기법 중 로킹에 대한 설명으로 옳지 않은 것은?

① 로킹의 대상이 되는 객체의 크기를 로킹 단위라고 한다.
② 데이터베이스, 파일, 레코드 등은 로킹 단위가 될 수 있다.
③ 로킹의 단위가 작아지면 로킹 오버헤드가 증가한다.
④ 로킹의 단위가 커지면 데이터베이스 공유도가 증가한다.

- 로킹의 단위가 커지면 데이터베이스 공유도가 감소하며, 로킹 오버헤드도 감소
- 로킹 단위가 작아지면 데이터베이스 공유도가 증가하며, 로킹 오버헤드도 증가

53

사용자 X1에게 department 테이블에 대한 검색 연산을 회수하는 명령은?

① delete select on department to X1;
② remove select on department from X1;
③ revoke select on department from X1;
④ grant select on department from X1;

- REVOKE 키워드는 부여한 권한을 회수(삭제)시키는 명령어
- revoke select on department from X1;은 사용자 'X1'에게 department 테이블에 대한 select 권한을 회수(삭제)한다는 의미

54

다음에서 설명하는 스키마(Schema)는?

> 데이터베이스 전체를 정의한 것으로 데이터개체, 관계, 제약조건, 접근권한, 무결성 규칙 등을 명세한 것

① 개념 스키마
② 내부 스키마
③ 외부 스키마
④ 내용 스키마

① 개념 스키마(Conceptual Schema) : 조직이나 기관의 총괄적 입장에서 본 데이터베이스의 전체적인 논리적 구조

[오답해설]
② 내부 스키마(Internal Schema) : 물리적 저장 장치의 입장에서 본 데이터베이스 구조로서, 실제로 데이터베이스에 저장될 레코드의 형식을 정의하고 저장 데이터 항목의 표현 방법, 내부 레코드의 물리적 순서 등을 나타냄
③ 외부 스키마(External Schema) : 일반 사용자나 응용 프로그래머가 각 개인의 입장에서 필요로 하는 데이터베이스의 논리적 구조

55

다음과 같이 위쪽 릴레이션을 아래쪽 릴레이션으로 정규화를 하였을 때 어떤 정규화 작업을 한 것인가?

국가	도시
대한민국	서울, 부산
미국	워싱턴, 뉴욕
중국	베이징

⇩

국가	도시
대한민국	서울
대한민국	부산
미국	워싱턴
미국	뉴욕
중국	베이징

① 제1정규형
② 제2정규형
③ 제3정규형
④ 제4정규형

- 테이블의 속성 내에 대한민국의 서울·부산과 미국의 워싱턴·뉴욕은 중복되는 값으로 이는 원자값을 만족시키지 못함. '서울'과 '부산' 그리고 '워싱턴'과 '뉴욕'을 각각 따로따로 분리시켜야 원자값을 만족시킬 수 있게 됨
- 제1정규형(1NF) : 어떤 릴레이션 R에 속한 모든 도메인이 원자값(atomic value)만으로 되어 있다면, 제1정규형(1NF)에 속함

정답 52 ④ 53 ③ 54 ① 55 ①

56
다음 SQL문의 실행 결과는?

```
SELECT 과목이름
FROM 성적
WHERE EXISTS (SELECT 학번
FROM 학생 WHERE 학생.학번 = 성적.학번 AND 학생.
학과 IN ('전산', '전기') AND 학생.주소 = '경기';
```

[학생] 테이블

학번	이름	학년	학과	주소
1000	김철수	1	전산	서울
2000	고영준	1	전기	경기
3000	유진호	2	전자	경기
4000	김영진	2	전산	경기
5000	정현영	3	전자	서울

[성적] 테이블

학번	과목번호	과목이름	학점	점수
1000	A100	자료구조	A	91
2000	A200	DB	A+	99
3000	A100	자료구조	B+	88
3000	A200	DB	B	85
4000	A200	DB	A	94
4000	A300	운영체제	B+	89
5000	A300	운영체제	B	88

①

과목이름
DB

②

과목이름
DB
DB

③

과목이름
DB
DB
운영체제

④

과목이름
DB
운영체제

- EXISTS는 서브쿼리의 결과값에 만족하는 값이 메인쿼리에 있는지 없는지 데이터의 존재유무를 확인하는 조건식
- 문제의 서브쿼리 조건은 학과가 '전산'이거나 '전기'이면서 주소가 '경기'인 학생의 학번을 선택함

학번
2000
4000

- 학번이 서브쿼리 결과에 해당하는 성적테이블의 과목이름을 검색함

과목이름
DB
DB
운영체제

57
데이터베이스 로그(log)를 필요로 하는 회복 기법은?

① 즉각 갱신 기법
② 대수적 코딩 방법
③ 타임 스탬프 기법
④ 폴딩 기법

즉시(즉각) 갱신

오류가 발생하면 우선적으로 오류를 해결하며, 데이터베이스 로그를 필요로 함. 오류가 발생하면 즉시 처리하므로 redo와 undo를 모두 이용함

정답 56 ③ 57 ①

58

DBA가 사용자 PARK에게 테이블 [STUDENT]의 데이터를 갱신할 수 있는 시스템 권한을 부여하고자 하는 SQL문을 작성하고자 한다. 다음에 주어진 SQL문의 빈칸을 알맞게 채운 것은?

> SQL>GRANT ㉠ ㉡ STUDENT TO PARK;

① ㉠ INSERT, ㉡ IN TO
② ㉠ UPDATE, ㉡ ON
③ ㉠ ALTER, ㉡ TO
④ ㉠ REPLACE, ㉡ IN

- 데이터를 갱신해야 하는 권한을 줘야 하므로 GRANT UPDATE ON 구문을 사용해야 함
- 표현식 구문

  GRANT [객체 권한명](컬럼)
  ON [객체명]
  TO [user|role|PUBLIC](WITH GRANT OPTION)

- 접근권한을 부여할 때에는 GRANT를 사용하고, 이를 삭제할 경우에는 REVOKE를 사용함

59 빈출

다음 설명과 관련 있는 트랜잭션의 특징은?

> 트랜잭션의 연산은 모두 실행되거나, 모두 실행되지 않아야 한다.

① Durability
② Isolation
③ Consistency
④ Atomicity

트랜잭션 ACID 특징

영속성(Durability)	트랜잭션이 성공적으로 완료되면 처리 결과는 영속적으로 반영되어야 함
일관성(Consistency)	트랜잭션 시작 시점에 참조한 데이터는 종료까지 일관성을 유지해야 함
원자성(Atomicity)	데이터베이스에 트랜잭션은 모두 반영되거나 전혀 반영되지 않아야 함
격리성(Isolation)	동시에 다수 트랜잭션이 처리되는 경우 서로의 연산에 개입하면 안 됨

60

분산 데이터베이스의 투명성(Transparency)에 해당하지 않는 것은?

① Media Access Transparency
② Replication Transparency
③ Failure Transparency
④ Location Transparency

분산 데이터베이스 투명성(Transparency)

- 위치 투명성(Location Transparency) : 장소를 가리지 않고 데이터 접근 가능
- 중복 투명성(Replication Transparency) : 데이터 일관성 유지
- 장애 투명성(Failure Transparency) : 장애 시에도 무결성 보장
- 분할 투명성(Division Transparency) : 여러 단편으로 분할 및 저장

4과목 프로그래밍 언어 활용

61 빈출

다음 파이썬으로 구현된 프로그램의 실행 결과로 옳은 것은?

```
l = [20*i for i in range(10) if i%2==1]
print(l)
```

① [180]
② [20, 60, 100, 140, 180]
③ [0, 20, 60, 100, 140, 180]
④ [20, 60, 80, 100, 120, 140, 160, 180]

리스트 컴프리헨션(List Comprehension) 코드
for i in range(10)   // i는 0부터 9까지 반복
if i % 2 == 1   // i가 2로 나누어 떨어지지 않는 경우(홀수)만 선택(따라서 i는 [1, 3, 5, 7, 9]가 됨)
20 * i   // 선택된 i에 20을 곱한 값을 리스트에 추가

정답 58 ② 59 ④ 60 ① 61 ②

62

시스템에서 모듈 사이의 결합도(Coupling)에 대한 설명으로 옳은 것은?

① 한 모듈 내에 있는 처리요소들 사이의 기능적인 연관 정도를 나타낸다.
② 결합도가 높으면 시스템 구현 및 유지보수 작업이 쉽다.
③ 모듈 간의 결합도를 약하게 하면 모듈 독립성이 향상된다.
④ 자료결합도는 내용결합도보다 결합도가 높다.

> ③ 모듈 간의 결합도는 최소화, 응집력은 최대화되어야 독립성이 높아짐
> [오답해설]
> ① 한 모듈 내에 있는 처리요소들 사이의 기능적인 연관 정도를 나타내는 것은 응집도임
> ② 결합도가 높으면 시스템 구현 및 유지보수 작업이 어려움
> ④ 자료결합도는 내용결합도보다 결합도가 낮음

63

다음 C 언어 프로그램의 결과로 옳은 것은?

```
#include <stdio.h>
int main( ) {
    int i = 0;
    do {
        i = i+1;
    } while(i<=0);
    if(i == 1)
        i++;
    else
        i = i+3;
    printf("%d", i);
}
```

① 1   ② 2
③ 3   ④ 4

> do~while 반복문은 조건에 상관없이 최소 1회는 실행됨
> int i = 0;   // 정수형 변수 i를 선언하고 0으로 초기화
> i = i+1;   // i를 1 증가(i는 1이 됨)
> } while(i<=0); // i가 0 이하일 때 반복(첫 반복 후 조건은 false)
> if(i == 1)   // i는 1이므로 true
> i++;   // i는 1 증가(i는 2가 됨)
> else
> i = i+3;   // 조건이 true이므로 이 문장은 실행되지 않음

64

다음 중 응집도가 가장 높은 것은?

① 절차적 응집도   ② 순차적 응집도
③ 우연적 응집도   ④ 논리적 응집도

> 응집도
> 1. 우연적 응집도(coincidental cohesion)   응집도가 낮음
> 2. 논리적 응집도(logical cohesion)
> 3. 시간적 응집도(temporal cohesion)
> 4. 절차적 응집도(procedural cohesion)
> 5. 통신적 응집도(communicational cohesion)
> 6. 순차적 응집도(sequential cohesion)
> 7. 기능적 응집도(functional cohesion)   응집도가 높음

65

다음 JAVA 프로그램의 결과로 옳은 것은?

```
public class Main{
    public static void main(String[ ] args) {
        int x = 4 | 7;
        System.out.print(x);
    }
}
```

① 0   ② 2
③ 4   ④ 7

> 비트 연산자(&, |, ^, ~...)는 정수형 데이터를 이진수로 변환한 후, 비트 단위로 연산함
> int x = 4 | 7;   // 4와 7을 이진수로 변환 후 비교하면서 or연산을 수행

정답 62 ③ 63 ② 64 ② 65 ④

66

IEEE 802.3 LAN에서 사용되는 전송매체 접속제어(MAC) 방식은?

① CSMA/CD ② Token Bus
③ Token Ring ④ Slotted Ring

> ① CSMA/CD : IEEE 802.3
> [오답해설]
> ② Token Bus : IEEE 802.4
> ③ Token Ring : IEEE 802.5

67

리눅스 Bash 쉘(Shell)에서 export와 관련한 설명으로 틀린 것은?

① 변수를 출력하고자 할 때는 export를 사용해야 한다.
② export가 매개변수 없이 쓰일 경우 현재 설정된 환경변수들이 출력된다.
③ 사용자가 생성하는 변수는 export 명령어를 표시하지 않는 한 현재 쉘에 국한된다.
④ 변수를 export시키면 전역(Global)변수처럼 되어 끝까지 기억된다.

> 리눅스에서 export 명령어는 시스템의 환경변수 목록 전체가 모두 뜨기 때문에 확인하기가 어려우므로 특정 변수 출력에는 echo를 활용해야 함

68

아래 C 코드의 수행 결과로 옳은 것은?

```
#include <stdio.h>
int main( ){
    int x=10, y=0, z=0;
    while(x-->y){
        y++;
        z++;
    }
    printf("%d", z);
    return 0;
}
```

① 4 ② 5
③ 6 ④ 7

> int x=10, y=0, z=0;   // 초기화
> while(x-->y){   // y가 x보다 작다면 반복 (x-- 는 후위 감소 연산자로 현재 값 x를 먼저 비교하고 감소)
> y++;   // y를 1 증가
> z++;   // x를 1 증가

69

프레임워크(Framework)에 대한 설명으로 옳은 것은?

① 소프트웨어 구성에 필요한 기본 구조를 제공함으로써 재사용이 가능하게 해준다.
② 소프트웨어 개발 시 구조가 잡혀 있기 때문에 확장이 불가능하다.
③ 소프트웨어 아키텍처(Architecture)와 동일한 개념이다.
④ 모듈화(Modularity)가 불가능하다.

프레임워크의 특성

항목	설명
모듈화 (Modularity)	프레임워크는 인터페이스에 의한 캡슐화를 통해서 모듈화를 강화하고 설계와 구현의 변경에 따르는 영향을 극소화하여 소프트웨어의 품질을 향상시킴
재사용성 (Reusability)	프레임워크가 제공하는 인터페이스는 반복적으로 사용할 수 있는 컴포넌트를 정의할 수 있게 하여 재사용성을 높여 줌. 프레임워크 컴포넌트를 재사용하는 것은 소프트웨어의 품질을 향상시킬 뿐만 아니라 개발자의 생산성도 높여 줌
확장성 (Extensibility)	프레임워크는 다형성(polymorphism)을 통해 애플리케이션이 프레임워크의 인터페이스를 확장할 수 있게 함. 프레임워크 확장성은 애플리케이션 서비스와 특성을 변경하고 프레임워크를 애플리케이션의 가변성으로부터 분리함으로써 재사용성의 이점을 얻게 함
제어의 역흐름 (Inversion of Control)	프레임워크 코드가 전체 애플리케이션의 처리 흐름을 제어하여 특정한 이벤트가 발생할 때 다형성(Polymorphism)을 통해 애플리케이션이 확장한 메소드를 호출함으로써 제어가 프레임워크로부터 애플리케이션으로 거꾸로 흐르게 함

70

기억공간이 15K, 23K, 22K, 21K 순으로 빈 공간이 있을 때 기억장치 배치 전략으로 "First Fit"을 사용하여 17K의 프로그램을 적재할 경우 내부단편화의 크기는 얼마인가?

① 5K
② 6K
③ 7K
④ 8K

- First Fit은 첫 번째 가용공간에 배치되므로 17K는 23K에 배치되고, 6K의 내부단편화가 발생됨
- 최초적합(First Fit) : 주기억장치의 공백들 중에서 프로그램이나 데이터 배치가 가능한 첫 번째 가용공간에 배치함

71

다음 Java 프로그램의 출력 결과는?

```
class ClassP {
  int func1(int a, int b) {
    return (a+b);
  }
  int func2(int a, int b) {
    return (a-b);
  }
  int func3(int a, int b) {
    return (a*b);
  }
}
public class ClassA extends ClassP {
  int func1(int a, int b) {
    return (a%b);
  }
  double func2(double a, double b) {
    return (a*b);
  }
  int func3(int a, int b) {
    return (a/b);
  }
  public static void main(String[ ] args) {
    ClassP P = new ClassA( );
    System.out.print(P.func1(5, 2) + ", "
      + P.func2(5, 2) + ", " + P.func3(5, 2));
  }
}
```

① 1, 3, 2
② 1, 3, 2.5
③ 1, 10.0, 2.5
④ 7, 3, 10

- func1, func3은 오버라이딩이 되고, func2는 오버라이딩이 되지 않음
- 오버라이딩이 되기 위해서는 시그니처(반환형, 메소드명, 인자의 개수/형)가 같아야 되는데 func2는 반환형이 int/double로 일치하지 않기 때문에 오버라이딩이 되지 않음
- ClassP P = new ClassA( ); 와 같이 객체가 생성되었기 때문에 오버라이딩이 된 메소드는 하위클래스(ClassA)의 메소드가 수행되지만, 오버라이딩이 되지 않은 메소드는 상위클래스(ClassP)의 메소드가 수행됨

72

운영체제의 가상기억장치 관리에서 프로세스가 일정 시간 동안 자주 참조하는 페이지들의 집합을 의미하는 것은?

① Locality
② Deadlock
③ Thrashing
④ Working Set

④ Working Set(워킹셋) : 운영체제의 가상기억장치 관리에서 프로세스가 일정 시간 동안 자주 참조하는 페이지들의 집합을 의미. 데닝(Denning)이 제안한 프로그램의 움직임에 대한 모델로, 프로그램의 지역성(Locality) 특징을 이용함

[오답해설]
① Locality(지역성) : 프로세스 수행 중, 일부 페이지가 집중적으로 참조되는 경향을 의미
② Deadlock(교착상태) : 둘 이상의 프로세스가 자원을 공유한 상태에서, 서로 상대방의 작업이 끝나기만을 무한정 기다리는 현상
③ Thrashing(스레싱) : 페이지 부재가 지나치게 발생하여 프로세스가 수행되는 시간보다 페이지 이동에 시간이 더 많아지는 현상

정답 70 ② 71 ① 72 ④

73

TCP 프로토콜과 관련한 설명으로 틀린 것은?

① 인접한 노드 사이의 프레임 전송 및 오류를 제어한다.
② 흐름 제어(Flow Control)의 기능을 수행한다.
③ 전이중(Full Duplex) 방식의 양방향 가상회선을 제공한다.
④ 전송 데이터와 응답 데이터를 함께 전송할 수 있다.

> TCP 프로토콜은 전송 계층의 프로토콜로 인접한 노드 사이의 프레임 전송 및 오류를 제어하는 계층은 데이터 링크 계층임
> • 데이터 링크 계층 : 물리적 연결을 이용해 신뢰성 있는 정보를 전송하려고 동기화, 오류제어, 흐름제어 등의 전송에러를 제어, 인접한 노드 사이의 프레임 전송 및 오류를 제어함

74 빈출

다음 C 언어 프로그램이 실행되었을 때의 결과는?

```
#include <stdio.h>
int main(int argc, char *argv[ ]) {
    char a;
    a = 'A' + 1;
    printf("%d", a);
    return 0;
}
```

① 1
② 11
③ 66
④ 98

> 아스키 코드에서 각각의 알파벳 대문자는 'A'는 65, 'B'는 66, 'C'는 67... 이런 순서로 구성됨. 문제의 코드에서 a = 'A' + 1; 은 'A' + 1이 'B'가 되고, 이를 %d(정수형)로 출력하므로 'B'의 아스키 코드 66이 출력됨

75

IPv6에 대한 설명으로 틀린 것은?

① 멀티캐스트(Multicast) 대신 브로드캐스트(Broadcast)를 사용한다.
② 보안과 인증 확장 헤더를 사용함으로써 인터넷 계층의 보안기능을 강화하였다.
③ 애니캐스트(Anycast)는 하나의 호스트에서 그룹내의 가장 가까운 곳에 있는 수신자에게 전달하는 방식이다.
④ 128비트 주소체계를 사용한다.

> IPv6은 Unicast, Anycast, Multicast를 사용할 수 있음

76

C 언어에서 문자열을 정수형으로 변환하는 라이브러리 함수는?

① atoi( )
② atof( )
③ itoa( )
④ ceil( )

> ① atoi( ) : 문자열을 정수형으로 변환하는 라이브러리 함수(char to int)
> [오답해설]
> ② atof( ) : 문자열을 실수형으로 변환하는 라이브러리 함수(char to double)
> ③ itoa( ) : 정수형을 문자열로 변환하는 라이브러리 함수(int to char)
> ④ ceil( ) : 숫자 올림 함수. 예를 들어 ceil(1.3)은 2로 숫자올림이 됨

정답 73 ① 74 ③ 75 ① 76 ①

77
다음 중 JAVA에서 우선순위가 가장 낮은 연산자는?

① -- ② %=
③ & ④ &&

JAVA 연산자의 우선 순위			
우선순위	명칭	연산자	비고
1	1차 연산자	. [ ] ( )	
2	증감 연산자	++ -- ! ~	←
3	승법 연산자	* / %	→
4	가법 연산자	+ -	→
5	Shift 연산자	〈〈 〉〉	→
6	관계 연산자	〈 〉 〈= 〉=	→
7	등가 연산자	== !=	→
8	bit곱 연산자	&	→
9	bit차 연산자	^	→
10	bit합 연산자	|	→
11	논리곱 연산자	&&	→
12	논리합 연산자	||	→
13	조건 연산자	? :	←
14	대입 연산자	= += -= *= /= %= &= ^= |= 〉〉= 〈〈=	←

78
TCP/IP 프로토콜 중 전송 계층 프로토콜은?

① HTTP ② SMTP
③ FTP ④ TCP

전송(Transport) 계층은 네트워크 양단의 송수신 호스트 사이의 신뢰성 있는 전송 기능을 제공하고 시스템의 논리 주소와 포트를 가지므로 각 상위 계층의 프로세스를 연결하며, TCP와 UDP가 사용됨
[오답해설]
HTTP, SMTP, FTP는 응용(Application) 계층의 프로토콜

79
다음 C 프로그램의 실행 결과는?

```
#include<stdio.h>
int a=1, b=2, c=3;
int f(void);
int main(void) {
    printf ("%3d \n", f( ));
    printf ("%3d%3d%3d \n", a, b, c);
    return 0;
}
int f(void) {
    int b, c;
    a=b=c=4;
    return (a+b+c);
}
```

① 6 ② 12
　1 2 3　　　1 2 3
③ 12 ④ 12
　4 4 4　　　4 2 3

```
int a=1, b=2, c=3;         // 전역 변수 선언
int f(void);               // 함수 원형
int main(void) {
    printf ("%3d \n", f( ));   // f( )를 호출하였다가 리턴되는 값을 출력
    printf ("%3d%3d%3d \n", a, b, c);  // 전역 변수 출력 (4, 2, 3)
    return 0;
}
int f(void) {
    int b, c;              // 지역 변수 선언
    a=b=c=4;               // 지역변수 b, c에 4가 저장되며, 지역변수 a는 존재하지 않으므로 전역변수 a에 4가 저장됨
    return (a+b+c);        // 12 리턴
}
```

정답 77 ② 78 ④ 79 ④

80
교착상태가 발생할 수 있는 조건이 아닌 것은?

① Mutual exclusion
② Hold and wait
③ Non-preemption
④ Linear wait

> **교착상태 4대 발생조건**
> - 상호배제(Mutual Exclusion)
> - 점유와 대기(Hold & Wait)
> - 비선점(Non Preemption)
> - 환형대기(순환대기, Circular Wait)

5과목 정보시스템 구축관리

81
기밀성을 강조하는 모델이며, 군대의 보안 레벨처럼 정보의 기밀성에 따라 상하 관계가 구분된 정보를 보호하기 위한 접근 제어 모델은?

① Clark-Wilson Integrity Model
② PDCA Model
③ Bell-Lapadula Model
④ Chinese Wall Model

> ③ Bell-Lapadula Model : 기밀성을 강조하는 모델이며, 군대의 보안 레벨처럼 정보의 기밀성에 따라 상하 관계가 구분된 정보를 보호하기 위해 사용함
> [오답해설]
> ① Clark-Wilson Integrity Model : 비밀 노출 방지보다 자료의 변조 방지(무결성)를 더 중요시하는 모델로 금융, 회계 관련 데이터, 기업 재무제표 등에 사용
> ② PDCA Model : 데밍 사이클이라고 하며, Plan, Do, Check, Act로 구성됨
> ④ Chinese Wall Model : 충돌을 야기시키는 어떠한 정보의 흐름도 없게 정보의 흐름이 일어나지 않도록 접근 통제 기능을 제공

82
다음 내용이 설명하는 것은?

> - 네트워크상에 광채널 스위치의 이점인 고속 전송과 장거리 연결 및 멀티 프로토콜 기능을 활용
> - 각기 다른 운영체제를 가진 여러 기종들이 네트워크상에서 동일 저장장치의 데이터를 공유하게 함으로써, 여러 개의 저장장치나 백업 장비를 단일화시킨 시스템

① SAN
② MBR
③ NAC
④ NIC

> ① SAN(Storage Area Network) : DAS와 NAS의 단점을 해결한 발전된 스토리지 형태로 네트워크상에 광채널 스위치의 이점인 고속 전송과 장거리 연결 및 멀티 프로토콜 기능을 활용
> [오답해설]
> ③ NAC(Network Access Control) : 관리자가 정의한 보안환경이 운영되는 시스템만 네트워크에 연결이 가능하도록 함. Clear Network에 악성 Worm이 감염된 Host가 연결되면 순식간에 네트워크는 악성 Worm이 퍼지게 되므로 이러한 상황을 막고자하는 시스템

83
Secure OS의 보안 기능으로 거리가 먼 것은?

① 안전한 경로
② 임의적 접근 통제
③ 객체 재사용 방지
④ 고가용성 지원

> - Secure OS : 컴퓨터 운영체제의 커널에 보안 기능을 추가한 것으로, 운영체제의 보안상 결함으로 인하여 발생 가능한 각종 해킹으로부터 시스템을 보호하기 위하여 사용되는 것
> - Secure OS 보안 운영체제의 기능 : 식별 및 인증, 계정관리, 강제적 접근 통제, 임의적 접근 통제, 객체 재사용 방지, 완전한 중재 및 조정, 감사 및 감사기록 축소, 안전한 경로, 보안 커널 변경 방지, 해킹 방지, 통합 관리

정답 80 ④ 81 ③ 82 ① 83 ④

84

ISO 12207 표준의 기본 생명주기의 주요 프로세스에 해당하지 않는 것은?

① 획득 프로세스
② 개발 프로세스
③ 성능평가 프로세스
④ 유지보수 프로세스

> ISO 12207 표준
> • 기본 생명주기 프로세스 : 획득, 공급, 개발, 운영, 유지보수 프로세스
> • 지원 생명주기 프로세스 : 품질 보증, 검증, 확인, 활동 검토, 문제 해결 프로세스
> • 조직 생명주기 프로세스 : 관리, 기반 구조, 훈련, 개선 프로세스

85

SSH(Secure Shell)에 대한 설명으로 틀린 것은?

① SSH의 기본 네트워크 포트는 220번을 사용한다.
② 전송되는 데이터는 암호화 된다.
③ 키를 통한 인증은 클라이언트의 공개키를 서버에 등록해야 한다.
④ 서로 연결되어 있는 컴퓨터 간 원격 명령실행이나 쉘 서비스 등을 수행한다.

> SSH의 기본 네트워크 포트는 22번을 사용함

86

취약점 관리를 위한 응용 프로그램의 보안 설정과 가장 거리가 먼 것은?

① 서버 관리실 출입 통제
② 실행 프로세스 권한 설정
③ 운영체제의 접근 제한
④ 운영체제의 정보 수집 제한

> • 서버 관리실 출입 통제는 응용 프로그램의 보안 설정이 아니라, 물리적 보호 조치에 해당됨
> • 취약점 관리를 위한 응용 프로그램의 보안 설정 : 운영체제의 접근 제한, 운영체제의 정보 수집 제한, 실행 프로세스 권한 설정

87

소프트웨어 개발 프레임워크와 관련한 설명으로 가장 적절하지 않은 것은?

① 반제품 상태의 제품을 토대로 도메인별로 필요한 서비스 컴포넌트를 사용하여 재사용성 확대와 성능을 보장받을 수 있게 하는 개발 소프트웨어이다.
② 라이브러리와는 달리 사용자 코드에서 프레임워크를 호출해서 사용하고, 그에 대한 제어도 사용자 코드가 가지는 방식이다.
③ 설계 관점에 개발 방식을 패턴화시키기 위한 노력의 결과물인 소프트웨어 디자인 패턴을 반제품 소프트웨어 상태로 집적화시킨 것으로 볼 수 있다.
④ 프레임워크의 동작 원리를 그 제어 흐름의 일반적인 프로그램 흐름과 반대로 동작한다고 해서 IoC(Inversion of Control)라고 설명하기도 한다.

> • 프레임워크를 사용하면 이미 만들어진 코드를 사용하게 되므로 시간과 비용이 절약되어 생산성이 증가됨. 라이브러리와 프레임워크의 가장 큰 차이는 제어 흐름에 대한 주도권이 누구에게 있는가에 있음. 프레임워크는 전체적인 흐름을 스스로 가지고 있으므로 직접 코드의 흐름을 제어할 수 있음
> • 프레임워크를 사용하면 이미 만들어진 코드를 사용하게 되므로 시간과 비용이 절약되어 생산성이 증가됨

88

생명주기의 각 단계별로 노력을 산정하여 전체 비용을 예측하는 방식으로 비용을 산정하는 기법은?

① Effort Per TASK 기법
② 전문가 감정 기법
③ 델파이 기법
④ LOC 기법

> ① Effort Per TASK 기법(개발 단계별 인원수 기법) : 생명주기의 각 단계별로 노력을 산정하여 전체 비용을 예측하는 방식
> [오답해설]
> ② 전문가 감정 기법 : 경험이 많은 2인 이상의 전문가에게 프로젝트 비용 산정을 의뢰함
> ③ 델파이 기법 : 전문가 감정 기법의 편견을 줄일 수 있는 방법으로 한 명의 조정자와 여러 명의 전문가가 비용을 산정함
> ④ LOC(원시코드 라인 수) 기법 : WBS상에서 분해된 각각의 시스템 기능들에 필요한 원시코드 라인 수를 산정함에 있어 PERT의 예측 공식을 이용함

정답 84 ③ 85 ① 86 ① 87 ② 88 ①

89
SPICE 모델의 프로세스 수행능력 수준의 단계별 설명이 틀린 것은?

① 수준 7 - 미완성 단계
② 수준 5 - 최적화 단계
③ 수준 4 - 예측 단계
④ 수준 3 - 확립 단계

> **SPICE 모델**
> - 0단계 : 불안정 단계(미완성 단계, 프로젝트 대부분 실패)
> - 1단계 : 수행 단계(목적이 전반적으로 이루어짐)
> - 2단계 : 관리 단계(작업 산출물 인도)
> - 3단계 : 확립 단계(정형화된 프로세스 존재)
> - 4단계 : 예측 단계(산출물의 양적 측정이 가능해져, 일관된 수행 가능)
> - 5단계 : 최적화 단계(프로세스의 지속적인 개선)

90
어떤 외부 컴퓨터가 접속되면 접속 인가 여부를 점검해서 인가된 경우에는 접속이 허용되고, 그 반대의 경우에는 거부할 수 있는 접근제어 유틸리티는?

① tcp wrapper
② trace checker
③ token finder
④ change detector

> **tcp wrapper**
> 어떤 외부 컴퓨터가 접속되면 접속 인가 여부를 점검해서 인가된 경우에는 접속이 허용되고, 그 반대의 경우에는 거부할 수 있는 접근제어 유틸리티로 서버에서 침입차단서비스를 제공하는 공용 컴퓨터 프로그램

91
CBD(Component Based Development) SW개발 표준 산출물 중 분석 단계에 해당하는 것은?

① 클래스 설계서
② 통합시험 결과서
③ 프로그램 코드
④ 사용자 요구사항 정의서

> **CBD 방법론의 개발 공정**
> - 요구파악 단계 : 요구사항 기술서, 용어 사전, 개념 모델, 유즈 케이스 모델
> - 분석 및 설계 : 객체 모델, UI 설계서, 아키텍처 기술서, 인터페이스 명세서, 컴포넌트 명세서, 컴포넌트 설계서, 데이터베이스 설계서
> - 구현 : 개발 표준 정의서, 플랫폼 종속적 코드
> - 테스트 : 테스트 계획서, 컴포넌트 테스트 보고서, 통합 테스트 보고서, 인수 테스트 보고서

92
PC, TV, 휴대폰에서 원하는 콘텐츠를 끊김 없이 자유롭게 이용할 수 있는 서비스는?

① Memristor
② MEMS
③ SNMP
④ N-Screen

> ④ N-Screen : 여러 개의 단말에서 동일한 콘텐츠를 사용할 수 있는 방법으로, 예를 들어 스마트폰, TV, 태블릿, 데스크탑 등에서 동일 콘텐츠를 사용할 수 있음
>
> [오답해설]
> ① Memristor : memory와 register의 합성어이며, 전원 공급이 끊어져도 다시 전원이 공급되면 이전 상태를 복원함
> ② MEMS(Micro-Electro Mechanical Systems) : 초소형 정밀기계 기술로 미세전자기계시스템이라고도 함. 실리콘이나 수정, 유리 등을 가공해 만든 초고밀도 집적회로이며, 머리카락 절반 두께의 초소형 기어라든지 손톱 크기의 하드디스크 등 초미세 기계 구조물을 만드는 기술을 말함
> ③ SNMP(Simple Network Management Protocol) : 망관리 프로토콜

93
라우팅 프로토콜인 OSPF(Open Shortest Path First)에 대한 설명으로 옳지 않은 것은?

① 네트워크 변화에 신속하게 대처할 수 있다.
② 거리 벡터 라우팅 프로토콜이라고 한다.
③ 멀티캐스팅을 지원한다.
④ 최단 경로 탐색에 Dijkstra 사용한다.

> - 거리 벡터 라우팅 프로토콜은 RIP
> - OSPF(Open Shortest Path First) : 네트워크 변화에 신속하게 대처할 수 있으며, 경로탐색에 링크 상태 알고리즘을 사용
> - RIP(Routing Information Protocol) : 거리 벡터 라우팅 프로토콜이라고도 하며, 최대 홉 카운트는 15로 한정되므로 소규모 네트워크 환경에 적합함

94

다음 중 서버에 열린 포트 정보를 스캐닝해서 보안취약점을 찾는 데 사용하는 도구는?

① nmap
② mkdir
③ ftp
④ type

> ① nmap(network mapper) : 서버에 열린 포트 정보를 스캐닝해서 보안 취약점을 찾는 데 사용하는 도구
> [오답해설]
> ② mkdir : 운영체제에서 mkdir 명령어는 디렉터리를 새로 만드는 데 사용
> ③ ftp : 파일 전송 프로토콜

95

코드의 기입 과정에서 원래 '12536'으로 기입되어야 하는데 '12936'으로 표기되었을 경우, 어떤 코드 오류에 해당하는가?

① Addition Error
② Omission Error
③ Sequence Error
④ Transcription Error

> ④ Transcription Error : 입력 시 임의의 한 자리를 잘못 기록한 경우 (12536 → 12936)
> [오답해설]
> ① Addition Error : 입력 시 한 자리 추가로 기록한 경우(1234 → 12347)
> ② Omission Error : 입력 시 한 자리를 빼놓고 기록한 경우(1234 → 234)

96 빈출

소프트웨어 개발에서 정보보안 3요소에 해당하지 않는 설명은?

① 기밀성 : 인가된 사용자에 대해서만 자원 접근이 가능하다.
② 무결성 : 인가된 사용자에 대해서만 자원 수정이 가능하며 전송 중인 정보는 수정되지 않는다.
③ 가용성 : 인가된 사용자는 가지고 있는 권한 범위 내에서 언제든 자원 접근이 가능하다.
④ 휘발성 : 인가된 사용자가 수행한 데이터는 처리 완료 즉시 폐기되어야 한다.

> 정보보안의 3대 요소
> 기밀성(confidentiality), 무결성(integrity), 가용성(availability)

97

다음 내용이 설명하는 것은?

> • 사물인터넷(IoT : Internet of Thing) 연합 단체인 올신얼라이언스(AllSeen Alliance)에서 표준화한 오픈 소스 기반의 IoT 플랫폼이다.
> • 서로 다른 운영체제나 하드웨어를 사용하는 기기들이 표준화된 플랫폼을 이용함으로써 서로 통신 및 제어가 가능하다.

① Apnic
② Topology
③ AllJoyn
④ SDB

> 올조인(AllJoyn)
> • 사물인터넷(IoT : Internet of Thing) 연합 단체인 올신얼라이언스(AllSeen Alliance)에서 표준화한 오픈 소스 기반의 IoT 플랫폼
> • 서로 다른 운영체제나 하드웨어를 사용하는 기기들이 표준화된 플랫폼을 이용함으로써 서로 통신 및 제어가 가능
> • 올조인은 로컬 영역에서 올조인 기기 간 피투피(P2P : Peer-to-Peer)통신을 지원하는 IoT 플랫폼

98

클라우드 기반 HSM(Cloud-based Hardware Security Module)에 대한 설명으로 틀린 것은?

① 클라우드(데이터센터) 기반 암호화 키 생성, 처리, 저장 등을 하는 보안 기기이다.
② 국내에서는 공인인증제의 폐지와 전자서명법 개정을 추진하면서 클라우드 HSM 용어가 자주 등장하였다.
③ 클라우드에 인증서를 저장하므로 기존 HSM 기기나 휴대폰에 인증서를 저장해 다닐 필요가 없다.
④ 하드웨어가 아닌 소프트웨어적으로만 구현되기 때문에 소프트웨어식 암호 기술에 내재된 보안 취약점을 해결할 수 없다는 것이 주요 단점이다.

> 클라우드 기반 HSM
> 클라우드 시스템 내에서 제공되는 정보보안 서비스 모듈이며, 암호화 키를 안전하게 보관·관리하고, 암호, 인증, 전자서명 등에 필요한 암호 알고리즘을 수행하기 위한 전용 하드웨어 모듈

정답 94 ① 95 ④ 96 ④ 97 ③ 98 ④

99

소프트웨어 비용 추정 모형(estimation models)이 아닌 것은?

① COCOMO
② Putnam
③ Function-Point
④ PERT

- PERT는 일정 산정 모형
- 소프트웨어 비용 추정 모형 : COCOMO, Putnam, Function-Point, 전문가의 감정, 델파이식 산정, LOC(원시코드 라인 수) 기법, 개발 단계별 인월수(MM : Man Month) 기법

100

기기를 키오스크에 갖다 대면 원하는 데이터를 바로 가져올 수 있는 기술로 10㎝ 이내 근접 거리에서 기가급 속도로 데이터 전송이 가능한 초고속 근접무선통신(NFC : Near Field Communication) 기술은?

① BcN(Broadband Convergence Network)
② C-V2X(Cellular Vehicle To Everything)
③ Marine Navi
④ Zing

④ Zing : 기기를 키오스크에 갖다 대면 원하는 데이터를 바로 가져올 수 있는 기술로 10㎝ 이내 근접 거리에서 기가급 속도로 데이터 전송이 가능한 초고속 근접무선통신(NFC : Near Field Communication) 기술

[오답해설]
① BcN(Broadband Convergence Network) : 통신 · 방송 · 인터넷이 융합된 품질 보장형 광대역 멀티미디어 서비스를 언제 어디서나 끊김 없이 안전하게 이용할 수 있는 차세대 통합 네트워크
② C-V2X(Cellular Vehicle To Everything) : 차량이 네트워크를 통해 다른 차량, 모바일 기기, 도로 등의 사물과 정보를 교환하는 기술
③ Marine Navi : LTE와 지능형 CCTV, 인공지능(AI) 등을 활용한 KT의 통합 선박 안전 솔루션

정답 99 ④ 100 ④

2024년 3회 | 최신 CBT 기출복원문제

1과목 소프트웨어 설계

01
요구사항 검증(Requirements Validation)과 관련한 설명으로 틀린 것은?

① 요구사항이 고객이 정말 원하는 시스템을 제대로 정의하고 있는지 점검하는 과정이다.
② 개발 완료 이후에 문제점이 발견될 경우 막대한 재작업 비용이 들 수 있기 때문에 요구사항 검증은 매우 중요하다.
③ 요구사항이 실제 요구를 반영하는지, 문서상의 요구사항은 서로 상충되지 않는지 등을 점검한다.
④ 요구사항 검증 과정을 통해 모든 요구사항 문제를 발견할 수 있다.

> 요구사항 검증(Requirements Validation)은 Review, Inspection, Walk-through 등과 같은 방법을 이용하여 명세화된 요구사항을 검증하는 과정이지만, 이 과정을 통해 모든 요구사항의 문제를 발견할 수는 없음

02 ★빈출
분산 컴퓨팅 환경에서 서로 다른 기종 간의 하드웨어나 프로토콜, 통신환경 등을 연결하여 응용프로그램과 운영환경 간에 원만한 통신이 이루어질 수 있게 서비스를 제공하는 소프트웨어는?

① 그레이웨어
② 하드웨어
③ 어픈허브웨어
④ 미들웨어

> 미들웨어는 클라이언트와 서버를 연결하여 데이터를 주고받을 수 있도록 중간에서 매개 역할을 하거나, 네트워크를 통해서 연결된 여러 개의 컴퓨터에 있는 많은 프로세스들에게 어떤 서비스를 사용할 수 있도록 연결해주는 소프트웨어를 말함

03
순차 다이어그램(Sequence Diagram)과 관련한 설명으로 틀린 것은?

① 객체들의 상호작용을 나타내기 위해 사용한다.
② 시간의 흐름에 따라 객체들이 주고받는 메시지의 전달 과정을 강조한다.
③ 동적 다이어그램보다는 정적 다이어그램에 가깝다.
④ 교류 다이어그램(Interaction Diagram)의 한 종류로 볼 수 있다.

> 순차 다이어그램(Sequence Diagram)은 객체 간의 메시지 통신을 분석하기 위한 것으로, 이는 시스템의 동적인 모델을 아주 보기 쉽게 표현하고 있기 때문에 의사소통에 매우 유용함

04
분산 시스템을 위한 마스터-슬레이브(Master-Slave) 아키텍처에 대한 설명으로 틀린 것은?

① 슬레이브 프로세스는 데이터 수집 기능을 수행할 수 없다.
② 마스터 프로세스는 일반적으로 연산, 통신, 조정을 책임진다.
③ 일반적으로 실시간 시스템에서 사용된다.
④ 마스터 프로세스는 슬레이브 프로세스들을 제어할 수 있다.

> • 이 패턴은 마스터와 슬레이브 두 부분으로 구성되는데, 마스터 컴포넌트는 동등한 구조를 지닌 슬레이브 컴포넌트들로 작업을 분산하고, 슬레이브가 반환한 결과값으로부터 최종 결과값을 계산함
> • 마스터-슬레이브 패턴은 데이터를 동시에 수집하는 동안 사용자 인터페이스 제어에 응답할 때 가장 일반적으로 사용함

정답 01 ④ 02 ④ 03 ③ 04 ①

05

통신을 위한 프로그램을 생성하여 포트를 할당하고, 클라이언트의 통신 요청 시 클라이언트와 연결하는 내·외부 송·수신 연계 기술은?

① DB링크 기술 ② 소켓 기술
③ 스크럼 기술 ④ 프로토타입 기술

> 소켓 기술은 통신을 위한 프로그램을 생성하여 포트를 할당하고, 클라이언트의 통신 요청 시 클라이언트와 연결하는 내·외부 송·수신 연계기술
> [오답해설]
> DB링크 기술은 수신 시스템에서 DB링크를 생성하고, 송신 시스템에서 해당 DB링크를 직접 참조하는 통신기술

06

소프트웨어 설계에서 사용되는 대표적인 추상화(Abstraction) 기법이 아닌 것은?

① 자료 추상화 ② 제어 추상화
③ 과정 추상화 ④ 강도 추상화

> 추상화의 종류
> 과정 추상화, 자료 추상화, 제어 추상화

07 ★빈출

객체지향 분석 기법과 관련한 설명으로 틀린 것은?

① 동적 모델링 기법이 사용될 수 있다.
② 기능 중심으로 시스템을 파악하며 순차적인 처리가 중요시되는 하향식(Top-down)방식으로 볼 수 있다.
③ 데이터와 행위를 하나로 묶어 객체를 정의 내리고 추상화시키는 작업이라 할 수 있다.
④ 코드 재사용에 의한 프로그램 생산성 향상 및 요구에 따른 시스템의 쉬운 변경이 가능하다.

> 객체지향 분석은 객체 중심으로 시스템을 파악하며, 상향식 방식으로 볼 수 있음

08

소프트웨어 개발 영역을 결정하는 요소 중 다음 사항과 관계있는 것은?

> • 소프트웨어에 의해 간접적으로 제어되는 장치와 소프트웨어를 실행하는 하드웨어
> • 기존의 소프트웨어와 새로운 소프트웨어를 연결하는 소프트웨어
> • 순서적 연산에 의해 소프트웨어를 실행하는 절차

① 기능(Function) ② 성능(Performance)
③ 제약조건(Constraint) ④ 인터페이스(Interface)

> 인터페이스(Interface)
> 소프트웨어에 의해 간접적으로 제어되는 장치와 소프트웨어를 실행하는 하드웨어. 기존의 소프트웨어와 새로운 소프트웨어를 연결하는 소프트웨어

09

응용프로그램의 프로시저를 사용하여 원격 프로시저를 로컬 프로시저처럼 호출하는 방식의 미들웨어는?

① WAS(Web Application Server)
② MOM(Message Oriented Middleware)
③ RPC(Remote Procedure Call)
④ ORB(Object Request Broker)

> ③ RPC(Remote Procedure Call, 원격 프로시저 호출)는 네트워크 상에서 애플리케이션과 애플리케이션 간의 연동을 하기 위한 미들웨어
> [오답해설]
> ① WAS(Web Application Server)는 애플리케이션 미들웨어
> ② MOM(Message Oriented Middleware)은 메시지 지향 미들웨어
> ④ ORB(Object Request Broker)는 객체에 대한 서비스 요청을 중개하는 중개자 미들웨어

정답 05 ② 06 ④ 07 ② 08 ④ 09 ③

10 ★빈출

익스트림 프로그래밍(XP)에 대한 설명으로 틀린 것은?

① 빠른 개발을 위해 테스트를 수행하지 않는다.
② 사용자의 요구사항은 언제든지 변할 수 있다.
③ 고객과 직접 대면하며 요구사항을 이야기하기 위해 사용자 스토리(User Story)를 활용할 수 있다.
④ 기존의 방법론에 비해 실용성(Pragmatism)을 강조한 것이라고 볼 수 있다.

> 익스트림 프로그래밍(eXtreme Programing, XP)은 애자일 개발 프로세스의 대표자로 애자일 개발 프로세스의 보급에 큰 역할을 함. 이 방법은 고객과 함께 2주 정도의 반복 개발을 하고, 테스트 우선 개발을 특징으로 하는 명시적인 기술과 방법을 가지고 있음

11

CASE(Computer Aided Software Engineering)에 대한 설명으로 틀린 것은?

① 소프트웨어 모듈의 재사용성이 향상된다.
② 자동화된 기법을 통해 소프트웨어 품질이 향상된다.
③ 소프트웨어 사용자들에게 사용 방법을 신속히 숙지시키기 위해 사용된다.
④ 소프트웨어 유지보수를 간편하게 수행할 수 있다.

> CASE는 사용자들에게 사용 방법을 신속히 숙지시키기 위해 사용되는 것이 아니라, 소프트웨어 공학의 자동화를 의미함
> CASE(Computer Aided Software Engineering)
> • 소프트웨어 공학의 자동화를 의미하며 소프트웨어 공학 작업 중 하나의 작업을 자동화한 소프트웨어 패키지를 CASE 도구라 하고, 이러한 도구를 한데 모아놓은 것을 소프트웨어 공학 환경(Software Engineering Environment)이라 함
> • CASE 도구들은 소프트웨어 관리자들과 실무자들이 소프트웨어 프로세스와 관련된 활동을 지원함. 즉, 프로젝트 관리 활동을 자동화하고 프로세스에서 생산된 결과물을 관리하며, 엔지니어들의 분석, 설계 및 코딩과 테스트 작업을 도와줌
> • CASE의 주요 기능 : 다양한 소프트웨어 개발 모형 지원, 그래픽 지원, 소프트웨어 생명주기 전 단계의 연결 등

12

UML 모델에서 한 사물의 명세가 바뀌면 다른 사물에 영향을 주며, 일반적으로 한 클래스가 다른 클래스를 오퍼레이션의 매개변수로 사용하는 경우에 나타나는 관계는?

① Association
② Dependency
③ Realization
④ Generalization

> 의존 관계(Dependency)
> 연관 관계와 같이 한 클래스가 다른 클래스를 사용할 때 나타나며 두 클래스 관계가 한 메소드의 실행 동안과 같이 매우 짧은 시간 동안만 존재함
> [오답해설]
> ① 연관 관계(Association) : 한 클래스가 다른 클래스에서 제공하는 기능을 사용하는 관계
> ③ 실체화 관계(Realization) : 인터페이스와 인터페이스를 갖는 클래스 간의 관계
> ④ 일반화 관계(Generalization) : 상속 관계라고도 하며, 한 클래스가 다른 클래스를 포함하는 상위 개념일 때 이를 IS-A관계라고 함

13 ★빈출

객체지향 개념에서 연관된 데이터와 함수를 함께 묶어 외부와 경계를 만들고 필요한 인터페이스만을 밖으로 드러내는 과정은?

① 메시지(Message)
② 캡슐화(Encapsulation)
③ 다형성(Polymorphism)
④ 상속(Inheritance)

> ② 캡슐화는 객체를 정의할 때 서로 관련성이 많은 데이터들과 이와 연관된 함수들을 하나로 묶는 것을 말함. 즉, 데이터, 연산, 다른 객체, 상수 등의 관련된 정보와 그 정보를 처리하는 방법을 하나의 단위로 묶는 것
> [오답해설]
> ① 메시지(Message) : 객체에서 어떤 행위를 하도록 지시하는 명령으로 일반 프로그래밍 과정에서 함수 호출에 해당됨
> ③ 다형성(Polymorphism) : 두 개 이상의 클래스에서 똑같은 메시지에 대해 객체가 서로 다르게 반응하는 것
> ④ 상속(Inheritance) : 새로운 클래스를 정의할 때 기존 클래스들의 속성을 상속받고 필요한 부분을 추가하는 방법

정답 10 ① 11 ③ 12 ② 13 ②

14

요구사항 분석에서 비기능적(Nonfunctional) 요구에 대한 설명으로 옳은 것은?

① 시스템의 처리량(Throughput), 반응 시간 등의 성능 요구나 품질 요구는 비기능적 요구에 해당하지 않는다.
② '차량 대여 시스템이 제공하는 모든 화면이 3초 이내에 사용자에게 보여야 한다'는 비기능적 요구이다.
③ 시스템 구축과 관련된 안전, 보안에 대한 요구사항들은 비기능적 요구에 해당하지 않는다.
④ '금융 시스템은 조회, 인출, 입금, 송금의 기능이 있어야 한다'는 비기능적 요구이다.

- 기능 요구 : 사용자가 필요로 하는 정보처리 능력에 대한 것으로 절차나 입·출력에 대한 요구
- 비기능 요구 : 시스템 SW의 동작에 필요한 특정 요구기능 외에 전체 시스템의 동작을 평가하는 척도를 정의하며 안정성, 확장성, 보안성, 성능 등이 포함됨

15 ⭐빈출

디자인 패턴을 이용한 소프트웨어 재사용으로 얻어지는 장점이 아닌 것은?

① 소프트웨어 코드의 품질을 향상시킬 수 있다.
② 개발 프로세스를 무시할 수 있다.
③ 개발자들 사이의 의사소통을 원활하게 할 수 있다.
④ 소프트웨어의 품질과 생산성을 향상시킬 수 있다.

디자인 패턴을 이용한 소프트웨어 재사용을 통하여 생산성을 높이고 소프트웨어의 품질을 향상시킬 수 있지만, 재사용을 통해 개발 프로세스를 무시할 수 있는 것은 아님

16

정보공학 방법론에서 데이터베이스 설계의 표현으로 사용하는 모델링 언어는?

① Package Diagram
② State Transition Diagram
③ Deployment Diagram
④ Entity-Relationship Diagram

정보공학 방법론
계획, 분석, 설계 및 구축에 정형화된 기법들을 상호 연관성 있게 통합, 적용하는 데이터 중심 방법론으로, 데이터베이스 설계의 표현으로 Entity-Relationship Diagram을 사용

17

객체지향 분석 방법론 중 Coad-Yourdon 방법에 해당하는 것은?

① E-R 다이어그램을 사용하여 객체의 행위를 데이터 모델링하는 데 초점을 둔 방법이다.
② 객체, 동적, 기능 모델로 나누어 수행하는 방법이다.
③ 미시적 개발 프로세스와 거시적 개발 프로세스를 모두 사용하는 방법이다.
④ Use Case를 강조하여 사용하는 방법이다.

Coad-Yourdon 방법은 주로 관계를 분석하는 기법으로 E-R 다이어그램을 사용하여 객체 행위를 모델링함

18 ⭐빈출

UI의 설계 지침으로 틀린 것은?

① 이해하기 편하고 쉽게 사용할 수 있는 환경을 제공해야 한다.
② 주요 기능을 메인 화면에 노출하여 조작이 쉽도록 하여야 한다.
③ 치명적인 오류에 대한 부정적인 사항은 사용자가 인지할 수 없도록 한다.
④ 사용자의 직무, 연령, 성별 등 다양한 계층을 수용하여야 한다.

User Interface 설계 시 오류 메시지나 경고에 관한 지침으로, 오류로 인해 발생될 수 있는 부정적인 내용을 적극적으로 사용자들에게 알려야 하며, 오류로부터 회복을 위한 구체적인 설명이 제공되어야 함

정답 14 ② 15 ② 16 ④ 17 ① 18 ③

19 ⭐

럼바우(Rumbaugh)의 객체지향 분석 기법 중 자료 흐름도(DFD)를 주로 이용하는 것은?

① 기능 모델링
② 동적 모델링
③ 객체 모델링
④ 정적 모델링

> ① 기능 모델링(function modeling) : 시스템 내에서 데이터가 변하는 과정을 나타내며, 자료 흐름도(DFD)를 이용함
> [오답해설]
> ② 동적 모델링(dynamic modeling) : 시스템이 시간 흐름에 따라 변화하는 것을 보여주는 상태 다이어그램(state diagram)을 작성
> ③ 객체 모델링(object modeling) : 객체들을 식별하고 객체들 간의 관계를 정의

20

UML(Unified Modeling Language)에 대한 설명 중 틀린 것은?

① 기능적 모델은 사용자 측면에서 본 시스템 기능이며, UML에서는 Use case Diagram을 사용한다.
② 정적 모델은 객체, 속성, 연관 관계, 오퍼레이션의 시스템의 구조를 나타내며, UML에서는 Class Diagram, State Diagram, Activity Diagram을 사용한다.
③ 동적 모델은 시스템의 내부 동작을 말하며, UML에서는 Sequence Diagram, State Diagram, Activity Diagram을 사용한다.
④ State Diagram은 객체들 사이의 메시지 교환을 나타내며, Sequence Diagram은 하나의 객체가 가진 상태와 그 상태의 변화에 의한 동작 순서를 나타낸다.

> • State Diagram(상태 다이어그램) : 객체가 가진 상태를 나타내거나 객체가 전이 유발에 따른 그 상태의 변화를 나타내는 것
> • Sequence Diagram(순서 다이어그램) : 객체 간의 상호작용 교환 메시지를 시간의 흐름에 따라 나타내는 것

2과목 소프트웨어 개발

21

외계인 코드(Alien Code)에 대한 설명으로 옳은 것은?

① 프로그램의 로직이 복잡하여 이해하기 어려운 프로그램을 의미한다.
② 아주 오래되거나 참고문서 또는 개발자가 없어 유지보수 작업이 어려운 프로그램을 의미한다.
③ 오류가 없어 디버깅 과정이 필요 없는 프로그램을 의미한다.
④ 사용자가 직접 작성한 프로그램을 의미한다.

> 외계인 코드(Alien Code)
> 아주 오래되거나 참고문서 또는 개발에 참여했던 개발자를 찾을 수 없어 유지보수 작업이 어려운 프로그램을 의미

22

위험 모니터링의 의미로 옳은 것은?

① 위험을 이해하는 것
② 첫 번째 조치로 위험을 피할 수 있도록 하는 것
③ 위험 발생 후 즉시 조치하는 것
④ 위험 요소 징후들에 대하여 계속적으로 인지하는 것

> 위험 모니터링
> 식별된 위험에 대해 추적하고, 잔존하는 위험을 감시하며, 새롭게 발견되는 위험을 식별하여 위험 요소 징후들에 대하여 계속적으로 인지하는 것

23

물리적 배치와 상관없이 논리적으로 LAN을 구성하여 Broadcast Domain을 구분할 수 있게 해주는 기술로 접속된 장비들의 성능 향상 및 보안성 증대 효과가 있는 것은?

① L2AN
② STP
③ ARP
④ VLAN

> **VLAN(Virtual Local Area Network)**
> 물리적 배치와 상관없이 논리적으로 LAN을 구성하여 Broadcast Domain을 구분할 수 있게 해주는 기술로 접속된 장비들의 성능 향상 및 보안성 증대 효과가 있음

24

SW 패키징 도구 활용 시 고려사항과 거리가 먼 것은?

① 패키징 시 사용자에게 배포되는 SW이므로 보안을 고려한다.
② 사용자 편의성을 위한 복합성 및 비효율성 문제를 고려한다.
③ 보안상 단일 기종에서만 사용할 수 있도록 해야 한다.
④ 제품 SW 종류에 적합한 암호화 알고리즘을 적용한다.

> 패키징은 프로그램 제작자가 최종사용자가 사용할 프로그램을 다양한 환경에서 쉽게 자동으로 설치(업데이트/삭제 가능)할 수 있게 패키지를 만들어 배포하는 과정을 말함. 보안을 고려해야 하지만, 단일 기종에서만 사용할 수 있도록 할 수는 없음

25 빈출

통합 테스트(Integration Test)와 관련한 설명으로 틀린 것은?

① 시스템을 구성하는 모듈의 인터페이스와 결합을 테스트하는 것이다.
② 하향식 통합 테스트의 경우 넓이 우선(Breadth First) 방식으로 테스트를 할 모듈을 선택할 수 있다.
③ 상향식 통합 테스트의 경우 시스템 구조도의 최상위에 있는 모듈을 먼저 구현하고 테스트한다.
④ 모듈 간의 인터페이스와 시스템의 동작이 정상적으로 잘 되고 있는지를 빨리 파악하고자 할 때 상향식보다는 하향식 통합 테스트를 사용하는 것이 좋다.

> - 상향식 통합 : 시스템 하위 레벨의 모듈로부터 점진적으로 상위 모듈로 통합하면서 테스트하는 기법으로 스텁은 필요치 않고 드라이버가 필요함
> - 통합 테스트 : 단위검사가 끝난 모듈들을 하나로 결합하여 시스템으로 완성하는 과정에서의 검사

26

ISO/IEC 9126의 소프트웨어 품질 특성 중 기능성(Functionlity)의 하위 특성으로 옳지 않은 것은?

① 적합성
② 정확성
③ 학습성
④ 보안성

> 기능성(Functionlity)의 하위 특성은 정확성, 적합성, 상호호환성, 보안성, 유연성

27

소스코드 품질분석 도구 중 정적분석 도구가 아닌 것은?

① pmd
② cppcheck
③ valMeter
④ checkstyle

> - 정적 분석 도구 : cppcheck, pmd, checkstyle 등
> - 동적 분석 도구 : Valgrind, Avalanche 등

28

인터페이스 구현 시 사용하는 기술로 속성-값 쌍(Attribute-Value Pairs)으로 이루어진 데이터 오브젝트를 전달하기 위해 사용하는 개방형 표준 포맷은?

① JSON
② HTML
③ AVPN
④ DOF

> **JSON(JavaScript Object Notation)**
> 속성-값 쌍[attribute-value pairs and array data types (or any other serializable value)] 또는 "키-값 쌍"으로 이루어진 데이터 오브젝트를 전달하기 위해 인간이 읽을 수 있는 텍스트를 사용하는 개방형 표준 형식. 비동기 브라우저/서버 통신(AJAX)을 위해, 넓게는 XML(AJAX가 사용)을 대체하는 주요 데이터 포맷

정답 23 ④ 24 ③ 25 ③ 26 ③ 27 ③ 28 ①

29

알고리즘 시간복잡도 O(1)이 의미하는 것은?

① 컴퓨터 처리가 불가
② 알고리즘 입력 데이터 수가 한 개
③ 알고리즘 수행시간이 입력 데이터 수와 관계없이 일정
④ 알고리즘 길이가 입력 데이터보다 작음

> O(1)은 상수시간을 말하며, 알고리즘 수행시간이 입력 데이터 수와 관계없이 항상 일정하다는 의미임

30

디지털 저작권 관리(DRM)의 기술 요소가 아닌 것은?

① 크랙 방지 기술   ② 방화벽 기술
③ 암호화 기술   ④ 정책 관리 기술

> 디지털 저작권 관리(DRM)의 기술 요소에는 암호화, 키 관리, 크랙 방지, 정책 관리, 인증, 식별 기술, 저작권 표현, 사용 권한 등이 있음

31

동시에 소스를 수정하는 것을 방지하며 다른 방향으로 진행된 개발 결과를 합치거나 변경 내용을 추적할 수 있는 소프트웨어 버전관리 도구는?

① RCS(Revision Control System)
② RTS(Reliable Transfer Service)
③ RPC(Remote Procedure Call)
④ RVS(Relative Version System)

구분	설명
CVS (Concurrent Version System)	• 서버와 클라이언트로 구성되어 다수의 인원이 동시에 범용적인 운영체제로 접근 가능하여 버전관리를 가능케 함 • Client가 이클립스에 내장되어 있음
SVN (Subverion)	GNU의 버전관리시스템으로 CVS의 장점은 이어받고 단점은 개선하여 2000년에 발표되었고, 사실상 업계 표준으로 사용되고 있음
RCS (Revision Control System)	CVS와 달리 소스 파일의 수정을 한 사람만으로 제한하여 다수의 사람이 파일의 수정을 동시에 할 수 없도록 파일을 잠그는 방식으로 버전 컨트롤을 수행함
Bitkeeper	SVN과 비슷한 중앙 통제 방식의 버전 컨트롤 툴로서 대규모 프로젝트에서 빠른 속도를 내도록 개발됨
Git	• 기존 리눅스 커널의 버전 컨트롤을 하는 Bitkeeper를 대체하기 위해서 나온 새로운 버전 컨트롤로, 현재의 리눅스는 이것을 통해 버전 컨트롤이 되고 있음. Git는 속도에 중점을 둔 분산형 버전관리시스템(DVCS)이며, 대형 프로젝트에서 효과적이고 실제로 유용함 • Git는 SVN과 다르게 Commit은 로컬 저장소에서 이루어지고 push라는 동작으로 원격 저장소에 반영됨(로컬 저장소에서 작업이 이루어져 매우 빠른 응답을 받을 수 있음) • 받을 때도 pull 또는 Fetch로 서버에서 변경된 내역을 받아 올 수 있음
Clear Case	IBM에서 제작되었고, 복수 서버, 복수 클라이언트 구조이며 서버가 부족할 때 필요한 서버를 하나씩 추가하여 확장성을 기할 수 있음

32

다음 트리를 전위순회(preorder traversal)한 결과는?

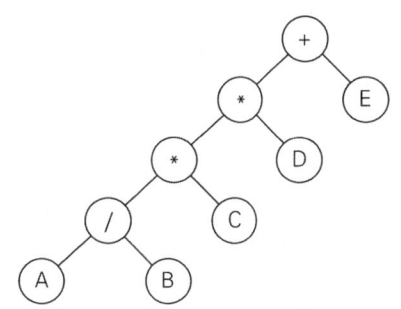

① +*AB/*CDE   ② AB/C*D*E+
③ A/B*C*D+E   ④ +**/ABCDE

> 전위순회는 root → left → right 순서이며, + → * → * → / → A → B → C → D → E와 같이 방문함

33

반정규화(Denormalization) 유형 중 중복 테이블을 추가하는 방법에 해당하지 않는 것은?

① 빌드 테이블의 추가
② 집계 테이블의 추가
③ 진행 테이블의 추가
④ 특정 부분만을 포함하는 테이블의 추가

> **반정규화 유형에서 중복 테이블을 추가하는 방법**
> 집계 테이블의 추가, 진행 테이블의 추가, 특정 부분만을 포함하는 테이블의 추가

34 ⭐

화이트박스 테스트와 관련한 설명으로 틀린 것은?

① 화이트박스 테스트의 이해를 위해 논리흐름도(Logic-Flow Diagram)를 이용할 수 있다.
② 테스트 데이터를 이용해 실제 프로그램을 실행함으로써 오류를 찾는 동적 테스트(Dynamic Test)에 해당한다.
③ 프로그램의 구조를 고려하지 않기 때문에 테스트 케이스는 프로그램 또는 모듈의 요구나 명세를 기초로 결정한다.
④ 테스트 데이터를 선택하기 위하여 검증기준(Test Coverage)을 정한다.

> **화이트박스 시험**
> 프로그램 내의 모든 논리적 구조를 파악하거나, 경로들의 복잡도를 계산하여 시험사례를 만듦. 절차, 즉 순서에 대한 제어구조를 이용하여 시험사례들을 유도하는 시험사례 설계 방법

35

평가 점수에 따른 성적부여는 다음 표와 같다. 이를 구현한 소프트웨어를 경계값 분석 기법으로 테스트하고자 할 때 다음 중 테스트 케이스의 입력값으로 옳지 않은 것은?

평가 점수	성적
80 ~ 100	A
60 ~ 79	B
0 ~ 59	C

① 59 ② 80
③ 90 ④ 101

> • 경계값 분석 기법은 입력조건의 중간값보다는 경계값에서 오류가 발생될 확률이 높다는 점을 이용해서 입력조건의 경계값에서 테스트 사례를 선정하는 기법
> • 90은 경계부분의 값이 아니므로 테스트 입력값으로 사용될 수 없음

36

버블 정렬을 이용하여 다음 자료를 오름차순으로 정렬할 경우 PASS 1의 결과는?

> 9, 6, 7, 3, 5

① 6, 9, 7, 3, 5   ② 3, 9, 6, 7, 5
③ 3, 6, 7, 9, 5   ④ 6, 7, 3, 5, 9

> **버블 정렬(Bubble Sort)**
> 인접한 데이터를 비교하면서 그 크기에 따라 데이터의 위치를 바꾸면서 정렬하는 방식
> • PASS 1 : 6 7 3 5 9
> • PASS 2 : 6 3 5 7 9
> • PASS 3 : 3 5 6 7 9

정답: 33 ① 34 ③ 35 ③ 36 ④

37

소프트웨어 품질 측정을 위해 개발자 관점에서 고려해야 할 항목으로 거리가 먼 것은?

① 정확성 ② 무결성
③ 사용성 ④ 간결성

> 개발자의 관점에서 소프트웨어 품질 측정 시에 소프트웨어가 간결하다고 품질이 좋은 것은 아니므로 간결성이 고려항목에 포함될 수 없음

38

다음은 인스펙션(Inspection) 과정을 표현한 것이다. (가)~(마)에 들어갈 말을 〈보기〉에서 찾아 바르게 연결한 것은?

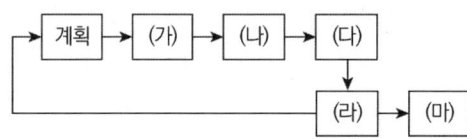

〈보기〉
㉠ 준비   ㉡ 사전 교육
㉢ 인스펙션 회의   ㉣ 수정
㉤ 후속 조치

① (가) - ㉡, (나) - ㉢
② (나) - ㉠, (다) - ㉢
③ (다) - ㉢, (라) - ㉤
④ (라) - ㉣, (마) - ㉢

> 인스펙션(Inspection) 과정
> Planning(계획) → Overview(사전교육) → Preparation(사전검토, 준비) → Meeting(인스펙션 회의) → Re-Work, re-Inspection(수정) → Following(후속조치)

39

EAI(Enterprise Application Integration)의 구축 유형으로 옳지 않은 것은?

① Point-to-Point ② Hub & Spoke
③ Message Bus   ④ Tree

EAI 유형

구분	설명
Point-to-Point	1:1 방식으로 애플리케이션 통합 수행
Hub & Spoke	• 모든 데이터가 허브를 통해 전송 • 데이터 전송이 보장되며, 유지보수 비용 절감
메시징 버스	• 데이터 전송하는 데 버스를 이용함으로 병목 현상 발생 가능 • 대량의 데이터 교환에 적합
하이브리드	• Hub & spoke 방식과 메시징 버스 방식의 통합 • 유연한 통합 작업 가능

40

아래 Tree 구조에 대하여 후위순회(Postorder)한 결과는?

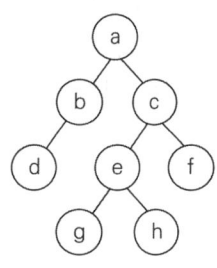

① a → b → d → c → e → g → h → f
② d → b → g → h → e → f → c → a
③ d → b → a → g → e → h → c → f
④ a → b → d → g → e → h → c → f

> 후위순회(left → right → root)
> d → b → g → h → e → f → c → a

정답 37 ④ 38 ② 39 ④ 40 ②

3과목 데이터베이스 구축

41
정규화를 거치지 않아 발생하게 되는 이상(anomaly) 현상의 종류로 옳지 않은 것은?

① 삭제 이상
② 삽입 이상
③ 갱신 이상
④ 종속 이상

> 이상 현상에 종속 이상은 포함되지 않으며, 이상 현상의 종류에는 삽입 이상, 삭제 이상, 갱신 이상이 있음

42
데이터 모델에 표시해야 할 요소로 거리가 먼 것은?

① 논리적 데이터 구조
② 출력 구조
③ 연산
④ 제약조건

> **데이터 모델에 표시해야 할 요소**
> 논리적으로 표현된 데이터 구조, 이 구조에서 허용될 수 있는 연산, 이 구조와 연산에서의 제약조건에 대한 명세

43
SQL의 분류 중 DDL에 해당하지 않는 것은?

① UPDATE
② ALTER
③ DROP
④ CREATE

> - 정의어(DDL) : CREATE, ALTER, DROP
> - 조작어(DML) : SELECT, INSERT, DELETE, UPDATE
> - 제어어(DCL) : GRANT, REVOKE

44
한 릴레이션 스키마가 4개 속성, 2개 후보키 그리고 그 스키마의 대응 릴레이션 인스턴스가 7개 튜플을 갖는다면 그 릴레이션의 차수(degree)는?

① 1
② 2
③ 4
④ 7

> 릴레이션의 차수(degree)는 그 릴레이션 속성의 개수이므로 4

45
데이터베이스 설계 단계 중 저장 레코드 양식 설계, 레코드 집중의 분석 및 설계, 접근 경로 설계와 관계되는 것은?

① 논리적 설계
② 요구 조건 분석
③ 개념적 설계
④ 물리적 설계

> **물리적 설계(physical design)**
> - 논리적 데이터베이스 구조를 내부 저장 장치 구조와 접근 경로 등을 고려하여 설계
> - 구현을 위한 데이터 구조화(저장 장치에서의 데이터 표현)
> - 컴퓨터가 접근할 수 있는 저장 장치, 즉 디스크에 데이터가 표현될 수 있도록 물리적 데이터 구조로 변환하는 과정
> - 트랜잭션 세부설계가 포함됨
> - DBMS 종속적, Hardware 종속적

46
다음 두 릴레이션에서 외래키로 사용된 것은? (단, 밑줄 친 속성은 기본키이다.)

- 과목(<u>과목번호</u>, 과목명)
- 수강(<u>수강번호</u>, 학번, 과목번호, 학기)

① 과목번호
② 수강번호
③ 학번
④ 과목명

> 외래키는 다른 테이블을 참조하는 데 사용되는 속성으로, 참조관계에서 과목테이블의 과목번호 속성이 기본키이며 수강테이블의 과목번호 속성이 외래키가 됨

정답 41 ④ 42 ② 43 ① 44 ③ 45 ④ 46 ①

47

다음과 같은 트랜잭션의 특성은?

> 시스템이 가지고 있는 고정요소는 트랜잭션 수행 전과 트랜잭션 수행 완료 후의 상태가 같아야 한다.

① 원자성(atomicity)
② 일관성(consistency)
③ 격리성(isolation)
④ 영속성(durability)

> ② 일관성(consistency) : 트랜잭션이 그 실행을 성공적으로 완료하면 언제나 일관된 데이터베이스 상태로 된다는 의미로, 즉 이 트랜잭션의 실행으로 일관성이 깨지지 않는다는 의미
>
> [오답해설]
> ① 원자성(atomicity) : 트랜잭션은 전부, 전무의 실행만이 있지 일부 실행으로 트랜잭션의 기능을 가질 수는 없다는 의미
> ③ 격리성(isolation) : 연산의 중간결과에 다른 트랜잭션이나 작업이 접근할 수 없다는 의미
> ④ 영속성(durability) : 트랜잭션이 일단 그 실행을 성공적으로 끝내면 그 결과를 어떠한 경우에라도 보장받는다는 의미

48

시스템 카탈로그에 대한 설명으로 틀린 것은?

① 카탈로그에 저장된 정보를 메타데이터라고도 한다.
② 데이터베이스에 포함되는 데이터 객체에 대한 정의나 명세에 대한 정보를 유지 관리한다.
③ DBMS가 스스로 생성하고 유지하는 데이터베이스 내의 특별한 테이블의 집합체이다.
④ 시스템 카탈로그의 갱신은 무결성 유지를 위하여 SQL을 이용하여 사용자가 직접 갱신하여야 한다.

> 시스템 카탈로그의 갱신은 무결성 유지를 위하여 사용자가 검색은 가능하지만, 직접 갱신 작업은 불가능함

49

다음 SQL문에서 ( ) 안에 들어갈 내용으로 옳은 것은?

> ( ) 인사급여 SET 호봉 = 15 WHERE 성명 = '홍길동';

① UPDATE   ② FROM
③ INTO   ④ DELETE

> • 갱신문(UPDATE) : 기존 레코드 열값을 갱신할 경우 사용
> • 구문
>
> UPDATE 테이블
> SET 열_이름=변경_내용
> [WHERE 조건]
>
> • 위의 SQL 구문은 인사급여 테이블에서 홍길동이라는 이름을 가진 사람을 찾아 그 사람의 호봉을 15로 갱신시킨다는 의미

50

데이터 무결성 제약조건 중 "개체 무결성 제약"조건에 대한 설명으로 맞는 것은?

① 릴레이션 내의 튜플들이 각 속성의 도메인에 지정된 값만을 가져야 한다.
② 기본키에 속해 있는 애트리뷰트는 널값이나 중복값을 가질 수 없다.
③ 릴레이션은 참조할 수 없는 외래키 값을 가질 수 없다.
④ 외래키 값은 참조 릴레이션의 기본키 값과 동일해야 한다.

> ② 개체 무결성 : 릴레이션에서 기본키를 구성하는 속성은 널(Null)값이나 중복값을 가질 수 없음
>
> [오답해설]
> ① 릴레이션 내의 튜플들이 각 속성의 도메인에 지정된 값만을 가져야 한다는 규정은 도메인 무결성 제약
> ③ 릴레이션은 참조할 수 없는 외래키 값을 가질 수 없는 것은 참조 무결성 제약
> ④ 외래키 값은 참조 릴레이션의 기본키 값과 동일해야 한다는 규정은 참조 무결성 제약

정답 47 ② 48 ④ 49 ① 50 ②

51
로킹(Locking) 기법에 대한 설명으로 틀린 것은?

① 로킹의 대상이 되는 객체의 크기를 로킹 단위라고 한다.
② 로킹 단위가 작아지면 병행성 수준이 낮아진다.
③ 데이터베이스도 로킹 단위가 될 수 있다.
④ 로킹 단위가 커지면 로크수가 작아 로킹 오버헤드가 감소한다.

> 로킹 단위가 작아지면 로크의 수가 많아지고, 병행성 수준이 높아짐

52
E-R 다이어그램의 표기법으로 옳지 않은 것은?

① 개체타입 - 사각형
② 속성 - 타원
③ 관계집합 - 삼각형
④ 개체타입과 속성을 연결 - 선

기호	의미
□	개체
○	속성
◇	관계 : 개체 간의 상호작용
─	연결

E-R 다이어그램 표기법

53
데이터베이스 성능에 많은 영향을 주는 DBMS의 구성 요소로 테이블과 클러스터에 연관되어 독립적인 저장 공간을 보유하며, 데이터베이스에 저장된 자료를 더욱 빠르게 조회하기 위하여 사용되는 것은?

① 인덱스(Index)
② 트랜잭션(Transaction)
③ 역정규화(Denormalization)
④ 트리거(Trigger)

① 인덱스(Index) : 데이터베이스에 저장된 자료를 더욱 빠르게 조회하기 위하여 사용되는 것

[오답해설]
② 트랜잭션(Transaction) : 한꺼번에 모두 수행되어야 할 일련의 데이터베이스 연산들이며, 병행 제어 및 복구 작업의 논리적 단위
③ 역정규화(Denormalization) : 정규화되어 있는 것을 정규화 이전 상태로 만드는 것을 말하며, 많은 조인에 의해 성능이 저하되거나 데이터 조회 시 디스크 I/O량이 많을 때 부분적인 반정규화를 고려함
④ 트리거(Trigger) : 데이터베이스가 미리 정해 놓은 특정 조건이 만족되거나 어떤 동작이 수행되면 자동으로 실행되도록 정의한 동작

54
다음 SQL문의 실행 결과는?

```
SELECT 가격 FROM 도서가격
WHERE 책번호 = (SELECT 책번호
FROM 도서 WHERE 책명='자료구조');
```

[도서]

책번호	책명
111	운영체제
222	자료구조
333	컴퓨터구조

[도서가격]

책번호	가격
111	20,000
222	25,000
333	10,000
444	15,000

① 10,000
② 15,000
③ 20,000
④ 25,000

> 서브쿼리의 where절이 먼저 실행되어 서브쿼리의 리턴값이 222가 되고, 도서가격테이블에서 책번호가 222인 것의 가격을 검색하므로 최종 결과값이 25,000이 됨

정답 51 ② 52 ③ 53 ① 54 ④

55

관계대수에 대한 설명으로 틀린 것은?

① 주어진 릴레이션 조작을 위한 연산의 집합이다.
② 원하는 정보와 그 정보를 어떻게 유도하는가를 기술하는 비절차적 방법이다.
③ 질의에 대한 해를 구하기 위해 수행해야 할 연산의 순서를 명시한다.
④ 일반 집합 연산과 순수 관계 연산으로 구분된다.

- 관계대수(Relational Algebra) : 원하는 정보와 그 정보를 어떻게 유도하는가를 기술하는 절차적인 특성을 가짐
- 관계해석(Relational Calculus) : 원하는 정보가 무엇이라는 것만 정의하는 비절차적인 특성을 가짐

56

병렬 데이터베이스 환경 중 수평 분할에서 활용되는 분할 기법이 아닌 것은?

① 라운드-로빈
② 범위 분할
③ 예측 분할
④ 해시 분할

- 수평 분할에서 활용되는 분할 기법 : 범위 분할, 라운드-로빈, 해시 분할
- 범위 분할(Range Partitioning) : 지정한 열의 값을 기준으로 분할
- 해시 분할(Hash Partitioning) : 해시함수에 따라 데이터를 분할
- 라운드-로빈 : 테이블의 행(ROW)들을 라운드 로빈 형태로 분산시키는 분할 기법

57

트랜잭션을 수행하는 도중 장애로 인해 손상된 데이터베이스를 손상되기 이전의 정상적인 상태로 복구시키는 작업은?

① Recovery
② Commit
③ Abort
④ Restart

회복(Recovery)
여러 가지 장애로 인해 손상된 데이터베이스를 손상되기 이전의 정상적인 상태로 복구시키는 작업(덤프와 로그 이용)

58

STUDENT 테이블에 독일어과 학생 50명, 중국어과 학생 30명, 영어영문학과 학생 50명의 정보가 저장되어 있을 때, 다음 두 SQL문의 실행 결과 튜플 수는? (단, DEPT 컬럼은 학과명)

ⓐ SELECT DEPT FROM STUDENT;
ⓑ SELECT DISTINCT DEPT FROM STUDENT;

① ⓐ 3, ⓑ 3
② ⓐ 50, ⓑ 3
③ ⓐ 130, ⓑ 3
④ ⓐ 130, ⓑ 130

- ⓐ는 중복 여부 상관없이 모든 값을 출력하므로 130이 됨
- ⓑ는 DISTINCT 키워드를 사용하여 지정된 컬럼명에 대하여 중복 없이 출력되므로 3이 됨

59

학생 테이블을 생성한 후, 성별 필드가 누락되어 이를 추가하려고 한다. 이에 적합한 SQL 명령어는?

① INSERT
② ALTER
③ DROP
④ MODIFY

② ALTER : 기존 테이블에 대해 새로운 열의 첨가, 값의 변경, 기존 열의 삭제 등에 사용
[오답해설]
① INSERT : 기존 테이블에 행을 삽입하는 경우에 사용
③ DROP : 스키마, 도메인, 테이블, 뷰, 인덱스 제거 시 사용(전체 삭제)
④ MODIFY : 열 데이터 타입 변경하는 경우에 사용하는데 ALTER 문과 함께 사용

60 빈출

속성(attribute)에 대한 설명으로 틀린 것은?

① 속성은 개체의 특성을 기술한다.
② 속성은 데이터베이스를 구성하는 가장 작은 논리적 단위이다.
③ 속성은 파일 구조상 데이터 항목 또는 데이터 필드에 해당된다.
④ 속성의 수를 "cardinality"라고 한다.

> cardinality = 튜플의 수
> - 속성 : 애트리뷰트로 테이블에서 컬럼명에 해당하는 header 부분을 의미
> - 속성의 수 = 차수 = Degree = Attribute의 수

4과목 프로그래밍 언어 활용

61

리눅스에서 생성된 파일 권한이 644일 경우 umask 값은?

① 022
② 666
③ 777
④ 027

> 파일의 기본권한이 666이므로 여기에서 umask 값 022를 제외하면 권한은 644가 됨
> **umask를 이용한 파일 권한 설정**
> - 새롭게 생성되는 파일이나 디렉터리는 디폴트 권한으로 생성되고, 이러한 디폴트 권한은 umask 값에 의해서 결정되어 짐
> - 파일이나 디렉터리 생성 시에 기본 권한을 설정해주고 각 기본권한에서 umask 값만큼 권한이 제한됨(디렉터리 기본권한 : 777, 파일 기본권한 : 666)
> - umask 값이 안전하지 않은 권한으로 설정된 경우 파일이나 프로세스에 허가되지 않은 사용자에게 접근이 가능하여 보안상 큰 위협 요소로 작용함
> - 시스템의 기본값으로 umask는 시스템 환경파일인 /etc/profile 파일에 022로 설정되어 있음
> - 보안을 강화하기 위하여 시스템 환경파일(/etc/profile)과 각 사용자별 홈 디렉터리 내 환경파일($HOME/.profile)에 umask 값을 027 또는 077로 변경하는 것을 권장함
> - 변경된 umask 값에 따라 생성되는 파일의 권한자 분류 : 소유자(owner), 그룹(group), 다른 사용자(others)

62 빈출

아래 C코드의 실행 결과는 무엇인가?

```c
#include <stdio.h>
int sum(int *a, int *b){
    int z = *a + *b;
    *a *= 10;
    *b += 10;
    return z;
}
int main( ) {
    int p=3, k=4, t;
    t = sum(&p, &k);
    printf("%d %d %d", t, p, k);
    return 0;
}
```

① 7 10 10
② 44 3 4
③ 7 30 14
④ 0 3 4

> int z = *a + *b;   // a와 b가 가리키는 값을 더하여 z에 저장
> *a *= 10;   // a가 가리키는 값을 10배로 증가
> *b += 10;   // b가 가리키는 값에 10을 더함
> return z;   // z값 반환
> int p=3, k=4, t;   // 초기화
> t = sum(&p, &k);   // p와 k의 주소를 sum( ) 함수에 전달하여 반환값을 t에 저장

정답 60 ④ 61 ① 62 ③

63

다음 자바(Java) 코드가 실행되었을 때의 결과는?

```java
class k{
    static int x = 10;
}
class h{
    int y = k.x + 10;
}
public class Main{
    public static void main(String[ ] args) {
        h m = new h( );
        System.out.print(m.y);
    }
}
```

① 20
② 10
③ 0
④ 오류

> static 변수(클래스 변수)의 특징은 클래스 자체에 속하며, 클래스의 모든 인스턴스에서 공유됨
> k 클래스에는 static으로 선언된 정수형 변수 x가 있으며, 이 변수의 초기값은 10임. h 클래스에는 인스턴스 변수 y가 선언되어 있으며, 이 변수는 k 클래스의 static 변수 x의 값에 접근하여 10이라는 값을 가져와서 +연산을 수행한 값으로 초기화됨. 즉, y의 초기값은 20
> h m = new h( );   // h 클래스의 객체 m을 생성
> System.out.print(m.y);   // 생성된 객체 m의 y 변수값을 출력하며, 출력 결과는 20

64

다음 설명에 해당하는 방식은?

> • 무선 랜에서 데이터 전송 시, 매체가 비어 있음을 확인한 뒤 충돌을 회피하기 위해 임의 시간을 기다린 후 데이터를 전송하는 방법이다.
> • 네트워크에 데이터 전송이 없는 경우라도 동시 전송에 의한 충돌에 대비하여 확인 신호를 전송한다.

① STA
② Collision Domain
③ CSMA/CA
④ CSMA/CD

> CSMA/CA(Carrier-sense multiple access with collision avoidance) : "충돌 방지"
> 무선 랜에서 데이터 전공 시, 매체가 비어있음을 확인한 후 충돌을 회피하기 위해 임의 시간을 기다린 후 데이터를 전송하는 방식. 네트워크에 데이터의 전송이 없는 경우라도 동시 전송에 의한 충돌에 대비해 확인 신호를 전송
> [오답해설]
> ④ CSMA/CD(Carrier-sense multiple access with collision detection) : "충돌 감지"
> 이더넷에서 각 단말이 전송 공유 매체에 규칙 있게 접근하기 위한 매체 엑세스 제어 방식

65

다음 중 파일의 허가권을 설정하는 리눅스 명령어에 대한 설명으로 가장 적절한 것은?

> chmod 640 sample

① chmod 명령어는 루트 사용자만이 사용할 수 있다.
② sample 파일의 소유자는 sample 파일에 대해 읽기, 쓰기, 실행하기가 가능하다.
③ sample 파일의 모든 사용자는 읽기가 가능하다.
④ sample 파일의 그룹에 속한 사용자는 sample 파일에 대해 읽기만 가능하다.

> • chmod 명령어는 파일의 소유자 또는 루트 사용자가 사용할 수 있음
> • chmod 640 sample에서 소유자(owner)의 권한은 6이므로 읽기(4)와 쓰기(2) 권한을 의미하며, 실행(1) 권한은 포함되지 않음
> • chmod 640 sample에서 기타 사용자(others)의 권한은 0이므로 기타 사용자는 아무런 권한이 없음

정답 63 ① 64 ③ 65 ④

66

JAVA에서 힙(Heap)에 남아있으나 변수가 가지고 있던 참조값을 잃거나 변수 자체가 없어짐으로써 더 이상 사용되지 않는 객체를 제거해주는 역할을 하는 모듈은?

① Heap Collector
② Garbage Collector
③ Memory Collector
④ Variable Collector

> **Garbage Collector**
> 레퍼런스 변수가 없는 객체를 제거해주는 역할을 수행

67

교착상태의 해결 방법 중 은행원 알고리즘(Banker's Algorithm)이 해당되는 기법은?

① Detection
② Avoidance
③ Recovery
④ Prevention

> ② Avoidance(회피) : 교착상태 가능성을 배제하지 않고 적절하게 피해나가는 방법 예 은행원 알고리즘
>
> [오답해설]
> ① Detection(탐지) : 교착상태 발생을 허용하고 발생 시 원인을 규명하여 해결 예 자원할당 그래프
> ③ Recovery(복구) : 교착상태 발견 후 현황대기를 배제시키거나 자원을 중단하는 메모리 할당 기법 예 선점, 프로세스 중지(희생자 선택)
> ④ Prevention(예방) : 교착상태의 필요조건을 부정함으로써 교착상태가 발생하지 않도록 미리 예방하는 방법 예 환형대기, 비선점, 점유와 대기, 상호배제 4가지 부정

68

다음 파이썬(Python) 프로그램이 실행되었을 때의 결과는?

```
list_1 = ['사과', '바나나', '체리', '딸기']
list_2 = list_1
del(list_2[2])
print(list_2)
```

① ['사과', '바나나', '체리', '딸기']
② ['체리']
③ ['사과', '체리', '딸기']
④ ['사과', '바나나', '딸기']

> • del : 변수, 리스트의 항목, 딕셔너리의 항목, 세트의 항목 등을 삭제할 때 사용됨
> • del( ) : 함수 객체를 삭제할 때 사용됨
> • del(list_2[2]) : index 2번 값을 삭제하고 뒤의 값들이 앞으로 이동하게 되므로 결과값은 ['사과', '바나나', '딸기']가 됨

69

프로세스 적재 정책과 관련한 설명으로 틀린 것은?

① 반복, 스택, 부프로그램은 시간 지역성(Temporal Locality)과 관련이 있다.
② 공간 지역성(Spatial Locality)은 프로세스가 어떤 페이지를 참조했다면 이후 가상주소공간상 그 페이지와 인접한 페이지들을 참조할 가능성이 높음을 의미한다.
③ 일반적으로 페이지 교환에 보내는 시간보다 프로세스 수행에 보내는 시간이 더 크면 스레싱(Thrashing)이 발생한다.
④ 스레싱(Thrashing) 현상을 방지하기 위해서는 각 프로세스가 필요로 하는 프레임을 제공할 수 있어야 한다.

> 페이지의 실행시간보다 교환시간이 큰 것을 스레싱 현상이라고 함

정답 66 ② 67 ② 68 ④ 69 ③

70

다음 중 페이지 교체(Page Replacement) 알고리즘이 아닌 것은?

① FIFO(First-In-First-Out)
② LUF(Least Used First)
③ Optimal
④ LRU(Least Recently Used)

> 페이지 교체(Page Replacement) 알고리즘
> FIFO(First-In-First-Out), LRU(Least Recently Used), OPT(최적화 교체, OPTimal replacement)

71

아래 C코드의 출력 결과는 무엇인가?

```c
#include <stdio.h>
struct r{
    unsigned int v_1 : 2;
    unsigned int v_2 : 4;
    unsigned int v_3 : 8;
};
int main( ){
    struct r p;
    p.v_1 = 2;
    p.v_2 = 8;
    p.v_3 = 32;
    printf("%ld", sizeof(p));
    return 0;
}
```

① 2   ② 4
③ 8   ④ 32

> - 위 코드는 구조체 r을 정의하고, 해당 구조체의 크기를 출력하는 코드임
> - 코드를 실행하면 출력값은 4가 되며, 이는 구조체 r의 크기가 4바이트임을 의미. 비트 필드의 총합이 14비트(2+4+8)이지만, 메모리 정렬과 패딩으로 인해 실제크기는 4바이트(32비트)가 됨
> - sizeof 연산자는 데이터 타입이나 변수의 크기를 바이트 단위로 반환함

72

OSI 7계층 중 네트워크 계층에 대한 설명으로 틀린 것은?

① 패킷을 발신지로부터 최종 목적지까지 전달하는 책임을 진다.
② 한 노드로부터 다른 노드로 프레임을 전송하는 책임을 진다.
③ 패킷에 발신지와 목적지의 논리 주소를 추가한다.
④ 라우터 또는 교환기는 패킷 전달을 위해 경로를 지정하거나 교환 기능을 제공한다.

> 한 노드에서 다른 노드로 프레임을 전송하는 책임을 갖는 계층(Layer)은 데이터 링크 계층

73

다음 JAVA 프로그램이 실행되었을 때의 결과는?

```java
public class array1 {
    public static void main(String[ ] args) {
        int cnt = 0;
        do {
            cnt++;
        } while (cnt < 0);
        if(cnt==1)
            cnt++;
        else
            cnt = cnt + 3;
        System.out.printf("%d",cnt);
    }
}
```

① 2   ② 3
③ 4   ④ 5

> - 초기값 cnt = 0이고, do{ } 구문이 먼저 실행됨. do{ }에서 실행문장이 cnt++; 이고, 후위방식이므로 1을 증가시켜 cnt=1이 됨
> - while{ } 구문에서 조건식 while(cnt < 0); 에서 fasle가 되므로 종료되어 빠져나와야 하는데 이때, if(cnt==1) 조건문이 true(참)가 되므로 if문에 걸려 수행문장이 실행됨. 여기에서 수행문장에 또다시 cnt++; 를 선언했으므로 후위 증가연산이 또 실행되어 1이 증가된 cnt=2가 되므로 마지막 System.out.printf("%d",cnt); 에서 cnt의 최종 결과값 2를 출력함

정답 70 ② 71 ② 72 ② 73 ①

74

C Class에 속하는 IP address는?

① 200.168.30.1
② 10.3.2.1 4
③ 225.2.4.1
④ 172.16.98.3

클래스별 주소 범위와 연결 가능한 호스트 수

구분	주소 범위	연결 가능한 호스트 개수
A 클래스	0.0.0.0 ~ 127.255.255.255	16,777,214개
B 클래스	128.0.0.0 ~ 191.255.255.255	65,534개
C 클래스	192.0.0.0 ~ 223.255.255.255	254개

75

아래 Python 코드를 실행하여 출력되는 결과에서 None 값은 몇 개인가?

```
def fn_key(r):
    if r[0] == "A":
        return r
v = "Tiger,Alligator,Fox,African elephant,Alpaca"
x = v.split(",")
y = list(map(fn_key, x))
print(y)
```

① 1
② 2
③ 3
④ 4

- map( ) 함수는 리스트의 모든 원소에 각각 특정한 함수를 적용시켜 일괄 처리하는 함수
- 사용자 함수 fn_key( )은 넘어온 인자값 r에서 첫 번째 요소가 "A"인 경우에만 값을 반환하고, 그렇지 않은 경우 None을 반환
  value.split(",")   // 쉼표(,)를 기준으로 문자열을 나누어 리스트 x에 할당
  list(map(fn_key, x))   // map( )에 fn_key( )함수와 x 리스트를 넣으면 x 리스트의 모든 요소를 fn_key( ) 함수를 사용해서 변환
- 출력 결과는 [None, 'Alligator', None, 'African elephant', 'Alpaca']

76

C 언어 라이브러리 중 stdlib.h에 대한 설명으로 옳은 것은?

① 문자열을 수치 데이터로 바꾸는 문자 변환함수와 수치를 문자열로 바꿔주는 변환함수 등이 있다.
② 문자열 처리 함수로 strlen( )이 포함되어 있다.
③ 표준 입출력 라이브러리이다.
④ 삼각함수, 제곱근, 지수 등 수학적인 함수를 내장하고 있다.

- stdlib.h는 C 언어의 표준 라이브러리
- 문자열을 수치 데이터로 바꾸는 문자 변환함수와 수치를 문자열로 바꿔주는 변환함수 등이 있음
- 문자열 변환, 의사 난수 생성, 동적 메모리 관리 등의 함수들을 포함하고 있음

77

아래 C코드는 변수 n의 홀수/짝수 여부를 판단하여 출력한다. 빈칸에 알맞은 코드는 무엇인가?

```
#include <stdio.h>
int isEven(int num){
    int result = ( ㉠ );
    if(result==1){
        ( ㉡ );
    }
    return 0;
}
int main( ){
    int num=10;
    if(isEven(num)){
        printf("홀수입니다.");
    }else{
        printf("짝수입니다.");
    }
    return 0;
}
```

① ㉠ : num%2, ㉡ : return 1;
② ㉠ : num//2, ㉡ : return 1;
③ ㉠ : num%2, ㉡ : return 0;
④ ㉠ : num/2, ㉡ : return 1;

정답 74 ① 75 ② 76 ① 77 ①

```
주어진 숫자가 짝수인지 홀수인지 판별하는 C 언어 코드임
int isEven(int num){
    int result = num % 2;  // 입력된 정수 num을 2로 나눈 나머지
                           //  를 result 변수에 저장
    if(result==1){         // result가 1이면 num은 홀수이므로
        return 1;          // 1을 반환하고
    }
    return 0;              // 그렇지 않으면 0을 반환
}
int main( ){
    int num=10;            // 변수 num을 10으로 초기화
    if(isEven(num)){       // isEven(num) 반환값이 참(1)이면 "홀
                           //  수"를 출력
        printf("홀수입니다.");
    }else{                 // 거짓(0)이면 "짝수"를 출력
```

78

페이징 기법에서 페이지 크기가 작아질수록 발생하는 현상이 아닌 것은?

① 기억장소 이용 효율이 증가한다.
② 입·출력 시간이 늘어난다.
③ 내부 단편화가 감소한다.
④ 페이지 맵 테이블의 크기가 감소한다.

> 일반적으로 페이지 크기가 작아지면, 페이지의 개수가 많아지므로 페이지 맵 테이블의 크기가 증가함

79

C 언어에서의 변수 선언으로 틀린 것은?

① int True;
② int Test2;
③ int pc;
④ int for;

> C 언어에서 for는 예약어이므로 식별자의 선언으로 사용될 수 없음

80 ★빈출

다음 중 응집도가 가장 높은 것은?

① 절차적 응집도 ② 우연적 응집도
③ 순차적 응집도 ④ 논리적 응집도

> **응집도**
> 1. 우연적 응집도(coincidental cohesion) 응집도가 낮음
> 2. 논리적 응집도(logical cohesion)
> 3. 시간적 응집도(temporal cohesion)
> 4. 절차적 응집도(procedural cohesion)
> 5. 통신적 응집도(communicational cohesion)
> 6. 순차적 응집도(sequential cohesion)
> 7. 기능적 응집도(functional cohesion) 응집도가 높음

5과목 정보시스템 구축관리

81

물리적 배치와 상관없이 논리적으로 LAN을 구성하여 Broadcast Domain을 구분할 수 있게 해주는 기술로 접속된 장비들의 성능 향상 및 보안성 증대 효과가 있는 것은?

① VLAN ② STP
③ L2AN ④ ARP

> **VLAN(Virtual Local Area Network)**
> 물리적 배치와 상관없이 논리적으로 LAN을 구성하여 Broadcast Domain을 구분할 수 있게 해주는 기술로 접속된 장비들의 성능 향상 및 보안성 증대 효과가 있음

정답 78 ④ 79 ④ 80 ③ 81 ①

82

다음 내용이 설명하는 것은?

- 잠재적 사용자의 다양한 목적과 관찰된 행동 패턴을 응집시켜 놓은 가상의 사용자라 할 수 있다.
- 사용자의 요구, 행동, 목표 등을 대표하는 가상의 인물을 말하며, 주로 디자인과 마케팅 분야에서 사용한다.
- 실제 사용자 경험과 요구를 중심에 두는 설계 과정에서 매우 중요한 도구이다.

① OWASP ② Topology
③ Persona ④ Ransomware

페르소나(Persona)
- 잠재적 사용자의 다양한 목적과 관찰된 행동 패턴을 응집시켜 놓은 가상의 사용자라 할 수 있음
- 사용자의 요구, 행동, 목표 등을 대표하는 가상의 인물을 말하며, 주로 디자인과 마케팅 분야에서 사용함
- 실제 사용자 경험과 요구를 중심에 두는 설계 과정에서 매우 중요한 도구임

83

시스템이 몇 대가 되어도 하나의 시스템에서 인증에 성공하면 다른 시스템에 대한 접근권한도 얻는 시스템을 의미하는 것은?

① SOS
② SBO
③ SSO
④ SOA

SSO(Single Sign On)
단일사용승인은 하나의 아이디로 여러 사이트를 이용할 수 있는 시스템

84

Cocomo model 중 기관 내부에서 개발된 중소규모의 소프트웨어로 일괄 자료 처리나 과학기술계산용, 비즈니스 자료 처리용으로 5만 라인 이하의 소프트웨어를 개발하는 유형은?

① Embeded
② Organic
③ Semi-detached
④ Semi-embeded

유기적(organic model)
5만 라인 이하로 소규모 팀이 수행할 수 있는 아주 작고 간단한 소프트웨어 프로젝트

85

정보보호의 주요 목적에 대한 설명으로 옳지 않은 것은?

① 기밀성(confidentiality)은 인가된 사용자만이 데이터에 접근할 수 있도록 제한하는 것을 말한다.
② 가용성(availability)은 필요할 때 데이터에 접근할 수 있는 능력을 말한다.
③ 무결성(integrity)은 식별, 인증 및 인가 과정을 성공적으로 수행했거나 수행 중일 때 발생하는 활동을 말한다.
④ 책임성(accountability)은 제재, 부인방지, 오류제한, 침입탐지 및 방지, 사후처리 등을 지원하는 것을 말한다.

무결성은 정보와 정보처리 방법의 완전성과 정확성을 보호하는 것이며, 또한 네트워크를 통하여 송수신되는 정보의 내용이 불법적으로 생성 또는 변경되거나 삭제되지 않도록 보호되어야 하는 것

정답 82 ③ 83 ③ 84 ② 85 ③

86

소프트웨어 개발 방법론 중 애자일(Agile) 방법론의 특징과 가장 거리가 먼 것은?

① 각 단계의 결과가 완전히 확인된 후 다음 단계 진행
② 소프트웨어 개발에 참여하는 구성원들 간의 의사소통 중시
③ 환경 변화에 대한 즉시 대응
④ 프로젝트 상황에 따른 주기적 조정

> 각 단계의 결과가 완전히 확인된 후 다음 단계 진행되는 방식은 폭포수 모형의 특징임

87

구글의 구글 브레인 팀이 제작하여 공개한 기계 학습(Machine Learning)을 위한 오픈소스 소프트웨어 라이브러리는?

① 타조(Tajo)
② 원 세그(One Seg)
③ 포스퀘어(Foursquare)
④ 텐서플로(TensorFlow)

> ④ 텐서플로(TensorFlow) : 구글의 구글 브레인 팀이 제작하여 공개한 기계 학습(Machine Learning)을 위한 오픈소스 소프트웨어 라이브러리로 구글 검색, 광고, 유튜브 등 실제 서비스에 적용됨
> [오답해설]
> ① 타조(Tajo) : 오픈 소스를 기반으로 하는 분산 컴퓨팅 플랫폼인 아파치(Apache) 하둡(Hadoop) 기반의 프로젝트
> ② 원 세그(One Seg) : 일본 디지털 휴대 이동 방송 서비스 명칭
> ③ 포스퀘어(Foursquare) : 위치 기반의 지역 검색 및 추천 서비스이며, 사용자의 위치를 지속적으로 갱신하면서 공유할 수 있는 서비스

88

다음 설명에 해당하는 소프트웨어는?

- 개발해야 할 애플리케이션의 일부분이 이미 내장된 클래스 라이브러리로 구현이 되어 있다.
- 따라서, 그 기반이 되는 이미 존재하는 부분을 확장 및 이용하는 것으로 볼 수 있다.
- JAVA 기반의 대표적인 소프트웨어로는 스프링(Spring)이 있다.

① 전역 함수 라이브러리
② 소프트웨어 개발 프레임워크
③ 컨테이너 아키텍처
④ 어휘 분석기

> 소프트웨어 개발 프레임워크
> 개발해야 할 애플리케이션의 일부분이 이미 내장된 클래스 라이브러리로 구현이 되어 있어서 그 기반이 되는 이미 존재하는 부분을 확장 및 이용하는 것으로 볼 수 있음. JAVA 기반의 대표적인 소프트웨어로는 스프링(Spring)이 있음

89

주체가 속해 있는 그룹의 신원에 근거하여 객체에 대한 접근을 제한하는 방법으로 객체의 소유자가 접근 여부를 결정하는 기법은?

① Mandatory Access Control
② Discretionary Access Control
③ Role Based Access Control
④ Reference Monitor

> ② 임의적 접근 통제(DAC : Discretionary Access Control) : 주체가 속해 있는 그룹의 신원에 근거하여 객체에 대한 접근을 제한하는 방법으로 객체의 소유자가 접근 여부를 결정함
> [오답해설]
> ① 강제적 접근 통제(MAC : Mandatory Access Control) : 주체와 객체의 등급을 비교하여 접근 권한을 부여하는 접근 통제이며, 모든 객체는 기밀성을 지니고 있다고 보고 객체에 보안 레벨을 부여함
> ③ 역할기반 접근 통제(RBAC : Role Based Access Control) : 주체와 객체의 상호 관계를 통제하기 위하여 역할을 설정하고 관리자는 주체를 역할에 할당한 뒤 그 역할에 대한 접근 권한을 부여하는 방식
> ④ 참조 모니터(Reference Monitor) : 접근 행렬의 모니터 검사 기구를 추상화한 것으로 보안의 핵심 부분. 일반적으로는 흐름 제어도 그 대상으로 함

정답: 86 ① 87 ④ 88 ② 89 ②

90

다음 설명에 해당하는 공격기법은?

> 시스템 공격 기법 중 하나로 허용범위 이상의 ICMP 패킷을 전송하여 대상 시스템의 네트워크를 마비시킨다.

① Ping of Death
② Session Hijacking
③ Piggyback Attack
④ XSS

> ① Ping of death
> - 네트워크에서는 패킷을 전송하기 적당한 크기로 잘라서 보내는데 Ping of Death는 네트워크의 이런 특성을 이용한 것
> - 네트워크의 연결 상태를 점검하기 위한 ping 명령을 보낼 때, 패킷을 최대한 길게 하여(최대 65,500바이트) 공격 대상에게 보내면 패킷은 네트워크에서 수백 개의 패킷으로 잘게 쪼개져 보내짐
> - 네트워크의 특성에 따라 한 번 나뉜 패킷이 다시 합쳐져서 전송되는 일은 거의 없으며, 공격 대상 시스템은 결과적으로 대량의 작은 패킷을 수신하게 되어 네트워크가 마비됨
>
> [오답해설]
> ② Session Hijacking : 다른 사람의 세션 상태를 훔치거나 도용하여 액세스하는 해킹 기법
> ③ Piggyback Attack : 사회공학적 방법의 하나이며, 중요한 정보를 취급하는 곳과 같은 물리적인 보안 장치들이 많이 존재하는 장치들을 우회하는 방법. 마치 몰래 따라 들어가듯이 공격자가 다른 사용자의 연결에서 계정을 사용하지 않는 비활성 기간을 이용하여 시스템에 액세스함
> ④ XSS(Corss Site Scripting) : 웹페이지에 악의적인 스크립트를 포함시켜 사용자 측에서 실행되게 유도함으로써, 정보유출 등의 공격을 유발할 수 있는 취약점임

91

정보보안을 위한 접근 제어(Access Control)와 관련한 설명으로 틀린 것은?

① 적절한 권한을 가진 인가자만 특정 시스템이나 정보에 접근할 수 있도록 통제하는 것이다.
② 시스템 및 네트워크에 대한 접근 제어의 가장 기본적인 수단은 IP와 서비스 포트로 볼 수 있다.
③ DBMS에 보안 정책을 적용하는 도구인 XDMCP를 통해 데이터베이스에 대한 접근제어를 수행할 수 있다.
④ 네트워크 장비에서 수행하는 IP에 대한 접근 제어로는 관리 인터페이스의 접근제어와 ACL(Access Control List) 등이 있다.

> XDMCP(X Display Manager Control Protocol)는 그래픽 환경으로 원격 로그인하는 방법을 제공하는 방식

92

악성코드의 유형 중 다른 컴퓨터의 취약점을 이용하여 스스로 전파하거나 메일로 전파되며 스스로를 증식하는 것은?

① Worm
② Rogue Ware
③ Adware
④ Reflection Attack

> ① Worm : 악성코드의 유형 중 다른 컴퓨터의 취약점을 이용하여 스스로 전파하거나 메일로 전파되며 스스로를 증식함
>
> [오답해설]
> ② Rogue Ware(악성 보안 소프트웨어, Rogue security software) : 악성 소프트웨어 및 인터넷 사기의 일종으로 사용자의 컴퓨터에 바이러스가 있다고 생각하게 하여 가짜 악성코드 제거 도구에 대한 비용을 지불하도록 함
> ③ Adware : 광고(advertisement)와 소프트웨어(software)의 합성어이며, 특정 소프트웨어를 실행할 때 또는 자동으로 활성화되는 광고프로그램
> ④ Reflection Attack : 송신자가 생성한 메시지를 가로챈 공격자가 그 메시지를 다시 송신자에게 재전송하여 접근 권한을 얻는 형태의 공격 방법

93

암호화 키와 복호화 키가 동일한 암호화 알고리즘은?

① DSA
② DES
③ ECC
④ RSA

> - 암호화 키와 복호화 키가 동일한 암호화 알고리즘을 대칭키 암호화 알고리즘이라고 하며, 대칭키 암호화 알고리즘으로는 대표적으로 DES, AES 등이 있음
> - 대칭키 암호화 알고리즘 : DES, TDES, AES, SEED, ARIA, IDEA
> - 비대칭키(공개키) 암호화 알고리즘 : RSA(소인수분해), ElGamai(이산대수), ECC(타원곡선)

정답 90 ① 91 ③ 92 ① 93 ②

94

오픈소스 웹 애플리케이션 보안 프로젝트로서 주로 웹을 통한 정보 유출, 악성 파일 및 스크립트, 보안 취약점 등을 연구하는 곳은?

① WWW
② OWASP
③ WBSEC
④ ITU

> **OWASP(The Open Web Application Security Project)**
> 오픈소스 웹 애플리케이션 보안 프로젝트로서 주로 웹을 통한 정보 유출, 악성 파일 및 스크립트, 보안 취약점 등을 연구하는 곳

95

특정 사이트에 매우 많은 ICMP Echo를 보내면, 이에 대한 응답(Respond)을 하기 위해 시스템 자원을 모두 사용해버려 시스템이 정상적으로 동작하지 못하도록 하는 공격방법은?

① Role-Based Access Control
② Ping Flood
③ Brute-Force
④ Trojan Horses

> **Ping Flood 공격**
> 특정 사이트에 매우 많은 ICMP Echo를 보내면, 이에 대한 응답(Respond)을 하기 위해 시스템 자원을 모두 사용해버려 시스템이 정상적으로 동작하지 못하도록 하는 공격 방법

96

IPSec에서 두 컴퓨터 간의 보안 연결 설정을 위해 사용되는 것은?

① Extensible Authentication Protocol
② Internet Key Exchange
③ Encapsulating Security Payload
④ Authentication Header

> • IKE(Internet Key Exchange)를 이용한 비밀키 교환 : ISAKMP(Internet Security Association and Key Management Protocol), SKEME, Oakley 알고리즘의 조합으로 두 컴퓨터 간의 보안 연결(SA : Security Association)을 설정
> • AH(Authentication Header) : 데이터가 전송 도중에 변조되었는지를 확인할 수 있도록 데이터의 무결성에 대해 검사하며, 데이터를 스니핑한 뒤 해당 데이터를 다시 보내는 재생공격(Replay Attack)을 막을 수 있음
> • ESP(Encapsulating Security Payload) : 메시지의 암호화를 제공하며 사용하는 암호화 알고리즘으로는 DES-CBC, 3DES, RC5, IDEA, 3IDEA, CAST, blowfish가 있음

97

물리적 위협으로 인한 문제에 해당하지 않는 것은?

① 화재, 홍수 등 천재지변으로 인한 위협
② 하드웨어 파손, 고장으로 인한 장애
③ 방화, 테러로 인한 하드웨어와 기록장치를 물리적으로 파괴하는 행위
④ 방화벽 설정의 잘못된 조작으로 인한 네트워크, 서버 보안 위협

> 방화벽 설정의 잘못된 조작으로 인한 네트워크, 서버 보안 위협은 물리적 위협이 아니라 기술적 위협에 해당함

98

다음에서 설명하는 IT 스토리지 기술은?

> • 가상화를 적용하여 필요한 공간만큼 나눠 사용할 수 있도록 하며 서버 가상화와 유사함
> • 컴퓨팅 소프트웨어로 규정하는 데이터 스토리지 체계이며, 일정 조직 내 여러 스토리지를 하나처럼 관리하고 운용하는 컴퓨터 이용 환경
> • 스토리지 자원을 효율적으로 나누어 쓰는 방법으로 이해할 수 있음

① Software Defined Storage
② Distribution Oriented Storage
③ Network Architected Storage
④ Systematic Network Storage

> ① SDS(Software Defined Storage) : 가상화를 적용하여 필요한 공간만큼 나눠 사용할 수 있도록 하며 서버 가상화와 유사함
> [오답해설]
> ③ NAS(Network-Attached Storage) : 컴퓨터 네트워크에 연결된 파일 수준의 컴퓨터 기억장치로, 서로 다른 네트워크 클라이언트에 데이터 접근 권한을 제공함

정답 94 ② 95 ② 96 ② 97 ④ 98 ①

99

각 사용자 인증의 유형에 대한 설명으로 가장 적절하지 않은 것은?

① 지식 : 주체는 '그가 알고 있는 것'을 보여주며 예시로는 패스워드, PIN 등이 있다.
② 소유 : 주체는 '그가 가지고 있는 것'을 보여주며 예시로는 토큰, 스마트카드 등이 있다.
③ 존재 : 주체는 '그를 대체하는 것'을 보여주며 예시로는 패턴, QR 등이 있다.
④ 행위 : 주체는 '그가 하는 것'을 보여주며 예시로는 서명, 움직임, 음성 등이 있다.

> 존재
> 주체는 '그를 나타내는 것'을 보여주며 예시로는 지문, 홍채 등이 있음

100

다음 내용이 설명하는 기술로 가장 적절한 것은?

> - 다른 국을 향하는 호출이 중계에 의하지 않고 직접 접속되는 그물 모양의 네트워크이다.
> - 통신량이 많은 비교적 소수의 국 사이에 구성될 경우 경제적이며 간편하지만, 다수의 국 사이에는 회선이 세분화되어 비경제적일 수도 있다.
> - 해당 형태의 무선 네트워크의 경우 대용량을 빠르고 안전하게 전달할 수 있어 행사장이나 군 등에서 많이 활용된다.

① Mesh Network
② Simple Station Network
③ Modem Network
④ Virtual Local Area Network

① Mesh Network : 다른 국을 향하는 호출이 중계에 의하지 않고 직접 접속되는 그물 모양의 네트워크로 통신량이 많은 비교적 소수의 국 사이에 구성될 경우 경제적이며 간편하지만, 다수의 국 사이에는 회선이 세분화되어 비경제적일 수도 있음

[오답해설]
④ VLAN(Virtual Local Area Network) : 물리적 배치와 상관없이 논리적으로 LAN을 구성하여 Broadcast Domain을 구분할 수 있게 해주는 기술로 접속된 장비들의 성능 향상 및 보안성 증대 효과가 있음

정답 99 ③ 100 ①

PART 04

2025년 CBT 기출복원 300제
(2025년 1회 · 2회 · 3회)

2025년 CBT 기출복원문제

2025년 1회 CBT 기출복원문제

자격종목	시험시간	문항수	점수
정보처리기사	150분	100문항	

1과목 소프트웨어 설계

01 다음 중 UML의 기본구성요소에서 사물(Things)에 해당되지 않는 것은?

① 그룹(Grouping)사물
② 주해(Annotation)사물
③ 행동(Behavioral)사물
④ 상태(State)사물

02 요구사항 개발 프로세스의 순서로 옳은 것은?

> ㉠ 도출(Elicitation)
> ㉡ 분석(Analysis)
> ㉢ 명세(Specification)
> ㉣ 확인(Validation)

① ㉠ - ㉣ - ㉡ - ㉢
② ㉠ - ㉢ - ㉡ - ㉣
③ ㉠ - ㉡ - ㉢ - ㉣
④ ㉠ - ㉡ - ㉣ - ㉢

03 XP(eXtreme Programming)의 5가지 가치로 거리가 먼 것은?

① 정형분석
② 단순성
③ 용기
④ 피드백

04 소프트웨어 설계에서 자주 발생하는 문제에 대한 일반적이고 반복적인 해결 방법을 무엇이라고 하는가?

① 모듈 분해
② 연관 관계
③ 디자인 패턴
④ 클래스 도출

05 GoF(Gangs of Four) 디자인 패턴 분류에 해당하지 않는 것은?

① 추상 패턴
② 구조 패턴
③ 행위 패턴
④ 생성 패턴

06 입력되는 데이터를 컴퓨터의 프로세서가 처리하기 전에 미리 처리하여 프로세서가 처리하는 시간을 줄여주는 프로그램이나 하드웨어를 말하는 것은?

① EAI
② FEP
③ GPL
④ Duplexing

07 다음 중 소프트웨어 아키텍처의 구축 절차로 올바른 것은?

① 요구사항 분석 → 아키텍처 분석 → 아키텍처 설계 → 검증 및 승인
② 요구사항 분석 → 아키텍처 분석 → 검증 및 승인 → 아키텍처 설계
③ 아키텍처 분석 → 요구사항 분석 → 아키텍처 설계 → 검증 및 승인
④ 아키텍처 분석 → 요구사항 분석 → 검증 및 승인 → 아키텍처 설계

08 다음 ( ) 안에 들어갈 내용으로 옳은 것은?

> 컴포넌트 설계 시 "( )에 의한 설계"를 따를 경우, 해당 명세서에서는
> (1) 컴포넌트의 오퍼레이션 사용 전에 참이 되어야 할 선행조건
> (2) 사용 후 만족되어야 할 결과조건
> (3) 오퍼레이션이 실행되는 동안 항상 만족되어야 할 불변조건 등이 포함되어야 한다.

① 관계(Relation)
② 프로토콜(Protocol)
③ 패턴(Pattern)
④ 협약(Contract)

09 데이터 흐름도(DFD)의 구성요소에 포함되지 않는 것은?

① process
② data dictionary
③ data store
④ data flow

10 UI의 종류로 멀티 터치(Multi-touch), 동작 인식(Gesture Recognition) 등 사용자의 자연스러운 움직임을 인식하여 서로 주고받는 정보를 제공하는 사용자 인터페이스를 의미하는 것은?

① NUI(Natural User Interface)
② OUI(Organic User Interface)
③ GUI(Graphical User Interface)
④ CLI(Command Line Interface)

11 HIPO(Hierarchy Input Process Output)에 대한 설명으로 거리가 먼 것은?

① 하향식 소프트웨어 개발을 위한 문서화 도구이다.
② HIPO 차트 종류에는 총체적 도표, 세부적 도표가 있다.
③ 기능과 자료의 의존 관계를 동시에 표현할 수 있다.
④ 보기 쉽고 이해하기 쉽다.

12 서비스 지향 아키텍처 기반 애플리케이션을 구성하는 층이 아닌 것은?

① 비즈니스층
② 프로세스층
③ 서비스층
④ 제어 클래스층

13 검토 회의 전에 요구사항 명세서를 미리 배포하여 사전 검토한 후 짧은 검토 회의를 통해 오류를 조기에 검출하는 데 목적을 두는 요구사항 검토 방법은?

① 빌드 검증   ② 동료 검토
③ 워크스루   ④ 개발자 검토

14 럼바우(Rumbaugh)의 객체지향 분석에서 사용하는 분석 활동으로 옳은 것은?
① 객체 모델링, 동적 모델링, 정적 모델링
② 정적 모델링, 객체 모델링, 기능 모델링
③ 동적 모델링, 기능 모델링, 정적 모델링
④ 객체 모델링, 동적 모델링, 기능 모델링

15 시스템의 구성요소로 볼 수 없는 것은?
① Control ② Output
③ Process ④ Maintenance

16 트랜잭션이 올바르게 처리되고 있는지 데이터를 감시하고 제어하는 미들웨어는?
① TP monitor ② ORB
③ RPC ④ HUB

17 UML 확장 모델에서 스테레오 타입 객체를 표현할 때 사용하는 기호로 맞는 것은?
① 《 》 ② (( ))
③ {{ }} ④ [[ ]]

18 CASE가 갖고 있는 주요 기능이 아닌 것은?
① 그래픽 지원
② 소프트웨어 생명주기 전 단계의 연결
③ 언어번역
④ 다양한 소프트웨어 개발 모형 지원

19 LOC 기법에 의하여 예측된 총 라인 수가 10000라인, 프로그래머의 월 평균 생산성이 100라인, 개발에 참여할 프로그래머가 5인일 때, 개발 소요 기간은?
① 20개월 ② 25개월
③ 50개월 ④ 100개월

20 다음이 설명하는 응집도의 유형은?

> 재사용이 원활하고, 유지보수가 매우 용이한 경우의 응집도

① 기능적 응집도 ② 우연적 응집도
③ 논리적 응집도 ④ 절차적 응집도

2과목 소프트웨어 개발

21 다음 중 테스트 커버리지 분석 도구로 올바르지 않은 것은?
① Clover ② XSS
③ JaCoCo ④ Cobertura

22 노드 7, 13, 61, 38, 45, 26, 14를 차례대로 삽입하여 최대 힙(heap)을 구성한 뒤 루트노드로 알맞은 것은?
① 7 ② 14
③ 5 ④ 61

23 소프트웨어 설치 매뉴얼에 포함될 항목이 아닌 것은?
① 제품 소프트웨어 개요
② 소프트웨어 개발 비용
③ 프로그램 삭제
④ 설치 관련 파일

24 다음 자료를 버블 정렬을 이용하여 오름차순으로 정렬할 경우 PASS 3의 결과는?

> 9, 6, 7, 3, 5

① 6, 3, 5, 7, 9
② 3, 5, 6, 7, 9
③ 6, 7, 3, 5, 9
④ 3, 5, 9, 6, 7

25. 소프트웨어 공학에서 워크스루(Walkthrough)에 대한 설명으로 틀린 것은?

① 사용사례를 확장하여 명세하거나 설계 다이어그램, 원시코드, 테스트 케이스 등에 적용할 수 있다.
② 복잡한 알고리즘 또는 반복, 실시간 동작, 병행 처리와 같은 기능이나 동작을 이해하려고 할 때 유용하다.
③ 인스펙션(Inspection)과 동일한 의미를 가진다.
④ 단순한 테스트 케이스를 이용하여 프로덕트를 수작업으로 수행해 보는 것이다.

26. 인터페이스 보안을 위해 네트워크 영역에 적용될 수 있는 솔루션과 거리가 먼 것은?

① IPSec   ② SSL
③ SMTP   ④ S-HTTP

27. 다음 그래프에서 정점 A를 선택하여 깊이 우선탐색(DFS)으로 운행한 결과는?

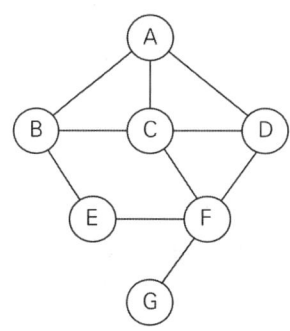

① ABECDFG
② ABEFGCD
③ ABCDEFG
④ ABECFDG

28. 소프트웨어의 개발과정에서 소프트웨어의 변경사항을 관리하기 위해 개발된 일련의 활동을 뜻하는 것은?

① 복호화   ② 저작권
③ 형상관리   ④ 크랙

29. 소프트웨어 테스트에서 검증(Verification)과 확인(Validation)에 대한 설명으로 틀린 것은?

① 소프트웨어 테스트에서 검증과 확인을 구별하면 찾고자 하는 결함 유형을 명확하게 하는 데 도움이 된다.
② 검증은 소프트웨어 개발 과정을 테스트하는 것이고, 확인은 소프트웨어 결과를 테스트하는 것이다.
③ 검증은 작업 제품이 요구 명세의 기능, 비기능 요구사항을 얼마나 잘 준수하는지 측정하는 작업이다.
④ 검증은 작업 제품이 사용자의 요구에 적합한지 측정하며, 확인은 작업 제품이 개발자의 기대를 충족시키는지를 측정한다.

30. 테스트 드라이버(Test Driver)에 대한 설명으로 틀린 것은?

① 시험대상 모듈을 호출하는 간이 소프트웨어이다.
② 필요에 따라 매개 변수를 전달하고 모듈을 수행한 후의 결과를 보여줄 수 있다.
③ 테스트 대상 모듈이 호출하는 하위 모듈의 역할을 한다.
④ 상향식 통합 테스트에서 사용된다.

31 소스코드 품질분석 도구 중 정적 분석 도구가 아닌 것은?

① valMeter ② cppcheck
③ pmd ④ checkstyle

32 DRM(Digital Rights Management)과 관련한 설명으로 틀린 것은?

① 디지털 콘텐츠와 디바이스의 사용을 제한하기 위해 하드웨어 제조업자, 저작권자, 출판업자 등이 사용할 수 있는 접근 제어 기술을 의미한다.
② 원본을 안전하게 유통하기 위한 전자적 보안은 고려하지 않기 때문에 불법 유통과 복제의 방지는 불가능하다.
③ 클리어링 하우스(Clearing House)는 사용자에게 콘텐츠 라이센스를 발급하고 권한을 부여해주는 시스템을 말한다.
④ 디지털 미디어의 생명 주기 동안 발생하는 사용 권한 관리, 과금, 유통 단계를 관리하는 기술로도 볼 수 있다.

33 다음이 설명하는 테스트 용어는?

- 테스트의 결과가 참인지 거짓인지를 판단하기 위해서 사전에 정의된 참값을 입력하여 비교하는 기법 및 활동을 말한다.
- 종류에는 참, 샘플링, 휴리스틱, 일관성 검사가 존재한다.

① 테스트 케이스
② 테스트 시나리오
③ 테스트 오라클
④ 테스트 데이터

34 다음 트리에 대한 중위순회 운행 결과는?

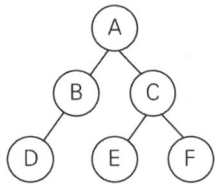

① ABDCEF ② ABCDEF
③ DBECFA ④ DBAECF

35 검증(Validation) 검사 기법 중 개발자의 장소에서 사용자가 개발자 앞에서 행해지며, 오류와 사용상의 문제점을 사용자와 개발자가 함께 확인하면서 검사하는 기법은?

① 베타 검사
② 알파 검사
③ 자료구조 검사
④ 형상 검사

36 제어흐름 그래프가 다음과 같을 때 McCabe의 cyclomatic 수는 얼마인가?

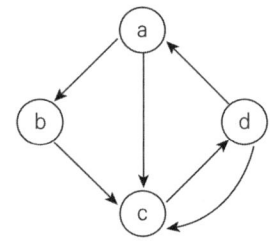

① 3 ② 4
③ 5 ④ 6

37 IDE(Integrated Development Environment) 도구의 각 기능에 대한 설명으로 틀린 것은?

① Coding - 프로그래밍 언어를 가지고 컴퓨터 프로그램을 작성할 수 있는 환경을 제공
② Compile - 저급언어의 프로그램을 고급언어 프로그램으로 변환하는 기능
③ Debugging - 프로그램에서 발견되는 버그를 찾아 수정할 수 있는 기능
④ Deployment - 소프트웨어를 최종 사용자에게 전달하기 위한 기능

38 저작권 관리 구성 요소 중 패키저(Packager)의 주요 역할로 옳은 것은?

① 콘텐츠를 제공하는 저작권자를 의미한다.
② 콘텐츠를 메타데이터와 함께 배포 가능한 단위로 묶는다.
③ 라이선스를 발급하고 관리한다.
④ 배포된 콘텐츠의 이용 권한을 통제한다.

39 소프트웨어를 보다 쉽게 이해할 수 있고 적은 비용으로 수정할 수 있도록 겉으로 보이는 동작의 변화 없이 내부구조를 변경하는 것은?

① Refactoring ② Architecting
③ Specification ④ Renewal

40 제품 소프트웨어 패키징 도구 활용 시 고려사항이 아닌 것은?

① 제품 소프트웨어의 종류에 적합한 암호화 알고리즘을 고려한다.
② 추가로 다양한 이기종 연동을 고려한다.
③ 사용자 편의성을 위한 복잡성 및 비효율성 문제를 고려한다.
④ 내부 콘텐츠에 대한 보안은 고려하지 않는다.

3과목 데이터베이스 구축

41 DDL(Data Define Language)의 명령어 중 스키마, 도메인, 인덱스 등을 정의할 때 사용하는 SQL문은?

① ALTER ② CREATE
③ SELECT ④ INSERT

42 결과 값이 아래와 같을 때 SQL 질의로 옳은 것은?

[공급자] 테이블

공급자 번호	공급자명	위치
16	대신공업사	수원
27	삼진사	서울
39	삼양사	인천
62	진아공업사	대전
70	신촌상사	서울

[결과]

공급자 번호	공급자명	위치
16	대신공업사	수원
70	신촌상사	서울

① SELECT * FROM 공급자 WHERE 공급자명 LIKE '%신%';
② SELECT * FROM 공급자 WHERE 공급자명 LIKE '대%';
③ SELECT * FROM 공급자 WHERE 공급자명 LIKE '%사';
④ SELECT * FROM 공급자 WHERE 공급자명 IS NOT NULL;

43 다음 릴레이션의 Degree와 Cardinality는?

학번	이름	학년	학과
13001	홍길동	3학년	전기
13002	이순신	4학년	기계
13003	강감찬	2학년	컴퓨터

① Degree : 4, Cardinality : 3
② Degree : 3, Cardinality : 4
③ Degree : 3, Cardinality : 12
④ Degree : 12, Cardinality : 3

44 개체-관계 모델의 E-R 다이어그램에서 사용되는 기호와 그 의미의 연결이 틀린 것은?

① 사각형 - 개체 타입
② 마름모 - 관계 타입
③ 선 - 개체타입과 속성을 연결
④ 오각형 - 속성

45 데이터베이스에 영향을 주는 생성, 읽기, 갱신, 삭제 연산으로 프로세스와 테이블 간에 매트릭스를 만들어서 트랜잭션을 분석하는 것은?

① CRUD 분석
② 일치 분석
③ CASE 분석
④ 연관성 분석

46 정규화된 엔티티, 속성, 관계를 시스템의 성능 향상과 개발 운영의 단순화를 위해 중복, 통합, 분리 등을 수행하는 데이터 모델링 기법은?

① 인덱스정규화 ② 머징
③ 집단화 ④ 반정규화

47 데이터 사전에 대한 설명으로 틀린 것은?

① 시스템 카탈로그 또는 시스템 데이터 베이스라고도 한다.
② 데이터 사전 역시 데이터베이스의 일종이므로 일반 사용자가 생성, 유지 및 수정할 수 있다.
③ 데이터베이스에 대한 데이터인 메타 데이터(Metadata)를 저장하고 있다.
④ 데이터 사전에 있는 데이터에 실제로 접근하는 데 필요한 위치 정보는 데이터 디렉토리(Data Directory)라는 곳에서 관리한다.

48 데이터웨어하우스의 기본적인 OLAP(on-line analytical processing) 연산이 아닌 것은?

① translate ② roll-up
③ dicing ④ drill-down

49 다음 R과 S 두 릴레이션에 대한 Division 연산의 수행 결과는?

R

D1	D2	D3
a	1	A
b	1	A
a	2	A
c	2	B

S

D2	D3
1	A

①
D3
A
B

②
D2
2
2

③
D3
A

④
D1
a
b

50 데이터베이스에서 릴레이션에 대한 설명으로 틀린 것은?

① 모든 튜플은 서로 다른 값을 가지고 있다.
② 하나의 릴레이션에서 튜플은 특정한 순서를 가진다.
③ 각 속성은 릴레이션 내에서 유일한 이름을 가진다.
④ 모든 속성 값은 원자값(atomic value)을 가진다.

51 사원(사번, 이름) 테이블에서 사번이 100인 튜플을 삭제하는 SQL문으로 옳은 것은? (단, 사번의 자료형은 INT이고, 이름의 자료형은 CHAR(20)으로 가정한다)

① DELETE FROM 사원
  WHERE 사번=100;
② DELETE IN 사원
  WHERE 사번=100;
③ DROP TABLE 사원
  WHERE 사번=100;
④ DROP 사원 COLUMN
  WHERE 사번=100;

52 병행제어 기법 중 로킹에 대한 설명으로 옳지 않은 것은?

① 로킹의 대상이 되는 객체의 크기를 로킹 단위라고 한다.
② 로킹의 단위가 커지면 데이터베이스 공유도가 증가한다.
③ 로킹의 단위가 작아지면 로킹 오버헤드가 증가한다.
④ 데이터베이스, 파일, 레코드 등은 로킹 단위가 될 수 있다.

53 고객계좌 테이블에서 잔고가 100,000원에서 3,000,000원 사이인 고객들의 등급을 '우대고객'으로 변경하고자 〈보기〉와 같은 SQL문을 작성하였다. ㉠과 ㉡의 내용으로 옳은 것은?

[보 기]
UPDATE 고객계좌
(㉠) 등급 = '우대고객'
WHERE 잔고 (㉡) 100000
AND 3000000

	㉠	㉡
①	SET	IN
②	SET	BETWEEN
③	VALUES	IN
④	VALUES	BETWEEN

54 다음에서 설명하는 스키마(Schema)는?

데이터베이스 전체를 정의한 것으로 데이터개체, 관계, 제약조건, 접근권한, 무결성 규칙 등을 명세한 것

① 개념 스키마
② 내부 스키마
③ 외부 스키마
④ 내용 스키마

55 다음과 같이 위쪽 릴레이션을 아래쪽 릴레이션으로 정규화를 하였을 때 어떤 정규화 작업을 한 것인가?

국가	도시
대한민국	서울, 부산
미국	워싱턴, 뉴욕
중국	베이징

⇩

국가	도시
대한민국	서울
대한민국	부산
미국	워싱턴
미국	뉴욕
중국	베이징

① 제1정규형　② 제2정규형
③ 제3정규형　④ 제4정규형

56 학생(STUDENT) 테이블에 영문학과 학생 50명, 법학과 학생 100명, 수학과 학생 50명의 정보가 저장되어 있을 때, 다음 SQL문 ㉠, ㉡, ㉢의 실행 결과 튜플 수는 각각 얼마인가? (단, DEPT필드는 학과명, NAME필드는 이름을 의미한다)

㉠ SELECT DEPT FROM STUDENT;
㉡ SELECT DISTINCT DEPT FROM STUDENT;
㉢ SELECT NAME FROM STUDENT WHERE DEPT='영문학과';

	㉠	㉡	㉢
①	3	3	1
②	200	3	1
③	200	3	50
④	200	200	50

57 데이터베이스 로그(log)를 필요로 하는 회복 기법은?

① 폴딩 기법
② 대수적 코딩 방법
③ 타임 스탬프 기법
④ 즉각 갱신 기법

58 DBA가 사용자 PARK에게 테이블 [STUDENT]의 데이터를 갱신할 수 있는 시스템 권한을 부여하고자 하는 SQL문을 작성하고자 한다. 다음에 주어진 SQL문의 빈칸을 알맞게 채운 것은?

SQL>GRANT ㉠ ㉡ STUDENT TO PARK;

① ㉠ INSERT, ㉡ IN TO
② ㉠ UPDATE, ㉡ ON
③ ㉠ ALTER, ㉡ TO
④ ㉠ REPLACE, ㉡ IN

59 다음 중 트랜잭션 ACID 특징이 아닌 것은?

① 영속성　② 원자성
③ 격리성　④ 접근성

60 분산 데이터베이스의 투명성(Transparency)에 해당하지 않는 것은?

① Location Transparency
② Replication Transparency
③ Media Access Transparency
④ Failure Transparency

4과목 프로그래밍 언어 활용

61 시스템에서 모듈 사이의 결합도(Coupling)에 대한 설명으로 옳은 것은?

① 한 모듈 내에 있는 처리요소들 사이의 기능적인 연관 정도를 나타낸다.
② 결합도가 높으면 시스템 구현 및 유지보수 작업이 쉽다.
③ 모듈 간의 결합도를 약하게 하면 모듈 독립성이 향상된다.
④ 자료결합도는 내용결합도보다 결합도가 높다.

62 다음 사용자로부터 입력받은 문자열에서 처음과 끝의 3글자를 추출한 후 합쳐서 출력하는 파이썬 코드에서 ㉠에 들어갈 내용은?

```
string = input("7문자 이상 문자열을 입력하시오 :")
m = (   ㉠   )
print(m)

입력값 : Hello World
최종 출력 : Helrld
```

① string[1:3] + string[-1:]
② string[:3] + string[-3:-1]
③ string[0:3] + string[-3:]
④ string[0:] + string[:-1]

63 다음 C 프로그램의 실행결과는?

```c
#include <stdio.h>
void main( ) {
    int matrix[ ][4] = {{1, 2}, {3, 4, 5}, 6, 7, 8, 9, 10};
    printf("%d\n", **(matrix + 3));
}
```

① 3   ② 4
③ 6   ④ 10

64 다수의 프로세스가 공유자원에 접근할 때 상호배제를 구현하기 위해 사용하는 동기화 기법으로 옳은 것은?

① 세마포어(Semaphore)
② 모니터(Monitor)
③ 상호배제(Mutual Exclusion)
④ 문맥교환(Context Switching)

65 다음 JAVA 프로그램의 결과로 옳은 것은?

```java
public class Main{
    public static void
    main(String[ ] args) {
        int x = 4 | 7;
        System.out.print(x);
    }
}
```

① 0   ② 2
③ 4   ④ 7

66 다음 중 bash 쉘 스크립트에서 사용할 수 있는 제어문이 아닌 것은?

① if   ② for
③ repeat_do   ④ while

67 IEEE 802.3 LAN에서 사용되는 전송매체 접속제어(MAC)방식은?

① CSMA/CD
② Token Bus
③ Token Ring
④ Slotted Ring

68 아래 C 코드의 수행 결과로 옳은 것은?

```
#include <stdio.h>
int main( ){
  int x=10, y=0, z=0;
  while(x-->y){
    y++;
    z++;
  }
  printf("%d", z);
  return 0;
}
```

① 4　　② 5
③ 6　　④ 7

69 소프트웨어 개발 프레임워크를 적용할 경우 기대효과로 거리가 먼 것은?

① 품질보증
② 시스템 복잡도 증가
③ 개발 용이성
④ 변경 용이성

70 기억공간이 15K, 23K, 22K, 21K 순으로 빈 공간이 있을 때 기억장치 배치 전략으로 "First Fit"을 사용하여 17K의 프로그램을 적재할 경우 내부단편화의 크기는 얼마인가?

① 5K　　② 6K
③ 7K　　④ 8K

71 다음 JAVA 프로그램의 실행 결과로 옳은 것은?

```
class Test {
  public static void main
  (String[ ] args) {
    int a = 101;
    System.out.println((a)>2) << 3);
  }
}
```

① 0　　② 200
③ 404　　④ 600

72 운영체제의 가상기억장치 관리에서 프로세스가 일정 시간 동안 자주 참조하는 페이지들의 집합을 의미하는 것은?

① Locality　　② Deadlock
③ Thrashing　　④ Working Set

73 TCP/IP 네트워크에서 IP 주소를 MAC 주소로 변환하는 프로토콜은?

① UDP　　② ARP
③ TCP　　④ ICMP

74 다음 C언어 프로그램이 실행되었을 때의 결과는?

```
#include <stdio.h>
int main(int argc, char *argv[ ]) {
  char a;
  a = 'A' + 1;
  printf("%d", a);
  return 0;
}
```

① 1　　② 11
③ 66　　④ 98

75 IPv6에 대한 설명으로 틀린 것은?

① 멀티미디어의 실시간 처리가 가능하다.
② IPv4보다 보안성이 강화되었다.
③ 멀티캐스트(Multicast) 대신 브로드캐스트(Broadcast)를 사용한다.
④ 128비트 주소체계를 사용한다.

76 다음 자바 프로그램 조건문에 대해 삼항 조건 연산자를 사용하여 옳게 나타낸 것은?

```
int i = 7, j = 9;
int k;
if (i > j)
  k = i - j;
else
  k = i + j;
```

① int i = 7, j = 9;
   int k;
   k = (i > j)?(i - j):(i + j);
② int i = 7, j = 9;
   int k;
   k = (i < j)?(i - j):(i + j);
③ int i = 7, j = 9;
   int k;
   k = (i > j)?(i + j):(i - j);
④ int i = 7, j = 9;
   int k;
   k = (i < j)?(i + j):(i - j);

77 C언어에서 문자열을 정수형으로 변환하는 라이브러리 함수는?

① atoi( )   ② atof( )
③ itoa( )   ④ ceil( )

78 TCP/IP 프로토콜 중 전송계층 프로토콜은?

① HTTP   ② UDP
③ FTP   ④ SMTP

79 다음 C언어 프로그램이 실행되었을 때의 결과는?

```
#include <stdio.h>
#include <string.h>
int main(void) {
        char str[50] = "nation";
        char *p2 = "alter";
        strcat(str, p2);
        printf("%s", str);
        return 0;
}
```

① nation
② nationalter
③ alter
④ alternation

80 프로세스와 관련한 설명으로 틀린 것은?

① 프로세스가 준비 상태에서 프로세서가 배당되어 실행 상태로 변화하는 것을 디스패치(Dispatch)라고 한다.
② 프로세스 제어 블록(PCB, Process Control Block)은 프로세스 식별자, 프로세스 상태 등의 정보로 구성된다.
③ 이전 프로세스의 상태 레지스터 내용을 보관하고 다른 프로세스의 레지스터를 적재하는 과정을 문맥 교환(Context Switching)이라고 한다.
④ 프로세스는 스레드(Thread) 내에서 실행되는 흐름의 단위이며, 스레드와 달리 주소 공간에 실행 스택(Stack)이 없다.

5과목 정보시스템 구축관리

81 다음 내용이 설명하는 것은?

> - 네트워크상에 광채널 스위치의 이점인 고속 전송과 장거리 연결 및 멀티 프로토콜 기능을 활용
> - 각기 다른 운영체제를 가진 여러 기종들이 네트워크상에서 동일 저장장치의 데이터를 공유하게 함으로써, 여러 개의 저장장치나 백업 장비를 단일화시킨 시스템

① SAN ② MBR
③ NAC ④ NIC

82 소프트웨어 비용 산정 기법 중 개발 유형으로 organic, semi-detached, embedded로 구분되는 것은?

① PUTNAM ② COCOMO
③ FP ④ SLIM

83 기밀성을 강조하는 모델이며, 군대의 보안 레벨처럼 정보의 기밀성에 따라 상하 관계가 구분된 정보를 보호하기 위한 접근 제어 모델은?

① Clark-Wilson Integrity Model
② PDCA Model
③ Bell-Lapadula Model
④ Chinese Wall Model

84 '현실을 초월하여 만들어낸 세계' 또는 '현실과 가상이 혼재된 세계'라는 의미로 가장 적절한 것은?

① 챗봇(ChatBot)
② 메타버스(Metaverse)
③ IoT(Internet of Things)
④ OTT(Over The Top)

85 SSH(Secure Shell)에 대한 설명으로 틀린 것은?

① 키를 통한 인증은 클라이언트의 공개 키를 서버에 등록해야 한다.
② 전송되는 데이터는 암호화 된다.
③ SSH의 기본 네트워크 포트는 220번을 사용한다.
④ 서로 연결되어 있는 컴퓨터 간 원격 명령실행이나 셸 서비스 등을 수행한다.

86 취약점 관리를 위해 일반적으로 수행하는 작업이 아닌 것은?

① 무결성 검사
② 응용 프로그램의 보안 설정 및 패치(Patch) 적용
③ 중단 프로세스 및 닫힌 포트 위주로 확인
④ 불필요한 서비스 및 악성 프로그램의 확인과 제거

87 정보 보안의 3요소에 해당하지 않는 것은?

① 기밀성 ② 무결성
③ 가용성 ④ 휘발성

88 생명주기의 각 단계별로 노력을 산정하여 전체 비용을 예측하는 방식으로 비용을 산정하는 기법은?

① Effort Per TASK 기법
② 전문가 감정 기법
③ 델파이기법
④ LOC기법

89 CMM(Capability Maturity Model) 모델의 레벨로 옳지 않은 것은?

① 계획단계　② 관리단계
③ 정의단계　④ 최적단계

90 어떤 외부 컴퓨터가 접속되면 접속 인가 여부를 점검해서 인가된 경우에는 접속이 허용되고, 그 반대의 경우에는 거부할 수 있는 접근제어 유틸리티는?

① trace checker
② tcp wrapper
③ token finder
④ change detector

91 CBD(Component Based Development)에 대한 설명으로 틀린 것은?

① 개발 기간 단축으로 인한 생산성 향상
② 1960년대까지 가장 많이 적용되었던 소프트웨어 개발 방법
③ 소프트웨어 재사용이 가능
④ 새로운 기능 추가가 쉬운 확장성

92 PC, TV, 휴대폰에서 원하는 콘텐츠를 끊김없이 자유롭게 이용할 수 있는 서비스는?

① Memristor
② MEMS
③ SNMP
④ N-Screen

93 RIP(Routing Information Protocol)에 대한 설명으로 틀린 것은?

① 거리 벡터 라우팅 프로토콜이라고도 한다.
② 최대 홉 카운트를 115홉 이하로 한정하고 있다.
③ 소규모 네트워크 환경에 적합하다.
④ 최단경로탐색에는 Bellman-Ford 알고리즘을 사용한다.

94 다음 중 서버에 열린 포트 정보를 스캐닝해서 보안취약점을 찾는 데 사용하는 도구는?

① nmap　② mkdir
③ ftp　　④ type

95 DDoS(Distributed Denial of Service)에 대한 설명으로 옳지 않은 것은?

① 좀비PC는 악성코드의 흔적을 지우기 위해 스스로 하드디스크를 손상시킬 수도 있다.
② DDoS공격은 특정 서버에 침입하여 자료를 훔쳐가거나 위조시키기 위한 것이다.
③ 좀비PC가 되면 자신도 모르게 특정 사이트를 공격하는 수단으로 이용될 수 있다.
④ 공격을 당하는 서버에는 서비스가 중지될 수 있는 큰 문제가 발생한다.

96 소프트웨어 비용 추정 모형(estimation models)이 아닌 것은?

① COCOMO
② Putnam
③ Function-Point
④ PERT

97 다음 내용이 설명하는 것은?

- 사물 인터넷(IoT : Internet of Thing) 연합 단체인 올신얼라이언스(AllSeen Alliance)에서 표준화한 오픈 소스 기반의 IoT 플랫폼이다.
- 서로 다른 운영체제나 하드웨어를 사용하는 기기들이 표준화된 플랫폼을 이용함으로써 서로 통신 및 제어가 가능하다.

① Apnic
② Topology
③ AllJoyn
④ SDB

98 발신지 IP 주소가 공격대상의 IP 주소로 위조된 ICMP 패킷을 특정 브로드캐스트 주소로 보내어 공격대상이 다량의 ICMP reply 패킷을 받도록 하는 공격기법은?

① SYN flooding
② Smurf attack
③ Land attack
④ Teardrop

99 코드의 기입 과정에서 원래 '12536'으로 기입되어야 하는데 '12936'으로 표기되었을 경우, 어떤 코드 오류에 해당하는가?

① Addition Error
② Omission Error
③ Sequence Error
④ Transcription Error

100 Secure OS의 보안 기능으로 거리가 먼 것은?

① 안전한 경로
② 고가용성 지원
③ 객체 재사용 방지
④ 임의적 접근 통제

2025년 2회 CBT 기출복원문제

자격종목	시험시간	문항수	점수
정보처리기사	150분	100문항	

1과목 소프트웨어 설계

01 소프트웨어 개발 방법 중 요구사항 분석(requirements analysis)과 거리가 먼 것은?

① 비용과 일정에 대한 제약설정
② 타당성 조사
③ 요구사항 정의 문서화
④ 최종 성능

02 클래스 다이어그램의 요소로 다음 설명에 해당하는 용어는?

- 클래스의 동작을 의미한다.
- 클래스에 속하는 객체에 대하여 적용될 메서드를 정의한 것이다.
- UML에서는 동작에 대한 인터페이스를 지칭한다고 볼 수 있다.

① Instance
② Hiding
③ Item
④ Operation

03 다음 중 소프트웨어 개발 비용 산출 모형이 아닌 것은?

① Putnam 모형
② 스왓분석 모형
③ COCOMO 모형
④ 기능점수 모형

04 다음 중 결합도(Coupling)의 종류가 아닌 것은?

① 내용 결합도
② 공통 결합도
③ 프로세스 결합도
④ 스탬프 결합도

05 애자일 개발 방법론이 아닌 것은?

① 하둡(Hadoop)
② 익스트림 프로그래밍(XP, eXtreme Programming)
③ 기능 주도 개발(FDD, Feature Driven Development)
④ 스크럼(Scrum)

06 소프트웨어 구조와 관련된 용어로, 주어진 한 모듈(Module)을 제어하는 상위 모듈 수를 나타내는 것은?

① Fan-in
② Coupling
③ Fan-out
④ Cohesion

07 GoF (Gangs of Four) 디자인 패턴에 대한 설명으로 틀린 것은?

① bridge pattern은 기존에 구현되어 있는 클래스에 기능 발생 시 기존 클래스를 재사용할 수 있도록 중간에서 맞춰주는 역할을 한다.
② prototype pattern은 prototype을 먼저 생성하고 인스턴스를 복제하여 사용하는 구조이다.
③ factory method pattern은 상위클래스에서 객체를 생성하는 인터페이스를 정의하고, 하위클래스에서 인스턴스를 생성하도록 하는 방식이다.
④ mediator pattern은 객체 간의 통제와 지시의 역할을 하는 중재자를 두어 객체지향의 목표를 달성하게 해 준다.

08 유스케이스(Usecase)에 대한 설명 중 옳은 것은?

① 유스케이스 다이어그램은 개발자의 요구를 추출하고 분석하기 위해 주로 사용한다.
② 사용자 액터는 본 시스템과 데이터를 주고받는 연동 시스템을 의미한다.
③ 액터는 대상 시스템과 상호 작용하는 사람이나 다른 시스템에 의한 역할이다.
④ 연동의 개념은 일방적으로 데이터를 파일이나 정해진 형식으로 넘겨주는 것을 의미한다.

09 EAI(Enterprise Application Integration)의 구축 유형으로 옳지 않은 것은?

① Data Sprint
② Hub&Spoke
③ Message Bus
④ Point-to-Point

10 통신을 위한 프로그램을 생성하여 포트를 할당하고, 클라이언트의 통신 요청 시 클라이언트와 연결하는 내·외부 송·수신 연계기술은?

① DB링크 기술
② 프로토타입 기술
③ 스크럼 기술
④ 소켓 기술

11 객체지향 개념에서 연관된 데이터와 함수를 함께 묶어 외부와 경계를 만들고 필요한 인터페이스만을 밖으로 드러내는 과정은?

① 메시지(Message)
② 캡슐화(Encapsulation)
③ 다형성(Polymorphism)
④ 상속(Inheritance)

12 럼바우(Rumbaugh)의 객체지향 분석 기법 중 자료 흐름도(DFD)를 주로 이용하는 것은?

① 기능 모델링   ② 동적 모델링
③ 객체 모델링   ④ 정적 모델링

13 요구사항 검증(Requirements Validation)과 관련한 설명으로 틀린 것은?

① 요구사항이 고객이 정말 원하는 시스템을 제대로 정의하고 있는지 점검하는 과정이다.
② 개발 완료 이후에 문제점이 발견될 경우 막대한 재작업 비용이 들 수 있기 때문에 요구사항 검증은 매우 중요하다.
③ 요구사항이 실제 요구를 반영하는지, 문서상의 요구사항은 서로 상충되지 않는지 등을 점검한다.
④ 요구사항 검증 과정을 통해 모든 요구사항 문제를 발견할 수 있다.

14 분산 시스템에서의 미들웨어(Middleware)와 관련한 설명으로 틀린 것은?

① 분산 시스템에서 다양한 부분을 관리하고 통신하며 데이터를 교환하게 해주는 소프트웨어로 볼 수 있다.
② 위치 투명성(Location Transparency)을 제공한다.
③ 분산 시스템의 여러 컴포넌트가 요구하는 재사용 가능한 서비스의 구현을 제공한다.
④ 애플리케이션과 사용자 사이에서만 분산 서비스를 제공한다.

15 소프트웨어 설계에서 사용되는 대표적인 추상화(Abstraction) 기법이 아닌 것은?

① 자료 추상화
② 제어 추상화
③ 과정 추상화
④ 강도 추상화

16 요구사항 정의 및 분석·설계의 결과물을 표현하기 위한 모델링 과정에서 사용되는 다이어그램(Diagram)이 아닌 것은?

① Data Flow Diagram
② UML Diagram
③ E-R Diagram
④ AVL Diagram

17 유스케이스(Use Case)의 구성 요소 간의 관계에 포함되지 않는 것은?

① 연관
② 확장
③ 구체화
④ 일반화

18 정보공학 방법론에서 데이터베이스 설계의 표현으로 사용하는 모델링 언어는?

① Package Diagram
② State Transition Diagram
③ Deployment Diagram
④ Entity-Relationship Diagram

19 UI의 설계 지침으로 틀린 것은?

① 이해하기 편하고 쉽게 사용할 수 있는 환경을 제공해야 한다.
② 주요 기능을 메인 화면에 노출하여 조작이 쉽도록 하여야 한다.
③ 치명적인 오류에 대한 부정적인 사항은 사용자가 인지할 수 없도록 한다.
④ 사용자의 직무, 연령, 성별 등 다양한 계층을 수용하여야 한다.

20 다음 중 스크럼(Scrum) 방법론에서 일반적으로 하지 않는 활동은 무엇인가?

① 제품 백로그(Product Backlog)를 작성한다.
② 사용자 스토리를 기반으로 작업을 계획한다.
③ 스프린트 회고(Sprint Retrospective)를 진행한다.
④ 프로젝트 완료 후 모든 업무를 PM이 단독 평가한다.

2과목 소프트웨어 개발

21 알고리즘 설계 기법으로 거리가 먼 것은?

① Divide and Conquer
② Greedy
③ Static Block
④ Backtracking

22 테스트 케이스와 관련한 설명으로 틀린 것은?

① 테스트 케이스 실행이 통과되었는지 실패하였는지 판단하기 위한 기준을 테스트 오라클(Test Oracle)이라고 한다.
② 프로그램에 결함이 있더라도 입력에 대해 정상적인 결과를 낼 수 있기 때문에 결함을 검사할 수 있는 테스트 케이스를 찾는 것이 중요하다.
③ 개발된 서비스가 정의된 요구사항을 준수하는지 확인하기 위한 입력 값과 실행 조건, 예상 결과의 집합으로 볼 수 있다.
④ 테스트의 목표 및 테스트 방법을 결정하기 전에 테스트 케이스를 작성해야 한다.

23 다음과 같이 레코드가 구성되어 있을 때, 이진 검색 방법으로 14를 찾을 경우 비교되는 횟수는?

1 2 3 4 5 6 7 8 9 10 11 12 13 14 15

① 2   ② 3
③ 4   ④ 5

24 제품 소프트웨어의 형상관리 역할로 틀린 것은?

① 동일한 프로젝트에 대해 여러 개발자 동시개발 가능
② 불필요한 사용자의 소스 수정 제한
③ 형상관리를 통해 이전 리비전이나 버전에 대한 정보에 접근 가능하여 배포본 관리에 유용
④ 프로젝트 품질보증을 효율적으로 관리

25 다음 중 단위 테스트 도구로 사용될 수 없는 것은?

① CppUnit   ② IgpUnit
③ HttpUnit   ④ JUnit

26 해싱 함수(Hashing Function)의 종류가 아닌 것은?

① 제곱법(mid-square)
② 숫자분석법(digit analysis)
③ 개방주소법(open addressing)
④ 제산법(division)

27 디지털 저작권 관리(DRM)의 기술 요소가 아닌 것은?

① 가상화 기술   ② 정책 관리 기술
③ 암호화 기술   ④ 크랙 방지 기술

28 다음 중 유지보수 종류에 해당되지 않는 것은?

① 완전 보수   ② 회귀 보수
③ 적응 보수   ④ 수정 보수

29 평균 시간 복잡도와 최악 시간 복잡도가 동일하지 않은 정렬 알고리즘은?

① 선택정렬   ② 삽입정렬
③ 버블정렬   ④ 퀵정렬

30 다음 postfix로 표현된 연산식의 연산 결과로 옳은 것은?

3 4 * 5 6 * +

① 35   ② 42
③ 81   ④ 360

31 클린코드 작성원칙에 대한 설명으로 틀린 것은?

① 코드의 중복을 최소화 한다.
② 코드가 다른 모듈에 미치는 영향을 최대화하도록 작성한다.
③ 누구든지 코드를 쉽게 읽을 수 있도록 작성한다.
④ 간단하게 코드를 작성한다.

32 제품 소프트웨어의 사용자 매뉴얼 작성절차로 (가)~(다)와 [보기]의 기호를 바르게 연결한 것은?

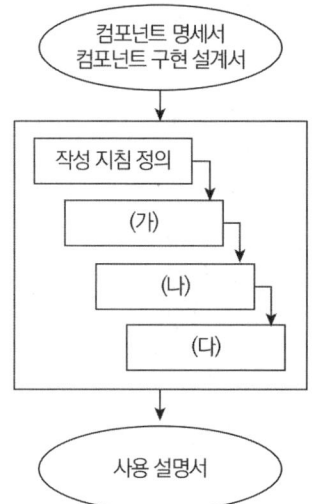

[보기]
㉠ 사용 설명서 검토
㉡ 구성 요소별 내용 작성
㉢ 사용 설명서 구성 요소 정의

① (가)-㉠, (나)-㉡, (다)-㉢
② (가)-㉢, (나)-㉡, (다)-㉠
③ (가)-㉠, (나)-㉢, (다)-㉡
④ (가)-㉢, (나)-㉠, (다)-㉡

33 소스코드 품질분석 도구 중 정적분석 도구가 아닌 것은?

① pmd   ② cppcheck
③ Selenium   ④ checkstyle

34 소프트웨어 패키징에 대한 설명으로 틀린 것은?

① 패키징은 개발자 중심으로 진행한다.
② 신규 및 변경 개발소스를 식별하고, 이를 모듈화하여 상용제품으로 패키징 한다.
③ 고객의 편의성을 위해 매뉴얼 및 버전관리를 지속적으로 한다.
④ 범용 환경에서 사용이 가능하도록 일반적인 배포 형태로 패키징이 진행된다.

35 테스트와 디버그의 목적으로 옳은 것은?

① 테스트는 오류를 찾는 작업이고 디버깅은 오류를 수정하는 작업이다.
② 테스트는 오류를 수정하는 작업이고 디버깅은 오류를 찾는 작업이다.
③ 둘 다 소프트웨어의 오류를 찾는 작업으로 오류 수정은 하지 않는다.
④ 둘 다 소프트웨어 오류의 발견, 수정과 무관하다.

36 프로젝트에 내재된 위험 요소를 인식하고 그 영향을 분석하여 이를 관리하는 활동으로서, 프로젝트를 성공시키기 위하여 위험 요소를 사전에 예측, 대비하는 모든 기술과 활동을 포함하는 것은?

① Critical Path Method
② Risk Analysis
③ Work Breakdown Structure
④ Waterfall Model

37 다음 중 스택을 이용한 연산과 거리가 먼 것은?

① 선입선출
② 재귀호출
③ 후위표현(Post-fix expression)의 연산
④ 깊이우선탐색

38 공학적으로 잘된 소프트웨어(Well Engineered Software)의 설명 중 틀린 것은?

① 소프트웨어는 유지보수가 용이해야 한다.
② 소프트웨어는 신뢰성이 높아야 한다.
③ 소프트웨어는 사용자 수준에 무관하게 일관된 인터페이스를 제공해야 한다.
④ 소프트웨어는 충분한 테스팅을 거쳐야 한다.

39 소스코드 정적 분석(Static Analysis)에 대한 설명으로 틀린 것은?

① 소스코드를 실행시키지 않고 분석한다.
② 하드웨어적인 방법으로만 코드 분석이 가능하다.
③ 코드에 있는 오류나 잠재적인 오류를 찾아내기 위한 활동이다.
④ 자료 흐름이나 논리 흐름을 분석하여 비정상적인 패턴을 찾을 수 있다.

40 알파, 베타 테스트와 가장 밀접한 연관이 있는 테스트 단계는?

① 단위 테스트
② 인수 테스트
③ 통합 테스트
④ 시스템 테스트

3과목 데이터베이스 구축

41 데이터베이스에서 병행제어의 목적으로 틀린 것은?

① 시스템 활용도 최대화
② 사용자에 대한 응답시간 최소화
③ 데이터베이스 불일치
④ 데이터베이스 일관성 유지

42 다음 중 3단계 데이터베이스 설명으로 틀린 것은?

① 데이터베이스를 사용하는 응용프로그래머가 필요로 하는 사항을 기술한 데이터베이스 구조는 내부 스키마이다.
② 외부 스키마란 사용자가 직접 인터페이스 할 수 있는 바깥쪽의 스키마로 서브 스키마 혹은 뷰(View)라고 한다.
③ 개념 스키마는 데이터베이스 전체를 기술한 것이기 때문에 여러 개 존재하지 못하며, 사용자나 응용 프로그램은 개념 스키마의 일부를 사용한다.
④ 내부 스키마는 실제로 저장될 내부 레코드 형식, 인덱스 유무, 저장 데이터 항목의 표현 방법, 내부 레코드의 물리적 순서를 나타낸다.

43 한 릴레이션 스키마가 7개 속성, 2개 후보키 그리고 그 스키마의 대응 릴레이션 인스턴스가 4개 튜플을 갖는다면 그 릴레이션의 차수(degree)는?

① 1   ② 2
③ 4   ④ 7

44 데이터 모델(data model)은 데이터베이스 내에 존재하는 데이터를 정의하고 데이터들 간의 관계(relationship)를 규정한다. 관계형 데이터 모델(relational data model)의 장점과 가장 거리가 먼 것은?

① 데이터 모델 구조가 탄력적이어서 필요할 때 테이블(table) 사이의 연결을 통해 데이터를 생성·처리할 수 있다.
② 한 멤버(member)가 여러 개의 집합에 속할 수 있기 때문에 다대다(n:m) 관계가 쉽게 구현될 수 있고, 데이터의 접근(access)이 다른 모델에 비해 우수하다.
③ 데이터 간의 복잡한 관계를 개념적으로 분명하고 간단하게 표현한다.
④ 데이터 정의 언어와 데이터 조작 언어가 간단하여 쉽게 사용할 수 있다.

45 다음과 같이 '인사'로 시작하는 모든 부서에 속한 직원들의 봉급을 10% 올리고자 SQL문을 작성하였다. ㉠과 ㉡의 내용으로 옳은 것은?

```
UPDATE 직원
SET 봉급 = 봉급*1.1
WHERE 부서번호  ㉠  (SELECT 부서번호
                    FROM 부서
                    WHERE 부서명  ㉡  '인사%')
```

	㉠	㉡
①	IN	LIKE
②	EXISTS	HAVING
③	AMONG	LIKE
④	AS	HAVING

46 테이블 두 개를 조인하여 뷰 V_1을 정의하고, V_1을 이용하여 뷰 V_2를 정의하였다. 다음 명령 수행 후 결과로 옳은 것은?

```
DROP VIEW V_1 CASCADE ;
```

① V_1만 삭제된다.
② V_2만 삭제된다.
③ V_1과 V_2 모두 삭제된다.
④ V_1과 V_2 모두 삭제되지 않는다.

47 데이터베이스 설계 시 물리적 설계 단계에서 수행하는 사항이 아닌 것은?

① 저장 레코드 양식 설계
② 레코드 집중의 분석 및 설계
③ 접근 경로 설계
④ 목표 DBMS에 맞는 스키마 설계

48 릴레이션에 대한 설명으로 거리가 먼 것은?

① 튜플들의 삽입, 삭제 등의 작업으로 인해 릴레이션은 시간에 따라 변한다.
② 한 릴레이션에 포함된 튜플들은 모두 상이하다.
③ 애트리뷰트는 논리적으로 쪼갤 수 없는 원자값으로 저장한다.
④ 한 릴레이션에 포함된 튜플 사이에는 순서가 있다.

49 다음 보기의 SQL 명령어 중 DDL에 해당하는 것을 모두 고른 것은?

[보기]
ㄱ. INSERT ㄴ. ALTER
ㄷ. DROP   ㄹ. SELECT
ㅁ. CREATE ㅂ. DELETE

① ㄱ, ㄷ
② ㄴ, ㄷ, ㅁ
③ ㄱ, ㅁ, ㅂ
④ ㄴ, ㄷ, ㄹ, ㅂ

50 데이터웨어하우스의 기본적인 OLAP(on-line analytical processing) 연산이 아닌 것은?

① translate   ② roll-up
③ dicing   ④ drill-down

51 제3정규형에서 보이스코드 정규형(BCNF)으로 정규화하기 위한 작업은?

① 원자 값이 아닌 도메인을 분해
② 부분 함수 종속 제거
③ 이행 함수 종속 제거
④ 결정자가 후보키가 아닌 함수 종속 제거

52 릴레이션 조작 시 데이터들이 불필요하게 중복되어 예기치 않게 발생하는 곤란한 현상을 의미하는 것은?

① normalization
② rollback
③ cardinality
④ anomaly

53 분산 데이터베이스 시스템(Distributed Database System)에 대한 설명으로 틀린 것은?

① 분산 데이터베이스는 논리적으로는 하나의 시스템에 속하지만 물리적으로는 여러 개의 컴퓨터 사이트에 분산되어 있다.
② 위치 투명성, 중복 투명성, 병행 투명성, 장애 투명성을 목표로 한다.
③ 데이터베이스의 설계가 비교적 어렵고, 개발 비용과 처리 비용이 증가한다는 단점이 있다.
④ 분산 데이터베이스 시스템의 주요 구성 요소는 분산 처리기, P2P 시스템, 단일 데이터베이스 등이 있다.

54 DBA가 사용자 PARK에게 테이블 [STUDENT]의 데이터를 갱신할 수 있는 시스템 권한을 부여하고자 하는 SQL문을 작성하고자 한다. 다음에 주어진 SQL문의 빈칸을 알맞게 채운 것은?

```
SQL>GRANT ㉠ ㉡ STUDENT TO PARK;
```

① ㉠ INSERT, ㉡ IN TO
② ㉠ ALTER, ㉡ TO
③ ㉠ UPDATE, ㉡ ON
④ ㉠ REPLACE, ㉡ IN

55 다음 중 아래 데이터베이스 모델링에 대한 설명으로 가장 적절한 것은?

국방전자는 배터리를 이용하는 다양한 전자제품을 생산하고 있다. 각 제품이 동작하는 전압은 배터리 사용 개수에 따라 달려 있으므로, 제품의 동작 전압 규격은 배터리 연결로 만들어지는 특정 전압 값으로만 가능하다. 제품과 동작 전압을 데이터 베이스화할 때 전압값이 가질 수 있는 제한 조건을 정의하는 것이다.

① 시스템 카탈로그(System Catalog)
② 도메인(Domain)
③ 일반 집합 연산자
④ 엔터티(Entity)

56 다음의 관계 대수를 SQL로 옳게 나타낸 것은?

> Π 이름, 학년(δ 학과 = '컴퓨터' (학생))

① SELECT 이름, 학년 FROM 학과 WHERE 학생 = '컴퓨터';
② SELECT 학과, 컴퓨터 FROM 학생 WHERE 이름 = '학년';
③ SELECT 이름, 학과 FROM 학년 WHERE 학과 = '컴퓨터';
④ SELECT 이름, 학년 FROM 학생 WHERE 학과 = '컴퓨터';

57 릴레이션에 있는 모든 튜플에 대해 유일성은 만족시키지만 최소성은 만족시키지 못하는 키는?

① 후보키 ② 기본키
③ 슈퍼키 ④ 외래키

58 개체-관계 모델의 E-R 다이어그램에서 사용되는 기호와 그 의미의 연결이 틀린 것은?

① 사각형 - 개체 타입
② 삼각형 - 속성
③ 선 - 개체타입과 속성을 연결
④ 마름모 - 관계 타입

59 정규화된 엔티티, 속성, 관계를 시스템의 성능 향상과 개발 운영의 단순화를 위해 중복, 통합, 분리 등을 수행하는 데이터 모델링 기법은?

① 인덱스정규화 ② 반정규화
③ 집단화 ④ 머징

60 다음 R과 S 두 릴레이션에 대한 Division 연산의 수행 결과는?

R

D1	D2	D3
a	1	A
b	1	A
a	2	A
c	2	B

S

D2	D3
1	A

①
D3
A
B

②
D2
2
2

③
D3
A

④
D1
a
b

┃4과목 프로그래밍 언어 활용

61 다음 중 Java 상속 목적에 대한 설명으로 옳지 않은 것은?

① 생산성 향상을 위해
② 부모 클래스에 없는 메소드만 새로 정의하기 위해
③ private 변수에 접근하기 위해
④ 부모를 그대로 재사용하기 위해

62 다음 파이썬(Python) 프로그램이 실행되었을 때의 결과는?

```
print(list(range(5, 10)))
print(list(range(0, 10, 3)))
print(list(range(-10, -100, -30)))
```

① [5,6,7,8,9] [0,3,6,9] [-10,-40,-70]
② [6,7,8,9,10] [0,3,6,9,10] [-30,-60,-90]
③ [5,6,7,8,9] [0,3,6,9,] [10,40,70]
④ [6,7,8,9,10] [0,3,6,9,10] [30,60,90]

63 객체지향 개념을 활용한 소프트웨어 구현과 관련한 설명 중 틀린 것은?

① 객체(Object)란 필요한 자료 구조와 수행되는 함수들을 가진 하나의 독립된 존재이다.
② JAVA에서 정보은닉(Information Hiding)을 표기할 때 private의 의미는 '공개'이다.
③ 상속(Inheritance)은 개별 클래스를 상속 관계로 묶음으로써 클래스 간의 체계화된 전체 구조를 파악하기 쉽다는 장점이 있다.
④ 같은 클래스에 속하는 개개의 객체이자 하나의 클래스에서 생성된 객체를 인스턴스(Instance)라고 한다.

64 동시에 소스를 수정하는 것을 방지하며 다른 방향으로 진행된 개발 결과를 합치거나 변경 내용을 추적할 수 있는 소프트웨어 버전 관리 도구는?

① RPC(Remote Procedure Call)
② RTS(Reliable Transfer Service)
③ RCS(Revision Control System)
④ RVS(Relative Version System)

65 기억공간이 15K, 23K, 22K, 21K 순으로 빈 공간이 있을 때 기억장치 배치 전략으로 "First Fit"을 사용하여 17K의 프로그램을 적재할 경우 내부단편화의 크기는 얼마인가?

① 5K   ② 6K
③ 7K   ④ 8K

66 인터넷에서 호스트네임(hostname)에 사상(mapping)되는 IP 주소를 찾기 위해 사용하는 것은?

① DNS(Domain Name System)
② OSPF(Open Shortest Path First)
③ ICMP(Internet Control Message Protocol)
④ SNMP(Simple Network Management Protocol)

67 전자우편에 사용되는 프로토콜이 아닌 것은?

① IMAP   ② SMTP
③ POP3   ④ VPN

68 다음 C 프로그램의 실행 결과로 옳은 것은?

```
#include<stdio.h>
main(int argc, char* argv[ ]) {
    int a[ ][3]={11,35,30,55,50,80};
    int b;
    b = *(*a+1) + (**a+1) + **(a+1);
    printf("%d\n" , b);
    return 0;
}
```

① 82   ② 92
③ 102   ④ 96

69. RIP 라우팅 프로토콜에 대한 설명으로 틀린 것은?

   ① 경로 선택 메트릭은 홉 카운트(hop count)이다.
   ② 라우팅 프로토콜을 IGP와 EGP로 분류했을 때 EGP에 해당한다.
   ③ 최단 경로 탐색에 Bellman-Ford 알고리즘을 사용한다.
   ④ 각 라우터는 이웃 라우터들로부터 수신한 정보를 이용하여 라우팅 표를 갱신한다.

70. CPU 스케줄링에서 HRN 방식으로 스케줄링할 경우, 입력된 작업이 다음과 같을 때 우선순위가 가장 높은 작업은?

작업	대기시간	서비스시간
A	15	8
B	15	5
C	10	7
D	5	5
E	8	6

   ① A ② B
   ③ C ④ D

71. UNIX 운영체제에 관한 특징으로 틀린 것은?

   ① 하나 이상의 작업에 대하여 백그라운드에서 수행이 가능하다.
   ② Multi-User는 지원하지만 Multi-Tasking은 지원하지 않는다.
   ③ 트리 구조의 파일 시스템을 갖는다.
   ④ 이식성이 높으며 장치 간의 호환성이 높다.

72. 다음 중 응집도가 가장 높은 것은?

   ① 절차적 응집도
   ② 순차적 응집도
   ③ 우연적 응집도
   ④ 논리적 응집도

73. C언어에서 문자열 처리 함수의 서식과 그 기능의 연결로 틀린 것은?

   ① strlen(s) - s의 길이를 구한다.
   ② strcpy(s1, s2) - s2를 s1으로 복사한다.
   ③ strcmp(s1, s2) - s1과 s2를 연결한다.
   ④ strrev(s) - s를 거꾸로 변환한다.

74. 다음은 파이썬으로 만들어진 반복문 코드이다. 이 코드의 결과는?

   ```
   a = 0
   while a < 10:
       a = a + 1
       if a % 2 == 0: continue
       print(a)
   ```

   ① 1 3 5 7 9
   ② 2 4 6 8
   ③ 1 3 5 7
   ④ 2 4 6 8 10

75 IP 프로토콜에서 사용하는 필드와 해당 필드에 대한 설명으로 틀린 것은?

① Header Length는 IP 프로토콜의 헤더 길이를 32비트 워드 단위로 표시한다.
② Packet Length는 IP 헤더를 제외한 패킷 전체의 길이를 나타내며 최대 크기는 $2^{32} - 1$비트이다.
③ Time To Live는 송신 호스트가 패킷을 전송하기 전 네트워크에서 생존할 수 있는 시간을 지정한 것이다.
④ Version Number는 IP 프로토콜의 버전번호를 나타낸다.

76 교착상태가 발생할 수 있는 조건이 아닌 것은?

① Mutual exclusion
② Hold and wait
③ Non-preemption
④ Linear wait

77 C언어에서 변수로 사용할 수 없는 것은?

① data02 ② int01
③ _sub   ④ short

78 다음 설명의 ㉠과 ㉡에 들어갈 내용으로 옳은 것은?

가상기억장치의 일반적인 구현 방법에는 프로그램을 고정된 크기의 일정한 블록으로 나누는 (㉠) 기법과 가변적인 크기의 블록으로 나누는 (㉡) 기법이 있다.

	㉠	㉡
①	Paging	Segmentation
②	Segmentation	Allocation
③	Segmentation	Compaction
④	Paging	Linking

79 다음 JAVA 코드 출력문의 결과는?

```
..생략..
System.out.println("5 + 2 =" + 3 + 4);
System.out.println("5 + 2 =" + (3 + 4));
..생략..
```

① 5 + 2 = 34
　5 + 2 = 34
② 5 + 2 + 3 + 4
　5 + 2 = 7
③ 7 = 7
　7 + 7
④ 5 + 2 = 34
　5 + 2 = 7

80 라이브러리의 개념과 구성에 대한 설명 중 틀린 것은?

① 라이브러리란 필요할 때 찾아서 쓸 수 있도록 모듈화되어 제공되는 프로그램을 말한다.
② 프로그래밍 언어에 따라 일반적으로 도움말, 설치 파일, 샘플 코드 등을 제공한다.
③ 외부 라이브러리는 프로그래밍 언어가 기본적으로 가지고 있는 라이브러리를 의미하며, 표준 라이브러리는 별도의 파일 설치를 필요로 하는 라이브러리를 의미한다.
④ 라이브러리는 모듈과 패키지를 총칭하며, 모듈이 개별 파일이라면 패키지는 파일들을 모아 놓은 폴더라고 볼 수 있다.

5과목 정보시스템 구축관리

81 다음 중 윈도우와 리눅스 간의 상호 운용을 도와주는 오픈소스 소프트웨어가 아닌 것은 무엇인가?

① Samba
② OpenSSH
③ Cygwin
④ Microsoft Office

82 다음 설명에 해당하는 블루투스 공격 방법은?

> 블루투스의 취약점을 이용하여 장비의 임의 파일에 접근하는 공격 방법이다. 이 공격 방법은 블루투스 장치끼리 인증 없이 정보를 간편하게 교환하기 위해 개발된 OPP(OBEX Push Profile) 기능을 사용하여 공격자가 블루투스 장치로부터 주소록 또는 달력 등의 내용을 요청해 이를 열람하거나 취약한 장치의 파일에 접근하는 공격 방법이다.

① 블루스나프(BlueSnarf)
② 블루프린팅(BluePrinting)
③ 블루버그(BlueBug)
④ 블루재킹(BlueJacking)

83 크래커가 침입하여 백도어를 만들어 놓거나, 설정파일을 변경했을 때 분석하는 도구는?

① tripwire ② tcpdump
③ cron   ④ netcat

84 다음은 접근통제 정책 중 어느 정책에 해당하는 내용인가?

> • 알 필요의 원칙 정책이라고도 불린다.
> • 주체들은 활동에 필요한 최소한의 정보를 사용한다.
> • 객체에 대한 접근에 강력한 통제 효과를 부여할 수 있다.

① 그룹 기반 정책
② 개체 기반 정책
③ 최소 권한 정책
④ 최대 권한 정책

85 다음 내용이 설명하는 것은?

> • 사물통신, 사물인터넷과 같이 대역폭이 제한된 통신 환경에 최적화하여 개발된 푸시기술 기반의 경량 메시지 전송 프로토콜
> • 메시지 매개자(Brocker)를 통해 송신자가 특정 메시지를 발행하고 수신자가 메시지를 구독하는 방식
> • IBM이 주도하여 개발

① GRID   ② TELNET
③ GPN   ④ MQTT

86 무선랜을 보호하기 위한 기술이 아닌 것은?

① Wired Equivalent Privacy
② WiFi Protected Access
③ WiFi Rogue Access Points
④ WiFi Protected Access Enterprise

87 정보 보안을 위한 접근통제 정책 종류에 해당하지 않는 것은?

① 임의적 접근 통제
② 데이터 전환 접근 통제
③ 강제적 접근 통제
④ 역할 기반 접근 통제

88 블록 암호 알고리즘의 운영 모드로 옳지 않은 것은?

① ECB(Electronic Codebook)
② CBC(Cipher Block Chaining)
③ CFB(Cipher Feedback)
④ ECC(Error Correction Code)

89 다음 보기의 내용 중 ㉠, ㉡에 들어가야 할 단어로 적합한 것은?

―――[보 기]―――
접근통제는 (㉠)와(과) (㉡)(이)라는 두 부분으로 나누어진다. (㉠)은(는) "그곳에 있는 사람은 누구인가?"를 의미하며, (㉡)은(는) "그 사람이 그것을 수행하는 것이 허용되었는가?"를 의미한다.

① ㉠ 보안 ㉡ 승인
② ㉠ 배치 ㉡ 허가
③ ㉠ 인증 ㉡ 인가
④ ㉠ 검토 ㉡ 확인

90 서로 다른 네트워크 대역에 있는 호스트들 상호 간에 통신할 수 있도록 해주는 네트워크 장비는?

① L2 스위치   ② HIPO
③ 라우터   ④ RAD

91 메모리상에서 프로그램의 복귀 주소와 변수 사이에 특정 값을 저장해 두었다가 그 값이 변경되었을 경우 오버플로우 상태로 가정하여 프로그램 실행을 중단하는 기술은?

① Stack Guard
② Bridge
③ ASLR
④ FIN

92 다음 설명 중 가장 옳지 않은 것은 무엇인가?

① 5명이 서로 통신할 경우 대칭키 암호 알고리즘에서 필요한 키의 개수는 5개이다.
② 일반적으로 대칭키 암호 알고리즘이 공개키 암호 알고리즘보다 암호화 속도가 빠르다.
③ 공개키 암호 알고리즘의 종류로는 RSA, ECC, DSA 등이 있다.
④ 공개키 암호 알고리즘은 인증과 부인방지를 제공한다.

93 소셜 네트워크에서 악의적인 사용자가 지인 또는 특정 유명인으로 가장하여 활동하는 공격 기법은?

① Evil Twin Attack
② Phishing
③ Logic Bomb
④ Cyberbullying

94 다음 보기에서 효과적인 소프트웨어 프로젝트 관리를 위한 3P에 해당되는 것으로만 구성된 항은?

가. people	나. product
다. process	라. project
마. problem	

① 나, 다, 마
② 가, 다, 마
③ 가, 나, 라
④ 가, 나, 다

95 세션 하이재킹을 탐지하는 방법으로 거리가 먼 것은?

① FTP SYN SEGMENT 탐지
② 비동기화 상태 탐지
③ ACK STORM 탐지
④ 패킷의 유실 및 재전송 증가 탐지

96 다음 중 공학적으로 잘 작성된 소프트웨어의 특성이 아닌 것은?

① 소프트웨어는 편리성이나 유지보수성에 점차 비중을 적게 두는 경향이 있다.
② 소프트웨어는 사용자가 원하는 대로 동작해야 한다.
③ 소프트웨어는 신뢰성이 높아야 하며 효율적이어야 한다.
④ 소프트웨어는 잠재적인 에러가 가능한 적어야 하며 유지보수가 용이해야 한다.

97 폭포수 모형(waterfall model)의 진행 단계를 순서대로 바르게 나열한 것은?

ㄱ. 요구분석	ㄹ. 구현
ㄴ. 유지보수	ㅁ. 설계
ㄷ. 시험	

① ㄱ-ㅁ-ㄷ-ㄹ-ㄴ
② ㅁ-ㄱ-ㄹ-ㄷ-ㄴ
③ ㅁ-ㄱ-ㄷ-ㄹ-ㄴ
④ ㄱ-ㅁ-ㄹ-ㄷ-ㄴ

98 정보보호를 위한 암호화에 대한 설명으로 틀린 것은?

① 평문 - 암호화되기 전의 원본 메시지
② 암호문 - 암호화가 적용된 메시지
③ 복호화 - 평문을 암호문으로 바꾸는 작업
④ 키(Key) - 적절한 암호화를 위하여 사용하는 값

99 다음 알고리즘 중 공개키 암호 알고리즘에 해당하는 것은?

① SEED 알고리즘
② RSA 알고리즘
③ DES 알고리즘
④ AES 알고리즘

100 전기 및 정보통신기술을 활용하여 전력망을 지능화, 고도화함으로써 고품질의 전력 서비스를 제공하고 에너지 이용 효율을 극대화하는 전력망은?

① 사물 인터넷
② 미디어 빅뱅
③ 디지털 아카이빙
④ 스마트 그리드

2025년 3회 CBT 기출복원문제

자격종목	시험시간	문항수	점수
정보처리기사	150분	100문항	

1과목 소프트웨어 설계

01 소프트웨어 모델링과 관련한 설명으로 틀린 것은?

① 소프트웨어 모델을 사용할 경우 개발될 소프트웨어에 대한 이해도 및 이해 당사자 간의 의사소통 향상에 도움이 된다.
② 모델링 작업의 결과물은 다른 모델링 작업에 영향을 줄 수 없다.
③ 객체지향 방법론에서는 UML 표기법을 사용한다.
④ 구조적 방법론에서는 DFD(Data Flow Diagram), DD(Data Dictionary) 등을 사용하여 요구사항의 결과를 표현한다.

02 생명주기 모형 중 가장 오래된 모형으로 많은 적용 사례가 있지만 요구사항의 변경이 어렵고 각 단계의 결과가 확인 되어야 다음 단계로 넘어갈 수 있는 선형 순차적, 고전적 생명 주기 모형이라고도 하는 것은?

① Spiral Model
② Prototype Model
③ Cocomo Model
④ Waterfall Model

03 여러 개의 선택 항목 중 하나의 선택만 가능한 경우 사용하는 사용자 인터페이스(UI) 요소는?

① 토글 버튼 ② 라디오 버튼
③ 텍스트 박스 ④ 체크 박스

04 정형 기술 검토(FTR)의 지침으로 틀린 것은?

① 의제를 제한한다.
② 참가자의 수를 제한하지 않는다.
③ 문제 영역을 명확히 표현한다.
④ 논쟁과 반박을 제한한다.

05 유스케이스 다이어그램(Use Case Diagram)에 관련된 내용으로 틀린 것은?

① 시스템 액터는 다른 프로젝트에서 이미 개발되어 사용되고 있으며, 본 시스템과 데이터를 주고받는 등 서로 연동되는 시스템을 말한다.
② 유스케이스는 사용자 측면에서의 요구사항으로, 사용자가 원하는 목표를 달성하기 위해 수행할 내용을 기술한다.
③ 시스템과 상호작용하는 외부 시스템은 액터로 파악해서는 안된다.
④ 액터가 인식할 수 없는 시스템 내부의 기능을 하나의 유스케이스로 파악해서는 안된다.

06 다음 내용이 설명하는 UI설계 도구는?

- 디자인, 사용방법설명, 평가 등을 위해 실제 화면과 유사하게 만든 정적인 형태의 모형
- 시각적으로만 구성 요소를 배치하는 것으로 일반적으로 실제로 구현되지는 않음

① 스토리보드(Storyboard)
② 프로토타입(Prototype)
③ 목업(Mockup)
④ 유스케이스(Usecase)

07 소프트웨어 설계에서 요구사항 분석에 대한 설명으로 틀린 것은?

① 소프트웨어 시스템이 사용되는 동안 발견되는 오류를 정리하는 단계이다.
② 사용자의 요구를 추출하여 목표를 정하고 어떤 방식으로 해결할 것인지 결정하는 단계이다.
③ 소프트웨어가 무엇을 해야 하는가를 추적하여 요구사항 명세를 작성하는 작업이다.
④ 소프트웨어 개발의 출발점이면서 실질적인 첫 번째 단계이다.

08 통신을 위한 프로그램을 생성하여 포트를 할당하고, 클라이언트의 통신 요청 시 클라이언트와 연결하는 내·외부 송·수신 연계기술은?

① DB링크 기술
② 프로토타입 기술
③ 스크럼 기술
④ 소켓 기술

09 자료흐름도(DFD)의 각 요소별 표기 형태의 연결이 옳지 않은 것은?

① Process : 원
② Data Flow : 화살표
③ Data Store : 오각형
④ Terminator : 사각형

10 소프트웨어 아키텍처 모델 중 MVC(Model-View-Controller)와 관련한 설명으로 틀린 것은?

① MVC 모델은 사용자 인터페이스를 담당하는 계층의 응집도를 높일 수 있고, 여러 개의 다른 UI를 만들어 그 사이에 결합도를 낮출 수 있다.
② 모델(Model)은 뷰(View)와 제어(Controller) 사이에서 전달자 역할을 하며, 뷰마다 모델 서브시스템이 각각 하나씩 연결된다.
③ 뷰(View)는 모델(Model)에 있는 데이터를 사용자 인터페이스에 보이는 역할을 담당한다.
④ 제어(Controller)는 모델(Model)에 명령을 보냄으로써 모델의 상태를 변경할 수 있다.

11 미들웨어(Middleware)에 대한 설명으로 틀린 것은?

① 여러 운영체제에서 응용 프로그램들 사이에 위치한 소프트웨어이다.
② 미들웨어의 서비스 이용을 위해 사용자가 정보 교환 방법 등의 내부 동작을 쉽게 확인할 수 있어야 한다.
③ 소프트웨어 컴포넌트를 연결하기 위한 준비된 인프라 구조를 제공한다.
④ 여러 컴포넌트를 1대 1, 1대 다, 다대 다 등 여러 가지 형태로 연결이 가능하다.

12 코드화 대상 항목의 중량, 면적, 용량 등의 물리적 수치를 이용하여 만든 코드는?

① 표의 숫자 코드
② 10진 코드
③ 순차 코드
④ 블록 코드

13 익스트림 프로그래밍 (eXtreme Programming)의 5가지 가치에 속하지 않는 것은?

① 고객 배제
② 단순성
③ 피드백
④ 존중

14 소프트웨어 구조와 관련된 용어로, 주어진 한 모듈(Module)을 제어하는 상위 모듈 수를 나타내는 것은?

① Fan-in
② Coupling
③ Cohesion
④ Fan-out

15 객체지향 기법에서 상위 클래스의 메소드와 속성을 하위 클래스가 물려받는 것을 의미하는 것은?

① Abstraction
② Polymorphism
③ Encapsulation
④ Inheritance

16 명백한 역할을 가지고 독립적으로 존재할 수 있는 시스템의 부분으로 넓은 의미에서는 재사용되는 모든 단위라고 볼 수 있으며, 인터페이스를 통해서만 접근할 수 있는 것은?

① Model
② Sheet
③ Component
④ Cell

17 UI의 종류로 멀티 터치(Multi-touch), 동작 인식(Gesture Recognition) 등 사용자의 자연스러운 움직임을 인식하여 서로 주고받는 정보를 제공하는 사용자 인터페이스를 의미하는 것은?

① NUI(Natural User Interface)
② OUI(Organic User Interface)
③ GUI(Graphical User Interface)
④ CLI(Command Line Interface)

18 코드 인스펙션과 관련한 설명으로 틀린 것은?

① 프로그램을 수행시켜보는 것 대신에 읽어보고 눈으로 확인하는 방법으로 볼 수 있다.
② 동적 테스트 시에만 활용하는 기법이다.
③ 코드 품질 향상 기법 중 하나이다.
④ 결함과 함께 코딩 표준 준수 여부, 효율성 등의 다른 품질 이슈를 검사하기도 한다.

19 설계 기법 중 하향식 설계 방법과 상향식 설계 방법에 대한 비교 설명으로 가장 옳지 않은 것은?

① 하향식 설계에서는 통합 검사 시 인터페이스가 이미 정의되어 있어 통합이 간단하다.
② 하향식 설계에서 레벨이 낮은 데이터 구조의 세부 사항은 설계 초기 단계에서 필요하다.
③ 상향식 설계에서는 인터페이스가 이미 성립되어 있지 않더라도 기능 추가가 쉽다.
④ 상향식 설계는 최하위 수준에서 각각의 모듈들을 설계하고 이러한 모듈이 완성되면 이들을 결합하여 검사한다.

20 GoF(Gang of Four) 디자인 패턴을 생성, 구조, 행동 패턴의 세 그룹으로 분류할 때, 구조 패턴이 아닌 것은?

① Adapter 패턴 ② Bridge 패턴
③ Builder 패턴 ④ Proxy 패턴

2과목 소프트웨어 개발

21 다음 중 휴리스틱 알고리즘에 해당하지 않는 것은 무엇인가?

① Greedy Search 알고리즘
② A* 알고리즘
③ Hill Climbing 알고리즘
④ Uniform Cost Search 알고리즘

22 형상관리 도구의 주요 기능으로 거리가 먼 것은?

① 커밋(Commit)
② 체크인(Check-in)
③ 체크아웃(Check-Out)
④ 정규화(Normalization)

23 인터페이스 보안을 위해 네트워크 영역에 적용될 수 있는 솔루션과 거리가 먼 것은?

① IPSec   ② SSL
③ SMTP   ④ S-HTTP

24 다음 트리에 대한 중위순회 운행 결과는?

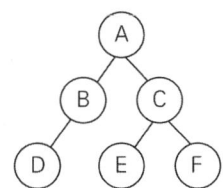

① ABDCEF   ② ABCDEF
③ DBECFA   ④ DBAECF

25 제품 소프트웨어의 형상관리 역할로 틀린 것은?

① 형상관리를 통해 이전 리비전이나 버전에 대한 정보에 접근 가능하여 배포본 관리에 유용
② 불필요한 사용자의 소스 수정 제한
③ 프로젝트 개발비용을 효율적으로 관리
④ 동일한 프로젝트에 대해 여러 개발자 동시개발 가능

26 분할 정복(Divide and Conquer)에 기반한 알고리즘으로 피벗(pivot)을 사용하며 최악의 경우 $\frac{n(n-1)}{2}$ 회의 비교를 수행해야 하는 정렬(Sort)은?

① Selection Sort
② Quick Sort
③ Insert Sort
④ Bubble Sort

27 소프트웨어 공학의 기본 원칙이라고 볼 수 없는 것은?

① 품질 높은 소프트웨어 상품 개발
② 지속적인 검증 시행
③ 결과에 대한 명확한 기록 유지
④ 최대한 많은 인력 투입

28 블랙박스 테스트의 유형으로 틀린 것은?

① 조건, 루프검사
② 오류 예측
③ 동등 분할 기법
④ 경계값 분석

29 다음 자료에 대하여 선택(Selection) 정렬을 이용하여 오름차순으로 정렬하고자 한다. 3회전 후의 결과로 옳은 것은?

> 37, 14, 17, 40, 35

① 14, 17, 37, 40, 35
② 14, 37, 17, 40, 35
③ 17, 14, 37, 35, 40
④ 14, 17, 35, 40, 37

30 순서가 A, B, C, D로 정해진 입력자료를 push, push, pop, push, push, pop, pop, pop 순서로 스택연산을 수행하는 경우 출력 결과는?

① B D C A ② A B C D
③ B A C D ④ A B D C

31 힙 정렬(Heap Sort)에 대한 설명으로 틀린것은?

① 정렬할 입력 레코드들로 힙을 구성하고 가장 큰 키 값을 갖는 루트 노드를 제거하는 과정을 반복하여 정렬하는 기법이다.
② 평균 수행 시간은 $O(n\log_2 n)$이다.
③ 최악의 수행 시간은 $O(2n^4)$이다.
④ 완전 이진트리(complete binary tree)로 입력자료의 레코드를 구성한다.

32 알파, 베타 테스트와 가장 밀접한 연관이 있는 테스트 단계는?

① 단위 테스트
② 인수 테스트
③ 통합 테스트
④ 시스템 테스트

33 소프트웨어 품질 목표 중 주어진 시간동안 주어진 기능을 오류 없이 수행하는 정도를 나타내는 것은?

① 직관성   ② 사용 용이성
③ 신뢰성   ④ 이식성

34 다음 중 Spring MVC에 대한 설명으로 가장 거리가 먼 것은 무엇인가?

① 컨트롤러(Controller)는 사용자의 요청을 받아 적절한 비즈니스 로직을 호출하고, 처리 결과를 모델(Model)에 담아 뷰(View)로 전달하는 역할을 한다.
② 핸들러매핑(HandlerMapping)은 웹 요청이 들어왔을 때 해당 요청 URL에 매핑되는 컨트롤러를 검색하고 결정한다.
③ 뷰리졸버(View Resolver)는 컨트롤러가 반환한 논리적 뷰 이름을 실제 뷰 객체(예: JSP, Thymeleaf)로 매핑하여 어떤 화면을 보여줄지 결정한다.
④ 뷰(View)는 요청 처리 결과를 표현하는 화면을 담당하며, 이동할 페이지 정보까지 포함하여 관리한다.

35 다음 트리의 차수(degree)는?

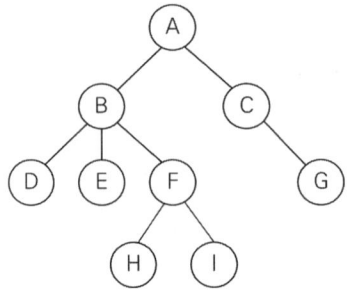

① 2   ② 3
③ 4   ④ 5

36. 디지털 저작권 관리(DRM) 기술과 거리가 먼 것은?

① 콘텐츠 암호화 및 키 관리
② 콘텐츠 식별체계 표현
③ 콘텐츠 오류 감지 및 복구
④ 라이센스 발급 및 관리

37. 정보시스템 개발 단계에서 프로그래밍 언어 선택 시 고려할 사항으로 가장 거리가 먼 것은?

① 개발 정보시스템의 특성
② 컴파일러의 독창성
③ 컴파일러의 가용성
④ 사용자의 요구사항

38. 다음 전위식(prefix)을 후위식(postfix)으로 옳게 표현한 것은?

- / * A + B C D E

① A B C + * D / E -
② A B * C D / + E -
③ A B * C + D / E -
④ A B C + D / * E -

39. 다음 설명의 소프트웨어 테스트의 기본원칙은?

- 파레토 법칙이 좌우한다.
- 애플리케이션 결함의 대부분은 소수의 특정한 모듈에 집중되어 존재한다.
- 결함은 발생한 모듈에서 계속 추가로 발생할 가능성이 높다.

① 살충제 패러독스
② 결함 집중
③ 오류 부재의 궤변
④ 완벽한 테스팅은 불가능

40. 인터페이스 구현 시 사용하는 기술 중 다음 내용이 설명하는 것은?

JavaScript를 사용한 비동기 통신기술로 클라이언트와 서버 간에 XML 데이터를 주고받는 기술

① Procedure   ② Trigger
③ Greedy   ④ AJAX

3과목 데이터베이스 구축

41. 관계데이터 모델의 무결성 제약 중 기본키 값의 속성 값이 널(null)값이 아닌 원자 값을 갖는 성질은?

① 도메인 무결성
② 참조 무결성
③ 개체 무결성
④ 튜플의 유일성

42. 관계대수에 대한 설명으로 틀린 것은?

① 주어진 릴레이션 조작을 위한 연산의 집합이다.
② 원하는 정보와 그 정보를 어떻게 유도하는가를 기술하는 비절차적 방법이다.
③ 질의에 대한 해를 구하기 위해 수행해야 할 연산의 순서를 명시한다.
④ 일반 집합 연산과 순수 관계 연산으로 구분된다.

43. 데이터베이스에서 병행제어의 목적으로 틀린 것은?

① 데이터베이스 불일치
② 사용자에 대한 응답시간 최소화
③ 시스템 활용도 최대화
④ 데이터베이스 일관성 유지

44 데이터베이스 설계 시 물리적 설계 단계에서 수행하는 사항이 아닌 것은?

① 저장 레코드 양식 설계
② 목표 DBMS에 맞는 스키마 설계
③ 접근 경로 설계
④ 레코드 집중의 분석 및 설계

45 다음 R과 S 두 릴레이션에 대한 Division 연산의 수행 결과는?

R

D1	D2	D3
a	1	A
b	1	A
a	2	A
c	2	B

S

D2	D3
1	A

①
D3
A
B

②
D2
2
2

③
D3
A

④
D1
a
b

46 다음 중 3단계 데이터베이스 설명으로 틀린 것은?

① 데이터베이스를 사용하는 응용프로그래머가 필요로 하는 사항을 기술한 데이터베이스 구조는 내부 스키마이다.
② 외부 스키마란 사용자가 직접 인터페이스 할 수 있는 바깥쪽의 스키마로 서브 스키마 혹은 뷰(View)라고 한다.
③ 개념 스키마는 데이터베이스 전체를 기술한 것이기 때문에 여러 개 존재하지 못하며, 사용자나 응용 프로그램은 개념 스키마의 일부를 사용한다.
④ 내부 스키마는 실제로 저장될 내부 레코드 형식, 인덱스 유무, 저장 데이터 항목의 표현 방법, 내부 레코드의 물리적 순서를 나타낸다.

47 다음 중 트랜잭션 ACID 특징이 아닌 것은?

① 영속성   ② 원자성
③ 격리성   ④ 접근성

48 릴레이션 R1에 속한 애트리뷰트의 조합인 외래키를 변경하려면 이를 참조하고 있는 릴레이션 R2의 기본키도 변경해야 하는 것을 무엇이라 하는가?

① 정보 무결성
② 참조 무결성
③ 널 제약성
④ 고유 무결성

49 다음과 같이 위쪽 릴레이션을 아래쪽 릴레이션으로 정규화를 하였을 때 어떤 정규화 작업을 한 것인가?

국가	도시
대한민국	서울, 부산
미국	워싱턴, 뉴욕
중국	베이징

⇩

국가	도시
대한민국	서울
대한민국	부산
미국	워싱턴
미국	뉴욕
중국	베이징

① 제1정규형 ② 제2정규형
③ 제3정규형 ④ 제4정규형

50 사원(사번, 이름) 테이블에서 사번이 100인 튜플을 삭제하는 SQL문으로 옳은 것은? (단, 사번의 자료형은 INT이고, 이름의 자료형은 CHAR(20)으로 가정한다)

① DELETE FROM 사원
   WHERE 사번=100;
② DELETE IN 사원
   WHERE 사번=100;
③ DROP TABLE 사원
   WHERE 사번=100;
④ DROP 사원 COLUMN
   WHERE 사번=100;

51 데이터베이스 로그(log)를 필요로 하는 회복 기법은?

① 폴딩 기법
② 대수적 코딩 방법
③ 타임 스탬프 기법
④ 즉각 갱신 기법

52 뷰(VIEW)에 대한 설명으로 틀린 것은?

① 뷰 위에 또 다른 뷰를 정의할 수 있다.
② 뷰에 대한 조작에서 삽입, 갱신, 삭제 연산은 제약이 따른다.
③ 뷰가 정의된 기본 테이블이 제거되면 뷰도 자동적으로 제거된다.
④ 뷰의 정의는 기본 테이블과 같이 ALTER문을 이용하여 변경한다.

53 다음 관계형 데이터 모델에 대한 설명으로 옳은 것은?

고객ID	고객이름	거주도시
S1	홍길동	서울
S2	이정재	인천
S3	신보라	인천
S4	김흥국	서울
S5	도요새	용인

① relation 3개, attribute 3개, tuple 5개
② relation 3개, attribute 5개, tuple 3개
③ relation 1개, attribute 3개, tuple 5개
④ relation 1개, attribute 5개, tuple 3개

54 테이블 두 개를 조인하여 뷰 V_1을 정의하고, V_1을 이용하여 뷰 V_2를 정의하였다. 다음 명령 수행 후 결과로 옳은 것은?

DROP VIEW V_1 CASCADE ;

① V_1만 삭제된다.
② V_2만 삭제된다.
③ V_1과 V_2 모두 삭제된다.
④ V_1과 V_2 모두 삭제되지 않는다.

55 로킹(Locking) 기법에 대한 설명으로 틀린 것은?

① 로킹의 대상이 되는 객체의 크기를 로킹 단위라고 한다.
② 로킹 단위가 커지면 로크 수가 작아 로킹 오버헤드가 감소한다.
③ 데이터베이스도 로킹 단위가 될 수 있다.
④ 로킹 단위가 작아지면 병행성 수준이 낮아진다.

56 다음 보기의 SQL 명령어 중 DDL에 해당하는 것을 모두 고른 것은?

[보 기]
ㄱ. INSERT   ㄴ. ALTER
ㄷ. DROP   ㄹ. SELECT
ㅁ. CREATE   ㅂ. DELETE

① ㄱ, ㄷ   ② ㄴ, ㄷ, ㅁ
③ ㄱ, ㅁ, ㅂ   ④ ㄴ, ㄷ, ㄹ, ㅂ

57 분산 데이터베이스의 투명성(Transparency)에 해당하지 않는 것은?

① Media Access Transparency
② Replication Transparency
③ Failure Transparency
④ Location Transparency

58 다음 SQL문의 실행 결과는?

SELECT 과목이름
FROM 성적
WHERE EXISTS (SELECT 학번 FROM 학생 WHERE 학생.학번 = 성적.학번 AND 학생. 학과 IN ('전산', '전기') AND 학생.주소 = '경기';

[학생] 테이블

학번	이름	학년	학과	주소
1000	김철수	1	전산	서울
2000	고영준	1	전기	경기
3000	유진호	2	전자	경기
4000	김영진	2	전산	경기
5000	정현영	3	전자	서울

[성적] 테이블

학번	과목번호	과목이름	학점	점수
1000	A100	자료구조	A	91
2000	A200	DB	A+	99
3000	A100	자료구조	B+	88
3000	A200	DB	B	85
4000	A200	DB	A	94
4000	A300	운영체제	B+	89
5000	A300	운영체제	B	88

① 과목이름 / DB
② 과목이름 / DB / DB
③ 과목이름 / DB / DB / 운영체제
④ 과목이름 / DB / DB / 운영체제

59 데이터 모델에 표시해야 할 요소로 거리가 먼 것은?

① 논리적 데이터 구조
② 제약조건
③ 연산
④ 출력 구조

60 시스템 카탈로그에 대한 설명으로 틀린 것은?

① 카탈로그에 저장된 정보를 메타데이터라고도 한다.
② 데이터베이스에 포함되는 데이터 객체에 대한 정의나 명세에 대한 정보를 유지 관리한다.
③ DBMS가 스스로 생성하고 유지하는 데이터베이스 내의 특별한 테이블의 집합체이다.
④ 시스템 카탈로그의 갱신은 무결성 유지를 위하여 SQL을 이용하여 사용자가 직접 갱신하여야 한다.

| 4과목 프로그래밍 언어 활용

61 운영체제에서 커널의 기능이 아닌 것은?

① 프로세스 생성, 종료
② 파일 시스템 관리
③ 기억 장치 할당, 회수
④ 사용자 인터페이스

62 다음 내용이 설명하는 소프트웨어 취약점은?

> 메모리를 다루는 데 오류가 발생하여 잘못된 동작을 하는 프로그램 취약점

① 디렉토리 접근 공격
② SQL 삽입
③ FTP 바운스 공격
④ 버퍼 오버플로

63 OSI-7 Layer에서 링크의 설정과 유지 및 종료를 담당하며, 노드간의 오류제어와 흐름제어 기능을 수행하는 계층은?

① 응용 계층
② 물리 계층
③ 세션 계층
④ 데이터링크 계층

64 UNIX SHELL 환경 변수를 출력하는 명령어가 아닌 것은?

① setenv
② printenv
③ env
④ configenv

65 C언어에서 문자 자료형으로 옳은 것은?

① int
② float
③ char
④ double

66 다음 자바 프로그램 조건문에 대해 삼항 조건 연산자를 사용하여 옳게 나타낸 것은?

```
int i = 7, j = 9;
int k;
if (i > j)
   k = i - j;
else
   k = i + j;
```

① int i = 7, j = 9;
   int k;
   k = (i > j)?(i - j):(i + j);
② int i = 7, j = 9;
   int k;
   k = (i < j)?(i - j):(i + j);
③ int i = 7, j = 9;
   int k;
   k = (i > j)?(i + j):(i - j);
④ int i = 7, j = 9;
   int k;
   k = (i < j)?(i + j):(i - j);

67 다음 쉘 스크립트의 의미로 옳은 것은?

```
until who | grep wow
do
sleep 5
done
```

① wow 사용자가 로그인한 경우에만 반복문을 수행한다.
② wow 문자열을 복사한다.
③ wow 사용자가 로그인할 때까지 반복문을 수행한다.
④ wow 사용자에 대한 정보를 무한 반복하여 출력한다.

68 파이썬의 변수 작성 규칙 설명으로 옳지 않은 것은?

① 변수 이름의 중간에 공백을 사용할 수 있다.
② 영문 대문자/소문자, 숫자, 밑줄(_)의 사용이 가능하다.
③ 이미 사용되고 있는 예약어는 사용할 수 없다.
④ 첫 자리에 숫자를 사용할 수 없다.

69 다음 C프로그램의 결과 값은?

```
main(void){
  int i;
  int sum = 0;
  for(i=1; i<=10; i=i+2)
    sum = sum + i;
  printf("%d", sum);
}
```

① 15   ② 19
③ 25   ④ 27

70 다음과 같은 프로세스가 차례로 큐에 도착하였을 때, SJF(Shortest Job First) 정책을 사용할 경우 가장 먼저 처리되는 작업은?

프로세스 번호	실행시간
P1	6
P2	8
P3	4
P4	3

① P1   ② P2
③ P3   ④ P4

71 다음 중 가장 결합도가 약한 것은?

① data coupling
② stamp coupling
③ common coupling
④ control coupling

72 다음 자바 코드를 실행한 결과는?

```
int x = 1, y = 6;
while (y--) {
x++;
}
System.out.println("x =" x+"y =" y);
```

① x = 7 y = 0
② x = 6 y = -1
③ x = 7 y = -1
④ Unresolved compilation problem 오류 발생

73 교착상태가 발생할 수 있는 조건이 아닌 것은?

① Linear wait
② Hold and wait
③ Non-preemption
④ Mutual exclusion

74 UNIX에서 새로운 프로세스를 생성하는 명령어는?

① ls ② cat
③ fork ④ chmod

75 배치 프로그램의 필수 요소에 대한 설명으로 틀린 것은?

① 자동화는 심각한 오류 상황 외에는 사용자의 개입 없이 동작해야 한다.
② 안정성은 어떤 문제가 생겼는지, 언제 발생했는지 등을 추적할 수 있어야 한다.
③ 대용량 데이터는 대용량의 데이터를 처리할 수 있어야 한다.
④ 무결성은 주어진 시간 내에 처리를 완료할 수 있어야 하고, 동시에 동작하고 있는 다른 애플리케이션을 방해하지 말아야 한다.

76 Java에서 사용되는 출력 함수가 아닌 것은?

① System.out.print( )
② System.out.printing( )
③ System.out.println( )
④ System.out.printf( )

77 다음 파이썬으로 구현된 프로그램의 실행 결과로 옳은 것은?

```
>>> a = [0,10,20,30,40,50,60,70,80,90]
>>> a[ : 7 : 2]
```

① [20, 60]
② [60, 20]
③ [0, 20, 40, 60]
④ [10, 30, 50, 70]

78 4개의 페이지를 수용할 수 있는 주기억장치가 있으며, 초기에는 모두 비어 있다고 가정한다. 다음의 순서로 페이지 참조가 발생할 때, FIFO 페이지 교체 알고리즘을 사용할 경우 페이지 결함의 발생 횟수는?

페이지 참조 순서 : 1, 2, 3, 1, 2, 4, 5, 1

① 6회 ② 7회
③ 8회 ④ 9회

79 200.1.1.0/24 네트워크를 FLSM 방식을 이용하여 10개의 subnet으로 나누고 ip subnet-zero를 적용했다. 이때 서브네팅된 네트워크 중 10번째 네트워크의 broadcast IP 주소는?

① 200.1.1.159
② 201.1.5.175
③ 202.1.11.254
④ 203.1.255.245

80 기억공간이 15K, 23K, 22K, 21K 순으로 빈 공간이 있을 때 기억장치 배치 전략으로 "First Fit"을 사용하여 17K의 프로그램을 적재할 경우 내부단편화의 크기는 얼마인가?

① 5K ② 6K
③ 7K ④ 8K

5과목 정보시스템 구축관리

81 소프트웨어 비용 산정 기법 중 개발 유형으로 organic, semi-detached, embedded로 구분되는 것은?

① SLIM
② PUTNAM
③ FP
④ COCOMO

82 서버에 열린 포트 정보를 스캐닝해서 보안 취약점을 찾는 데 사용하는 도구는?

① type
② mkdir
③ ftp
④ nmap

83 정보 보안의 3요소에 해당하지 않는 것은?

① 기밀성
② 휘발성
③ 가용성
④ 무결성

84 다음 내용이 설명하는 것은?

- 네트워크상에 광채널 스위치의 이점인 고속 전송과 장거리 연결 및 멀티 프로토콜 기능을 활용
- 각기 다른 운영체제를 가진 여러 기종들이 네트워크상에서 동일 저장장치의 데이터를 공유하게 함으로써, 여러 개의 저장장치나 백업 장비를 단일화시킨 시스템

① SAN
② MBR
③ NAC
④ NIC

85 정보시스템과 관련한 다음 설명에 해당하는 것은?

- 각 시스템 간에 공유 디스크를 중심으로 클러스터링으로 엮여 다수의 시스템을 동시에 연결할 수 있다.
- 조직, 기업의 기간 업무 서버 등의 안정성을 높이기 위해 사용될 수 있다.
- 여러 가지 방식으로 구현되며 2개의 서버를 연결하는 것으로 2개의 시스템이 각각 업무를 수행하도록 구현하는 방식이 널리 사용된다.

① 고가용성 솔루션(HACMP)
② 점대점 연결 방식(Point-to-Point Mode)
③ 스턱스넷(Stuxnet)
④ 루팅(Rooting)

86 정형화된 분석 절차에 따라 사용자 요구사항을 파악, 문서화하는 체계적 분석방법으로 자료흐름도, 자료사전, 소단위명세서의 특징을 갖는 것은?

① 정보공학 방법론
② 객체지향 개발 방법론
③ 구조적 개발 방법론
④ CBD 방법론

87 PC, TV, 휴대폰에서 원하는 콘텐츠를 끊김 없이 자유롭게 이용할 수 있는 서비스는?

① Memristor
② MEMS
③ SNMP
④ N-Screen

88 소프트웨어공학에 대한 설명으로 거리가 먼 것은?

① 소프트웨어공학은 신뢰성 있는 소프트웨어를 경제적인 비용으로 획득하기 위해 공학적 원리를 정립하고 이를 이용하는 것이다.
② 소프트웨어공학은 소프트웨어 제품의 품질을 향상시키고 소프트웨어 생산성과 작업 만족도를 증대시키는 것이 목적이다.
③ 소프트웨어공학이랑 소프트웨어의 개발, 운용, 유지보수 및 파기에 대한 체계적인 접근 방법이다.
④ 소프트웨어공학의 궁극적 목표는 최대의 비용으로 계획된 일정보다 가능한 빠른 시일 내에 소프트웨어를 개발하는 것이다.

89 다음이 설명하는 IT 기술은?

- 컨테이너 응용프로그램의 배포를 자동화하는 오픈소스 엔진이다.
- 소프트웨어 컨테이너 안에 응용프로그램들을 배치시키는 일을 자동화해 주는 오픈 소스 프로젝트이자 소프트웨어로 볼 수 있다.

① Cipher Container
② StackGuard
③ Docker
④ Scytale

90 SSH(Secure Shell)에 대한 설명으로 틀린 것은?

① 키를 통한 인증은 클라이언트의 공개 키를 서버에 등록해야 한다.
② 전송되는 데이터는 암호화 된다.
③ SSH의 기본 네트워크 포트는 220번을 사용한다.
④ 서로 연결되어 있는 컴퓨터 간 원격 명령실행이나 셸 서비스 등을 수행한다.

91 다음 암호 알고리즘 중 성격이 다른 하나는?

① AES
② MD5
③ SHA-1
④ MD4

92 ISO 12207 표준의 기본 생명주기의 주요 프로세스에 해당하지 않는 것은?

① 성능평가 프로세스
② 획득 프로세스
③ 개발 프로세스
④ 유지보수 프로세스

93 해쉬(Hash) 기법에 대한 설명으로 틀린 것은?

① 해쉬 함수는 일방향 함수(One-way function)이다.
② 임의의 길이의 입력 데이터를 받아 고정된 길이의 해쉬 값으로 변환한다.
③ 대표적인 해쉬 알고리즘으로 HAVAL, SHA-1 등이 있다.
④ 주로 공개키 암호화 방식에서 키 생성을 위해 사용한다.

94 LOC 기법에 의하여 예측된 총 라인 수가 36,000라인, 개발에 참여할 프로그래머가 6명, 프로그래머들의 평균 생산성이 월간 300라인일 때 개발에 소요되는 기간은?

① 5개월 ② 10개월
③ 15개월 ④ 20개월

95 다음 내용이 설명하는 것은?

- 사물통신, 사물인터넷과 같이 대역폭이 제한된 통신 환경에 최적화하여 개발된 푸시기술 기반의 경량 메시지 전송 프로토콜
- 메시지 매개자(Brocker)를 통해 송신자가 특정 메시지를 발행하고 수신자가 메시지를 구독하는 방식
- IBM이 주도하여 개발

① GRID ② MQTT
③ GPN ④ TELNET

96 라우팅 프로토콜인 OSPF(Open Shortest Path First)에 대한 설명으로 옳지 않은 것은?

① 최단 경로 탐색에 Dijkstra를 사용한다.
② 네트워크 변화에 신속하게 대처할 수 있다.
③ 멀티캐스팅을 지원한다.
④ 거리 벡터 라우팅 프로토콜이라고 한다.

97 코드의 기입 과정에서 원래 '12536'으로 기입되어야 하는데 '12936'으로 표기되었을 경우, 어떤 코드 오류에 해당하는가?

① Addition Error
② Omission Error
③ Sequence Error
④ Transcription Error

98 나선형(Spiral) 모형의 주요 태스크에 해당하지 않는 것은?

① 버전 관리 ② 위험 분석
③ 개발 ④ 평가

99 다음 내용이 설명하는 것은?

- 블록체인(Blockchain) 개발환경을 클라우드로 서비스하는 개념
- 블록체인 네트워크에 노드의 추가 및 제거가 용이
- 블록체인의 기본 인프라를 추상화하여 블록체인 응용프로그램을 만들 수 있는 클라우드 컴퓨팅
- 플랫폼

① OTT ② Baas
③ SDDC ④ Wi-SUN

100 소프트웨어 비용 추정 모형(estimation models)이 아닌 것은?

① COCOMO
② PERT
③ Function-Point
④ Putnam

2025년 CBT 기출복원문제 정답 및 해설

2025년 1회 CBT 기출복원문제

01	02	03	04	05	06	07	08	09	10	11	12	13	14	15	16	17	18	19	20
④	③	①	③	①	②	①	④	②	①	②	④	③	④	④	①	①	③	①	①
21	22	23	24	25	26	27	28	29	30	31	32	33	34	35	36	37	38	39	40
②	④	②	②	③	③	②	③	④	③	①	②	④	②	②	②	②	②	①	④
41	42	43	44	45	46	47	48	49	50	51	52	53	54	55	56	57	58	59	60
②	①	①	④	①	④	②	①	④	②	①	②	②	①	①	③	④	①	④	③
61	62	63	64	65	66	67	68	69	70	71	72	73	74	75	76	77	78	79	80
③	③	④	①	③	③	①	②	②	②	②	④	③	④	①	③	①	②	②	④
81	82	83	84	85	86	87	88	89	90	91	92	93	94	95	96	97	98	99	100
①	②	③	②	③	③	④	①	①	③	②	③	①	②	④	③	①	④	②	②

1과목 소프트웨어 설계

01 ▶ ④
UML의 기본구성요소에서 사물(Things) : 구조(Structural)사물, 그룹(Grouping)사물. 행동(Behavioral)사물, 주해(Annotation)사물

02 ▶ ③
요구사항 개발 프로세스의 순서는 ㉠ 도출(Elicitation) → ㉡ 분석(Analysis) → ㉢ 명세(Specification) → ㉣ 확인(Validation)

03 빈출 ▶ ①
- XP의 5가지 가치에 정형분석은 포함되지 않음
- XP(eXtreme Programming)의 5가지 핵심 가치
  1. 존중(Respect) : 팀 기반의 활동 중 팀원 간의 상호 존중을 강조
  2. 단순성(Simplicity) : 사용되지 않는 구조와 알고리즘 배제
  3. 의사소통(Communication) : 개발자, 관리자, 고객간의 원활한 의사소통
  4. 피드백(Feedback) : 지속적인 테스트와 통합, 반복적 결함 수정, 빠른 피드백
  5. 용기(Courage) : 고객의 요구사항 변화에 능동적인 대처

04 빈출 ▶ ③
디자인 패턴
1. UML과 같은 일종의 설계기법이며, UML이 전체설계도면을 설계한다면, Design Pattern은 설계방법을 제시함
2. 객체지향 소프트웨어 시스템 디자인 과정에서 자주 접하게 되는 디자인 문제에 대한 기존의 시스템에 적용되어 검증된 해법의 재사용성을 높여 쉽게 적용할 수 있도록 하는 방법론
3. 패턴은 여러 가지 상황에 적용될 수 있는 템플릿과 같은 것이며, 문제에 대한 설계를 추상적으로 표현한 것
4. 패턴(Pattern)은 90년대 초반 Erich Gamma에 의해 첫 소개된 이후 95년에 Gamma, Helm, John, Vlissides 네 사람에 의해 집대성되었고, 디자인패턴(Design Pattern)이라는 것이 널리 알려짐

05 빈출 ▶ ①
디자인 패턴의 분류
생성관련 패턴(Creational Patterns), 구조화 패턴(Structural Patterns), 행위 패턴(Behavioral Patterns)

06 ▶ ②
FEP(front-end processor)
입력되는 데이터를 컴퓨터의 프로세서가 처리하기 전에 미리 처리하여 프로세서가 처리하는 시간을 줄여주는 프로그램이나 하드웨어

07 ▶ ①

아키텍처의 구축 절차
요구사항 분석 → 아키텍처 분석 → 아키텍처 설계 → 검증 및 승인

08 ▶ ④

협약에 의한 설계(Design by Contract)
클래스에 대한 여러 가지의 가정을 공유하도록 명세한 것으로 소프트웨어 컴포넌트에 대한 정확한 인터페이스 명세를 위하여 선행조건, 결과조건, 불변조건을 나타내는 설계 방법

09 빈출 ▶ ②

자료 흐름도의 구성
프로세스(process), 흐름, 자료 저장소(data store), 단말(terminator)

10 ▶ ①

- NUI(Natural UI) : 사용자의 말과 행동 기반 제스쳐 입력 인터페이스이며, 멀티 터치(Multi-touch), 동작 인식(Gesture Recognition) 등 사용자의 자연스러운 움직임을 인식하여 서로 주고받는 정보를 제공함
- OUI(Organic User Interface) : 모든 사물과 사용자 간에 상호작용을 위한 인터페이스로 즉, 실세계에 존재하는 모든 사물이 입출력 장치로 변화할 수 있는 사용자 인터페이스

11 ▶ ②

HIPO 차트 종류에는 가시적 도표, 총체적 도표, 세부적 도표가 있음

12 ▶ ④

서비스 지향 아키텍처(Service Oriented Architecture, SOA) 기반 계층
- 비즈니스 계층(Business Layer)
- 표현 계층(Presentation Layer)
- 프로세스 계층(Process Layer)
- 서비스 계층(Service Layer)
- 영속 계층(Persistency Layer)

13 ▶ ③

워크스루(Walkthrough)는 개발에 참여한 요원들이 개발자의 산출물의 품질을 검토하기 위한 목적으로 하는 기술 검토 회의로, 요구사항 명세서를 미리 배포하여 사전 검토한 후 짧은 검토 회의를 통해 오류를 조기에 검출하는 데 목적을 두는 요구사항 검토 방법

14 빈출 ▶ ④

럼바우(Rumbaugh) 분석 기법
객체 모델링(정보 모델링), 동적 모델링(상태 다이어그램(상태도)), 기능 모델링(자료흐름도(DFD))

15 ▶ ④

- 시스템의 구성요소는 Input(입력), Output(출력), Process(처리), Feedback(피드백), Control(제어)
- Maintenance는 유지보수를 말하며, 유지보수란 구축된 시스템을 운영·관리하는 것

16 ▶ ①

① TP monitor(Transaction Processing monitor, 트랜잭션 처리 모니터) : 통신량이 많은 클라이언트와 서버 사이에 위치하여 서버 애플리케이션 및 자원을 효율적으로 관리

[오답해설]
③ RPC(Remote Procedure Call, 원격 프로시저 호출) : 네트워크 상에서 애플리케이션과 애플리케이션 간의 연동을 하기 위한 미들웨어(또는 다른 컴퓨터에 있는 원격 애플리케이션을 연동시키는 경우 많이 이용됨)
② ORB(Object Request Broker) : 객체지향 미들웨어로 분산 컴퓨팅 환경에서 프로그래머에게 다른 컴퓨터의 프로그램을 네트워크를 통해 호출할 수 있음

17 ▶ ①

UML 확장 모델에서 스테레오 타입 객체를 표현하는 것은 《 》

18 ▶ ③

CASE의 주요 기능
다양한 소프트웨어 개발 모형 지원, 그래픽 지원, 소프트웨어 생명주기 전 단계의 연결

19 ▶ ①

- 노력(인월) = LOC/1인당 월평균 생산 코드 라인 수
  = 10,000/100 = 100명
- 개발 기간 = 노력(인월)/투입 인원 = 100/5 = 20개월

20 ▶ ①

① 기능적 응집도 : 모듈 내의 모든 요소가 한 가지 기능을 수행하기 위해 구성되어 있으므로 재사용이 쉽고, 유지보수가 용이함

[오답해설]
② 우연적 응집도 : 모듈 내부의 각 요소들이 서로 관계없는 것들이 모인 경우로 응집력이 가장 낮음

③ 논리적 응집도 : 논리적으로 서로 관련이 있는 요소를 모아 하나의 모듈로 한 경우, 그 모듈의 기능은 이 모듈을 참조할 때 어떤 파라미터를 주느냐에 따라 다르게 됨
④ 절차적 응집도 : 모듈이 다수의 관련 기능을 가질 때 모듈안의 구성 요소들이 그 기능을 순차적으로 수행할 경우의 응집도

2과목 소프트웨어 개발

21 ▶ ②

테스트 커버리지 분석 도구
Cobertura, Clover, JaCoCo, Coverage.py, JSCoverage

22 ▶ ④

- 힙(Heap) : 여러 개의 값들 중 가장 큰 값이나 가장 작은 값을 빠르게 찾을 수 있도록 만들어진 자료구조
- 최대 힙(max heap) : 각 노드의 키 값이 그 자식의 키 값보다 작지 않은 완전 이진 트리로 루트는 가장 큰 값을 가짐
- 최소 힙(min heap) : 각 노드의 키 값이 그 자식의 키 값보다 크지 않은 완전 이진 트리로 루트는 가장 작은 값을 가짐
- 노드 7, 13, 61, 38, 45, 26, 14를 차례대로 삽입하여 최대 힙을 구성하면 아래와 같음

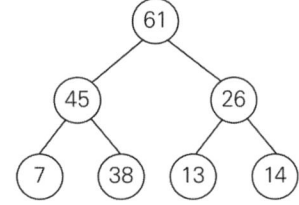

23 ▶ ②

설치 매뉴얼에는 목차, 개요, 기본사항, 설치 관련 파일, 프로그램 삭제 등이 기본적으로 포함되어야 함

24 ▶ ②

- 버블 정렬(Bubble Sort) : 인접한 데이터를 비교하면서 그 크기에 따라 데이터의 위치를 바꾸면서 정렬하는 방식
- PASS 1 : 6 7 3 5 9
- PASS 2 : 6 3 5 7 9
- PASS 3 : 3 5 6 7 9

25 ▶ ③

- 워크스루(Walkthrough)는 개발에 참여한 요원들이 개발자의 산출물의 품질을 검토하기 위한 목적으로 하는 기술 검토 회의로, 요구사항 명세서를 미리 배포하여 사전 검토한 후 짧은 검토 회의를 통해 오류를 조기에 검출하는 데 목적을 두는 요구사항 검토 방법

- 인스펙션 : 검토 자료를 회의 전에 배포해서 사전 검토한 후 짧은 시간 동안 검토 회의를 진행하면서 결함을 발견. 인스펙션은 결함의 발견과 함께 해결방법까지 모색하는 보다 강한 워크스루라고 할 수 있음

26 ▶ ③

③ SMTP(Simple Mail Transfer Protocol)은 보안에 관련된 프로토콜이 아니라, 메일 전송 프로토콜

[오답해설]
① IPSec(IP Security) : 안전하지 않은 네트워크상의 두 컴퓨터 사이에 암호화된 안전한 통신을 제공하는 프로토콜
② SSL(Secure Socket Layer) : 인터넷을 통해 전달되는 정보 보안의 안전한 거래를 허용하기 위해 Netscape사에서 개발한 인터넷 통신 규약 프로토콜
④ S-HTTP(Secure HyperText Transfer Protocol) : HTTP 프로토콜에 송신자 인증, 메시지 기밀성과 무결성, 부인 방지 기능을 확장한 프로토콜

27 ▶ ②

- 깊이우선탐색(depth first search, DFS) : 트리나 그래프를 탐색하는 방법이며, 한 노드를 시작으로 인접한 다른 노드를 재귀적으로 탐색해가고 끝까지 탐색하면 다시 위로 와서 다음을 탐색하여 방문
- 깊이우선탐색은 스택을 이용하며, 정점 A부터 운행할 수 있는 것은
A → B → E → F → G → C → D

28 빈출 ▶ ③

소프트웨어 형상관리는 소프트웨어에 대한 변경을 철저히 관리하기 위해 개발된 일련의 활동으로, 소프트웨어를 이루는 부품의 Baseline (변경통제 시점)을 정하고 변경을 철저히 통제하는 것

29 ▶ ④

확인(Validation)은 작업 제품이 사용자의 요구에 적합한지 측정하며, 검증(Verification)은 작업 제품이 개발자의 기대를 충족시키는지를 측정함

30 빈출 ▶ ③

테스트 드라이버(Test Driver)
시험사례를 입력받고, 시험을 위해 받은 자료를 모듈로 넘기고, 관련된 결과를 출력하는 메인 프로그램

31 ▶ ①
- 정적 분석 도구 : cppcheck, pmd, checkstyle 등
- 동적 분석 도구 : Valgrind, Avalanche 등

32 ▶ ②
- DRM은 디지털 콘텐츠 제공자의 권리와 이익을 안전하게 보호하며 불법복제를 막고 사용료 부과와 결제대행 등 콘텐츠의 생성에서 유통 · 관리까지를 일괄적으로 지원하는 기술
- DRM은 디지털 콘텐츠의 생성과 이용까지 유통 전 과정에 걸쳐 디지털콘텐츠를 안전하게 관리 및 보호하고, 부여된 권한정보에 따라 디지털콘텐츠의 이용을 통제하는 기술

33 ▶ ③
- 테스트 오라클(Test Oracle) : 테스트의 결과가 참인지 거짓인지를 판단하기 위해서 사전에 정의된 참값을 입력하여 비교하는 기법 및 활동을 말하며, 종류에는 참, 샘플링, 휴리스틱, 일관성 검사가 존재함
- 테스트 오라클의 유형

참(True) 오라클	발생된 모든 오류를 검출할 수 있음 (거의 모든 전수 테스트 가능)
샘플링(Sampling) 오라클	특정한 테스트 케이스의 입력 값에 대해서만 결과를 제공함 (경계값, 구간별 예상값)
휴리스틱(Heuristic, 추정) 오라클	샘플링 오라클을 개선한 오라클 (실험결과, 수치데이터값)
일관성(Consistent) 검사 오라클	테스트 케이스의 수행 전과 후의 결과 값이 동일한지를 확인하는 오라클

34 빈출 ▶ ④
- 중위순회(left → root → right)는 왼쪽, 중간, 오른쪽 순서로 방문하며, 문제의 트리를 중위순회한 결과는 D → B → A → E → C → F
- 전위순회(root → left → right) : A → B → D → C → E → F
- 후위순회(left → right → root) : D → B → E → F → C → A

35 빈출 ▶ ②
- 인수 테스트는 사용자측 관점에서 소프트웨어가 요구를 충족시키는가를 평가하며, 알파테스트와 베타테스트가 있음
- 알파테스트 : 검증(Validation) 검사 기법 중 개발자의 장소에서 사용자가 개발자 앞에서 행해지며, 오류와 사용상의 문제점을 사용자와 개발자가 함께 확인하면서 검사하는 기법
- 베타테스트 : 최종 사용자가 여러 장소의 고객 위치에서 소프트웨어에 대한 검사를 수행하는 기법

36 ▶ ②
V(G) = E − N + 2(E : 간선의 수, N : 노드의 수)
    = 6 − 4 + 2 = 4

37 ▶ ②
Compile
고급언어의 프로그램을 저급언어 프로그램으로 변환하는 기능으로 즉, 원시(소스)코드를 번역하여 목적코드로 변환하는 기능

38 ▶ ②
패키저(Packager)
콘텐츠를 메타데이터와 함께 배포 가능한 단위로 묶는 기능

39 ▶ ①
리팩토링(Refactorying)
소프트웨어를 보다 쉽게 이해할 수 있고 적은 비용으로 수정할 수 있도록 겉으로 보이는 동작의 변화 없이 내부구조를 변경하는 것으로 Code smell을 고치고 다듬는 과정

40 ▶ ④
패키징 도구 활용 시 고려사항
- 반드시 암호화/보안을 고려함. 패키징 시 사용자에게 배포되는 소프트웨어임을 감안하여 반드시 내부 콘텐츠에 대한 암호화 및 보안을 고려함
- 추가로 다양한 이기종 연동을 고려함. 패키징 도구를 활용하여 여러 가지 이기종 콘텐츠 및 단말기 간 DRM 연동을 고려함
- 사용자 편의성을 위한 복잡성 및 비효율성 문제를 고려함. 패키징 도구를 고려하면 사용자의 입장에서 불편해질 수 있는 문제를 고려하여, 최대한 효율적으로 적용될 수 있도록 함
- 제품 소프트웨어의 종류에 적합한 암호화 알고리즘을 적용함. 암호화 알고리즘이 여러 가지 종류가 있는데, 제품 소프트웨어의 종류에 맞는 알고리즘을 선택하여 배포 시 범용성에 지장이 없도록 고려함

3과목 데이터베이스 구축

41 ▶②

- CREATE 명령어는 스키마, 도메인, 테이블, 뷰, 인덱스 정의할 때 사용하고, ALTER 명령어는 테이블에 대한 정의를 변경할 때 사용
- 정의어(DDL) : CREATE, ALTER, DROP
- 조작어(DML) : SELECT, INSERT, DELETE, UPDATE
- 제어어(DCL) : GRANT, REVOKE

[오답해설]
① ALTER : 기존 테이블에 대해 새로운 열의 첨가, 값의 변경, 기존 열의 삭제 등에 사용
③ SELECT : 기존 테이블에서 데이터를 추출하여 가져옴
④ INSERT : 기존 테이블에 행을 삽입하는 경우에 사용

42 ▶①

문제의 결과를 확인하면 공급자명이 (대신공업사, 신촌상사)로 되어있으므로 WHERE 공급자명 LIKE '%신%' 로 조건문을 작성해야 함

43 ▶①

- 차수(Degree)는 Attribute의 개수이므로 학번, 이름, 학년, 학과가 attribute이므로 Degree는 4개
- 기수(대응수; Cardinality)는 Tuple의 개수이므로 3

44 ▶④

E-R 다이어그램 표기법

기호	의미
□	개체
○	속성
◇	관계 : 개체 간의 상호작용
―	연결

45 ▶①

CRUD 분석
- 데이터베이스 테이블에 변화를 주는 트랜잭션의 CRUD 연산에 대해 CRUD 매트릭스를 작성하여 분석하는 것
- 테이블에 발생하는 트랜잭션의 주기별 발생횟수를 파악하고 연관된 테이블을 분석하면 테이블에 저장되는 데이터의 양을 유추할 수 있고 트랜잭션이 몰리는 테이블 분석 가능
- CRUD 연산의 우선순위 : C > D > U > R

구분	SQL	조작
Create	INSERT	생성
Read	SELECT	읽기/인출
Update	UPDATE	갱신
Delete	DELETE	삭제/제거

46 ▶④

반정규화
정규화된 엔티티, 속성, 관계를 시스템의 성능 향상과 개발 운영의 단순화를 위해 중복, 통합, 분리 등을 수행하는 데이터 모델링 기법으로 정규화되어있는 것을 정규화 이전 상태로 만드는 것을 말함. 많은 조인에 의해 성능이 저하되거나 데이터 조회 시 디스크 I/O량이 많을 때 부분적인 반정규화를 고려함

47 ▶②

데이터 사전(Data Dictionary)
- 데이터베이스의 데이터(사용자 데이터)를 제외한 모든 정보(DBMS가 관리하는 데이터)가 있음
- 데이터 사전의 내용을 변경하는 권한은 시스템 사용자(데이터베이스 관리자: DBA)가 가짐
- 반면 일반 사용자에게는 단순 조회만 가능한 읽기 전용 테이블 형태가 제공됨

48 ▶①

OLAP 연산 유형
roll-up, drill-down, pivoting, slicing, dicing

49 ▶④

- 디비전(DIVISION, ÷) : 동시에 포함하는 속성
- 즉, 모든 S 릴레이션에 대해서 R 릴레이션쪽에 S 릴레이션의 모든 튜플이 포함되어 있어야 하므로 정답은 ④

50 ▶②

릴레이션 특징
- 각각의 튜플은 고유한 값을 가짐(튜플은 모두 다름)
- 튜플 사이에는 순서가 없음
- 속성(어트리뷰트)의 이름은 유일해야 하지만, 값은 동일할 수도 있음
- 속성의 순서는 중요하지 않음
- 속성은 더이상 쪼갤 수 없는 원자값이 들어감

51 ▶ ①

DELETE FROM 테이블명 WHERE 조건;
① DELETE FROM 사원 WHERE 사번=100;
  // 사원 테이블에서 사번이 100인 사원의 튜플을 삭제
② DELETE IN 사원 WHERE 사번=100;
  // DELETE FROM이 맞는 표현
③ DROP TABLE 사원 WHERE 사번=100;
  // DROP은 전체(구조, 데이터) 삭제를 하는 DDL 명령
④ DROP 사원 COLUMN WHERE 사번=100;
  // DROP은 전체(구조, 데이터) 삭제를 하는 DDL 명령

52 빈출 ▶ ②

- 로킹의 단위가 커지면 데이터베이스 공유도가 감소하며, 로킹 오버헤드도 감소
- 로킹 단위가 작아지면 데이터베이스 공유도가 증가하며, 로킹 오버헤드도 증가

53 ▶ ②

- 갱신문(UPDATE) : 기존 레코드 열값을 갱신할 경우 사용

  UPDATE 테이블
  SET 열_이름=변경_내용
  [WHERE 조건]

- BETWEEN x AND y : x에서 y 사이를 말함

54 빈출 ▶ ①

① 개념 스키마(Conceptual Schema) : 조직이나 기관의 총괄적 입장에서 본 데이터베이스의 전체적인 논리적 구조

[오답해설]
② 내부 스키마(Internal Schema) : 물리적 저장 장치의 입장에서 본 데이터베이스 구조로서 실제로 데이터베이스에 저장될 레코드의 형식을 정의하고 저장 데이터 항목의 표현 방법, 내부 레코드의 물리적 순서 등을 나타냄
③ 외부 스키마(External Schema) : 일반 사용자나 응용 프로그래머가 각 개인의 입장에서 필요로 하는 데이터베이스의 논리적 구조

55 ▶ ①

- 테이블의 속성 내에 대한민국의 서울, 부산과 미국의 워싱턴, 뉴욕은 중복되는 값으로 이는 원자값을 만족시키지 못함. '서울' 과 '부산' 그리고 '워싱턴' 과 '뉴욕'을 각각 따로따로 분리시켜야 원자값을 만족시킬 수 있게 됨
- 제1정규형(INF) : 어떤 릴레이션 R에 속한 모든 도메인이 원자값(atomic value)만으로 되어 있다면, 제1정규형(1NF)에 속함

56 빈출 ▶ ③

⊙ SELECT DEPT FROM STUDENT; // STUDENT 테이블에서 DEPT 속성 검색
ⓒ SELECT DISTINCT DEPT FROM STUDENT; // STUDENT 테이블에서 DEPT 속성을 중복없이 검색
ⓒ SELECT NAME FROM STUDENT WHERE DEPT='영문학과'; // STUDENT 테이블에서 DEPT가 영문학과인 학생만 NAME 속성을 검색

57 ▶ ④

즉시(즉각) 갱신
- 오류가 발생하면 우선적으로 오류를 해결하며, 데이터베이스 로그를 필요로 함
- 오류가 발생하면 즉시 처리하므로 redo와 undo를 모두 이용함

58 ▶ ②

- 데이터를 갱신해야 하는 권한을 줘야 하므로 GRANT UPDATE ON 구문을 사용해야 함
- 표현식 구문

  GRANT [객체 권한명](컬럼)
  ON [객체명]
  TO [user|role|PUBLIC](WITH GRANT OPTION)

- 접근권한을 부여할 때에는 GRANT를 사용하고, 이를 삭제할 경우에는 REVOKE를 사용

59 빈출 ▶ ④

트랜잭션 ACID 특징

영속성(durability)	트랜잭션이 성공적으로 완료되면 처리 결과는 영속적으로 반영되어야 함
일관성(consistency)	트랜잭션 시작 시점에 참조한 데이터는 종료까지 일관성을 유지해야 함
원자성(atomicity)	데이터베이스에 트랜잭션은 모두 반영되거나 전혀 반영되지 않아야 함
격리성(isolation)	동시에 다수 트랜잭션이 처리되는 경우 서로의 연산에 개입하면 안 됨

60 ▶ ③

분산 데이터베이스 투명성(Transparency)
- 위치 투명성(Location Transparency) : 장소를 가리지 않고 데이터 접근 가능
- 중복 투명성(Replication Transparency) : 데이터 일관성 유지
- 장애 투명성(Failure Transparency) : 장애 시에도 무결성 보장
- 분할 투명성(Division Transparency) : 여러 단편으로 분할 및 저장

4과목 프로그래밍 언어 활용

61 ▶ ③

모듈 간의 결합도는 최소화, 응집력은 최대화되어야 독립성이 높아짐
[오답해설]
① 한 모듈 내에 있는 처리요소들 사이의 기능적인 연관 정도를 나타내는 것은 응집도
② 결합도가 높으면 시스템 구현 및 유지보수 작업이 어려움
④ 자료결합도는 내용결합도보다 결합도가 낮음

62 ▶ ③

- 입력값 'Hello World'을 기준으로 문자열에서 맨 왼쪽 처음 3글자 'Hel'를 추출하려면 string[0:3]가 되어야 하고, 끝글자 3자인 'rld'를 추출하려면 string[-3:]가 되어야 함. 최종 출력값이 'Helrld'이므로 이 둘을 합치는 식은 string[0:3] + string[-3:]
- 파이썬 리스트 슬라이싱 (list slicing) 구문

리스트명[start:end]

  start : index 시작 위치
  end : index 마지막 위치

63 ▶ ④

**(matrix + 3) = *(*(matrix + 3) + 0) = matrix[3][0]

64 ▶ ①

- 세마포어(Semaphore) : Dijkstra에 의해 제안되었으며, 상호배제를 해결하기 위한 새로운 동기 도구라 할 수 있음. 다수의 프로세스가 공유자원에 접근할 때 상호배제를 구현하기 위해 사용하는 동기화 기법
- 모니터(Monitor) : 상호배제를 구현하기 위한 고급 동기화 도구로 세마포어와 비슷한 역할을 함. 모니터 안에서 정의된 프로시저는 모니터의 지역 변수와 매개변수만 접근할 수 있음. 모니터의 구조는 한 순간에 하나의 프로세스만 모니터 안에서 활동하도록 보장해 줌
- 상호배제(Mutual Exclusion) : 다중프로그래밍 시스템에서는 제한된 공유자원의 효율적 사용을 위해 상호배제를 유지해야 함. 상호배제는 여러 프로세스를 동시에 처리하기 위해 공유자원을 순차적으로 할당하면서 동시에 접근하지 못하므로, 한 번에 하나의 프로세스만이 자원을 사용할 수 있음

65 ▶ ④

비트 연산자(&, |, ^, ~...)는 정수형 데이터를 이진수로 변환한 후, 비트 단위로 연산
int x = 4 | 7; // 4와 7을 이진수로 변환 후 비교하면서 or연산을 수행

66 ▶ ③

쉘 스크립트 제어문 종류
- 선택 실행문 : if문, case문
- 반복 실행문 : while문, do문, for문

67 ▶ ①

① CSMA/CD : IEEE 802.3
[오답해설]
② Token Bus : IEEE 802.4
③ Token Ring : IEEE 802.5

68 ▶ ②

```
int x=10, y=0, z=0;        // 초기화
while(x-->y){              // y가 x 보다 작다면 반복 (x--는 후위 감소 연산자로 현재 값 x를 먼저 비교하고 감소)
y++;                       // y를 1증가
z++;                       // x를 1증가
```

69 ▶ ②

프레임워크를 사용하면 이미 만들어진 코드를 사용하게 되므로 시간과 비용이 절약되어 생산성이 증가

70 ▶ ②

- First Fit은 첫 번째 가용공간에 배치되므로 17K는 23K에 배치되고, 6K의 내부단편화가 발생
- 최초적합(First Fit) : 주기억장치의 공백들 중에서 프로그램이나 데이터 배치가 가능한 첫 번째 가용공간에 배치

71 ▶ ②

int a = 101;   // 정수형으로 변수 a 선언과 초기화
a>>2   // a / 2^2 = a / 4 = 101/4 = 25.25(정수연산이므로 25 저장)
(a)>>2) << 3   // 25 << 3 = 25 * 2^3 = 25 * 8 = 200

72 ▶ ④

④ Working Set(워킹셋) : 운영체제의 가상기억장치 관리에서 프로세스가 일정 시간 동안 자주 참조하는 페이지들의 집합을 의미. 데닝(Denning)이 제안한 프로그램의 움직임에 대한 모델로, 프로그램의 지역성(Locality) 특징을 이용함
[오답해설]
① Locality(지역성) : 프로세스 수행 중, 일부 페이지가 집중적으로 참조되는 경향

② Deadlock(교착상태) : 둘 이상의 프로세스가 자원을 공유한 상태에서, 서로 상대방의 작업이 끝나기만을 무한정 기다리는 현상
③ Thrashing(스레싱) : 페이지 부재가 지나치게 발생하여 프로세스가 수행되는 시간보다 페이지 이동에 시간이 더 많아지는 현상

73 ▶ ②

IP는 MAC 주소를 알아내야만 통신을 할 수 있으며, ARP(Address Resolution Protocol)는 IP 주소를 MAC 주소로 변환하는 프로토콜

[오답해설]
① UDP(User Datagram Protocol) : 비연결 지향(connectionless) 프로토콜이며, TCP와는 달리 패킷이나 흐름제어, 단편화 및 전송 보장 등의 기능을 제공하지 않음
③ TCP(Transport Control Protocol) : 연결형(connection oriented) 프로토콜이며, 이는 실제로 데이터를 전송하기 전에 먼저 TCP 세션을 맺는 과정이 필요함을 의미
④ ICMP(Internet Control Message Protocol) : IP가 패킷을 전달하는 동안에 발생할 수 있는 오류 등의 문제점을 원본 호스트에 보고하는 일을 함

74 빈출 ▶ ③

아스키 코드에서 각각의 알파벳 대문자는 'A'는 65, 'B'는 66, 'C'는 67...과 같은 순서로 구성됨. 문제의 코드에서 a = 'A' + 1; 은 'A' + 1 이 'B' 가 되고, 이를 %d(정수형)으로 출력하므로 'B'의 아스키 코드 66 출력

75 ▶ ③

IPv6은 Unicast, Anycast, Multicast를 사용할 수 있음

76 ▶ ①

• 삼항 연산자 : 조건식의 결과가 참이면 '값1'을 할당하고 거짓이면 '값2'를 할당

```
(조건식 ? 값1 : 값2)
```

```
int I = 7, j = 9;
int k;
if (i > j)  // (i > j) 가 참이면
    k = I - j;  // k 에 I - j을 할당
else        // (i > j) 가 거짓이면
    k = I + j;  // k 에 I + j을 할당
```

• 따라서 k = (i > j)?(i - j):(i + j); 가 정답이 됨

77 ▶ ①

① atoi( ) : 문자열을 정수형으로 변환하는 라이브러리 함수(char to int)

[오답해설]
② atof( ) : 문자열을 실수형으로 변환하는 라이브러리 함수(char to double)
③ itoa( ) : 정수형을 문자열로 변환하는 라이브러리 함수(int to char)
④ ceil( ) : 숫자 올림 함수. 예를 들어 ceil(1.3)은 2로 숫자올림이 됨

78 ▶ ②

전송(Transport) 계층은 네트워크 양단의 송수신 호스트 사이의 신뢰성 있는 전송 기능을 제공함. 시스템의 논리 주소와 포트를 가지므로 각 상위 계층의 프로세스를 연결하며, TCP와 UDP가 사용됨

[오답해설]
HTTP, SMTP, FTP는 응용(Application)계층의 프로토콜

79 ▶ ②

문제의 코드에서 strcat(str, p2) ; 는 str에 p2를 연결하는 함수로 이후에 str를 출력하게 되면 nationalter가 됨

80 ▶ ④

스레드(Thread)는 프로세스 내에서 실행되는 흐름의 단위이며, 다중 스레드 프로세스 모델은 프로세스를 각각의 스레드와 고유의 레지스터, 스택으로 표현, 프로세스 주소 영역을 모든 스레드가 공유함

5과목 정보시스템 구축관리

81 ▶ ①

① SAN (Storage Area Network) : DAS와 NAS의 단점을 해결한 발전된 스토리지 형태. 네트워크상에 광채널 스위치의 이점인 고속 전송과 장거리 연결 및 멀티 프로토콜 기능을 활용

[오답해설]
③ NAC(Network Access Control) : 관리자가 정의한 보안환경이 운영되는 시스템만 네트워크에 연결이 가능하도록 함. Clear Network 에 악성 Worm이 감염된 Host가 연결되면 순식간에 네트워크는 악성Worm이 퍼지게 되므로 이러한 상황을 막고자하는 시스템

82 빈출 ▶ ②

• COCOMO(Constructive Cost Model) : Boehm(1981)이 제안한 산정기법으로 원시 프로그램의 규모에 의한 비용예측 모형
• COCOMO의 프로젝트 3가지 모드(제품의 복잡도에 따른 프로젝트 개발 유형)
1. 유기적(organic model) : 5만 라인 이하로 소규모 팀이 수행할 수 있는 아주 작고 간단한 소프트웨어 프로젝트

2. 중간형(semi-detached model) : 30만 라인 이하의 프로젝트
3. 내장형(embedded model) : 30만 라인 이상의 프로젝트

83 ▶ ③

③ Bell-Lapadula Model : 기밀성을 강조하는 모델이며, 군대의 보안 레벨처럼 정보의 기밀성에 따라 상하 관계가 구분된 정보를 보호하기 위해 사용

[오답해설]
① Clark-Wilson Integrity Model : 비밀 노출 방지보다 자료의 변조 방지(무결성)를 더 중요시하는 모델로 금융, 회계 관련 데이터, 기업 재무제표 등에 사용
② PDCA Model : 데밍 사이클이라고 하며 Plan, Do, Check, Act로 구성
④ Chinese Wall Model : 충돌을 야기시키는 어떠한 정보의 흐름도 없도록 정보의 흐름이 일어나지 않도록 접근통제 기능을 제공

84 ▶ ②

- 메타버스(Metaverse) : 가상과 초월을 의미하는 '메타(meta)'와 세계와 우주를 뜻하는 '유니버스(universe)'의 합성어로 '현실을 초월하여 만들어낸 세계' 또는 '현실과 가상이 혼재된 세계'라는 의미
- 챗봇(ChatBot) : 실제 인간과 온라인에서 대화를 할 수 있게끔 고안된 소프트웨어로 사용자가 문자/음성 등을 통해 질문하면 이에 알맞은 답이나 연관정보를 제공하는 방식으로 운용되는 소프트웨어나 서비스
- IoT(Internet of Things) : 사물인터넷이라 하며, 여러 사물에 정보 통신기술이 융합되어 실시간으로 데이터를 인터넷으로 주고받는 기술. 각종 물체에 센서와 통신 기능을 내장해 인터넷에 연결하는 기술
- OTT(Over The Top) : 개방된 인터넷을 통하여 방송 프로그램, 영화 등 미디어 콘텐츠를 제공하는 서비스

85 ▶ ③

SSH의 기본 네트워크 포트는 22번을 사용

86 ▶ ③

중단 프로세스 및 닫힌 포트 위주로 확인하는 것은 취약점 관리를 위해 일반적으로 수행하는 작업으로 볼 수 없음

87 ▶ ④

- 정보보안의 3대 요소 : 기밀성(confidentiality), 무결성(integrity), 가용성(availability)
- 기밀성 : 정보자산이 인가된(authorized) 사용자에게만 접근할 수 있도록 보장하여 접근 권한을 가진 사람만이 실제로 접근 가능하도록 함
- 무결성 : 접근 권한이 없는 사용자에 의해 정보가 변경되지 않도록 보호하여 정보의 정확성과 완전성을 확보함
- 가용성 : 정보와 정보시스템의 사용을 인가 받은 사람이 그를 사용하려고 할 때 언제든지 사용할 수 있도록 보장하는 것

88 ▶ ①

① Effort Per TASK 기법(개발 단계별 인원수 기법) : 생명주기의 각 단계별로 노력을 산정하여 전체 비용을 예측하는 방식

[오답해설]
② 전문가 감정 기법 : 경험이 많은 2인 이상의 전문가에게 프로젝트 비용 산정을 의뢰
③ 델파이기법 : 전문가 감정 기법의 편견을 줄일 수 있는 방법으로 한명의 조정자와 여러 명의 전문가가 비용을 산정
④ LOC(원시코드라인 수)기법 : WBS상에서 분해된 각각의 시스템 기능들에 필요한 원시코드 라인 수를 산정함에 있어 PERT의 예측 공식을 이용

89 ▶ ①

CMM(Capability Maturity Model) 모델의 레벨 : 수준 1(Initial, 초보단계), 수준 2(Repeatable, 반복단계), 수준 3(Definition, 정의단계), 수준 4(Management, 관리단계), 수준 5(Optimizing, 최적단계)

90 ▶ ②

tcp wrapper
어떤 외부 컴퓨터가 접속되면 접속 인가 여부를 점검해서 인가된 경우에는 접속이 허용되고, 그 반대의 경우에는 거부할 수 있는 접근제어 유틸리티로 서버에서 침입 차단 서비스를 제공하는 공용 컴퓨터 프로그램

91 ▶ ②

CBD(Component Based Development)는 컴포넌트 기반 개발이며, 기존의 시스템 및 소프트웨어를 구성하고 있는 컴포넌트를 조립해서 하나의 새로운 애플리케이션을 만드는 소프트웨어 개발 방법론으로 1990년대에 주류를 이루었던 방식

92 ▶ ④

④ N-Screen : 여러 개의 단말에서 동일한 콘텐츠를 사용할 수 있는 방법. 예를 들어 스마트폰, TV, 태블릿, 데스크탑 등에서 동일 콘텐츠를 사용할 수 있음

[오답해설]
① Memristor : memory와 register의 합성어이며, 전원 공급이 끊어져도 다시 전원이 공급되면 이전 상태를 복원
② MEMS(Micro-Electro Mechanical Syste) : 초소형 정밀기계

기술로 미세전자기계시스템이라고도 함. 실리콘이나 수정, 유리 등을 가공한 초고밀도 집적회로이며, 머리카락 절반 두께의 초소형 기어라든지 손톱 크기의 하드디스크 등 초미세 기계구조물을 만드는 기술
③ SNMP(Simple Network Management Protocol) : 망관리 프로토콜

93 ▶ ②
RIP는 거리 벡터 라우팅 프로토콜이며, 홉(Hop)을 기준으로 하고 최대 15홉까지 지원하므로 큰 망에선 사용할 수 없음

94 ▶ ①
① nmap(network mapper) : 서버에 열린 포트 정보를 스캐닝해서 보안 취약점을 찾는 데 사용하는 도구
[오답해설]
② mkdir : 운영체제에서 mkdir 명령어는 디렉터리를 새로 만드는 데 사용
③ ftp : 파일 전송 프로토콜

95 ▶ ②
DDos 공격은 서비스를 거부하게 하는 공격이지, 자료를 훔치거나 위조시키는 공격이 아님

96 ▶ ④
- PERT는 일정 산정 모형
- 소프트웨어 비용 추정 모형 : COCOMO, Putnam, Function-Point, 전문가의 감정, 델파이식 산정, LOC(원시코드라인 수)기법, 개발 단계별 인월수(MM : Man Month)기법

97 ▶ ③
올조인(AllJoyn)
- 사물 인터넷(IoT: Internet of Thing) 연합 단체인 올신얼라이언스(AllSeen Alliance)에서 표준화한 오픈 소스 기반의 IoT 플랫폼
- 서로 다른 운영체제나 하드웨어를 사용하는 기기들이 표준화된 플랫폼을 이용함으로써 서로 통신 및 제어가 가능
- 올조인은 로컬 영역에서 올조인 기기 간 피투피(P2P: Peer-to-Peer) 통신을 지원하는 IoT 플랫폼

98 ▶ ②
Smurf 공격은 DoS 공격 중에서 가장 피해가 크며, IP 위장과 ICMP 특징을 이용한 공격

99 ▶ ④
④ Transcription Error : 입력 시 임의의 한 자리를 잘못 기록한 경우(12536 → 12936)
[오답해설]
① Addition Error : 입력 시 한 자리 추가로 기록한 경우(1234 → 12347)
② Omission Error : 입력 시 한 자리를 빼놓고 기록한 경우(1234 → 234)

100 ▶ ②
- Secure OS : 컴퓨터 운영체제의 커널에 보안 기능을 추가한 것으로 운영체제의 보안상 결함으로 인하여 발생 가능한 각종 해킹으로부터 시스템을 보호하기 위하여 사용되는 것
- Secure OS 보안 운영체제의 기능 : 식별 및 인증, 계정관리, 강제적 접근통제, 임의적 접근통제, 객체 재사용 방지, 완전한 중재 및 조정, 감사 및 감사기록 축소, 안전한 경로, 보안 커널 변경 방지, 해킹 방지, 통합 관리

2025년 2회 CBT 기출복원문제

01	02	03	04	05	06	07	08	09	10	11	12	13	14	15	16	17	18	19	20
④	④	②	③	①	①	①	③	①	④	②	①	④	④	④	④	③	④	③	④
21	22	23	24	25	26	27	28	29	30	31	32	33	34	35	36	37	38	39	40
③	④	②	④	②	③	①	②	④	②	②	②	③	①	①	②	①	③	②	②
41	42	43	44	45	46	47	48	49	50	51	52	53	54	55	56	57	58	59	60
③	①	④	②	①	③	④	④	②	①	④	④	④	③	②	④	③	②	②	④
61	62	63	64	65	66	67	68	69	70	71	72	73	74	75	76	77	78	79	80
③	①	②	③	②	①	④	②	②	②	②	③	①	②	④	④	①	④	④	③
81	82	83	84	85	86	87	88	89	90	91	92	93	94	95	96	97	98	99	100
④	①	①	③	④	③	②	④	③	③	①	①	②	①	①	④	①	①	②	④

1과목 소프트웨어 설계

01 ▶ ④

요구사항 분석에는 타당성 조사, 비용과 일정에 대한 제약설정, 요구사항 정의 문서화 등이 필요함

02 ▶ ④

④ Operation : 클래스의 동작을 의미하며, 클래스에 속하는 객체에 대하여 적용될 메서드를 정의한 것

[오답해설]
① Instance(인스턴스) : 객체지향 기법에서 같은 클래스에 속한 각각의 객체를 의미하는 것

03 빈출 ▶ ②

- Putnam의 생명 주기 예측 모형 : Rayleigh-Norden 곡선에 기초하며 소프트웨어 개발 비용을 산정하는 공식을 유도함. 동적모형으로 각 개발기간마다 소요 인력을 독립적으로 산정할 수 있으며, 시간에 대한 함수로 대형 프로젝트의 노력 분포 산정에 이용됨. SLIM 비용 추정 자동화 모형의 기반이 됨
- COCOMO 모형 : 원시 프로그램의 규모에 의한 비용예측 모형이며, 과거 수많은 프로젝트의 실적을 통계 분석한 공식을 이용하며 지금 진행예정인 프로젝트의 여러 특성을 고려할 수 있음
- 기능점수 모형 : 소프트웨어의 각 기능에 대하여 가중치를 부여하여 요인별 가중치를 합산해서 소프트웨어의 규모나 복잡도, 난이도를 산출하는 모형으로 비용 예측 모형임

04 빈출 ▶ ③

결합도

1. 내용 결합도(content coupling)	결합도가 높음
2. 공통 결합도(common coupling)	
3. 외부 결합도(external coupling)	
4. 제어 결합도(control coupling)	
5. 스탬프 결합도(stamp coupling)	
6. 자료 결합도(data coupling)	결합도가 낮음

05 빈출 ▶ ①

- Hadoop(하둡, High-Availability Distributed Object-Oriented Platform) : 대량의 자료를 처리할 수 있는 큰 컴퓨터 클러스터에서 동작하는 분산 응용 프로그램을 지원하는 프리웨어 자바 소프트웨어 프레임워크
- 애자일 개발 방법론 종류 : 익스트림 프로그래밍(Extreme Programming, XP), 테스트 주도 개발(Test Driven Development, TDD), 기능 주도 개발(Feature Driven Development, FDD), 스크럼(Scrum)

06 ▶ ①

- 팬 입력(fan-in)은 특정 모듈을 직접 제어하는 모듈의 수이며, 모듈 F에서는 3(B, C, D)
- 팬 출력(fan-out)은 한 모듈에 의해 직접 제어되는 모듈의 수이며, 모듈 F에서는 2(G, H)

07 ▶ ①

- 기존에 구현되어 있는 클래스에 기능 발생 시 기존 클래스를 재사용할 수 있도록 중간에서 맞춰주는 역할을 하는 것은 bridge pattern이 아니라 adapter pattern의 설명임
- bridge pattern : 인터페이스와 구현의 명확한 분리

- adapter pattern : 객체를 감싸서 다른 인터페이스를 제공(기존 모듈 재사용을 위한 인터페이스 변경

08 ▶ ③

액터는 시스템을 사용하거나 시스템과 상호 작용하는 사람이나 외부 시스템을 의미

[오답해설]
① 유스케이스 다이어그램은 개발자의 입장이 아니라 사용자의 입장에서 요구를 추출하고 분석해야 함
② 사용자 액터는 본 시스템과 연동되어지는 시스템이 아니라 역할 사용자임
④ 연동은 일방적 소통이 아닌 상호 작용의 형태로 나타내어야 함

09 빈출 ▶ ①

EAI 유형

구분	설명
Point-to-Point	1:1 방식으로 애플리케이션 통합 수행
Hub & Spoke	• 모든 데이터가 허브를 통해 전송 • 데이터 전송이 보장되며, 유지보수 비용 절감
메시징 버스	• 데이터 전송하는 데 버스를 이용함으로 병목 현상 발생 가능 • 대량의 데이터 교환에 적합
하이브리드	• Hub & spoke 방식과 메시징 버스 방식의 통합 • 유연한 통합 작업 가능

10 ▶ ④

- 소켓 기술 : 통신을 위한 프로그램을 생성하여 포트를 할당하고, 클라이언트의 통신 요청 시 클라이언트와 연결하는 내·외부 송·수신 연계기술
- DB링크 기술 : 수신시스템에서 DB링크를 생성하고, 송신시스템에서 해당 DB링크를 직접 참조하는 통신기술

11 빈출 ▶ ②

② 캡슐화는 객체를 정의할 때 서로 관련성이 많은 데이터들과 이와 연관된 함수들을 하나로 묶는 것을 말함. 즉, 데이터, 연산, 다른 객체, 상수 등의 관련된 정보와 그 정보를 처리하는 방법을 하나의 단위로 묶는 것

[오답해설]
① 메시지(Message) : 객체에서 어떤 행위를 하도록 지시하는 명령으로 일반 프로그래밍 과정에서 함수 호출에 해당됨
③ 다형성(Polymorphism) : 두 개 이상의 클래스에서 똑같은 메시지에 대해 객체가 서로 다르게 반응하는 것
④ 상속(Inheritance) : 새로운 클래스를 정의할 때 기존의 클래스들의 속성을 상속받고 필요한 부분을 추가하는 방법

12 빈출 ▶ ①

① 기능 모델링(function modeling) : 시스템 내에서 데이터가 변하는 과정을 나타내며, 자료 흐름도(DFD)를 이용함

[오답해설]
② 동적 모델링(dynamic modeling) : 시스템이 시간 흐름에 따라 변화하는 것을 보여주는 상태 다이어그램(state diagram)을 작성
③ 객체 모델링(object modeling) : 객체들을 식별하고 객체들 간의 관계를 정의

13 ▶ ④

요구사항 검증(Requirements Validation)은 Review, Inspection, Walk-through 등과 같은 방법을 이용하여 명세화된 요구사항 검증하는 과정이지만, 이 과정을 통해 모든 요구사항의 문제를 발견할 수는 없음

14 빈출 ▶ ④

미들웨어는 클라이언트와 서버를 연결하여 데이터를 주고받을 수 있도록 중간에서 매개 역할을 하거나, 네트워크를 통해서 연결된 여러 개의 컴퓨터에 있는 많은 프로세스들에게 어떤 서비스를 사용할 수 있도록 연결해주는 소프트웨어

15 ▶ ④

추상화의 종류
과정 추상화, 자료 추상화, 제어 추상화

16 ▶ ④

요구사항 정의 및 분석·설계의 결과물을 표현하기 위한 모델링 과정에서 사용되는 다이어그램(Diagram)은 Data Flow Diagram, E-R Diagram, UML Diagram임. AVL 트리는 탐색구조의 하나임

17 ▶ ③

- 연관 : 액터와 유스케이스 간의 상호작용
- 확장 : 특별한 조건을 만족할 때 수행하는 유스케이스
- 일반화 : 관계성의 종류는 is-a 이며, 객체들에 있어 공통적인 성질들을 상위 객체로 정의

18 ▶ ④

정보공학 방법론
계획, 분석, 설계 및 구축에 정형화된 기법들을 상호 연관성있게 통합, 적용하는 데이터 중심 방법론이며, 데이터베이스 설계의 표현으로 Entity-Relationship Diagram을 사용함

19 ▶ ③

User Interface 설계 시 오류 메시지나 경고에 관한 지침으로 오류로 인해 발생될 수 있는 부정적인 내용을 적극적으로 사용자들에게 알려야하며, 오류로부터 회복을 위한 구체적인 설명이 제공되어야 함

20 ▶ ④

- 스크럼 : 30일마다 동작 가능한 제품을 제공하는 스프린트를 중심으로 하고 있으며, 매일 정해진 시간에 정해진 장소에서 짧은 시간의 개발을 하는 팀을 위한, 프로젝트 관리 중심의 방법론
- 제품 백로그 작성 → 스크럼의 핵심 산출물 중 하나(Product Owner가 주도)
- 사용자 스토리 기반 계획 → 스프린트 플래닝 시 주요 활동
- 스프린트 회고 진행 → 매 스프린트마다 팀이 개선점을 찾는 필수 활동

▌2과목 소프트웨어 개발

21 ▶ ③

- 알고리즘 설계 기법 : Divide and Conquer, Greedy, Backtracking
- Divide and Conquer : 그대로 해결할 수 없는 문제를 작은 문제로 분할하여 문제를 해결하는 방법
- Greedy : 최적해를 구하는 데에 사용되는 근사적인 방법으로, 여러 경우 중 하나를 결정해야 할 때마다 그 순간에 최적이라고 생각되는 것을 선택해 나가는 방식으로 진행하여 최종적인 해답에 도달하는 방법
- Backtracking : 해답을 찾아가는 도중에 막힌 곳에 이르면 그 경로로 더 이상 가지 않고 되돌아가서 다시 찾는 방법

22 ▶ ④

- 테스트 케이스에는 일반적으로 시험 조건, 테스트 데이터, 예상 결과가 포함되어야 함
- 테스트 케이스 항목 : 식별자 번호, 순서 번호, 테스트 조건, 테스트 데이터, 예상 결과

23 ▶ ②

이진 검색 알고리즘 : 파일이 정렬되어있어야 하며, 파일의 중앙의 킷값과 비교하여 탐색 대상 반으로 감소됨
(1+15)/2 = 8   --- 1번
(9+15)/2 = 12   --- 2번
(13+15)/2 = 14   --- 3번

24 ▶ ④

- 제품 소프트웨어의 형상관리는 프로젝트 품질보증을 효율적으로 관리하기 위한 활동이 아니라 전체 변경을 관리하는 것
- 소프트웨어 형상관리는 소프트웨어에 대한 변경을 철저히 관리하기 위해 개발된 일련의 활동으로 소프트웨어를 이루는 부품의 Baseline (변경통제 시점)을 정하고 변경을 철저히 통제하는 것

25 ▶ ②

단위 테스트 도구
Junit, Cppunit, Nunit, HttpUnit

26 ▶ ③

개방주소법(open addressing)은 해싱함수를 이용한 주소 계산 시에 충돌을 해결하는 방법

27 ▶ ①

디지털 저작권 관리(DRM)의 기술 요소에는 암호화, 키관리, 크랙방지, 정책관리, 인증, 식별기술, 저작권표현, 사용권한 등이 있음

28 ▶ ②

- 완전 유지보수(perfective maintenance) : 새로운 기능을 추가하고 기존의 소프트웨어를 개선(enhancement)하는 경우로 기능상 변경없이 독해성을 향상시키는 보수형태
- 적응 유지보수(adaptive maintenance) : 소프트웨어를 운용하는 환경 변화에 대응하여 소프트웨어를 변경하는 경우
- 수정 유지보수(corrective maintenance) : s/w 테스팅 동안 밝혀지지 않는 모든 잠재적 오류를 수정하기 위한 보수
- 예방 유지보수(preventive maintenance) : 장래의 유지보수성 또는 신뢰성을 개선하거나 s/w 오류 발생에 대비하여 미리 예방수단을 강구해두는 경우

29 ▶ ④

정렬종류	평균	최악
버블 정렬	$O(n^2)$	$O(n^2)$
선택 정렬	$O(n^2)$	$O(n^2)$
삽입 정렬	$O(n^2)$	$O(n^2)$
퀵 정렬	$O(n \log n)$	$O(n^2)$
합병 정렬	$O(n \log n)$	$O(n \log n)$
힙 정렬	$O(n \log n)$	$O(n \log n)$

30 ▶ ②

후위표기를 연산을 위해 중위표기로 변경해야 함
((3 4 *) (5 6 *) +) = ((3 * 4) + (5 * 6)) = 12 + 30 = 42

31 빈출 ▶ ②

클린코드 작성원칙
- 중복성 최소화 : 중복된 코드는 삭제하며 공통된 코드를 사용
- 가독성 : 누구나 코드를 쉽게 읽을 수 있도록 작성
- 단순성 : 한 번에 한 가지를 처리하도록 코드를 간단하게 작성
- 의존성 배제 : 코드가 다른 모듈에 미치는 영향을 최소화해야 함

32 ▶ ②

사용자 매뉴얼 작성 절차
작성 지침 정의 → 사용 설명서 구성 요소 정의 → 구성 요소별 내용 작성 → 사용 설명서 검토

33 ▶ ③

- 정적 분석 도구 : cppcheck, pmd, checkstyle 등
- 동적 분석 도구 : Valgrind, Avalanche 등

34 ▶ ①

패키징은 프로그램 제작자가 최종 사용자가 사용할 프로그램을 다양한 환경에서 쉽게 자동으로 설치(업데이트/삭제 가능)할 수 있게 패키지를 만들어 배포하는 과정을 말함. 사용자 중심으로 진행되어야 하며 보안을 고려해야 하지만, 단일 기종에서만 사용할 수 있도록 할 수는 없고 이기종 연동을 고려해야 함

35 ▶ ①

테스트는 오류를 찾는 작업이고 디버깅은 테스트에서 발견된 오류를 수정/제거하는 작업

36 ▶ ②

위험분석
프로젝트에 내재된 위험 요소를 인식하고 그 영향을 분석하여 이를 관리하는 활동으로서, 프로젝트를 성공시키기 위하여 위험 요소를 사전에 예측, 대비하는 모든 기술과 활동을 포함

37 ▶ ①

- 스택의 응용 : 수식계산, 복귀주소관리, 순환식, 퀵 정렬, 깊이 우선 탐색, 이진트리 운행
- 큐의 응용 : 작업 스케줄링, 너비 우선 탐색, 트리의 Level 순회

38 ▶ ③

소프트웨어의 실제로 최종 사용자가 사용하는 것이므로 최종 사용자의 요구사항을 최대한 반영하여 소프트웨어를 개발해야 하고, 소프트웨어의 인터페이스는 최종 사용자의 수준에 맞게 직관적이고 사용하기 쉽게 설계, 개발되어야 함

39 ▶ ②

정적 분석 소프트웨어에 해당되는 것으로는 pmd, checkstyle 등이 있음

40 빈출 ▶ ②

② 인수 테스트 : 사용자측 관점에서 소프트웨어가 요구를 충족시키는가를 평가하며, 알파 테스트와 베타 테스트가 있음

[오답해설]
① 단위 테스트 : 코딩이 끝난 후 설계의 최소 단위인 모듈에 초점을 두고 검사하는 단계이며, 독립모듈의 완전성을 시험함
③ 통합 테스트 : 단위검사가 끝난 모듈들을 하나로 결합하여 시스템으로 완성하는 과정에서의 검사
④ 시스템 테스트 : 모든 모듈들은 하나의 시스템으로 작동하게 되며, 사용자의 모든 요구를 하나의 시스템으로서 완벽하게 수행하기 위해서 다양한 시험들이 필요함

3과목 데이터베이스 구축

41 ▶ ③

병행제어의 목적
시스템 활용도 최대화, 데이터베이스 공유 최대화, 데이터베이스 일관성 유지, 사용자에 대한 응답시간 최소화 등

42 빈출 ▶ ①

데이터베이스를 사용하는 응용프로그래머가 필요로 하는 사항을 기술한 데이터베이스 구조는 외부 스키마

43 빈출 ▶ ④

릴레이션의 차수(degree)는 그 릴레이션의 속성의 개수이므로 4

44 ▶ ②

관계형 데이터 모델은 다대다(n:m) 관계를 구현할 수 있지만, 그 관계를 쉽게 구현하는 것은 아님

45 ▶ ①

- 문제의 SQL에서 ㉠은 부속질의어의 부서번호 결과가 여러 개일 수 있으므로 IN으로 비교함. 또한 부속질의어에서 부분 매치 질의문을 사용하므로 ㉡에는 = 대신에 LIKE를 사용
- 부분 매치 질의문 : % → 하나 이상의 문자, _ → 단일 문자(부분 매치 질의문 에서는 '=' 대신 LIKE 사용)

46 ▶ ③

DROP문에서는 CASCADE 또는 RESTRICTED 옵션을 사용할 수 있음. RESTRICTED는 삭제할 요소가 참조 중이면 삭제되지 않지만, CASCADE는 삭제할 요소가 참조 중이더라도 삭제되며, 연관된 모든 요소들도 함께 삭제됨. 따라서 V_1, V_2 모두 일괄적으로 삭제됨

47 ▶ ④

목표 DBMS에 맞는 스키마 설계는 논리적 설계 단계에서 수행하는 사항

48 ▶ ④

릴레이션 특성
- 릴레이션의 튜플들은 모두 상이
- 릴레이션에서 어트리뷰트들 간의 순서는 의미가 없음
- 한 릴레이션에 포함된 튜플 사이에는 순서가 없음
- 어트리뷰트는 원자값으로서 분해가 불가능

49 ▶ ②

SQL 명령어의 종류
- DDL : CREATE, ALTER, DROP
- DML : SELECT, INSERT, DELETE, UPDATE
- DCL : GRANT, REVOKE, COMMIT, ROLLBACK

50 ▶ ①

OLAP 연산 유형
roll-up, drill-down, pivoting, slicing, dicing

51 ▶ ④

보이스코드 정규형(BCNF)에 대한 특성은 결정자가 후보키가 아닌 함수 종속을 제거함

52 ▶ ④

④ anomaly(이상) 현상 : 릴레이션 조작 시 데이터들이 불필요하게 중복되어 예기치 않게 발생하는 곤란한 현상

[오답해설]
① normalization : 이상 문제를 해결하기 위해 어트리뷰트 간의 종속관계를 분석하여 여러 개의 릴레이션으로 분해하는 과정
② rollback : 트랜잭션의 비정상적인 종료
③ cardinality : Tuple의 개수

53 ▶ ④

분산 데이터베이스 시스템의 주요 구성
- 분산 처리기(distributed processor) : 지리적으로 분산되어 있는 컴퓨터 시스템
- 분산 데이터베이스(distributed database) : 지리적으로 분산되어 있는 지역 데이터베이스
- 통신 네트워크(communication network) : 지리적으로 분산된 자치 처리기들을 통신으로 연결시켜 자원을 공유하게 함으로써 논리적으로 하나의 시스템 기능을 할 수 있게 하는 망

54 ▶ ③

- 데이터를 갱신해야 하는 권한을 줘야 하므로 GRANT UPDATE ON 구문을 사용해야 함
- 표현식 구문

```
GRANT [객체 권한명](컬럼)
ON [객체명]
TO [user|role|PUBLIC](WITH GRANT OPTION)
```

- 접근권한을 부여할 때에는 GRANT를 사용하고, 이를 삭제할 경우에는 REVOKE를 사용

55 ▶ ②

도메인(Domain)은 데이터베이스에서 특정 속성이 가질 수 있는 값의 범위를 정의하는 것으로, 문제의 보기 내용 중에서 전압 값의 제한 조건을 정의한다고 하였으므로 도메인이 가장 적절한 것으로 볼 수 있음

56 ▶ ④

∏ 이름, 학년(δ 학과 = '컴퓨터' (학생))   //학생테이블에서 학과가 컴퓨터인 학생의 이름과 학년을 검색하라는 의미
- 셀렉트(SELECT, σ) : 선택 조건을 만족하는 릴레이션의 수평적 부분 집합(horizontal subset), 행의 집합

$$\sigma_{\langle\text{선택조건}\rangle} (\text{테이블 이름})$$

- 프로젝트(PROJECT, π) : 수직적 부분 집합(vertical subset), 열(column)의 집합

$$\pi_{\langle\text{속성 리스트}\rangle} (\text{테이블 이름})$$

57 ▶ ③

③ 슈퍼키(super key) : 유일성은 갖지만 최소성을 만족시키지 못하는 애트리뷰트 집합. 테이블을 구성하는 속성의 집합으로, 해당 집합에서 같은 튜플이 발생하지 않는 키

[오답해설]
① 후보키 : 속성 집합으로 구성된 테이블의 각 튜플을 유일하게 식별할 수 있는 속성이나 속성의 조합들을 후보키라 함(유일성, 최소성)
② 기본키 : 개체 식별자
④ 외래키 : 다른 테이블을 참조하는데 사용되는 속성(두 개의 릴레이션 R1, R2에서 R1에 속한 애트리뷰트인 외래키가 참조 릴레이션 R2의 기본키가 됨)

58 빈출 ▶ ②

E-R 다이어그램 표기법

기호	의미
□	개체
○	속성
◇	관계 : 개체 간의 상호작용
───	연결

59

반정규화
정규화된 엔티티, 속성, 관계를 시스템의 성능 향상과 개발 운영의 단순화를 위해 중복, 통합, 분리 등을 수행하는 데이터 모델링 기법으로 정규화되어있는 것을 정규화 이전 상태로 만드는 것을 말함. 많은 조인에 의해 성능이 저하되거나 데이터 조회 시 디스크 I/O량이 많을 때 부분적인 반정규화를 고려함

60 ▶ ④

• 디비전(DIVISION, ÷) : 동시에 포함하는 속성
• 즉, 모든 S 릴레이션에 대해서 R 릴레이션쪽에 S 릴레이션의 모든 튜플이 포함되어 있어야 하므로 정답은 ④

▌4과목 프로그래밍 언어 활용

61 ▶ ③

• 상속은 부모클래스에 있는 특성을 그대로 물려받아 사용할 수 있도록 하는 것으로 생산성 향상에 그 목적이 있음
• 멤버 접근 권한이 private으로 설정되어 있으면 부모의 private 변수를 접근할 수 없음

62 빈출 ▶ ①

list(range(5,10))는 5~9 까지의 list 목록을 만듦[5,6,7,8,9]
list(range(0, 10, 3))에서 3번째 인자인 '3' step에 맞춰 list를 만듦 [0,3,6,9]
list(range(-10, -100, -30))는 음수 표현으로 출력결과는 [-10, -40, -70]

63 ▶ ②

JAVA에서 정보은닉(Information Hiding)을 표기할 때 public의 의미는 '공개'

64 ▶ ③

버전 프로그램 종류

구분	설명
CVS (Concurrent Version System)	• 서버와 클라이언트로 구성되어 다수의 인원이 동시에 범용적인 운영체제로 접근 가능하여 버전 관리를 가능케 함 • Client가 이클립스에 내장되어 있음
SVN (Subverion)	GNU의 버전 관리 시스템으로 CVS의 장점은 이어받고 단점은 개선하여 2000년에 발표됨. 사실상 업계 표준으로 사용되고 있음
RCS (Revision Control System)	CVS와 달리 소스 파일의 수정을 한 사람만으로 제한하여 다수의 사람이 파일의 수정을 동시에 할 수 없도록 파일을 잠금하는 방식으로 버전 컨트롤을 수행
Bitkeeper	SVN과 비슷한 중앙 통제 방식의 버전컨트롤 툴로서 대규모 프로젝트에서 빠른 속도를 내도록 개발됨
Git	• 기존 리눅스 커널의 버전 컨트롤을 하는 Bitkeeper를 대체하기 위해서 나온 새로운 버전 컨트롤로 현재의 리눅스는 이것을 통해 버전 컨트롤이 되고 있음. Git는 속도에 중점을 둔 분산형 버전 관리 시스템(DVCS)이며, 대형 프로젝트에서 효과적이고 실제로 유용함 • Git는 SVN과 다르게 Commit은 로컬 저장소에서 이루어지고 push라는 동작으로 원격 저장소에 반영됨(로컬 저장소에서 작업이 이루어져 매우 빠른 응답을 받을 수 있음) • 받을 때도 pull 또는 Fetch로 서버에서 변경된 내역을 받아 올 수 있음
Clear Case	• IBM에서 제작됨 • 복수 서버, 복수 클라이언트 구조이며 서버가 부족할 때 필요한 서버를 하나씩 추가하여 확장성을 기할 수 있음

65 ▶ ②

• First Fit은 첫 번째 가용공간에 배치되므로 17K는 23K에 배치되고, 6K의 내부단편화가 발생
• 최초적합(First Fit) : 주기억장치의 공백들 중에서 프로그램이나 데이터 배치가 가능한 첫 번째 가용공간에 배치

66 ▶ ①

- DNS(Damain Name Service) : 영문자의 도메인 주소를 숫자로 된 IP 주소로 변환시켜 주는 작업
- OSPF(Open Shortest Path First) : 모든 라우터로부터 전달받은 정보로 네트워크 구성도를 생성함. Link State Routing 기법을 사용하며, 전달 정보는 인접 네트워크 정보를 이용
- ICMP(Internet Control Message Protocol) : ICMP는 IP가 패킷을 전달하는 동안에 발생할 수 있는 오류 등의 문제점을 원본 호스트에 보고하는 일을 함. 라우터가 혼잡한 상황에서 보다 나은 경로를 발견했을 때 방향재설정(redirect)메시지로서 다른 길을 찾도록 하며, 회선이 다운되어 라우팅할 수 없을 때 목적지 미도착(Destination Unreachable)이라는 메시지 전달도 ICMP를 이용
- SNMP(Simple Network Management Protocol) : 관리자가 네트워크의 활동을 감시하고 제어하는 목적으로 사용하는 서비스

67 ▶ ④

VPN은 전자우편에 사용되는 프로토콜이 아니라 가상사설망임

68 ▶ ③

- *(*a+1) = *(*(a+0)+1) = a[0][1]
- **a = *a[0] = a[0][0]
- **(a + 1) = *a[1] = a[1][0]

69 ▶ ②

- 내부 라우팅(Interior Routing) : AS 내의 라우팅(IGP)
  - RIP(Routing Information Protocol), OSPF(Open Shortest Path First), IGRP(Interior Gateway Routing Protocol), EIGRP(Enhanced Interior Gateway Routing Protocol), IS-IS(Intermediate System-to-Intermediate System)
- 외부 라우팅(Exterior Routing) : AS 간 라우팅(EGP)
  - BGP(Border Gateway Protocol)

70 ▶ ②

- HRN(Highest Response Next) : SJF의 단점인 실행시간이 긴 프로세스와 짧은 프로세스의 지나친 불평등을 보완한 기법. 대기시간을 고려하여 실행시간이 짧은 프로세스와 대기시간이 긴 프로세스에게 우선순위를 높여줌. 우선순위 계산식에서 가장 큰 값을 가진 프로세스를 스케줄링함
- 우선순위 = (대기시간 + 서비스 받을 시간) / 서비스 받을 시간
- 작업 A : (15+8)/8 = 2.875
- 작업 B : (15+5)/5 = 4
- 작업 C : (10+7)/7 = 2.4285...
- 작업 D : (5+5)/5 = 2
- 작업 E : (8+6)/6 = 2.3333...

71 ▶ ②

- UNIX 운영체제는 Multi-Tasking을 지원함
- UNIX의 특징 : 대화식 운영체제(Shell), 멀티태스팅, 멀티유저환경, 계층적 파일 시스템, 이식성, 호환성 등

72 ▶ ②

응집도

1. 우연적 응집도(coincidental cohesion)   응집도가 낮음
2. 논리적 응집도(logical cohesion)
3. 시간적 응집도(temporal cohesion)
4. 절차적 응집도(procedural cohesion)
5. 통신적 응집도(communicational cohesion)
6. 순차적 응집도(sequential cohesion)
7. 기능적 응집도(functional cohesion)   응집도가 높음

73 ▶ ③

strcmp(s1, s2)은 문자열 비교하는 함수로 대소문자까지 구분하여 비교하며 그 결과를 정수로 반환시킴

반환값	문자 비교
-1	s1 < s2
0	s1 = s2
1	s1 > s2

74 ▶ ①

a % 2 == 0 은 a 를 2 로 나눴을 때 나머지가 0인 경우로 짝수를 의미함
continue 는 아래의 문장을 실행하지 않고 조건식으로 건너가라는 의미이므로 짝수는 출력되지 않음. 즉, 홀수의 값을 출력하는 문제임

75 ▶ ②

Packet Length는 IP 헤더를 포함한 패킷 전체의 길이를 나타내며 최대 크기는 $2^{16}-1$비트

76 ▶ ④

교착상태 4대 발생조건
- 상호배제(Mutual Exclusion)
- 점유와 대기(Hold & Wait)
- 비선점(Non Preemption)
- 환형대기(순환대기, Circular Wait)

77 ▶ ④

short는 C언어의 자료형으로 C언어에 기본적으로 들어있는 예약어이므로 변수명으로 사용할 수 없음

78 ▶ ①

- Paging 기법 : 가상기억장치의 일반적인 구현 방법으로 프로그램을 고정된 크기의 일정한 블록으로 나누는 기법
- Segmentation 기법 : 가상기억장치의 구현 방법으로 프로그램을 가변적인 크기의 블록으로 나누는 기법

79 ▶ ④

- System.out.println("5 + 2 =" + 3 + 4); // " " 안의 내용은 문자로 인식하므로 그대로 출력되고, 맨 앞에 문자가 들어있어서 +는 모두 연결자로 사용됨. 따라서 5 + 2 = 34가 출력
- System.out.println("5 + 2 =" + (3 + 4)); // " " 안의 내용은 문자로 인식하지만 (3 + 4)가 괄호로 묶여 먼저 연산되므로 7이 계산됨. 따라서 5 + 2 = 7이 출력

80 ▶ ③

표준 라이브러리는 프로그래밍 언어가 기본적으로 가지고 있는 라이브러리를 의미하며, 외부 라이브러리는 별도의 파일 설치를 필요로 하는 라이브러리를 의미함

5과목 정보시스템 구축관리

81 ▶ ④

- Samba : Windows의 SMB/CIFS 프로토콜을 지원하여 리눅스와 윈도우 간 파일/프린터 공유를 가능하게 하는 오픈소스 소프트웨어
- OpenSSH : 보안 셸(SSH)을 통해 윈도우와 리눅스 간 안전한 원격 접속 및 파일 전송을 제공하는 오픈소스 도구
- Cygwin : 윈도우에서 리눅스와 유사한 환경을 제공하는 오픈소스 도구로, 리눅스 명령어 및 툴을 윈도우에서 사용할 수 있게 함

82 ▶ ①

- 블루프린팅(BluePrinting) : 서비스 발견 프로토콜(SDP)를 통하여 블루투스 장치들을 검색하고 모델을 확인
- 블루재킹(BlueJacking) : 사용자들은 블루투스를 통해서 메시지들을 보내며, 일반적으로 이들 메시지들은 피해가 없는 광고와 스팸들임
- 블루스나프(BlueSnarf) : OPP(OBEX Push Profile) 기능을 사용하여 공격자가 블루투스 장치로부터 주소록 또는 달력 등의 내용을 요청해 이를 열람하거나 취약한 장치의 파일에 접근하는 공격 방법
- 블루버그(BlueBug) : 모바일 장비를 물리적으로 소유한 것처럼 전화 걸기, SMS 보내기 등과 인터넷 사용도 가능

83 ▶ ①

tripwire

크래커가 침입하여 백도어를 만들어 놓거나, 설정파일을 변경했을 때 분석하는 도구. 공격자가 시스템을 점령했을 때, 파일이 트로이목마 등의 악성 코드로 변경된 경우에, 방어자는 자신의 시스템 내의 파일들이 악의적으로 변경되었는지를 확인할 수 있도록 시스템의 파일 무결성 검사함

84 ▶ ③

최소 권한 정책은 권한 남용으로 인한 피해를 최소화하고, 허가받은 일을 수행하기 위한 최소한의 권한만을 부여함(Need-to-know)

85 ▶ ④

④ MQTT(Message Queuing Telemetry Transpor) : 사물통신, 사물인터넷과 같이 대역폭이 제한된 통신 환경에 최적화하여 개발된 푸시기술 기반의 경량 메시지 전송 프로토콜

[오답해설]

① GRID : 기존의 인터넷과 차세대 인터넷을 하나의 네트워크로 묶어 마치 하나의 신경조직처럼 작동할 수 있게 제어하는 가상 슈퍼 컴퓨터
② TELNET : 원격지 호스트 서버에 접근하기 위해 사용하는 프로토콜

86 ▶ ③

- WiFi Rogue Access Points : 악의적인 WiFi 액세스 포인트
- Wired Equivalent Privacy : 무선 LAN에서 사용하는 암호화 기법으로 동일한 키(key)와 알고리즘을 사용해 데이터를 암호화하고 해독하는 대칭키 알고리즘 방식을 기본으로 하는 암호화 기법
- WiFi Protected Access : 키 값이 쉽게 깨지는 WEP의 취약점을 보완하기 위해 개발됨. 데이터 암호화를 강화하기 위해 TKIP(Temporal Key Integrity Protocol)라는 IEEE 802.11i 보안 표준을 사용하며 WPA 규격에는 WPA-Personal과 WPA-Enterprise가 있음

87 ▶ ②

정보 보안을 위한 접근통제 정책 종류에 데이터 전환 접근 통제는 해당되지 않음

[오답해설]

① 임의적 접근통제(DAC : Discretionary Access Control) : 주체가 속해 있는 그룹의 신원에 근거하여 객체에 대한 접근을 제한하는 방법으로 객체의 소유자가 접근 여부를 결정
③ 강제적 접근 통제(MAC : Mandatory Access Control) : 주체와 객체의 등급을 비교하여 접근 권한을 부여하는 접근통제이며, 모든 객체는 기밀성을 지니고 있다고 보고 객체에 보안 레벨을 부여

하는 방식
④ 역할 기반 접근통제(RBAC : Role Based Access Control) : 주체와 객체의 상호 관계를 통제하기 위하여 역할을 설정하고 관리자는 주체를 역할에 할당한 뒤 그 역할에 대한 접근 권한을 부여하는 방식

88 ▶ ④
블록 암호의 운용모드
ECB(Electric CodeBook) 모드, CBC(Cipher Block Chaining) 모드, CFB(Cipher FeedBack) 모드, OFB(Output-FeedBack) 모드, CTR(CounTeR) 모드

89 ▶ ③
- 인증(authentication) : 임의 정보에 접근할 수 있는 주체의 능력이나 주체의 자격을 검증하는 데 사용하는 수단
- 인가(authorization) : 특정한 프로그램, 데이터 또는 시스템 서비스 등에 접근할 수 있는 권한이 주어지는 것

90 ▶ ③
라우터
3계층(네트워크) 계층의 장비이며, 서로 다른 네트워크 대역에 있는 호스트들 상호 간에 통신할 수 있도록 해주는 역할을 함

91 ▶ ①
- Stack Guard : 메모리상에서 프로그램의 복귀 주소와 변수 사이에 특정 값을 저장해 두었다가 그 값이 변경되었을 경우 오버플로우 상태로 가정하여 프로그램 실행을 중단하는 기술
- 스택 버퍼 오버플로우 대응방안 : 스택가드(Stack Guard), 스택쉴드(Stack Shield), ASLR(Address Space Layout Randomization), NX-bit(Non-executable stack)

92 ▶ ①
5명이 서로 통신할 경우 대칭키 암호 알고리즘에서 필요한 키의 개수는 10개(5(5-1)/2)

93 ▶ ①
① Evil Twin Attack : 소셜 네트워크에서 악의적인 사용자가 지인 또는 특정 유명인으로 가장하여 활동하는 공격 기법
[오답해설]
② Phishing : 공격자가 이메일을 이용하여 개인정보를 불법적으로 알아내 이를 이용하는 사기수법
③ Logic Bomb : 시스템의 정상적인 기능을 가로막는 불법적인 소프트웨어
④ Cyberbullying : 가상공간을 뜻하는 사이버(cyber)와 집단 따돌림을 뜻하는 불링(bullying)에서 생겨난 신조어로 사이버 공간에서 다른 사람을 괴롭히는 행위

94 ▶ ②
프로젝트 관리의 구성요소는 사람(people, 인적자원), 문제(problem, 문제인식), 프로세스(process, 작업계획)

95 ▶ ①
세션 하이재킹을 탐지하는 방법으로는 비동기화 상태 탐지, ACK STORM 탐지, 패킷의 유실 및 재전송 증가 탐지가 있음

96 빈출 ▶ ①
소프트웨어는 편리성이나 유지보수성에 점차 비중을 많이 두고 있음

97 빈출 ▶ ④
폭포수 모형(waterfall model)의 진행 단계
계획 - 요구분석 - 설계 - 구현 - 시험 - 운영/유지보수

98 ▶ ③
복호화는 암호문을 평문으로 되돌리는 과정으로, 평문을 암호문으로 바꾸는 작업은 암호화임

99 빈출 ▶ ②
- 대칭키 암호화 알고리즘 : DES, 3DES, AES, SEED, IDEA, ARIA, Blowfish, RC5, RC6 등
- 비대칭키 암호화 알고리즘 : RSA, ElGamal, ECC, RABIN 등

100 ▶ ④
④ 스마트 그리드 : 전기 및 정보통신기술을 활용하여 전력망을 지능화, 고도화함으로써 고품질의 전력서비스를 제공하고 에너지 이용 효율을 극대화하는 전력망
[오답해설]
① 사물 인터넷 : 인터넷을 기반으로 사물을 연결하여 정보를 상호 소통할 수 있도록 하는 지능형 기술 및 서비스
② 미디어 빅뱅 : 신문과 방송의 겸영, 방송과 통신의 융합은 물론 기술 진보에 따른 IPTV·스마트TV 등 뉴미디어가 계속 등장하여 전체 미디어 산업이 재편되는 현상
③ 디지털 아카이빙 : 지속적으로 보존할 가치를 가진 디지털 객체를 장기간 관리하여 이후의 이용을 보장하는 활동

2025년 3회 CBT 기출복원문제

01	02	03	04	05	06	07	08	09	10	11	12	13	14	15	16	17	18	19	20
②	④	③	②	③	③	①	④	③	②	②	①	①	①	④	③	①	②	③	③
21	22	23	24	25	26	27	28	29	30	31	32	33	34	35	36	37	38	39	40
④	④	③	④	③	②	④	①	④	①	③	③	②	③	③	③	②	①	②	④
41	42	43	44	45	46	47	48	49	50	51	52	53	54	55	56	57	58	59	60
③	②	①	②	④	①	④	②	①	①	④	③	③	③	④	②	①	③	④	④
61	62	63	64	65	66	67	68	69	70	71	72	73	74	75	76	77	78	79	80
④	④	④	④	③	①	③	①	③	④	①	④	①	③	④	②	③	①	①	②
81	82	83	84	85	86	87	88	89	90	91	92	93	94	95	96	97	98	99	100
④	④	②	①	①	③	④	④	③	③	①	①	④	④	②	④	④	①	②	②

1과목 소프트웨어 설계

01 ▶ ②
모델링 작업의 결과물은 다른 모델링 작업에 영향을 줄 수 있음

02 빈출 ▶ ④
폭포수형 모형(Waterfall Model)
생명주기 모형 중 가장 오래된 모형으로 많은 적용 사례가 있지만 요구사항의 변경이 어렵고 각 단계의 결과가 확인 되어야 다음 단계로 넘어갈 수 있는 선형 순차적, 고전적 생명 주기 모형(선형순차모형, 전형적인 생명주기 모형 : Boehm, 1979)

03 ▶ ③
② 라디오 버튼 : 여러 가지 제시된 것 중 하나만을 선택할 때 사용
[오답해설]
① 토글 버튼 : 버튼을 클릭하면 상태를 'on', 'off'로 변환시킴
③ 텍스트 박스 : 메시지를 보여주거나 사용자가 데이터를 입력할 곳을 제공
④ 체크 박스 : 그룹 중에 하나 이상의 후보를 선택할 때 사용

04 ▶ ②
• 정형 검토 회의(FTR)는 의제와 논쟁/반박을 제한하며, 참가자의 수도 제한
• 정형 검토 회의(Formal Technical Review) : 수정 완료된 형상 객체의 기술적인 정확성에 초점을 두며, 검토자들은 SCI를 산정하여 다른 SCI와의 일관 혹은 잠재적인 부작용 유무를 검토

05 ▶ ③
액터는 시스템을 사용하거나 시스템과 상호 작용하는 사람이나 외부 시스템을 의미

06 ▶ ③
③ 목업(Mockup) : 실물과 흡사한 정적인 형태의 모형. 시각적으로만 구성 요소를 배치하는 것으로 일반적으로 실제로 구현되지는 않음
[오답해설]
① 스토리보드(Storyboard) : 정책, 프로세스, 와이어프레임, 디스크립션 등이 모두 포함된 설계 문서
② 프로토타입(Prototype) : 다양한 인터랙션이 결합되어 실제 서비스처럼 작동하는 모형

07 ▶ ①
• 요구사항 분석은 사용자의 요구사항을 분석하는 단계
• 소프트웨어 시스템이 사용되는 동안 발견되는 오류를 수정하는 것은 유지보수 단계에서의 활동

08 ▶ ④
소켓 기술
통신을 위한 프로그램을 생성하여 포트를 할당하고, 클라이언트의 통신 요청 시 클라이언트와 연결하는 내·외부 송·수신 연계기술
[오답해설]
① DB링크 기술 : 수신시스템에서 DB링크를 생성하고, 송신시스템에서 해당 DB링크를 직접 참조하는 통신기술

09 빈출 ▶ ③
자료 흐름도의 구성
프로세스(process) : 원
흐름(data flow) : 화살표
자료 저장소(data store) : 이중 평행선
단말(terminator) : 사각형

10 ▶ ②

- 컨트롤러(Controller) : 뷰에서 이벤트(입력/수정/삭제)가 전달되면 모델에 이벤트를 전달하여 처리하고 업데이트된 데이터를 뷰로 전달하여 인터페이스에 표시되게 함
- 모델(Model) : 데이터를 가진 객체를 말하며, 데이터는 내부의 상태에 대한 정보를 가질 수도 있고 모델을 표현하는 이름 속성으로 가질 수도 있음

11 빈출 ▶ ②

- 미들웨어(Middleware)는 내부 동작을 사용자가 확인할 필요가 없음
- 미들웨어는 클라이언트와 서버를 연결하여 데이터를 주고받을 수 있도록 중간에서 매개 역할을 하거나, 네트워크를 통해서 연결된 여러 개의 컴퓨터에 있는 많은 프로세스들에게 어떤 서비스를 사용할 수 있도록 연결해주는 소프트웨어

12 ▶ ①

① 표의 숫자 코드 : 대상 항목의 크기, 중량, 거리 등을 그대로 사용하는 코드

[오답해설]
③ 일련번호식 코드(순차 코드, Sequential Code) : 발생순, 크기순, 가나다순 등에 따라 순차적으로 부여
② 10진 코드(Decimal Code) : 10진법의 원리에 맞추어 대분류, 중분류, 소분류하여 부여한 코드
④ 블록코드 : 공통성 있는 것끼리 블록으로 묶어서 구분하며 블록 내에서는 순차적으로 부여

13 빈출 ▶ ①

XP(eXtreme Programming)의 5가지 핵심 가치

핵심 가치	내용
존중(Respect)	팀 기반의 활동 중 팀원 간의 상호 존중을 강조
단순성(Simplicity)	사용되지 않는 구조와 알고리즘 배제
의사소통(Communication)	개발자, 관리자, 고객간의 원활한 의사소통
피드백(Feedback)	지속적인 테스트와 통합, 반복적 결함 수정, 빠른 피드백
용기(Courage)	고객의 요구사항 변화에 능동적인 대처

14 ▶ ①

- 팬 입력(fan-in) : 특정 모듈을 직접 제어하는 모듈의 수
- 팬 출력(fan-out) : 한 모듈에 의해 직접 제어되는 모듈의 수

15 ▶ ④

- 상속(Inheritance) : 상위 클래스의 메소드와 속성을 하위 클래스에서 물려받는 것
- 상속성
  1. 새로운 클래스를 정의할 때 기존의 클래스들의 속성을 상속받고 필요한 부분을 추가하는 방법
  2. 높은 수준의 개념은 낮은 수준의 개념으로 특정화됨
  3. 상속은 하위 계층은 상위 계층의 특수화(specialization) 계층이 되며, 상위 계층은 하위 계층의 일반화(generalization) 계층이 됨

16 ▶ ③

컴포넌트(Component)
프로그래밍에서 재사용이 가능한 각각의 독립된 단위이며, 명백한 역할을 가지고 독립적으로 존재할 수 있는 시스템의 부분

17 ▶ ①

- NUI(Natural UI) : 사용자의 말과 행동 기반 제스쳐 입력 인터페이스이며, 멀티 터치(Multi-touch), 동작 인식(Gesture Recognition) 등 사용자의 자연스러운 움직임을 인식하여 서로 주고받는 정보를 제공
- OUI(Organic User Interface) : 모든 사물과 사용자 간에 상호작용을 위한 인터페이스로 즉, 실세계에 존재하는 모든 사물이 입출력 장치로 변화할 수 있는 사용자 인터페이스

18 ▶ ②

- 코드 인스펙션은 프로그램을 수행시켜보는 것 대신 코드를 읽어보고 눈으로 확인하는 방법이므로 정적 테스팅 방법
- 코드 인스펙션 진행 순서
  Planning(계획) > Overview(사전교육) > Preparation(사전검토) > Meeting(인스펙션 회의) > Re-Work, re-Inspection(수정) > Following(후속조치)

19 ▶ ③

상향식 설계는 최하위 수준에서 각각의 모듈들을 설계하고 이러한 모듈이 완성되면 이들을 결합하여 검사함. 인터페이스가 성립되어 있어야 기능 추가를 쉽게 할 수 있음

20 빈출 ▶ ③

구조 패턴(Structural Patterns)
브리지(Bridge), 데코레이터(Decorator), 컴포지트(Composite), 프록시(Proxy), 어댑터(Adapter), 퍼케이드(Facade), 플라이웨이트(Flyweight), 다이나믹 링키지(Dynamic Linkage), 가상 프록시 패턴 등

[오답해설]
빌더(Builder) : 생성관련 패턴(Creational Pattern)

2과목 소프트웨어 개발

21 ▶ ④

휴리스틱 알고리즘
Greedy Search 알고리즘, A* 알고리즘, Hill Climbing 알고리즘, Best First 알고리즘

22 ▶ ④

형상관리 도구의 구성 요소

구분	설명
Repository	• 프로젝트의 프로그램 소스를 포함한 형상항목이 저장되는 장소 • 소스뿐만 아니라 소스의 변경사항도 모두 저장 • 네트워크를 통해서 여러 사람이 접근 가능함
checkout	• 저장소에서 소스 및 버전관리 파일들을 받아 옴
checkin	• 수정 소스를 Repository 로 업로드
commit	• 소스를 수정 및 삭제, 새파일 추가등의 변경사항을 저장소에 갱신
Update	• 체크아웃을 통해서 소스를 가져왔다 하더라도 다른 사람이 커밋을 하면 로컬 소스코드가 달라지는데 이때, update 명령어를 통해서 저장소에 있는 최신 버전의 소스를 가져올 수 있음 • 로컬 소스 코드와 저장소에 있는 소스 코드를 비교하여 차이가 발생하는 부분만 바꿈

23 ▶ ③

③ SMTP(Simple Mail Transfer Protocol)은 보안에 관련된 프로토콜이 아니라, 메일 전송 프로토콜
[오답해설]
① IPSec(IP Security) : 안전하지 않은 네트워크상의 두 컴퓨터 사이에 암호화된 안전한 통신을 제공하는 프로토콜
② SSL(Secure Socket Layer) : 인터넷을 통해 전달되는 정보 보안의 안전한 거래를 허용하기 위해 Netscape사에서 개발한 인터넷 통신 규약 프로토콜
④ S-HTTP(Secure HyperText Transfer Protocol) : HTTP 프로토콜에 송신자 인증, 메시지 기밀성과 무결성, 부인 방지 기능을 확장한 프로토콜

24 ▶ ④

• 중위순회(left → root → right)는 왼쪽, 중간, 오른쪽 순서로 방문하며, 문제의 트리를 중위순회한 결과는 D → B → A → E → C → F

• 전위순회(root → left → right) : A → B → D → C → E → F
• 후위순회(left → right → root) : D → B → E → F → C → A

25 ▶ ③

• 제품 소프트웨어의 형상관리는 프로젝트 개발비용을 효율적으로 관리하기 위한 활동이 아니라 전체 변경을 관리하는 것
• 소프트웨어 형상관리는 소프트웨어에 대한 변경을 철저히 관리하기 위해 개발된 일련의 활동으로 소프트웨어를 이루는 부품의 Baseline(변경통제 시점)을 정하고 변경을 철저히 통제하는 것

26 ▶ ②

퀵(quick) 정렬
분할 정복에 기반한 알고리즘으로 pivot을 기준으로 작은 값 부분과 큰 값 부분으로 분할하여 정렬하는 방법. 수행 시간의 차수는 평균은 $O(nlogn)$이며, 최악일 시에는 $O(n^2)$

27 ▶ ④

소프트웨어 공학의 정의
최소의 경비로 품질 높은 소프트웨어 상품의 개발, 유지보수 및 관리를 위한 모든 기법, 도구, 방법론의 총칭으로서, 전산학(기술적 요소), 경영학(관리적 요소), 심리학(융합적 요소)을 토대로 한 종합학문

28 ▶ ①

• 화이트박스 테스트 : 데이터 흐름 검사, 루프 검사, 기초 경로 검사, 조건 검사
• 블랙박스 테스트 : 동치 분할, 경계값 분석, 원인결과 그래프, 오류 추측 기법, 비교검사 기법

29 ▶ ④

선택(Selection) 정렬
자료 범위 안에서 최솟값(key 값)을 찾고 이 최소값과 맨 앞에 있는 값을 비교하면서 최소값이 작으면, 서로 교환함. 이러한 형태로 맞바꿈을 하면서 데이터들을 정렬시켜 나감
37, 14, 17, 40, 35
• 1회전 : 14, 37, 17, 40, 35
• 2회전 : 14, 17, 37, 40, 35
• 3회전 : 14, 17, 35, 40, 37

30 ▶ ①

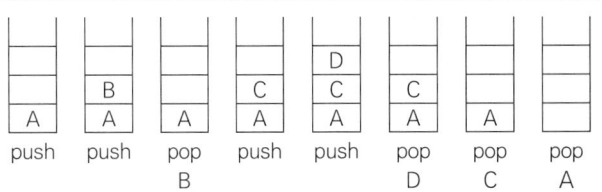

31 ▶ ③

힙 정렬(Heap Sort)은 평균 수행 시간과 최악 수행 시간도 모두 $O(n\log_2 n)$

32 ▶ ②

② 인수 테스트 : 사용자측 관점에서 소프트웨어가 요구를 충족시키는가를 평가하며, 알파테스트와 베타테스트가 있음

[오답해설]
① 단위 테스트 : 코딩이 끝난 후 설계의 최소 단위인 모듈에 초점을 두고 검사하는 단계이며, 독립모듈의 완전성을 시험
③ 통합 테스트 : 단위검사가 끝난 모듈들을 하나로 결합하여 시스템으로 완성하는 과정에서의 검사
④ 시스템 테스트 : 모든 모듈들은 하나의 시스템으로 작동하게 되며 사용자의 모든 요구를 하나의 시스템으로서 완벽하게 수행하기 위해서는 다양한 시험들이 필요함

33 ▶ ③

③ 신뢰성 : 소프트웨어 품질 목표 중 주어진 시간동안 주어진 기능을 오류 없이 수행하는 정도를 나타내는 것

[오답해설]
① 직관성 : 누구나 쉽게 이해하고 사용할 수 있도록 제작
② 사용 용이성 : 사용이 용이한 정도
④ 이식성 : 하나의 운영 환경(HW와 SW)에서 다른 환경으로 소프트웨어를 옮기는 데 드는 노력

34 ▶ ④

View는 화면을 렌더링하는 역할만 하며, "이동할 페이지 정보"는 ModelAndView 또는 DispatcherServlet에서 관리

35 ▶ ②

- 차수가 3인 노드 B 이고, 차수가 2인 노드 A, F 이고, 차수가 1인 노드는 C. 차수가 0인 노드는 D,E,H,I,G
- 노드의 차수 중에서 가장 큰 차수가 트리의 차수이므로 3

36 ▶ ③

DRM의 핵심적 기술 요소

구분	설명
암호화 (Encryption)	콘텐츠 및 라이센스를 암호화하고, 전자서명을 할 수 있는 기술
키관리 (Key Management)	콘텐츠를 암호화한 키에 대한 저장 및 배포기술
암호화 파일 생성(Packager)	콘텐츠를 암호화된 콘텐츠로 생성하기 위한 기술
식별기술 (Identification)	콘텐츠에 대한 식별체계 표현 기술
저작권표현 (Right Expression)	라이센스의 내용 표현 기술
정책관리(Policy management)	라이센스 발급 및 사용에 대한 정책표현 및 관리 기술
크랙 방지 (Tamper Resistance)	크랙에 의한 콘텐츠 사용방지 기술
인증 (Authentication)	라이센스 발급 및 사용의 기준이 되는 사용자 인증기술
인터페이스 (Interface)	상이한 DRM 플랫폼 간의 상호 호환성 인터페이스 및 인증 기술
이벤트보고 (Event Reporting)	콘텐츠의 사용이 적절하게 이루어지고 있는지 모니터링 기술. 불법유통이 탐지되었을 때 이동경로를 추적에 활용
사용권한 (Permission)	콘텐츠의 사용에 대한 권한을 관리하는 기술요소

37 ▶ ②

정보시스템 개발 단계에서 프로그래밍 언어 선택 시 고려할 사항으로 컴파일러는 독창적인 특징을 갖는 것은 좋지 않고, 일반성을 가지고 있는 것이 사용이 용이

38 ▶ ①

전위식을 후위식으로 변경하기 위해서는 중위식으로 먼저 변경하여 이를 다시 후위식으로 변경하여야 함
(- (/ (* A (+ B C)) D) E) --- 전위식
(((A * (B + C)) / D) - E) ---중위식
(((A (B C +) *) D) / E -) ---후위식
A B C + * D / E -

39 ▶ ②

파레토 법칙은 20%에 해당하는 코드에서 80%의 결함이 나타나는 결함이 집중되어 존재한다는 것을 말함

[오답해설]
① 살충제 패러독스 : 동일한 테스트 케이스로는 새 결함을 발견할 수 없으므로 주기적으로 테스트 케이스를 개선해야 함

③ 오류 부재의 궤변 : 사용자의 요구사항을 만족하지 못한다면 오류를 발견하고 제거해도 품질이 높다고 말할 수 없음

40 ▶ ④

Ajax(Asynchronous JavaScript and XML)
브라우저와 서버 간의 비동기 통신 채널, 자바스크립트, XML의 집합과 같은 기술들이 포함됨. 대화식 웹 애플리케이션을 개발하기 위해 사용되며, Ajax 애플리케이션은 실행을 위한 플랫폼으로 사용되는 기술들을 지원하는 웹 브라우저를 이용

▌3과목 데이터베이스 구축

41 빈출 ▶ ③

③ 개체 무결성 : 릴레이션에서 기본키를 구성하는 속성은 널(Null)값이나 중복값을 가질 수 없음
[오답해설]
① 도메인 무결성 : 특정 속성의 값이 그 속성이 정의된 도메인에 속한 값이어야 한다는 규정
② 참조 무결성 : 외래키 값이 NULL이거나 참조 릴레이션의 기본키 값과 동일해야 함

42 빈출 ▶ ②

- 관계 대수(Relational Algebra) : 원하는 정보와 그 정보를 어떻게 유도하는가를 기술하는 절차적인 특성을 가짐
- 관계 해석(Relational Calculus) : 원하는 정보가 무엇이라는 것만 정의하는 비절차적인 특성을 가짐

43 ▶ ①

병행제어의 목적
시스템 활용도 최대화, 데이터베이스 공유 최대화, 데이터베이스 일관성 유지, 사용자에 대한 응답시간 최소화 등

44 빈출 ▶ ②

목표 DBMS에 맞는 스키마 설계는 논리적 설계 단계에서 수행하는 사항

45 ▶ ④

- 디비전(DIVISION, ÷) : 동시에 포함하는 속성
- 즉, 모든 S 릴레이션에 대해서 R 릴레이션쪽에 S 릴레이션의 모든 튜플이 포함되어 있어야 하므로 정답은 ④

46 빈출 ▶ ①

데이터베이스를 사용하는 응용프로그래머가 필요로 하는 사항을 기술한 데이터베이스 구조는 외부 스키마

47 빈출 ▶ ④

트랜잭션 ACID 특징

영속성(Durability)	트랜잭션이 성공적으로 완료되면 처리 결과는 영속적으로 반영되어야 함
일관성(Consistency)	트랜잭션 시작 시점에 참조한 데이터는 종료까지 일관성을 유지해야 함
원자성(Atomicity)	데이터베이스에 트랜잭션은 모두 반영되거나 전혀 반영되지 않아야 함
격리성(Isolation)	동시에 다수 트랜잭션이 처리되는 경우 서로의 연산에 개입하면 안 됨

48 빈출 ▶ ②

참조 무결성
외래키 값은 참조 릴레이션에 있는 기본키와 같아야 한다는 규정 (상위개체의 PK와 같아야 함)

49 ▶ ①

- 테이블의 속성 내에 대한민국의 서울, 부산과 미국의 워싱턴, 뉴욕은 중복되는 값으로 이는 원자값을 만족시키지 못함. '서울'과 '부산' 그리고 '워싱턴'과 '뉴욕'을 각각 따로따로 분리시켜야 원자값을 만족시킬 수 있게 됨
- 제1정규형(INF) : 어떤 릴레이션 R에 속한 모든 도메인이 원자값(atomic value)만으로 되어 있다면, 제1정규형(1NF)에 속함

50 ▶ ①

DELETE FROM 테이블명 WHERE 조건;
① DELETE FROM 사원 WHERE 사번=100;
   // 사원 테이블에서 사번이 100인 사원의 튜플을 삭제
② DELETE IN 사원 WHERE 사번=100;
   // DELETE FROM이 맞는 표현
③ DROP TABLE 사원 WHERE 사번=100;
   // DROP은 전체(구조, 데이터) 삭제를 하는 DDL 명령
④ DROP 사원 COLUMN WHERE 사번=100;
   // DROP은 전체(구조, 데이터) 삭제를 하는 DDL 명령

51 ▶ ④

즉시(즉각) 갱신
오류가 발생하면 우선적으로 오류를 해결하며, 데이터베이스 로그를 필요로 함. 오류가 발생하면 즉시 처리하므로 redo와 undo를 모두 이용

52 ③
- 뷰의 정의는 ALTER문을 이용하여 변경할 수 없으며 제거 후 다시 생성해야 함
- 뷰를 제거할 때는 DROP문을 사용

53 ③
relation(릴레이션)은 table(테이블)을 나타내고, attribute(어트리뷰트)는 column(컬럼)을 나타내며, tuple(튜플)은 row(행)을 나타냄. 따라서 relation은 1개, attribute는 '고객ID', '고객이름', '거주도시'로 3개, tuple은 5행이 됨

54 ③
DROP문에서는 CASCADE 또는 RESTRICTED 옵션을 사용할 수 있음. RESTRICTED는 삭제할 요소가 참조 중이면 삭제되지 않지만, CASCADE는 삭제할 요소가 참조 중이더라도 삭제되며, 연관된 모든 요소들도 함께 삭제됨. 따라서 V_1, V_2 모두 일괄적으로 삭제됨

55 ④
로킹 단위가 작아지면 로크의 수가 많아지고, 병행성 수준이 높아짐

56 ②
SQL 명령어의 종류
- DDL : CREATE, ALTER, DROP
- DML : SELECT, INSERT, DELETE, UPDATE
- DCL : GRANT, REVOKE, COMMIT, ROLLBACK

57 ①
분산 데이터베이스 투명성(Transparency)
- 위치 투명성(Location Transparency) : 장소를 가리지 않고 데이터 접근 가능
- 중복 투명성(Replication Transparency) : 데이터 일관성 유지
- 장애 투명성(Failure Transparency) : 장애 시에도 무결성 보장
- 분할 투명성(Division Transparency) : 여러 단편으로 분할 및 저장

58 ③
- EXISTS는 서브쿼리의 결과값에 만족하는 값이 메인쿼리에 있는지 없는지 데이터의 존재유무를 확인하는 조건식
- 문제의 서브쿼리 조건은 학과가 '전산'이거나 '전기'이면서 주소가 '경기'인 학생의 학번을 선택

학번
2000
4000

- 학번이 서브쿼리 결과에 해당하는 성적테이블의 과목이름을 검색

과목이름
DB
DB
운영체제

59 ④
데이터 모델에 표시해야 할 요소
- 논리적으로 표현된 데이터 구조
- 이 구조에서 허용될 수 있는 연산
- 이 구조와 연산에서의 제약조건에 대한 명세

60 ④
시스템 카탈로그의 갱신은 무결성 유지를 위하여 사용자가 검색은 가능하지만, 직접 갱신 작업은 불가능

▌4과목 프로그래밍 언어 활용

61 ④
운영체제의 커널(Kernel)의 기능
프로세스 관리, 기억장치 관리, 입·출력 관리, 파일 관리, 시스템 호출 인터페이스 등

62 ④
버퍼 오버플로 공격
메모리를 다루는 데에 오류가 발생하여 잘못된 동작을 하는 프로그램 취약점. 공격자가 버퍼 공간보다 큰 입력을 발생시켜 버퍼를 넘치게 만들고 공격자가 원하는 코드를 수행시켜서 공격자의 권한을 상승시키는 공격

63 ④
Data Link layer(데이터 링크 계층)
- 데이터 링크층은 통신 경로상의 지점간 (link-to-link)의 오류없는 데이터 전송에 관한 프로토콜. 전송되는 비트의 열을 일정 크기 단위의 프레임으로 잘라 전송하고, 전송 도중 잡음으로 인한 오류 여부를 검사하며, 수신측 버퍼의 용량 및 양측의 속도 차이로 인한 데이터 손실이 발생하지 않도록 하는 흐름제어 등을 함
- 인접한 두 시스템을 연결하는 전송 링크상에서 패킷을 안전하게 전송하는 것

64 ④

환경변수 출력 명령어
- printenv : 환경변수 값을 출력
- env : 환경변수들 출력 또는 등록
- setenv : 환경변수의 값을 설정

65 ③

③ char : 문자 자료형
[오답해설]
① int : 정수 자료형
② float : 실수 자료형
④ double : 실수 자료형

66 빈출 ①

삼항 연산자
조건식의 결과가 참이면 '값1'을 할당하고 거짓이면 '값2'을 할당

(조건식 ? 값1 : 값2)

```
int i = 7, j = 9;
int k;
if (i > j)   // (i > j) 가 참이면
    k = i - j;  // k 에 i - j을 할당
else   // (i > j) 가 거짓이면
    k = i + j;  // k 에 i + j을 할당
```

따라서 k = (i > j)?(i - j):(i + j);

67 ③

- until 구문 표현식 : 조건문이 참(true)이면 루프를 끝냄

```
until test 조건문
do
   실행 구문
done
```

- 즉, 5초마다 접속자 'wow'의 계정이 시스템에 들어 왔는지 안들어 왔는지를 확인 후 들어 왔으면 루프를 빠져 나간다는 의미

68 ①

[해설]
변수 이름에 공백과 같은 띄워쓰기를 사용할 수 없으므로 카멜 표기법을 이용하거나 '_' 등을 활용하여 작성

69 빈출 ③

[해설]
for 문의 반복문을 살펴보면, 1~10까지 2씩 증가한 값을 모두 더하는 코드이므로 sum은 1+3+5+7+9 = 25

70 ④

SJF(Shortest Job First)는 FCFS를 개선한 기법으로, 대기리스트의 프로세스들 중 작업이 끝나기까지의 실행시간 추정치가 가장 작은 프로세스에 CPU를 할당함. 따라서 실행시간이 가장 짧은 P4를 제일 먼저 처리해줌

71 빈출 ①

결합도

1. 내용 결합도(content coupling)	결합도가 높음
2. 공통 결합도(common coupling)	
3. 외부 결합도(external coupling)	
4. 제어 결합도(control coupling)	
5. 스탬프 결합도(stamp coupling)	
6. 자료 결합도(data coupling)	결합도가 낮음

72 빈출 ④

while 구문

```
while(조건식) {
    조건의 결과가 참(true)일 때 실행될 문장;
}
```

즉, while문 부분에 조건식이 들어가야 하는데 증감식이 들어갔으므로 Type mismatch로 컴파일 오류(Unresolved compilation problem)가 발생

73 빈출 ①

교착상태 4대 발생조건
- 상호배제(Mutual Exclusion)
- 점유와 대기(Hold & Wait)
- 비선점(Non Preemption)
- 환형대기(순환대기,Circular Wait)

74 ③

③ fork : 새로운 프로세스를 생성하는 명령어
[오답해설]
① ls : 자신이 속해있는 폴더 내에서의 파일 및 폴더들 표시
② cat : 파일 내용 출력
④ chmod : 특정 파일 또는 디렉토리의 퍼미션 수정

75 ▶ ④

- 보기 ④의 설명은 무결성이 아닌 성능에 대한 내용
- 배치 프로그램은 일괄적으로 처리하는 개념으로 사용자와의 상호작용 없이 일련의 작업들을 작업 단위로 묶어서 정기적으로 반복 수행하거나 정해진 규칙에 따라 처리하는 방법
- 배치 프로그램의 필수요소
  - 대용량 데이터 : 대용량의 데이터를 처리할 수 있어야 함
  - 자동화 : 심각한 오류 상황 외에는 사용자의 개입 없이 동작해야 함
  - 안정성 : 어떤 문제가 생겼는지, 언제 발생했는지 등을 추적할 수 있어야 함
  - 견고함 : 유효하지 않은 데이터도 처리하여 비정상적인 중단이 없도록 해야 함
  - 성능 : 주어진 시간 내에 처리를 완료할 수 있어야 하고, 동시에 동작하고 있는 다른 애플리케이션을 방해하지 말아야 함

76 ▶ ②

자바에서는 System이라는 표준 입출력 클래스가 있음. err(에러), in(입력), out(출력) 이라는 클래스 변수를 가지고 있으며, 이 중 out(출력)에는 print( ), println( ), printf( )라는 메소드가 포함됨

77 빈출 ▶ ③

파이썬 리스트 슬라이싱 (list slicing) 구문

리스트명[start:end:step]

start : index 시작 위치
end : index 마지막 위치
step : 이동 간격

즉, index start(시작) 요소에 아무것도 없으므로 0이 셋팅됨. index 0 ~ index 6(end-1) 까지의 범위를 기준으로 2칸씩 이동한 값이 추출되므로 [0, 20, 40, 60]

78 ▶ ①

FIFO(First In First Out)
주기억장치에서 가장 먼저 입력되었던 페이지 교체

순번	1	2	3	4	5	6	7	8
요구 페이지	1	2	3	1	2	4	5	1
페이지 프레임	1	1	1	1	1	1	5	5
		2	2	2	2	2	2	1
			3	3	3	3	3	3
						4	4	4
페이지 부재	○	○	○			○	○	○

79 ▶ ①

200.1.1.0/24 네트워크를 사용한다는 것은 네트워크 주소로 24비트를 사용하고, 호스트 주소로 8비트를 사용한다는 것임. 호스트 주소 8비트 중에서 서브넷이 10개 필요하므로 최소 4비트를 서브넷으로 사용해야 함. 4비트를 이용하여 서브넷을 나누면
(200.1.1.0~200.1.1.15), (200.1.1.16~200.1.1.31),
(200.1.1.32~200.1.1.47), (200.1.1.48~200.1.1.63),
(200.1.1.64~200.1.1.79), (200.1.1.80~200.1.1.95),
(200.1.1.96~200.1.1.111), (200.1.1.112~200.1.1.127),
(200.1.1.128~200.1.1.143), (200.1.1.144~200.1.1.159) ... 등이 되므로 10번째의 브로드캐스트 주소는 200.1.1.159

80 ▶ ②

- First Fit은 첫 번째 가용공간에 배치되므로 17K는 23K에 배치되고, 6K의 내부단편화가 발생
- 최초적합(First Fit) : 주기억장치의 공백들 중에서 프로그램이나 데이터 배치가 가능한 첫 번째 가용공간에 배치

5과목 정보시스템 구축관리

81 빈출 ▶ ④

- COCOMO(Constructive Cost Model) : Boehm(1981)이 제안한 산정기법으로 원시 프로그램의 규모에 의한 비용예측 모형
- COCOMO의 프로젝트 3가지 모드(제품의 복잡도에 따른 프로젝트 개발 유형)
  1. 유기적(organic model) : 5만 라인 이하로 소규모 팀이 수행할 수 있는 아주 작고 간단한 소프트웨어 프로젝트
  2. 중간형(semi-detached model) : 30만 라인 이하의 프로젝트
  3. 내장형(embedded model) : 30만 라인 이상의 프로젝트

82 ▶ ④

④ nmap(network mapper) : 서버에 열린 포트 정보를 스캐닝해서 보안 취약점을 찾는 데 사용하는 도구

[오답해설]
② mkdir : 운영체제에서 mkdir 명령어는 디렉터리를 새로 만드는 데 사용
③ ftp : 파일 전송 프로토콜

83 빈출 ▶ ②

- 정보보안의 3대 요소 : 기밀성(confidentiality), 무결성(integrity), 가용성(availability)
- 기밀성 : 정보자산이 인가된(authorized) 사용자에게만 접근할 수 있도록 보장하여 접근 권한을 가진 사람만이 실제로 접근 가능하도록 함

- 무결성 : 접근 권한이 없는 사용자에 의해 정보가 변경되지 않도록 보호하여 정보의 정확성과 완전성을 확보
- 가용성 : 정보와 정보시스템의 사용을 인가 받은 사람이 그를 사용하려고 할 때 언제든지 사용할 수 있도록 보장하는 것

84 ▶ ①

① SAN (Storage Area Network) : DAS와 NAS의 단점을 해결한 발전된 스토리지 형태. 네트워크상에 광채널 스위치의 이점인 고속 전송과 장거리 연결 및 멀티 프로토콜 기능을 활용

[오답해설]

③ NAC(Network Access Control) : 관리자가 정의한 보안환경이 운영되는 시스템만 네트워크에 연결이 가능하도록 함. Clear Network에 악성 Worm이 감염된 Host가 연결되면 순식간에 네트워크는 악성Worm이 퍼지게 되므로 이러한 상황을 막고자 하는 시스템

85 ▶ ①

① 고가용성 솔루션(HACMP) : 각 시스템 간에 공유 디스크를 중심으로 클러스터링으로 엮여 다수의 시스템을 동시에 연결할 수 있음

[오답해설]

② 점대점 연결 방식(Point-to-Point Mode) : 통신 회선을 사용하는 단말 장치 접속 형식의 하나이며, 서로 다른 장치들이 각기 다른 회선으로 사용되는 접속 방식

③ 스턱스넷(Stuxnet) : 산업 소프트웨어와 공정 설비를 공격 목표로 하는 극도로 정교한 군사적 수준의 사이버 무기로 지칭. 공정 설비와 연결된 프로그램이 논리제어장치(Programmable Logic Controller)의 코드를 악의적으로 변경하여 제어권을 획득. 네트워크와 이동저장매체인 USB를 통해 전파되며, SCADA (Supervisory Control and Data Acquisition) 시스템이 공격 목표

④ 루팅(Rooting) : 안드로이드 장치 사용자가 안드로이드 서브 시스템에 대한 관리자 권한을 취득하는 작업

86 ▶ ③

③ 구조적 개발 방법론 : 정형화된 분석 절차에 따라 사용자 요구사항을 파악, 문서화하는 체계적 분석방법으로 자료흐름도, 자료사전, 소단위명세서의 특징을 가짐

[오답해설]

① 정보공학 방법론 : 계획, 분석, 설계 및 구축에 정형화된 기법들을 상호 연관성있게 통합, 적용하는 데이터 중심 방법론
② 객체지향 개발 방법론 : 재사용을 가능케 하고, 재사용은 빠른 속도의 소프트웨어 개발과 고품질의 프로그램의 생산을 가능하게 함. 객체 지향 소프트웨어는 그 구성이 분리되어 있기 때문에 유지보수가 쉬움

④ CBD 방법론 : 시스템 또는 소프트웨어를 구성하는 각각의 컴포넌트를 만들고 조립해 또 다른 컴포넌트나 소프트웨어를 만드는 것

87 ▶ ④

④ N-Screen : 여러 개의 단말에서 동일한 콘텐츠를 사용할 수 있는 방법으로 예를 들어 스마트폰, TV, 태블릿, 데스크탑 등에서 동일 콘텐츠를 사용할 수 있음

[오답해설]

① Memristor : memory와 register의 합성어이며, 전원 공급이 끊어져도 다시 전원이 공급되면 이전 상태를 복원
② MEMS(Micro-Electro Mechanical Syste) : 초소형 정밀기계 기술로 미세전자기계시스템이라고도 함. 실리콘이나 수정, 유리 등을 가공한 초고밀도 집적회로이며, 머리카락 절반 두께의 초소형 기어라든지 손톱 크기의 하드디스크 등 초미세 기계구조물을 만드는 기술
③ SNMP(Simple Network Management Protocol) : 망관리 프로토콜

88 빈출 ▶ ④

소프트웨어공학의 궁극적 목표는 최소의 비용으로 계획된 일정보다 가능한 빠른 시일 내에 좋은 소프트웨어를 개발하는 것

89 ▶ ③

- 도커(Docker) : 컨테이너 가상화 기술이며, 컨테이너 응용프로그램의 배포를 자동화하는 오픈소스 엔진
- 컨테이너 : 프로세스 격리 기술이며, 사용자가 사용할 프로그램과 환경 설정들이 컨테이너 안에 격리되어 실행되는 방법

90 ▶ ③

SSH의 기본 네트워크 포트는 22번을 사용

91 빈출 ▶ ①

MD4, MD5, SHA-1는 해시함수 알고리즘이고, AES는 대칭키 암호 알고리즘

92 ▶ ①

ISO 12207 표준
- 기본 생명 주기 프로세스 : 획득, 공급, 개발, 운영, 유지보수 프로세스
- 지원 생명 주기 프로세스 : 품질 보증, 검증, 확인, 활동 검토, 문제해결 프로세스
- 조직 생명 주기 프로세스 : 관리, 기반 구조, 훈련, 개선 프로세스

93 ▶ ④

정보보호에서 해쉬(Hash) 기법은 공개키 암호화 방식에서 키 생성을 위해 사용되는 것이 아니라 무결성 보장을 위해 사용됨

94 ▶ ④

- 노력(인월) = LOC/1인당 월평균 생산 코드 라인 수
  = 36,000/300 = 120명
- 개발 기간 = 노력(인월)/투입 인원 = 120/6 = 20개월

95 ▶ ②

② MQTT(Message Queuing Telemetry Transpor) : 사물통신, 사물인터넷과 같이 대역폭이 제한된 통신 환경에 최적화하여 개발된 푸시기술 기반의 경량 메시지 전송 프로토콜

[오답해설]
① GRID : 기존의 인터넷과 차세대 인터넷을 하나의 네트워크로 묶어 마치 하나의 신경조직처럼 작동할 수 있게 제어하는 가상 슈퍼컴퓨터

96 ▶ ④

- 거리 벡터 라우팅 프로토콜은 RIP
- OSPF(Open Shortest Path First) : 네트워크 변화에 신속하게 대처할 수 있으며, 경로탐색에 링크 상태 알고리즘을 사용
- RIP(Routing Information Protocol) : 거리 벡터 라우팅 프로토콜이라고도 하며, 최대 홉 카운트는 15로 한정되므로 소규모 네트워크 환경에 적합

97 ▶ ④

④ Transcription Error : 입력 시 임의의 한 자리를 잘못 기록한 경우(12536 → 12936)

[오답해설]
① Addition Error : 입력 시 한 자리 추가로 기록한 경우(1234 → 12347)
② Omission Error : 입력 시 한 자리를 빼놓고 기록한 경우(1234 → 234)

98 빈출 ▶ ①

- 버전 관리는 나선형(Spiral) 모형의 주요 태스크에 해당하지 않음
- 나선형 모델의 4가지 주요활동
  1. 계획수립(planning) : 요구사항 수집, 시스템의 목표 규명, 제약조건 파악
  2. 위험 분석(risk analysis) : 요구사항을 토대로 위험을 규명하며, 기능 선택의 우선순위, 위험 요소의 분석/프로젝트 타당성 평가 및 프로젝트를 계속 진행할 것인지 중단할 것인지를 결정
  3. 개발(engineering) : 선택된 기능의 개발/개선된 한 단계 높은 수준의 제품을 개발
  4. 평가(evaluation) : 구현된 시스템을 사용자가 평가하여 다음 계획을 세우기 위한 피드백을 받음

99 ▶ ②

② Baas(Blockchain as a Service) : 블록체인(Blockchain) 개발 환경을 클라우드로 서비스하는 개념

[오답해설]
① OTT(Over The Top) : 인터넷을 통하여 TV, 영화 등 미디어 콘텐츠를 제공하는 서비스
③ SDDC(Software-Defined Data Center) : 모든 컴퓨팅 인프라를 가상화하여 서비스하는 데이터센터
④ Wi-SUN : 스마트 그리드 서비스를 제공하기 위한 와이파이 기반의 저전력 장거리 통신기술

100 빈출 ▶ ②

- PERT는 일정 산정 모형
- 소프트웨어 비용 추정 모형 : COCOMO, Putnam, Function-Poin, 전문가의 감정, 델파이식 산정, LOC(원시코드라인 수)기법, 개발 단계별 인월수(MM : Man Month)기법

박문각 자격증 시리즈
정보처리기사
필기 기출원스톱 1800제 + 무료특강

초판인쇄	2026. 1. 15	
초판발행	2026. 1. 20	

저자와의
협의 하에
인지 생략

편 저 자	손경희
발 행 인	박용
출판총괄	김현실
개발책임	이성준
편집개발	김태희, 이보혜
마 케 팅	김치환, 최지희
일러스트	㈜ 유미지

발 행 처	㈜ 박문각출판
출판등록	등록번호 제2019-000137호
주 소	06654 서울시 서초구 효령로 283 서경B/D 4층
전 화	(02) 6466-7202
팩 스	(02) 584-2927
홈페이지	www.pmgbooks.co.kr

ISBN	979-11-7519-234-8
정가	29,000원

이 책의 무단 전재 또는 복제 행위는 저작권법 제 136조에 의거, 5년 이하의 징역 또는 5,000만원 이하의 벌금에 처하거나 이를 병과할 수 있습니다.